JURA INTENSIV

Skript
Grundfall
Klausurfall

W0059438

SCHULDRECHT AT

Verzug und Unmöglichkeit

Schadensersatz und Rücktritt

Aufwendungsersatz

Nebenpflichtverletzung und c.i.c.

Störung der Geschäftsgrundlage

Widerruf gem. §§ 355 ff. BGB

Verbundene Verträge

RA Oliver Soltner
4. Auflage, Juli 2018

Herr **RA Oliver Soltner** ist Rechtsanwalt und Franchisenehmer des Repetitoriums **JURA INTENSIV** in Frankfurt, Gießen, Heidelberg, Mainz, Marburg und Saarbrücken. Er wirkt seit über 20 Jahren als Dozent des Repetitoriums und ist Chefredakteur der Ausbildungszeitschrift RA – Rechtsprechungs-Auswertung. Ferner ist er Autor der Skripten Schuldrecht AT und Crashkurs Zivilrecht aus den **JURA INTENSIV** Skriptenreihen.

Autor
RA Oliver Soltner

Verlag und Vertrieb
Jura Intensiv Verlags UG (haftungsbeschränkt) & Co. KG
Zeil 65
60313 Frankfurt am Main
info@verlag.jura-intensiv.de
www.verlag.jura-intensiv.de

Verlagslektorin
Ines Hickl

Konzept und Gestaltung
Stefanie Körner

Druck und Bindung
Copyline GmbH, Albrecht-Thaer-Straße 10, 48147 Münster

ISBN 978-3-946549-56-7

VORWORT

Das Skript enthält eine systematische Darstellung des **Allgemeinen Teils des Schuldrechts**. Es beinhaltet die Themen Unmöglichkeit und Verzug, Schadensersatz, Aufwendungsersatz und Rücktritt, Nebenpflichtverletzung und culpa in contrahendo, Störung der Geschäftsgrundlage, Widerruf gem. § 355 ff BGB und verbundene Verträge.

Die Darstellung orientiert sich an den Bedürfnissen von Studierenden ist aber auch für Referendare zur Wiederholung und Vertiefung des materiellen Rechts geeignet. Das Skript wendet sich an Anfänger zur Vorbereitung auf universitäre Klausuren und Examenskandidaten gleichermaßen, indem es zunächst die Grundstrukturen erklärt, um sodann das examensnotwendige Detailwissen zu vermitteln. Didaktisches Ziel dieses Skripts ist es, Klausurwissen und Klausurtechnik zu vermitteln.

Zu diesem Zweck ist das Skript in vier Schritte unterteilt:

1. Schritt: Kurze Einführung zu jedem Thema

2. Schritt: Prüfungsschema
Den Themengebieten sind Aufbauschemata vorangestellt, welche die Gliederung einer entsprechenden Klausur veranschaulichen. Die inhaltlichen Ausführungen orientieren sich am Prüfungsschema, damit stets deutlich ist, welches Problem an welcher Stelle im Gutachten zu behandeln ist.

3. Schritt: Details zu jedem Thema
Systematisch werden die klausurrelevanten Probleme und die gängigen Meinungsstreitigkeiten dargestellt.

4. Schritt: Hinweise zur gutachterlichen Falllösung
Alle Fälle sind im Gutachtenstil gelöst. Immer wieder werden Merksätze gebildet, Formulierungsbeispiele gegeben und Klausurhinweise zur Gutachtentechnik erteilt. Marginalien am Rande weisen auf Alternativen hin, ohne den Lesefluss zu stören.

Die Ausführungen sind mit stets anschaulichen Beispielen versehen. Definitionen und Merksätze sind besonders hervorgehoben. Über 1.400 Fußnoten geben vertiefende Hinweise auf aktuelle Rechtsprechung und Literatur.

Für Anregungen, Verbesserungsvorschläge und Kritik sind wir besonders dankbar. Sie erreichen uns im Internet unter **www.verlag.jura-intensiv.de** und per E-Mail über **info@verlag.jura-intensiv.de**.

Rechtsanwalt Oliver Soltner

INHALT

DAS SCHULDVERHÄLTNIS – ALLGEMEINE GRUNDSÄTZE   1

I. Einleitung   1

II. Systematik und Vertiefung   4

   1. Der Pflichtenkatalog des § 241 BGB   4

   2. Gesetzlicher Inhalt der Leistungspflichten   7

   3. Inhalt der Nebenpflichten   14

   4. Gefahrtragungsregeln   14

   5. Schadensersatz im Schuldrecht   17

   6. Der Regelungsgehalt der §§ 280 - 283 BGB   21

   7. Die Abgrenzung zwischen Schaden und Aufwendung   22

   8. Normativer Schaden   22

ANNAHMEVERZUG DES GLÄUBIGERS   24

I. Einleitung   24

II. Systematik und Vertiefung   24

   1. Voraussetzungen des Annahmeverzuges gem. §§ 293 ff. BGB   24

   Prüfungsschema: Voraussetzungen des Annahmeverzuges gem. §§ 293 ff. BGB   24

   2. Rechtsfolgen des Annahmeverzuges   32

DER SCHULDNERVERZUG – ENTSTEHUNG UND BEENDIGUNG   37

I. Einleitung   37

1. GRUNDFALL: „Ein neuer Fernseher"   38

II. Systematik und Vertiefung   40

   1. Voraussetzungen des Schuldnerverzuges gem. § 286 BGB   40

   Prüfungsschema: Voraussetzungen des Schuldnerverzuges gem. § 286 BGB   40

   2. Beendigung des Schuldnerverzuges   73

RECHTSFOLGEN DES SCHULDNERVERZUGES   79

I. Einleitung   79

II. Systematik und Vertiefung   79

   1. Verschärfte Haftung   79

   2. Verzinsung   79

   3. Pauschale   80

   4. Verzögerungsschaden gem. §§ 280 I, II, 286 BGB   80

   Prüfungsschema:
   Voraussetzungen des Anspruchs auf Erstattung des Verzögerungsschadens
   gemäß §§ 280 I, II, 286 BGB   80

5. Verzugsfolgeschaden §§ 286, 288 IV BGB 92

6. Schadensersatz statt der Leistung gem. §§ 280 I, III, 281 I 1 1. Fall BGB 92

Prüfungsschema: Anspruch auf Schadensersatz statt der Leistung gem. §§ 280 I, III, 281 I 1 1. Fall BGB **94**

7. Das Rücktrittsrecht gem. § 323 I 1. Fall BGB 125

Prüfungsschema: Rücktrittsrecht gem. § 323 I 1. Fall BGB **125**

8. Rücktrittsrecht gem. § 323 III BGB 135

9. Das Rücktrittsrecht gem. § 508 BGB 135

10. Kündigungsrechte 135

AUFWENDUNGSERSATZ GEM. § 284 BGB — 138

I. Einleitung **138**

2. GRUNDFALL: „Garage" **139**

II. Systematik und Vertiefung **142**

1. Prüfungsschema 142

Anspruch auf Aufwendungsersatz gem. § 284 BGB **142**

2. Haftungsbegründender Tatbestand eines Anspruchs auf Schadensersatz statt der Leistung 142

3. Aufwendungen im Vertrauen auf den Erhalt der Leistung 146

4. Billigkeit der Aufwendungen 149

5. Nutzlosigkeit der Aufwendungen 151

6. Kausalität 151

7. Keine anderweitige Zweckverfehlung 153

8. Rechtsfolge 156

9. Einwand des § 254 BGB analog 156

10. Einwendungen 157

11. Einreden 157

12. Keine unzulässige Rechtsausübung gem. § 242 BGB 157

UNMÖGLICHKEIT — 158

I. Einleitung **158**

3. GRUNDFALL: „Die Uhr" **159**

II. Systematik und Vertiefung **161**

1. Einwand der nachträglichen Unmöglichkeit gem. § 275 I BGB im Falle einer Stückschuld 161

Prüfungsschema: Einwand der nachträglichen Unmöglichkeit gem. § 275 I BGB im Falle einer Stückschuld **161**

2. Der Einwand des § 275 I BGB wegen Unmöglichkeit im Falle einer Gattungsschuld gem. § 243 I BGB 175

Prüfungsschema: Einwand der nachträglichen Unmöglichkeit gem. § 275 I BGB im Falle einer Gattungsschuld **175**

3. Die Einwendung aus §§ 311 a I, 275 I BGB   185

    Prüfungsschema: Die Einwendung aus §§ 311 a I, 275 I BGB   187

4. Einrede der Unmöglichkeit gem. § 275 II BGB   188

    Prüfungsschema: Einrede der Unmöglichkeit gem. § 275 II BGB   190

5. Einrede der Unmöglichkeit gem. § 275 III BGB   195

    Prüfungsschema: Einrede der Unmöglichkeit gem. § 275 III BGB   195

6. Einwendung des § 326 I BGB   197

    Prüfungsschema: Einwendung des § 326 I BGB   198

7. Abstandnahme vom Vertrag gem. § 326 IV BGB   204

8. Das Rücktrittsrecht gem. §§ 326 V, 323 I BGB   204

9. Anspruch auf Schadensersatz statt der Leistung wegen nachträglicher Unmöglichkeit gem. §§ 280 I, III, 283 BGB   205

    Prüfungsschema: Anspruch auf Schadensersatz statt der Leistung wegen nachträglicher Unmöglichkeit gem. §§ 280 I, III, 283 BGB   205

10. Anspruch auf Schadensersatz statt der Leistung wegen anfänglicher Unmöglichkeit gem. § 311 a II 1 Fall 1 BGB   214

    Prüfungsschema: Anspruch auf Schadensersatz statt der Leistung wegen anfänglicher Unmöglichkeit gem. § 311 a II 1 Fall 1 BGB   215

11. Anspruch auf Aufwendungsersatz gem. §§ 311a II 1 2. Fall, 284 BGB   215

12. Anspruch auf Herausgabe des stellvertretenden commodums gem. § 285 BGB   215

    Prüfungsschema: Anspruch auf Herausgabe des stellvertretenden commodums gem. § 285 BGB   215

VOM GLÄUBIGER ZU VERTRETENDE UNMÖGLICHKEIT   222

VON SCHULDNER UND GLÄUBIGER ZU VERTRETENDE UNMÖGLICHKEIT   225

I. Einleitung   225

4. GRUNDFALL: „Carfreitag"   225

II. Systematik und Vertiefung   231

    1. Prüfungsschema

    Prüfungsschema am Beispiel des Kaufvertrages   231

    2. Einseitig verpflichtende Verträge   231

    3. Gegenseitige Verträge   232

DIE SCHLECHTLEISTUNG 243

I. Einleitung 243

II. Systematik und Vertiefung 244

1. Schadensersatzanspruch gem. §§ 280 I, III, 281 I 1 2.Fall BGB 244

2. § 280 I BGB 249

Prüfungsschema: Schadensersatzanspruch gem. § 280 I BGB 249

3. Rücktrittsrecht gem. § 323 I 2. Fall BGB 256

4. Kündigungsrecht gem. § 314 I, II BGB 256

DIE VERLETZUNG VON NEBENPFLICHTEN AUS DEM VERTRAG 260

I. Einleitung 260

5. GRUNDFALL: „Malerarbeiten" 262

II. Systematik und Vertiefung 264

1. Der Anspruch aus §§ 280 I, 241 II BGB 264

Prüfungsschema: Der Anspruch aus §§ 280 I, 241 II BGB 264

2. Der Anspruch aus §§ 280 I, III, 282 BGB 283

Prüfungsschema: Der Anspruch auf Schadensersatz gem. §§ 280 I, III, 282 BGB 284

3. Der Anspruch aus § 284 BGB 285

4. Das Rücktrittsrecht gem. § 324 BGB 286

Prüfungsschema: Das Rücktrittsrecht gem. § 324 BGB 286

CULPA IN CONTRAHENDO (VERSCHULDEN BEI VERTRAGSVERHANDLUNGEN) 289

I. Einleitung 289

6. GRUNDFALL: Teppichrollenfall 289

II. Systematik und Vertiefung: Voraussetzungen eines Schadensersatzanspruchs aus culpa in contrahendo gem. §§ 280 I, 311 II, 241 II BGB 290

1. Prüfungsschema 290

Anspruch aus c.i.c. gem. §§ 280 I, 311 II, 241 II BGB 290

2. Schuldverhältnis 290

3. Pflichtverletzung gem. § 241 II BGB 297

4. Vertretenmüssen des Schuldners 303

5. Ersatzfähiger und kausaler Schaden 303

6. Einwendungen 306

7. Einreden 306

8. Keine unzulässige Rechtsausübung gem. § 242 306

STÖRUNG DER GESCHÄFTSGRUNDLAGE § 313 BGB   307

I. Einleitung   307

7. GRUNDFALL: Karnevalsbalkon-Fall   309

II. Systematik und Vertiefung   313

   1. Anspruch auf Vertragsanpassung gem. § 313 I BGB   313

   Prüfungsschema: Anspruch auf Vertragsanpassung gem. § 313 I BGB   313

   2. Rücktrittsrecht   343

   3. Kündigungsrecht   343

DER RÜCKTRITT   344

I. Einleitung   344

8. GRUNDFALL: „Göttin"   345

II. Systematik und Vertiefung   349

   1. Voraussetzungen des Rücktritts   349

   Prüfungsschema: Voraussetzungen des Rücktritts   349

   2. Rechtsfolgen des Rücktritts   352

DER WIDERRUF GEM. § 355 BGB   362

I. Einleitung   362

II. Systematik und Vertiefung   365

   1. Voraussetzungen des Widerrufs eines Fernabsatzvertrages oder eines AGV gem. § 312g I BGB   367

   Prüfungsschema: Voraussetzungen des Widerrufs eines Fernabsatzvertrages oder eines AGV gem. § 312g I BGB   367

9. GRUNDFALL: „Die weiß-schwarze Couch"   386

   2. Rechtsfolgen des Widerrufs eines Fernabsatzgeschäfts oder eines AGV   396

   3. Voraussetzungen des Widerrufs nach §§ 491 ff. BGB   399

   Prüfungsschema: Voraussetzungen des Widerrufs nach §§ 491 ff. BGB   401

   4. Rechtsfolgen des Widerrufs nach §§ 491 ff. BGB   408

VERBUNDENE VERTRÄGE   409

I. Einleitung   409

II. Systematik und Vertiefung   410

   1. Begriff des verbundenen Vertrages   410

   2. Widerruf verbundener Verträge   411

   3. Rückforderungsdurchgriff gem. § 358 IV 5 BGB   414

   4. Einwendungsdurchgriff   418

   Prüfungsschema: Voraussetzungen des Einwendungsdurchgriffs gem. § 359 BGB   419

   5. Rückabwicklung des verbundenen Vertrages außerhalb des Widerrufs   422

DAS SCHULDVERHÄLTNIS –
ALLGEMEINE GRUNDSÄTZE

I. EINLEITUNG

Das Schuldrecht umfasst das gesamte Recht der Schuldverhältnisse. Es wurde als zweites Buch des BGB in den §§ 241 – 853 BGB normiert, wobei man seine ersten sieben Abschnitte als den allgemeinen Teil des Schuldrechts und den achten Abschnitt mit der Titulierung „Einzelne Schuldverhältnisse" insgesamt als das besondere Schuldrecht bezeichnet. Die dort geregelten Rechtsnormen beschreiben, worum es sich bei einem Schuldverhältnis handelt, welches sein jeweiliger Inhalt ist und wann es beginnt oder endet. Eine exakte gesetzliche Definition (Legaldefinition) des Begriffes Schuldverhältnis vermisst man jedoch, weil der Gesetzgeber dies bewusst Rechtsprechung und Lehre überlassen hat.[1] Auch § 241 BGB erfüllt diese Anforderung nicht.

1 Systematik des Schuldrechts

KLAUSURHINWEIS

In der gutachterlichen Prüfung ist eine Definition des Begriffs Schuldverhältnis überall dort nötig, wo Ansprüche aus den §§ 280 ff. BGB geltend gemacht werden. Deshalb ist die genaue Kenntnis der Definition ebenso erforderlich wie das vertiefte Verständnis ihrer Bedeutung.

Aus § 241 I BGB kann aber immerhin geschlossen werden, dass der Kern eines Schuldverhältnisses aus dem Recht des Gläubigers besteht, von einem anderen Rechtssubjekt, nämlich vom Schuldner, eine Leistung zu fordern. Dem fügt § 241 II BGB die Pflicht des Schuldners zur Rücksichtnahme auf Rechte, Rechtsgüter und Interessen der anderen Person, des Gläubigers, hinzu. Wer sich in einem Schuldverhältnis befindet, schuldet also mehr als ein gewöhnlicher Teilnehmer am Rechtsverkehr, an welchen sich nur allgemeine Ge- und Verbote richten, etwa niemanden zu verletzen oder kein fremdes Eigentum zu beschädigen.[2] Mithin handelt es sich also um eine rechtliche Sonderverbindung, kraft derer Pflichten aus § 241 BGB entstehen.

DEFINITION

Unter **Schuldverhältnis** versteht man eine rechtliche Sonderverbindung zwischen Personen, aufgrund derer eine Person (Schuldner) zur Leistung an die andere Person (Gläubiger) oder zur Rücksichtnahme auf diese gem. § 241 BGB verpflichtet ist.[3]

Schuldverhältnis

Außerhalb dieser Sonderbeziehungen schulden die Teilnehmer am Rechtsverkehr grundsätzlich weder einklagbare Pflichten noch besondere Sorgfalt. Erst wenn sie gegen Ge- oder Verbote der Rechtsordnung verstoßen, werden sie Schuldner einer Leistung. Somit entstehen Schadensersatzansprüche außerhalb

---

1   MünchKomm-Bachmann, BGB, § 241 Rn 1
2   Medicus/Lorenz, Schuldrecht I, Rn 1
3   Brox/Walker, Schuldrecht-AT, § 1 Rn 2

der Sonderverbindungen z.B. nach deliktischem Fehlverhalten i.S.v. §§ 823 ff. BGB oder nach einem Verstoß gegen andere Haftungsnormen, etwa durch Erfüllung des Tatbestandes einer besonderen Norm der Gefährdungshaftung, z.B. § 7 I StVG oder § 1 HaftpflichtG.

Sonderbeziehung

Innerhalb der schuldrechtlichen Sonderbeziehung schulden die Rechtsteilnehmer einklagbare Leistungen i.S.v. § 241 I BGB und haben besondere, über allgemeine deliktische Verkehrssicherungspflichten hinausgehende Sorgfaltspflichten i.S.v. § 241 II BGB zu beachten. Daher können solche Sonderbeziehungen wegen des umfänglichen Inhalts der Schuldnerpflichten und ihrer Besonderheiten bei Gefahrtragung und Haftungszurechnung nur in gesetzlich angeordneten Fällen entstehen.

BEISPIEL (Bananenschalenfall): A wandert auf dem öffentlichen Gehweg seiner Gemeinde heimwärts, als er den entgegenkommenden Passanten B erkennt. Ferner bemerkt er eine auf dem Boden liegende Bananenschale, auf der B gleich ausrutschen wird.

Weil sich A und B nicht in einer schuldrechtlichen Sonderverbindung befinden, trifft den A keine Rechtspflicht, den B über die drohende Gefahr zu informieren. Ferner trifft A auch keine Verkehrssicherungspflicht zur Abwendung der Gefahr, weil er die Bananenschale auch nicht auf den Boden geworfen und damit die Gefahr nicht erzeugt hat. Stürzt B, haftet A nicht wegen dessen Schadens, weder aus Vertrag, noch aus Delikt gem. §§ 823 ff. BGB.

BEISPIEL: V hat K ein Auto verkauft und ihn zur Abholung des PKW in sein Autohaus bestellt. Plötzlich wirft ein Radfahrer eine Bananenschale über den Zaun des Betriebsgeländes, die auf dem Gehweg zur Eingangstür liegen bleibt. Gleichzeitig erkennt V den herannahenden K und dessen unmittelbar bevorstehendes Ausrutschen auf der Bananenschale.

V und K befanden sich spätestens seit Vertragsschluss in einer rechtlichen Sonderverbindung, kraft derer V verpflichtet ist, die Rechtsgüter des K vor erkannten Gefahren zu schützen. Deshalb schuldet V dem K geeignete Gefahrenabwehrmaßnahmen, etwa Entfernung der Bananenschale oder einen warnenden Hinweis auf die Gefahr.

MERKSATZ

Wer sich in einem Schuldverhältnis befindet, muss sich gegenüber den Partnern dieser Sonderbeziehung sorgfältiger verhalten als gegenüber anderen Teilnehmern am Rechtsverkehr.

Vertragliches Schuldverhältnis

2   Jeder Vertragsschluss begründet gem. § 311 I BGB ein Schuldverhältnis, das die Parteien nach § 241 I BGB zur Erbringung der versprochenen Leistungen verpflichtet. Die Vertragsarten, die in der Praxis häufig vorkommen, hat der Gesetzgeber im 8. Abschnitt des Buches der Schuldverhältnisse vertypt.

BEISPIEL: Der Mieter schuldet beim Mietvertrag die Entrichtung der Miete als Geldzahlung, der Vermieter die Überlassung der Mietsache auf Zeit in einem zum vertragsgemäßen Gebrauch geeigneten Zustand sowie die gesamte Instandhaltung des Mietobjekts. Der Werkunternehmer schuldet die Herstellung des geschuldeten Werks, der Besteller dessen Abnahme, § 640 BGB, und die Zahlung der Vergütung.

Dabei ist das Schuldrecht grundsätzlich disponibel, d.h. von den normierten Regeln darf im Schuldrecht abgewichen werden, sofern das Gesetz nicht die strikte Anwendung des normierten Inhalts gebietet.

BEISPIEL: Es darf gem. § 536 IV BGB dem Mieter von Wohnraum sein Minderungsrecht aus § 536 I-III BGB nicht durch Vertrag entzogen werden, jedoch dürfen nach Auffassung der Rechtsprechung die Schönheitsreparaturen, die als Instandhaltungspflichten gem. § 535 I BGB eigentlich Vermieterpflicht sind, in engen Grenzen durch Individualabrede oder durch AGB dem Mieter auferlegt werden.

Sogar vor Vertragsschluss kann man Teilnehmer einer schuldrechtlichen Sonderverbindung sein. Wer nämlich durch sein Verhalten den Tatbestand des § 311 II, III BGB ausfüllt, findet sich in einem Schuldverhältnis wieder, das Sorgfaltspflichten i.S.v. § 241 II BGB anordnet. Wer gegen diese verstößt, kann auf Schadensersatz aus § 280 I BGB wegen Verschuldens bei Vertragsschluss, culpa in contrahendo (c.i.c.), haften.

3 Culpa in contrahendo

BEISPIEL (nach RGZ 78, 239 „Linoleumrollenfall"): V betreibt ein Geschäft für Auslegware und hat eine Linoleumrolle unsachgemäß gelagert. Als er dem Kunden K verschiedene Auslegware präsentiert, fällt diesem die Linoleumrolle auf den Kopf und verletzt seinen Körper. Weil K in zu große Erregung gerät, kommt der Kauf nicht mehr zustande.

Hier haftet V dem K auf Schadensersatz gem. §§ 280 I, 311 II Nr. 1, 241 II BGB. Das Schuldverhältnis besteht gem. § 311 II Nr. 1 BGB durch Aufnahme der Vertragsverhandlungen. Es erzeugt die Schutzpflicht aus § 241 II BGB, den potenziellen Kunden, nämlich K, schon während der Verhandlungen vor Körperverletzungen zu bewahren. Gegen diese Pflicht hat V hier fahrlässig i.S.v. § 276 BGB verstoßen.

Schließlich regelt das BGB zahlreiche gesetzliche Schuldverhältnisse. Diese werden durch das Erfüllen eines gesetzlich vorgegebenen Entstehungstatbestandes ausgelöst, zum Beispiel durch eine schuldhaft begangene Körperverletzung gem. § 823 I BGB. In diesen Fällen gilt der Pflichtenkatalog des § 241 BGB erst ab der Entstehung dieses gesetzlichen Schuldverhältnisses.

4 Gesetzliches Schuldverhältnis

MERKSATZ

Durch Vertragsschluss, durch sozialen Kontakt i.S.v. § 311 II, III BGB oder durch das Erfüllen eines speziell dafür vorgesehenen gesetzlichen Tatbestandes entsteht ein Schuldverhältnis. Diese rechtliche Sonderverbindung begründet Pflichten i.S.v. § 241 BGB zwischen den an der Sonderverbindung beteiligten Rechtssubjekten.

II. SYSTEMATIK UND VERTIEFUNG

Für jegliche Art von Prüfungsleistung werden Kenntnisse der zwei entscheidenden Elemente des allgemeinen Schuldrechts benötigt: Der Inhalt der Schuldnerpflichten und die Gefahrtragungsregeln.

1. Der Pflichtenkatalog des § 241 BGB

Einteilung der Schuldner- pflichten

5 Das Gesetz unterscheidet innerhalb des § 241 BGB zwischen leistungsbezogenen Pflichten in Absatz 1 und sonstigen Pflichten in Absatz 2. Letztere ordnen den sorgfältigen Umgang mit den Rechten, Rechtsgütern und Interessen des Gläubigers an. Diese Differenzierung ist relevant für jede juristische Fallbearbeitung, denn sie dient dem Bearbeiter dort zur Orientierung: Je nachdem, welche Pflicht (Hauptleistungs-, Nebenleistungs- oder Nebenpflicht) auf welche Art (Nicht- oder Schlechterfüllung der leistungsbezogenen Pflicht) verletzt wurde, kommen unterschiedliche Rechtsnormen zur Gewährung von Schadensersatzansprüchen und Gestaltungsrechten (etwa Rücktritt, Minderung, Kündigung) in Betracht. Nur wer den Pflichtenkatalog des Schuldrechts beherrscht, gelangt rasch zur richtigen Anspruchsgrundlage oder auch zum einschlägigen Gestaltungsrecht.

Unterscheidung zwischen Leistungs- und Schutzpflichten

6 Das Gesetz unterscheidet zunächst zwei Arten von Pflichten, nämlich Leistungspflichten und bloße Nebenpflichten, wobei letztere auch Schutzpflichten, Verhaltenspflichten, Rücksichtspflichten oder Begleitpflichten genannt werden.[4]
Hier sollen sie Nebenpflichten genannt werden, weil sie neben den klagbaren Anspruch auf Leistung treten.[5]
Die Leistungspflichten unterscheiden sich von den Nebenpflichten durch eine Besonderheit: Alle leistungsbezogenen Pflichten können eingeklagt werden, d.h. es besteht jeweils ein primärer Anspruch auf Erfüllung, den man gerichtlich geltend machen und bei Erfolg schließlich vollstrecken kann.[6] Die Hauptleistungspflicht prägt den Inhalt und die Eigenart des jeweiligen Schuldverhältnisses, die Nebenleistungspflichten dienen hingegen nur der Vorbereitung, Durchführung und Sicherung der Hauptleistungspflicht.[7] Die Bezeichnung des Vertrages folgt daher seiner typisierten Hauptleistungspflicht.

BEISPIEL: V verkauft K 10 Tonnen Kupfergranulat. Welche Leistungspflichten entstehen und wie sind sie zu kategorisieren?

Unterscheidung zwischen Haupt- und Nebenleistungs- pflichten

V schuldet aus § 433 I BGB die Lieferung des Kupfers Zug um Zug gegen Zahlung des Kaufpreises durch K gem. § 433 II 1. Fall BGB. Allein wegen dieser gegenseitigen Pflichten heißt der Vertrag Kaufvertrag. Gem. § 433 II 2. Fall BGB hat K dem V den Posten Kupfer aber auch abzunehmen. Weil diese Pflicht einklagbar ist, handelt es sich um eine Leistungspflicht, und nicht um eine bloße Nebenpflicht. Weil der Vertrag mit ihr aber weder steht noch fällt, handelt es sich nur um eine Nebenleistungspflicht.

---

4   Medicus/Petersen, Bürgerliches Recht, Rn 208; Looschelders, Schuldrecht AT, Rn 21
5   Siehe Randnummer 7
6   Looschelders, Schuldrecht AT, Rn 14
7   Palandt-Grüneberg, BGB, § 241 Rn 5

MERKSATZ

Die Leistungspflicht, mit welcher ein Vertrag steht und fällt, ist die Hauptleistungspflicht des Vertrages. Hat eine Leistungspflicht nur dienenden Charakter, ist sie nur eine Nebenleistungspflicht.

Hauptleistungspflicht

Hingegen sind die Nebenpflichten nur als Sorgfaltsanweisung der Rechtsordnung aus Treu und Glauben zu beachten, bei denen Sanktionen erst bei ihrer Missachtung ausgelöst werden. Sie werden von § 241 II BGB ausdrücklich anerkannt und verpflichten zur Rücksichtnahme auf die Rechte, Rechtsgüter und Interessen des Gläubigers. Ihr Ziel besteht folglich darin, den vermögensrechtlichen und personenrechtlichen Status quo des Gläubigers vor nachteiligen Veränderungen zu schützen.[8] Ihre Verletzung kann zu Schadensersatzpflichten aus §§ 280 I, 241 II BGB[9] oder §§ 280 I, III, 282 BGB[10] führen, bzw. zum Aufwendungsersatz aus § 284 BGB[11] oder zum Rücktrittsrecht aus § 324 BGB.

7 *Neben- oder Schutzpflichten*

MERKSATZ

Nebenpflichten erkennt man daran, dass sie nicht klagbar sind. Sie schützen die Rechte, Rechtsgüter und Interessen des Gläubigers, die unabhängig von der eigentlichen Leistung sind.

Bei der Verletzung leistungsbezogener Pflichten differenziert man zwischen Nicht- und Schlechtleistung: Hat der Schuldner nicht oder nicht rechtzeitig geleistet, müssen die Regelungen zu Unmöglichkeit[12] und Verzug[13] in den §§ 280 ff., 323, 326 BGB geprüft werden, liegt hingegen eine Schlechtleistung vor, ist zu beachten, ob eine Haupt- oder eine Nebenleistungspflicht verletzt wurde. Die Verletzung einer Hauptleistungspflicht führt bei Kaufverträgen zu den speziellen Normen der §§ 434 ff. BGB, bei Werkverträgen zu §§ 633 ff. BGB, bei Reiseverträgen zu den §§ 651a ff. BGB, bei Zahlungsdiensterahmenverträgen zu den §§ 675u ff. BGB und bei Mietverträgen zu den §§ 536 ff. BGB. Sonstige Schlechtleistungen sind nach § 280 I BGB zu bewerten.[14]

8 *Nicht- oder Schlechter- füllung der Leistungs- pflichten*

BEISPIEL („Cerberus-Fall"): K hat bei V am 01.02. einen Neuwagen gekauft, der am 26.03. ausgeliefert werden soll. K erscheint pünktlich auf dem Betriebsgelände des V, um den PKW abzuholen. Leider hat V vergessen, seinen als gefährlich bekannten Wachhund „Cerberus" einzusperren. Als sich K anschickt, die Türklinke zum Verkaufsraum zu bedienen, beißt ihm Cerberus in die Wade. Nachdem der Notarzt N den verletzten K versorgt hat, besteht dieser trotz seiner Wunde auf sofortige Lieferung des PKW. Seine herbeigeeilte Ehefrau F soll den Wagen zur Wohnung des K fahren. K selbst, der ein aufmerksamer Beifahrer ist, bemerkt beim Auffahren auf die Autobahn am rechten Hinterrad einen Radlagerschaden. Welche Rechte hat K gegen V?

---

8   *Palandt-Grüneberg, BGB, Einleitung vor § 241 Rn 4*
9   *Siehe Randnummer 342*
10   *Siehe Randnummer 360*
11   *Siehe Randnummer 361*
12   *Siehe Randnummer 203*
13   *Siehe Randnummer 64*
14   *Siehe Randnummer 316*

KLAUSURHINWEIS

Wer bereits über Erfahrung bei der Bearbeitung von Klausuren verfügt, erkennt rasch, dass Ansprüche des K gegen V einerseits auf Nacherfüllung gem. §§ 437 Nr. 1, 439 I BGB und andererseits auf Schadensersatz gem. §§ 280 I, 241 II BGB auf Ersatz der Heilbehandlungskosten und Zahlung von Schmerzensgeld in Betracht kommen. Wie diese Ansprüche jeweils geprüft werden, wird später erörtert. An dieser Stelle soll lediglich die Denkweise zum Auffinden der Anspruchsnorm dargelegt werden.

Zunächst ist zu fragen, welche Pflichten hier verletzt sein könnten. Der Sachverhalt gibt die Schließung eines Kaufvertrages vor, also die Entstehung eines vertypten Schuldverhältnisses. V treffen daraus einerseits leistungsbezogene Pflichten i.S.v. §§ 433 ff. BGB und andererseits Nebenpflichten i.S.v. § 241 II BGB zur Rücksicht auf die Rechtsgüter des K. Der Inhalt der primären Hauptleistungspflicht des Kaufvertrages ist definiert in § 433 I BGB. Hier hat V seine Pflichten nicht durch Nichtleistung verletzt, sondern indem er ein Fahrzeug mit Radlagerschaden geliefert und demzufolge nicht mangelfrei erfüllt hat. Diese mangelhafte Lieferung löst gem. § 434 I 2 Nr. 2 BGB die Rechte des § 437 BGB aus, die gem. § 437 Nr. 1 BGB zunächst auf Nacherfüllung gerichtet sind.

Der Hundebiss in die Wade hat Heilbehandlungskosten ausgelöst (Schaden i.S.v. § 249 II 1 BGB) und führt wegen der erlittenen Schmerzen zu einem immateriellen Schaden des K (ersetzbar durch Zahlung von Schmerzensgeld gem. § 253 II BGB). Jedoch hat der Hundebiss nichts mit der Mangelfreiheit des PKW zu tun, denn auch wenn der PKW mangelfrei ausgeliefert worden wäre, hätte der Hund des V den Käufer an der Wade verletzt. Auch dann hätte K den Arzt bezahlen müssen und hätte er die empfundenen Schmerzen erlitten. Deshalb muss die Verletzung einer anderen Pflicht untersucht werden.

KLAUSURHINWEIS

Gedanklich ist von vornherein abzugrenzen, ob eine Nebenleistungs- oder eine Nebenpflicht verletzt wurde. Nebenleistungspflichten dienen der Erfüllung der Hauptleistungspflichten, entstehen kraft Gesetz oder durch vertragliche Vereinbarung und sind selbständig einklagbar.[15] Bei ihrer Verletzung finden die §§ 280 ff. BGB Anwendung, insbesondere § 281 BGB und § 283 BGB.

Hier hätte K den V aber nicht vorsorglich mit dem Antrag verklagen können, V zu verurteilen, dafür Sorge zu tragen, dass der Wachhund Cerberus bei der geplanten Auslieferung am 26.03. eingesperrt ist. Mangels Klagbarkeit kann es sich nur um eine Nebenpflichtverletzung (Sorgfaltspflichtverletzung) i.S.d. § 241 II BGB handeln, die zum Schadensersatzanspruch aus § 280 I BGB führen kann.

---

15   *Looschelders,* Schuldrecht AT, Rn 12

KLAUSURHINWEIS

Hat man in seiner Prüfungsarbeit diese gedankliche Vorprüfung eingehalten, wird man auch die richtige Anspruchsgrundlage begutachten. Wie gezeigt, führen unterschiedliche Pflichtverletzungen zu unterschiedlichen gesetzlichen Tatbeständen mit unterschiedlichen Rechtsfolgen. Hinzu kommt, dass die Ansprüche in unterschiedlichen Fristen verjähren können.

Wie wichtig die Reihenfolge der Pflichtverletzungsarten bei der gedanklichen Vorprüfung ist, zeigt das folgende fortgeschrittene Beispiel: **9**

BEISPIEL („Schneefall-Fall"): V hat an M eine Einliegerwohnung im eigenen Haus vermietet. Diese besitzt zwar einen eigenen Eingang, jedoch muss M vom städtischen Gehweg durch das Vorgartentor auf einem Steinweg über das Grundstück des V zur Wohnungstüre laufen. Im Winter hat es V durch Fahrlässigkeit versäumt, sowohl die Beleuchtung vor der Eingangstüre instand zu halten, als auch seinen Schneeräumpflichten nachzukommen. Als M eines Morgens gemessenen Schrittes aus seiner Wohnungstür läuft, rutscht er auf dem vereisten, nicht beleuchteten Steinweg aus und bricht sich das rechte Bein.

Wer nur oberflächlich prüft und die o.g. Denkschritte nicht einhält, wird hier eine Nebenpflichtverletzung i.S.v. § 241 II BGB vermuten und überhastet § 280 I BGB anwenden. Dies wäre aber ein schwerer Fehler. V hat nämlich seine Hauptleistungspflicht als Vermieter verletzt. § 535 I BGB verlangt vom Vermieter die Überlassung des Objekts in einem zum vertragsgemäßen Gebrauch geeigneten Zustand, was zur Folge hat, dass der Mangelbegriff des § 536 I BGB viel weiter gefasst ist als etwa der Mangelbegriff des § 434 BGB im Kaufrecht. Der Vermieter haftet für die hier dargestellten Gefahrenquellen - fehlende Beleuchtung, Schneeglätte - wegen einer schuldhaften Schlechterfüllung seiner Hauptleistungspflicht gem. § 536a I 2. Fall BGB. Ein Vermieter kann in solchen Fällen sogar ohne Verschulden gem. § 536a I 1. Fall BGB haften, wenn der Mangel bereits bei Vertragsschluss vorhanden war.

MERKSATZ

Man untersucht Pflichtverletzungen gedanklich und bei jeder Prüfung einer Anspruchsgrundlage immer in der Reihenfolge Hauptleistungspflichtverletzung, Nebenleistungspflichtverletzung und Nebenpflichtverletzung.

2. Gesetzlicher Inhalt der Leistungspflichten

Sofern das Gesetz nicht die strikte Anwendung seiner Normen gebietet, dürfen die Parteien nach dem Grundsatz der Vertragsfreiheit den Inhalt der Schuldverhältnisse durch Verhandlung selbst festlegen. Die Vertragsfreiheit ist der wichtigste Bestandteil der Privatautonomie und, wie diese, ein Grundprinzip des Privatrechts, insbesondere des Schuldrechts. Aus der Vertragsfreiheit folgt die Freiheit zur inhaltlichen Gestaltung.[16] Dies bedeutet, dass die Parteien nicht geregelte Vertragstypen selbst entwickeln dürfen.   **10**   Gestaltungs-freiheit

---

16   *Larenz, Schuldrecht I, § 4, S. 41*

BEISPIEL: Der im Kreditsicherungsrecht so wichtige Sicherungstreuhandvertrag, der jeder Sicherungsübereignung und Sicherungsabtretung zugrunde liegt, ist im BGB nicht vertypt. Sein Inhalt unterliegt der Verhandlung der am Vertrag beteiligten Parteien.

Die Gestaltungsfreiheit bedeutet ferner, dass die Parteien von den im Gesetz normierten Vertragstypen abweichen dürfen, es sei denn, das Gesetz ordnet die unbedingte Geltung einer Regelung an.

BEISPIEL: V vermietet eine Wohnung an K. Im Mietvertrag vereinbaren sie schriftlich unter „Sonstiges", dass M wegen auftretender Mängel nicht die Miete mindern darf. Diese Abrede ist gem. § 536 IV BGB verboten und entfaltet keine Wirkung.

11 Haben die Parteien nichts bestimmt, was vom Gesetz abweicht, gilt der gesetzliche Inhalt der Leistungspflichten. Dies bedeutet im Besonderen, dass für den Kaufvertrag die kaufrechtlichen Regeln, für den Werkvertrag die werkvertragrechtlichen Regeln usw. gelten. Wie gemischte Verträge zu behandeln sind, wird im Kapitel Nebenpflichtverletzung beim „Skyline-Fall" besprochen.[17]

12 Als allgemeine Regeln legen die §§ 266, 269 ff. BGB den gesetzlichen Inhalt der Leistungspflichten fest. Nach diesen Rechtsnormen muss die Leistung am richtigen Ort (Leistungsort, § 269 BGB), zur richtigen Zeit (Leistungszeit, § 271 BGB), im richtigen Umfang, § 266 BGB, und in der richtigen Art und Weise (Leistungshandlung, §§ 242, 241 II BGB) erbracht werden.

KLAUSURHINWEIS

Diese inhaltlichen Fragen müssen stets bei der Feststellung des Annahmeverzuges gem. §§ 293 ff. BGB und gem. § 243 II BGB bei der Konkretisierung der Gattungsschuld geprüft werden.[18]

a) Der Leistungsort

13 Wo sich der Leistungsort befindet, dürfen gem. § 269 BGB die Vertragsparteien bestimmen. Sofern sie nichts bestimmt haben, ergibt sich der Ort aus den Umständen. Jenseits dessen gelten die allgemeinen Regeln des § 269 BGB. Dabei ist zu beachten, dass diese Rechtsnorm eine doppelte Vermutungsregelung trifft, die zwischen dem Erfolgsort und dem Leistungsort (Erfüllungsort) unterscheidet.

DEFINITION

Erfolgsort

Erfolgsort ist der Ort, an dem die Leistung erfolgen soll, also dort, wo der Leistungserfolg eintritt.[19]

Leistungsort

Leistungsort/Erfüllungsort ist der Ort, an dem sich der Schuldner durch seine Leistungshandlung von seiner Leistungspflicht befreit.[20]

---

17   *Siehe Randnummer 350*
18   *Siehe Randnummer 231*
19   *Palandt-Grüneberg, BGB, § 269 Rn 1*
20   *MünchKomm-Krüger, BGB, § 269 Rn 2*

Ob die Pflichten beim Schuldner oder beim Gläubiger zu erfüllen sind, hängt davon ab, ob eine Hol-, Bring- oder Schickschuld besteht. In der Regel, nämlich bei Hol- oder Bringschuld, fallen beide Orte zusammen, was zur Folge hat, dass die Leistungshandlung des Schuldners zur Erfüllung führt und damit den Leistungserfolg eintreten lässt.

Unterscheidung der Leistungsorte

> **DEFINITION**
>
> Eine **Holschuld** besteht, wenn sich der Erfolgsort und der Leistungsort gem. § 269 I BGB am Wohnsitz des Schuldners befinden.[21]

Holschuld

BEISPIEL: V hat an K eine Kaffeemaschine verkauft, die er aber nicht vorrätig hat. Es wird verabredet, dass K das Gerät abholen soll. Als die bestellte Maschine eintrifft, legt V diese beiseite und benachrichtigt K.

K muss sich die Ware bei V abholen. Im Ladengeschäft des V wird der Kaufvertrag gem. § 362 I BGB durch Übereignung (Einigung und Übergabe i.S.v. § 929 S.1 BGB) erfüllt. Hier ist der Ort der Leistungshandlung zugleich der Ort des Leistungserfolges.

> **DEFINITION**
>
> Befinden sich Erfolgs- und Leistungsort beim Gläubiger, besteht eine **Bringschuld**.[22]

Bringschuld

BEISPIEL: V hat K ein Klavier verkauft. Es wird vereinbart, dass V das Klavier in der Wohnung des K aufstellen soll.

V bringt das Klavier in die Wohnung und übereignet es dort an K gem. § 929 S. BGB, wodurch Erfüllung gem. § 362 I BGB eintritt. Ebenso wie bei der Holschuld fallen bei der Bringschuld Leistungs- und Erfolgsort zusammen.

> **DEFINITION**
>
> Bei der **Schickschuld** erbringt der Schuldner seine Leistungspflichten am eigenen Wohnort, der Erfolg tritt aber erst am Wohnort des Gläubigers ein.[23]

Schickschuld

BEISPIEL: V aus Hamburg hat an K aus München einen Stuhl verkauft und freie Lieferung durch einen Spediteur versprochen.

Bei der Schickschuld fallen die Orte auseinander, z.B. im Falle der Geldschuld gem. § 270 BGB oder beim Versendungskauf gem. § 447 BGB. Dort erfüllt der Schuldner seine Leistungspflichten am eigenen Wohnort, der Erfolg tritt aber erst am Wohnort des Gläubigers ein. Ist eine Schickschuld gegeben, genügt es, dass der Schuldner die

Versendungskauf

---

21   *Erman-M. Artz, BGB, § 269 Rn 1*
22   *Erman-M. Artz, BGB, § 269 Rn 1*
23   *Erman-M. Artz, BGB, § 269 Rn 1*

ausgesonderte Sache an seinem Wohnsitz einer sorgfältig ausgewählten, zuverlässigen Transportperson aushändigt, weil sich dort der Leistungsort befindet.[24]

BEISPIEL: Wenn V dem Spediteur S-GmbH in Hamburg den Stuhl übergibt, hat er seine
geschuldete Leistungshandlung erbracht, jedoch noch nicht i.S.v. § 362 I BGB erfüllt.
Erst wenn durch die S-GmbH der Stuhl dem K in München übergeben wurde und
dieser Eigentümer geworden ist, tritt Erfüllung gem. § 362 I BGB ein.

Rechtliche Schwierigkeiten ergeben sich während des Zeitraums zwischen der
Übergabe an die Transportperson und der Auslieferung an den Gläubiger. Dort
stellen sich Fragen, welche Anstrengungen der Schuldner unternehmen muss, um
den Erfolg herbeizuführen, wer auf Schadensersatz haftet und wer die Gefahr des
Misserfolgs trägt, auch wenn der Schuldner pflichtgemäß geleistet hat. Dies regeln
bei der Schickschuld die §§ 270, 447 BGB.

Vermutung der Holschuld

14 Von entscheidender Bedeutung ist, wie man die Schuldarten unterscheidet. Hierzu
trifft § 269 BGB Regelungen für zweifelhafte Fälle. § 269 I BGB bestimmt, dass Lei-
stungs- und Erfolgsort immer beim Schuldner liegen sollen, wenn sich weder aus
dem Gesetz noch aus den Umständen etwas anderes ergibt. Damit hat im Zweifel
der Gläubiger die Leistung beim Schuldner abzuholen.

BEISPIEL: Fragt V seinen Bekannten K:„Möchtest Du meinen Fernseher für 100,- € kaufen?"
und antwortet K mit „einverstanden", ist mangels spezieller Vereinbarung gem. § 269 I
BGB davon auszugehen, dass K den Fernseher bei V abzuholen hat.

Vermutung der Schickschuld

15 Befindet sich der Erfolgsort entgegen der Vermutung des § 269 I BGB beim Gläubiger,
kann eine Bringschuld oder eine Schickschuld gegeben sein. Bei der Bringschuld
befinden sich Erfolgs- und Leistungsort beim Gläubiger. Für diese Konstellation
enthält § 269 III BGB eine Vermutung für zweifelhafte Fälle. Diese erschließt sich aus
der Formulierung im gesetzlichen Tatbestand, dass sogar dann, wenn der Schuldner
die Kosten des Transportes zum Erfolgsort übernommen hat, der Erfolgsort nicht
der Leistungsort sein muss. Soll der Erfolgsort beim Gläubiger liegen, besteht im
Zweifel nur eine Schickschuld. Dies ergibt sich aus einem Erst-Recht-Schluss. Denn
wenn sogar ein Schuldner, der die Kosten des Transports übernimmt, nicht persönlich
liefern muss, sondern sich eines sorgfältig ausgewählten Transporteurs bedienen darf,
dann ist er erst Recht zur persönlichen Lieferung an den Erfolgsort nur verpflichtet,
wenn er es ausdrücklich oder schlüssig vereinbart hat oder es sich zwingend aus den
Umständen ergibt. Im Einzelfall muss also genau ausgelegt werden.

BEISPIEL: „Lieferung frei Haus" wird meistens nur Kostenübernahme und damit Schickschuld bedeuten. „Lieferung ins Haus" kann hingegen bedeuten, dass der Schuldner
nicht nur den Transport zur Haustür, sondern in die Wohnung des Gläubigers verspricht,
was häufig auf eine Bringschuld hindeutet. Letztere wird man ferner annehmen dürfen,
wenn mit der Lieferung Aufbau-, Installations- und Serviceleistungen verbunden sind,
etwa bei teurer Unterhaltungselektronik, empfindlichen Möbeln oder bei einem
Konzertflügel.

---

24   *Palandt-Grüneberg, BGB, § 243 Rn 5*

MERKSATZ

Man untersucht zuerst anhand von § 269 I BGB, wo sich der Erfolgsort befindet. Soll er beim Schuldner liegen, besteht zwingend eine Holschuld. Liegt er beim Gläubiger, kommen sowohl Bring-, als auch Schickschuld in Betracht. Gem. § 269 III BGB muss dann der Leistungsort ermittelt werden. Befindet er sich ebenfalls beim Gläubiger, wurde eine Bringschuld vereinbart. Soll er beim Schuldner sein, besteht eine Schickschuld.

Schwierig zu beurteilen ist, wo sich bei gesetzlichen Schuldverhältnissen der Leistungsort befindet.

16

BEISPIEL: E aus Hamburg ist stolzer Besitzer eines PKW VW Golf V. D hat sich von einem in Deutschland zugelassenen, aber in den Niederlanden verschrotteten Unfallfahrzeugs desselben Typs (sog. „Doublettenfahrzeug") den Kfz-Brief besorgt. Er stiehlt das Auto des E in Hamburg und verkauft es in Düsseldorf mit dem Doubletten-Kfz-Brief an den gutgläubigen G. Dieser bricht mit dem neu erstandenen PKW in den Skiurlaub Richtung Kleinwalsertal auf, bemerkt in Mannheim, dass die Fahrgestellnummer in Kfz-Brief und PKW nicht übereinstimmen, setzt die Fahrt aber fort und wird schließlich in Oberstdorf von der Polizei gestoppt, die das Fahrzeug als gestohlen identifiziert. E verlangt von G aus § 985 BGB die Herausgabe des PKW. Wo muss G den PKW herausgeben, in Oberstdorf, Mannheim, Düsseldorf oder sogar in Hamburg?

Leistungsort bei Anspruch aus § 985

G hat aufgrund des vorangegangenen Diebstahls wegen § 935 I BGB das Eigentum am PKW nicht gutgläubig erwerben können und schuldet dem Eigentümer E die Herausgabe aus § 985 BGB. Es befinden sich im gesetzlichen Schuldverhältnis der §§ 985 ff. BGB keine ausdrücklichen Regelungen zum richtigen Ort der Herausgabe. Deshalb ist in Rechtsprechung und Literatur umstritten, wo sich in diesen Fällen der Leistungsort befindet. Man kann einerseits anhand des Wortlautes des § 985 BGB („vom Besitzer verlangen") der Auffassung sein, dass es stets auf den aktuellen Standort der Sache ankommt und dort die Herausgabe zu erfolgen hat. Analog §§ 989, 990 BGB bestünde dann lediglich ein Kostenerstattungsanspruch bezüglich der Kosten der Abholung.[25] Danach müsste G nur in Oberstdorf herausgeben und E sich aus Hamburg ins Allgäu bequemen. Weil G in Mannheim bösgläubig i.S.v. §§ 990 I 2; 932 II BGB wurde, er aber dennoch den Weg nach Oberstdorf fortgesetzt und durch diese Ortsverlagerung die Herausgabe erschwert hat, müsste er dem E einerseits die Kosten des Transportes von Oberstdorf nach Mannheim analog §§ 989, 990 BGB bezahlen und andererseits die Anreisekosten von Mannheim nach Oberstdorf. Stellt man wie die Rspr. zur Begründung auf allgemeines Schuldrecht, genauer auf § 269 I BGB (zumindest analog) ab, ergibt sich, dass § 269 I BGB primär die Vereinbarungen der Parteien und sekundär die Natur des Schuldverhältnisses berücksichtigt und erst tertiär Erfolgs- und Leistungsort beim Schuldner vermutet. Weil Parteivereinbarungen hier ausscheiden, ist zunächst die Natur des Schuldverhältnisses zu beleuchten. Dies bemisst sich nach den §§ 987 ff. BGB je nach Art und Stellung des Besitzers. Die §§ 987 ff. BGB unterscheiden zwischen dem redlichen und dem unredlichen Besitzer. Daraus wird geschlossen: Der redliche Besitzer muss dort herausgeben, wo sich die Sache befindet, der bösgläubige hingegen dort, wo sie sich vor

h.L.: Herausgabe am Ort der Sache und Kostenerstattung

Rspr.: Nach Besitzertyp differenzierende Auffassung

---

25   MünchKomm-Baldus, BGB, § 985 Rn 57; Gursky, JZ 1984, 604, 604

Eintritt der Bösgläubigkeit i.S.v. § 990 I BGB befunden hat.[26] Demzufolge müsste G den PKW selbst nach Mannheim zurückschaffen, wo E ihn abholen kann.

Streitentscheid

Für die Lösung der herrschenden Literatur lässt sich der Wortlaut des § 985 BGB anführen, der von der Herausgabe spricht, für die Lösung der Rechtsprechung könnte eine systematische Erwägung sprechen. Legt man die §§ 985 ff. BGB in ihrem systematischen Zusammenhang aus, fällt auf, wie stark diese Regelungen nach der Art des Besitzers differenzieren. Sie unterscheiden zwischen dem redlichen, dem unentgeltlichen, dem verklagten, dem bösgläubigen und zuletzt dem deliktischen Besitzer. Daraus kann man schließen, dass der Leistungsort stets dort zu suchen ist, wo aus dem redlichen Besitzer der unredliche wurde, weil sich die Ortsverschiebung für den Eigentümer als Eingriff in seine Eigentumsbefugnisse darstellt.

Entscheidend für die h.L. dürfte aber der Wesensunterschied zwischen schuldrechtlichen Ansprüchen und dem Vindikationsanspruch aus § 985 BGB sprechen. Letzterer soll nämlich nur das unrechtmäßige Auseinanderfallen zwischen Eigentumslage und tatsächlicher Sachherrschaft beseitigen, was schon durch die bloße Herausgabe gelingt. Weitere Pflichten können sich nur aus weitergehenden, zusätzlichen schuldrechtlichen Anspruchsgrundlagen ergeben. Die angeführten §§ 989, 990 BGB verpflichten aber nicht zu Handlungen oder besonderer Fürsorge, sondern gewähren allenfalls Schadensersatz in Form einer Geldleistung.[27] Daher liegt der Leistungsort in Oberstdorf. Dort hat G herauszugeben, schuldet dem E aber analog §§ 989, 990 BGB die Zahlung der Transportkosten von Oberstdorf nach Mannheim.

MERKSATZ

Nach beiden Auffassungen muss der bösgläubige Besitzer die Kosten des Transportes vom Aufenthaltsort der Sache bis zum Ort, an dem er bösgläubig wurde, tragen. Nach der Rechtsprechung schuldet er den Rücktransport in Natur, nach der h.L. soll der Eigentümer selbst handeln und vom Schuldner Ersatz der Kosten verlangen.

---

b) Die Leistungszeit

17   Der Schuldner hat seine Leistung auch zur rechten Zeit zu erbringen, nämlich dann, wenn sie fällig ist.

Fälligkeit

DEFINITION

Die Leistung ist **fällig** gem. § 271 I BGB, wenn der Schuldner leisten muss.[28]

Auch diesbezüglich gilt primär, was zwischen den Parteien vereinbart wurde. Erst wenn nichts vereinbart wurde, ist sekundär auf die Umstände des Einzelfalles abzustellen. Im Zweifel haben die Parteien die Leistung sofort zu erbringen.

Aus § 271 II BGB ergibt sich, wann die Leistung erfüllbar ist.

---

26   BGH, NJW 1981, 752, 753; Baur/Stürner, Sachenrecht, § 11 Rn 45
27   MünchKomm-Baldus, BGB, § 985 Rn 57; Gursky, JZ 1984, 604,604
28   MünchKomm-Krüger, BGB, § 271 Rn 2; Palandt-Grüneberg, BGB, § 271 Rn 1

DEFINITION

Erfüllbarkeit bezeichnet den Zeitpunkt, an dem der Schuldner leisten darf und der Gläubiger annehmen muss, will er nicht in Annahmeverzug geraten.[29]

Erfüllbarkeit

c) Der Leistungsumfang

Nach § 266 BGB ist der Schuldner nicht zu Teilleistungen berechtigt, sofern die Parteien solche nicht vereinbart haben.

18

DEFINITION

Eine Leistung ist i.S.v. § 266 BGB teilbar, wenn sie sich ohne Wertminderung und ohne Beeinträchtigung des Leistungszwecks in **Teilleistungen** zerlegen lässt.[30]

Teilleistung

Der Schuldner darf die Leistung nicht mutwillig zerstückeln, denn er soll den Gläubiger durch eine in Teilen erfolgte Tilgung der Schuld nicht unzumutbar belästigen.[31] Jedoch darf der Gläubiger Teilleistungen annehmen.

BEISPIEL: V hat an K drei Zentner Kartoffeln der Sorte Hansa verkauft. Wie abgesprochen erscheint er zur Leistungszeit, hat aber nur einen Zentner dabei.

Lehnt K die Annahme ab, hat dies keine nachteiligen Rechtsfolgen für ihn. Er gerät nicht gem. §§ 293 ff. BGB in Annahmeverzug. Er gerät auch nicht mit seiner Abnahmepflicht aus § 433 II 2. Fall BGB in Schuldnerverzug gem. § 286 BGB.

MERKSATZ

Der Gläubiger darf die Teilleistung i.S.v. § 266 BGB ablehnen, ohne dass dies für ihn zu nachteiligen Folgen führt.

d) Die Leistungshandlung

Der Schuldner hat nach Treu und Glauben gem. §§ 241 II. 242 BGB die Leistung so zu erbringen, dass der Leistungserfolg nicht gefährdet wird. Dazu muss er den Leistungsgegenstand dem Gläubiger so nahe bringen, dass dieser nichts weiter zu tun braucht, als zuzugreifen.[32] Auch hier kommt es wieder darauf an, ob eine Hol-, Bring- oder Schickschuld vereinbart wurde.

19

Leistungs-
handlung

BEISPIEL: V hat K einen Strauß Blumen verkauft und versprochen, sie um 14.00 Uhr dem K persönlich in seine Wohnung zu bringen.

V darf die Blumen nicht vor die Wohnungstür legen, weil er sie dort dem beliebigen Zugriff eines Dritten aussetzt. Er muss vielmehr anläuten und sie dem K übergeben. Trifft er den K nicht an, muss er die Blumen wieder mit in sein Geschäft nehmen.

---

29   *MünchKomm-Krüger, BGB, § 271 Rn 3*
30   *Palandt-Grüneberg, BGB, § 266 Rn 2*
31   *RGZ 79, 359, 360*
32   *Larenz, Schuldrecht I, § 25 I a), S. 390*

3. Inhalt der Nebenpflichten

Gebot gegenseitiger Rücksichtnahme

20 Jede Partei hat sich bei der Abwicklung des Schuldverhältnisses so zu verhalten, dass Person, Eigentum und sonstige Rechtsgüter - auch das Vermögen - des anderen Teils nicht verletzt werden.[33] Aus diesem Gebot gegenseitiger Rücksichtnahme erwachsen Pflichten, deren Verletzung zum Rücktrittsrecht aus § 324 BGB und zu verschiedenen Schadensersatzansprüchen führen können, nämlich gem. 280 I, III, 282 BGB auf Schadensersatz statt der Leistung und gem. § 280 I BGB auf Ersatz des einfachen Schadens[34], bzw. gem. § 280 I BGB i.V.m. §§ 311 II, 241 II BGB.[35]

a) Schutzpflichten

Schutzpflichten gem. § 241 II BGB

21 Die Schutzpflichten schützen das Integritätsinteresse des Gläubigers. Dieser soll keine Einbußen an Leib, Leben, Freiheit, Eigentum oder seinem sonstigen Vermögen erleiden. Wie in dem „Cerberus-Fall"[36] gezeigt, muss jeder, der sich in vertragliche Beziehungen zu anderen begibt, deren körperliche Integrität vorausschauend auch dadurch schützen, dass er z.B. gefährliche Tiere einsperrt.

b) Aufklärungspflichten

Aufklärungspflichten gem. § 241 II BGB

22 In einer freien Wettbewerbsgesellschaft gehören Informationsdefizite der Rechtsteilnehmer zu ihrem allgemeinen Lebensrisiko. Deshalb besteht für niemanden eine allgemeine Aufklärungspflicht gegenüber anderen Teilnehmern am Rechtsverkehr. Wer einen Informationsvorsprung besitzt, darf ihn grundsätzlich nutzen, um gegenüber anderen Teilnehmern Vorteile zu erzielen. Nach Treu und Glauben kann es unter Umständen aber zur Aufklärungsverpflichtung kommen. Dies kann der Fall sein, wenn der Schuldner ein schutzwürdiges Aufklärungsinteresse des Gläubigers erkennen muss, etwa auf Nachfrage des Gläubigers, oder wenn dem Gläubiger ohne die gebotene Aufklärung ein Schaden droht, weil durch Vorenthaltung der Information der Eintritt eines schweren Schadens oder eine Gefahr für Leib und Leben wahrscheinlich ist.[37] Verletzt der Schuldner eine solche Pflicht, kann er Schadensersatzansprüchen aus § 280 I BGB[38] oder wegen c.i.c. aus §§ 280 I, 311 II, 241 II BGB ausgesetzt sein.[39]

4. Gefahrtragungsregeln

a) Einzelne Gefahrtragungsregeln

Gefahrtragung

23 Leistungen können auch ohne Verschulden einer Partei gestört sein. Für solche Fälle enthält die Rechtsordnung Normen, die einer Partei das Risiko der zufälligen Verschlechterung und des zufälligen Untergangs zuweisen, nämlich die §§ 287 S. 2, 300 II, 326 II, 446, 447, 615, 644, 645, 848 BGB sowie die §§ 815 III ZPO, 897 ZPO.

---

33   BGH, NJW 1983, 2813, 2814
34   Siehe Randnummer 321
35   Siehe Randnummer 363
36   Siehe Randnummer 8
37   Larenz, Schuldrecht I, § 10 II e), S. 139, 140
38   Siehe Randnummer 342
39   Siehe Randnummer 363

BEISPIEL: Dachdeckermeister U hat mit Besteller B mündlich einen Werkvertrag geschlossen, in welchem er sich verpflichtet, das Dach des Wohnhauses des B mit neuen Dachziegeln zu decken. Nach Fertigstellung aber vor Abnahme gem. § 640 BGB erscheint plötzlich eine Windhose und deckt das Dach wieder ab.

§ 644 I BGB legt dem Unternehmer die Gefahr des zufälligen Untergangs vor der Abnahme auf. Dies bewirkt, dass U mangels Abnahme oder Abnahmeersatz gem. §§ 640 ff. BGB einerseits mangels Erfüllung erneut das Dach decken muss, aber andererseits keinen Anspruch gegen B auf Zahlung des Werklohnes hat.

Gefahrtragung nach § 644 BGB

BEISPIEL: Kaufmann K bestellt bei Versandhändler V eine bestimmte antike Wanduhr für sein Büro. Es wird eine Schickschuld vereinbart. V übergibt die Uhr pflichtgemäß verpackt dem Frachtführer F aus seiner Heimatstadt. Unterwegs geht die Uhr durch das Verschulden des F zu Bruch, sodass F unverrichteter Dinge zurück in seinen Betrieb fährt. Hat K einen Anspruch auf Lieferung einer Wanduhr? Kann V Zahlung des Kaufpreises verlangen?

Der Anspruch des K aus § 433 I BGB richtete sich auf eine bestimmte antike Wanduhr, die infolge des Unfalls zerstört wurde. Deshalb ist sein Anspruch gem. § 275 I BGB[40] wegen Unmöglichkeit erloschen. Der Anspruch des V aus § 433 II BGB auf Kaufpreiszahlung ist hingegen nicht nach § 326 I 1 BGB untergegangen.[41] Beim Versendungskauf geht die Preisgefahr auf den Käufer in dem Moment über, in dem der Verkäufer die Sache an seinem Wohnsitz einer sorgfältig ausgewählten Transportperson übergibt, sofern § 447 BGB nicht wegen eines Verbrauchsgüterkaufes gem. § 474 II BGB ausgeschlossen ist.[42] Weil § 447 BGB eine Ausnahme zu § 326 I BGB darstellt, wird K nicht von seiner Leistungspflicht frei und muss den Kaufpreis bezahlen, auch wenn er keine Leistung erhält. Er kann aber Schadensersatzansprüche gegen den Frachtführer aus § 421 I 2 HGB geltend machen.

24

Preisgefahr bei Versendungskauf gem. § 447 BGB

KLAUSURHINWEIS
In Versendungskaufsfällen wird anders als hier in der Regel nach den Schadensersatzansprüchen des Käufers gegen den Verkäufer gefragt werden.

BEISPIEL: V hat gegen K ein Urteil des Amtsgerichts erstritten, in dem K wegen eines Zahlungsanspruchs des V aus § 433 II BGB zur Zahlung von 3.000 € rechtskräftig verurteilt wurde. Weil K nicht zahlt, beauftragt V den Gerichtsvollzieher G mit der Zwangsvollstreckung. Dieser sucht K in dessen Wohnung auf und pfändet dort 3.000 € in bar, indem er das Geld an sich nimmt und einsteckt. Unterwegs wird G von einem unbekannten Räuber überfallen, der das Geld stiehlt und unerkannt entkommt.

Die Gefahr des zufälligen Verlustes des Geldes und damit auch eines Raubüberfalls auf den Gerichtsvollzieher trägt bei der Pfändung von Bargeld allein der Gläubiger.

25

Gefahrtragung gem. § 815 III ZPO

---

40   Siehe Randnummer 204
41   Siehe Randnummer 266
42   Palandt-Weidenkaff, BGB, § 447 Rn 17

§ 815 III ZPO ordnet an, dass der Gläubiger in dem Moment als befriedigt gilt, wenn der Gerichtsvollzieher das Geld beim Schuldner an sich nimmt. V kann somit nicht erneut im Wege der Zwangsvollstreckung vorgehen.

BEISPIEL: Kaufmann K bestellt bei Versandhändler V einen antiken Schrank für sein Büro. Es wird eine Schickschuld vereinbart. V übergibt den Schrank verpackt dem Speditions-unternehmen S aus seiner Heimatstadt. K schickt das Geld in einem Briefumschlag an V. Während der Schrank pünktlich und unversehrt bei K ankommt, erreicht das Geld nicht den V. Muss K noch einmal zahlen?

Gefahrtragung bei Geld-schulden, § 270 BGB

26 K muss erneut zahlen. Gem. §§ 270 IV, 269 III BGB ist die Geldschuld eine Schick-schuld, mithin liegt der Leistungsort beim Schuldner. Grundsätzlich befreit sich dieser mit der Absendung des Geldes von seiner Pflicht zur Leistung. Dennoch regelt § 270 I, II BGB, dass die Gefahr der Versendung beim Schuldner verbleibt. Wenn das Geld des Schuldners beim Gläubiger nicht ankommt, muss der Schuldner noch einmal leisten.[43]

h.M.: Geldschuld ist qualifizierte Schickschuld

An der Bewertung der Geldschuld als qualifizierte Schickschuld ändert auch die EuGH-Entscheidung[44] zum Schuldnerverzug nichts.

> **KLAUSURHINWEIS**
> Wenn das Geld verspätet beim Gläubiger ankommt, stellt sich die Frage, ob der Schuldner in Schuldnerverzug geraten ist. Wie diese Frage zu beant-worten ist, wird im Kapitel Schuldnerverzug behandelt.[45]

M.M.: Geldschuld ist Bringschuld.

Weil die Anwendung des § 270 IV BGB bei der Entstehung des Schuldnerverzuges vom EuGH als nicht richtlinienkonform gerügt wurde, wird seitdem teilweise ver-treten, die Geldschuld sei eine Bringschuld.[46]

Streitentscheid

Der Mindermeinung kann nicht gefolgt werden. Ihr stehen entscheidende pro-zessuale Gründe entgegen. Wäre die Geldschuld eine Bringschuld, läge der Erfül-lungsort beim Gläubiger. Dies hätte unausweichlich zur Konsequenz, dass nach § 29 I ZPO der Geldgläubiger die Geldforderung an seinem eigenen Wohn- oder Geschäftssitz einklagen dürfte. Folglich ergäbe sich ein allgemeiner Gerichtsstand für den Kläger. Dies kann nicht hingenommen werden, denn der in §§ 12, 13 ZPO verankerte Grundsatz, dass der Kläger die Klage grundsätzlich am Wohnsitz des Beklagten zu erheben habe, verkörpert ein fundamentales materielles Gerech-tigkeitsprinzip. Denn wenn der Kläger bestimmt, ob gerichtlich gestritten wird, erscheint es als angemessener Ausgleich, dass er das behauptete Recht dort suchen muss, wo der Beklagte residiert.[47]

Hinzu kommt, dass die §§ 270 IV, 269 BGB nach vorzugswürdiger Auffassung ohne die vom EuGH vorgeschlagene Einschränkung auf Geschäfte angewendet werden, an denen ein Verbraucher beteiligt ist.[48]

---

43   Brox/Walker, Schuldrecht-AT, § 12 Rn 17; Schwab, NJW 2011, 2833, 2836
44   EuGH, NJW 2008, 1935,1935
45   Siehe Randnummer 64
46   LG Saarbrücken, NJOZ 2010, 2529, 2529
47   Schwab, NJW 2011, 2833, 2834
48   Siehe Randnummer 115

b) Annahmeverzug des Gläubigers

Als besonders prüfungsrelevant hervorzuheben sind Rechtsnormen, welche die Gefahrtragung dem Gläubiger aufgrund seines Annahmeverzuges zuweisen, also die §§ 300 II, 326 II, 446 S. 3, 644 I 2 BGB. Der Gläubiger gerät nach den §§ 293 ff. BGB in den Verzug der Annahme, wenn er eine angebotene Leistung nicht annimmt. Das Gesetz knüpft an dieses Verhalten des Gläubigers für ihn nachteilige Rechtsfolgen, die im Kapitel Gläubigerverzug vertieft werden.[49]

27 Gefahrtragung bei Annahmeverzug

5. Schadensersatz im Schuldrecht

DEFINITION

Schaden

Unter **Schaden** versteht man jede Beeinträchtigung eines Interesses, wobei es sich um die Beschädigung des Vermögens oder auch um die Verletzung rein ideeller Interessen handeln kann.[50]

Vermögensschäden werden durch Wiederherstellung des ursprünglichen Zustandes oder durch Geldzahlung ausgeglichen. Die Verletzung ideeller Interessen kann im Einzelfall zur Gewährung eines Schmerzensgeldes führen, wenn dies im Gesetz ausdrücklich vorgesehen ist.

28 Haftungsbegründender und haftungsausfüllender Tatbestand

BEISPIEL: Schmerzensgeld wird in § 253 II BGB, in § 11 S. 2 StVG, immaterieller Schaden in § 651f II BGB und in § 15 II AGG gewährt.

Ob man Schuldner eines Schadensersatzanspruches wird, hängt erstens davon ab, ob man die Voraussetzungen des haftungsbegründenden Tatbestandes einer Schadensersatznorm erfüllt und zweitens, ob und inwieweit der geltend gemachte Schaden ersatzfähig ist. Letzteres regeln die §§ 249 ff. BGB.[51]

MERKSATZ

Der haftungsbegründende Tatbestand regelt, unter welchen Voraussetzungen man Schuldner eines Schadensersatzanspruchs wird, der haftungsausfüllende die Art, den Umfang und die Höhe des Ersatzes.

a) Haftungsbegründender und haftungsausfüllender Tatbestand

29

aa) Haftungsbegründender Tatbestand

Das Zivilrecht kennt drei Formen der Haftungsbegründung.

Formen der Haftungsbegründung

(1) Pflichtwidrigkeitshaftung

Auf Schadensersatz kann haften, wer seine Schuldnerpflicht i.S.v. § 241 BGB verletzt. Wie bereits gezeigt, erwachsen den Parteien eines Schuldverhältnisses aus ebendiesen rechtlichen Sonderverbindungen Leistungspflichten und Nebenpflichten

30 Pflichtwidrigkeitshaftung

---

49   Siehe Randnummer 39
50   MünchKomm-Oetker, BGB, § 249 Rn 16
51   MünchKomm-Oetker, BGB, § 249 Rn 2

(Sorgfaltspflicht en). Verletzt der Schuldner eine solche ihn treffende Pflicht, kann er schadensersatzpflichtig werden, wie bereits oben im „Schneefall-Fall"[52] oder im „Cerberus-Fall"[53] aufgezeigt.

Verschuldens-haftung

Grundsätzlich muss der Schuldner die Pflichtwidrigkeit zu vertreten haben. Entweder muss er sein eigenes Verschulden gem. § 276 BGB[54], oder das Verschulden seines gesetzlichen Vertreters oder Erfüllungsgehilfen gem. § 278 BGB vertreten.[55]

Garantiehaftung

Die Garantiehaftung verschärft die Pflichtwidrigkeitshaftung. Wer freiwillig eine Garantie übernimmt, kann sogar verschuldensunabhängig für einen versprochenen, aber nicht eingetretenen Erfolg haften.[56]

(2) Rechtswidrigkeitshaftung

Rechtswidrig-keitshaftung

31 Außerhalb der rechtlichen Sonderverbindungen, der Schuldverhältnisse, haften die Teilnehmer am Rechtsverkehr, wenn sie gegen eine Gebots- oder Verbotsnorm der Rechtsordnung verstoßen.

> **BEISPIEL** („Messerstecher-Fall"): Am späten Freitagabend begegnen sich in Frankfurt am Main auf einem Gehweg Täter T und Opfer O. Weil T die Kopfbedeckung des O nicht passt, sticht er diesem mit einem mitgeführten Messer in den Unterleib.

Hier hat T den haftungsbegründenden Tatbestand des § 823 I BGB erfüllt. T hat den Körper des O durch eine unmittelbar kausale Handlung verletzt. Indem dies durch keinen Erlaubnistatbestand, wie z.B. durch Notwehr, gerechtfertigt war, handelte T auch rechtswidrig. T handelte vorsätzlich, also auch schuldhaft i.S.v. § 823 I BGB.

(3) Gefährdungshaftung

Gefährdungs-haftung

32 Schließlich ist die Rechtsordnung immer wieder dem technischen Fortschritt angepasst worden, wovon § 18 Luftverkehrsgesetz und § 7 I StVG genauso zeugen wie § 1 ProdukthaftG und § 1 HaftpflichtG. In diesen Gefährdungshaftungtatbeständen wird die Haftung schon mit der Verwirklichung der tatbestandsspezifischen Gefahr in einem Verletzungserfolg begründet. Nicht nötig ist, dass der Haftende rechtswidrig oder schuldhaft gehandelt hat.

> **BEISPIEL:** H ist Halter eines PKW und fährt über eine Ampelkreuzung, wobei er die erlaubte Geschwindigkeit sogar noch unterschreitet. Obwohl das Signal der Fußgängerampel rotes Licht anzeigt, rennt der 7-jährige Justin über die Fahrbahn und wird von H, der zwar bremst, aber nicht mehr rechtzeitig anhalten kann, erfasst, wodurch der Junge schwere Verletzungen erleidet.

Weil H Halter des Unfallfahrzeugs ist und sich dieses „bei Betrieb" befand, haftet er auch ohne rechtswidriges Verhalten und ohne Verschulden aus § 7 I StVG. Der Anspruch ist nicht gem. § 7 II StVG ausgeschlossen, denn nur verkehrsfremde Ereignisse begründen „Höhere Gewalt". Wegen § 828 II BGB, der im fließenden Verkehr nicht einzuschränken ist, vermindert sich der Anspruch nicht gem. § 9 StVG i.V.m. § 254 BGB.

---

52   *Siehe Randnummer 9*
53   *Siehe Randnummer 8*
54   *Siehe Randnummer 109*
55   *Siehe Randnummer 353*
56   *Palandt-Grüneberg, BGB, § 276 Rn 29*

bb) Haftungsausfüllender Tatbestand

Die §§ 249 ff. BGB regeln allgemein, welche Vermögensbeeinträchtigungen als ersatzfähige Schäden ausgeglichen werden können. Besondere Regelungen befinden sich in den §§ 842 ff. BGB sowie in nicht im BGB normierten Gesetzen, wie z.B. in den §§ 10 ff. StVG oder §§ 7 ff. ProdukthaftG. Grundsätzlich ist der Schuldner gem. § 249 BGB zur Naturalrestitution, also zur Herstellung des Zustandes verpflichtet, der ohne das schädigende Ereignis bestehen würde. Ausnahmsweise muss er den Schaden gem. § 251 BGB durch Geldzahlung kompensieren, z.B. wenn die Herstellung unmöglich ist.

33 Naturalrestitution und Kompensation

b) Negatives und positives Interesse

Wer zum Schadensersatz verpflichtet ist, hat gem. § 249 I BGB den Zustand herzustellen, der ohne das schädigende Ereignis bestehen würde. Berechnet wird der Schaden grundsätzlich nach einer Differenzhypothese, die zwei Güterlagen vergleicht, nämlich der tatsächlichen durch das Ereignis entstandenen und einer hypothetischen ohne Schadensereignis.[57] Dabei muss man nach Art der Haftung differenzieren.

34 Differenzschaden

aa) Negatives Interesse

Beruht der Grund der Haftung auf einem Verstoß gegen ein Ge- oder Verbot (Rechtswidrigkeitshaftung) oder verletzt der Schuldner eine Norm der Gefährdungshaftung, hat er das negative Interesse zu erstatten. Das Gleiche gilt bei der Haftung nach den §§ 122, 179 II BGB und grundsätzlich auch beim Anspruch aus culpa in contrahendo gem. §§ 280 I, 311 II, 241 II BGB. Das negative Interesse errechnet sich anhand einer negativen Differenzhypothese.

Negatives Interesse

DEFINITION

Bei der **negativen Differenzhypothese** soll der Gläubiger so gestellt werden, wie er ohne das verletzende Ereignis stünde, also so, wie er stünde, wäre er dem Schuldner niemals begegnet.[58]

Negative Differenzhypothese

BEISPIEL: K glaubt, er habe ein schriftliches Angebot des Händlers V schriftlich angenommen und versendet die vorgefertigte Annahmeerklärung auf dem Postweg. In Wirklichkeit hat K das Formular verwechselt und ein ungünstigeres schriftliches Angebot des X unterschrieben und an diesen übersandt. Als die bestellte Ware mit der Rechnung des X bei K eintrifft, erkennt dieser seinen Irrtum und ficht seine Willenserklärung wirksam gem. § 119 I 1. Fall BGB an. X, der bei Erfüllung des Vertrages einen Gewinn von 200,- € gemacht hätte, verlangt von K die Versandkosten in Höhe von 10,- €. Zu Recht?

Indem K seine an X gerichtete Vertragserklärung diesem gegenüber gem. § 119 I BGB wirksam angefochten hat, ist der haftungsbegründende Tatbestand des § 122 I BGB erkennbar erfüllt. Zu prüfen bleibt, ob die von X unnütz aufgewendeten Versandkosten ein ersatzfähiger Schaden im Sinne der §§ 249 ff. BGB sind. K kann den

---

57   Palandt-Grüneberg, BGB, Vorb § 249 Rn 8
58   Palandt-Grüneberg, BGB, Vorb § 249 Rn 17

Zustand, der ohne den irrtümlichen Vertragsschluss bestehen würde, herstellen, indem er X gem. § 122 I BGB so stellt, als hätte dieser nicht auf den Vertrag vertraut. Hätte K die irrtümliche Annahmeerklärung nicht an X geschickt, wären ihm die Versandkosten erspart geblieben. § 122 I BGB enthält die Einschränkung, dass das negative Interesse in der Höhe vom positiven Interesse begrenzt wird.

BEISPIEL: Im obigen Beispielsfall[59] betrug das Interesse des X an der Vertragserfüllung 200,- €. Die Versandkosten in Höhe von 10,- € übersteigen daher nicht diesen entgangenen Gewinn des X, sodass X gegen K einen Anspruch auf Erstattung der Versandkosten in Höhe von 10,- € hat.

bb) Positives Interesse

35 Verletzt der Schuldner ein vertragliches Schuldverhältnis, so haftet er gem. §§ 280 ff. BGB bzw. gem. §§ 437 Nr. 3, 634 Nr. 4, 536a I BGB auf das positive Interesse. Hier bildet man zur Schadensberechnung eine positive Differenzhypothese.[60]

Positives
Interesse

DEFINITION
Beim **positiven Interesse** soll der Gläubiger so gestellt werden, wie er stünde, wenn der Schuldner (ordnungsgemäß) erfüllt hätte.[61]

MERKSATZ
Das positive Interesse wird wegen seiner Verwurzelung im Vertragsrecht, in dem die Erfüllung einer Leistung versprochen wird, auch Erfüllungsinteresse oder Leistungsinteresse genannt.

BEISPIEL: V hat K eine wertvolle Vase zum Preis von 150,- € verkauft, obwohl ihr wahrer Wert bei 250,- € liegt. Als V dem K das Objekt übergeben will, lässt er sie aus Unachtsamkeit zu Boden fallen. Die Vase zerspringt in tausend Scherben. K verlangt von V die Zahlung von 100,- €. Zu Recht?

Aufgrund der fahrlässig verursachten Zerstörung der geschuldeten Vase ist der haftungsbegründende Tatbestand des Anspruchs aus §§ 280 I, III, 283 BGB erfüllt. Fraglich ist allein die Höhe des Anspruchs auf Schadensersatz. Der Schadensersatz statt der Leistung ist auf das positive Interesse gerichtet. Geprüft werden muss also, wie K im Falle der ordnungsgemäßen Erfüllung stünde. Hätte V im Beispielsfall[62] erfüllt, hätte K eine Vase im Wert von 250,- € erhalten, hätte aber im Gegenzug nur 150,- € aufgewendet. Also kann er die Zahlung der Differenz, nämlich 100,- €, verlangen.

(1) Integritätsinteresse

36 Teilweise wird innerhalb des positiven Interesses bei Anwendung der §§ 280 ff. BGB noch weiter differenziert, nämlich zwischen dem Äquivalenz- und dem Integritätsinteresse.

---

59   Siehe Randnummer 34
60   BGH, NJW 1998, 302, 304
61   Palandt-Grüneberg, BGB, § 249 Rn 16
62   Siehe Randnummer 35

DEFINITION

Zum **Integritätsinteresse** gehört, was eine Person jenseits des Leistungsinteresses schon besitzt. Es ist berührt, wenn jemand in seinem vermögensrechtlichen oder personenrechtlichen Status quo verletzt worden ist.[63]

BEISPIEL: Erhält der Autokäufer bei der Auslieferung ein mangelfreies Auto, wird aber vom nicht eingesperrten Hund des Verkäufers gebissen, sodass er an seinem Körper verletzt wird, ist sein Integritätsinteresse berührt.

(2) Äquivalenzinteresse

DEFINITION

Unter **Äquivalenzinteresse** ist der Mangelunwert einer Leistung zu verstehen, d.h. ein Schaden, der aufgrund einer enttäuschten Erwartung hinsichtlich der geschuldeten Leistung entsteht.[64]

BEISPIEL: Wenn z.B. ein Käufer in Erwartung einer mangelfreien Sache für den gezahlten Kaufpreis eine mangelhafte erhält, besteht sein Schaden im Minderwert, den diese Sache im Verhältnis zu einer mangelfreien aufweist. Diese Vermögenseinbuße berührt sein Äquivalenzinteresse.

MERKSATZ

Die Unterscheidung zwischen Integritäts- und Äquivalenzinteresse ist für die im allgemeinen Schuldrecht relevanten Fälle der Nichterfüllung einer Leistung oder der Verletzung von Schutzpflichten nicht wichtig. Um diese Begrifflichkeiten wird im Mängelrecht des besonderen Schuldrechts gestritten.

6. Der Regelungsgehalt der §§ 280 - 283 BGB

a) Struktur des § 280 BGB

§ 280 BGB enthält drei Absätze, die zwischen Schadensersatz statt der Leistung in Absatz 3 sowie Schadensersatz neben der Leistung in den Absätzen 1 und 2 differenzieren. Dabei legt § 280 II BGB die Voraussetzungen des Anspruchs wegen Verzögerung einer Leistung fest, wohingegen § 280 I BGB den einfachen Schadensersatz regelt. § 280 I BGB erfüllt neben dieser Funktion als Anspruchsgrundlage noch einen weiteren Zweck. Es wird in § 280 I BGB klargestellt, dass der Gläubiger im Schuldverhältnis nur im Falle einer schuldhaften Pflichtverletzung des Schuldners Schadensersatz beanspruchen kann. Wie bereits erläutert, kann sich die Pflichtwidrigkeit aus einer Verletzung der in § 241 II BGB normierten Pflichten durch aktives Tun des Schuldners ergeben oder aus dem Zusammenspiel mit §§ 281-283 BGB, etwa durch Unmöglichkeit oder durch pflichtwidriges Nichtleisten i.S.v. § 281 BGB. Weil die Beweislastumkehr im allgemeinen Grundtatbestand des § 280 I BGB, dort in Satz 2, normiert ist, gilt sie für alle Tatbestände.

37

Schadensarten
im § 280 BGB

---

63   *Medicus/Petersen, Bürgerliches Recht, Rn 818*
64   *MünchKomm-Westermann, BGB, § 437 Rn 62*

b) Schadensersatz statt der Leistung

Schadensersatz
statt der
Leistung

Die Ansprüche auf Schadensersatz statt der Leistung wegen der Nichterbringung der Leistung sind grundsätzlich auf das volle Erfüllungsinteresse, also das positive Interesse, gerichtet.[65] Zum Verzögerungsschaden muss allerdings abgegrenzt werden, wie unten erläutert wird.[66]

c) Schadensersatz neben der Leistung

Einfacher
Schaden und
Verzögerungs-
schaden

Als Schaden neben der Leistung ist der Verzögerungsschaden gem. §§ 280 I, II, 286 BGB sowie der einfache Schadensersatz gem. § 280 I BGB anzusehen. Die Fallgruppen des Anspruchs auf einfachen Schadensersatz gem. §§ 280 I, 241 II BGB werden in einem gesonderten Kapitel dargestellt[67], die Darstellung der Ansprüche aus §§ 437 Nr. 3, 280 I BGB und §§ 437 Nr.3, 280 II bleibt dem gesonderten Band „Kaufrecht" vorbehalten.

7. Die Abgrenzung zwischen Schaden und Aufwendung

Aufwendungen

DEFINITION
Aufwendungen sind freiwillige Vermögensopfer.[68]

Dem Wort Schaden haftet jedoch schon begrifflich die Unfreiwilligkeit der Vermögenseinbuße an. Daher ist die Abgrenzung oft nötig und bei Schäden, die zum positiven Interesse gehören, teilweise schwierig. Die erforderlichen Fragen zur Abgrenzung werden im Kapitel Schuldnerverzug beantwortet.[69] Beim negativen Interesse ist die Unterscheidung zwischen Schaden als unfreiwilliger Vermögenseinbuße und Aufwendungen als freiwilligem Vermögensopfer weder sinnvoll noch möglich. Wie im obigen Beispiel demonstriert[70], realisiert sich im negativen Interesse typischerweise ein vergeblicher Aufwand des Gläubigers als Vermögensnachteil, also als Schaden.

8. Normativer Schaden

Normativer
Schaden

38 Die Differenzhypothese zur Berechnung des Schadens stößt an Grenzen, z.B. wenn dem Gläubiger eine Leistung durch einen Dritten zufließt, die den Vermögensnachteil ausgleicht.

BEISPIEL: Im „Messerstecher-Fall"[71] führt der Angriff des T dazu, dass O zwei Wochen im Krankenhaus verbringt und nicht seinem Erwerb nachgehen kann. O ist gesetzlich krankenversichert und bei A angestellt. Die Krankenkasse übernimmt die Kosten der Heilbehandlung, A leistet Lohnfortzahlung. Nachdem T an O Schmerzensgeld geleistet hat, stellt er sich auf den Standpunkt, er schulde niemandem Heilbehandlungskosten oder entgangenen Lohn. Hat T Recht?

---

65   *Palandt-Grüneberg, BGB, Vorb § 249 Rn 16*
66   *Siehe Randnummer 154*
67   *Siehe Randnummer 342*
68   *Looschelders, Schuldrecht AT Rn 679*
69   *Siehe Randnummer 124*
70   *Siehe Randnummer 34*
71   *Siehe Randnummer 31*

Hier hat T den haftungsbegründenden Tatbestand des § 823 I BGB erfüllt. Gem. § 249 II 1 BGB kann O die Kosten der Heilbehandlung und den Schadensersatz für den Vermögensnachteil verlangen, den er aufgrund seiner Arbeitsunfähigkeit verlangen kann. Er soll so gestellt werden, wie er stünde, wäre er nicht am Körper verletzt worden. Hier sind ihm aber bereits Geldleistungen zugeflossen, die den Vermögensnachteil ausgeglichen haben. Bei strenger Anwendung der Differenzhypothese ergibt sich, dass O gar keinen Schaden erlitten hat, was aber bei näherem Hinschauen als zweifelhaft erscheint. Normalerweise soll die gesetzliche Krankenversicherung, wenn sie Schadensersatz geleistet hat, den Anspruch des T gegen O aus § 823 I BGB auf Ersatz der Heilbehandlungskosten gem. § 116 I SGB X erhalten, um bei T Regress (Rückgriff) zu nehmen. Schließlich hat T den Schaden rechtswidrig und schuldhaft verursacht, folglich soll er als Letztver-antwortlicher für den Schaden aufkommen. Würde man die Differenzhypothese streng anwenden, entfiele aber just in dem Augenblick, in dem die Krankenkasse die Kosten übernimmt, der Schaden des O. Schließlich wird dieser durch die Kostenübernahme der Krankenkasse von den Ansprüchen der behandelnden Ärzte befreit. Damit wäre in diesem Moment sein Schadensersatzanspruch gegen T erloschen. Dies hätte aber die Konsequenz, dass die Krankenkasse gem. § 116 I SGB X keinen Schadensersatzanspruch gegen T erhielte, der Sinn der Norm also stets verfehlt würde. Ausgerechnet der Täter T würde hier entlastet. Diese simple Kontrollüberlegung zeigt auf, dass dieses Ergebnis nicht nur ungerecht, sondern normativ falsch ist. Aus der Norm des § 116 I SGB X folgt zwingend, dass man unter Verzicht auf die strenge Anwendung der Differenzhypothese den Schaden des O als gegeben ansehen muss, damit der Anspruch aus § 823 I BGB übergehen kann und somit der Täter der Krankenkasse durch Regress haftet. Für den Anspruch wegen der Arbeitsunfähigkeit aus § 823 I BGB, der auf jeden Arbeitgeber, der Lohnfortzahlung leistet, gem. § 6 II EntgeltfortzahlungsG übergeht, gilt Gleiches.

Dem liegt die Überlegung zugrunde, dass der Arbeitgeber zur Lohnfortzahlung gesetzlich verpflichtet ist, um dem Arbeitnehmer den Schutz der Sozialversicherung zu verschaffen und nicht, um den Täter zu entlasten.[72]

BEISPIEL: Deshalb erhält A den entsprechenden Anspruch des O gegen T im Wege des gesetzlichen Forderungsübergangs. Folglich hat T an A die Kosten für den ausgefallenen Lohn zu erstatten.

MERKSATZ

Von einem normativen Schaden kann man also sprechen, wenn bei der Schadensberechnung die Differenzhypothese aufgrund einer fremden Kompensation scheitert und aus einer Norm wertend abzuleiten ist, dass der Schuldner nicht entlastet werden soll.[73]

---

72   BGH, NJW 1965, 1430, 1431
73   BGH, NJW 1962, 2248, 2249

ANNAHMEVERZUG DES GLÄUBIGERS

I. EINLEITUNG

39 Nimmt der Gläubiger (Gläubigerverzug) die angebotene Leistung nicht an, obwohl ihm die Annahme obliegt, darf sein Verhalten nicht den Schuldner belasten. An die Nichtannahme der Leistung knüpft die Rechtsordnung deswegen die Regelungen über den Annahmeverzug des Gläubigers.

II. SYSTEMATIK UND VERTIEFUNG

1. Voraussetzungen des Annahmeverzuges gem. §§ 293 ff. BGB

a) Prüfungsschema

PRÜFUNGSSCHEMA

VORAUSSETZUNGEN DES ANNAHMEVERZUGES GEM. §§ 293 FF. BGB

1. Erfüllbarkeit der Leistung gem. § 271 II BGB
2. Nichtannahme der angebotenen Leistung §§ 293 ff. BGB
3. Kein Unvermögen des Schuldners, § 297 BGB
4. Keine vorübergehende Annahmeverhinderung, § 299 BGB

Der Eintritt des Annahmeverzuges des Gläubigers erfordert Erfüllbarkeit des Anspruchs, ein erfolgloses Angebot seitens des Schuldners und dessen Fähigkeit und Bereitschaft zur Leistung. Ferner darf kein Ausschlussgrund gem. § 299 BGB gegeben sein.[74]

b) Erfüllbarkeit der Leistung gem. § 271 II BGB

40 Zunächst muss der Anspruch erfüllbar sein.

Erfüllbarkeit

DEFINITION

Die **Erfüllbarkeit** bezeichnet den Zeitpunkt, an dem der Schuldner leisten darf.[75]

Annahmeverzug kann grundsätzlich nur eintreten, wenn es dem Schuldner erlaubt ist, zu leisten. Gem. § 271 II BGB ist dieser Zeitpunkt im Zweifel sofort nach Entstehung des Anspruchs gekommen. Ausnahmsweise darf der Schuldner vorzeitig, also vor Fälligkeit, die Leistung erbringen.

---

74   Wertheimer, JuS 1993, 646, 648, 649
75   MünchKomm-Krüger, BGB, § 271 Rn 3

BEISPIEL: Beim verzinsten Gelddarlehen wird der Parteiwille typischerweise so auszulegen sein, dass die Erfüllbarkeit erst mit der Fälligkeit eintritt.[76] Die vorzeitige Erfüllung hat für den Kreditgeber schließlich einen wirtschaftlichen Nachteil, weil ihm durch vorzeitige Rückzahlung des Darlehensbetrages Zinszahlungen entgehen können, die für die Zeit vor der geplanten Rückzahlung eigentlich angefallen wären. Die Höhe der Zinszahlungen hängen ja von der Höhe der Darlehenssumme ab, und jene Zinsen, die für den Zeitraum nach der Zahlung anfallen würden, vermindern sich durch die vorzeitige Rückzahlung oder entfallen sogar ganz. Deshalb wird der Darlehensgeber einer vorzeitigen Erfüllung widersprechen.

In der Praxis ist es sogar üblich, für diesen Fall eine so genannte Vorfälligkeitsentschädigung zu vereinbaren. Ausnahmsweise erlaubt § 502 II BGB beim Verbraucherteilzahlungsgeschäft zum Schutz des Verbrauchers die vorzeitige Erfüllung ohne Pflicht zur Entschädigung.

Annahmeverzug kann ferner nur eintreten, sofern der Anspruch nicht wegen Unmöglichkeit untergegangen ist.[77]

Keine Unmöglichkeit der Leistung

BEISPIEL: V hat K seinen PKW verkauft. Kurz vor der Lieferung meldet sich K bei V und teilt mit, er werde den PKW keinesfalls nehmen. Darauf bietet V den PKW wörtlich i.S.v. § 295 BGB an. Beide wissen nicht, dass der PKW unmittelbar vor dem Gespräch durch das Verschulden eines Dritten zerstört wurde. Wegen der Unmöglichkeit der Leistungserfüllung gem. § 275 I BGB konnte V den K nicht durch das wörtliche Angebot in Annahmeverzug setzen.

MERKSATZ

Erfüllbar ist die Leistung, sobald der Schuldner leisten darf.

c) Nichtannahme der angebotenen Leistung

Weiterhin setzt der Eintritt des Annahmeverzugs voraus, dass der Gläubiger die Leistung trotz Angebot nicht angenommen hat.

aa) Tatsächliches Angebot, § 294 BGB

Grundsätzlich hat der Schuldner dem Gläubiger die Leistung tatsächlich anzubieten, also am richtigen Ort (Leistungsort, § 269 BGB), zur richtigen Zeit (Leistungszeit, § 271 BGB), im richtigen Umfang (§ 266 BGB), mangelfrei und in der richtigen Art und Weise (§§ 241 II, 242 BGB).[78]

41

Tatsächliches Angebot, § 294 BGB

Hält der Schuldner beim Angebot diese Voraussetzungen ein und nimmt der Gläubiger die angebotene Leistung trotzdem nicht an, ist die wichtigste Voraussetzung für den Eintritt des Annahmeverzugs erfüllt.

BEISPIEL („Klavierlieferungsfall"): V hat K ein bestimmtes Klavier verkauft. Ausdrücklich wurde vereinbart, dass V das Klavier in die Altbauwohnung des K in der dritten Etage liefert. V erscheint mit dem richtigen Klavier zur vereinbarten Zeit bei K und bietet das Klavier an. K verweigert die Annahme.

---

76   Medicus/Lorenz, Schuldrecht I, Rn 176
77   Palandt-Grüneberg, BGB, § 293 Rn 3; Looschelders, Schuldrecht AT, Rn 749
78   Wertheimer, JuS 1993, 646, 649

bb) Wörtliches Angebot, § 295 BGB

Wörtliches
Angebot,
§ 295 BGB

42 Hat der Gläubiger eindeutig und bestimmt erklärt, er werde die geschuldete Leistung nicht annehmen, wäre ein tatsächliches Angebot weder sinnvoll noch dem Schuldner zuzumuten. In diesem Fall genügt es gem. § 295 S. 1 1.Fall BGB, wenn der Schuldner dem Gläubiger die Leistung wörtlich anbietet.[79]

BEISPIEL: Im obigen Klavierlieferungsfall[80] hat V das Instrument in seinen Lieferwagen eingeladen und befindet sich auf dem Weg zu K, als die Freisprechanlage seines Mobiltelefons einen Anrufer meldet. V nimmt den Anruf entgegen und vernimmt zu seiner Überraschung die Stimme des K: „Hier spricht K. Ich will das Klavier nicht mehr. Den Weg zu mir können Sie sich sparen". V antwortet: „Wir haben aber einen gültigen Kaufvertrag geschlossen und den werde ich erfüllen. Ich biete Ihnen Erfüllung an." Befindet sich K im Annahmeverzug?

Eigentlich setzt Annahmeverzug des Gläubigers gem. §§ 293, 294 BGB ein tatsächliches Angebot des Schuldners voraus. Dies kann aber, wie dieser Fall zeigt, nicht immer sinnvoll sein. Hier hatten die Parteien eine Bringschuld mit der Besonderheit vereinbart, dass die Leistungsstelle die Wohnung des K sein sollte. Demzufolge hätte V, um tatsächlich anzubieten, das Klavier in die dritte Etage tragen müssen, obwohl K seine Annahmeunwilligkeit bereits ausgedrückt hat. Ausnahmsweise kann wegen solcher Fallkonstellationen das tatsächliche Anbieten unter den Voraussetzungen des § 295 S. 1 1. Fall BGB durch ein wörtliches Angebot ersetzt werden. Dies setzt erstens voraus, dass der Gläubiger eindeutig und bestimmt erklärt, er werde die Leistung nicht annehmen, und zweitens, dass der Schuldner erklärt, er wolle leisten.[81] Diese Anforderungen sind im obigen Beispiel erfüllt. Weil aus den §§ 297 - 299 BGB nichts gegen den Eintritt des Annahmeverzugs spricht, ist K in Gläubigerverzug geraten.

Verzichtbarkeit
der Erklärung
gem. § 242 BGB

43 Umstritten ist, ob, und wenn ja, wann im Einzelfall auf die ausdrückliche Erklärung des wörtlichen Angebotes verzichtet werden kann.

BEISPIEL: Die G-GmbH hat die Bestellung ihres Geschäftsführers F wirksam widerrufen und den X zum neuen Geschäftsführer bestellt. Der Arbeitsvertrag des F ist jedoch noch nicht aufgelöst. Dies geschieht erst drei Monate später. F steht auf dem Standpunkt, dass ihm für die Zwischenzeit gem. § 615 S. 1 BGB nach Abzug der ersparten Aufwendungen i.S.v. § 615 S. 2 BGB ein Teil der Geschäftsführervergütung zusteht.

Nur wenn die GmbH in Gläubigerverzug mit der Annahme der Geschäftsführerdienste seitens F geraten ist, kann dieser den geltend gemachten Anspruch aus § 615 S. 1 BGB haben. Die Ablehnung der GmbH, die Dienste des F in Anspruch nehmen zu wollen, ist durch die Abberufung des F eindeutig und bestimmt erklärt worden. Hier besteht die Besonderheit darin, dass F nach dieser Ablehnung seine Dienste weder tatsächlich noch ausdrücklich wörtlich angeboten hat. Deshalb ist fraglich, ob die Voraussetzungen eines wörtlichen Angebots seitens des Schuldners F hier erfüllt sind.

---

79   *MünchKomm-Ernst, BGB, § 295 Rn 6*
80   *Siehe Randnummer 41*
81   *MünchKomm-Ernst, BGB, § 295 Rn 6; Palandt-Grüneberg, BGB, § 295 Rn 4*

Nach einer in der Literatur vertretenen Auffassung muss der Schuldner seine Leistung stets und ohne Ausnahme ausdrücklich anbieten, um durch ein wörtliches Angebot die Rechtsfolge des § 295 BGB auszulösen.[82] Zur Begründung wird einerseits auf den Wortlaut des § 295 BGB und andererseits in systematischer Auslegung auf den Vergleich zu § 286 BGB abgestellt. Es wird argumentiert, dass der Wortlaut und die Stellung der einzelnen Satzteile in § 295 S. 1 BGB nur so gedeutet werden können, dass zuerst eine Ablehnungserklärung des Gläubigers erfolgen und anschließend der Schuldner sein Angebot ausdrücklich wörtlich erklären müsse. Im Gegensatz zum Schuldnerverzugsfall des § 286 II Nr. 3 BGB, wo der Gläubiger nach der ausdrücklichen Verweigerung des Schuldners nicht mehr die Mahnung ausdrücklich erklären muss, fehle es beim Gläubigerverzug offensichtlich am Privileg des Schuldners, zu schweigen. Ferner sei der Fall, in dem ein Angebot nicht - nicht einmal wörtlich - erklärt zu werden braucht, schon in § 296 BGB ausdrücklich geregelt.[83]

44 M.M.: Wörtliche Auslegung

Nach der herrschenden Meinung hingegen soll aus § 295 BGB nur geschlossen werden, dass ein wörtlich erklärtes Angebot genügen kann, um jemanden in Annahmeverzug zu versetzen, nicht jedoch, dass eine ausdrücklich wörtliche Erklärung dafür auch erforderlich sei.[84] Wenn der Gläubiger offenkundig hat erkennen lassen, dass er auf seiner Weigerung, die Leistung anzunehmen, beharren wird, sei im wörtlichen Angebot nichts anderes als eine bloße Förmelei zu sehen. Deshalb dürfe ausnahmsweise nach Treu und Glauben gem. § 242 BGB auf die Erklärung des wörtlichen Angebots verzichtet werden.

45 H.M.: Einschränkende Auslegung

Die Argumente der h.M. sind in diesem Einzelfall nicht von der Hand zu weisen. Deutlicher als durch Bestellung des neuen Geschäftsführers kann der Gläubiger seine dauerhafte Weigerung nicht zum Ausdruck bringen. Es ist in der Tat nicht einzusehen, warum der Gläubiger über die Leistungsbereitschaft des Schuldners informiert werden muss, wenn er an ihr endgültig kein Interesse mehr hat. In anderen Fällen drohen dem Schuldner aber große Beweisschwierigkeiten. Man wird der h.M. daher nur in vergleichbar eindeutigen Fällen folgen können und ansonsten eine ausdrückliche Erklärung fordern müssen.

46 Streitentscheid

MERKSATZ

Ein **wörtliches Angebot** muss grundsätzlich auch wörtlich erklärt werden, es sei denn, es ist offenkundig, dass der Gläubiger seine Weigerung, die Leistung anzunehmen, aufrechterhalten wird.

Der Gläubiger gerät auch dann durch ein wörtliches Angebot gem. § 295 S. 1 2. Fall BGB in Annahmeverzug, wenn er eine zur Bewirkung der Leistung nötige Mitwirkungshandlung unterlassen hat.

47 Mitwirkung des Gläubigers

---

82   Staudinger-Löwisch, BGB, § 295 Rn 2
83   Staudinger-Löwisch, BGB, § 295 Rn 2
84   BGH, NJW 2001, 287, 288; MünchKomm-Ernst, BGB, § 295 Rn 6; Palandt-Grüneberg, BGB, § 295 Rn 4; Larenz, Schuldrecht I, § 25 I b), S. 391

BEISPIEL: Bauherr B hat für sein Bauvorhaben den Glasermeister G verpflichtet. Es wurde vereinbart, dass B zur vereinbarten Zeit das Baugerüst aufstellt, das G und dessen Gesellen mitbenutzen dürfen. Zum vereinbarten Termin hat B das Gerüst nicht errichtet. Erst zwei Tage später kann das Gerüst benutzt werden. G, der pünktlich mit seinen Gesellen auf der Baustelle erschienen ist, verbringt dort zwei Tage in Untätigkeit. Andere Aufträge hat er nicht zu erledigen. Er verlangt von B eine Entschädigung gem. § 642 BGB.

Der Entschädigungsanspruch des G aus § 642 I BGB hängt davon ab, ob B gem. § 295 S. 1 2. Fall in Annahmeverzug geraten ist. B hat die geforderte Mitwirkungshandlung unterlassen, indem er das Baugerüst nicht rechtzeitig aufgestellt hat.

MERKSATZ

Der Schuldner kann ein wörtliches Angebot auch dadurch erklären, indem er zu erkennen gibt, dass er bereit und in der Lage ist, seine Leistung sofort zu erbringen, etwa indem er seine Mitarbeiter auf einer Baustelle zur sofortigen Verfügung hält.[85]

(1) Entbehrlichkeit der Angebotshandlung, § 296 BGB

Entbehrliches Angebot

48 § 296 BGB enthält eine ergänzende Regel zu § 295 S. 1 2. Fall BGB. Wenn die Parteien einen bestimmten Kalendertag als Leistungszeit vereinbaren, legen sie zugleich den Zeitpunkt möglicher Mitwirkungshandlungen des Gläubigers fest. Soll etwa eine Sache an den Gläubiger durch Einigung und Übergabe i.S.v. § 929 S. 1 BGB übereignet werden, muss der Gläubiger (oder seine Hilfsperson) die Sache auch annehmen. Nur wenn der Gläubiger zur Leistungszeit am Leistungsort erschienen ist, kann er diese Mitwirkungshandlung ausführen und kann andererseits der Schuldner seine Angebotshandlung unternehmen. Erscheint der Gläubiger nicht, entfällt die Pflicht des Schuldners zu dieser Angebotshandlung.

BEISPIEL: Im Klavierlieferungsfall[86] haben K und V eine bestimmte Leistungszeit vereinbart. V hat das Klavier in seinen Lieferwagen eingeladen. V erscheint pünktlich, aber vergeblich am Wohnsitz des K. Nachdem er eine halbe Stunde vor der verschlossenen Haustür des K gewartet hat, tritt er die Heimreise an. Ist K in Gläubigerverzug geraten?

Mitwirkungs-handlung

Weil Erfüllbarkeit i.S.v. § 271 II BGB gegeben ist und V gem. § 297 BGB zur Leistung bereit und imstande war, hängt der Eintritt des Annahmeverzuges davon ab, ob V dem Käufer erfolglos ein Angebot i.S.v. §§ 293 ff. BGB gemacht hat. Wie bereits beschrieben, hätte ein tatsächliches Angebot erfordert, dass V das Klavier in der Wohnung des K anbietet. Auf diese Angebotshandlung, welche das Herauftragen des Klaviers umfassen würde, darf unter den Voraussetzungen des § 296 S. 1 BGB aber verzichtet werden. Dann müsste V zur Leistungszeit am Leistungsort erschienen und K seine Mitwirkungshandlung schuldig geblieben sein. Hier war K insofern zur Mitwirkung verpflichtet, die Wohnungstüre zu öffnen und dort das Klavier entgegenzunehmen, anders konnte der gem. § 433 I BGB geschuldete Leistungserfolg

---

85   BGH, NJW 2003, 1601, 1602
86   Siehe Randnummer 41

(Lieferung, Übereignung) nicht eintreten. Indem K nicht zur vereinbarten Zeit am Leistungsort zugegen war, wirkte er pflichtwidrig nicht mit. Deshalb war V auch nicht zur vereinbarten Angebotshandlung in der dritten Etage verpflichtet. Obwohl V das Klavier im Transportfahrzeug belassen hat, befindet sich K nun im Annahmeverzug.

d) Kein Unvermögen des Schuldners gem. § 297 BGB

Der Gläubiger gerät nur in Annahmeverzug, wenn der Schuldner auch zur Leistung bereit und imstande ist.

49

BEISPIEL: Im Klavierlieferungsfall[87] erscheint V bei K zur vereinbarten Leistungszeit vor dessen Haustür. K ist nicht daheim. Das Klavier lagert jedoch nicht vollständig montiert im Lieferwagen. Die Pedale zum Dämpfen und Halten des Tons und die Füße wollte V erst in der Wohnung des K anbringen, um Transportschäden zu vermeiden und hat sie vorsorglich abgeschraubt. Leider hat V die Gegenstände unbemerkt in seiner Werkstatt liegen lassen. Nachdem er mehrmals vergeblich bei K geläutet hat, tritt er um 15.30 Uhr die Heimreise an. Ist K in Gläubigerverzug geraten?

Auch wenn - wie im unmittelbar vorhergehenden Fall - eine Angebotshandlung entbehrlich war, kommt es für § 297 BGB darauf an, ob der Schuldner zur Leistung bereit und imstande war. Der Schuldner hat die Leistung nicht nur zur richtigen Zeit am richtigen Ort, sondern auch im richtigen Umfang zu erbringen; er ist gem. § 266 BGB nicht zur Teilleistung berechtigt. Bei der Beurteilung, ob eine vollständige Leistung erbracht wird, ist auf die Umstände des Einzelfalles abzustellen. Im Unterschied zu elektronischen Instrumenten, die ein Klavier simulieren, lebt das echte Instrument von Anschlagsdynamik und dem individuellen Einsatz der Pedale. Sie können daher als Teil des gesamten Gerätes nicht hinweggedacht werden. Ferner dienen die Füße der Schallsteuerung und der Stabilisierung des Klavierkorpus. Folglich konnte V kein Angebot im richtigen Umfang erbringen und war zur Leistung gem. § 297 BGB zwar bereit, aber nicht fähig. Also ist K nicht in Annahmeverzug geraten.

Fähigkeit und Bereitschaft zur Leistung gem. § 297 BGB

Zu beachten sind ferner notwendige Abgrenzungen zur Leistungsstörung der Unmöglichkeit. Ist der Schuldner dauerhaft nicht in der Lage, die Leistung zu erbringen, schließt dies gem. § 275 I BGB die Leistungspflicht aus. Hingegen lässt Gläubigerverzug die Leistungspflicht unberührt, verschiebt aber die Gefahrtragung.[88] Wichtig ist diese Abgrenzung vor allem beim Dienstvertrag.

Abgrenzung zur Unmöglichkeit

BEISPIEL („Klavierlehrer-Fall"): S hat bei L jeden Dienstag um 16.00 Uhr Klavierunterricht. Am ersten Dienstag des Monats Mai erscheint S ohne Ankündigung nicht, weshalb der überraschte L auch keinen Ersatzschüler laden konnte. Ebenso fehlt S unentschuldigt am zweiten Dienstag. Jedoch liegt L an diesem Tag mit 40 Grad Fieber im Bett, sodass er nicht hätte unterrichten können. Hat L Zahlungsansprüche gegen S, ohne die ausgefallenen Stunden nachholen zu müssen?

---

87   Siehe Randnummer 41
88   Medicus/Lorenz, Schuldrecht I, Rn 437

Weil L dem S keinen Erfolg, sondern nur eine Tätigkeit schuldet, handelt es sich bei dem geschlossenen Vertrag nicht um einen Werk-, sondern um einen Dienstvertrag gem. § 611 BGB. Dort ist die Tätigkeitsvergütung gem. § 614 BGB nach Leistung des Dienstes zu erbringen. Gem. § 615 S. 1 BGB hat der Dienstverpflichtete aber einen Anspruch auf Entschädigung, ohne die Leistung nachholen zu müssen, sofern der Dienstberechtigte in Annahmeverzug geraten ist. Am ersten Dienstag geriet S gem. § 296 BGB in Annahmeverzug, weil die Leistungszeit bestimmt war, er aber nicht am Leistungsort zur Leistungszeit erschien und L gem. § 297 BGB zur Leistung bereit und imstande war. Folglich kann L für diesen Termin den Lohn fordern, ohne die ausgefallene Unterrichtsstunde nachholen zu müssen.

Anders verhält es sich aber mit dem nächsten Dienstag. Wegen des vorübergehenden Leistungsunvermögens des L geriet S gem. § 297 BGB nicht in Annahmeverzug. Weil die Unterrichtsstunde nachgeholt werden kann, muss L den ausgefallenen Termin zu einer anderen Zeit erbringen und kann erst dann das Geld fordern. Wiederum anders würde es sich verhalten, wenn die Leistung endgültig nicht nachgeholt werden kann. In diesem Fall gilt Unmöglichkeitsrecht mit den in §§ 275, 326 BGB angeordneten Rechtsfolgen.[89]

BEISPIEL: Wäre etwa L am zweiten Dienstag schwer gestürzt und hätte sich einen Halswirbel gebrochen, sodass er wegen dauerhafter Lähmung nicht mehr unterrichten könnte, wäre er gem. § 275 I BGB von der Unterrichtsverpflichtung frei geworden und müsste S gem. § 326 I BGB nicht den Lohn zahlen.

e) Keine vorübergehende Annahmeverhinderung gem. § 299 BGB

§ 299 BGB   50   Trotz Vorliegens aller sonstigen Voraussetzungen gerät der Gläubiger gem. § 299 BGB ausnahmsweise nicht in den Verzug der Annahme. § 299 BGB regelt ausdrücklich zwei Anwendungsfälle, die Auslegung ergibt ferner die Anwendbarkeit der Norm auf einen ungeschriebenen Fall.

aa) Leistungszeit ist nicht bestimmt

§ 299 1. Fall BGB   51   Haben die Parteien die Leistungszeit nicht bestimmt, steht der Gläubiger vor dem Problem, dass der Schuldner jederzeit die erfüllbare Leistung anbieten könnte, um ihn in Gläubigerverzug zu versetzen. Aufgrund der schwerwiegenden Rechtsfolgen des Annahmeverzuges zwänge dies den Gläubiger ab Vertragsschluss zu ständiger Annahmebereitschaft. Es ist offensichtlich, dass dies im Rechtsverkehr von niemandem erwartet werden kann. Deshalb bestimmt § 299 1. Fall BGB, dass der Gläubiger nur in Annahmeverzug gerät, wenn bei fehlender vorheriger Festlegung der genaue Leistungszeitpunkt vom Schuldner eine angemessene Zeit zuvor angekündigt worden ist und der Gläubiger zur angekündigten Zeit nicht bereit steht.

Ob der Schuldner die Leistung eine angemessene Zeit vorher angekündigt hat, richtet sich nach den Umständen des Einzelfalles. Entscheidend ist, dass sich der Gläubiger nach Art und Umfang der geschuldeten Leistung rechtzeitig auf die Annahme einrichten konnte.[90]

---

89   *Larenz, Schuldrecht I, § 25 I c), S. 392, 393*
90   *MünchKomm-Ernst, BGB, § 299 Rn 3*

BEISPIEL („Tischlieferungs-Fall"): K hat im Möbelhaus des V Anfang Mai einen Tisch gekauft. V klärt K wahrheitsgemäß darüber auf, er wisse nicht genau, wann er liefern könne. Nachdem Anfang Juli V immer noch nichts hat von sich hören lassen, fährt K zwei Wochen in den Urlaub. Als er gut erholt wieder heimgekommen ist, findet er einen Brief des V im Briefkasten. Dieser beschwert sich über die Abwesenheit des K Mitte Juli und kündigt an, nur zu liefern, wenn K den zweiten Lieferversuch bezahle.

Ein Anspruch auf Erstattung der Kosten des V gegen K für den zweiten Lieferversuch könnte sich aus § 304 BGB ergeben. Jedoch ist K ist wegen § 299 BGB nicht in Annahmeverzug geraten. Gerade in der Sommerferienzeit, in der eine Mehrzahl der Menschen verreist, muss der Liefertermin so rechtzeitig angekündigt werden, dass sich der Gläubiger sicher darauf einstellen kann.

bb) Bestimmte Leistungszeit und Recht des Schuldners zur Vorableistung

Gleiches muss gelten, wenn der Schuldner bei bestimmter Leistungszeit gem. § 299 2. Fall BGB das Recht zur vorzeitigen Erfüllung hat. Hätte im obigen Fall der V dem K die erste Augustwoche als Liefertermin angekündigt, sich aber ein früheres Erfüllungsrecht vorbehalten, würde ihn das nicht von der Pflicht einer rechtzeitigen Ankündigung entbinden.   **52**   § 299 2. Fall BGB

cc) Schuldner überschreitet vereinbarten Leistungszeitpunkt

Nicht ausdrücklich geregelt ist der Fall, in dem der Schuldner nicht zum vereinbarten Leistungszeitpunkt geleistet hat und selbst in Schuldnerverzug geraten ist. In diesem Fall muss sich der Schuldner durch ein Angebot in Annahmeverzug begründender Weise aus dem Schuldnerverzug befreien können.[91] Andererseits würde der Schuldner gegen Treu und Glauben gem. § 242 BGB verstoßen, wenn er vom Gläubiger permanente Annahmebereitschaft erwarten würde, denn schließlich hat er die Leistung nicht pünktlich erbracht und die Probleme dadurch verursacht.   **53**

BEISPIEL: Im „Tischlieferungs-Fall"[92] kündigt V die Lieferung für den 30.06. um 14.00 Uhr an, was aber nicht geschieht. Nachdem K am 10. Juli von V immer noch nichts gehört hat, fährt er zwei Wochen in den Urlaub. Als er gut erholt wieder heimgekommen ist, findet er einen Brief des V im Briefkasten, in dem sich V über die Abwesenheit des K Mitte Juli beschwert und fordert, den zweiten Lieferversuch müsse K bezahlen.

Vernünftigerweise muss dieser Fall nach Treu und Glauben gem. § 242 BGB wegen widersprüchlichen Verhaltens des Schuldners so behandelt werden, als sei von vornherein keine Leistungszeit vereinbart worden, sodass es dem Schuldner obliegt, die Leistung eine angemessene Zeit vorher anzukündigen. Folglich ist K auch hier nicht in Annahmeverzug geraten.

---

91   *Siehe Randnummer 116*
92   *Siehe Randnummer 51*

2. Rechtsfolgen des Annahmeverzuges

a) Übergang der Gegenleistungsgefahr (Preisgefahr)

54   Solange der Schuldner nicht erfüllt hat, stellt sich die Frage, wer die Gefahr des zufälligen Untergangs und der zufälligen Verschlechterung trägt. Man unterscheidet zwischen Leistungsgefahr und Gegenleistungsgefahr.

Leistungsgefahr

> **DEFINITION**
> Unter **Leistungsgefahr** versteht man das Risiko des Schuldners, seine Leistungsanstrengungen bis zum Eintritt des Leistungserfolges wiederholen zu müssen.[93]

BEISPIEL: So trägt etwa der Verkäufer einer nur nach der Gattung bestimmten Sache vor der Erfüllung die Gefahr, dass die von ihm zur Erfüllung bestimmte Sache zerstört wird und er aus seinem Vorrat auf eigene Kosten eine andere aussondern oder gar liefern muss.[94]

Anders herum kann der Käufer die Leistung nicht mehr fordern, wenn die Leistungsgefahr vor der Erfüllung auf ihn übergegangen ist.[95]

55   Die Gegenleistungsgefahr, auch **Preisgefahr** genannt, existiert nur bei gegenseitigen Verträgen.

Gegenleistungs-
gefahr

> **DEFINITION**
> Unter **Gegenleistungsgefahr** versteht man das Risiko des Gläubigers, die Gegenleistung erbringen zu müssen, ohne die Leistung fordern zu dürfen.[96]

BEISPIEL: V hat K sein Fahrrad für 100,- € verkauft. Die Eigentumsübertragung gem. § 929 S. 1 BGB soll erst am nächsten Tag stattfinden. In der Nacht wird das Fahrzeug von unbekannten Einbrechern aus purer Zerstörungslust vernichtet. Wer trägt die Gefahr des Untergangs der Sache?

Kein Übergang
der Preisgefahr

Hier lag die Gegenleistungsgefahr/Preisgefahr noch beim Schuldner V. Er wird einerseits von seiner Leistungspflicht aus § 433 I BGB gem. § 275 I BGB wegen Unmöglichkeit frei, verliert jedoch andererseits gem. § 326 I BGB seinen Anspruch auf die Gegenleistung in Höhe von 100,- € aus § 433 II BGB.

Übergang der
Preisgefahr
durch

56   Der Annahmeverzug des Gläubigers kann die Preisgefahr/Gegenleistungsgefahr auf den Gläubiger übergehen lassen.

---

93   *Medicus/Petersen, Bürgerliches Recht, Rn 271*
94   *Bamberger/Roth-Faust, BGB, § 446 Rn 11*
95   *Siehe Randnummer 59*
96   *Bamberger/Roth-Faust, BGB, § 446 Rn 11*

BEISPIEL: Im „Klavierlieferungs-Fall"[97] hat V das Instrument vollständig in seinen Liefer-wagen eingeladen, trifft den K zur vereinbarten Zeit jedoch nicht in dessen Wohnung an. Nachdem V mehrmals vergeblich bei K geläutet hat, tritt er nach einer halben Stunde Wartezeit die Heimreise an, auf welcher er schuldlos in einen Verkehrsunfall verwickelt wird, bei dem das Klavier vollständig zerstört wird. Wie ist die Rechtslage?

V ist wegen Unmöglichkeit gem. § 275 I BGB von seiner Pflicht aus § 433 I BGB zur Übergabe und Übereignung befreit worden. Mangels Vertretenmüssen schuldet er weder Schadensersatz statt der Leistung gem. §§ 280 I, III, 283 BGB noch Aufwen-dungsersatz gem. § 284 BGB. K wäre gem. § 326 I BGB vor der Kaufpreiszahlungs-pflicht frei geworden, es sei denn, die Preisgefahr wäre auf ihn übergegangen. Nach § 326 II 2. Fall BGB ist dies der Fall, wenn, wie hier, die Unmöglichkeit während des Annahmeverzuges des Gläubigers eintritt. Also schuldet K Kaufpreiszahlung aus § 433 II BGB.

§ 326 II 1 BGB

Nicht nur der Annahmeverzug lässt die Preisgefahr übergehen. Spezielle Regelun-gen enthält § 446 BGB.

57

BEISPIEL: V hat K sein Fahrrad für 100,- € verkauft, jedoch unter Eigentumsvorbehalt. V hat die Sache bereits an K übergeben, es soll aber die Einigung i.S.v. § 929 S. 1 BGB nach dem übereinstimmenden Parteiwillen gem. § 158 I BGB erst wirksam werden, wenn K den vollen Kaufpreis bezahlt hat. In der Nacht brechen Unbekannte bei K ein und zerstören das Zweirad.

Auch hier wird V gem. § 275 I BGB von seiner Leistung endgültig frei. Auf den ersten Blick scheint auch K gem. § 326 I BGB von der Kaufpreiszahlungspflicht frei geworden zu sein, denn der Tatbestand in Absatz 1 ist erfüllt und die in den folgenden Absätzen normierten Ausnahmen greifen hier nicht. Jedoch geht aus § 446 S. 1 BGB hervor, dass mit der Übergabe der verkauften Sache die Gefahr des zufälligen Untergangs auf den Käufer übergeht. Dies bedeutet, dass der Käufer verpflichtet bleibt, den Kauf-preis zu zahlen, auch wenn der Verkäufer von seiner Leistungspflicht gem. § 275 I BGB befreit wird. Jetzt muss also K den restlichen Kaufpreis zahlen, obwohl er nicht mehr Eigentümer werden kann, weil die Preisgefahr/Gegenleistungsgefahr auf ihn übergegangen ist.

§ 446 S. 1 BGB

MERKSATZ

Aus dem Zusammenwirken einiger Rechtsnormen des Schuldrechts - insbe-sondere der §§ 326, 446, 447, 644 BGB - lässt sich der Grundsatz herleiten, dass der Sachinhaber das Risiko des zufälligen Untergangs und der zufälligen Ver-schlechterung der Sache trägt.

Nur auf den ersten Blick unverständlich erscheint die parallel zu § 326 II 1 BGB gere-gelte Gefahrtragung in § 446 S. 3 BGB, die ebenfalls den Annahmeverzug des Gläu-bigers voraussetzt. Hierbei handelt es sich aber keineswegs um eine überflüssige Doppelregelung, sondern um eine Rechtsnorm mit eigenem Anwendungsbereich. Sie dient dem Übergang der Sachgefahr.

58   § 446 S. 3 BGB

---

97   *Siehe Randnummer 41*

Übergang der
Sachgefahr

DEFINITION

Wenn die Sachgefahr gem. § 446 S. 3 BGB übergeht, darf sich der Käufer wegen eines Mangels, der nach dem Annahmeverzug eintritt, nicht mehr auf die Rechte aus den §§ 434 ff. BGB berufen.[98]

BEISPIEL: Im „Klavierlieferungs-Fall"[99] trifft V den K zur vereinbarten Zeit nicht in dessen Wohnung an. V schafft das Klavier daher in sein Lager und versieht es mit einem Zettel mit der Aufschrift „Verkauft an K". Des Nachts dringen Einbrecher in das Geschäft des V ein und beschädigen das Klavier leicht. Als V dieses liefern will, verlangt K ein unbeschädigtes Klavier. Zu Recht?

Hier darf V das Klavier im beschädigten Zustand liefern und den vollen Kaufpreis verlangen. K kann sich nämlich nicht auf §§ 320, 437 Nr. 1, 439 I BGB berufen, weil der Mangel am Klavier nicht bei Gefahrübergang vorlag. Die Gefahr ging nämlich vor der Übergabe auf K über, als dieser in Verzug der Annahme geriet. Der Annahmeverzug des K lässt gem. § 446 S. 3 BGB die Sachgefahr übergehen. Damit muss K ab Eintritt des Gläubigerverzuges neben dem Risiko des zufälligen Untergangs auch das Risiko der zufälligen Verschlechterung tragen.

MERKSATZ

Bei Annahmeverzug des Gläubigers lässt § 446 S. 3 BGB die Sachgefahr und § 326 II 1 BGB die Preisgefahr übergehen.

b) Übergang der Leistungsgefahr

59 Haben sich Verkäufer und Käufer auf ein bestimmtes Stück geeinigt, wird der Verkäufer mit dem Eintritt der Unmöglichkeit von seiner Leistungspflicht frei.[100] Wurde der Leistungsgegenstand nur nach allgemeinen Merkmalen definiert, die bei einer Vielzahl solcher Sachen zutreffen - Gattungsschuld - hat der Schuldner gem. § 243 I BGB grundsätzlich die Pflicht, dem Gläubiger solange ein Stück aus dieser Gattung anzubieten, bis die Gattung erschöpft ist.[101] Den Schuldner trifft die Leistungsgefahr. Jedoch kann diese Pflicht des Schuldners auch vor der Erschöpfung der Gattung enden, nämlich wenn die Leistungsgefahr übergeht. Dies geschieht im Fall der Konkretisierung gem. § 243 II BGB[102] und ferner unter den Voraussetzungen des § 300 II BGB.[103]

c) Sonstige Rechtsfolgen

60 Weitere Rechtsfolgen des Gläubigerverzuges finden sich zum einen in den §§ 300-304 BGB, zum anderen verteilen sie sich über das gesamte Privatrecht. Neben den Gefahrtragungsregeln betreffen die wichtigsten Rechtsfolgen des Gläubigerverzuges die Haftungsprivilegierung, den Ersatz der Mehraufwendungen, diverse Entschädigungsvorschriften und das Recht zum Selbsthilfeverkauf.

---

98   Erman-Grunewald, BGB, § 446 Rn 7
99   Siehe Randnummer 41
100   Siehe Randnummer 205
101   Siehe Randnummer 210
102   Siehe Randnummer 231
103   Siehe Randnummer 238

aa) Haftungsprivilegierung

Der Schuldner haftet gem. § 300 I BGB nach Eintritt des Annahmeverzuges nur noch bei Vorsatz und grober Fahrlässigkeit.

61 Haftungserleichterung gem. § 300 I BGB

BEISPIEL: Im „Klavierlieferungs-Fall"[104] trifft V den K zur vereinbarten Zeit nicht in dessen Wohnung an. Nachdem er vergeblich gewartet hat, tritt er die Heimreise an. Auf dem Heimweg verschuldet V infolge leichter Fahrlässigkeit einen Verkehrsunfall, bei dem das Klavier zerstört wird.

Wie bereits gezeigt, wird V von seiner Leistungspflicht aus § 433 I BGB wegen Unmöglichkeit frei, darf aber dennoch den Kaufpreis gem. § 433 II BGB wegen § 326 II 1 2. Fall BGB fordern. K war im Gläubigerverzug und V hat die Unmöglichkeit wegen § 300 I BGB nicht zu vertreten. V schuldet dem K trotz leichter Fahrlässigkeit i.S.v. § 276 BGB keinen Schadensersatz statt der Leistung aus §§ 280 I, III, 283 BGB[105] weil er wegen des Annahmeverzuges des K gem. § 300 I BGB erst ab grober Fahrlässigkeit haftet.

bb) Ersatz der Mehraufwendungen

BEISPIEL: Im „Klavierlieferungs-Fall"[106] trifft V den K zur vereinbarten Zeit nicht in dessen Wohnung an. Für den zweiten Anlieferungsversuch verlangt er von K die Erstattung der Kosten in Höhe von 40,- €. Zu Recht?

62

Der Schuldner kann gem. § 304 BGB Ersatz seiner Mehraufwendungen für ein zweites Angebot oder Aufbewahrungskosten verlangen. Auf ein Verschulden des Gläubigers kommt es nicht an. Deshalb darf V von K die Kosten des zweiten Angebotes erstattet verlangen.

§ 304 BGB

cc) Vergütung und Entschädigung

Der Vergütungsanspruch aus § 615 S. 1 BGB wurde bereits im „Klavierlehrer-Fall" dargelegt.[107] Entschädigungsansprüche wegen Annahmeverzuges regelt das Werkvertrag in §§ 642, 643 BGB.

BEISPIEL: B hat Unternehmer U beauftragt, das Badezimmer neu zu fliesen und ihm die Aushändigung des Schlüssels zur vereinbarten Zeit versprochen. Weil B den Schlüssel nicht aushändigt, wartet U den ganzen Tag vergeblich auf den Einlass. Andere Aufträge hatte er nicht.

Hier würde U eine Entschädigung gem. § 642 BGB für den verlorenen Tag erhalten.

dd) Selbsthilfeverkauf

Nimmt der Gläubiger die angebotene Sache nicht an, entstehen dem Schuldner Unannehmlichkeiten. Ist die Sache groß oder auch sperrig, fällt ihr Besitz dem Schuldner zur Last. Eine Lösung bietet das Recht zum Selbsthilfeverkauf.

---

104   Siehe Randnummer 41
105   Siehe Randnummer 284
106   Siehe Randnummer 41
107   Siehe Randnummer 49

63 **BEISPIEL:** V hat K einen wertvollen Kontrabass verkauft. Als V zum verabredeten Zeitpunkt bei K erscheint, ist dieser zu einer Weltreise aufgebrochen, was V einer an die Wohnungstür gehefteten Notiz entnehmen kann. Was kann V tun?

§§ 372 ff. BGB

Aufgrund des Annahmeverzuges des K gem. §§ 293, 296 BGB ist gem. §§ 372 ff. BGB zunächst an Hinterlegung und ferner an einen Selbsthilfeverkauf zu denken. Gem. § 372 BGB sind aber nur bestimmte Sachen, nämlich Geld, Wertpapiere und Kostbarkeiten hinterlegungsfähig. Dies hängt mit den Hinterlegungsgesetzen der Länder zusammen, die in § 6 nur diese Gegenstände für hinterlegungsfähig erklären und in § 1 II die Amtsgerichte zu Hinterlegungsstellen. Amtsgerichte verfügen aber nicht, oder nur beschränkt, über die Einrichtungen, um verderbliche oder unhandliche Sachen zu verwahren.

Kostbarkeiten

> **DEFINITION**
>
> **Kostbarkeiten** sind kleine, unverderbliche Sachen, deren Wert im Verhältnis zu Gewicht und Größe besonders hoch ist.[108]

Diese Definition trifft auf einen Kontrabass nicht zu, weshalb die Hinterlegung ausscheidet. In Betracht kommt daher nur der Selbsthilfeverkauf gem. § 383 BGB. Dazu müssen die Kosten der Aufbewahrung unverhältnismäßig hoch sein.[109] Dies wird man hier angesichts der üblichen Dauer einer Weltreise wohl bejahen dürfen. Deshalb darf V den Kontrabass durch einen Gerichtsvollzieher am Leistungsort versteigern lassen.

h.M.:
Umwandlung in
Geldanspruch
analog
§ 1247 S. 2 BGB

Durch den rechtmäßigen Selbsthilfeverkauf wandelt sich nach h.M. analog § 1247 S. 2 BGB der Leistungsanspruch des Gläubigers in einen Geldanspruch in Höhe des Versteigerungserlöses, also in eine Geldforderung, um. Von dieser darf sich der Schuldner durch Zahlung an den Gläubiger, durch Hinterlegung oder durch Aufrechnung befreien.[110] Hier würde V den Erlös bei der Hinterlegungsstelle des Amtsgerichts gem. §§ 372, 378 BGB hinterlegen und wäre von seiner Verpflichtung frei.

M.M.:
Unmöglichkeit

Nach anderer Auffassung geht der Leistungsanspruch aus § 433 I BGB wegen Unmöglichkeit unter und wandelt sich um in einen Schadensersatzanspruch. Der Schuldner darf sich aber durch Herausgabe des Erlöses befreien.[111]

KLAUSURHINWEIS

Nach beiden Auffassungen darf der Schuldner die Sache versteigern und sich durch Leistung des Erlöses von seiner Schuld befreien. Sie unterscheiden sich daher nicht im Ergebnis, sondern in der Herleitung.

Selbsthilfe-
verkauf beim
Handelskauf

Beim Handelskauf beschränkt sich gem. § 373 I, II HGB das Recht zum Selbsthilfeverkauf auf den Annahmeverzug, dafür dürfen aber auch nicht hinterlegungsfähige Sachen versteigert werden.[112]

---

108 MünchKomm-Fetzer, BGB, § 372 Rn 3; Looschelders, Schuldrecht AT, Rn 430
109 Larenz, Schuldrecht I, § 18 V a) S. 252; Looschelders, Schuldrecht AT, Rn 432;
110 RGZ 64, 366, 373; MünchKomm-Fetzer, BGB, § 383 Rn 8; Larenz, Schuldrecht I, § 18 V a), S. 252; Looschelders, Schuldrecht AT, Rn 432; Medicus/Lorenz, Schuldrecht I, Rn 302
111 Kress, Schuldrecht AT, S. 487; Leonhard, Schuldrecht AT, S. 579
112 Looschelders, Schuldrecht AT, Rn 433

DER SCHULDNERVERZUG –
ENTSTEHUNG UND BEENDIGUNG

I. EINLEITUNG

Beim Schuldnerverzug handelt es sich um eine Leistungsstörung in Form der **Nicht-leistung**. Sie kommt in der Praxis häufiger vor als die andere Art der Nichtleistung, die Unmöglichkeit.[113] Weil der Schuldnerverzug alle Arten der Leistungspflichten betrifft, musste der Gesetzgeber Rechtsfolgen des Schuldnerverzuges an vielen unterschiedlichen Stellen der Rechtsordnung regeln. Dies führt zu Unübersicht-lichkeit. Immerhin enthält § 286 BGB an zentraler Stelle die Grundvoraussetzungen dieser Leistungsstörung. Qualifizierte Formen des Schuldnerverzuges finden sich in § 498 BGB und § 508 II BGB sowie in § 543 II Nr. 3 BGB.

64 Leistungsstörung

Schuldnerverzug ist eine für den Gläubiger ärgerliche und für die Gesellschaft rechtspolitisch höchst unerwünschte Pflichtverletzung. Nicht selten bewirkt der Zahlungsverzug des Schuldners, dass der Gläubiger seine eigenen Verbindlichkeiten gegenüber Dritten nicht mehr erfüllen kann, sich deswegen verschulden muss und schließlich sogar zahlungsunfähig wird.

Wer in Schuldnerverzug gerät, haftet verschärft, muss Verzögerungsschaden und Verzugsfolgeschaden sowie Schaden statt der Leistung ersetzen. Nicht zuletzt hat er hohe Verzugszinsen zu zahlen. Dem Gläubiger stehen zu seinem Schutz außerdem Rücktritts- und Kündigungsrechte zu. Das folgende einleitende Beispiel soll die umfassende Bedeutung der Schuldnerverzugsregeln für den Alltag aufzeigen.

Typische Rechtsfolgen des Schuldnerverzugs

BEISPIEL: V schuldet K die Lieferung von 10 Zentnern Kartoffeln der Sorte Hansa. Nachdem V eine Weile nichts von sich hören lässt, mahnt K erfolglos die umgehende Lieferung an. Frustriert begibt sich K zu Rechtsanwalt R, der V vergeblich eine zweiwöchige Frist zur Lieferung setzt. Nach Ablauf der Frist tritt R im Namen des K vom Vertrag zurück und stellt diesem seine Tätigkeit in Rechnung. Inzwischen ist der Marktpreis um 5,- € pro Zentner Kartoffeln gestiegen.

Der Rücktritt des K war gem. § 323 I 1. Fall BGB gerechtfertigt. Ferner darf K von V gem. §§ 280 I, II, 286 BGB Ersatz der Anwaltskosten als Verzögerungsschaden fordern. Außerdem kann er wegen § 325 BGB nach dem Rücktritt auch noch gem. §§ 280 I, III, 281 I 1 1. Fall die erhöhten Beschaffungskosten in Höhe von 50,- € aus dem vorzu-nehmenden Deckungskauf als Schadensersatz statt der Leistung geltend machen.

---

113   *Siehe Randnummer 203*

SACHVERHALT

1. Grundfall: „Ein neuer Fernseher"

Fußballfan K plant, sich wegen der bevorstehenden Fußball-Europameisterschaft einen neuen Fernseher mit Plasmabildschirm zu kaufen. Nachdem er im Geschäft des V fündig geworden ist, schließt er mit V einen Kaufvertrag über ein Ausstellungs- stück zu einem reduzierten Preis. Es wird vereinbart, dass sich K den Fernseher am Tag des Eröffnungsspiels um 15.00 Uhr bei V abholen soll und dass er den Kaufpreis eine Woche im Voraus entrichten soll. Nachdem K pünktlich bezahlt hat, macht er sich am vereinbarten Tag auf den Weg zu V. Als er um 15.00 Uhr beim Geschäft des V angekommen ist, findet er dieses verschlossen vor und muss auf einem Schild an der Eingangstür lesen: „Wegen des Eröffnungsspieles der EM schließen wir heute schon um 14.00 Uhr." V hat den Kaufvertrag mit K vergessen. Zornig macht sich K auf den Weg zu einem anderen Händler, bei dem er für 50,- € einen Fernseher für das Wochenende mietet. Als er am Montag bei V erscheint, um seinen Fernseher abzuholen, verlangt er von V 50,- € Schadensersatz. Zu Recht?

LÖSUNG

K könnte gegen V einen Anspruch auf Schadensersatz i.H.v. 50,- € aus §§ 280 I, II, 286 BGB haben.

A. Schuldverhältnis

Dies setzt zunächst ein Schuldverhältnis voraus. Ein Schuldverhältnis ist eine recht- liche Sonderverbindung zwischen Personen, bei der Pflichten i.S.v. § 241 BGB ent- stehen. Hier haben V und K einen Kaufvertrag geschlossen, der gem. § 433 BGB gegenseitige Leistungspflichten entstehen lässt und folglich ein Schuldverhältnis ist.

B. Pflichtverletzung: Schuldnerverzug gem. § 286 BGB

Ferner muss V eine Pflicht aus diesem Schuldverhältnis gem. § 286 BGB verletzt haben, indem er mit einer Leistungspflicht aus dem Schuldverhältnis in Schuldner- verzug geraten ist. Schuldnerverzug setzt erstens voraus, dass der Schuldner dem Gläubiger eine fällige und durchsetzbare Leistung schuldet. Hier hatte sich V zur Leistung gem. § 433 I BGB verpflichtet, nämlich zur Übereignung eines bestimmten Fernsehers. Dieser Anspruch muss fällig gewesen sein. Unter Fälligkeit versteht man gem. § 271 BGB den Zeitpunkt, an dem der Schuldner leisten muss. Vorliegend hatten V und K diesen Zeitpunkt festgelegt, geleistet werden sollte nämlich am Tag des Eröffnungsspiels um 15.00 Uhr. Außerdem muss der Anspruch des Gläubigers durchsetzbar, also einredefrei sein. Bei gegenseitigen Verträgen wie einem Kauf- vertrag muss § 320 BGB beachtet werden, nach dem die Leistungen nur Zug um Zug gegen Erhalt der entsprechenden Gegenleistung zu erbringen sind. Hier hatte K die ihm obliegende Gegenleistung, nämlich die Zahlung des Kaufpreises bereits erbracht. Folglich steht V keine Einrede gem. § 320 BGB zu, auf die er sich berufen könnte. Andere Einreden sind nicht ersichtlich, weshalb der Anspruch des K auch durchsetzbar ist.

Schuldnerverzug erfordert zweitens grundsätzlich, dass der Schuldner trotz einer Mahnung des Gläubigers nicht geleistet hat. Unter einer Mahnung versteht man eine einseitige und empfangsbedürftige Aufforderung des Gläubigers an den Schuldner, die Leistung zu erbringen. Eine solche Erklärung hat K gegenüber V nicht abgegeben. Indem der Leistungszeitpunkt von den Parteien aber vorab festgelegt worden ist und V zu diesem Zeitpunkt nicht geleistet hat, ist die Mahnung gem. § 286 II Nr. 1 BGB entbehrlich.

C. Vertretenmüssen des Schuldners gem. § 286 IV BGB

Zuletzt gerät der Schuldner nur in Schuldnerverzug, wenn er die Nichtleistung gem. §§ 286 IV, 276 BGB zu vertreten hat. Der Schuldner hat gem. § 276 I, II BGB neben Vorsatz auch Fahrlässigkeit zu vertreten. Fahrlässig handelt der Schuldner gem. § 276 II BGB, wenn er die im Verkehr erforderliche Sorgfalt außer Acht lässt. Dies könnte hier gegeben sein, indem V den Leistungstermin vergessen hat. Es widerspricht der im Verkehr üblichen Sorgfalt, wenn der Schuldner nicht durch Fristenbücher oder andere Informationssysteme die vereinbarten Leistungstermine so kontrolliert, dass ein Vergessen ausgeschlossen oder zumindest sehr unwahrscheinlich ist. Indem V den Termin vergessen hat, hat er die im Verkehr erforderliche Sorgfalt außer Acht gelassen und mithin die Nichtleistung zum vereinbarten Termin zu vertreten. Folglich ist V in Schuldnerverzug geraten und hat seine Leistungspflicht verletzt.

D. Ersatzfähiger und kausaler Verzögerungsschaden

Der geltend gemachte Schaden muss ein ersatzfähiger Verzögerungsschaden gem. §§ 280 II, 286 BGB sein. Ein Verzögerungsschaden ist jede unfreiwillige Vermögenseinbuße i.S.v. §§ 249 ff. BGB, die adäquat kausal auf der Verzögerung der Leistung beruht und auch bei späterer oder hinzugedachter späterer Erfüllung nicht entfiele. Zunächst muss es sich um eine unfreiwillige Vermögenseinbuße handeln. Zwar hat K die 50,- € für die Ersatzanmietung aufgewendet, also eigentlich ein freiwilliges Vermögensopfer erbracht, jedoch spricht man bei Aufwendungen auch dann von einem Schaden, wenn sich der Aufwendende zu ihnen herausgefordert fühlen durfte. Dies ist aufgrund des Schuldnerverzuges seitens V der Fall, sodass ein Schaden eingetreten ist. Der Schaden muss ersatzfähig gem. §§ 249 ff. BGB sein. Gem. § 249 I BGB darf der Geschädigte wegen seiner Vermögenseinbußen die Herstellung des ungeschädigten Vermögenszustandes fordern. Diese betragen aufgrund der Ersatzanmietung 50,- € und sind daher auch ersatzfähig. Ohne den Schuldnerverzug hätte K die Ersatzanmietung nicht tätigen müssen, mithin beruhen die dadurch erzeugten Kosten auch adäquat kausal auf dem Schuldnerverzug des V. Zur Abgrenzung vom Schaden statt der Leistung gem. §§ 280 I, III, 281 I 1. Fall BGB kommt es beim Verzögerungsschaden darauf an, dass der Schaden nicht bei späterer Erfüllung entfällt. Auch wenn V am Montag den Fernseher nachträglich übereignet, wird dadurch der erlittene Vermögensschaden in Höhe von 50,- € des K nicht ausgeglichen. Folglich handelt es sich bei den 50,- € auch um einen Verzögerungsschaden.

K hat gegen V einen Anspruch auf Ersatz der 50,- € aus §§ 280 I, II, 286 BGB.

FALLENDE

II. SYSTEMATIK UND VERTIEFUNG

1. Voraussetzungen des Schuldnerverzuges gem. § 286 BGB

65 Häufig wird Schuldnerverzug definiert als „Nichtleistung trotz Fälligkeit und Mahnung". Diese Begriffsbestimmung orientiert sich am Wortlaut des § 286 BGB und kann schon deshalb nicht falsch sein. Für die Fallbearbeitung ist sie aber nicht ausführlich genug, denn der Fallbearbeiter benötigt für die Prüfung einen einprägsamen Aufbau, der ihn ohne weiteres zu den Problemen des Falles leitet.

a) Prüfungsschema

PRÜFUNGSSCHEMA

VORAUSSETZUNGEN DES SCHULDNERVERZUGES GEM. § 286 BGB

1. **Fälliger und durchsetzbarer Anspruch auf Leistung**
2. **Mahnung, soweit nicht entbehrlich**
3. **Nichtleistung trotz Möglichkeit der Leistung**
4. **Vertretenmüssen des Schuldners gem. § 286 IV BGB**

b) Fälliger und durchsetzbarer Anspruch auf Leistung

Der Schuldner gerät nur in Schuldnerverzug, wenn der Gläubiger einen fälligen und durchsetzbaren Anspruch auf Leistung gegen ihn hat.

> **KLAUSURHINWEIS**
> Die Prüfung des Schuldnerverzuges i.S.v. § 286 BGB erfordert inzident eine vollständige Begutachtung des Anspruchs auf Leistung.

Anspruch auf Leistung

66 Dazu muss ein Anspruch auf Leistung entstanden sein und darf nicht erloschen sein. Zu erörtern sind die Entstehungsvoraussetzungen des Anspruchs sowie alle denkbaren Nichtigkeits- und Erlöschensgründe.[114] Ferner muss der Anspruch auch gem. § 271 BGB fällig sein.

Fälligkeit

> **DEFINITION**
> **Fälligkeit** ist der Zeitpunkt, an dem der Schuldner zu leisten hat.[115]

Grundsätzliches zum Begriff der Fälligkeit wurde bereits dargestellt.[116] Zur Beschleunigung von Zahlungen im Verhältnis zwischen Unternehmern im Sinne von § 14 BGB wurde durch das Gesetz zur Bekämpfung von Zahlungsverzug im Geschäftsverkehr vom 22.07.2014[117] zur Begrenzung der Vertragsfreiheit der neue § 271a BGB eingeführt. Das Gesetz setzt die Richtlinie 2011/7/EU des europäischen Parlaments und des Rates

---

114   Näheres im Skript BGB AT, Rn 19 ff.
115   MünchKomm-Krüger, BGB, § 271 Rn 2; Palandt-Grüneberg, BGB, § 271 Rn 1
116   Siehe Randnummer 17
117   BGBl. I S. 1218

vom 16. Februar 2011 zur Bekämpfung von Zahlungsverzug im Geschäftsverkehr[118] um. Erwägungsgrund 12 analysiert, dass der Vertragsbruch durch Schuldnerverzug ein in allen Mitgliedsländern verbreitetes Phänomen sei, das durch niedrige Zinsen und zu lange Beitreibungsverfahren den Schuldnern finanzielle Vorteile bringe.

In Deutschland trifft dies vor allem auf das Verhältnis zwischen großen und kleinen Unternehmen zu. Hier kann schnell eine Abhängigkeitsbeziehung entstehen, welche die kleinen Unternehmen zu kaum tragfähigen Kompromissen zwingt.

BEISPIEL: S betreibt eine Schreinerei mit vier Gesellen. Das im DAX gelistete Unternehmen U tritt an ihn heran und verspricht ihm regelmäßige Aufträge mit großem Umsatzvolumen. S stellt daraufhin noch zwei weitere Gesellen ein. S verdient gut und tätigt Investitionen. Nach einiger Zeit verlangt U bei der Begleichung der Werklohnforderungen ein Zahlungsziel von 180 Tagen. Der zuständige Mitarbeiter des U deutet an, „man sei mit S schließlich nicht verheiratet".

Akzeptiert der mittelständische Unternehmer S diese Bedingungen nicht, verliert er mit den Aufträgen des U einen Teil seines Umsatzes. Seine Sachinvestitionen werden sich vielleicht nicht amortisieren, das zusätzliche Personal kann er kaum beschäftigen. Andere Auftraggeber, die er möglicherweise verprellt hat, weil er den Aufträgen der U den Vorrang einräumte, lassen sich nicht so leicht zurückgewinnen. Akzeptiert er die Zahlungsbedingungen des U, muss er die 180 Tage zwischenfinanzieren. Möglicherweise gerät er selbst in finanzielle Schwierigkeiten. Schließlich bedeutet der Zahlungsaufschub nichts anderes als die Gewährung eines zinslosen Darlehens an das Großunternehmen. In Erwägungsgrund 12 der Richtlinie 2011/7/EU wird ein Wandel hin zu einer Kultur der unverzüglichen Zahlung angestrebt. § 271a BGB beschränkt die Möglichkeiten der Schuldner, Zahlungsaufschübe von mehr als 60 Tagen zu verlangen. Bei öffentlichen Auftraggebern enthält § 271a II BGB sogar eine Beschränkung auf 30 Tage. Gleichzeitig enthält § 271a III BGB eine Beschränkung für Überprüfungsfristen.

(Randnotiz: Kultur der unverzüglichen Zahlung)

Gem. Art. 229, § 34 EGBGB gilt § 271a BGB für alle nach dem 28.07.2014 zwischen Unternehmern geschlossenen Verträge. Abweichende Vereinbarungen dürfen nicht mündlich, sondern müssen schriftlich, auch per AGB, getroffen werden. Ferner dürfen sie nicht grob unbillig sein. Es bleibt abzuwarten, ob diese Regelung in der Praxis mehr als einen Appell bewirken wird.

(Randnotiz: Zeitliche Anwendbarkeit)

Schließlich ist auch die Durchsetzbarkeit des Anspruchs erforderlich.   **67**

DEFINITION

Der Anspruch ist **durchsetzbar**, wenn ihm keine rechtshemmenden Einreden entgegenstehen.[119]

(Randnotiz: Durchsetzbarkeit)

Rechtshemmende Einreden hindern den Anspruch nicht in der Entstehung und lassen ihn auch nicht untergehen. Sie hemmen aber die Durchsetzbarkeit.[120] Auch dies kann zur vollständigen oder teilweisen Abweisung der Klage im Prozess führen.

---

118 *Amtsblatt der EU vom 23.02.2011, L 48/1*
119 *Erman-Hager, BGB, § 286 Rn 20*
120 *Näheres Skript BGB AT, Rn 21*

BEISPIEL: Die bekannteste rechtshemmende Einrede dürfte die Einrede der Verjährung gem. § 214 BGB sein. Klagt der Gläubiger eine verjährte Forderung ein und wehrt sich der Schuldner im Prozess, indem er die Einrede der Verjährung aus § 214 BGB erhebt, wird die Klage abgewiesen.

§ 286 BGB fordert allerdings nur die Fälligkeit des Anspruchs, die Durchsetzbarkeit nicht ausdrücklich. Deshalb könnte man in Frage stellen, dass ein durchsetzbarer Anspruch überhaupt Voraussetzung für die Entstehung des Schuldnerverzuges gem. § 286 BGB ist. Das Erfordernis der Durchsetzbarkeit des Anspruchs rechtfertigt sich aus der Überlegung, dass es sich beim Schuldnerverzug um die Nichtleistung einer Pflicht aus dem Schuldverhältnis handelt. Solange der Schuldner aber das Recht hat, nicht zu leisten, ist die Nichtleistung kein Unrecht und damit keine Pflichtverletzung. Deshalb gehört die Einredefreiheit des Anspruchs zum Tatbestand des § 286 BGB.

Erhebung der Einreden

Umstritten ist aber, inwieweit die Einreden erhoben werden müssen und welche Konsequenzen das Erheben der Einrede für den Eintritt des Schuldnerverzuges hat. Grundsätzlich gilt das Vertrauen des Gläubigers auf die Einredefreiheit seines Anspruchs als schutzwürdig. Deshalb muss der Gläubiger grundsätzlich über die Undurchsetzbarkeit seines Anspruchs auf Leistung vom Schuldner informiert werden. Somit obliegt es dem Schuldner, solche Einreden, die ihm zustehen, auch zu erheben. Dies hat er grundsätzlich spätestens im Prozess zu erledigen.

MERKSATZ

Der Schuldner muss dem Gläubiger grundsätzlich mitteilen, ob ihm eine rechtshemmende Einrede gegen den Anspruch zusteht (Erhebungsgebot).

Unterscheidung nach Art der Einrede

Dies gilt für den eingeklagten fälligen Anspruch absolut. Wehrt sich der verklagte Schuldner nicht mit der Erhebung einer ihm zustehenden Einrede, wird er verurteilt.

BEISPIEL: Im obigen Beispiel[121] erhebt der Beklagte nicht die Einrede der Verjährung. Jetzt wird er zur Leistung verurteilt.

Erhebung der Einrede

Grundsätzlich muss das Erhebungsgebot nicht nur für den eingeklagten Anspruch, sondern auch für die zusätzlichen Voraussetzungen des Schuldnerverzuges gelten. Das heißt, grundsätzlich kann der Schuldner, dem eine rechtshemmende Einrede zusteht, den Eintritt des Schuldnerverzuges nur verhindern, wenn er die Einrede auch erhebt.

Ausnahmen nach Art der Einrede

Jedoch lässt man beim Tatbestand des Schuldnerverzuges Ausnahmen von diesem Grundsatz zu, die sich voneinander stark unterscheiden. Weil es unterschiedliche Einredearten gibt, muss man einerseits differenzieren, wann nach ihrer Erhebung der Verzug beginnt und andererseits, welche Rechtsfolgen danach noch bestehen bleiben. Denn jede einzelne Einrede rechtfertigt unterschiedlich stark die Leistungsverzögerung durch den Schuldner.[122] Es sind drei Fallgruppen zu unterscheiden.

§ 320 BGB

Die radikalste Ausnahme zum Erhebungsgebot stellt die Einrede des nichterfüllten Vertrages gem. § 320 BGB dar. Steht dem Schuldner die Einrede des nichterfüllten

---

121   Siehe Randnummer 67
122   Diederichsen, JuS 1985, 825, 829

Vertrages gem. § 320 BGB zu, schließt dies die Entstehung des Schuldnerverzuges stets aus, auch wenn der Schuldner die Einrede nicht erhoben hat.[123]

Der Schuldner, dem eine Einrede nach § 273 I BGB oder § 410 I BGB zusteht, befindet sich, sofern alle sonstigen Tatbestandsvoraussetzungen gegeben sind, solange im Verzug, bis er die Einrede geltend macht. Bereits entstandene Verzugsfolgen bleiben bestehen.[124] Das gilt, wenn auch umstritten, ebenso für die Einreden aus § 275 II BGB und § 275 III BGB.[125]

§ 273 BGB

Bei allen anderen rechtshemmenden Einreden ist die Pflicht zur Erhebung umstritten. Nach h.M. gilt: Der Schuldnerverzug endet, sobald der Schuldner die Einrede erhoben hat. Zu berücksichtigen bleiben aber bereits entstandene Verzugsfolgen, wie z.B. Zinsen oder Verzögerungsschäden. Diese sollen nachträglich entfallen und zwar mit fiktiver Rückwirkung bis zur Entstehung der Verzugsfolge.[126]

Sonstige rechts-
hemmende
Einreden

aa) Einrede gem. § 320 BGB

(1) Voraussetzungen und Auswirkungen auf den Schuldnerverzug

Das BGB typisiert einige Vertragsarten, bei denen der geschuldeten Leistung ein Gegenanspruch des Schuldners auf eine Gegenleistung gegenübersteht.

68

> **DEFINITION**
> Solche Verträge nennt man **gegenseitige Verträge**, wenn in ihnen eine Leistung deshalb erbracht wird, um die versprochene Gegenleistung zu erhalten.[127]

Gegenseitige
Verträge

BEISPIEL: Gegenseitige Verträge sind Kauf (§ 433 BGB), Tausch (§ 480 BGB), entgeltliches Gelddarlehen (§ 488 BGB), Miete (§ 535 BGB) und Pacht (§ 581 BGB), Dienstvertrag (§ 611 BGB), Werkvertrag (§ 631 BGB), Werklieferungsvertrag (§ 651 BGB), Reisevertrag (§ 651 a BGB), entgeltlicher Geschäftsbesorgungsvertrag (§ 675 BGB), sowie entgeltliche Verwahrung (§ 688 BGB). Hinzu kommen Vertragstypen, die von Rechtsprechung und Lehre entwickelt wurden, z. B. das Leasing.

Aufgrund des Abhängigkeitsverhältnisses zwischen den Hauptleistungen dieser Verträge gewährt § 320 BGB dem Schuldner das Recht, seine Leistung bis zum Erhalt der Gegenleistung zu verweigern, wenn keine Vorleistungspflicht besteht.

BEISPIEL: Beim Kaufvertrag muss der Käufer nur Zug um Zug gegen Übereignung der Kaufsache den Kaufpreis bezahlen. Beim Werkvertrag muss der Werkunternehmer zunächst das Werk herstellen. Erst nach der Abnahme des Werkes (§ 640 BGB) wird sein Anspruch auf den Werklohn gem. § 641 BGB fällig. Hier ist der Schuldner also vorleistungspflichtig.

---

123 BGHZ 84,42, 44; BGH, NJW 1999, 53, 53; Palandt-Grüneberg, BGB, § 320 Rn 12;
      Brox/Walker, Schuldrecht-AT , § 13 Rn 20
124 BGH, NJW 2007, 1269, 1271; Erman-Hager, BGB, § 286 Rn 23
125 Medicus/Lorenz, Schuldrecht I, Rn 459
126 Medicus/Lorenz, Schuldrecht I, Rn 459
127 Erman-Westermann, BGB, vor § 320 Rn 6

Die Einrede des § 320 BGB hat sowohl Einfluss auf das Schicksal des Anspruchs auf die Leistung selbst, als auch auf die Entstehung des Schuldnerverzuges mit ebendiesem Anspruch gem. § 286 BGB und den daraus resultierenden Folgen. Der folgende Beispielsfall zeigt dies in seinen Konsequenzen auf.

Einrede des nichterfüllten Vertrages gem. § 320 BGB

BEISPIEL („Notebook-Fall"): Verkäufer V und Käufer K schließen einen Kaufvertrag über ein bestimmtes gebrauchtes Notebook zum Preis von 500,- €. V erscheint rechtzeitig am vereinbarten Ort ohne Notebook, verlangt aber sofortige Zahlung von K. K schweigt. Kann V Zahlung verlangen? Befindet sich K gem. § 286 BGB im Schuldnerverzug?

69 Der Zahlungsanspruch des V ist eine Hauptleistungspflicht aus dem Vertrag gem. § 433 II BGB. Fraglich ist, ob dieser Anspruch gegenüber K durchsetzbar ist, denn es könnte die Einrede des § 320 BGB entgegenstehen. § 320 BGB findet aber nur Anwendung, wenn es sich um einen gegenseitigen, einen synallagmatischen Vertrag handelt. Das griechische Wort Synallagma bezeichnet die Wechselseitigkeit von Ansprüchen in gegenseitigen Verträgen.

Synallagma

> **DEFINITION**
> Man spricht von einem genetischen **Synallagma**, wenn dem Schuldner aus einem gegenseitigen Vertrag ein Anspruch auf eine Leistung zusteht, die im Gegenseitigkeitsverhältnis zum Anspruch des Gläubigers steht. Dieses Gegenseitigkeitsverhältnis erkennt man daran, dass der Schuldner sich zu seiner Leistung nur deshalb verpflichtet, weil er die versprochene Gegenleistung vom Gläubiger erhalten will (Leistung „do ut des" - „ich gebe dir, damit du mir gibst"). [128]

Synallagma der Pflichten im Kaufvertrag

Der Kaufvertrag ist das Schulbeispiel für diese Art der Beziehung. Der Käufer ist Gläubiger des Anspruchs aus § 433 I BGB und der Verkäufer dessen Schuldner. Aus demselben Kaufvertrag schuldet der Käufer dem Verkäufer die Bezahlung gem. § 433 II BGB. Der Käufer ist nur bereit zu zahlen, wenn ihm die versprochene Sache geliefert und übereignet wird. Also stehen die Ansprüche aus § 433 I BGB und § 433 II BGB im synallagmatischen Gegenseitigkeitsverhältnis.

BEISPIEL: Im „Notebook-Fall"[129] steht K die Einrede des § 320 BGB gegen V zu. Er braucht gem. § 322 I BGB nur Zug um Zug gegen Übereignung der Kaufsache zu zahlen.

Aus § 322 I BGB folgt aber auch, dass es sich bei § 320 BGB nur um eine rechtshemmende Einrede handelt, die vom Schuldner des Anspruchs gegen den Gläubiger erhoben werden muss. Das Gericht darf das Leistungshindernis, das mit § 320 BGB geltend gemacht wird, nicht von Amts wegen berücksichtigen.[130]

---

128   Palandt-Grüneberg, BGB, Einf v § 320 Rn 5
129   Siehe Randnummer 68
130   Erman-Westermann, BGB, § 320 Rn 2

BEISPIEL: Im „Notebook-Fall"[131] gilt: Solange K schweigt, kann V die Zahlung der 500,- € von ihm fordern. Erst wenn K sich auf seine Einrede beruft, darf V das Geld nur noch Zug um Zug gegen Erbringung seiner Leistung fordern.

Das Gericht verurteilt den verklagten Schuldner nach Erhebung seiner Einrede aus § 320 BGB dann von Amts wegen nicht mehr zur unbedingten Leistung, sondern nur noch zur Zug um Zug Leistung an den klagenden Gläubiger. Dies muss vom Beklagten auch nicht ausdrücklich beantragt werden.[132]

Auswirkungen des § 320 BGB auf den Leistungsanspruch

MERKSATZ

Rechtshemmende Einreden müssen vom Schuldner bis zum Ende des Prozesses geltend gemacht werden. Sonst wird der Schuldner zur Leistung verurteilt, auch wenn ihm eine solche Einrede dem Grunde nach zusteht.

Davon zu differenzieren sind die Auswirkungen des § 320 BGB auf den Schuldnerverzugstatbestand gem. § 286 BGB.   **70**

Auswirkungen des § 320 BGB auf den Schuldnerverzug gem. § 286 BGB

BEISPIEL: Im „Notebook-Fall"[133] hat V den K auf Zahlung von 500,- € verklagt. Würde sich K im Prozess nicht auf § 320 BGB berufen, würde er zur Zahlung verurteilt. Das heißt aber nicht, dass er in Schuldnerverzug gem. § 286 BGB geraten ist, nur weil er die ihm zustehende Einrede des § 320 BGB nicht erhoben hat.

Anerkannt ist, dass schon die bloße Einredemöglichkeit des § 320 BGB genügt, um die Entstehung des Schuldnerverzuges gem. § 286 BGB auszuschließen.[134] Dies lässt sich mit zwei Argumenten begründen.
Der Schuldnerverzug stellt nach seinem Sinn und Zweck eine Sanktion dar, die den Schuldner zur Leistung motivieren soll. Dies soll erreicht werden, indem diese Sanktionen den Schuldner intensiv belasten.

BEISPIEL: Er schuldet u.a. hohe Verzugszinsen[135] und Schadensersatz.[136]

Die Härte dieser strengen Sanktionen ist nur gerechtfertigt, wenn der Gläubiger, der seine Leistung im Prozess einklagt, auch ohne Weiteres obsiegen würde. Dies ist aber unsicher, wenn dem Schuldner die Einrede des § 320 BGB zusteht.
Zweitens weiß jeder Gläubiger bei synallagmatischen Leistungspflichten aus gegenseitigen Verträgen im Unterschied zu anderen Einreden, dass er zu einer Gegenleistung verpflichtet ist. Die Einrede des § 320 BGB überrascht ihn deshalb nicht.

Sanktionsargument

Überraschungsargument

BEISPIEL: Im „Notebook-Fall"[137] gilt: K befindet sich nicht im Schuldnerverzug.

---

131 Siehe Randnummer 68
132 Erman-Westermann, BGB, § 322 Rn 2
133 Siehe Randnummer 68
134 BGH, NJW 1999, 53, 53; Erman-Westermann, BGB, § 320 Rn 17; MünchKomm-Ernst, BGB, § 286 Rn 22; Palandt-Grüneberg, BGB, § 320 Rn 12; Brox/Walker, Schuldrecht-AT, § 13 Rn 20
135 Siehe Randnummer 118
136 Siehe Randnummer 119
137 Siehe Randnummer 68

Denn die Voraussetzungen des § 286 BGB sind nicht erfüllt. Dem Anspruch aus § 433 II BGB steht § 320 BGB entgegen. Auch ohne Erhebung der Einrede genügt bei § 320 BGB der bloße Einredetatbestand, um den Schuldnerverzug gem. § 286 BGB auszuschließen.

> **MERKSATZ**
> Aus der engen Verknüpfung von Leistung und Gegenleistung beim synallagmatischen Vertrag darf man folgern, dass der Schuldner die ihm zustehende Einrede des § 320 BGB nicht ausdrücklich erheben muss, um den Schuldnerverzug gem. § 286 BGB auszuschließen.

(2) Beseitigung der Einrede des § 320 BGB

71 Steht die Einrede des § 320 BGB entgegen, kann der Gläubiger gezielt darauf hinwirken, dass der Schuldner in Verzug kommt. Dafür muss er die Einredesituation des § 320 BGB beseitigen.

Beseitigung des § 320 BGB durch Vorleistung

Dies kann er einerseits dadurch erreichen, dass er die ihm obliegende Gegenleistung vorab bewirkt, also vorleistet. Vorzuleisten ist aber nicht empfehlenswert. Denn wer ohne Not vorleistet, übernimmt das Insolvenz- und Rückholrisiko.

BEISPIEL: K zahlt den Kaufpreis für einen bei V gekauften Fernseher einen Tag vor der vereinbarten Abholung. Als er den Fernseher abholen will, wurde bereits das Insolvenzverfahren über das Vermögen des V eröffnet.

Beseitigung des § 320 BGB durch Annahmeverzug

72 Vorzugswürdig zur Ausschaltung des § 320 BGB ist es, den Schuldner in Annahmeverzug zu setzen. Dafür verlangt die h.M., dass der Gläubiger bei der Mahnung die ihm obliegende Gegenleistung in Annahmeverzug begründender Weise anbieten muss.[138] Andere fordern nur, dass der Gläubiger bei der Mahnung zu seiner Gegenleistung bereit und imstande ist.[139]
Für die erste Auffassung spricht entscheidend, dass der Gläubiger seine Bereitschaft am besten durch ein Angebot i.S.v. § 293 BGB beweisen kann.[140]

> **KLAUSURHINWEIS**
> In Klausuren steht dieser Meinungsstreit nicht im Vordergrund. Gefordert wird von den Kandidaten vielmehr, die Einredesituation überhaupt zu erkennen und ihre Beseitigung rechtlich zutreffend zu würdigen. Insbesondere werden häufig Fälle gestellt, in denen der Annahmeverzug gem. § 295 BGB oder gem. § 296 BGB eintritt.

---

138   BGHZ 116, 244, 249; Medicus/Lorenz, Schuldrecht I, Rn 459
139   RGZ 126, 280,280; Brox/Walker, Schuldrecht-AT, § 13 Rn 20
140   Medicus, Schuldrecht I, Rn 504

BEISPIEL (zu §§ 295, 320 BGB): In dem „Klavierlieferungs-Fall"[141] befindet sich V mit dem vollständigen Instrument auf dem Weg zu K. Dieser meldet sich bei V, noch während dieser unterwegs ist. Wörtlich sagt K: „Hier K! Ich will das Klavier nicht mehr. Den Weg zu mir können Sie sich sparen". V antwortet vergeblich: „Wir haben aber einen gültigen Kaufvertrag geschlossen und den will ich erfüllen. Ich biete Ihnen Erfüllung an." Daraufhin kehrt V um und stellt die Zahlung des Kaufpreises in Rechnung. Befindet sich K in Schuldnerverzug mit dem Kaufpreis?

Hier befindet sich K im Schuldnerverzug mit dem Kaufpreis. Der Durchsetzbarkeit des Anspruchs aus § 433 II BGB und damit dem Eintritt des Schuldnerverzuges stand zunächst gem. § 320 BGB der Anspruch auf Lieferung gem. § 433 I BGB entgegen. Allerdings hat V diese Einrede nach allen vertretenen Auffassungen erfolgreich beseitigt. Einerseits war V zur Erbringung der ihm obliegenden Leistung bereit und imstande. Andererseits hat V die ihm obliegende Leistung auch in Annahmeverzug begründender Weise angeboten. Dies geschah zwar nur wörtlich, genügt aber gem. § 295 BGB, wenn der Gläubiger, wie hier geschehen, die Annahme endgültig verweigert hat. Folglich steht § 320 BGB dem Schuldnerverzug nicht mehr entgegen. Die für den Schuldnerverzug gem. § 286 I BGB vorausgesetzte Mahnung war hier gem. § 286 II Nr. 3 BGB entbehrlich, weil K die Zahlung endgültig verweigert hatte. Indem K sagte, er wolle mit V nichts mehr zu tun haben, konnte V dies nur als Zahlungsverweigerung auffassen. Folglich ist K gem. § 286 BGB in Schuldnerverzug gekommen.

Wörtliches Angebot gem. § 295 BGB

BEISPIEL (zu §§ 320, 296 BGB): V hat K am 2. November sein Auto verkauft. Die Parteien haben vereinbart, dass V den PKW am 4. November um 15.00 Uhr bei K abliefern soll. Dies soll Zug um Zug gegen Kaufpreiszahlung erfolgen. Pünktlich erscheint V mit dem PKW, allen Schlüsseln und sämtlichen Papieren am Haus des K. Dieser hat den Termin leider vergessen und besucht ein Fußball-Bundesligaspiel. K läutet mehrmals bei V und wartet 30 Minuten, bevor er sich verärgert unverrichteter Dinge auf den Heimweg macht. Befindet sich K mit der Zahlung des Kaufpreises im Schuldnerverzug?

73

Auch hier ist die Durchsetzbarkeit des Kaufpreiszahlungsanspruchs aus § 433 II BGB das Problem.

Entbehrliches Angebot gem. § 296 BGB

> **KLAUSURHINWEIS**
> Wegen der besonderen Schwierigkeiten des Aufbaus erfolgt hier eine Darstellung im Gutachtenstil.

K könnte gem. § 286 BGB in den Schuldnerverzug mit der Kaufpreiszahlungspflicht aus § 433 II BGB geraten sein. Dies erfordert zunächst einen fälligen und durchsetzbaren Anspruch auf Leistung. Aufgrund des Vertragsschlusses ist K Schuldner des Anspruchs aus § 433 II BGB geworden. Fällig sollte der Anspruch nach Vereinbarung am 4. November um 15.00 Uhr sein. Fraglich ist aber, ob der Anspruch durchsetzbar ist. V hat den PKW noch nicht übereignet und damit seine eigene Pflicht aus dem Kaufvertrag gem. § 433 I BGB noch nicht erfüllt. Deshalb könnte dem Zahlungsanspruch die Einrede des § 320 BGB entgegenstehen und der Anspruch wäre nicht durchsetzbar.

---

141   Siehe Randnummer 41

Gem. § 320 BGB darf V die Kaufpreiszahlung nur Zug um Zug gegen Erbringung der ihm obliegenden Leistung fordern. Zwar hat V den PKW noch nicht an K übereignet und damit seine eigene Leistungspflicht nicht erfüllt, jedoch wäre die Einrede des nicht erfüllten Vertrages aus § 320 BGB ausgeschlossen, wenn K in Annahmeverzug gem. §§ 293 ff. BGB geraten wäre. Die Leistungspflicht aus § 433 I BGB war für V erfüllbar im Sinne der §§ 293, 271 II BGB, auch war V zur Leistung im Sinne des § 297 BGB bereit und imstande, fraglich ist aber, ob V seine Leistung im Sinne des § 294 BGB vergeblich K angeboten hat. § 294 BGB erfordert grundsätzlich ein tatsächliches Angebot.[142] Dazu muss der Schuldner die Leistung am richtigen Ort, zur richtigen Zeit, im rechten Umfang in der richtigen Art und Weise anbieten.[143] Hier fehlt es an der Angebotshandlung, die gewöhnlich in der richtigen Art und Weise erfolgt, wenn der Gläubiger ohne weiteres die Leistung erlangen kann. Konkret hätte V Wagenschlüssel und Papiere dem K so anreichen müssen, dass dieser nur zuzugreifen brauchte. Diese hier unterbliebene Angebotshandlung ist aber gem. § 296 BGB entbehrlich, wenn die Leistungszeit bestimmt und der Gläubiger am Leistungsort nicht erschienen ist. Es genügt dann, dass der Schuldner zur richtigen Zeit am richtigen Ort zugegen und zur Leistung im vollen Umfang fähig ist.[144] Dies ist hier der Fall. Folglich ist K mit seinem Anspruch aus § 433 I BGB in Annahmeverzug geraten, wodurch die Einrede des § 320 BGB beseitigt und der Anspruch des V gem. § 433 II BGB durchsetzbar ist. Indem die Leistungszeit mit Datum und Uhrzeit genau bestimmt war, brauchte V den Käufer nach § 286 II Nr. 1 BGB nicht zu mahnen. Indem K den Termin vergessen hat, ist ihm wegen der Nichtleistung gem. §§ 286 V, 276 Fahrlässigkeit zur Last zu legen. Also befindet sich K mit der Kaufpreiszahlung im Schuldnerverzug. Gleiches gilt für den Anspruch auf Abnahme der Kaufsache gem. § 433 II BGB.

MERKSATZ

Steht dem Schuldner die Einrede des § 320 BGB zu, darf der Gläubiger die ihm selbst obliegende Gegenleistung in Annahmeverzug begründender Weise anbieten. Nimmt der Schuldner nicht an, ist seine Einrede aus § 320 BGB ausgeschlossen.

bb) Einrede gem. § 273 BGB

Zurückbehal-
tungsrecht

Unumstritten sind die Auswirkungen auf den Schuldnerverzug, wenn dem Schuldner die Einrede des Zurückbehaltungsrechtes aus § 273 BGB zusteht. Das Zurückbehaltungsrecht gem. § 273 BGB schützt den Schuldner. Ähnlich § 320 BGB setzt § 273 I BGB eine Wechselseitigkeit von Ansprüchen voraus. Der Schuldner einer Leistung muss einen Gegenanspruch gegen den Gläubiger haben. § 273 BGB ist im Verhältnis zu § 320 BGB das lex generalis. Erstens setzt § 273 BGB keinen gegenseitigen Vertrag[145] voraus. Vielmehr genügt jedes Schuldverhältnis. Zweitens kann Gegenstand des Zurückbehaltungsrechts jede Art von Leistung sein.[146] Ob der Anspruch des Schuldners, den er dem Gläubiger gem. § 273 BGB entgegenhalten

---

142   *Siehe Randnummer 41*
143   *Siehe Randnummer 41*
144   *Siehe Randnummer 49*
145   *Siehe Randnummer 68*
146   *Erman-Artz, BGB, § 273 Rn 9*

will, aus einem gegenseitigen Vertrag oder aus einem unvollkommen zweiseitigen Vertrag oder gar aus einem anderen Vertrag stammt, ist unerheblich. Kurz gesagt: Die wechselseitigen Leistungen dürfen, müssen aber nicht aus derselben vertraglichen Beziehung stammen. Erforderlich ist nur, dass sie in einem rechtlichen Zusammenhang stehen, den man Konnexität nennt. Wegen der höheren Anforderungen im Tatbestand ist § 320 BGB lex specialis zu § 273 BGB.

DEFINITION

Der rechtliche Zusammenhang in § 273 I BGB erfordert **Konnexität**. Konnexität i.S.v. § 273 I BGB ist gegeben, wenn zwei Ansprüchen ein innerlich zusammenhängendes einheitliches Lebensverhältnis zugrunde liegt, sodass es gegen Treu und Glauben verstoßen würde, wenn der eine ohne Rücksicht auf den anderen geltend gemacht und durchgesetzt werden dürfte.[147]

Konnexität i.S.v. § 273 BGB

BEISPIEL: Mieter M hat gegen Vermieter V noch einen Schadensersatzanspruch aus § 536a I BGB, als V Herausgabe aus § 546 BGB begehrt.

(1) Obliegenheit zur Erhebung der Einrede gem. § 273 I BGB

Durch § 273 BGB soll der Schuldner der Gefahr entgehen, eine ihm obliegende Leistung erbringen zu müssen, ohne die ihm gebührende Leistung zu erhalten. Erhebt der Schuldner die Einrede aus § 273 BGB, muss er gem. § 274 BGB die Leistung nur noch Zug um Zug gegen Erhalt der ihm gebührenden Leistung erbringen.

BEISPIEL: M hatte von V einen Geschäftsraum gemietet. Nach der ordentlichen Kündigung steht die Betriebskostenabrechnung noch aus. M, der einen Anspruch auf Einsicht in die das Objekt betreffenden Buchführungsunterlagen des V hat, setzt diesem eine angemessene Frist zur Nennung eines Termins zur Einsichtnahme. Derweil hat V Schäden am Objekt festgestellt, die nicht auf natürliche Abnutzung, sondern auf fahrlässiges Verhalten des M zurückzuführen sind und einen Schadensersatzanspruch in Höhe von 500,- € gem. § 280 I BGB rechtfertigen. Nach Ablauf der Frist begibt sich M zu Rechtsanwalt R, der V zunächst mit Klage droht. Just als R im Namen des M Klage auf Gestattung der Einsichtnahme erheben will, beruft sich V auf seinen Anspruch aus § 280 I BGB.

Frage 1: Was kann M tun? Frage 2: Kann M von V die Anwaltskosten als Verzögerungsschaden verlangen?

74

Einrede des allgemeinen Zurückbehaltungsrechtes gem. § 273 BGB

M wird erstens prüfen, ob eine Klage Erfolg verspricht. Wenn M Klage erhebt, wird sich V auf seinen Anspruch aus § 280 I BGB berufen und ihn als Zurückbehaltungsrecht gem. § 273 I BGB geltend machen. Dieses Recht steht ihm zu, weil sein eigener Anspruch aus demselben Mietverhältnis stammt und damit in rechtlichem Zusammenhang mit dem Auskunftsanspruch steht. Es besteht Konnexität.

Die Erhebung dieser Einrede führt dann gem. § 274 I BGB zu einer Verurteilung Zug um Zug. Um die Ausübung dieses Zurückbehaltungsrechts auszuschließen, darf M gem. § 273 III BGB für den von V geforderten Betrag eine Sicherheit leisten. Hierzu bietet ihm § 232 BGB verschiedene Möglichkeiten.

Recht zur Sicherheitsleistung gem. § 273 III BGB

---

147   BGH, NJW 1997, 2944, 2945; Palandt-Grüneberg, BGB, § 273 Rn 9

BEISPIEL: M darf die beanspruchten 500,- € bei der Hinterlegungsstelle des Amtsgerichts in bar hinterlegen. Weil V ihm danach den Anspruch aus § 280 I BGB nicht mehr durch Einrede gem. § 273 I BGB entgegenhalten darf, ist der Weg für M frei, erfolgreich Klage gegen V zu erheben.

Zweitens wird M von V die Anwaltskosten als Verzögerungsschaden aus §§ 280 I, II, 286 BGB erstattet verlangen.[148] Dieser Anspruch setzt allerdings Schuldnerverzug voraus. Dessen Voraussetzungen stehen wegen der Durchsetzbarkeit des Hauptanspruchs in Frage. Hier stand nämlich V seit dem Auszug des M der Anspruch aus § 280 I BGB zu. Dieser gewährte ihm die Einrede des Zurückbehaltungsrechts gem. § 273 I BGB. Diese hat er aber nicht geltend gemacht. Dies wirft auch hier die Frage auf, ob schon das Vorliegen der Einrede die Durchsetzbarkeit ausschließt.

Zur Einrede des § 320 BGB besteht aber ein gravierender Unterschied. Der Gläubiger kann gem. § 273 III BGB die Einrede des Schuldners abwehren, indem er Sicherheit leistet. Dazu benötigt er aber das Wissen, ob dem Schuldner überhaupt eine Einrede zusteht. Im Unterschied zu § 320 BGB folgt dies bei § 273 I BGB nicht schon offensichtlich aus dem Charakter des Vertrages. § 273 I BGB setzt ja eben keinen gegenseitigen Vertrag voraus. § 273 I BGB kommt bei jeder Konnexität in Frage und zwar unabhängig davon, ob der Gegenanspruch dem Gläubiger bekannt oder unbekannt ist. Wenn regelmäßig erst das Erheben der Einrede durch den Schuldner den Gläubiger über das Vorhandensein eines Zurückbehaltungsrechts informiert, wird dieser erst dadurch veranlasst, die Sicherheit gem. § 273 III BGB zu leisten. Daher beendet bei § 273 I BGB erst das Erheben der Einrede den Schuldnerverzug.

(2) Wirkung der Erhebung der Einrede des § 273 I BGB

Die Erhebung der Einrede aus § 273 I BGB lässt die bereits eingetretenen Verzugsfolgen nicht von Anfang an (ex tunc) entfallen.[149]

BEISPIEL: Wäre dies der Fall, würde im obigen Fall[150] der Anspruch auf Ersatz der Anwaltskosten gem. §§ 280 I, II, 286 BGB nachträglich und rückwirkend entfallen.

Ein rückwirkendes Entfallen der Verzugsfolgen liefe dem Gedanken des § 273 III BGB zuwider. Diese Norm gewährt dem Gläubiger das Recht, die Einrede des Schuldners aus § 273 BGB durch vorsorgliche Sicherheitsleistung abzuwenden. Der Gläubiger soll sein Anspruchsziel danach ohne hemmende Einrede verfolgen und den Schuldner durch Mahnung in Verzug setzen dürfen. Zur Verwirklichung dieses Vorteils muss der Gläubiger durch Erhebung der Einrede über die Existenz des Gegenanspruchs aufgeklärt werden. Hätte die Erhebung der Einrede aus § 273 I BGB zur Folge, dass die bereits eingetretenen Verzugsfolgen nachträglich entfielen, so hätte dies eine Rückwirkung zur Folge, die faktisch darauf hinausliefe, dass dem Gläubiger sein durch § 273 III BGB gewährter Vorteil rückwirkend genommen würde. Weil dem Gläubiger aber sein Recht aus § 273 III BGB zur Erbringung der Sicherheitsleistung nicht rückwirkend genommen werden kann, darf folglich auch die Erhebung der Einrede aus § 273 I BGB selbst nicht zurückwirken.[151]

Ex nunc-Wirkung der Erhebung des § 273 I BGB

---

148   Siehe Randnummer 119 und 122
149   Medicus-Lorenz, Schuldrecht I, Rn 459
150   Siehe Randnummer 74
151   Medicus-Lorenz, Schuldrecht I, Rn 459

BEISPIEL: Im obigen Beispielsfall[152] steht damit fest, dass der Anspruch auf Ersatz der Anwaltskosten gem. §§ 280 I, II, 286 BGB entstanden ist und weiterhin geltend gemacht werden kann.

Zum selben Ergebnis käme man, wenn dem Schuldner das Recht zusteht, sich auf § 275 II BGB oder § 275 III BGB zu berufen.

MERKSATZ

Der Schuldner, dem die Einrede des § 273 I BGB zusteht, befindet sich, sofern alle sonstigen Tatbestandsvoraussetzungen gegeben sind, solange im Verzug, bis er die Einrede geltend macht. Bereits entstandene Verzugsfolgen bleiben bestehen.

cc) Sonstige Einreden

Sonstige Einreden müssen spätestens im Prozess erhoben werden, um eine Verurteilung zur Leistung abzuwenden. Es besteht weitgehende Einigkeit bei diesen Einreden, z.B. der Einrede der Verjährung gem. § 214 BGB oder der Einrede des § 853 BGB, dass nicht schon das Vorliegen des Einredetatbestandes, sondern erst ihre Erhebung durch den Schuldner den Schuldnerverzug beendet.

75 Sonstige Einreden

BEISPIEL: A begehrt von B Zahlung wegen einer verjährten Kaufpreisforderung aus § 433 II BGB. B, der als juristischer Laie unsicher ist, zahlt nicht, wehrt sich aber auch nicht gegen die Forderung des A. Daraufhin mahnt A den B zur Zahlung und begibt sich, nachdem die Zahlung ausgeblieben ist, zu Rechtsanwalt R. Dieser setzt im Namen seines Mandanten dem B eine letzte Zahlungsfrist und droht die Klageerhebung an. Einen Tag vor der Klageerhebung beruft sich B auf die Verjährung der Forderung gem. § 214 BGB. Hat A gegen B einen Anspruch auf Erstattung der Anwaltskosten aus §§ 280 I, II, 286 BGB?

Rechtsverfolgungskosten sind Verzögerungsschäden i.S.v. §§ 280 I, II 286 BGB.[153] Abermals stellt sich hier jedoch die Frage nach der Durchsetzbarkeit des Anspruchs auf die Leistung. Hier stand dem Anspruch aus § 433 II BGB von Anfang an die rechtshemmende Einrede der Verjährung gem. § 214 BGB entgegen. Diese hat B zunächst nicht geltend gemacht, weshalb fraglich ist, ob sich B, als A den Rechtsanwalt beauftragte, im Schuldnerverzug befand.

Einrede der Verjährung gem. § 214 BGB

Fraglich ist, ob schon der Einredetatbestand der Verjährung den Schuldnerverzug ausschließt, oder ob der Schuldnerverzug erst durch die Erhebung der Einrede entfällt. Der BGH hatte zunächst angedeutet, dass schon der Eintritt der Verjährung den Schuldnerverzug beende, allerdings ohne dies zu begründen.[154] Seit einer Entscheidung aus dem Jahr 1988 lässt er diese Frage ausdrücklich unbeantwortet.[155] Richtigerweise entfällt der Schuldnerverzug erst durch die Erhebung der Einrede. Anderenfalls würde nicht das Wahlrecht des Schuldners berücksichtigt, die Einrede zu

Erhebung der Einrede beendet Verzug

---

152   Siehe Randnummer 74
153   Siehe Randnummer 122
154   BGH, NJW 1961, 1011, 1012
155   BGH, NJW 1988, 1778, 1779

erheben oder trotz Einredemöglichkeit die Leistung zu erbringen.[156] Im Unterschied zur Einrede des § 320 BGB muss der Gläubiger wegen des Wahlrechts des Schuldners nicht von vornherein mit der Undurchsetzbarkeit seines Anspruchs rechnen. Daraus folgt, dass die Einrede erst Wirkung entfalten kann, nachdem sie erhoben wurde.

h.M: Einrede der Verjährung wirkt ex tunc

Die wohl h.M. verlangt die Erhebung der Einrede spätestens im Prozess, um den Verzug zu beenden, andernfalls soll der Schuldner behandelt werden, als sei er in Verzug geraten. Allerdings sollen nach Erhebung der Einrede rückwirkend die Verzugsfolgen entfallen.[157] Letzterem hat sich auch der BGH angeschlossen.[158]

BEISPIEL: Im obigen Beispielsfall[159] war der Anspruch des Gläubigers von Anfang an undurchsetzbar. A hätte in einem Prozess, in dem B die Einrede erhoben hätte, keine Aussicht auf Erfolg gehabt. Indem der Schuldner die Einrede letztlich erhoben hat, besteht nach allen Auffassungen keine Notwendigkeit, die Nichtleistung des B durch Verzugsrechtsfolgen zu sanktionieren.

Wegfall aller Verzugsfolgen

Dies rechtfertigt, den Schuldnerverzug rückwirkend fiktiv entfallen zu lassen. Dies bewirkt nicht nur das sofortige Ende des Schuldnerverzuges, sondern auch rückwirkend den nachträglichen Wegfall aller Verzugsfolgen.

BEISPIEL: Folglich hat A gegen B im obigen Beispielsfall[160] keinen Anspruch auf Erstattung der Anwaltskosten gem. §§ 280 I, II, 286 BGB. Er kann sich allenfalls aus § 280 I BGB an den Rechtsanwalt halten, wenn er ihm eine Aufklärungspflichtverletzung nachweisen kann. Das wäre der Fall, wenn der Rechtsanwalt ihn nicht über die Verjährung der Forderung vor der Betreibung des Geschäfts aufgeklärt hätte.

MERKSATZ

Andere Einreden als § 320 BGB oder §§ 273, 275 II, 275 III BGB muss der Schuldner bis zum Ende der mündlichen Verhandlung im Zivilprozess erheben, um neben der Beendigung des Schuldnerverzuges auch die bereits eingetretenen Verzugsfolgen nachträglich entfallen zu lassen.

dd) §§ 275 II, III BGB

76 Umstritten ist, ob man die zu § 273 I BGB ausgeführte Argumentation[161] auf die Einreden gem. § 275 II, § 275 III BGB übertragen kann.

e.A: Bei §§ 275 II, III BGB nur ex nunc Wirkung

Dafür spricht zunächst, dass der Schuldner erst nach Erhebung der Einrede nicht mehr zur Leistung verpflichtet ist und erst dann das Leistungshindernis der echten Unmöglichkeit gleichsteht.[162] Deshalb gibt es keinen Grund, dem Schuldner die Folgen des eingetretenen Verzuges wieder abzunehmen.[163]

---

156   *Staudinger-Löwisch, BGB, § 286, Rn 13; Gröschler, AcP 201 (2001),48, 74 ff*
157   *Fikentscher/Heinemann, Schuldrecht, Rn 464;Larenz, Schuldrecht I, § 23 I c), S. 350; Medicus-Lorenz, Schuldrecht I, Rn 459*
158   *BGHZ 104, 6, 11*
159   *Siehe Randnummer 75*
160   *Siehe Randnummer 75*
161   *Siehe Randnummer 73 und 74*
162   *Schwab/Witt, Examenswissen, S. 92*
163   *Fikentscher/Heinemann, Schuldrecht, Rn 464; Medicus-Lorenz, Schuldrecht I, Rn 459*

Die Gegenauffassung sieht die Rechtslage ähnlich der Einrede der Verjährung.[164] Der Schuldner, der sich auf die Einrede des § 275 II oder § 275 III BGB berufen hat, soll rückwirkend so gestellt werden, als wäre er nie in Verzug geraten.[165] Dies wird mit dem Argument begründet, der Schuldner dürfe nicht der Zufallshaftung des § 287 (2) BGB ausgesetzt werden.[166]

a.A:
Bei §§ 275 II, III
BGB ex tunc
Wirkung

Die Gegenauffassung überzeugt nicht. Die §§ 275 II, III BGB gelten als rechtsvernichtende Einreden. Der Schuldner muss sie erheben, damit sie wirken. Hat er sie erhoben, schließen sie den Anspruch des Gläubigers aus. Der Schuldner, der die Einrede zunächst nicht erhebt, wird seine Gründe haben. Er will eine Kundenbeziehung nicht gefährden oder sich selbst das stellvertretende commodum verschaffen.[167] Es ist dem Schuldner deshalb zuzumuten, eine Risikoabwägung zu treffen. Will er jedes Haftungsrisiko wegen Schuldnerverzuges vermeiden, muss er die Einreden aus §§ 275 II, III BGB sofort erheben. Will er die Rechtslage offen lassen, indem er die Einrede noch nicht erhebt, treffen ihn die Verzugsfolgen bis zur Erhebung der Einrede. Dies ist der Preis, den er für das Recht, überobligatorisch zu leisten, zahlen muss.[168]

Streitentscheid

MERKSATZ

Steht dem Schuldner die Einrede des nichterfüllten Vertrages gem. § 320 BGB zu, schließt dies die Entstehung des Schuldnerverzuges stets aus, auch wenn der Schuldner die Einrede nicht erhoben hat.[169] Der Schuldner, dem eine Einrede nach §§ 273 I, 410 I BGB zusteht, befindet sich, sofern alle sonstigen Tatbestandsvoraussetzungen gegeben sind, solange im Verzug, bis er die Einrede geltend macht. Bereits entstandene Verzugsfolgen bleiben bestehen.[170] Das gilt auch für die Einreden aus § 275 II BGB und § 275 III BGB.[171] Bei allen anderen rechtshemmenden Einreden gilt nach h.M: Der Schuldnerverzug endet, sobald der Schuldner die Einrede erhoben hat. Zu berücksichtigen bleiben aber bereits entstandene Verzugsfolgen, wie z.B. Zinsen oder Verzögerungsschäden. Diese sollen nachträglich entfallen und zwar mit fiktiver Rückwirkung bis zur Entstehung der Verzugsfolge.[172]

c) Mahnung

Der Schuldner kommt grundsätzlich nur nach vorausgegangener Warnung in Verzug. Regelmäßig soll er durch eine Mahnung gewarnt werden, jedoch normiert das Gesetz zahlreiche Fälle, in denen die Mahnung entbehrlich ist.

77

aa) Rechtsnatur der Mahnung

Die Mahnung ist nach h.M. kein Rechtsgeschäft, sondern eine geschäftsähnliche Handlung.[173]

78 Rechtsnatur der Mahnung

---

164 Siehe Randnummer 75
165 Erman-Westermann, BGB, § 275 Rn 35, Palandt-Grüneberg, BGB, § 275 Rn 32
166 Siehe Randnummer 117
167 Siehe Randnummer 248
168 Siehe Randnummer 248
169 BGHZ 84,42, 44; BGH, NJW 1999, 53, 53; Palandt-Grüneberg, BGB, § 320 Rn 12; Brox/Walker, Schuldrecht-AT, § 13 Rn 20
170 BGH, NJW 2007, 1269, 1271; Erman-Hager, BGB, § 286 Rn 23;
171 Medicus-Lorenz, Schuldrecht I, Rn 459
172 Medicus-Lorenz, Schuldrecht I, Rn 459; Palandt-Grüneberg, BGB, § 286 Rn 12; MünchKomm-Ernst, BGB, § 286 Rn 27
173 Palandt-Grüneberg, BGB, § 286 Rn 16; Lorenz/Riehm, § 5 Rn. 262

Geschäfts-
ähnliche
Handlungen

DEFINITION

Geschäftsähnliche Handlungen sind auf einen tatsächlichen Erfolg gerichtete Erklärungen, deren Folgen kraft Gesetzes eintreten.[174]

Auf die geschäftsähnlichen Handlungen werden die Vorschriften über Rechtsgeschäfte und Willenserklärungen weitgehend entsprechend angewendet.[175]

KLAUSURHINWEIS

Wegen der analogen Anwendung dieser Vorschriften lohnt sich die zeitraubende Erörterung der Rechtsnatur der Mahnung grundsätzlich nicht. Man begibt sich in Klausuren sogar in Gefahr, wegen falscher Schwerpunktsetzung gerügt zu werden.

Wirksam wird die Mahnung demzufolge analog § 130 I 1 BGB mit ihrem Zugang beim Empfänger.[176]
Sie muss nach Entstehung des Anspruchs und nach dessen Fälligkeit erklärt werden, um Wirkung entfalten zu können.[177] Sie kann aber mit einer die Fälligkeit auslösenden Handlung verbunden werden, z.B. wenn der Gläubiger dem Schuldner die Rechnung übersendet und gleichzeitig die Mahnung ausspricht.[178]

MERKSATZ

Eine Mahnung vor Fälligkeit des Anspruchs setzt den Schuldner nicht in Verzug.

bb) Inhalt der Mahnung

Mahnung

DEFINITION

Die **Mahnung** ist eine einseitige und empfangsbedürftige Aufforderung des Gläubigers an den Schuldner, die Leistung zu erbringen.[179]

79 Sie kann sogar konkludent erklärt werden.[180] Folglich kann das Mahnen ohne Beachtung einer Form geschehen, auch mündlich.

Eindeutigkeit der
Mahnung

80 Die Mahnung muss eine eindeutige Leistungsaufforderung enthalten, d.h. der Gläubiger muss klar zum Ausdruck bringen, dass er die Leistung verlangt. Dabei kann ihm zu viel Höflichkeit schaden, wenn sie zur Lasten der Klarheit geht.[181]

BEISPIEL: So ist die nicht mit einer Fristsetzung verbundene Erklärung, der Leistung werde gerne entgegengesehen, im Zweifel keine Mahnung.[182]

---

174   *Palandt-Ellenberger, BGB, Überbl v § 104 Rn 6*
175   *BGHZ 47, 352, 357; BGH, NJW 2006, 687, 688; Palandt-Grüneberg, BGB, § 286 Rn 16*
176   *Ziegeltrum, JuS 1986, 705, 709*
177   *BGH NJW 1980, 1955, 1956; AnwK-Schulte-Nölke, Schuldrecht, § 286 R 25; Palandt-Grüneberg,, BGB, § 286 Rn 6, Brox/Walker, Schuldrecht-AT, § 23 Rn 12; Medicus-Lorenz, Schuldrecht I, Rn 460*
178   *Medicus-Lorenz, Schuldrecht I, Rn 460*
179   *MünchKomm-Ernst, BGB, § 286 Rn 46; Palandt-Grüneberg, BGB, § 286 Rn 16*
180   *Erman-Hager, BGB § 286 Rn 33*
181   *Lorenz/Riehm, § 5 Rn. 262*
182   *Palandt-Grüneberg, BGB, § 286 Rn 17*

Andererseits kann aber sogar eine Mahnung in Reimform eine Mahnung darstellen.[183]

MERKSATZ

Die Mahnung ist formfrei. Die ernstliche und dringliche Leistungsaufforderung muss klar hervortreten.

Die Mahnung muss wegen der unterschiedlichen Rechtsfolgen in § 286 III BGB von der bloßen Rechnung oder Zahlungsaufstellung abgegrenzt werden.[184] Letztere enthalten keine Zahlungsaufforderung, sondern nur eine Zusammenstellung. Ob der Gläubiger den Schuldner zusätzlich zur Leistung anhalten und damit in Verzug setzen will, ist durch Auslegung zu ermitteln.[185]

81

BEISPIEL: So kann man etwa im wiederholten Übersenden der Rechnung eine Mahnung sehen.[186]

cc) Zeitliche Wirkung der Mahnung

Mit der Mahnung verfolgt der Gläubiger das Ziel, den Schuldner in Verzug zu setzen. Einerseits ist fraglich, ob dieses Ziel schon am Tag des Zugangs der Mahnung oder erst am darauf folgenden Tag erreicht wird, andererseits ist umstritten, wann die begehrte Verzugsfolge eintritt.

(1) Verzugsbeginn und Verzugsfolgen bei der echten Mahnung

Es besteht Streit, ob der Verzug schon am Tag des Zugangs der Mahnung eintritt oder analog § 187 I BGB am nächsten Tag.

82

BEISPIEL („Kartoffel-Fall"): V hat K am 1.März telefonisch 20 Zentner Kartoffeln der Sorte Hansa zu einem bestimmten Kaufpreis verkauft und Lieferung zugesagt. Als am 07.03. noch keine Lieferung erfolgt ist, schickt K dem V eine schriftliche Mahnung, die am 08.03. bei V eintrifft. Wann ist V in Verzug gem. § 286 BGB geraten?

Zur Beantwortung dieser Frage muss erstens geklärt werden, ob sich der Verzugsbeginn aus § 286 BGB heraus selbst ermitteln lässt, oder ob in diesem Fall die allgemeine Vorschrift des § 187 I BGB gilt. Im „Kartoffel-Fall" würde bei Anwendung des § 187 I BGB der Verzug einen Tag nach Zugang der Mahnung, also am 09.03. um 00.00 Uhr beginnen. Entnimmt man den Zeitpunkt des Verzugsbeginnes hingegen direkt aus § 286 BGB, beginnt der Verzug mit dem Wirksamwerden der Mahnung, also regelmäßig analog § 130 BGB mit ihrem Zugang beim Schuldner - im vorliegenden Fall also am 08.03.

Diese Frage ist unterschiedlich zu beantworten, je nachdem, ob man es mit einer echten Mahnung zu tun hat, durch die der Gläubiger den Schuldner sofort in Verzug setzen will, oder ob man es mit einer befristeten Mahnung zu tun hat, bei dem

---

183   LG Frankfurt, NJW 1982, 650, 650
184   Erman-Hager, BGB, § 286 Rn 33
185   Lorenz/Riehm, 5 Rn 262
186   Palandt-Grüneberg, BGB, § 286 Rn 18

Schuldner eigentlich eine Frist zur Leistung gesetzt wird.[187] So enthält z.B. die Fristsetzung des § 281 I BGB regelmäßig eine befristete Mahnung.[188]

(a) Verzugsbeginn bei der echten Mahnung

Mahnschreiben

83 Es besteht Einigkeit, dass beim Zugang einer echten Mahnung, z.B. durch schriftliches Mahnschreiben, § 187 I BGB für die Ermittlung des Verzugsbeginnes gerade nicht anwendbar ist.[189] Dies wird zutreffend damit begründet, dass man im Zugang der Mahnung zwar ein Ereignis im Sinne dieser Norm sehen kann, es sich jedoch beim Verzugsbeginn gerade nicht um einen Fristbeginn im Sinne des § 187 I BGB handelt. Denn § 286 BGB erfordert keine Fristsetzung. Vielmehr ist dort angeordnet, dass der Schuldner durch die Mahnung in Verzug gerät.[190] Daraus muss man schließen, dass der Verzug mit dem Zugang der Mahnung beim Schuldner eintritt.[191]

BEISPIEL: Im „Kartoffel-Fall"[192] geriet V bereits am 08.03. in Schuldnerverzug.

> **MERKSATZ**
> Der Schuldner gerät mit dem Zugang der Mahnung in Verzug und nicht erst mit Beginn des darauf folgenden Tages.

> **KLAUSURHINWEIS**
> Diese Gesetzesauslegung wird nur im Unterhaltsrecht wegen der dort bestehenden Schwierigkeiten, den Unterhalt zu beziffern, teilweise bestritten. Darauf muss in Klausuren außerhalb des Schwerpunktes Familienrecht nicht eingegangen werden.

(b) Beginn der Verzugsfolgen bei echter Mahnung

Beginn der Verzugsfolgen

84 Umstritten ist zweitens, ab wann die Verzugsfolgen nach Zugang der Mahnung greifen, etwa, ab wann der Schuldner den Verzugszins schuldet. Hier soll nach allen Auffassungen maßgeblich sein, ob und inwieweit der Schuldner die Nichtleistung trotz Mahnung zu vertreten hat.

BEISPIEL: Im „Kartoffel-Fall"[193] liefert V an K wie vereinbart am 07.03. Mit der Lieferung erhielt K auch die Rechnung. Weil K am 14.03. immer noch nicht gezahlt hat, schickt V dem K eine schriftliche Mahnung, die am 15.03. bei K eintrifft. Ab wann schuldet K Verzugszinsen gem. §§ 286, 288 I 2, II BGB?[194]

85 Unumstritten gerät der Schuldner mit dem Zugang der echten Mahnung in Schuldnerverzug gem. § 286 BGB.[195]

---

187   Siehe Randnummer 86
188   Erman-Hager, BGB, § 286 Rn 33
189   Göhner, NJW 1980, 570, 570
190   BGH, NJW-RR 1990, 323, 324
191   Göhner, NJW 1980, 570, 570; Ziegltrum, JuS 1986, 705, 709
192   Siehe Randnummer 82
193   Siehe Randnummer 82
194   Siehe Randnummer 118
195   Siehe Randnummer 83

BEISPIEL: Das wäre bei K nach Zugang der Mahnung am 15.03. der Fall.

Ob und ab wann der Schuldner Verzugszinsen schuldet, soll gem. § 286 IV BGB davon abhängen, ab wann er die Nichtleistung zu vertreten hat. Dies ist gerade hinsichtlich der Verzugszinsen umstritten.

> **KLAUSURHINWEIS**
>
> Diese Frage muss im Gutachten selbstverständlich auch für alle anderen Verzugsfolgen beantwortet werden, für den Beginn der verschärften Haftung nach § 287 BGB genauso wie für den Beginn der Schadensersatzpflicht aus §§ 280 I, II, 286 BGB. Im Einzelfall kommt es darauf an, ob sich der Schuldner am Tage des Zugangs der Mahnung durch Leistung befreien kann und ob er es gem. § 276 ff. zu vertreten hat, dass er die mögliche Leistung am Tag des Zugangs der Mahnung nicht erbracht hat.

Nach einer Auffassung schuldet der Schuldner ab Zugang der Mahnung Verzugszinsen. Dies wird damit begründet, dass sich der Schuldner schon ab dem Zeitpunkt der Fälligkeit leistungsbereit halten müsse und ab dann jederzeit für seine finanzielle Leistungsfähigkeit einzustehen habe.[196]

Verzugsfolgen ab Zugang der Mahnung

Nach anderer Auffassung kann der Schuldner erst am Tag nach Zugang der Mahnung in Verzug geraten, weil er am Tag des Zugangs nicht bar leisten kann und Überweisungen erst am nächsten Tag ausführen kann. Dies wird damit begründet, dass der berufstätige Schuldner erst nach Geschäftsschluss nach Hause komme und damit erst am nächsten Tage überweisen könne.[197]

Verzugsfolgen ab dem nächsten Geschäftstag

Letztere Auffassung wirkt in Zeiten des elektronischen Zahlungsverkehrs über das Internet nicht mehr zeitgemäß. Heute gibt es technisch sichere und auch unter Berücksichtigung der Kosten zumutbare Möglichkeiten, am Tag des Zugangs der Mahnung Zahlungen zu veranlassen. So müssen Zahlungsdienstleister gem. § 675s I 1 BGB spätestens ab dem 1.1. 2012 sicherstellen, dass Überweisungen am nächsten Geschäftstag gutgeschrieben werden.

Streitentscheid

Deshalb ist es vorzugswürdig, vom Schuldner zu verlangen, ab Fälligkeit leistungsbereit zu sein. Die Verzugsfolgen greifen somit ab Zugang der Mahnung.

MERKSATZ

Nach Zugang einer echten Mahnung beginnt der Schuldnerverzug und treten die Verzugsfolgen ein, sofern der Schuldner nicht sein Nichtverschulden nachweist.

(2) Verzugsbeginn und Fristbeginn bei der befristeten Mahnung

Setzt der Gläubiger dem Schuldner eine Frist i.S.v. §§ 281 I, 323 I BGB, enthält **86** diese regelmäßig eine gem. §§ 163, 158 I BGB aufschiebend befristete Mahnung, sodass der Schuldner schon mit dem Zugang des Schreibens, das die Fristsetzung enthält, in Verzug geraten kann. Spätestens gerät er nach Fristablauf in Verzug.

Verzugseintritt

---

196   Göhner, NJW 1980, 570, 570; Ziegeltrum, JuS 1986, 705, 709
197   Schneider, NJW 1980, 1375, 1375

Was im Einzelfall gewollt ist, unterliegt der Auslegung.[198] Schwierig gestaltet sich ferner die Fristberechnung bei befristeter Mahnung.

(a) Verzugsbeginn bei befristeter Mahnung

Es ist umstritten, wann genau der Schuldner in Verzug gerät, wenn die Mahnung erst nach Ablauf der Frist wirken soll.

> **BEISPIEL:** Im „Kartoffel-Fall"[199] hat V dem K die Kartoffeln rechtzeitig geliefert. Sie trafen keine Vereinbarung zur Fälligkeit der Kaufpreisforderung. Weil am 14.05. immer noch keine Zahlung erfolgt ist, schickt V dem K ein Schreiben, in dem er ihm eine Zahlungsfrist von zwei Wochen setzt. Dieses Schreiben trifft am 15.05. bei K ein. Am 30.05. hat K immer noch nicht gezahlt. Wann ist K in Verzug geraten?

Verzugseintritt

Das Schreiben muss ausgelegt werden, ob Verzug mit seinem Zugang oder nach Ablauf der in ihm gesetzten Frist eintreten soll. Streng genommen bedeutet eine Fristsetzung keine Aufforderung zur sofortigen Leistung. Sie bedeutet eigentlich eine Aufforderung zur Leistung nach Ablauf der Frist. Dennoch kann der Gläubiger im Einzelfall den sofortigen Verzugseintritt wollen.[200] Hier soll Verzug nach dem eindeutig erklärten Willen des V erst nach Ablauf der Frist eintreten, denn V hat deutlich gemacht, dass er eine Nichtleistung über den letzten Tag der Frist hinaus nicht dulden werde. Somit ist K informiert, dass eine Verzögerung über diesen Tag hinaus nachteilige Folgen haben wird. V hat hingegen nicht deutlich ausgedrückt, dass K sich sofort im Verzug befinden soll.

Anders ist die Rechtslage in folgendem Beispiel:

> **BEISPIEL:** Im obigen Fall[201] schreibt V in das Schreiben, das am 15.05. bei K zugeht: „Ich habe pünktlich geliefert, also müssen Sie auch pünktlich zahlen. Zahlen Sie sofort! Ich setze Ihnen eine letzte Frist von zwei Wochen, sonst gehe ich vor Gericht."

Jetzt ergibt die Auslegung, dass Gläubiger V den Schuldner K ausdrücklich sofortig in Verzug setzen will. Deutlicher kann man sich nicht ausdrücken: „Zahlen Sie sofort!" V will K mahnen, aber die Mahnung nicht unter eine aufschiebende Befristung gem. § 163 BGB setzen.

> **BEISPIEL:** Damit beginnt im obigen Fall[202] der Verzug schon mit Zugang des Schreibens, nämlich am 15.05.

(b) Fristberechnung bei befristeter Mahnung

Fristberechnung bei befristeter Mahnung

87 Neben der Bestimmung des Zeitpunkts des Verzugseintritts ist in dieser Situation auch die Fristberechnung problematisch.

Nach h.M. beginnt die Frist gem. § 187 I BGB grundsätzlich einen Tag nach Zugang des die Frist enthaltenden Mahnschreibens.[203]

---

198   AnwK-Schulte-Nölke, § 286 Rn 26; Palandt-Grüneberg, BGB, § 286 Rn 17; Lorenz/Riehm, § 5 Rn 192, 262
199   Siehe Randnummer 82
200   Lorenz/Riehm, § 5 Rn 192, 262
201   Siehe Randnummer 86
202   Siehe Randnummer 86
203   OLG Nürnberg VersR 1966, 1125, 1126; Erman-Palm, BGB, § 187 Rn 1; MünchKomm-Grothe, BGB, § 187 Rn 2

BEISPIEL: Setzt V dem K am 15.05. die Zweiwochenfrist ohne sofortige Zahlungsaufforderung, beginnt sie gem. § 187 I am 16.05. Sie läuft gem. § 188 II BGB am 29.05. um 24.00 Uhr ab. Nach dieser Meinung befindet sich K erst am 30.05. im Schuldnerverzug.

Für diese Sicht lässt sich anführen, dass der Schuldner davon ausgehen darf, die volle Frist zur Leistung zu haben. Dazu soll er als Fristbeginn den nächsten Tag ansetzen dürfen.

Nach anderer Ansicht beginnt die Frist gem. § 286 I BGB stets mit dem Zugang der Mahnung.[204] Dann muss gem. § 187 II 1 BGB der Zugangstag bei der Berechnung mitgerechnet werden.

h.M.: Fristbeginn nächster Tag

M.M.: Frist beginnt bei Zugang des Schreibens

BEISPIEL: Das Schreiben mit der Zweiwochenfrist geht K am 15.05. Damit beginnt nach dieser Meinung die Frist gem. § 187 II 1 BGB am 15.05. zu laufen. Gem. § 188 II BGB würde sie am 28.05. um 24.00 Uhr ablaufen. Damit beginnt der Verzug schon am 29.05.

Wenn es ums Geld geht, ist jeder Zinstag relevant. Man sieht an den beiden Berechnungen, dass dem Streit eine wirtschaftliche Bedeutung zukommt. Das gilt umso mehr, wenn es um hohe Geldbeträge geht. Für die M.M. spricht entscheidend, dass jeder Schuldner seit Fälligkeit der Forderung ohnehin weiß, dass er leisten muss. Durch die Fristsetzung erhält er nur eine letzte Chance. Daher ist es ihm zuzumuten, den Tag des Zugangs als Tag des Fristbeginns mitzuzählen. Denn das Recht des Gläubigers auf fristgerechte Zahlung ist höher zu bewerten.[205]

Streitentscheid

MERKSATZ

Bei einer **befristeten Mahnung** ist nach dem Wortlaut und den Umständen des Einzelfalles auszulegen, ob der Eintritt des Verzuges sofort oder erst nach Frist-ablauf gewollt ist. Soll der Verzug sofort eintreten, ist nach vorzugswürdiger Meinung der Tag des Zugangs bei der Fristberechnung mitzuzählen.

dd) Bestimmtheit der Mahnung

Die Mahnung muss bestimmt sein. Hierzu hat der Gläubiger dem Schuldner mitzuteilen, welche Leistung er begehrt. Ferner muss er die Leistung grundsätzlich beziffern. Unter Umständen dürfen betragsmäßig unbestimmte Ansprüche unbeziffert erklärt werden dürfen.

88 Bestimmtheit der Mahnung

BEISPIEL: Das gilt etwa für den Anspruch auf Schmerzensgeld.[206]

(1) Mahnung einer zu hohen Forderung

Verlangt der Gläubiger in der Mahnung mehr, als ihm zusteht, kann dies den Schuldner stark verunsichern. Dies kann so weit gehen, dass der Schuldner nicht mehr weiß, wie viel er schuldet und welche Forderung der Gläubiger eigentlich geltend macht. Wenn der durch eine solche unberechtigte Zuvielforderung gemahnte Schuldner aus Angst, sich falsch zu verhalten, nicht leistet, stellt sich die Frage, ob der Gläubiger

89 Bestimmte Mahnung bei überhöhter Forderung

---

204   Palandt-Grüneberg, BGB, § 286 Rn 17; Ziegeltrum, JuS 1986, 705, 709
205   Ziegeltrum, JuS 1986, 705, 709
206   Palandt-Grüneberg, BGB, § 286 Rn 19

den Schuldner durch diese inhaltlich fehlerhafte Mahnung in Verzug gesetzt hat. In der Regel kennt der Schuldner die gegen ihn gerichtete Forderung. Dies ist bei der Abwägung zu beachten. Meistens wird der Schuldner durch eine Mahnung nicht überrascht, wenn er trotz Fälligkeit nicht geleistet hat. Daher gilt eine Mahnung, die eine unberechtigte Zuvielforderung enthält, grundsätzlich als wirksam, sofern der Schuldner nach Treu und Glauben die Aufforderung im Hinblick auf die geschuldete Leistung als wirksam ansehen musste und wenn der Gläubiger auch zur Annahme der geringeren Teilleistung bereit ist.[207]

BEISPIEL: V und K stehen in laufender Geschäftsbeziehung. V beliefert K, der eine Großküche betreibt, regelmäßig mit Lebensmitteln, die nach Aushändigung der Rechnung sofort bezahlt werden sollen. Wegen kurzfristiger Geldschwierigkeiten hat K von den letzten 5 Rechnungen insgesamt 3 nicht bezahlt, nämlich die Rechnungen mit den laufenden Nummern 1, 3 und 5, die sich auf 6.500 € summieren. Hingegen hat er die Rechnungen 2 und 4 - in Summe 2.500 € - mit deutlicher Verspätung per Überweisung bezahlt. V, dem nicht alle aktuellen Kontoauszüge vorliegen, fordert K zur sofortigen Bezahlung der fünf Rechnungen in Höhe von 9.000 € auf. Gerät K bei Nichtbegleichung in Schuldnerverzug?

Der Eintritt des Schuldnerverzuges hängt davon ab, ob V wirksam gemahnt hat. Problematisch ist nämlich, dass V unberechtigt 2.500 € zu viel fordert. Jedoch muss K den Wunsch des V nach vollständiger Bezahlung der gelieferten Ware erkennen. Durch die detaillierte Auflistung des Zahlungsrückstandes kann K auch erkennen, welcher Teil der Summe berechtigt ist. Ferner weiß er, dass V den geringeren Betrag kaum zurückweisen würde. Daher muss sich K in Höhe von 6.500 € als berechtigterweise gemahnt sehen. Also befindet er sich in der Höhe dieses Zahlungsrückstandes im Verzug.

MERKSATZ

Eine Mahnung, die eine unberechtigte Zuvielforderung enthält, ist grundsätzlich wirksam, sofern der Schuldner nach Treu und Glauben die Aufforderung im Hinblick auf die geschuldete Leistung als wirksam ansehen musste und der Gläubiger auch zur Annahme der geringeren Teilleistung bereit ist.

Unbestimmte
Mahnung

90   Anders ist die Situation bei Forderungen, die derart überhöht sind, dass die Höhe des tatsächlichen Anspruchs nicht mehr erkennbar ist. Dann fehlt es an der Bestimmtheit. Ist die Zuvielforderung hingegen gering oder entspringt die Abweichung einem offensichtlichen Rechenfehler, muss der Schuldner dies als wirksame Leistungsaufforderung akzeptieren.[208]
Zudem ist problematisch, ob man dem Schuldner bei der Nichtleistung in solchen Fallkonstellationen ein Verschulden vorwerfen kann. Jedenfalls fehlt es zumindest am Verschulden im Sinne der §§ 286 IV, 276 BGB, wenn eine unverhältnismäßig hohe, weit übersetzte Zuvielforderung den zu Recht angemahnten Teil so in den Hintergrund treten lässt, dass dem Schuldner kein Schuldvorwurf zu machen ist, wenn er sich nicht als gemahnt ansieht.[209]

207   *BGH, NJW 1999, 3115, 3116; Palandt-Grüneberg, BGB, § 286 Rn 20; Timme, JA 2002, 656, 657*
208   *Schreiber, JURA 1990, 193, 195*
209   *BGH, NJW 2006, 3271, 3272; NJW 1991, 1286, 1288*

BEISPIEL: Ein Architekt stellt dem Bauherrn B eine höhere Rechnung als es die Gebührenordnung der Architekten (HOAI) vorsieht, obwohl keine entsprechende Vereinbarung zwischen A und B vorliegt. B versteht weder die Rechnung noch die Mahnung.

KLAUSURHINWEIS

Man kann das Problem der unbestimmten Mahnung in diesem Fall auch beim Verschulden des Schuldners gem. § 286 IV BGB darstellen.

Hier hat der Gläubiger die Rechnung weder auf eine Honorarvereinbarung, noch auf die taxmäßige Vergütung des § 632 BGB i.V.m. der HOAI gestützt. Aus den willkürlichen Faktoren konnte der Schuldner nicht erkennen, in welcher Höhe die taxmäßige Vergütung besteht. Folglich musste sich B nicht gemahnt fühlen. Deshalb beruht ein Nichtleisten auch nicht auf einer Fahrlässigkeit des B gem. §§ 286 IV, 276 BGB. Also ist B nicht in Schuldnerverzug geraten.

MERKSATZ

Werden Forderungen derart überhöht angemahnt, dass die Höhe des tatsächlichen Anspruchs nicht mehr erkennbar ist, fehlt es an der Bestimmtheit der Mahnung. Ist die Zuvielforderung hingegen gering oder entspringt die Abweichung einem offensichtlichen Rechenfehler, muss der Schuldner dies als wirksame Leistungsaufforderung akzeptieren.

(2) Mahnung einer zu niedrigen Forderung

Bleibt die Zahlungsaufforderung hinter der tatsächlichen Schuld zurück, können die Verzugsfolgen auch nur im Hinblick auf den angemahnten Betrag eintreten.[210]

91 — Mahnung einer zu niedrigen Forderung

BEISPIEL: Schuldet S dem G 18.000 €, mahnt G aber nur 8.000 € an, kann er auch nur Verzugszinsen für die Schuld i.H.v. 8.000 € fordern.

ee) Entbehrlichkeit gem. § 286 I 2 BGB

Die Mahnung ist entbehrlich, wenn die Voraussetzungen des § 286 I 2 BGB erfüllt sind.

92

DEFINITION

Unter Klageerhebung versteht man gem. §§ 253 I, 261 I ZPO die Zustellung der Klageschrift an den Beklagten.

Klageerhebung

Deutlicher als durch Klageerhebung kann man niemanden zur Leistung auffordern. Gleiches gilt für die Zustellung des Mahnbescheides gem. §§ 693, 696 III ZPO an den Schuldner.

Zustellung des Mahnbescheides

---

210   *BGH, NJW 1982, 1983, 1985*

ff) Entbehrlichkeit gem. § 286 II Nrn. 1 - 4 BGB

(1) § 286 II Nr. 1 BGB

Zeit nach dem Kalender

93 Ist für die Leistung eine Zeit nach dem Kalender bestimmt, kommt der Schuldner gem. § 286 II Nr. 1 BGB auch ohne Mahnung mit dem Ablauf des Tages in Verzug. Dies setzt einerseits voraus, dass die Leistung inhaltlich bestimmt ist.[211] Ferner muss der Fälligkeitstermin der Leistung nach dem Kalender feststehen.

Fälligkeitstag nach Kalender

> **DEFINITION**
>
> Der **Fälligkeitstag** ist **nach dem Kalender bestimmt**, wenn der konkrete Kalendertag im Moment der Vereinbarung objektiv feststeht.[212]

Gemeint ist, dass man den Zeitpunkt objektiv mit Hilfe eines Kalenders bestimmen kann.

BEISPIEL: So würde „zwei Wochen nach Neujahr" den 15.01., „drei Wochen nach dem Tag der deutschen Einheit" den 24.10. meinen.

Einseitiges Recht zur Bestimmung des Kalendertages

Erörterungswürdig ist allerdings, wie der Kalendertag bestimmt wird. Es ist unumstritten, dass sich dieser Termin aus dem Gesetz, einem Vermächtnis oder auch einem Urteil ergeben kann. Bei rechtsgeschäftlichen Beziehungen stellt sich jedoch die Frage, ob der Fälligkeitstag von den Parteien vereinbart werden muss oder ob eine Partei ein einseitiges Bestimmungsrecht hat.

M.M.: Einseitiges Bestimmungsrecht

Ein einseitiges Bestimmungsrecht des Gläubigers ließe sich argumentativ durch wörtliche und systematische Auslegung begründen. Es wird dazu vertreten, dass erstens der Wortsinn des Wortes „bestimmen" sowohl die einseitige als auch die zweiseitige Bestimmung erfasst. Zweitens wird angeführt, dass § 286 BGB im ersten Abschnitt des Buches der Schuldverhältnisse steht, der alle Schuldverhältnisse, also auch die einseitigen erfasst, der gegenseitige Vertrag hingegen erst im zweiten Abschnitt platziert wurde.[213]

h.M.: Kein einseitiges Bestimmungsrecht

Die h.M. hat die einseitige Bestimmung der Leistungszeit bei gegenseitigen Verträgen stets abgelehnt, sofern dem Gläubiger kein einseitiges Bestimmungsrecht i.S.v. § 315 BGB zusteht. Zur Begründung hat sie sich dabei auf den historischen Willen des Gesetzgebers bezogen.[214] Nunmehr sieht sie angesichts der klaren Vorstellungen des Gesetzgebers bei der Schuldrechtsreform und wegen des klaren Wortlauts des Art. 3 la der Zahlungsverzugsrichtlinie[215] keinen Spielraum für eine einseitige Bestimmung durch den Gläubiger, da in der Richtlinie der bestimmte Leistungszeitpunkt ausdrücklich als vertraglich festgesetzter Leistungstermin benannt wird.[216]

---

211   Erman-Hager, BGB, § 286 Rn 39
212   Erman-Hager, BGB, § 286 Rn 41
213   LG Ansbach, NJW-RR 1997, 1479, 1479
214   BGH, NJW 2005, 1772, 1772; Erman-Hager, BGB, § 286 Rn 40; Palandt-Grüneberg, BGB, § 286 Rn 22; Krause,
       JURA 2002, 217, 218
215   Richtlinie 2000/35/EG
216   BGH, WM 2007, 2334, 2335 = BGH, RA 2007, 727, 729

MERKSATZ

Der Gläubiger darf die Leistungszeit nach § 286 II Nr. 1 BGB nur einseitig bestimmen, wenn ihm dieses Recht gem. § 315 BGB eingeräumt wurde.

(2) § 286 II Nr. 2 BGB

§ 286 II Nr. 2 BGB regelt die Fälle, in denen sich der Zeitpunkt nach Eintritt eines ungewissen Ereignisses mit Hilfe eines Kalenders berechnen lässt.

94 Berechenbarkeit der Leistungszeit

BEISPIEL: Die Kaufpreiszahlung soll eine Woche nach Lieferung der gekauften Sache erfolgen.

Hier muss erst die Lieferung abgewartet werden, dann kann der Zahlungszeitpunkt berechnet werden. Der Schuldner gerät aber nur in Verzug, wenn die Frist auch angemessen ist. Dies bestimmt sich nach den Umständen des Einzelfalls. Entscheidend ist, welche Vorbereitungen der Schuldner treffen muss, um leistungsbereit und leistungsfähig zu sein. Problematisch ist ja, dass der Schuldner der Gegenleistung nicht weiß, wann er die Leistung geliefert bekommt. Man wird aber erwarten dürfen, dass sich der Schuldner der Gegenleistung in grundsätzlicher Leistungsbereitschaft zu halten hat.

BEISPIEL: Er muss genug Geld auf dem Konto vorhalten, um zu der Zeit zahlungsfähig zu sein, wenn er mit dem Empfang der Leistung üblicherweise rechnen muss.

Deshalb wird man eine Frist nur dann als unangemessen kurz ansehen können, wenn sogar der Schuldner, der sich in grundsätzlicher Zahlungsbereitschaft gehalten hat, in dieser Zeitspanne die geforderte Leistung nicht erbringen kann.[217] Dies könnte man bei Gütern annehmen, deren Wert starken Schwankungen unterworfen ist.

BEISPIEL: Der Verkäufer schuldet eine Tonne Feingold. Der Kaufpreis soll der jeweilige Tagesbörsenkurs sein. Der Zeitpunkt der Lieferung steht nicht fest. Die Zahlungsfrist beträgt zwei Tage nach Lieferung. Kurz vor der Lieferung steigt der Goldpreis plötzlich stark an. Der Käufer kann die geschuldete 8-stellige Summe deshalb erst vier Tage nach Lieferung bezahlen.

In diesem Fall erscheint die Frist von nur zwei Tagen unangemessen kurz.

(3) § 286 II Nr. 3 BGB

§ 286 III Nr. 3 BGB stellt einen gesetzlich normierten Fall des aus § 242 BGB abzuleitenden Grundsatzes der Einrede des widersprüchlichen Verhaltens dar **(venire contra factum proprium)**. Hat der Schuldner nämlich die Leistung endgültig und ernstlich verweigert, handelt er treuwidrig, wenn er anschließend dem Gläubiger vorwirft, ihn nicht gemahnt zu haben. Zu beachten ist aber, dass die endgültige Leistungsverweigerung vor Fälligkeit des Anspruchs grundsätzlich keinen Verzug auslöst.[218]

95 Endgültige Verweigerung

---

217   MünchKomm-Ernst, BGB, § 286 Rn 60
218   BGH, NJW-RR 2008, 210, 211

(4) § 286 II Nr. 4 BGB

96   Als Auffangtatbestand ist § 286 II Nr. 4 BGB zu beachten. Danach ist die Mahnung ebenfalls entbehrlich, wenn aus besonderen Gründen unter Abwägung der beiderseitigen Interessen der sofortige Eintritt des Verzuges gerechtfertigt ist. Bekanntes Beispiel ist die Selbstmahnung des Schuldners.

Selbstmahnung

> **DEFINITION**
>
> **Selbstmahnung**: Der Schuldner mahnt sich selbst, wenn er seine Leistung zuvor zu einem festen Zeitpunkt ankündigt, gleichwohl aber nicht leistet. [219]

Wenn der Schuldner sich selbst mahnt, hält er den Gläubiger vom Mahnen ab. Deshalb gerät der Schuldner nach Verstreichen des selbst gesetzten Zeitpunktes gem. § 286 II Nr. 4 BGB in Verzug.

BEISPIEL: Nach Fälligkeit kündigt der Schuldner, um einer Mahnung zuvorzukommen an, am Montag, den 15. Februar um 18.00 Uhr beim Schuldner zu erscheinen und die Schuld zu begleichen.

Allerdings sind die Anforderungen an die Selbstmahnung nicht gering. Eine bloße Pflichtübernahme genügt nicht.

BEISPIEL: Im Mietvertragen vereinbaren die Parteien unter dem Punkt „Sonstiges": „Die Heizung muss dringend kontrolliert werden." Im Mai zieht der Mieter ein, im Oktober fällt die Heizung aus. Der Mieter lässt die Heizung kostenpflichtig reparieren, ohne den Vermieter zu kontaktieren und fordert Aufwendungsersatz gem. § 536a II Nr. 1 BGB wegen Verzuges mit der Mängelbeseitigung.

In diesem Fall liegt keine Selbstmahnung und kein Fall des § 286 II Nr. 4 BGB vor, denn der Mieter hätte aufgrund der Verpflichtung des Vermieters im Vertrag allenfalls das Recht gehabt, einen Dritten mit der Kontrolle der Heizung zu beauftragen. Die Kontrolle sollte nämlich erst der Feststellung von Mängeln dienen. [220]

Besondere
Dringlichkeit der
Leistung

97   Ferner fallen unter § 286 II Nr. 4 BGB Fallkonstellationen, in denen die besondere Dringlichkeit der Leistung sich unmittelbar aus den Umständen ergibt.

BEISPIEL: Im Geschäftshaus des E ist das Fallrohr gebrochen. Schon um 8.00 Uhr morgens teilt E dies dem Klempnermeister W mit und bittet diesen um Reparatur. W sagt sofort zu, erscheint aber weder an diesem, noch am nächsten Tag.

Letztlich braucht der Gläubiger einen Schuldner gem. § 286 II Nr. 4 BGB nicht zu mahnen, der dem Gläubiger durch unerlaubte Handlung eine Sache entzogen hat und ihm die Herausgabe schuldet. [221] Ebenfalls ist die Mahnung gem. § 286 II Nr. 4 BGB entbehrlich, wenn der Kunde nach abgeschlossenem Tankvorgang vom Tankstellengelände fährt, ohne die Kraftstoffrechnung zu bezahlen. [222]

---

219   *Palandt-Grüneberg, BGB, § 286 Rn 25*
220   *BGH, NJW 2008, 1216, 1217 BGB*
221   *Bamberger/Roth-Unberath, BGB, § 286 Rn 37*
222   *BGH, NJW 2011, 2871*

gg) Entbehrlichkeit der Mahnung gem. § 286 III BGB bei Entgeltforderungen

(1) Voraussetzungen des § 286 III BGB

Der Schuldner einer Entgeltforderung kommt spätestens 30 Tage nach Fälligkeit und **98** Zustellung einer Rechnung oder einer gleichwertigen Zahlungsaufstellung in Schuldnerverzug. Zunächst ist zu klären, was unter Entgeltforderungen zu verstehen ist.

DEFINITION

Entgeltforderungen sind Geldforderungen als Gegenleistung für eine Leistung.[223]

Entgeltforderungen gem. § 286 III BGB

(a) Entgeltforderung

Dass mit Entgeltforderungen nur Geldforderungen gemeint sind, ergibt sich wörtlich aus dem Begriffspaar „Rechnung" und „Zahlungsaufstellung", weil der Gesetzgeber damit ausdrücklich vom ursprünglichen Gesetzesentwurf Abstand genommen hat, in dem noch von „Forderungsaufstellung" die Rede war. Historisch geht die Norm auf die Zahlungsverzugsrichtlinie zurück.[224] Das Entgelt wird für eine Leistung des Gläubigers erbracht.

BEISPIEL: Diese kann in der Lieferung von Gütern oder die Erbringung von Dienstleistungen bestehen.[225] Denkbar ist aber auch die Gegenleistung für die bloße Gebrauchsüberlassung bei Miete, Pacht, Leasing oder Geldüberlassung.[226]

Nicht unter Absatz 3 fallen Ansprüche auf Schadensersatz, Unterhalt, Pflichtteil oder Sachversicherungen, die schon begrifflich keine Entgeltforderungen darstellen.[227] Dies wird damit begründet, dass der hohe Verzugszins des § 288 BGB nur bei Entgeltforderungen gerechtfertigt ist.[228] Eine Ausnahme bildet § 357 I 2 BGB für den Rückzahlungsanspruch des Verbrauchers gegen den Unternehmer nach erklärtem Widerruf. Ausnahmsweise verweist nach ausgeübtem Widerruf gem. § 355 BGB der § 357 I 2 BGB auf § 286 III BGB. Der Unternehmer kommt gem. §§ 357 I 2, 286 III BGB 30 Tage nach Zugang der Widerrufs- oder Rückgabeerklärung mit seiner Rückzahlungsverpflichtung in Verzug.

(b) Zugang einer Rechnung

Gem. § 286 III BGB kann der Verzug schon durch eine Rechnung oder eine gleich- **99** wertige Zahlungsaufstellung ausgelöst werden.

DEFINITION

Eine **Rechnung** ist eine gegliederte Aufstellung über eine Entgeltforderung für eine Warenlieferung oder eine sonstige Leistung.[229]

Rechnung

---

223 *Schermaier, NJW 2004, 2501, 2501*
224 *AnwK-Schulte-Nölke, Schuldrecht, § 286 Rn 46*
225 *Palandt-Grüneberg, BGB, § 286 Rn 27*
226 *Brox/Walker, Schuldrecht-AT, § 23 Rn 20; AnwK-Schulte-Nölke, Schuldrecht, § 286 Rn 48*
227 *AnwK-Schulte-Nölke, Schuldrecht, § 286 Rn 48*
228 *Krause, JURA 2002, 217, 220*
229 *Palandt-Grüneberg, BGB, § 286 Rn 29*

Eine Rechnung soll dem Verbraucher die Überprüfung der Zahlungsaufstellung ermöglichen, weshalb sie grundsätzlich textlich fixiert sein muss.[230] Schriftform gem. § 126 BGB oder Textform gem. § 126 b BGB müssen nicht eingehalten werden, es genügt auch eine E-Mail, nicht aber die bloße mündliche Mitteilung.[231] Ist der Schuldner Verbraucher im Sinne des § 13 BGB muss er auf die Rechtsfolge des Verzugseintritts gem. den Vorgaben des § 286 III 1, 2. Hs. BGB hingewiesen worden sein. Aus dem Tatbestandsmerkmal „spätestens" ist zu schließen, dass der Gläubiger berechtigt ist, den Schuldner schon vor Ablauf der 30 Tage zu mahnen. Deshalb kann der Gläubiger den Schuldner schon vor Ablauf der 30 Tage in Verzug setzten.

100 Diese Rechtsfolgen werden auch durch eine einer Rechnung gleichwertigen Zahlungsaufstellung ausgelöst.

Gleichwertige
Zahlungs-
aufstellung

DEFINITION
Eine **gleichwertige Zahlungsaufstellung** liegt vor, wenn aus ihr in gleicher Weise wie aus einer Rechnung der beanspruchte Entgeltbetrag ersichtlich ist.[232]

Dies kann z.B. ein Anwaltsschreiben sein, in dem der Anwalt die Entgeltforderung des Mandanten erstmalig geltend macht.[233]

(2) Fälligkeit, Fristbeginn und Fristberechnung
101 Bei der Fristberechnung sind zwei Fälle zu differenzieren. Es ergibt sich ein Unterschied, je nachdem, ob die Rechnung vor oder nach Fälligkeit der Forderung zugegangen ist.

Zugang bei oder
nach Fälligkeit

(a) Zugang bei oder nach Fälligkeit
Wenn die Rechnung oder gleichwertige Zahlungsaufstellung bei oder nach Fälligkeit zugegangen ist, beginnt die Frist mit dem Tag des Zugangs beim Schuldner. Für ihre Berechnung gelten die allgemeinen Regeln der §§ 187 I, 188 I, 193 EGB.[234]

BEISPIEL: Unternehmer U hat dem Händler V einen elektrischen Wecker mit Schlafphasenfunktion für 200,- € verkauft. Die Rechnung des U geht dem V am 01.04. zu. Wann gerät V in Schuldnerverzug?

Fristberechnung

Weil V nicht gemahnt worden ist, kommt es für den Verzugsbeginn entscheidend darauf an, wann genau die 30-Tagefrist des § 286 III BGB abläuft. Gem. § 187 I BGB wird der Tag des Zugangs der Rechnung nicht mitgezählt. Die Frist beginnt gem. § 187 I BGB somit erst am 02.04. um 00.00 Uhr. Weil die Frist nach Tagen und nicht nach Wochen oder Monaten bemessen ist, gilt nicht § 188 II BGB, sondern § 188 I BGB. Sie endet gem. § 188 I BGB mit dem letzten Tag nach Ablauf der Frist, der genau auszuzählen ist. Dies wäre der 1. Mai um 24.00 Uhr. Problematisch ist, dass der letzte Tag der Frist auf den 1. Mai fällt. Der 1. Mai ist im gesamten Bundesgebiet ein

230   AnwK-Schulte-Nölke, Schuldrecht, § 286 Rn 51
231   AnwK-Schulte-Nölke, Schuldrecht, § 286 Rn 54
232   AnwK-Schulte-Nölke, Schuldrecht, § 286 Rn 55
233   AnwK-Schulte-Nölke, Schuldrecht, § 286 Rn 56
234   Erman-Hager, BGB, § 286 Rn 54; Palandt-Grüneberg, BGB, § 286 Rn 30

gesetzlicher Feiertag.[235] Würde man § 193 BGB anwenden, würde der Feiertag nicht mitgezählt, sodass erst mit Ablauf des 02.05. um 24.00 Uhr die Frist abgelaufen wäre und am 3. Mai der Schuldnerverzug beginnen würde.

Nach h.M. ist § 193 BGB auch bei der Schuldnerverzugsbestimmung des § 286 III BGB anzuwenden.[236]

Von der Gegenauffassung wird aber eingewandt, dass der die Sonn- und Feiertagsruhe schützende § 193 BGB im Fall des § 286 III BGB ausnahmsweise nicht zu Anwendung kommen soll, weil die Leistung bereits mit Fälligkeit zu bewirken war.[237] Gegen diese teleologische Reduktion des § 193 BGB wendet sich die h.M. mit überzeugenden Argumenten. Erstens gilt § 193 BGB nach seinem klaren Wortlaut für sämtliche in Gesetzen und Rechtsgeschäften vorgesehenen Fristen. Eine Ausnahme für Verzug bestimmende Fristen kann dem BGB an keiner Stelle entnommen werden. Zweitens müssen Fristbestimmungen klar überschaubar und leicht handhabbar sein. Reduziert man solche Vorschriften teleologisch, besteht die Gefahr dass die mit ihnen bezweckte Rechtssicherheit verloren geht, weil an die Stelle der gesetzlichen Vorschriften auf den Einzelfall bezogene Wertungen treten. Diese können dann erst in einem Rechtsstreit überprüft werden, woraus sich eine nicht hinzunehmende Rechtsunsicherheit für den Rechtsverkehr ergibt.[238]

BEISPIEL: Demzufolge beginnt der Schuldnerverzug im obiger Beispiel[239] erst am 3. Mai um 00.00 Uhr.

(b) Zugang vor Fälligkeit
Einigkeit besteht, dass die Frist des § 286 III BGB erst mit dem Tag der Fälligkeit der Forderung beginnt, wenn die Rechnung oder Zahlungsaufstellung schon vor der Fälligkeit dem Schuldner zugeht.[240]

(3) Besonderer Hinweis für Verbraucher
Ist der Schuldner ein Verbraucher, kommt er gem. § 286 III 1 BGB nur in Verzug, wenn er in der Rechnung oder Zahlungsaufstellung auf diese besondere Rechtsfolge hingewiesen wurde.

BEISPIEL: Ärztin A behandelt Patientin P privat in der Zeit von Ende Juli bis Mitte August. Dafür stellt sie der P 500,- € in Rechnung. Diese geht P am 31. August zu. Die Rechnung enthält den Satz: "Den Rechnungsbetrag bezahlen Sie bitte auf das rechts unten angegebene Konto, spätestens bis zum 5.10.". Darunter befindet sich ein deutlicher Hinweis auf die Folge des § 286 III BGB. P zahlt zunächst nicht. Anfang Februar des nächsten Jahres begibt sich A zum Rechtsanwalt, der P mahnt und ihr die Zahlungsklage androht. P überweist daraufhin den Rechnungsbetrag, weigert sich aber, Rechtsanwaltskosten und Verzugszins zu zahlen.

Marginal notes:
h.M.: Anwendung des § 193 BGB auf § 286 III BGB

M.M.: Keine Anwendung des § 193 BGB

Streitentscheid

102 Zugang vor Fälligkeit

103 Besonderer Hinweis für Verbraucher

235   Erman-Maier-Reimer, BGB, § 193 Rn 11
236   BGH,NJW 2007, 1581, 1583, 1584 Erman-Hager, BGB, § 286 Rn 54; Palandt-Grüneberg, BGB, § 286, Rn. 30; Looschelders, Schuldrecht AT Rn 591
237   Bamberger/Roth-Unberath, BGB, § 286 Rn 4; MünchKomm-Ernst,BGB, § 286 Rn 86;Brox/Walker, Schuldrecht-AT, § 23 Rn 27; Huber, JZ 2000, 743, 747 Fn. 8
238   BGH, NJW 2007, 1581, 1583, 1584;
239   Siehe Randnummer 101
240   Erman-Hager, BGB, § 286 Rn 54; MünchKomm-Ernst, BGB, § 286 Rn 86; Palandt-Grüneberg, BGB, § 286 Rn 30; Huber, JZ 2000, 743, 746

Fraglich ist, ob und wann P in Schuldnerverzug geraten ist. Durch Auslegung lässt sich dem Schreiben vom 31. August keine sofortige Mahnung entnehmen, allenfalls eine auf den 5. Oktober bezogene befristete Mahnung.[241] Jedoch kann der Schuldnerverzug gem. § 286 III 1 BGB schon vor dem 5. Oktober eingetreten sein. Aufgrund des Hinweises, der den Erfordernissen des § 286 III 1, 2. HS BGB entspricht, findet hier die Regel des § 286 III 1 BGB Anwendung. Gem. § 187 I BGB beginnt die 30 Tagesfrist am 01.09.und endet gem. § 188 I BGB mit dem Ablauf des dreißigsten Tages, also am 30.09. Somit ist P am 1. Oktober in Schuldnerverzug geraten.

BEISPIEL: Im obigen Fall[242] wären die Rechtsanwaltskosten gem. §§ 280 I, II, 286 BGB als Verzögerungsschaden zu ersetzen. Der Verzugszins würde seit dem 1. Oktober geschuldet.

(4) Beweislastregel § 286 III 2 BGB

(a) Schuldner ist ein Verbraucher

Darlegungs- und Beweislast

104 Um die Frist berechnen zu können, muss der Tag des Zugangs der Rechnung oder Zahlungsaufstellung beim Schuldner sicher feststehen. Dies kann unsicher oder zwischen Gläubiger und Schuldner streitig sein. In der Praxis kommt es folglich darauf an, wer den Zugang zu beweisen hat. Nach allgemeinen Darlegungs- und Beweisregeln muss jeder Anspruchssteller diejenigen Tatsachen darlegen und beweisen, welche seinen Anspruch begründen.[243] Daher müsste grundsätzlich der Gläubiger den Zugang beim Schuldner beweisen, damit er die Rechtsfolgen des Schuldnerverzuges geltend machen kann. Dies ist auch dann der Fall, wenn der Schuldner ein Verbraucher ist.

(b) Schuldner ist kein Verbraucher

105 Ist der Schuldner kein Verbraucher gilt zur Erleichterung § 286 III 2 BGB, nach welchem der Schuldner spätestens 30 Tage nach Fälligkeit und Empfang der Gegenleistung in Verzug gerät. Die Vorschrift kann bei wörtlicher Auslegung aber zu unbefriedigenden Ergebnissen führen.

BEISPIEL: V und K haben einen Kaufvertrag über eine Sache gegen Zahlung von 1.000 € geschlossen. V hat am 02.06. geliefert. Am 01.08. hat V die Rechnung über 1.000 € abgeschickt, es ist sicher, dass diese am 04.08. bei K zugegangen ist.

Legt man die Vorschrift wörtlich aus, ist K gem. §§ 286 III 2, 187 I, 188 I BGB seit Freitag, den 04.07. ab 00.00 Uhr im Schuldnerverzug, obwohl er die Rechnung erst einen Monat später erhält. Dieses Ergebnis ist allenfalls dann befriedigend, wenn die Forderung, wie hier, bei Lieferung fällig ist und der Schuldner genau weiß, was er zu zahlen hat. Dies ist aber nicht zwingend.

---

241   *Siehe Randnummer 86*
242   *Siehe Randnummer 103*
243   *BGH, NJW 1991, 1052, 1053*

BEISPIEL: V und K haben einen Kaufvertrag geschlossen. Es wurde individuell vereinbart, dass der Kaufpreis sich nach dem Tagespreis richten soll und dies in der Rechnung aufgestellt werden soll. V hat am 02.06. geliefert. Am 01.08. hat V die Rechnung über 1.000 € abgeschickt, es ist aber unsicher, ob diese am 03.08. oder am 04.08. bei K zugegangen ist.

Hier weiß der Schuldner erst durch die Rechnung, wie viel Geld er zahlen soll. Vor Erhalt der Rechnung kann Fälligkeit nicht eintreten. Folglich greift § 286 III 2 BGB nicht ein. Somit muss der Gläubiger den Zugang der Rechnung nachweisen.[244]

d) Nichtleistung

Schuldnerverzug ist eine Form der Nichtleistung. Diese Nichtleistung trotz vorangegangener Warnung lässt den Schuldnerverzug erst entstehen. Jedoch müssen Differenzierungen gemacht werden, ob und wann man dem Schuldner noch eine Zeit zur Bewirkung der Leistung zubilligt.   **106**

aa) Verzugsbeginn durch Mahnung

(1) Fälligkeit der Leistung zur Zeit der Mahnung

Wie oben beschrieben wurde, beginnt der Schuldnerverzug mit einer fälligen Leistung nach dem klaren Wortlaut des § 286 I BGB mit dem Zugang der Mahnung.[245]   **107**

(2) Fälligkeit tritt bei Zugang der Mahnung ein

Grundsätzlich darf der Gläubiger die Mahnung mit einer Erklärung verbinden, welche die Leistung fällig stellt.[246]

BEISPIEL: Dies kann zugleich mit der Übersendung einer Rechnung an den Schuldner geschehen. In diesem Fall muss dem Schuldner aber eine angemessene Zeit zur Überprüfung eingeräumt werden.[247]

bb) Erfüllungsverweigerung § 286 II Nr. 3 BGB

Ist die Leistung fällig, beginnt der Verzug in dem Moment, in dem der Schuldner die Bewirkung der Leistung endgültig und ernsthaft verweigert hat.[248] Eine Erfüllungsverweigerung vor Fälligkeit hat hingegen keine Wirkung.[249]   **108**

e) Vertretenmüssen des Schuldners gem. § 286 IV BGB

aa) Allgemeine Grundsätze

Der Schuldner kann nur in Verzug kommen, wenn er die Nichtleistung zu vertreten hat. Es gelten die allgemeinen Regeln. Der Schuldner hat gem. § 276 I BGB Vorsatz und Fahrlässigkeit zu vertreten.   **109**

---

244   *Krause, JURA 2002, 217, 222*
245   *Siehe Randnummer 83*
246   *BGH, NJW 2001, 3114, 3115*
247   *Erman-Hager, BGB, § 286 Rn 69*
248   *BGH, NJW, 468, 488*
249   *BGH, NJW-RR, 2008,210, 211; Gsell, ZJS 2008, 84, 84*

Vorsatz	**DEFINITION** **Vorsatz** ist das Wissen und Wollen des pflichtwidrigen Erfolges. Es genügt, wenn der Schuldner mit der Möglichkeit seines Eintritts rechnet, ihn aber billigt.[250]
Fahrlässigkeit	**Fahrlässig** handelt, wer die im Verkehr erforderliche Sorgfalt objektiv außer Acht lässt.[251]

Vertretenmüssen
des Schuldners

Die Haftungsprivilegien und Haftungsverschärfungen werden an anderer Stelle dargestellt, weil sie dort klausurtypisch in Erscheinung treten.[252]

Die Zurechnung des Verschuldens gem. § 278 BGB wird aus demselben Grund ebenfalls an anderer, geeigneter Stelle erörtert.[253]

Unterschied
zwischen
§ 286 IV BGB und
§ 280 I 2 BGB

Fraglich erscheint auf den ersten Blick, warum der Gesetzgeber in § 286 IV BGB den Wortlaut des § 280 I S. 2 BGB wiederholt. Dies ist bei näherer Betrachtung sehr sinnvoll. Während sich § 280 I 2 BGB nur auf den Zeitpunkt der Pflichtverletzung bezieht, ermöglicht § 286 IV BGB auch eine spätere Entlastung, weil für § 286 IV BGB der Zeitpunkt maßgeblich ist, in dem die objektiven Verzugsvoraussetzungen vorliegen, also regelmäßig der Zeitpunkt der Mahnung.[254]

BEISPIEL: Ist der Schuldner schwer erkrankt, darf man ihm die Nichtleistung während der Dauer seiner Krankheit nicht vorwerfen. Folglich befindet er sich zu dieser Zeit nicht im Schuldnerverzug. Gleiches gilt, wenn der Schuldner aufgrund höherer Gewalt nicht zur Leistung imstande ist. [255]

Außerdem erfordert der Anspruch auf Verzugszinsen gem. §§ 286, 288 BGB nicht die Voraussetzungen des § 280 I BGB. Auch deshalb war es nötig, den Schuldnerverzugsentstehungstatbestand des § 286 BGB mit einer eigenen Regel zum Vertretenmüssen auszustatten.

Beweislast-
tumkehr

bb) Beweislastumkehr

110 Besondere Relevanz entfaltet § 286 IV BGB im Zivilprozess. Aufgrund seiner Hauptsatz – Nebensatz-Konstruktion handelt es sich um eine vom Gesetzgeber gewollte Beweislastumkehrungsregel. Normalerweise muss jede Partei im Zivilprozess die für sie günstigen Tatsachen beweisen.[256] Folglich müsste eigentlich der Gläubiger beweisen, dass den Schuldner an der Nichtleistung trotz Mahnung ein Verschulden trifft. Dieser Beweis kann dem Gläubiger in der Praxis häufig nicht gelingen kann, fehlt ihm doch regelmäßig der Einblick in die Sphäre des Schuldners. Deshalb hat der Gesetzgeber formuliert, dass der Schuldner bei Nichtverschulden nicht in Verzug gerät. Damit weist der Gesetzgeber das Nichtverschulden als eine für den Schuldner günstige Tatsache aus.

---

250   *BGH, NJW 1965, 962, 963*
251   *Palandt-Grüneberg, BGB, § 276 Rn 15*
252   *Siehe Randnummer 288*
253   *Siehe Randnummer 353*
254   *Brox/Walker, Schuldrecht-AT, § 23 Rn 29*
255   *Palandt-Grüneberg, BGB, § 286 Rn 40*
256   *BGH, NJW 1991, 1052, 1053*

KLAUSURHINWEIS

In Klausuren verbietet sich der lapidar hingeworfene Satz: „Verschulden wird gemäß § 286 IV BGB vermutet. Folglich liegen die Verzugsvoraussetzungen vor". Die Beweislastumkehr entbindet den Begutachter nicht, Sachverhaltshinweise aufzugreifen und sie innerhalb der Subsumtion rechtlich zu würdigen. Nur wenn der Sachverhalt keinerlei Hinweise enthält, darf man schreiben: „§ 286 IV BGB kehrt die Darlegungs- und Beweislast zu Gunsten des Gläubigers um. Der Schuldner muss Tatsachen vortragen, welche die Verschuldensvermutung entkräften. Dies hat der Schuldner unterlassen, somit steht fest, dass der Schuldner den Verzug auch zu vertreten hat."

cc) Rechtsirrtum

Unterläuft dem Schuldner ein unverschuldeter Rechtsirrtum, kann unter strengen Voraussetzungen der Verschuldensvorwurf entfallen, sodass der Schuldner den Verzug nicht zu vertreten hat. **111**

DEFINITION

Ein **unverschuldeter Rechtsirrtum** liegt nur vor, wenn der Schuldner die Rechtslage falsch beurteilt, obwohl er die Rechtslage sorgfältig geprüft, Rechtsrat eingeholt und die höchstrichterliche Rechtsprechung sorgfältig beachtet hat.[257]

Unverschuldeter Rechtsirrtum

BEISPIEL: Gehen beide Parteien von derselben vertretbaren Rechtsansicht aus, entschuldigt dies ausnahmsweise die Nichterfüllung durch den Schuldner und schließt den Schuldnerverzug aus.[258]

dd) Ausnahmen bei Geldschulden

Zur Verantwortlichkeit des Schuldners und damit auch zu der von § 286 IV BGB geforderten Zurechnung einer Nichtleistung trotz Fälligkeit sieht § 276 I 1 BGB vor, dass der Schuldner Vorsatz und Fahrlässigkeit zu vertreten hat, wenn eine strengere oder mildere Haftung weder bestimmt noch aus dem sonstigen Inhalt des Schuldverhältnisses, insbesondere aus der Übernahme einer Garantie oder eines Beschaffungsrisikos, zu entnehmen ist. Eine solche strengere Haftung besteht aber nach allgemeiner Auffassung bei Geldschulden. **112**

Strengere Haftung

KLAUSURHINWEIS

Der folgende Fall und seine Lösung basiert stark auf den ausgewogenen gesetzlichen Wertungen des Mietrechts und ist auf andere Konstellationen nur mit Vorsicht zu übertragen.

---

257   BGH, NJW, 2001, 3114, 3115
258   RGZ 96, 313, 316; LG Duisburg, NJW-RR 1996, 718, 719

BEISPIEL („Geld-hat-man-zu-haben-Fall", abgewandelt nach BGH, RA 2015, 185 ff.): M ist Mieter einer 140 qm großen Wohnung. Die spätestens bis zum dritten Werktag eines jeden Monats im Voraus zu entrichtende Miete beläuft sich auf monatlich 1.100 € netto zuzüglich der Miete für die dazugehörige Garage in Höhe von 50,- € sowie einer Betriebskostenvorauszahlung von 180,- €. Plötzlich gerät M in finanzielle Schwierigkeiten und muss Leistungen zum Lebensunterhalt nach dem SGB II beziehen. Die seit Januar 2013 vom zuständigen Jobcenter für seine Unterkunft erhaltenen Zahlungen leitete er nicht an den Vermieter V weiter. Dieser kündigte daraufhin das Mietverhältnis unter dem 17.04.2013 wegen der bis dahin aufgelaufenen Mietrückstände von 6.650 € fristlos. Nach Zustellung der Räumungsklage verpflichtete das zuständige Sozialgericht das Jobcenter durch einstweilige Anordnung vom 08.08.2013, zur Abwendung der Räumungsklage die von V eingeklagte rückständige Miete sowie die fällige Miete, beziehungsweise Nutzungsentschädigung (§ 546a BGB) zu zahlen. Zugleich wurde dem Jobcenter aufgegeben, noch am selben Tage gegenüber dem Kläger eine entsprechende Verpflichtungserklärung abzugeben. Das Jobcenter gab die geforderte Verpflichtungserklärung in der Folge ab, zahlte jedoch an den Kläger lediglich die Miete von Januar bis Mai 2013, weil ab Juni die Stadt H. zuständig nach SGB-XII zuständig wurde. Diese wurde durch Beschluss des zuständigen Sozialgerichts vom 30.04.2014 im Wege einstweiliger Anordnung verpflichtet, die Kosten der Unterkunft des Beklagten für die Zeit von November 2013 bis Juni 2014 zu tragen. Für die Monate Oktober 2013 bis März 2014 zahlte der Beklagte an den Kläger ebenfalls keine Miete. Aufgrund dieser ausgebliebenen Mieten kündigte der Kläger das Mietverhältnis mit schriftlicher Erklärung vom 12.03.2014 fristlos. Zu Recht?

Leistungsunfähiger Mieter

Gem. § 543 II 1 Nr. 3 BGB läge ein Kündigungsgrund vor, wenn M in den dort geforderten qualifizierten Verzug geraten wäre. Fraglich allein ist, ob der leistungsunfähige M die Nichtleistung der Miete trotz Fälligkeit und Mahnungssurrogat gem. § 286 II Nr.1 BGB nach § 286 IV BGB zu vertreten hat. M hat alles getan, damit öffentliche Stellen den Vermieter befriedigen. Eine Leistungsunfähigkeit aufgrund wirtschaftlicher Schwierigkeiten befreit den Schuldner auch dann nicht von den Folgen des Ausbleibens der rechtzeitigen Leistung, wenn sie auf unverschuldeter Ursache beruht. Vielmehr hat jedermann nach dem Prinzip der unbeschränkten Vermögenshaftung, das § 276 I 1 BGB zugrunde liegt, ohne Rücksicht auf ein Verschulden für seine finanzielle Leistungsfähigkeit einzustehen. Dieses Verständnis des Vertretenmüssens im Falle mangelnder finanzieller Leistungsfähigkeit gilt auch für Mietzahlungspflichten und die bei Ausbleiben der Miete bestehenden Kündigungsmöglichkeiten des Vermieters aus wichtigem Grund nach § 543 II 1 Nr. 3 BGB.

Mieter verpflichtet öffentliche Stellen

Ein Mieter, der Sozialleistungen einer öffentlichen Stelle bezieht, genügt seinen Pflichten zur Beschaffung der zur Entrichtung der Miete benötigten Geldmittel nicht bereits dann, wenn er alles ihm Obliegende und Zumutbare getan hat, um die öffentliche Stelle zur pünktlichen Zahlung der für seine Unterkunft geschuldeten Miete zu veranlassen.

Abmilderung durch § 569 III Nr. 2 S. 1 BGB

Der Gesetzgeber hat die Problemlage gesehen, sie jedoch nicht dadurch zu lösen versucht, dass er - abweichend von den sonst geltenden rechtlichen Maßstäben - die Anforderungen an ein Vertretenmüssen von Mietzahlungsrückständen zu Lasten des Vermieters herabgesetzt hat. Er hat dem Interesse des vertragsuntreuen Mieters an der gemieteten Wohnung vielmehr dadurch Rechnung getragen, dass er ihm durch § 569 III Nr. 2 S. 1 BGB die Möglichkeit eingeräumt hat, einmalig in zwei Jahren rückständige Mietzahlungen nachzuholen, um hiernach eine auf den Mietzahlungs-verzug gestützte Kündigung unwirksam werden zu lassen. Zugleich hat der Gesetz-geber es genügen lassen, dass eine Befriedigung des Vermieters nicht sofort durch Entrichtung der Miete, sondern durch Vorlage der entsprechenden Verpflichtungs-erklärung einer öffentlichen Stelle erfolgt.

Deshalb hat M die Nichtleistung zu vertreten und ist in qualifizierten Verzug geraten.

MERKSATZ

Weil man „Geld zu haben hat", kann Verzug gem. § 286 IV auch dann eintreten, wenn keine Fahrlässigkeit des Schuldners vorliegt, denn das Gesetz kann gem. § 276 I 1 BGB auch eine strengere Haftung anordnen. Eine solche enthält § 543 III 1 Nr. 3 BGB.

2. Beendigung des Schuldnerverzuges

113 Wird der Schuldnerverzug beendet, entstehen ab diesem Zeitpunkt keine neuen Verzugsfolgen mehr.[259] Inwieweit Verzugsfolgen nachträglich entfallen können, hängt von der Art des Beendigungsgrundes ab.

a) Wegfall einer Verzugsvoraussetzung

aa) Unmöglichkeit

114 Der Schuldnerverzug endet, wenn eine Verzugsvoraussetzung nachträglich entfällt. Wird die Leistung unmöglich, schuldet der Schuldner nicht mehr ihre Erbringung und kann mit ihr folglich auch nicht mehr in Verzug geraten. Die bis dahin einge-tretenen Verzugsfolgen, z.B. Verzugszinsen oder Verzögerungsschaden bleiben bestehen.[260] Das gleiche gilt die Erfüllung gem. § 362 I BGB.

Beendigung durch Unmög-lichkeit

bb) Verjährung und Stundung

Verjährt der Anspruch während des Verzuges, ist der Anspruch auf Leistung ab Ein-tritt der Verjährung gem. § 214 BGB nicht mehr durchsetzbar. Der Verzug endet, nachdem der Schuldner die Einrede erhoben hat, die Verzugsfolgen entfallen, wie bereits dargelegt, mit Rückwirkung bis zur Entstehung der Einrede.[261]

Auch die nachträgliche Stundung kann den Verzug beenden.

Beendigung durch Verjährung

DEFINITION

Eine **Stundung** ist gegeben, wenn die Parteien die vereinbarte Leistungszeit nachträglich einvernehmlich hinausschieben.[262]

Stundung

Bei der Stundung hängt es vom Parteiwillen ab, ob die Verzugsfolgen bestehen bleiben oder entfallen sollen. Regelmäßig wird man den Zweck der Stundung so auslegen, dass bis zum Ablauf der Stundungsfrist keine weiteren Verzugsfolgen entstehen.[263]

Beendigung durch Stundung

---

259   *Eisenhardt, JuS 1970, 489, 489*
260   *Eisenhardt, JuS 1970, 489, 489*
261   *Siehe Randnummer 75*
262   *BGH, NJW-RR 1991, 822, 822*
263   *OLG Köln, ZMR 2003, 258, 259; Staudinger-Löwisch, BGB, § 286 Rn 7*

cc) Beendigung durch Erfüllung

Beendigung bei Schickschulden und Geldschulden

115 Aufgrund der belastenden Rechtsfolgen wird der Schuldner in der Regel versuchen, den Schuldnerverzug so schnell wie möglich durch Erfüllung gem. § 362 I BGB zu beenden. Grundsätzlich wird man in diesem Fall die Erbringung des Leistungserfolges zur Verzugsbeendigung fordern müssen.[264] Insbesondere bei Schickschulden[265]13, und damit auch gem. §§ 269, 270 BGB bei Geldschulden[266] ist umstritten, ob sich der Schuldner schon mit der Leistungshandlung aus dem Schuldnerverzug befreien kann.

Geldschuld

> **DEFINITION**
> Wenn der Schuldner eine Geldleistung schuldet, entsteht eine **Geldschuld**. Diese richtet sich auf die Verschaffung einer abstrakten, unkörperlichen, als Zahlungsmittel eingesetzten Vermögensmacht und nicht auf die Übereignung konkreter oder der Gattung nach bestimmter Sachen.[267]

Weil § 270 IV BGB auf § 269 BGB verweist, gelten bei der Geldschuld grundsätzlich die allgemeinen Regeln über den Leistungsort.[268]

Lastschrift

Hat der Schuldner dem Gläubiger etwa eine Lastschrifteinziehungsermächtigung erteilt, entsteht eine Holschuld[269], bei welcher der Schuldner zur Erfüllung nur für Deckung auf seinem Konto sorgen muss.[270]

Banküberweisung

Im Speziellen stellt die Geldschuld aber wegen § 270 I BGB eine Besonderheit dar, nämlich eine qualifizierte Schickschuld.[271] Weil Barzahlung bei größeren Geldbeträgen unüblich geworden ist, kommt anderen Zahlungswegen zunehmend eine besondere Bedeutung zu, insbesondere der Banküberweisung. Hat der Gläubiger sein Konto auf Rechnungen oder im Schriftverkehr angegeben, ist die Banküberweisung als Leistung an den Gläubiger zulässig.[272]

BEISPIEL: Verbraucher S aus Stuttgart schuldet G aus Göttingen seit dem 02.06. die Geldsumme von 100,- € aus einer erbrachten Dienstleistung. Als er am 09.06. um 17.00 Uhr nach Hause kommt, findet er eine Mahnung des G im Briefkasten. Sogleich füllt er einen Überweisungsauftrag aus, den er am 10.06. um 07.00 Uhr bei seiner Bank einwirft. Die Bank bearbeitet den Auftrag sofort, das Geld wird G am 12.06. gutgeschrieben.

Befreiung durch Leistungshandlung

S ist durch die Mahnung vom 09.06. in Verzug gesetzt worden. Abgesehen von der bereits an anderer Stelle aufgeworfenen Problematik, ob S schon für den 09.06. anteilig Verzugszinsen schuldet, stellt sich die Frage, ob er sich durch die Leistungshandlung, nämlich durch den Überweisungsauftrag vom 10.06., aus dem Verzug befreit hat, oder ob ihm das erst mit dem Leistungserfolg gelungen ist, also mit der Gutschrift des Betrages bei G am 12.06. Dies ergibt immerhin einen Unterschied von

---

264   *Palandt-Grüneberg, BGB, § 286 Rn 33*
265   *Siehe Randnummer 13*
266   *Siehe Randnummer 26 und 241*
267   *Erman-Schaub, BGB, § 244 Rn 2*
268   *Siehe Randnummer 26 und 13*
269   *Siehe Randnummer 13*
270   *Erman- Artz, BGB, § 270 Rn 1*
271   *Siehe Randnummer 26 und 241*
272   *Erman-Artz, BGB, § 270 Rn 1*

zwei vollen Tagen, an denen Verzugszinsen zu zahlen wären. nämlich am 10. und am 11. Juni.

Nach der seit Jahrzehnten herrschenden Ansicht sollte bei Schickschulden und damit auch bei Geldschulden allein auf den Zeitpunkt der Vornahme der Leistungshandlung ankommen. Damit sollte die Verzögerungsgefahr immer den Gläubiger treffen.[273] Danach ist entscheidend, ob der Schuldner unter Berücksichtigung des jeweiligen Übermittlungsweges das für ihn Erforderliche rechtzeitig getan hat.[274] Konkret kommt es nur darauf an, dass rechtzeitig und vollständig an die ausgewählte Transportperson übergeben wurde, dass der Überweisungsauftrag rechtzeitig und vollständig ausgefüllt bei der Bank eingereicht wurde und auf dem Konto Deckung vorhanden war.[275]

Frühere h.M.: Zeitpunkt der Leistungshandlung stets entscheidend

In der so genannten „Telekom-Entscheidung" rügte der EuGH diese Auslegung der §§ 270, 269 BGB für Rechtsgeschäfte, an denen kein Verbraucher beteiligt ist. Nach Auffassung des EuGH würden deutsche Gerichte im Falle der Geldschuld mit ihrer überkommenen Auslegung der §§ 269, 270 BGB gegen Art. 3 der Richtlinie 2000/35/EG (jetzt: Art. 3 Abs. 1 der Richtlinie 2011/7/EU), nach der es auf den Eingang des Geldes beim Gläubiger ankommt, verstoßen.[276]

Ansicht des EuGH: Zeitpunkt des Leistungserfolg kann entscheidend sein

Entscheidend spricht für die Ansicht des EuGH die Pflicht aller deutschen Gerichte, wegen Art. 234 EG, jetzt Art. 267 AEU, das Gemeinschaftsrecht über die engere Auslegung hinaus, richtlinienkonform auszulegen.[277] Deshalb kann es nicht mehr auf die rechtzeitige Absendung der Überweisung, sondern nur noch auf die Gutschrift auf dem Konto des Gläubigers ankommen, wenn am Rechtsgeschäft kein Verbraucher beteiligt ist.

EuGH: Pflicht zur richtlinienkonformen Auslegung

MERKSATZ

Ist am Rechtsgeschäft kein Verbraucher beteiligt. kommt es entgegen §§ 270 IV, 269 III BGB bei der Geldschuld nicht mehr auf den Zeitpunkt der Leistungshandlung, sondern auf den Zeitpunkt des Leistungserfolg an.

Umstritten ist nunmehr, inwieweit diese richtlinienkonforme Auslegung auch auf Geschäfte mit Verbrauchern Anwendung finden soll, die vom Wortlaut der Richtlinie nicht umfasst sind. In Erwägungsgrund 13 der Richtlinie 2011/7/EU ist nur vom Handelsverkehr die Rede.

Eine Auffassung hält trotz der Beschränkung des direkten Anwendungsbereichs der Richtlinie eine Ausdehnung der richtlinienkonformen Auslegung auf Verbraucher für sachgerecht. Dies wird mit einem übergeordneten Interesse des Rechtsverkehrs an einer einheitlichen Rechtsanwendung begründet. Eine unterschiedliche Beurteilung der Frage der Rechtzeitigkeit der Leis-tung würde zu erheblicher Rechtsunsicherheit führen, wäre sie abhängig von der Unternehmer- oder Verbraucherstellung des Schuldners. Weder sei ein sachlicher Grund für eine abweichende Behandlung von Verbrauchern ersichtlich, noch lege der Wortlaut des § 270 I BGB eine solche Unterscheidung nahe. Zwecke des Verbraucherschutzes stünden der Ausdehnung

M.M.: Ausdehnung der Auslegung auch auf Geschäfte, an denen ein Verbraucher beteiligt ist

---

273   BGH, NJW 1964, 499, 499; OLG Düsseldorf, NJW-RR 1998, 780, 780; Köhler/Lorenz, Schuldrecht I, S. 86
274   Erman-Artz, BGB, § 270 Rn 6
275   Erman-Artz, BGB, § 270 Rn 7
276   EuGH, NJW 2008, 1935, 1936
277   BGH, NJW 2009, 427, 427

der richtlinienkonformen Auslegung auf Verbraucher nicht entgegen. Der gegebenenfalls nicht so geschäftsgewandte Verbraucher könne sich in seinem Zahlverhalten in gleicher Weise an der neuen Rechtslage orientieren wie ein Unternehmer und erscheine nicht schutzwürdiger. Der verspätet an einen Verbraucher zahlende Unternehmer sei sowieso nicht schutzwürdig und würde begünstigt. Nach Erwägungsgrund 7 der Zahlungsverzugsrichtlinie stelle der Zahlungsverzug gerade für kleine und mittlere Unternehmen eine Insolvenzgefahr dar, die in gleicher Weise gegeben sei, wenn ein Verbraucher Schuldner etwa einer großen Geldforderung aus einem Bauvertrag ist und diese vorerst nicht bezahlt.[278]

> **KLAUSURHINWEIS**
>
> Im obigen Beispielsfall[279] käme es nach dieser Auffassung nicht darauf an, ob S oder auch G Verbraucher sind. In jedem Falle würde der Verzug erst am 12.06. enden.

Auffassung des BGH: Keine Ausdehnung auf Verträge, an denen ein Verbraucher beteiligt ist

Eine andere Auffassung lehnt eine Ausdehnung des Anwendungsbereichs der Zahlungsverzugsrichtlinie und der dazu ergangenen Rechtsprechung des Europäischen Gerichtshofs ab. Sie weist zutreffend darauf hin, dass Verträge mit Verbrauchern nicht Gegenstand der Zahlungsverzugsrichtlinie seien. Die Richtlinie diene der Bekämpfung des Zahlungsverzugs im Geschäftsverkehr. Sie soll sicherstellen, dass der Binnenmarkt reibungslos funktioniert. Sie möchte dadurch die Wettbewerbsfähigkeit von Unternehmen fördern. Deshalb sei sie gem. Artikel 1 II der Richtlinie 2000/35/EG lediglich auf Zahlungen anzuwenden, die als Entgelt im Geschäftsverkehr zu leisten sind. Eine Ausdehnung auf Verbraucher sei nach ihrer Zielsetzung auch nicht erwünscht, denn der Erwägungsgrund Nummer 8 der Richtlinie sähe vor, dass ihr Anwendungsbereich auf die als Entgelt für Handelsgeschäfte geleisteten Zahlungen beschränkt sei und keine Geschäfte mit Verbrauchern umfasse.[280]

> **KLAUSURHINWEIS**
>
> Im obigen Beispielsfall[281] käme es nach dieser Auffassung darauf an, dass S Verbraucher ist. Deshalb käme es auf die rechtzeitige Vornahme der Leistungshandlung an und S hätte sich bereits am 10.06. aus dem Verzug befreit.

Streitentscheid

Gegen eine Ausdehnung des Anwendungsbereichs der Richtlinie auf Verbraucher spricht entscheidend, dass die Voraussetzungen einer richtlinienkonformen Auslegung nicht erfüllt sind.

Voraussetzung einer richtlinienkonformen Auslegung

Eine richtlinienkonforme Auslegung setzt voraus, dass durch eine solche Auslegung der erkennbare Wille des Gesetzgebers nicht verändert wird, sondern die Auslegung seinem Willen (noch) entspricht.[282]

---

278   LG Freiburg, RA 2015, 298; OLG Karlsruhe, Urteil vom 09.04.2014, 7 U 177/13, dort unter II. 1. b) bb) (1); Palandt-Grüneberg, BGB, § 270 Rn 6

279   Siehe Randnummer 115

280   BGH, Urteil vom 05.10.2016, VIII ZR 222/15, dort unter II. 3. b) bb]

281   Siehe Randnummer 115

282   BGH, Urteil vom 28.10.2015, VIII ZR 158/11 („evivo"); BGH, Urteil vom 17.10.2012, VIII ZR 226/11 („Granulat"; BGH, Urteil vom 26 11 2008, VIII ZR 200/05 („Quelle")

Ein abweichender Wille des deutschen Gesetzgebers, die Zahlungsverzugsricht-linie zulasten von Verbrauchern umzusetzen, ist weder bei der Umsetzung der RL 2000/35/EG noch bei der neu gefassten Zahlungsverzugsrichtlinie 2011/7/EU erkennbar geworden, sodass die Voraus-setzungen einer richtlinienkonformen Auslegung nicht gegeben sind. Bei der Umsetzung der Richtlinie 2000/35/EG durch das SMG wurde der Umsetzungsbedarf im Gesetzgebungsverfahren sogar nur als „gering" bzw. „äußerst gering" angesehen. Hervorgehoben wurde, dass die Richt-linie nicht sämtliche Forderungen betrifft, sondern nach ihrem Art. 1 nur Ansprüche auf Zahlung eines Entgelts im Geschäftsverkehr.[283]

Weil die Gesetzesmaterialien ausdrücklich hervorheben, dass für Verbraucher und Unternehmer „in einzelnen Punkten differenzierende Regelungen notwendig" seien,[284] dürfen die auf den unternehmerischen Geschäftsverkehr getroffenen Wer-tungen der Richtlinie nicht ohne Weiteres zulasten von Verbrauchern umgesetzt werden.

KLAUSURHINWEIS
Danach hat sich S mit seiner Überweisungshandlung am 10.06. aus dem Verzug befreit.

MERKSATZ
Ist ein Verbraucher am Vertrag beteiligt, kommt es für die Rechtzeitigkeit der Leistung des Schuldners im Falle einer Geldschuld gem. §§ 269 III, 270 IV BGB auf den Zeitpunkt der Vornahme der Leistungshandlung an.

b) Beendigung durch Annahmeverzug des Gläubigers

Hat der Schuldner dem Gläubiger die Leistung gem. § 293 ff. BGB in Annahmeverzug begründender Weise angeboten[285], entfällt der Schuldnerverzug mit der Ablehnung des Angebotes.[286]

116 Pflicht zum Angebot der Verzugszinsen

BEISPIEL: K schuldet V aus § 433 II BGB Kaufpreiszahlung in Höhe von 100,- €. Nach Erhalt der Mahnung bietet K sofort Barzahlung an. V verweigert die Annahme.

Umstritten ist die Frage, ob der Schuldner dem Gläubiger beim tatsächlichen Angebot auch die Verzugszinsen und den Verzögerungsschaden anbieten muss.

BEISPIEL: K schuldet V aus § 433 II BGB Kaufpreiszahlung in Höhe von 2.000 €. Mehre Monate nach der Mahnung belaufen sich die Verzugszinsen bereits auf 50,- €. K bietet Zahlung von 2.000 € an, V verweigert die Annahme mit der Begründung, K müsse auch die Verzugszinsen anbieten, um den Schuldnerverzug zu beenden.

---

283   BT-Drs. 14/6040, 81 f.
284   BT-Drs. 14/6040, 82
285   Siehe Randnummer 41
286   OLG Düsseldorf, NJW-RR 1999, 1209

M.M.: Pflicht
besteht

Für diese Auffassung lässt sich als Begründung anführen, dass es dem Schuldner gem. § 266 BGB verboten sei, nur eine Teilleistung anzubieten. Sinn und Zweck des § 266 BGB sei es, auf den Schuldner Druck zur vollständigen Leistung auszuüben. Folgt man dieser Auslegung, müsste der Schuldner auch Erfüllung der neben der Leistung entstandenen Ansprüche anbieten, um sich aus dem Schuldnerverzug zu befreien.[287]

BEISPIEL: Dies hätte im obigen Beispiel[288] zur Folge, dass K dem V auch die 50,- € Zinsen anbieten muss, um V in Annahmeverzug zu setzen. Nur dann befreit er sich aus dem eigenen Schuldnerverzug.

h.M: Pflicht
besteht nicht

Die herrschende Auffassung fordert vom Schuldner hingegen kein Angebot des Verzögerungsschadens und der Verzugszinsen, um aus dem Schuldnerverzug mit der eigentlich geschuldeten Leistung zu kommen.

Streitentscheid

Dies wird mit einleuchtenden und überzeugenden Argumenten begründet. Erstens braucht dem Schuldner die Höhe des Verzugszinses und des Schadens nicht notwendig bekannt zu sein.[289] Zum anderen entstehen die Verzugsfolgen typischerweise neben der Leistung und sind somit auch nicht Teil der Leistung, weshalb § 266 BGB gar nicht berührt wird.[290]

BEISPIEL: Deshalb befindet sich K im obigen Fall[291] nach der Annahmeverweigerung des V nicht mehr mit der Zahlungspflicht in Höhe von 2.000 € im Schuldnerverzug.

---

287   Staudinger-Löwisch, BGB, § 286 Rn 122
288   Siehe Randnummer 116
289   Eisenhardt, JuS 1970, 488, 491; MünchKomm-Ernst, § 286 Rn 96
290   Palandt-Grüneberg, BGB, § 286 Rn 34
291   Siehe Randnummer 116

RECHTSFOLGEN DES SCHULDNERVERZUGES

I. EINLEITUNG

Gerät der Schuldner in Schuldnerverzug, ergeben sich für ihn nachteilige Rechtsfolgen. Er haftet gem. § 287 BGB verschärft, er hat gem. §§ 286, 288 BGB Verzugszinsen an den Gläubiger zu zahlen, er schuldet gem. §§ 280 I, II, 286 BGB die Erstattung des Verzögerungsschadens, sowie gem. §§ 286, 288 IV BGB des Verzugsfolgeschadens. Ferner steht dem Gläubiger entweder gem. §§ 280 I III, 281 I 1 1. Fall BGB ein Anspruch auf Schadensersatz statt der Leistung oder gem. § 284 BGB ein Aufwendungsersatzanspruch zu. Ferner können Rücktrittsrechte oder Kündigungsrechte des Gläubigers entstehen.

II. SYSTEMATIK UND VERTIEFUNG

1. Verschärfte Haftung

Wer in Schuldnerverzug gerät, haftet verschärft. Dies bedeutet gem. § 287 S. 1 BGB, dass der Schuldner jede Fahrlässigkeit zu vertreten hat und dass er gem. § 287 S. 2 BGB auch für Zufall haftet.

117 — Zufallshaftung

> **DEFINITION**
>
> **Zufall** i.S.v. § 287 S. 2 BGB ist jeder Umstand, für den weder der Schuldner noch der Gläubiger einstehen muss.[292]

Zufall

Der Schuldner haftet also sogar dann, wenn während seines Verzuges die Leistung infolge höherer Gewalt unmöglich[293] wird.[294] Die Zufallshaftung wirkt sich aus, wenn zwischen dem Verzug des Schuldners und dem weiteren Leistungshindernis kein adäquater Kausalzusammenhang besteht.[295]

BEISPIEL: E hat L am Samstag sein Fahrrad geliehen. Beide vereinbaren die Rückgabe bei E am Sonntagabend um 20.00 Uhr. L erscheint nicht, weil er lieber ein Fußballspiel im Fernsehen sehen möchte. Das Fahrrad hat er in der Garage eingeschlossen. Durch ein Zugunglück werden Garage und Fahrrad in der Nacht vernichtet.

Hier haftet L auf Schadensersatz statt der Leistung gem. §§ 280 I, III, 283 S. 1 BGB. Wegen seines Verzuges haftet er auch für den zufälligen Untergang, auch wenn der Eintritt der Unmöglichkeit nicht adäquat kausal auf dem Verzug beruht.

2. Verzinsung

Seit einer Gesetzesreform vom 1. Mai 2000 gilt § 288 BGB in seiner neuen, strengen Fassung.[296] Diese Norm bestraft den säumigen Schuldner einer Geldforderung mit erheblicher Verzinsung. Gem. § 288 I 2 BGB muss der Schuldner ab Eintritt des Verzugs Zinsen in Höhe von 5 Prozentpunkten über dem jeweiligen Basiszinssatz

118 — Basiszinssatz

Unabdingbarkeit

---

292   *Erman-Hager, BGB, § 287 Rn 3*
293   *Siehe Randnummer 288*
294   *Palandt-Grüneberg, BGB, § 287 Rn 3*
295   *Erman-Hager, BGB, § 287 Rn 3*
296   *Gesetz zur Beschleunigung fälliger Zahlungen, BGBl. I 2000, 330*

im Sinne des § 247 BGB zahlen. Ist keine der Parteien Verbraucher im Sinne des § 13 BGB, beträgt der Zinssatz sogar 9 Prozentpunkte über dem jeweiligen Basiszinssatz. Aufgrund des Gesetzes zur Bekämpfung von Zahlungsverzug im Geschäftsverkehr vom 22.07.2014[297] wurde § 288 VI BGB eingefügt. Danach kann bei Entgeltforderungen eines Unternehmers gegen einen anderen Unternehmer der Anspruch des Gläubigers auf Verzugszinsen nicht mehr ausgeschlossen werden.

Von Absatz III sind nur Fälle erfasst, in denen die Parteien vertraglich einen höheren Verzugszinssatz vereinbart haben.

3. Pauschale

Abdingbarkeit nur begrenzt möglich

Mit dem Gesetz zur Bekämpfung von Zahlungsverzug im Geschäftsverkehr hat der Gesetzgeber in § 288 V BGB eine Pauschalvergütung eingeführt. Wenn der Schuldner kein Verbraucher ist, schuldet er dem Gläubiger einer Entgeltforderung eine Pauschale in Höhe von 40,- €. Diese dient der Abdeckung der Beitreibungskosten des Gläubigers. Es kommt nicht darauf an, ob er nur eigene Bemühungen hat walten lassen oder ob Kosten durch fremde Arbeit entstanden sind. Auf Rechtsverfolgungskosten, die er gem. §§ 280 I, II, 286 BGB als Verzögerungsschaden geltend macht, muss er die Pauschale anrechnen lassen.[298] Gem. § 288 VI BGB werden an den vertraglichen Ausschluss oder an die Beschränkung des Anspruchs auf Erhebung dieser Pauschale hohe Anforderungen gestellt.

4. Verzögerungsschaden gem. §§ 280 I, II, 286 BGB

119   § 280 BGB teilt im Falle einer Leistungsstörung die Schadensersatzarten ein. § 280 I und II BGB gewähren Schadensersatz neben der Leistung. § 280 III BGB verweist für den Fall des Schadensersatzes statt der Leistung auf die §§ 281, 282 und 283 BGB. Der Verzögerungsschaden ist ein besonderer Fall des Schadens neben der Leistung. Er darf zusätzlich zum Erfüllungsanspruch begehrt werden. Seine Voraussetzungen entnimmt man den §§ 280 I, II, 286 BGB. § 280 II BGB stellt klar, dass der Verzögerungsschaden nicht schon bei einfacher schuldhafter Pflichtverletzung gem. § 280 I BGB verlangt werden kann, sondern nur unter den zusätzlichen Voraussetzungen des § 286 BGB.[299]

a) Prüfungsschema

PRÜFUNGSSCHEMA

VORAUSSETZUNGEN DES ANSPRUCHS AUF ERSTATTUNG DES VERZÖGERUNGSSCHADENS GEMÄSS §§ 280 I, II, 286 BGB

1. **Schuldverhältnis**
2. **Pflichtverletzung im Sinne der §§ 280 I, II, 286 BGB**
3. **Ersatzfähiger und kausaler Verzögerungsschaden**
4. **Einwendungen**
5. **Einreden**
6. **Keine unzulässige Rechtsausübung gem. § 242 BGB**

---

297   *BGBl. I S. 1218*
298   *Palandt-Grüneberg, § 288 Rn 15*
299   *Fikentscher-Heinemann, Schuldrecht, Rn 470*

b) Schuldverhältnis

Anwendbar sind die Verzugsvorschriften auf Ansprüche aus allen rechtsgeschäftlichen **120** und grundsätzlich aus allen gesetzlichen Schuldverhältnissen.[300] Vorsicht ist aber bei § 985 BGB geboten, wie das folgende, nur für Examenskandidaten geeignete, Beispiel zeigt.

BEISPIEL: Der Kläger war von den Behörden der DDR gezwungen worden, sein Grundstück zu veräußern, um aus der DDR in die Bundesrepublik ausreisen zu dürfen. Der Beklagte erwarb das Grundstück danach von einem Treuhänder und wurde als Eigentümer in das Grundbuch eingetragen. Nach der Wende erhob der Kläger Klage auf Rückübereignung, Herausgabe des Grundstücks und Grundbuchberichtigung. Die Klage wurde dem Beklagten am 12. Januar zugestellt. Der Beklagte, der von einem rechtmäßigen Erwerb ausging, wehrte sich vor Gericht. In der Folgezeit hatte der Kläger zahlreiche Fahrtkosten. Im Prozess stellte sich am 12. August heraus, dass der Rechtserwerb sogar nach dem Recht der DDR nichtig war. Der Beklagte wurde danach zur Grundbuchberichtigung und zur Herausgabe aus § 985 BGB verurteilt. Der Kläger verlangt aus §§ 990 II, 280 I, II, 286 BGB den Ersatz der Fahrtkosten, die ihm zwischen dem 12. Januar und dem 12. August entstanden sind.

Der Kläger hat keinen Anspruch aus §§ 990 II, 280 I, II, 286 BGB auf Erstattung der geltend gemachten Fahrtkosten. Zwar liegt es nahe, Verzug mit dem Anspruch aus § 985 BGB anzunehmen, denn die Klageerhebung gem. §§ 261 I, 253 I ZPO ersetzt gem. § 286 I 2 BGB die Mahnung. Dies heißt aber nicht, dass ein Anspruch auf Ersatz des Verzögerungsschadens ab Klageerhebung aus §§ 280 I, II, 286 BGB gefordert werden darf. Aus der systematischen Stellung des § 990 II BGB folgt eindeutig, dass der unberechtigte Besitzer, der mit der Rückgabe an den Eigentümer in Verzug gerät, nur unter den Voraussetzungen des § 990 BGB auf Ersatz des Verzögerungsschaden haftet. Hingegen kommt es auf die bloße Rechtshängigkeit, das heißt gem. §§ 253 I, 261 I ZPO auf die Zustellung der Klageschrift beim Beklagten, nicht an.[301] Die Voraussetzungen des § 990 I BGB sind hier aber erst am 12. August erfüllt, denn der Beklage war bei Besitzerwerb gutgläubig i.S.v. § 990 I 1 BGB und erlangte vor dem 12. August auch keine Kenntnis von seinem fehlenden Besitzrecht i.S.v. § 990 I 2 BGB.

Verzug mit § 985 BGB

Verzögerungsschaden gem. §§ 990 II, 280 I, II, 286 BGB

MERKSATZ

Es verbietet sich aus der systematischen Stellung des § 990 II BGB die bloße Rechtshängigkeit mit den Voraussetzungen des § 990 I BGB gleichzusetzen. Insbesondere bedeutet Rechtshängigkeit nicht Kenntnis.

Nicht unumstritten war lange, ob der Anspruch des Vormerkungsberechtigten aus § 888 I BGB gegen den Eingetragenen auf Zustimmung zur Grundbuchänderung ein Schuldverhältnis im Sinne des § 286 BGB ist. Dies hatte der BGH zunächst mit der Begründung verneint, § 888 BGB stelle nur einen unselbständigen Hilfsanspruch dar, der demjenigen, der einen vormerkungsfähigen Anspruch hat, gegen den sich unkooperativ verhaltenden Eingetragenen einen Anspruch auf Erklärung der Eintragungsbewilligung gem. §§ 19, 29 GBO gewährt.[302]

Ursprüngliche Rspr. des BGH

---

300   *Erman-Hager, BGB, § 286 Rn 14*
301   *BGH, NJW 1993, 389, 392*
302   *BGH, Urteil vom 19.01.1968, V ZR 190/64*

Aktuelle Rspr.
des BGH

Nach dieser nun überholten Auffassung bestand ein Schuldverhältnis nur mit demjenigen, der den vormerkungsfähigen Anspruch im Sinne des § 883 I BGB zu erfüllen hatte, etwa Erklärung der Auflassung oder Bewilligung der Löschung. Der BGH hält an seiner Meinung fest, § 888 I BGB sei ein Hilfsanspruch. Anders als zuvor erkennt er in § 888 I BGB jetzt einen klagbaren Leistungsanspruch, der sich weder von anderen dinglichen Ansprüchen noch von anderen Hilfsansprüchen unterscheidet. Deshalb soll § 888 I BGB nunmehr den Vorschriften über die Verzögerung der Leistung unterfallen und ein Schuldverhältnis im Sinne des § 286 BGB darstellen.[303]

c) Pflichtverletzung im Sinne der §§ 280 I, II, 286 BGB

121 Aus §§ 280 I, II BGB folgt deutlich, dass die Pflichtverletzung nicht allein in der bloßen Nichterbringung der geschuldeten Leistung besteht. Vielmehr ist es erforderlich, dass der Schuldner wegen der Nichterbringung dieser Leistung in Schuldnerverzug gem. § 286 BGB gerät.[304]

> **KLAUSURHINWEIS**
>
> Es ist empfehlenswert, bei der Prüfung des Anspruchs aus §§ 280 I, II 286 BGB in Klausuren unter dem Prüfungspunkt „Pflichtverletzung" den Schuldnerverzugstatbestand des § 286 BGB zu prüfen.[305]

d) Ersatzfähiger und kausaler Verzögerungsschaden

122 Schadensersatz wird gem. §§ 249 ff. BGB nur gewährt, wenn es sich um erstattungsfähige Vermögenseinbußen handelt.[306] Der Verzögerungsschaden weist in § 280 II BGB Besonderheiten auf.

§ 280 II BGB legt den Verzögerungsschaden in Abgrenzung zu Absatz 3 als Schaden neben der Leistung fest. Also muss der Verzögerungsschaden vom einfachen Schaden i.S.v. § 280 I BGB und vom Schaden statt der Leistung gem. §§ 280 I, III, 281 I 1 1. Fall BGB unterschieden und abgegrenzt werden.[307]

DEFINITION

Verzögerungs-
schaden

Verzögerungsschaden ist jede Vermögenseinbuße i.S.v. §§ 249 ff., die adäquat kausal auf der Verzögerung der Leistung beruht und auch bei späterer oder hinzugedachter späterer Erfüllung nicht entfällt.[308]

Der Schadensersatz wegen Verzögerung der Leistung ersetzt also nur Vermögenseinbußen, die lediglich auf der Verzögerung der Leistung beruhen, hingegen nicht Schäden, die deshalb entstehen, weil die Leistung endgültig nicht erbracht wird.[309]

---

303   BGH, RA 2016, 449; Urteil vom 04.12.2015, V ZR 202/14
304   Siehe Randnummer 65
305   Siehe Randnummer 65
306   Siehe Randnummer 329
307   Siehe Randnummer 153
308   Fikentscher-Heinemann, Schuldrecht, Rn 470, 484; Huber/Faust, Kapitel 3 Rn 91; Lorenz/Riehm, § 5 Rn 289
309   Huber/Faust, Kapitel 3 Rn 91

BEISPIEL: Unter den Begriff des Verzögerungsschadens fallen typischerweise Kosten der Rechtsverfolgung, Lagerkosten oder die Kosten einer Ersatzanmietung. Ebenso kann ein Gewinn, der durch die Verzögerung entgangen ist und durch spätere Erfüllung nicht mehr erzielt werden kann, aus §§ 280 I, II, 286 BGB gefordert werden.[310]

Wegen des Anknüpfens an die Leistung kann ein Verzögerungsschaden in dem Moment nicht mehr entstehen oder wachsen, in dem die Leistungspflicht entfällt.

BEISPIEL: Kosten einer Ersatzanmietung sind kein Deckungskauf. Zu Rechtsverfolgungskosten kann sich der Gläubiger herausgefordert fühlen, um die Erfüllung durch den Schuldner zu erzwingen, damit dem Gläubiger weitere Schäden erspart bleiben.

Mehrere Schwierigkeiten drohen bei den aufgewendeten Kosten der Rechtsverfolgung. Zum einen kann der Schuldner in die Kostenfalle geraten, wenn er einen Anwalt mit der Erstmahnung beauftragt.   **123**

BEISPIEL: V hat K einen Fernseher verkauft und gegen Aushändigung der Rechnung geliefert. Besondere Vereinbarungen zur Zahlung haben sie nicht getroffen. Nach einer Woche stellt V fest, dass K noch nicht bezahlt hat und übergibt die Sache seinem Anwalt. Dieser mahnt K, der daraufhin sofort bezahlt. Als V von seinem Anwalt die Rechnung erhält, will er diese Kosten gem. §§ 280 I, II, 286 BGB oder gem. § 280 I BGB erstattet haben. Zu Recht?

Rechtsverfolgungskosten

V hat keinen Anspruch auf Erstattung der Anwaltskosten aus §§ 280 I, II, 286 BGB, weil dieser Schaden vor Zugang der Mahnung und damit nicht nach Eintritt des Schuldnerverzuges entstanden ist. Ferner hat er auch keinen Schadensersatzanspruch aus § 280 I BGB, weil dieser Anspruch bei verspäteter Leistung von § 280 II BGB und § 280 III BGB verdrängt wird. Sicherlich war der Anspruch des V aus § 433 II BGB gem. § 271 I BGB schon bei Lieferung fällig, zweifellos hat K schuldhaft nicht geleistet und damit seine Schuldnerpflicht verletzt.

Kosten der Erstmahnung

§ 280 II BGB stellt aber klar, dass nicht allein die schuldhafte Pflichtverletzung, sondern nur die weiteren Voraussetzungen des Schuldnerverzuges zum Schadensersatz wegen Verzögerung der Leistung führen. Deshalb verbietet sich bei solchen Schäden auch ein Rückgriff auf § 280 I BGB.[311]

Der ersatzfähige Verzögerungsschaden muss stets Folge des Verzuges sein. Der Gläubiger muss die Kosten der Mahnung selbst tragen, wenn erst durch sie der Schuldner in Verzug gesetzt wurde. Dies ist der Fall, wenn die Kosten der Verzug begründenden Mahnung, z.B. durch Beauftragung eines Rechtsanwaltes bereits vor Verzug entstanden sind.[312]

---

310   Fikentscher-Heinemann, Schuldrecht, Rn 470
311   MünchKomm-Ernst, BGB, § 286 Rn 156
312   BGH, NJW 1985, 320, 324

Inkassokosten

124   Zum anderen bereitet die Beurteilung der Ersatzfähigkeit von Kosten eines Inkassobüros Probleme.

> **BEISPIEL:** Verleger V bietet Kaufleuten an, in seiner Zeitung zu inserieren. Mit Kaufmann
> K, der mehrere Monate hintereinander inseriert hat, streitet er sich um die Kosten
> eines Inserates im Monat August. K verweigert die Zahlung, weil er gutgläubig davon
> ausgeht, rechtzeitig die Kündigung ausgesprochen zu haben, was rechtlich aber nicht
> zutrifft. V mahnt den deutlich zahlungsunwilligen K zunächst vergeblich. V entscheidet
> sich anschließend dafür, zunächst den Inkassounternehmer I einzuschalten, der mit
> geharnischten Mahnschreiben den K unter Druck setzt. Als dies erfolglos bleibt, beauf-
> tragt V den Rechtsanwalt R, der K über die Rechtslage aufklärt und auf dessen Mahnung
> K schließlich einlenkt und zahlt. V verlangt von K die Kosten des I und des R erstattet.

Unproblematisch erhält V von K die Kosten des Rechtsanwaltes R aus §§ 280 I, II, 286
BGB erstattet. K ist schon durch die Mahnung des V in Verzug gesetzt worden, mithin
handelt es sich bei den Anwaltskosten um einen Verzögerungsschaden, der adäquat
kausal auf dem Verzug beruht.

**Aufwendungen
als Schaden**

Fraglich ist die Erstattungsfähigkeit der Inkassobürokosten. Hier ist schon problematisch, ob es sich bei Kosten eines Inkassobüros überhaupt um einen erstattungsfähigen Schaden handelt. Dahinter steckt im Ergebnis die Frage, ob man sich nach
Verzug des Schuldners zu einer Beauftragung des Inkassounternehmers herausgefordert fühlen durfte.

Unter **Schaden** ist nämlich grundsätzlich die unfreiwillige Vermögenseinbuße zu
verstehen[313], hingegen ist eine **Aufwendung** ein freiwilliges Vermögensopfer.[314]

**Herausforde-
rungslage**

Streng genommen erleidet der Rechtssuchende, der einen anderen mit seiner
Rechtsverfolgung beauftragt, keinen Schaden, sondern opfert freiwillig eigenes
Vermögen. Zu berücksichtigen ist aber, dass einem Gläubiger, der vom Schuldner
keine Befriedigung erhält, Verzögerungsschäden und Schäden wegen des endgül-
tigen Ausbleibens der Leistung drohen. Deshalb darf jeder Gläubiger gem. § 249 I
BGB solche Aufwendungen tätigen, die ein vernünftiger, wirtschaftlich denkender
Mensch nach den Umständen des Einzelfalles zur Schadensverhütung als erfor-
derlich ansieht und sie dann als Schadensersatz fordern.[315]

MERKSATZ

Während des Schuldnerverzuges darf sich der Gläubiger herausgefordert fühlen,
Ersatzmaßnahmen zur Abwendung weiterer Schäden durchzuführen. Darunter
fallen grundsätzlich geeignete Rechtsverfolgungsmaßnahmen.

**Zahlungsver-
zugsrichtlinie
2000/35/EG**

Genau dies ist bei einem Inkassobüro von vornherein fraglich, wenn ausreichend
niedergelassene Rechtsanwälte, deren Aufgabe die Rechtsverfolgung ist, zur Verfügung stehen.

---

313   *Erman-Ebert, BGB, Vor §§ 249 – 253 Rn 14*
314   *MünchKomm-Seiler, BGB, § 670 Rn 7*
315   *BGH, NJW 1976, 1198, 1200*

Im Licht von Art. 3 I lit. e der Zahlungsverzugsrichtlinie 2000/35/EG kann einem Inkassobüro in richtlinienkonformer Auslegung das Recht und die Tauglichkeit zur Beitreibung einer Forderung nicht mehr von vornherein abgesprochen werden.[316] Jedoch muss zugunsten des Schuldners die allgemeine Schadensminderungspflicht des Gläubigers aus § 254 I, II 1 2. Fall BGB beachtet werden. Unbestritten ist, dass der Gläubiger mit der Beauftragung des Inkassobüros gegen diese Schadensminderungspflicht gem. § 254 I, II 1 2. Fall BGB verstößt, wenn der Schuldner so zahlungsunwillig ist, dass der Gläubiger von vornherein damit rechnen musste, der Schuldner werde auf eine weitere außergerichtliche Mahnung nicht mehr reagieren.[317]

Einschränkung gem. § 254 I, II 1 2. Fall BGB

BEISPIEL: Im obigen Fall[318] war K offenkundig zahlungsunwillig. Demzufolge hat V gegen die genannte Schadensminderungspflicht verstoßen und kann wegen der Inkassokosten keine Ansprüche geltend machen.

Problematisch bleiben Fälle, in denen der Schuldner die Forderung nicht bestreitet. Hier wirkt sich die Schadensminderungspflicht dergestalt aus, dass dem Gläubiger als Inkassokosten maximal die Gebührensätze eines Rechtsanwaltes nach dem Rechtsanwaltsvergütungsgesetz (RVG) erstattet werden.[319]

125

Begrenzung der Inkassokosten auf das RVG

> **KLAUSURHINWEIS**
>
> Hier wurde an die aus § 254 II 1 BGB abzuleitende Schadensminderungspflicht angeknüpft. Weil es sich bei den Kosten der Rechtsverfolgung um eine Aufwendung handelt, zu der man sich herausgefordert fühlen muss, wurde § 254 BGB an dieser Stelle verortet. Normalerweise handelt es sich bei § 254 BGB um eine Einwendung, die nach Abschluss des Tatbestandes geprüft wird.

Der Verzögerungsschaden kann auch den Kommerzialisierungsschaden umfassen. Nach der Grundsatzentscheidung des Großen Senats für Zivilsachen des BGH vom 09.07.1986 kann der deliktisch bedingte Entzug von Sachen, auf deren ständige Verfügbarkeit die eigenwirtschaftliche Lebenshaltung typischerweise angewiesen ist, einen Vermögensschaden bewirken. Der Ersatz für den Verlust der Möglichkeit zum Gebrauch einer Sache muss allerdings grundsätzlich Fällen vorbehalten bleiben, in denen sich die Funktionsstörung typischerweise auf die materiale Grundlage der Lebenshaltung signifikant auswirkt.

126

Nutzungsausfall

DEFINITION

Deshalb beschränkt sich der **Kommerzialisierungsschaden** auf den Nutzungsausfallersatz von Sachen, deren ständige Verfügbarkeit für die eigenwirtschaftliche Lebenshaltung typischerweise von zentraler Bedeutung ist.[320]

Kommerzialisierungsschaden

---

316   AnwK-Schulte-Nölke, Schuldrecht, § 286 Rn 22
317   OLG München, NJW 1975, 832 833
318   Siehe Randnummer 124
319   MünchKomm-Ernst, BGB, § 286 Rn 157; Schmidt-Kessel, NJW 2001, 97, 100
320   BGHZ 98, 212, 224

Diese für eine deliktische Haftung entwickelten Grundsätze des Großen Senats für Zivilsachen hat der BGH auf die Vertragshaftung übertragen.

BEISPIEL („Wohnungsfall", abgewandelt nach BGH, Urteil vom 20.02.2014, VII ZR 172/13): Mit notariellem Vertrag verpflichtete sich B gegenüber dem Ehepaar K zur Sanierung einer Altbauwohnung. Das Vertragsobjekt sollte spätestens bis zum 31.08.2009 bezugsfertig hergestellt und übergeben werden. Diesen Termin verpasste B um ganze 24 Monate. K verlangten eine Nutzungsausfallentschädigung in Höhe von insgesamt 17.759,04 € (24 Monate zu je 1.045,76 € abzüglich der erstatteten Kaltmiete für die derzeit bewohnte Wohnung in Höhe von 305,80 €). Zur Begründung gaben sie wahrheitsgemäß an, sie hätten in der Zeit vom 01.10.2009 bis einschließlich 30.9.2011 statt in der neu erworbenen Wohnung mit einer Wohnfläche von 136,3 qm in der bisherigen 72,6 qm großen Drei-Zimmer-Wohnung mit drei Kindern im Alter von 3, 14 und 15 Jahren unter beengten Verhältnissen leben müssen.

Eine Wohnung ist für die wirtschaftliche Lebensführung von zentraler Bedeutung. Problematisch könnte hier nur sein, dass der Besitz noch gar nicht eingeräumt worden war. Diesem Umstand maß der BGH keine Bedeutung zu. Von der Rechtsordnung werde im Rahmen des Schadensersatzes nicht nur das Interesse am Bestand geschützt, sondern auch das Interesse, eine geschuldete Sache zum vertraglich vereinbarten Zeitpunkt zu erhalten und sie ab diesem Zeitpunkt auch nutzen zu können.[321]

MERKSATZ

Der Verzögerungsschaden kann auch **entgangene Nutzungen** umfassen, wenn die Voraussetzungen eines Kommerzialisierungsschadens gegeben sind.

127 Besondere Schwierigkeiten kann die Abgrenzung zwischen Verzögerungsschaden und Schadensersatz statt der Leistung bereiten, wenn der Gläubiger ein Deckungsgeschäft vornimmt. Dies gilt insbesondere, wenn dieses Deckungsgeschäft zwischen Verzugseintritt und Wegfall der Leistungspflicht vorgenommen wird. Bisher wurden nur Geschäfte dargestellt, die eine vorübergehende Deckung verschaffen.

BEISPIEL: Wenn sich die Familie im Wohnungsfall[322] eine größere Wohnung angemietet hätte, wären die Mehrkosten ebenso als Verzögerungsschaden ersatzfähig gewesen, soweit die Familie die Schadensminderungspflicht aus § 254 II 1 BGB beachtet hätte.

Problematisch sind aber endgültige Deckungsgeschäfte. Grob lässt sich wie folgt einteilen.

---

321   BGH, Urteil vom 20.02.2014, VII ZR 172/13
322   Siehe Randnummer 126

MERKSATZ

In der Phase zwischen Verzugseintritt und Entfallen der Leistungspflicht durch Erfüllung, Rücktritt, Unmöglichkeit oder Verlangen gem. § 281 IV muss man deutlich unterscheiden zwischen einem endgültigen Deckungsgeschäft (Deckungskauf) und einem vorübergehenden Deckungsgeschäft (Ersatzanmietung). Das endgültige Deckungsgeschäft kann nur als Schadensersatz statt der Leistung geltend gemacht werden, das vorübergehende als Verzögerungsschaden.[323]

Wie sinnvoll diese Einteilung ist, zeigt anschaulich die folgende BGH-Entscheidung. **Ein Käufer kann neben der bereits erlangten Erfüllung die Mehrkosten eines eigenen Deckungsgeschäfts nicht als Verzögerungsschaden beanspruchen.**

128

Kein Verzögerungsschaden neben Deckungsgeschäft

BEISPIEL („Biodiesel-Fall", abgewandelt nach BGH, Urteil vom 03.07.2013, VIII ZR 169/12, RA 2013, 653): Die Schuldnerin stellte zeitweise ihre Lieferungen von Biodiesel ein. Der Gläubiger war in dieser Zeit gezwungen, sich anderweitig einzudecken, musste hierfür aber einen höheren Preis zahlen. Nachdem er den Schuldner in einem Vorprozess erfolgreich auf Erfüllung verklagt und in der Folgezeit den geschuldeten Biodiesel auch nachträglich erhalten hatte, verlangte er den Mehraufwand für den Deckungskauf zusätzlich als Verzögerungsschaden neben der Leistung.

Nach h.M. können die Mehrkosten eines Deckungsgeschäfts grundsätzlich nur einen Schaden statt der Leistung darstellen und daher nur unter den Voraussetzungen von §§ 280 I, 280 III, 281 I 1 BGB geltend gemacht werden.[324] Verlange der Käufer die Erstattung der Kosten eines Deckungskaufs, mache er keinen Begleitschaden wegen Verzögerung der Leistung geltend, sondern einen Schaden wegen Ausbleibens der geschuldeten Leistung. Ein endgültiger Deckungskauf ersetze endgültig die ursprünglich erwartete Leistung durch eine gleichwertige. Der Schaden ersetze funktional die Leistung, sodass ein Schaden statt der Leistung vorliege. Beschaffe sich der Gläubiger die geschuldete Leistung am Markt, stelle er genau den Zustand her, und zwar in Natur, der bei einer Naturalleistung des Schuldners bestünde.[325]

h.M.: Endgültiger Deckungskauf ersetzt die Leistung

Im obigen Beispielsfall würde der Gläubiger, falls ihm neben der im Vorprozess erfolgreich geltend gemachten Vertragserfüllung ein Anspruch auf Erstattung der Mehrkosten des eigenen Deckungskaufs zugebilligt würde, zum Nachteil des Verkäufers so gestellt, als hätte er die bestellte Dieselmenge zu dem vertraglich vereinbarten Preis doppelt zu beanspruchen.

Drohende Mehrfachbereicherung

Hieran wird besonders deutlich, dass die Kosten des eigenen Deckungskaufs des Käufers, der an die Stelle der vom Verkäufer geschuldeten Leistung tritt, nicht neben dieser Leistung als Verzögerungsschaden geltend gemacht werden können.[326]

Nach h.M. besteht kein Anspruch auf Ersatz des Schadens gem. §§ 280 I, II, 286 BGB.

---

323   *Haberzettl, NJW 2007, 1328, 1329, 1331*
324   *BGH, Urteil vom 03.07.2013,VIII ZR 169/12; Bamberger/Roth - S. Lorenz, BGB, § 286 Rn. 69; MünchKomm-Ernst, BGB, Rn 121; Palandt-Grüneberg, BGB, § 286 Rn 41; Haberzettl, NJW 2007, 1328, 1331; Kaiser, Festschrift für Westermann, S. 351, 352*
325   *Grigoleit/Riehm, AcP 203 [2003], Seite 727, 736*
326   *BGH, Urteil vom 03.07.2013,VIII ZR 169/12, Rn 28*

> **KLAUSURHINWEIS**
> Diese Lösung genügt allen Anforderungen in einer Klausur. Die folgenden Ausführungen, die zwar zu keinem anderen Ergebnis führen, jedoch dieses anders begründen, würden in einer Hausarbeit erwartet.

Abgrenzung in zeitlicher Hinsicht

Zur Findung dieses Ergebnisses werden allerdings auch andere Begründungen vertreten. Man kann der Auffassung sein, dass Gegenstand des Schadensersatzes statt der Leistung nur derjenige Schaden sein kann, der durch das endgültige Ausbleiben der Leistung verursacht werde.

BEISPIEL: Der Käufer nimmt nach dem erklärten Rücktritt oder nach dem Verlangen von Schadensersatz statt der Leistung einen Deckungskauf vor.

Trennt man so scharf in zeitlicher Hinsicht, dann können die Kosten eines Deckungskaufs zumindest theoretisch als Verzögerungsschaden bewertet werden, wenn der Käufer das Deckungsgeschäft vor dem Erlöschen des Erfüllungsanspruchs tätigt.[327] Allerdings werden hieran allenthalben sehr hohe Anforderungen gestellt. Nicht ohne Weiteres soll der Käufer die Mehrkosten des Deckungsgeschäfts neben dem Erfüllungsanspruch als Verzögerungsschaden in einem solchen Fall geltend machen dürfen.

Lösung über § 254 BGB

Eine Ansicht begründet dies mit dem Willen des Gesetzgebers, der in der Struktur der §§ 280 ff. BGB zum Ausdruck komme. Anders als eine Ersatzanmietung ist ein Deckungsgeschäft, das der Gläubiger vornimmt, solange er noch Erfüllung verlangen kann, im Rahmen des Anspruchs auf Schadensersatz wegen Verzögerung der Leistung nicht zu berücksichtigen. Der Gesetzgeber habe in den § 280 - § 283 BGB ein „elaboriertes Regelwerk" geschaffen, das die Interessen von Gläubiger und Schuldner zum Ausgleich bringen soll. Dabei habe er entschieden, dass eine Liquidierung des Vertrags, auf Grund derer der Gläubiger sich anderweitig eindecken könne und müsse, erst mit der Erklärung des Rücktritts, dem Verlangen von Schadensersatz statt der Leistung oder dem Eintritt von Unmöglichkeit stattfinde. Diese Wertung dürfe nicht dadurch missachtet werden, dass dem Gläubiger ermöglicht werde, sich schon zuvor einzudecken und dann die Folgen dieses Geschäfts auf den Schuldner zu verlagern.[328] Der Verursachungsbeitrag des Gläubigers überwiege durch die vorzeitige Vornahme des Deckungsgeschäfts den Verursachungsbeitrag des Schuldners, der in der Verzögerung der Leistung liege, so stark, dass der Schadensersatzanspruch aus §§ 280 I, II, 286 BGB durch § 254 BGB vollständig ausgeschlossen sei.

Ausnahme bei Notgeschäften

Nur wenn der drohende Verzögerungsschaden größer ist als die Kosten des Deckungsgeschäfts nach Ablauf einer gesetzten Nachfrist, kann der Gläubiger ein vorzeitiges Deckungsgeschäft vornehmen und dieses Notgeschäft mit Hinweis auf seine Schadensminderungspflicht gem. § 254 II 1 BGB als Verzögerungsschaden abrechnen.[329] Auch nach dieser Lösung wäre im obigen Beispiel kein Anspruch auf Ersatz eines Verzögerungsschadens gem. §§ 280 I, II, 286 BGB gegeben.

---

327   *Lorenz, Festschrift für Leenen, 2012, S. 147, 153; Faust, Festschrift für Huber, 2006, 239, 254; Klöhn, JZ 2010, 46, 47*
328   *Faust, Festschrift für Huber, S. 239, 255*
329   *Faust, Festschrift für Huber, S. 239, 256; Haberzettel, NJW 2007, 1328, 1331*

KLAUSURHINWEIS

Bei einem solchen durchaus vorstellbaren Notgeschäft drängt sich die Frage auf, ob der Gläubiger dann nicht gem. § 281 II 2. Fall BGB auf die Nachfristsetzung verzichten darf, um direkt Schadensersatz statt der Leistung zu verlangen. Ein Interesse an Erfüllung besteht ja nicht mehr, wenn das Deckungsgeschäft vorgenommen worden ist. Der Gläubiger verzichtet mit dem Verlangen nach § 281 IV BGB nicht auf Rechte, wenn ihn das endgültige Deckungsgeschäft befriedigt. Weil die Abgrenzung nicht überzeugt, sollte man sich gut überlegen, diese schwer darstellbare Meinung in einer Klausur zu erörtern.

Kritik

Eine andere Konfliktlösungsidee sucht die Begründung in der Kausalität zwischen Pflichtverletzung und Schaden. Sie analysiert, dass bei einem Deckungskauf zu diesem Zeitpunkt der Schaden nicht unmittelbar auf der Verzögerung der noch möglichen Leistung beruhe. Der Schaden ist die unfreiwillige Vermögenseinbuße[330], die Aufwendung das freiwillige Vermögensopfer.[331] Hier werde der Verzögerungsschaden durch eine Handlung des Geschädigten selbst verursacht, nämlich durch die Vornahme des Deckungsgeschäfts. Folglich dürfe nur unter den Voraussetzungen einer Herausforderungslage die Kausalität zwischen Pflichtverletzung und ersatzfähigem Schaden bejaht werden.[332] Diese sei nur gegeben, wenn der Geschädigte sich gerechtfertigt veranlasst fühlen durfte, ein endgültiges Deckungsgeschäft vorzunehmen. Dies sei wiederum nur dann der Fall, wenn zum Zeitpunkt der Vornahme des Deckungsgeschäfts die Voraussetzungen eines Anspruchs auf Schadensersatz statt der Leistung vorlägen und eine vom Käufer gesetzte Nachfrist bereits abgelaufen sei. Denn ab diesem Zeitpunkt müsse der Käufer zur Befriedigung seines Erfüllungsinteresses nicht mehr auf den Verkäufer zurückgreifen.[333]

Herausforderungslage

Diese Voraussetzungen lagen erkennbar nicht vor. Deshalb besteht auch nach dieser Ansicht kein Anspruch auf Schadensersatz statt der Leistung.

KLAUSURHINWEIS

Nach beiden Literaturmeinungen hat der Gläubiger das Recht, den ersatzpflichtigen Deckungskauf vorzunehmen, faktisch erst nach dem Erlöschen des Erfüllungsanspruchs, sei es durch Rücktritt, Unmöglichkeit oder durch das Verlangen gem. § 281 IV BGB. Damit ist es praktisch ausgeschlossen, einen Deckungskauf als Verzögerungsschaden über §§ 280 I, II, 286 BGB geltend zu machen. Faktisch weichen die beiden Auffassungen nicht von der Lösung der h.M. ab.

---

330   *Siehe Randnummer 27*
331   *Siehe Randnummer 37*
332   *Siehe Randnummer 124*
333   *Lorenz, Festschrift für Leenen, S. 147, 168*

MERKSATZ

Mehrkosten eines eigenen endgültigen Deckungskaufs des Käufers sind nicht als Verzögerungsschaden nach §§ 280 I, II, 286 BGB ersatzfähig. Denn bei derartigen Kosten handelt es sich nicht um einen Verzögerungsschaden neben der Leistung, sondern um einen Schaden, der an die Stelle der Leistung tritt. Deshalb kann der Gläubiger diesen Schaden nur unter den Voraussetzungen der §§ 280 I, III, 281 I 1. Fall BGB und somit nicht neben der Vertragserfüllung beanspruchen.

129   Auch ein **Haftungsschaden** kann Verzögerungsschaden sein.

BEISPIEL: („Cheddar-Käse-Fall", abgewandelt nach BGH, Urteil vom 09.11.1983, VIII ZR 310/87): K wird von V regelmäßig mit Milch beliefert und fertigt daraus Cheddar-Käse. Weil V trotz Mahnung schuldhaft nicht rechtzeitig liefert, kann K nicht genug Käse herstellen. Deshalb kann er seine Verpflichtungen gegenüber seinem Abkäufer X nicht erfüllen. X wiederum tätigt nach erfolglosem Fristablauf einen Deckungskauf bei Y und nimmt K berechtigt auf Schadensersatz statt der Leistung in Höhe von 25.000 € in Anspruch. Diesen Schaden macht K bei V als Verzögerungsschaden geltend.

Es besteht ein Anspruch des K gegen den in Verzug geratenen V aus §§ 280 I, II, 286 BGB. Der Haftungsschaden beruht adäquat kausal auf der Verzögerung der noch geschuldeten Milchlieferung. Er würde auch nicht mehr entfallen, wenn man sich eine spätere Leistung des V hinzudenkt. Auch wenn V nachträglich die Milch liefert, bleibt K verpflichtet, X Schadensersatz zu leisten. Im obigen Biodiesel-Fall[334] hatte das Berufungsgericht mit Hinweis auf diese alte BGH-Entscheidung einen Verzögerungsschaden angenommen. Der BGH stellte deshalb den rechtlichen Unterschied zum Verzögerungsschaden in seinen Entscheidungsgründen im Biodiesel-Fall deutlich heraus.[335]

e) Einwendungen

130   Rechtshindernde Einwendungen bewirken den Wegfall einer Verzugsvoraussetzung und wirken sich damit bereits auf die Entstehung des Anspruchs aus. Dies gilt für die Erlöschensgründe insoweit auch, als sie den primären Anspruch auf Leistung betreffen, mit dem der Schuldner in Verzug geraten ist.

Ist der Anspruch auf Ersatz des Verzögerungsschadens aber erst einmal entstanden, kann er selbst durch die üblichen Erlöschensgründe untergehen.

BEISPIEL: Gemeint ist die Erfüllung des Schadensersatzanspruchs (§ 362 BGB). Dem steht das Erlöschen durch die üblichen Erfüllungssurrogate aus §§ 364 I, 372, 378 BGB oder § 389 BGB gleich. Und selbstverständlich kann der Gläubiger des Schadensersatzanspruchs diesen gem. § 398 BGB abtreten oder gem. § 397 BGB erlassen. Denkbar ist auch die Schuldübernahme aus §§ 414, 415 BGB. [336]

---

334   *Siehe Randnummer 128*
335   *Siehe Randnummer 128*
336   *Näheres siehe Skript BGB AT, Rn 20*

KLAUSURHINWEIS

Im Gutachten empfiehlt es sich, Tatbestand und Rechtsfolge des Anspruchs unter „Anspruch entstanden" und dann die Einwendungen unter „Anspruch untergegangen" zu prüfen.[337]

f) Einreden

Rechtshemmende Einreden lassen den Anspruch unberührt, hemmen aber die **131** Durchsetzbarkeit.

BEISPIEL: Gemeint sind u.a. dauernde Einreden wie die Verjährung, § 214 BGB, oder die Mängeleinrede gem. § 438 IV 1 BGB. Vorübergehende Einreden sind u.a. Zurückbehaltungsrechte aus §§ 273, 1000 BGB, 369 HGB oder § 320 BGB. Zu beachten sind auch spezielle Einreden wie z.B. §§ 768, 771 BGB.[338]

KLAUSURHINWEIS

Die **rechtshemmenden Einreden** sollten im Gutachten unter „Anspruch durchsetzbar" geprüft werden.[339] Hat der Schuldner sie lt. Sachverhalt erhoben, muss dies in jedem Fall erfolgen. Liegt eine Einrede vor, die der Schuldner nicht ausdrücklich erhoben hat, kommt es darauf an, wie weiter zu verfahren ist. Häufig verlangt der Bearbeitervermerk in der Klausuraufgabe, auf alle aufgeworfenen Fragen einzugehen – zur Not auch hilfsgutachterlich. In diesem Fall muss man unter einem weiteren Prüfungspunkt „Anspruch durchsetzbar" zuerst den Einredetatbestand prüfen. Dann sollte man auf die gegebenenfalls unterlassene Erhebung der Einrede hinweisen und das Ergebnis bilden, wonach der Anspruch jetzt durchsetzbar ist. Schließlich sollte man aber auf die von der Einredenerhebung abhängigen Rechtsfolgen hinweisen: „Der Anspruch wird aber undurchsetzbar, sofern S die Einrede des § 273 I BGB im Prozess noch erhebt." Dieser Hinweis muss erfolgen, wenn der Bearbeitervermerk die hilfsgutachterliche Prüfung verlangt. Auch ansonsten schadet er nicht.

g) Keine unzulässige Rechtsausübung gem. § 242 BGB

Das Verfolgen eines Anspruchs kann rechtsmissbräuchlicher Verstoß gegen Treu und Glauben gem. § 242 BGB sein. Treu und Glauben bildet eine allen Anspruchsgrundlagen immanente Inhaltsbegrenzung.[340] Wenn das Geltendmachen des Anspruchs eine unzulässige Rechtsausübung gem. § 242 BGB darstellt, ist der Anspruch ausgeschlossen. Ob eine unzulässige Rechtsausübung vorliegt, ist stets anhand der Umstände des Einzelfalles zu ermitteln.

BEISPIEL: Bekannte und anerkannte Fallgruppen sind die Verwirkung, der Einwand des widersprüchlichen Verhaltens (venire contra factum proprium) und das Fordern trotz der Pflicht zur alsbaldigen Rückgewähr (dolo agit, qui petit, quod statim rediturus est).[341]

---

337 *Näheres siehe Skript BGB AT, Rn 4*
338 *Näheres siehe Skript BGB AT Rn 21*
339 *Näheres siehe Skript BGB AT, Rn 4*
340 *Palandt-Grüneberg, § 242 Rn 38*
341 *Siehe Skript BGB AT Rn 22*

> **KLAUSURHINWEIS**
>
> Den schwachen Argumentierer erkennt der Prüfer am freihändigen Jong-
> lieren mit Generalklauseln wie § 242 BGB oder § 138 BGB. Man sollte sich
> deshalb stets an die von der Rechtsprechung anerkannten Fallgruppen
> halten. Wie schwierig dies im Einzelfall ist, zeigt der Fall bei § 283 BGB.[342]

5. Verzugsfolgeschaden §§ 286, 288 IV BGB

§ 288 IV BGB gewährt den Verzugsfolgeschaden. Auch dieser ist ein Schaden neben
der Leistung.

Verzugsfolge-
schaden

MERKSATZ

Ein Verzugsfolgeschaden tritt ein, wenn dem Gläubiger aufgrund seines eigenen
Verhaltens oder Unterlassens, welches durch den Schuldnerverzug erforderlich
geworden ist, ein weiterer Schaden neben der Leistung entsteht.

BEISPIEL: S zahlt G nicht wie vereinbart den Geldbetrag in Höhe von 1.000 € bis zum
30.09.2006 zurück. G hat seinem Vermieter V eine Lastschrifteinziehungsermächtigung
für sein Girokonto erstellt. Als pünktlich am 04.10.2006 die Miete vom Konto des G
abgebucht wird, weist das Konto in Höhe ebendieser 1.000 € keine Deckung auf. G
hatte nämlich fest mit der pünktlichen Zahlung seitens S gerechnet. Erst am 16.10.2006
zahlt S. In der Zwischenzeit hat die Bank des G diesem 15 % Überziehungszinsen in
Rechnung gestellt. Welchen Anspruch hat G gegen S?

132   Hier kann G von S Schadensersatz in Höhe der Überziehungszinsen gem. §§ 286, 288
IV BGB verlangen. Indem S nicht zum vereinbarten Zeitpunkt geleistet hat und keine
Anhaltspunkte für sein Nichtverschulden erkennbar sind, ist er gem. § 286 II Nr. 1
BGB ohne Mahnung in Schuldnerverzug geraten. Der Schaden des G beruht aber
vor allem auf seinem eigenen Verhalten, weshalb die Kausalität zwischen Verzug
und Verzögerungsschaden gem. §§ 280 I, II, 286 BGB zweifelhaft erscheinen muss.
Jedoch stellt § 288 IV BGB klar, dass solche Schäden bei Verzug des Schuldners von
diesem mit zu ersetzen sind.

6. Schadensersatz statt der Leistung gem. §§ 280 I, III, 281 I 1 1. Fall BGB

Wenn der Schuldner bei Fälligkeit nicht geleistet hat und der Gläubiger dem
Schuldner erfolglos eine Nachfrist zur Leistung gesetzt hat, darf der Gläubiger vom
Schuldner gem. §§ 280 I, III, 281 I 1 1. Fall BGB Schadensersatz statt der Leistung
wegen der endgültigen Nichtleistung fordern.

Sinn und Zweck
des §§ 280 I, III,
281 I 1 1. Fall
BGB

Diese Anspruchsgrundlage schützt den Gläubiger vor einem beharrlichen Nichtleisten seitens des Schuldners. Diesen Schutz benötigt der Gläubiger dringend. Der
Gläubiger rechnet ab Fälligkeit mit der Leistungserbringung. Auf diesen Zeitpunkt
hat er sich eingestellt und Dispositionen getroffen.

---

342   Siehe Randnummer 293

BEISPIEL: Man denke etwa an einen Autohersteller, der vom Zulieferer pünktlich die einzubauenden Bremsen benötigt oder an einen Bäcker, der vom Müller das Mehl zum Backen der Brötchen erhalten soll, auf die die Kunden schon hungrig warten.

Durch die Unzuverlässigkeit des Schuldners drohen dem Gläubiger zahlreiche und unter Umständen schwere Vermögensnachteile.

BEISPIEL: Dem Bäcker entgehen Gewinne, weil er die Brötchen nicht verkaufen kann. Die Händler warten auf die auszuliefernden Autos und verklagen den Hersteller.

Der Gläubiger muss die Passivität des Schuldners nicht als stiller Dulder ertragen. Mit dem Anspruch aus §§ 280 I, III, 281 I 1 1. Fall BGB kann er sich effektiv zur Wehr setzen. Er kann dem Schuldner eine Frist setzen und dann Schadensersatz statt der Leistung verlangen. Dadurch wird er vermögensrechtlich so gestellt, als hätte der Schuldner rechtzeitig erfüllt. Der Schadensersatz statt der Leistung tritt an die Stelle der geschuldeten Leistung und ist auf Ersatz des positiven Interesses an der Leistung durch Geldzahlung gerichtet.[343]

BEISPIEL: V hat K eine Tonne Rohkupfer zum Marktpreis von 4.400 € verkauft. Als V zum vereinbarten Zeitpunkt nicht geliefert hat, weil ihm die Bestellung fahrlässig entfallen war, setzt K dem V eine Nachfrist von weiteren zwei Wochen zur Lieferung. Nach erfolglosem Verstreichen dieser Frist, erklärt K, dass er sich den Rohstoff nun bei einem anderen Händler beschaffen werde und die Mehrkosten von V als Schadensersatz statt der Leistung fordern werde. Tatsächlich ist der Marktpreis für Kupfer gestiegen. Eine Tonne Rohkupfer kostet jetzt 5.500 €.

Hier kann K von V den Mehraufwand für den Deckungskauf in Höhe von 1.100 € als Schadensersatz statt der Leistung aus §§ 280 I, III, 281 I 1 1. Fall BGB fordern.

In Klausuren muss man Wert auf die korrekte Zitierweise legen. Wird ein Anspruch auf Schadensersatz statt der Leistung wegen endgültiger Nichtleistung gefordert, muss immer die gesamte Normenkette vollständig zitiert werden. Dies ist lästig, kostet Zeit und bedingt dadurch die Verführung, in Klausuren abgekürzt nur § 281 I 1 Fall 1 BGB zu zitieren. Damit setzt man sich allerdings dem Verdacht aus, die Systematik nicht verstanden zu haben. Wer nur § 281 I 1 1. Fall BGB nennt, verkürzt den Tatbestand. Die korrekte Zitierweise des Anspruchs ist §§ 280 I, III, 281 I 1 1. Fall BGB. In § 281 I 1 1. Fall BGB wird nämlich über den Verweis aus § 280 III BGB die Pflichtverletzung aus § 280 I BGB konkretisiert. Dies ergibt sich daraus, dass § 281 I 1 1. Fall BGB wörtlich auf § 280 I BGB Bezug nimmt. Die Pflichtverletzung besteht nicht nur im bloßen Nichterbringen der Leistung. Sie besteht vielmehr darin, dass der Schuldner trotz angemessener Nachfrist die geschuldete und fällige Leistung endgültig nicht erbracht hat. Der Schuldner muss, ähnlich wie beim Anspruch auf Verzögerungsschaden, vor der Sanktion gewarnt werden, bei §§ 280 I, II, 286 BGB durch eine Mahnung, hier durch eine Nachfristsetzung. Unpräzise wirkt ebenfalls die Unsitte, bei § 281 I 1 BGB die Alternative nicht zu zitieren. Dadurch setzt man sich dem Verdacht aus, nicht zwischen einer nicht erbrachten und einer nicht wie geschuldet erbrachten Leistung differenzieren zu können.

133 Richtige Zitierweise

---

343   MünchKomm-Ernst, BGB, § 281 Rn 8

a) Prüfungsschema

ANSPRUCH AUF SCHADENSERSATZ STATT DER LEISTUNG GEM. §§ 280 I, III, 281 I 1 1. Fall BGB

1. Schuldverhältnis
2. Pflichtverletzung im Sinne der §§ 280 I, III, 281 I 1 1. Fall BGB
3. Vertretenmüssen des Schuldners
4. Rechtsfolge: Schadensersatz statt der Leistung
   a) Schadensersatzverlangen gem. § 281 IV BGB
   b) Schadensermittlung
5. Einwendungen
6. Einreden
7. Keine unzulässige Rechtsausübung gem. § 242 BGB

b) Schuldverhältnis

Schuldverhältnis i.S.v. § 281 I 1 1. Fall BGB

134 Der Schadensersatzanspruch fordert erstens ein Schuldverhältnis zwischen Gläubiger und Schuldner. Als Schuldverhältnis i.S.v. § 281 I 1 1. Fall BGB kommen zum einen alle Verträge mit sämtlichen daraus resultierenden Leistungspflichten in Betracht, an denen der Gläubiger ein positives Leistungsinteresse haben kann. Zum anderen erlaubt der Wortlaut die Anwendung auf gesetzliche Schuldverhältnisse. Dabei ist aber erneut Vorsicht geboten.[344] Umstritten ist insbesondere, ob § 281 I 1 1. Fall BGB direkt oder zumindest analog auf den Herausgabeanspruch des Eigentümers gegen den unberechtigten Besitzer aus § 985 BGB anwendbar ist.

BEISPIEL: Das Fahrzeug des Eigentümers E wurde vom Dieb D gestohlen und an den gutgläubigen B übergeben. Kurz darauf erfährt B den wahren Sachverhalt. B glaubt, man könne an einer gestohlenen Sache gutgläubig das Eigentum erwerben und weigert sich, das Fahrzeug an E herauszugeben. Dieser setzt B eine Frist, die ergebnislos verstreicht. Kann E von B Schadensersatz statt der Leistung gem. §§ 990 II, 280 I, III, 281 I 1 1. Fall verlangen?

Anwendung des § 281 I 1 1. Fall BGB auf § 985 BGB

Die Anwendbarkeit des § 281 BGB wurde teilweise mit dem Argument abgelehnt, die Normen des Eigentümer-Besitzer-Verhältnisses der §§ 985 ff. BGB stellten Spezialgesetze dar, die den Leistungsstörungsnormen des allgemeinen Schuldrechts vorgehen. Ihre Spezialität ergäbe sich aus ihren sehr stark differenzierenden Regelungen. Insbesondere enthielten die §§ 989, 990 BGB eigene Anordnungen für den Fall, in dem der unberechtigte Besitzer die Sache nicht herausgibt. Durch diese Rechtsnormen sei der Eigentümer in allen Fällen, in denen der unberechtigte Besitzer die Sache nicht herausgeben kann oder will, ausreichend geschützt. Die direkte oder analoge Anwendung des § 281 I 1 1. Fall BGB auf § 985 BGB höhle die Exklusivität dieser Regeln des Eigentümer-Besitzer-Verhältnisses ohne Not aus.[345]

---

344   *Siehe Randnummer 120*
345   *Gursky, JURA 2004, 433, 438*

BEISPIEL: Im Beispielsfall[346] würde man nach dieser Auffassung dem E nur die Herausgabeklage aus § 985 BGB zugestehen. Sollte sich B nach seiner Verurteilung immer noch weigern, den PKW herauszugeben, kann E die Zwangsvollstreckung gem. § 883 ZPO betreiben. Sollte diese nicht erfolgreich sein, kann E gegen B dann die Klage auf Leistung des Interesses aus § 893 II ZPO auf Zahlung von Schadensersatz statt der Leistung erheben. Mögliche Anspruchsgrundlagen wären dann §§ 989, 990 I BGB oder §§ 292 I, 989 BGB.

Konsequenzen
der ablehnenden
Auffassung

Die neuere BGH-Rechtsprechung bejaht hingegen den Anspruch unter strengen Voraussetzungen. Anknüpfend an § 990 II BGB wird die Haftung des Besitzers nach § 990 I BGB vorausgesetzt. Das ist der Fall, wenn er bei Besitzerwerb i.S.v. § 932 II BGB bösgläubig war oder wenn er später erfahren hat, dass er nicht zum Besitz berechtigt ist. Außerdem darf er den Besitz an der Sache nach Fristablauf noch nicht herausgegeben haben. Der Besitzer soll sich dann gegen den Schadensersatzanspruch wehren dürfen, indem er vom Eigentümer Zug um Zug die Übereignung der Sache analog § 255 BGB verlangt.[347]

Neue Rechtspre-
chung des BGH

BEISPIEL: Im Beispielsfall[348] war B beim Besitzerwerb noch gutgläubig, erfuhr aber später den wahren Sachverhalt. Der Moment, in dem er von seinem fehlenden Besitzrecht erfuhr, ließ die strenge Haftung als bösgläubiger Besitzer gem. § 990 I 2 BGB beginnen. Nach dieser Auffassung müsste B das volle positive Interesse an den Eigentümer leisten, Zug um Zug gegen Übereignung des PKW.

Der BGH begründet seine neue Auffassung zum einen mit der grundsätzlichen Anwendbarkeit dinglicher Ansprüche auf die §§ 280 ff. BGB und zum anderen mit einem dringenden praktischen Bedürfnis. Es sei dem Gläubiger in zeitlicher Hinsicht kaum zuzumuten, zunächst mit der Herausgabeklage erfolgreich einen Titel zu erstreiten, um dann in der Herausgabevollstreckung gem. § 883 ZPO an einem verweigernden Schuldner zu scheitern und schließlich gestützt auf §§ 989, 990 BGB mit einer zweiten Klage gem. § 893 II ZPO auf Schadensersatz klagen zu müssen. Dies widerspräche den Vorstellungen des Gesetzgebers, welcher mit § 281 BGB jedem Gläubiger das Instrument zubilligen wollte, nach einer Herausgabeverweigerung oder erfolglosem Fristablauf statt der Leistung Schadensersatz begehren zu dürfen. Aufgrund der Änderungen durch das SMG gäbe es nun keinen Grund mehr, dingliche Gläubiger schlechter zu stellen.

Dem BGH ist aus Gründen des Gläubigerschutzes zuzustimmen. Der Schuldner ist auch nicht durch einen „Zwangskauf" benachteiligt, weil er nicht anders steht, als er stünde, würde der Gläubiger den Weg über die Klage auf Leistung des Interesses gehen. Die Umwandlung in den Anspruch auf Schadensersatz statt der Leistung trifft ihn nur zeitlich früher.[349]

---

346   *Siehe Randnummer 134*
347   *BGH, RA 2016, 454, Urteil vom 18.03.2016, V ZR 89/15 und BGH, RA 2018, 17, Urteil vom 09.11 2017, IX ZR 305/16;*
      Gruber/Lösche, NJW 2007, 2815, 2818
348   *Siehe Randnummer 134*
349   *BGH, RA 2016, 454, Urteil vom 18.03.2016, V ZR 89/15 und BGH, RA 2018, 17, Urteil vom 09.11.2017, IX ZR 305/16*

c) Pflichtverletzung im Sinne des §§ 280 I, III, 281 I 1 1. Fall BGB

Zu klären ist, was eine Pflichtverletzung i.S.v. §§ 280 I, III, 281 I 1 1. Fall BGB ist. Dies entnimmt man vor allem dem § 280 I BGB und wegen des Verweises in § 280 III BGB vor allem dem § 281 I 1 1. Fall BGB. Daraus ergibt sich die folgende Definition.

Pflichtverletzung
gem.
§ 281 I 1 1. Fall
BGB

135

> **DEFINITION**
>
> **Pflichtverletzung gem. § 281 I 1 1. Fall BGB**: Der Schuldner verletzt bei §§ 280 I, III, 281 I 1 1. Fall BGB seine Pflicht wenn er seine fällige, mögliche und durchsetzbare Leistungspflicht bis zum Ablauf einer angemessenen Frist nicht erbracht hat.[350]

> **KLAUSURHINWEIS**
>
> Bei Unmöglichkeit der Leistung geht der Anspruch aus §§ 280 I, III, 283 BGB vor. Zur Abgrenzung muss früh überprüft werden, ob die Leistungspflicht bei Fälligkeit nicht gem. § 275 I – III BGB bereits ausgeschlossen war.

aa) Fälliger und möglicher und durchsetzbarer Anspruch auf Leistung

(1) Möglicher Anspruch auf Leistung

Möglichkeit der
Leistungser-
bringung

Zur Entstehung und zum Erlöschen gelten grundsätzlich die obigen Ausführungen zu § 286 BGB.[351] Jedoch sind einige Ergänzungen nötig. Diese betreffen zunächst das ungeschriebene Tatbestandsmerkmal der Möglichkeit der Leistung. Es fällt nämlich auf, dass sowohl in § 280 I BGB, als auch in § 281 I 1 1. Fall BGB ein Hinweis auf die Möglichkeit der Leistungserbringung als Tatbestandsvoraussetzung fehlt.

> **KLAUSURHINWEIS**
>
> Daraus folgt die Frage, warum man das Nichtvorliegen der Unmöglichkeit als eigenen Punkt prüfen soll.

Verhältnis zu
§§ 280 I, III,
283 BGB

Es entspricht schon der Logik, dass eine Leistungspflicht nur bestehen kann, soweit sie nicht wegen Unmöglichkeit ausgeschlossen ist. Für diese Fälle gewähren die §§ 280 I, III, 283 BGB den Anspruch auf Schadensersatz statt der Leistung.[352] Als speziellere Form der Nichtleistung genießen die Unmöglichkeitsregeln Vorrang und sind vorrangig zu prüfen. Um die §§ 280 I, III, 281 I 1 1. Fall BGB von §§ 280 I, III, 283 BGB abzugrenzen, darf die Leistungspflicht also weder wegen eines Falles des § 275 I BGB[353] noch wegen erhobener Einrede gem. § 275 II BGB[354] oder III BGB[355] ausgeschlossen sein.

---

350   *Palandt-Grüneberg, BGB, § 281 Rn 8, 16; Huber/Faust Kapitel 3, Rn 134*
351   *Siehe Randnummer 65*
352   *Siehe Randnummer 284*
353   *Siehe Randnummer 205*
354   *Siehe Randnummer 245*
355   *Siehe Randnummer 260*

MERKSATZ

Bei Unmöglichkeit der Leistung geht der Anspruch aus §§ 280 I, III, 283 BGB vor. Zur Abgrenzung muss früh überprüft werden, ob die Leistungspflicht bei Fälligkeit nicht bereits gem. § 275 I – III BGB ausgeschlossen war. Der Anspruch aus §§ 280 I, III, 281 I 1 1. Fall BGB wird verdrängt.

KLAUSURHINWEIS

Geschickt baut auf, wer wegen dieser Spezialität die Unmöglichkeitsregeln vorab prüft und im Bedarfsfalle bei §§ 280 I, III, 281 I 1 1. Fall BGB nach oben verweist.

(2) Fälligkeit und Durchsetzbarkeit des Anspruchs

Erwähnenswerte Besonderheiten ergeben sich hinsichtlich des Zeitpunktes der Fälligkeit des Anspruchs.[356] Schon aus § 280 I BGB ergibt sich, dass ohne Fälligkeit des Anspruchs dem Schuldner die Nichterbringung der Leistung nicht als Pflichtverletzung vorgeworfen werden kann.[357] Dann muss die Leistung beim Anspruch aus §§ 280, III, 281 I 1 1. Fall BGB spätestens in dem Moment fällig sein, in dem der Gläubiger dem Schuldner die Frist zur Leistung setzt.

Fälligkeit als Voraussetzung der Pflichtverletzung

Nicht ausdrücklich fordert der Gesetzeswortlaut die Durchsetzbarkeit des Anspruchs auf die geschuldete Leistung. Dennoch besteht Einigkeit darüber, dass die Nichtleistung nur dann als Pflichtverletzung anzusehen ist, wenn dem Anspruch auf die Leistung keine rechtshemmenden Einreden entgegenstehen. Dies folgt schon daraus, dass § 280 I BGB eine Pflichtverletzung verlangt und die Nichtleistung bei §§ 280 I, III, 281 I 1 1. Fall BGB eine solche nur darstellt, wenn der Schuldner zu leisten hat. Außerdem muss die Einredefreiheit zugleich Voraussetzung für die Fristsetzung sein, weil die Nachfrist dem Schuldner die letzte Chance zur Leistung einräumt.[358]

Durchsetzbarkeit

MERKSATZ

Der Schuldner muss vor und nach der Fristsetzung i.S.v. §§ 280 I, III, 281 I 1 1. Fall BGB nur leisten, wenn ihm keine Einrede zusteht.

Um dem Einwand zu begegnen, die Durchsetzbarkeit ergebe sich nicht aus dem Gesetzeswortlaut, empfiehlt es sich, sie als Unteraspekt der Fälligkeit zu verstehen.[359] Dann meint Fälligkeit nicht nur den geschuldeten Leistungszeitpunkt gem. § 271 BGB, sondern das Bestehen des durchsetzbaren Anspruchs zu diesem Leistungszeitpunkt. Diese Sichtweise widerspricht auch nicht dem Wortlaut des § 271 BGB, der den Begriff der Fälligkeit gar nicht verwendet.[360]

Durchsetzbarkeit als Unteraspekt der Fälligkeit

---

356   Siehe Randnummer 66
357   Huber/Faust Kapitel 3, Rn 127
358   Huber/Faust Kapitel 3, Rn 134
359   U. Huber, Leistungsstörungen I, S. 289
360   Huber/Faust Kapitel 3, Rn 134

<table>
<tr><td>

Fälligkeit i.S.v.
§ 281 I 1 1. Fall
BGB

</td><td>

DEFINITION

Fälligkeit ist der Zeitpunkt, an dem der Schuldner zu leisten hat.[361] Unter Fälligkeit i.S.v. §§ 280 I, III, 281 I 1 1. Fall BGB versteht man die Durchsetzbarkeit des Leistungsanspruchs zum richtigen Leistungszeitpunkt.[362]

</td></tr>
</table>

Durchsetz-
barkeit:
Differenzierung
nach Art der
Einrede

Wie bei der Entstehung des Schuldnerverzuges muss auch bei § 281 I 1 1. Fall BGB hinsichtlich der Durchsetzbarkeit zwischen den einzelnen Einreden differenziert werden. Die im Kapitel zu § 286 BGB ausführten Erläuterungen zur Erhebung der Einrede gelten hier entsprechend: Steht der Forderung aus einem gegenseitigen Vertrag die Einrede des § 320 BGB entgegen, kann der Gläubiger nicht wirksam die Nachfrist zur Leistung setzen.[363] Soweit es darauf ankommt, dass die Einrede erhoben werden muss, um den Eintritt des Schuldnerverzuges auszuschließen, gilt gleiches für den Pflichtverletzungtatbestand aus §§ 280 I, III, 281 I 1 1. Fall BGB.[364]

Verzug bei § 281
I 1 1. Fall BGB

Nicht erforderlich ist bei §§ 280 I, III, 281 I 1 1. Fall BGB, dass der Schuldner mit der Leistung in Verzug gerät. Es ist für §§ 280 I, III, 281 I 1 1. Fall BGB unerheblich, ob der Schuldner zur Zeit der Fristsetzung bereits gemahnt wurde oder ein Mahnungssurrogat erfüllt ist.[365] In der Praxis kommt es darauf auch gar nicht an. Regelmäßig enthält die Fristsetzung nämlich zugleich eine Mahnung.[366] Wie bereits dargelegt, kann die Fristsetzung eine befristete Mahnung beinhalten.[367]

bb) Erfolgloser Fristablauf

136 Eine einfache Nichtleistung stellt bei §§ 280 I, III, 281 I 1 1. Fall BGB noch keine Pflichtverletzung dar. Vielmehr fordert § 281 I 1 1. Fall BGB zusätzlich, dass der Gläubiger dem Schuldner erfolglos eine angemessene Frist zur Leistung gesetzt hat, es sei denn, sie ist nach § 281 II BGB entbehrlich. Damit verletzt der Schuldner bei § 281 I 1 1. Fall BGB seine Leistungspflicht frühestens, wenn er die geschuldete Leistung bis zum Ablauf dieser angemessenen Frist nicht erbracht hat.

<table>
<tr><td>

Pflichtverletzung
bei Fristablauf

</td><td>

MERKSATZ

Der erfolglose Fristablauf gehört grundsätzlich zum Tatbestand der Pflichtverletzung des Anspruchs aus §§ 280 I, III, 281 I 1 1. Fall BGB.

</td></tr>
</table>

(1) Form und Inhalt der Fristsetzung

Diese Frist, die auch Nachfrist genannt wird, wird durch eine Willenserklärung mit Gestaltungswirkung gesetzt.[368] Es ergeben sich keine Unterschiede, wenn man sie als rechtsgeschäftsähnliche Handlung einstuft.[369] Sie ist an keine Form gebunden und darf mündlich erfolgen. Dies ist aus Gründen der Beweislast aber nicht empfehlenswert. Die Frist muss eine bestimmte und eindeutige Aufforderung zur Leistung enthalten.[370] Hingegen reicht es nicht aus, wenn der Gläubiger den Schuldner nur nach seiner Leistungsbereitschaft fragt.[371]

---

361   MünchKomm-Krüger, BGB, § 271 Rn 2; Palandt-Grüneberg, BGB, § 271 Rn 1
362   Huber/Faust Kapitel 3, Rn 134
363   Siehe Randnummer 68
364   Siehe Randnummer 73
365   MünchKomm-Ernst, BGB, § 281 Rn 18, 19
366   Regierungsentwurf, BT-Drucks 14/6040, S. 138
367   Siehe Randnummer 86
368   MünchKomm-Ernst, BGB, § 281 Rn 22
369   MünchKomm-Ernst, BGB, § 323 Rn 50
370   Palandt-Grüneberg, BGB, § 281 Rn 9
371   Erman-Westermann, BGB, § 281 Rn 12

Der Gläubiger muss dem Schuldner eine angemessene Nachfrist setzen. Welche Länge angemessen ist, bemisst sich nach der Verkehrsanschauung unter Berücksichtigung der Umstände des Einzelfalles.

Angemessene Länge der Frist

BEISPIEL: Wenn der Schuldner 3.000 Liter Heizöl liefern soll, wird man eine Woche für angemessen halten. Wenn der Schuldner eine Einbauküche nach Aufmaß liefern und aufbauen soll, sind mehrere Wochen angemessen.

Hat der Gläubiger die Frist unangemessen kurz bemessen, setzt er damit automatisch eine angemessen lange Frist in Gang, nach deren Ablauf er dann Schadensersatz statt der Leistung fordern darf.[372]
Die Frage, wie lang eine Frist sein muss, um als angemessen zu gelten, eröffnet ein Konfliktfeld. Einerseits entspricht es dem Wunsch jedes Schuldners, Zeit für sämtliche noch nötige Leistungshandlungen eingeräumt zu bekommen. Andererseits wird sich jeder Gläubiger auf den Standpunkt stellen, dass der Schuldner die fällige Schuld ohnehin schon erfüllt haben müsste. Richtig ist daher, unter Umständen auch eine knapp bemessene Frist genügen zu lassen. Schließlich soll die Nachfrist dem Schuldner nur eine letzte Gelegenheit zur korrekten Pflichterfüllung geben.[373]

KLAUSURHINWEIS

In Klausuren kann es tatsächlich vorkommen, dass eine Frist zu knapp bemessen ist und der Bearbeiter eigene Gedanken zur fiktiven Länge einer angemessenen Frist anstellen muss. Erfahrungsgemäß ist der Sachverhalt jedoch so eindeutig, dass es jedem Klausurbearbeiter durch eigenes Nachdenken gelingen wird, die entsprechende Verkehrsanschauung zu treffen und die richtige Länge zu bestimmen.

Fraglich ist, ob der Gläubiger verpflichtet ist, einen nach Tagen, Wochen oder Monaten bemessenen Zeitraum zu nennen.

137

Pflicht zur Angabe eines Zeitraumes

BEISPIEL: Nach Fälligkeit am 15.2. sagt der Gläubiger zum säumigen Schuldner: "Nun leiste aber unverzüglich. Meine Geduld ist am Ende."

Nach einer Auffassung wird der Wortlaut des § 281 I BGB eng interpretiert. Es solle zwar weiterhin gelten, dass eine unangemessen kurze Frist eine angemessen lange Frist in Gang setzt. Daraus dürfe aber nicht folgen, dass der Gläubiger gar keinen greifbaren Zeitraum in Tagen, Wochen oder Monaten mehr benennen muss. Worte des Gläubigers wie „unverzüglich" oder „umgehend" seien zu unbestimmt.[374]

M.M.: Enge Auslegung

BEISPIEL: Folgt man dieser engen Interpretation des Wortlautes im obigen Beispiel[375], hätte dies zur Folge, dass sich der Pflichtverletzungstatbestand nicht vollenden würde. Ein Anspruch aus §§ 280 I, III, 281 I 1 1. Fall BGB schiede aus.

---

372   BGH, NJW 1985, 2640, 2640; Palandt-Grüneberg, BGB, § 281 Rn 10; Lorenz/Riehm, 6.Kapitel, Rn 198
373   BGH, NJW 2005, 1348, 1350
374   Koch, NJW 2010, 1636, 1639
375   Siehe Randnummer 137

Eine solche strenge Auslegung des Wortlautes lässt sich mit dem Argument der Rechtssicherheit begründen. Typischerweise dienen Fristen der Eingrenzung eines Zeitraumes, in denen Rechte ausgeübt, Ansprüche gestellt und Einwendungen erhoben werden müssen. Dies dient dem Schuldner der Abschätzung und Einhaltung seiner Leistung. Dem Schuldner darf nicht zugemutet werden, die Länge der Frist zur Leistung selbst zu interpretieren. Vielmehr sei dies ein Risiko, das dem Gläubiger nicht abgenommen werden dürfe.[376]

h.M.: Weite Auslegung

Eine andere Auffassung legt den Wortlaut des § 281 I BGB weit aus und verlangt deshalb vom Gläubiger keine konkreten Angaben zur Fristlänge in Tagen, Wochen und Monaten. Fordert der Gläubiger den Schuldner „unverzüglich" oder „umgehend" zur Leistung auf, setze dies eine angemessen lange Frist zur Leistung in Gang.[377]

BEISPIEL: Dann müsste das Gericht im obigen Beispiel[378] nach den Umständen des Einzelfalles die Angemessenheit der Frist bestimmen. Nach erfolglosem Ablauf dieses Zeitraumes wäre der Weg zur Schadensersatzhaftung frei, sofern die weiteren Voraussetzungen vorlägen.

Streitentscheid

Die h.M. ist vorzugswürdig. Wenn es genügt, dass eine unangemessen kurze Frist eine angemessen lange Frist in Gang setzt, muss es auch genügen, dass die Aufforderung zur unverzüglichen, sofortigen oder umgehenden Leistung durch Worte des Gläubigers dieselben Rechtsfolgen auslösen.[379] Das methodische Gegenargument, man dürfe aus einer den Gläubiger begünstigenden weiten Auslegung keine den Gläubiger noch stärker begünstigende Auslegung herleiten[380], verfängt nicht.

Es muss gefragt werden, warum das Gericht eine zu kurz bemessene Frist in eine angemessen lange Frist uminterpretieren darf. Man erlaubt dies, um den Gläubiger, der häufig juristischer Laie ist, nicht mit dem Risiko einer zu kurzen Fristsetzung zu belasten. Der Gläubiger könnte sich durch diesen Fehler durch Unwissenheit um seinen Schadensersatzanspruch bringen. Die mit der Auslegung der Fristlänge verbundene Unsicherheit bürdet man stattdessen dem Schuldner auf – zu Recht, denn er hat bei Fälligkeit nicht geleistet. Wenn der Schuldner diese Ungewissheit grundsätzlich zu ertragen hat, kann es keinen Unterschied zwischen der Neuinterpretation einer zu kurzen Frist und der Interpretation einer einfachen Aufforderung, „unverzüglich" zu leisten, geben. In jedem Fall obliegt es ihm, das Risiko des Fristablaufs abzuschätzen. Ebenfalls spricht die Wortbedeutung des Wortes „Frist" für eine weite Auslegung. Unter Frist wird allgemein ein Zeitraum verstanden, der bestimmt oder bestimmbar ist. Mit Worten wie „unverzüglich", „sofort" oder „umgehend" wird ein solcher bestimmbarer Zeitraum bezeichnet.[381]

MERKSATZ

Die Fristsetzung ist an keine Form gebunden. Eine zu kurze Frist setzt automatisch eine angemessen lange Frist in Gang. Dies gilt auch, wenn der Gläubiger keinen in Tagen, Wochen oder Monaten bezeichneten Zeitraum genannt hat.

---

376   *Koch, NJW 2010, 1636, 1638*
377   *BGH, NJW 2009, 3153, 3154*
378   *Siehe Randnummer 137*
379   *BGH, NJW 2009, 3153, 3154*
380   *Koch, NJW 2010, 1636, 1638*
381   *BGH, NJW 2009, 3153, 3154*

(2) Zeitpunkt der Fristsetzung

Der Gläubiger muss dem Schuldner die Nachfrist zum richtigen Zeitpunkt gesetzt haben. Dies könnte theoretisch schon vor der Fälligkeit des Anspruchs auf Leistung geschehen. Zweifelhaft ist aber, ob eine vorsorgliche Nachfristsetzung vor Fälligkeit wirksam ist.

Zeitpunkt der Fristsetzung

BEISPIEL: V und K haben vereinbart, dass V am 01.09. liefern soll. Vorsorglich setzt K dem V am 25.08. eine Nachfrist zur Lieferung bis zum 01.10 2008.

Aus dem Wortlaut des § 281 I BGB – „bestimmt hat" – ließe sich rechtfertigen, dass schon vor der Fälligkeit eine Frist gesetzt werden darf, um die Wirkungen des §§ 280 I, III, 281 I 1 1. Fall BGB vorsorglich eintreten zu lassen. Allerdings widerspräche dies der Warnfunktion der Fristsetzung, sodass die Fristsetzung erst ab Fälligkeit zulässig ist.[382] Es tritt mit der Fälligkeit auch keine Heilung ein.[383]

Unwirksame Fristsetzung vor Fälligkeit

MERKSATZ
Eine Nachfristsetzung vor Fälligkeit ist unwirksam und wird auch nicht durch Eintritt der Fälligkeit geheilt.

Es ist dem Gläubiger aber erlaubt, die Fristsetzung mit der Handlung zu kombinieren, welche die Fälligkeit auslöst.[384]

Fristsetzung bei Fälligstellung

BEISPIEL: V liefert am 01. September an K die aus dem Kaufvertrag geschuldete Sache. Beigefügt hat er eine Rechnung, in welcher er die Kaufsumme fordert und K eine „endgültige" Frist bis zum 29.08. für die Zahlung setzt.

(3) Eigene Vertragstreue

Nach der ständigen Rechtsprechung zu § 326 BGB a.F. sollte die „eigene Vertragstreue" des Gläubigers ein ungeschriebenes Tatbestandsmerkmal sein. Nur der vertragstreue Gläubiger sollte bei gegenseitigen Verträgen Schadensersatz wegen Nichterfüllung verlangen oder vom Vertrag zurücktreten dürfen. § 326 BGB a.F. galt nur für gegenseitige Verträge, weshalb die Leistungsuntreue des Gläubigers in der Regel bereits die Einrede des § 320 BGB begründete. Wie heute, war auch damals der Schuldnerverzug dadurch ausgeschlossen. Dies hatte bei § 326 BGB a. F. den Ausschluss des Anspruchs und des Rücktrittsrechts zur Folge. Nötig war es, Vertragstreue dort zu fordern, wo sie nicht bereits von § 320 BGB erfasst war.

138 *Eigene Vertragstreue*

BEISPIEL (BGH, NJW 1968, 1873): Besteller B hatte bei Unternehmer U durch Werkvertrag gem. § 631 BGB eine Maschine bestellt. Hierzu musste B aber Daten an U liefern. Dieser Pflicht kam B bist zur Herstellung der Maschine nicht nach. Außerdem verweigerte er endgültig die Abnahme des Werkes und die Zahlung des Werklohnes.

---

382   AnwK-Dauner-Lieb, Schuldrecht, § 281 Rn 21

383   MünchKomm-Ernst, BGB, § 281 Rn 27

384   AnwK-Dauner-Lieb, Schuldrecht, § 281 Rn 21; MünchKomm-Ernst, BGB, § 281 Rn 27

Früher sah der BGH hierin eine fehlende Vertragstreue des Gläubigers und gewährte dem Schuldner U seinen Zahlungsanspruch aus dem Werkvertrag sogar vor der Abnahme und gewährte aus § 326 BGB a.F. sämtliche Verzugsschäden.

Heutige Bedeutung der eigenen Vertragstreue

Beim heutigen § 281 I 1 1. Fall BGB ist es überflüssig, ein Merkmal der eigenen Leistungstreue des Gläubigers überhaupt zu prüfen. Der Schuldner hat bei Leistungsuntreue des Gläubigers nämlich regelmäßig eine Einrede, z.B. § 320 BGB oder § 273 BGB, welche die Undurchsetzbarkeit des Anspruchs des Gläubigers herbe führt. Ist der Gläubiger also nicht vertragstreu, wird der Anspruch des Gläubigers gegen den Schuldner aufgrund der Einrede undurchsetzbar sein, weshalb der Schuldner nicht mehr leisten muss und folglich keine Pflicht verletzt, wenn er nicht leistet.

Zweitens verfolgte man mit dem Merkmal bei § 326 BGB a.F. den Zweck, die Besonderheit des gegenseitigen Vertrages hervorzuheben, denn § 326 BGB a.F galt nur für gegenseitige Verträge. Weil nunmehr der Anspruch aus §§ 280 I, III, 281 I 1 1. Fall BGB nicht nur für gegenseitige Verträge, sondern grundsätzlich für alle Schuldverhältnisse gilt, ist es nicht zu rechtfertigen, in ihn wegen eines Teiles seines Anwendungsbereiches das ungeschriebene Tatbestandsmerkmal „eigene Vertragstreue" hineinzuinterpretieren.[385]

> **KLAUSURHINWEIS**
> In aller Regel hat man die Leistungsuntreue des Gläubigers schon bei der Prüfung des fälligen und durchsetzbaren Anspruchs auf Leistung geprüft, sodass eine weitere Erwähnung überflüssig ist.

Sollte der Verstoß des Gläubigers gegen den Vertrag zu unerheblich sein, um eine Einrede des Schuldner zu begründen, besteht kein Grund, den Anspruch auf Schadensersatz statt der Leistung entfallen zu lassen.[386]

> **KLAUSURHINWEIS**
> Denkbar ist aber, dass ein vertragsuntreuer Gläubiger gegen den Grundsatz von Treu und Glauben aus § 242 BGB verstößt, z.B. durch ein widersprüchliches Verhalten (venire contra factum proprium.) Dies würde den Anspruch aus §§ 280 I, III, 281 I 1 1. Fall BGB ausschließen.[387] Im Gutachten wäre dies aber nicht im Tatbestand des § 281 BGB, sondern unter dem Prüfungspunkt „Kein Verstoß gegen Treu und Glauben gem. § 242 BGB" zu prüfen.[388]

MERKSATZ
Die eigene Vertragstreue des Gläubigers ist keine Voraussetzung des Anspruchs aus §§ 280 I, III, 281 I 1 1. Fall BGB.

---

385 Palandt-Grüneberg, BGB, § 281 Rn 35
386 Huber/Faust, Kapitel 3, Rn 152
387 Palandt-Grüneberg, BGB, § 281 Rn 35
388 Näheres siehe Skript BGB AT, Rn 22

(4) Entbehrlichkeit der Fristsetzung

Ausnahmsweise kann nach § 281 II BGB die Fristsetzung entbehrlich sein, nämlich, wenn der Schuldner die Leistung endgültig und ernsthaft verweigert hat (§ 281 II 1. Fall BGB) oder wenn besondere Umstände vorliegen, die unter Abwägung der beiderseitigen Interessen die sofortige Geltendmachung des Anspruchs rechtfertigen (§ 281 II 2. Fall BGB).

139 Entbehrliche Fristsetzung gem. § 281 II BGB

(a) Endgültige und ernsthafte Verweigerung

An die erste Alternative sind hohe Anforderungen zu stellen, sie liegt nur vor, wenn der Schuldner eindeutig zum Ausdruck bringt, er werde seinen Vertragspflichten nicht nachkommen.[389] Der Schuldner verweigert ernsthaft und endgültig, wenn er die Leistungspflicht aus unzutreffenden Rechtsgründen bestreitet oder unberechtigte Leistungsbedingungen stellt. Dabei kommt es nicht darauf an, dass er die Leistung für immer verweigert, sondern nur für die Zeit bis zum Ablauf der angemessenen Frist.[390]

140 Endgültige Leistungs- verweigerung § 281 II 1. Fall BGB

BEISPIEL (abgewandelt nach BGH, NJW 1984, 48): Möbelhändler V verkauft K Mitte Mai eine Markenschrankwand zum Marktpreis von 8.000 €. In der Spalte „Liefertermin" war im Vertragsformular die „1. Dekade" des Monats Juli eingetragen worden. Nachdem V am 11. Juli nicht geliefert hat, erkundigt sich K nach der Schrankwand bei V. Dieser teilt ihm mit, dass das Möbel noch gar nicht produziert wurde und vor Ende September nicht mit Lieferung zu rechnen ist.

Hier wäre eine Fristsetzung entbehrlich. Für V spricht allein, dass er sich nicht vom Vertrag losgesagt hat. Dies ist aber auch keine Voraussetzung zur Entbehrlichkeit der Fristsetzung. Der unzuverlässige und untreue Schuldner gefährdet den Gläubiger in seinen Vermögensinteressen ja genau so intensiv, indem er einfach passiv bleibt und auf Anfrage den Gläubiger vertröstet. Ergibt sich aus einer Erklärung des Schuldners mit der erforderlichen Ernsthaftigkeit und Endgültigkeit, dass mit seiner Leistung auch während einer angemessenen Nachfrist nicht zu rechnen ist, dann erübrigt sich für den Gläubiger die Setzung einer derartigen Frist genau so, als hätte sich der Schuldner los gesagt.[391]

BEISPIEL: Berücksichtigt man im obigen Beispielsfall[392] den Umstand, dass V bereits beinahe zwei Monate ergebnislos hat verstreichen lassen, wird man zwei, höchstens aber weitere vier Wochen für eine angemessene Nachfrist halten. Keinesfalls kann K zugemutet werden, zehn Wochen zu warten. Indem V vorträgt, er benötige zur Lieferung Zeit bis Ende September, hat er die Erfüllung innerhalb einer angemessenen Nachfrist verweigert.

In solchen Fällen würde es einen reinen Formalismus darstellen, auf Setzung einer Frist zu bestehen.

---

389   BGH, NJW 2006, 1195, 1197
390   Huber/Faust, Kapitel 3, Rn 136
391   BGH, NJW 1984, 48, 49; WM 1957, 1342, 1344
392   Siehe Randnummer 140

MERKSATZ

Hat der Schuldner ernsthaft und endgültig erklärt, nicht innerhalb einer angemessenen Nachfrist zu leisten, ist die Fristsetzung gem. § 281 II 1. Fall BGB entbehrlich.

BEISPIEL (abgewandelt nach BGH, NJW 1992, 235): K kauft bei V am 29. März ein Boot für 40.000 €. Weil das Boot aus den USA importiert werden muss, vereinbaren die Parteien eine Lieferzeit von 8 bis 10 Wochen. Nachdem diese Zeit nicht eingehalten und V gemahnt worden ist, stattet K dem Verkäufer am 13. Juli einen Besuch ab und fordert ihn auf, ihm ein Boot zu besorgen. V antwortet, er wisse nicht genau, wann der amerikanische Hersteller ausliefere. Am 26. Juli überlegt K, ob er nun Schadensersatz statt der Leistung verlangen kann, wenn er einen Deckungskauf tätigt.

Eine Nachfristsetzung ist entbehrlich, wenn sich der Schuldner beharrlich weigert, die Leistung zu erbringen oder sich beharrlich weigert, einen exakten Liefertermin zu nennen.[393] Hier ist weder die eine, noch die andere Weigerung zu erkennen. Der Verkäufer hat lediglich erklärt, nicht zu wissen, wann er beliefert werde. Deshalb steht hier nicht von vornherein fest, dass eine Nachfrist wegen Erfolglosigkeit eine bloße Förmelei darstellen würde. Es kann nicht ausgeschlossen werden, dass die Nachfristsetzung als Druckmittel doch noch nachfristgerecht zur Leistung führt.

141 Nicht unter den Wortlaut des § 281 BGB fällt die endgültige Leistungsverweigerung vor Fälligkeit.

BEISPIEL: V hat an K ein Boot verkauft und 10 Wochen Lieferzeit vereinbart. Erst dann soll die Leistung fällig sein. Bereits nach 4 Wochen schreibt V: „Ich gebe den Handel mit Booten auf und werde Sie nicht beliefern. Mahnungen, Drohungen mit Klage o.ä. sind zwecklos. Suchen Sie sich im eigenen Interesse einen anderen Lieferanten." K ärgert sich. Er hätte beim Händler X das Boot zum selben Preis bekommen. Mittlerweile sind bei X die Preise um 10 % gestiegen. K überlegt, ob er zurücktreten und ob er Schadensersatz statt der Leistung wegen eines Deckungskaufs aus §§ 280 I, III, 281 I 1. Fall BGB verlangen kann.

Leistungsverweigerung vor Fälligkeit

Wegen der endgültigen und ernsthaften Verweigerung des V ist offensichtlich, dass die Voraussetzungen des Rücktritts bei Fälligkeit gegeben sein werden. Deshalb darf K abweichend von § 323 I BGB gem. § 323 IV BGB schon vor der Fälligkeit zurücktreten. Ihm Schadensersatz zu gewähren, fällt auf den ersten Blick schwer, weil § 281 BGB die Fälligkeit voraussetzt und eine dem § 323 IV BGB entsprechende Regelung in § 281 BGB fehlt.

M.M.: Wörtliche Auslegung

Legt man § 281 I BGB wörtlich aus, kann vor Fälligkeit keine Pflicht verletzt sein, sodass die endgültige Verweigerung vor Fälligkeit nicht zum Schadensersatzanspruch aus §§ 280 I, III, 281 I 1 1. Fall BGB führt.[394]

M.M.: Leistungstreuepflichtverletzung

Es lässt sich mindestens vertreten, dass ein Schuldner mit der endgültigen Verweigerung der Leistung vor Fälligkeit eine Leistungstreuepflicht aus §§ 241 II,

---

393   BGH, NJW 1992, 235, 235
394   Lorenz/Riehm, § 3 Rn 190

242 BGB verletzt.[395] So gelangt man über §§ 280 I, III, 282 BGB zu einem Anspruch auf Schadensersatz statt der Leistung.[396] Problematisch ist aber, dass dieser Anspruch eine Abmahnung grundsätzlich voraussetzt.[397]

Begründen lässt sich aber auch, § 323 IV BGB analog auf §§ 280 I, III, 281 I 1 1. Fall BGB anzuwenden. Für diesen Weg spricht entscheidend, dass der Gesetzgeber die Voraussetzungen für Rücktritt und Schadensersatz statt der Leistung synchron gestalten wollte und sich in der Gesetzesbegründung kein Hinweis auf eine unterschiedliche Behandlung zwischen Rücktritt und Schadensersatz statt der Leistung findet.[398]

h.M.: Analoge Anwendung des § 323 IV BGB

MERKSATZ

Verweigert der Schuldner vor Fälligkeit endgültig und ernstlich die Leistung, findet § 323 IV BGB analoge Anwendung auf § 281 II BGB, sodass der Gläubiger Schadensersatz statt der Leistung aus §§ 280 I, III, 281 I 1 1. Fall BGB fordern kann.

(b) Interessensabwägung gem. § 281 II 2. Fall BGB

Noch schwieriger gestaltet sich die Entbehrlichkeit der Fristsetzung aufgrund einer Interessensabwägung in § 281 II Fall 2 BGB. Weil die Norm wegen der weiten Formulierung und der Aufforderung zur Interessensabwägung den Charakter einer Generalklausel hat, muss man bei der Anwendung die einschlägigen Fallgruppen beherrschen. In Betracht kommt zunächst der in der Gesetzesbegründung angegebene „just in time Vertrag", bei dem der Schuldner den Gläubiger zu einem festen Zeitpunkt beliefern muss, um dessen Produktion aufrechtzuerhalten.[399]

142 *Entbehrlichkeit gem. § 281 II Fall 2 BGB*

Just in time Vertrag

BEISPIEL: Der Automobilhersteller O hat mit dem Hersteller T vereinbart, dass T 10.000 Stück Bremsbeläge in das Werk in R jeden Werktag um 11.30 Uhr „just in time" liefert.

Das Beispiel verdeutlicht die Probleme der Hersteller mit der so genannten „schlanken Produktion", bei der aus Kostengründen auf die Lagerhaltung verzichtet wird. Diese erfordert, dass die einzubauenden Teile kurz vor dem Einbau angeliefert werden müssen. Jede Verzögerung bei der Anlieferung der Teile löst automatisch eine Verzögerung in der Fertigung des Endproduktes aus. Jede endgültige Nichtleistung führt zum Produktionsausfall. Daraus folgt, dass O das Recht haben muss, sich ohne Fristsetzung sofort Ersatz bei einem Dritten zu beschaffen, weil sich ansonsten der durch den Produktionsausfall entstehende Schaden mit jeder Minute vergrößert.

MERKSATZ   **143**

Hält der Schuldner beim „just in time Vertrag" den fixierten Leistungszeitpunkt nicht ein, ist weder Fristsetzung noch Fristablauf gem. § 281 II 2. Fall BGB erforderlich.

---

395   *Siehe Randnummer 349*
396   *MünchKomm-Ernst, BGB, § 281 Rn 62*
397   *Siehe Randnummer 360*
398   *AnwK-Dauner-Lieb, § 281, Rn 38; MünchKomm-Ernst, BGB, § 281 Rn 62; Jaensch, NJW 2003, 3613, 3614*
399   *Regierungsentwurf, BT-Drs. 14/6040, 140*

Relatives
Fixgeschäft

Umstritten ist der vom „just in time Vertrag" schwer abzugrenzende Fall des relativen Fixgeschäftes, welches ausdrücklich in § 323 II Nr. 2 BGB und in § 376 HGB geregelt ist.[400] Bei diesem knüpft der Gläubiger die Leistungspflicht an einen Zeitpunkt und verdeutlicht gleichzeitig, dass der Vertrag mit der Einhaltung dieser Leistungszeit „stehen oder fallen" soll.[401] Diese von der ständigen Rechtsprechung gewählte Formulierung lädt allerdings zu einem gravierenden Missverständnis ein. Rechtsgeschäfte, die eine Leistung zum Gegenstand haben, welche nur in einem ganz bestimmten Zeitpunkt erfolgen kann, bezeichnet man als absolute Fixgeschäfte.[402] Bei diesen führt das Nichteinhalten des Termins zur Unmöglichkeit der Leistung. Das relative Fixgeschäft „fällt" hingegen gerade nicht mit dem Verstreichen des Termins, weil es sonst ja keines Rücktritts mehr bedürfen würde.[403] Gemeint ist mit der Formulierung „stehen oder fallen", dass der Gläubiger nach Nichteinhaltung des Termins ein wesentlich geringeres Interesse an der Leistungserbringung hat, der Schuldner dies akzeptiert, und sich der Gläubiger bei einer Terminüberschreitung einseitig vom Vertrag lösen kann.[404]

BEISPIEL: K kauft bei V 1000 Gesellschaftsspiele „Siedler von Catan". Im Vertrag haben die Parteien die Klausel vereinbart „Lieferung zum Verkauf für Weihnachten".

Das populäre Gesellschaftsspiel kann auch nach dem Weihnachtsfest noch verkauft werden. Jedoch ist die wirtschaftliche Bedeutung der Vorweihnachtszeit für den Einzelhandel allgemein bekannt.

BEISPIEL: Auch wenn der Käufer hier nicht eine der üblichen Formulierungen wie z.B. „fix", „prompt", „präzise", gewählt hat, legt man die im obigen Beispiel[405] verwendete Klausel als Fixgeschäft aus.

Der Fall des relativen Fixgeschäfts ist in § 323 II Nr. 2 BGB sowie in § 376 HGB ausdrücklich geregelt. Es fehlt aber an einer klaren Normierung im Wortlaut des § 281 II BGB. Deshalb stellt sich die Frage, ob ein Käufer aus §§ 280 I, III, 281 I 1, 1. Fall BGB Schadensersatz statt der Leistung verlangen kann, wenn er z.B. einen Deckungskauf getätigt hat oder ihm ein Gewinn entgangen ist.

BEISPIEL: Eine Woche vor Weihnachten hat V die Gesellschaftsspiele immer noch nicht geliefert. K tritt gem. §§ 323 II Nr. 2, 349 BGB zurück, tätigt einen Deckungskauf bei X und begehrt von V die Mehrkosten aus §§ 280 I, III, 281 I 1 1. Fall BGB erstattet.

Restriktive
Auffassung

Aus der fehlenden Normierung in § 281 II BGB wird von einigen geschlossen, dass der Gläubiger ohne Fristsetzung zum Rücktritt vom Vertrag, hingegen nicht zur Forderung von Schadensersatz statt der Leistung berechtigt sein soll, es sei denn, § 376 HGB ist einschlägig.[406]

---

400   *Siehe Randnummer 173*
401   *BGHZ 110, 88, 96*
402   *Siehe Randnummer 223*
403   *Larenz, Schuldrecht I, § 21 I a), S. 306*
404   *Teichmann, Vertragliches Schuldrecht, Rn 54*
405   *Siehe Randnummer 143*
406   *MünchKomm-Ernst, § 281 Rn 59; Palandt-Grüneberg, BGB, § 281 Rn 15*

Dem lässt sich aber entgegenhalten, dass ausgerechnet der „just in time Vertrag" als typisches Beispiel des relativen Fixgeschäftes i.S.v. § 361 BGB a.F. angesehen wurde, sodass es nicht ganz abwegig erscheint, auch alle übrigen Fälle des Fixgeschäftes unter § 281 II Fall 2 BGB zu subsumieren.[407] Schließlich geht der Gesetzgeber selbst davon aus, dass der „just in time Vertrag" einen Fall des § 281 II 2. Fall darstellt.[408] Daraus kann man folgern, dass der fehlende Gleichlauf zwischen Rücktritt in § 323 II BGB und Schadensersatz in § 281 II BGB entweder nicht beabsichtigt oder in seinen Konsequenzen nicht bedacht wurde. Dies rechtfertigt eine weite Auslegung des § 281 II 2. Fall BGB.[409] Wegen des großen Interesses des Gläubigers an der termingerechten Erfüllung ist es schließlich auch realistisch, dass in den Fällen des § 323 II Nr. 2 BGB wegen der besonders ausgeprägten Zeitbezogenheit zugleich ein Schadensersatzanspruch ohne Fristsetzungserfordernis aus §§ 280 I, III, 281 I 1 Fall 1 BGB bestehen kann.[410] Nicht zuletzt ergibt es aufgrund der Überschreitung des fixierten Termins objektiv keinen Sinn mehr, den Gläubiger zur Fristsetzung zu zwingen, um die nicht mehr erwünschte Leistung später in Empfang nehmen zu können.[411] Außerdem ist § 376 HGB nicht einschlägig, wenn es sich nicht zumindest um ein einseitiges Handelsgeschäft handelt. Folglich drohen beim Rechtsgeschäft unter Privaten Rechtslücken.

> h.M: Anwendung des § 281 II 2. Fall auf relative Fixgeschäfte

BEISPIEL („Sitzkissenfall"): Rentner K möchte im November ein Europapokalspiel seines Lieblingsvereines besuchen. Wegen einer Blasenentzündung braucht er ein Sitzkissen. Er hat deshalb seinem Nachbarn V dessen Sitzkissen für 10,- € abgekauft und vereinbart, dass dieser ihm das Kissen bis Donnerstag, 8. November um 15.00 Uhr ins Haus bringt. K will noch viele Spiele besuchen und hat angekündigt, er werde bei Nichteinhaltung der Leistungszeit ein Sitzkissen im Fanshop am Stadion für 15,- € kaufen. V verpasst den Liefertermin. K ist am Leistungsort zur Leistungszeit, wartet angemessen lang und bricht schließlich zum Fußballspiel auf. Trotzdem besteht V am nächsten Tag auf Abnahme und Zahlung des Kaufpreises. K hingegen erklärt den Rücktritt und verlangt 5,- € Kosten für das Kissen, das er am Stadion gekauft hat.

Hier steht dem K mit § 323 I BGB immerhin ein Rücktrittsrecht zu, welches er gem. § 323 II Nr. 2 BGB auch ohne Fristsetzung ausüben kann. Gläubiger K hat kundgetan, dass er den Fortbestand seines Leistungsinteresses an die Einhaltung des Leistungszeitpunktes knüpft.

BEISPIEL: Im „Sitzkissenfall" hat K ausdrücklich angekündigt, sich im Fanshop Deckung zu verschaffen. Indem V den Leistungszeitpunkt verpasste, wurde deshalb die Fristsetzung gem. § 323 II Nr. 2 BGB entbehrlich.

Dadurch erlosch mit der Rücktrittserklärung des Gläubigers K gem. §§ 346 I, 349 BGB immerhin der Kaufpreiszahlungsanspruch und der Anspruch auf Abnahme des Kissens aus § 433 II BGB. Somit braucht K das für ihn nutzlose Kissen zumindest nicht bezahlen.

---

407   AnwK-Dauner-Lieb, § 281, Rn 43
408   Regierungsentwurf, BT-Drs. 14/6040, S. 140
409   Jaensch, NJW 2003, 3613, 3614, 3615
410   Erman-Westermann, BGB, § 281 Rn 17
411   Lorenz/Riehm, § 3 Rn 203

KLAUSURHINWEIS

Im Gutachten hätte man hier den Rücktrittsgrund aus §§ 326 V, 323 I BGB voranstellen müssen, weil Unmöglichkeit vorrangig zu prüfen ist. Jedoch war hier die Lieferung des Kissens nicht gem. § 275 BGB unmöglich, weil kein absolutes Fixgeschäft vorlag. gewesen.[412] Ein solches darf man aber nur annehmen, wenn die Leistungserbringung nach Zeitablauf endgültig ihren Sinn verliert. Hier wollte K aber mit dem Kissen nicht nur dieses eine, sondern noch viele Spiele besuchen. Unmöglichkeit wegen eines absoluten Fixgeschäftes scheidet damit aus. Diese Abgrenzung zur Unmöglichkeit ist typisch für das Problem des Fixgeschäfts in Klausuren und wird an dieser Stelle in der Fallbearbeitung gefordert.

Wie man sieht, kann sich Gläubiger K immerhin vom Vertrag lösen und schuldet keine Kaufpreiszahlung mehr. Jedoch ist dies kein effektiver Schutz gegen Vertragsuntreue. Wirklichen Schutz bietet nur eine Sanktion, die den Schuldner auch schmerzt, nämlich Schadensersatz. § 376 HGB regelt zwar Schadensersatz beim relativen Fixgeschäft. Dieser Anspruch greift hier aber nicht, weil es sich nicht um einen Handelskauf i.S.v. § 343 HGB handelt. Nur wenn man der oben dargestellten h.M. folgt, wird der Gläubiger auch beim Nichthandelsgeschäft effektiv vor der Vertragsuntreue des Schuldners geschützt.

BEISPIEL: Nur dann steht K im „Sitzkissenfall" ein Anspruch auf Schadensersatz in Höhe von 5,- € wegen seines Deckungskaufs aus §§ 280, III, 281 I 1 1. Fall BGB zu, weil nur dann die Fristsetzung entbehrlich war. Der besondere Umstand, der unter Abwägung beiderseitiger Interessen die sofortige Geltendmachung rechtfertigt, besteht darin, dass K seinen Vertragswillen von der Einhaltung der Leistungszeit abhängig gemacht hat. Wie oben gezeigt, steht nicht entgegen, dass § 323 II Nr. 2 BGB den Fall des relativen Fixgeschäfts ausdrücklich regelt, § 281 II BGB hingegen nicht.

MERKSATZ

Zur Vermeidung von Rechtslücken soll § 281 II 2. Fall BGB weit ausgelegt werden und das relative Fixgeschäft erfassen.

Interessefortfall   **144**   Ferner soll § 281 II 2. Fall BGB auf alle Fälle Anwendung finden, in denen aus anderen als den bisher genannten Gründen das Interesse des Gläubigers fortfällt.

BEISPIEL: Das ist z.B. der Fall, wenn der Verkäufer die zu liefernde Ware vom Vorlieferanten nur noch zu einem wesentlich höheren Preis beschaffen kann, weil der Käufer mit dem vorzuleistenden Kaufpreis in Verzug geraten ist.[413]

Entbehr-   **145**   Die Fristsetzung ist gem. § 281 III BGB ferner bei Unterlassungspflichten und Wett-
lichkeit nach   bewerbsverboten entbehrlich. In diesen Fällen kann der Schuldner seine Leistungs-
Abmahnung   pflicht nicht durch einmaliges Erbringen, sondern nur durch dauerhaftes pflichtgemäßes Verhalten erfüllen.[414] An die Stelle der Fristsetzung tritt die Abmahnung.

---

412   Siehe Randnummer 223
413   BGH, NJW 1980, 449, 449
414   Lorenz/Riehm § 3 Rn 204

BEISPIEL: A betreibt als Franchisenehmerin einen Relocation-Service unter der Markenbezeichnung der B. A hat ihren Firmensitz in Köln, B in München. A hat sich im Vertrag mit B verpflichtet, dieser in der Stadt München keine Konkurrenz zu machen. Trotz dieser Vereinbarung wird A in München aktiv. Sie bewirbt sich bei der in München ansässigen Firma S um die Aufgabe, die bei S angestellten ausländischen Ingenieure zu betreuen. B bemerkt dies und mahnt A ab.

Wenn A ihre Unterlassungspflicht zukünftig verletzt, kann B Schadensersatz statt der Leistung verlangen.

d) Vertretenmüssen des Schuldners

Der Schuldner muss die Pflichtverletzung zu vertreten haben. Dabei ist auf den Zeit- **146** Vertretenmüssen
punkt des Fristablaufs, bzw. auf das Ereignis abzustellen, dass nach § 281 II BGB an
die Stelle des Fristablaufs tritt, weil erst dann der Pflichtverletzungstatbestand voll-
endet ist.[415] Aus der Struktur der §§ 280 bis 283 BGB ist nämlich zu schließen, dass
§ 280 I 1 BGB nur einen Grund- und Auffangtatbestand enthält, die Pflichtverletzungen in den folgenden Tatbeständen aber spezieller normiert sind. Der Maßstab
für das Vertretenmüssen richtet sich gem. § 280 I BGB nach § 276 BGB.[416] Wie § 286
IV BGB enthält auch § 280 I 2 BGB eine Beweislastumkehr. Dem Schuldner wird dabei
das Verschulden seines Erfüllungsgehilfen zugerechnet.[417]

e) Rechtsfolge: Schadensersatz statt der Leistung

Als Rechtsfolge gewähren die §§ 280 I, III, 281 I 1 1. Fall BGB einen Anspruch auf **147**
Schadensersatz statt der Leistung. Dabei handelt es sich um einen auf das positive
Interesse[418] gerichteten Schadensersatzanspruch, der an die Stelle der Leistung treten
soll. Zur Schadensermittlung und Schadensberechnung gelten grundsätzlich die bei
§§ 280 I, III, 283 BGB dargelegten Methoden.[419] Jedoch lassen sich beide Leistungsstörungen beim Schadensersatzanspruch statt der Leistung nicht exakt gleich lösen.
Zum einen existiert ein entscheidender Strukturunterschied zwischen beiden
Leistungsstörungen. Im Fall der Unmöglichkeit bewirkt diese den Untergang des Schadensersatz
Anspruchs auf die Leistung.[420] Ob an die Stelle des Leistungsanspruchs ein Anspruch statt der
auf Schadensersatz statt der Leistung gem. §§ 280 I, III, 283 BGB tritt, hängt davon Leistung
ab, ob der Schuldner die Unmöglichkeit zu vertreten hat.[421] Im Fall des §§ 280 I, III,
281 I 1 1. Fall BGB gestaltet sich die Rechtslage schwieriger. Schließlich ist die
Leistungserbringung auch nach erfolglosem Fristablauf oder nach der Erfüllungsverweigerung theoretisch noch möglich. Daher bedarf es eines Zeitpunktes, in dem
sich der Anspruch auf die Leistung in den Anspruch auf Schadensersatz umwandelt.
Diesen Zeitpunkt legt das Gesetz gem. § 281 IV BGB in die Hand des Gläubigers.[422] Der
Gläubiger muss gem. § 281 IV BGB Schadensersatz statt der Leistung verlangen. Dann
erlischt der primäre Anspruch auf Leistung und der Schadensersatzanspruch statt der
Leistung wird fällig. Die Existenz des § 281 IV BGB wirft Fragen auf, die sich bei §§ 280 I,
III, 283 BGB nicht stellen. Deshalb müssen sie gesondert beantwortet werden.

---

415   *Palandt-Grüneberg, BGB, § 281 Rn 16*
416   *Siehe Randnummer 109*
417   *Siehe Randnummer 353*
418   *Siehe Randnummer 35*
419   *Siehe Randnummer 289*
420   *Siehe Randnummer 205*
421   *Siehe Randnummer 284*
422   *BT-Drs. 14/6040, 140*

Zum anderen gestaltet sich das Verhältnis zum Verzögerungsschaden aus §§ 280 I, II, 286 BGB[423] schwierig und bedarf gründlicher Erörterung.

aa) Schadensersatzverlangen gem. § 281 IV BGB

148

Rechte des
Gläubigers nach
Fristablauf

Auch wenn der Schuldner die Erfüllung verweigert oder die Frist hat verstreichen lassen, schuldet er dem Gläubiger immer noch die Leistung aus dem Schuldverhältnis. Der Gläubiger könnte den Schuldner auch nach der Verweigerungserklärung oder nach Fristablauf auf Erbringung der Leistung verklagen. Obsiegt der Gläubiger, kann er aus dem Urteil nach den Regeln der §§ 704 ff. ZPO die Zwangsvollstreckung gegen den Schuldner unter Mithilfe staatlicher Organe betreiben.

BEISPIEL: Schuldet der Schuldner eine Geldzahlung, kann der Gerichtsvollzieher im Auftrag des Gläubigers dieses Geld beim Schuldner nach den §§ 808 ff. ZPO eintreiben. Schuldet er eine Handlung, die nur der Schuldner erbringen kann, eine unvertretbare Handlung, kann der Gläubiger beim Prozessgericht gem. § 888 ZPO die Verhängung von Zwangsgeld oder Zwangshaft gegen den Schuldner beantragen, wenn dieser sich nach der Verurteilung beharrlich weigert. Schuldet der Schuldner eine Handlung, die auch ein Dritter erbringen kann, eine vertretbare Handlung, kann der Gläubiger beim Prozessgericht gem. § 887 ZPO beantragen, eine kostenpflichtige Ersatzvornahme durchführen zu dürfen.

Sinn und Zweck
des § 281 IV BGB

§ 281 BGB gewährt dem Gläubiger einen anderen Weg der Rechtsdurchsetzung. Statt auf Erfüllung zu klagen, darf der Gläubiger durch eine Erklärung die Leistungspflicht des Schuldners zum Erlöschen bringen. Dies regelt § 281 IV BGB. Erklärt der Gläubiger, dass er nun Schadensersatz statt der Leistung will, kann er nicht mehr die ursprüngliche Leistung fordern. Ihm steht nur noch Schadensersatz in Geld zu.

BEISPIEL: Im „Sitzkissenfall"[424] entschied sich der Gläubiger für Schadensersatz. Sein Schaden bestand im Mehraufwand für den Deckungskauf in Höhe von 5,- €.

MERKSATZ

§ 281 IV BGB regelt den Übergang vom Primärschuldverhältnis, das auf Leistung gerichtet ist, hin zum sekundären Schuldverhältnis, das auf Schadensersatz statt der Leistung gerichtet ist. Dies zu bewirken, hat der Gesetzgeber in die Hand des Gläubigers gelegt.

(1) Systematische Stellung

Rechtsnatur des
Verlangens gem.
§ 281 IV BGB

Aufgrund seiner Formulierung ist der Inhalt des § 281 IV BGB schwierig zu deuten. Es ist nicht ganz eindeutig, ob es sich noch um eine Tatbestandsvoraussetzung handelt, oder ob es sich um ein Bindeglied zwischen Tatbestand und Rechtsfolge handelt. Dies muss untersucht werden.

Enge wörtliche
Auslegung

§ 281 IV BGB lässt bei wörtlicher Auslegung den Schluss zu, dass das Verlangen des Schadensersatzes statt der Leistung eine Willenserklärung ist, die noch zum Tatbestand des Anspruchs gehört. Dies hätte zur Konsequenz, dass auch nach Fristablauf

---

423   Siehe Randnummer 119
424   Siehe Randnummer 143

(oder nach Eintritt der Voraussetzungen der §§ 281 II, III BGB) der Anspruch auf Erfüllung noch besteht und das Entstehen des Schadensersatzanspruchs vom Schadensersatzverlangen des Gläubigers abhängt.

Andererseits lässt der Wortlaut aber auch die Interpretation zu, dass nach Fristablauf, bzw. nach Eintritt der Voraussetzungen des § 281 I oder III BGB, der Anspruch auf Schadensersatz statt der Leistung kraft Gesetzes entsteht und neben dem primären Erfüllungsanspruch dem Gläubiger alternativ zur Wahl steht.[425] Der Gläubiger darf dann entscheiden, ob er die Klage auf Erfüllung erhebt oder Schadensersatz statt der Leistung fordert.[426]

Weite Interpretation des § 281 IV BGB

Für diese weite Interpretation spricht erstens der Wille des Gesetzgebers.[427] Zweitens ist bei systematischer Auslegung nicht zu übersehen, dass der Tatbestand mit seinen Voraussetzungen in Abs. 1 und das Verlangen in Abs. 4, also abseits des Tatbestandes, positioniert ist. Dies spricht dafür, dass das Verlangen kein Tatbestandsmerkmal ist, sondern zur Rechtsfolge gehört.[428] Drittens bietet die weite Auslegung einen strukturellen Vorteil. Wenn mit dem Fristablauf der Schadensersatzanspruch dem Grunde nach entstanden ist, kann der Gläubiger eine Ersatzvornahme durchführen lassen und die Kosten als Schaden statt der Leistung geltend machen. Eigentlich sind die Kosten der Ersatzvornahme nämlich Aufwendungen. Als solche werden sie etwa in § 637 BGB ausdrücklich bezeichnet, der die Ersatzvornahme speziell für das mangelhaft erbrachte Werk im Werkvertragsrecht regelt. Wie bereits beim Verzögerungsschaden erörtert wurde, darf ein Gläubiger, der sich in einer Herausforderungslage befindet, Aufwendungen tätigen, die er dann als Schaden geltend machen darf.[429] Mit dem Ablauf der Frist oder nach Eintritt der in § 281 II BGB geregelten Voraussetzungen entsteht diese Herausforderungslage auch beim Schadensersatzanspruch aus §§ 280 I, III, 281 I 1 1. Fall BGB.[430]

Streitentscheid

MERKSATZ

Hat der Schuldner trotz Nachfrist schuldhaft nicht geleistet, entsteht der Anspruch aus §§ 280 I, III, 281 I 1 1. Fall BGB. Der Gläubiger ist berechtigt, die Schadensersatzleistung zu fordern und stellt den Anspruch gem. § 281 IV BGB mit seinem Schadensersatzverlangen fällig.[431] Er befindet sich nach Fristablauf in einer Herausforderungslage und darf eine Ersatzvornahme durchführen, deren Kosten er dann als Schadensersatz statt der Leistung verlangt.

KLAUSURHINWEIS

Im Gutachten muss § 281 IV BGB deshalb nach dem Vertretenmüssen, aber vor der Schadensberechnung geprüft werden. Das Vertretenmüssen ist das Merkmal, das den Pflichtverletzungstatbestand abschließt. Somit bringt man bereits mit dem Aufbau zum Ausdruck, dass man das Verlangen i.S.v. § 281 IV nicht als Teil des Tatbestandes einordnet.

---

425   MünchKomm-Ernst, BGB, § 281 Rn 67,68
426   BGH, NJW 2006, 1198, 1200;
427   Regierungsentwurf BT-Drs. 14/6040, 139
428   Bressler, NJW 2004, 3382, 3382
429   Siehe Randnummer 124
430   Bressler, NJW 2004, 3382, 3384
431   MünchKomm-Ernst, BGB, § 281 Rn 108

(2) Inhalt der Erklärung

(a) Rechtsnatur der Erklärung

Inhalt der Erklärung i.S.v. § 281 IV BGB

149 Nach Ablauf der Frist, bzw. nach Eintritt der Voraussetzungen des § 281 II BGB, hat der Gläubiger die Wahl. Er kann den Schuldner auf Erbringung der Leistung verklagen oder Schadensersatz statt der Leistung verlangen. Entscheidet er sich für Letzteres, vernichtet er mit dieser Erklärung seinen Anspruch auf Erbringung der primär geschuldeten Leistung gegen den Schuldner. Wegen dieser weit reichenden Konsequenzen für den Schuldner, muss die Erklärung hinreichend deutlich ausdrücken, dass er die geschuldete Leistung nicht mehr wünscht. Sie ist eine geschäftsähnliche Handlung, auf die alle Regeln über die Willenserklärung Anwendung finden.[432] Sie wird nach den §§ 133, 157 BGB vom Empfängerhorizont ausgelegt.

Bestimmtheit der Erklärung Sie muss inhaltlich so hinreichend bestimmt sein, dass das Gewollte durch Auslegung zu ermitteln ist.[433] Dazu muss für den Schuldner ersichtlich sein, dass er ab sofort die ihm obliegende Leistung nicht mehr schuldet und nun damit rechnen muss, auf Schadensersatz zu haften.

BEISPIEL: Folglich genügt es nicht den Anforderungen, wenn der Gläubiger Verzögerungsschaden fordert, schließlich handelt es sich bei diesem um einen Schaden neben der Leistung, der die ursprüngliche Leistungspflicht des Schuldners unberührt lässt.[434]

Bezifferung nicht nötig Andererseits kann vom Gläubiger auch nicht verlangt werden, dass er den Schadensersatzanspruch präzisiert oder beziffert.[435] Es genügt aber, wenn der Gläubiger einen für den Anspruch auf Schadensersatz statt der Leistung typischen Schadensposten fordert.

BEISPIEL: Verkäufer V hat bis zum Ablauf der gesetzten Nachfrist nicht geliefert. K teilt ihm mit, dass er nun bei einem anderen Anbieter einen „kostenpflichtigen Deckungskauf" durchführen wird. Gleiches gilt, wenn K ankündigt, nun die Ersatzvornahme durchzuführen oder wenn er entgangenen Gewinn aus vereiteltem Weiterverkauf geltend macht.

MERKSATZ

Auf die Erklärung, mit der der Gläubiger gem. § 281 IV BGB Schadensersatz statt der Leistung fordert, finden alle Regeln über Willenserklärungen Anwendung. Sie ist nur dann hinreichend bestimmt, wenn dem Schuldner klar gemacht wird, dass er die ursprünglich geschuldete Leistung nicht mehr erbringen zu braucht.

(b) Selbstbindung

Schwebezeit zwischen Fristablauf und Leistungsverlangen

150 Problemträchtig ist die Rechtsstellung des Gläubigers in der Schwebezeit zwischen Fristablauf und Leistungsverlangen. Gestritten wird um die Rechtslage, wenn der Gläubiger nach Fristablauf zunächst noch einmal Erfüllung fordert und später sein Leistungsverlangen in das Verlangen nach Schadensersatz statt der Leistung wechselt.

---

432 *Palandt-Grüneberg, BGB, § 281 Rn 50*
433 *Regierungsentwurf BT-Drs. 14/6040, 141*
434 *Siehe Randnummer 122*
435 *Huber/Faust Kapitel 3, Rn 156*

BEISPIEL („Wohnzimmertür-Fall"): K hat beim Schreiner V eine neue Wohnzimmertür bestellt. Nachdem V den vereinbarten Termin hat verstreichen lassen, setzt K dem V eine Nachfrist von einem Monat. Nach erfolglosem Fristablauf ruft K bei V an und fordert ihn erneut zur Leistung auf. Nach einer weiteren Woche entschließt sich V doch noch zur Leistungserbringung. Als er gerade zu K fahren will, findet er im Briefkasten einen Brief des K. Dieser teilt ihm mit, er habe nun „die Nase voll" und werde den Schreiner S aus dem Nachbarort kostenpflichtig beauftragen. Tatsächlich verlangt S aufgrund gestiegener Kosten 100,- € mehr als V. K begehrt von V Ersatz der an S gezahlten Mehrkosten in Höhe von 100,- €. Zu Recht?

Die Voraussetzungen des Anspruchs auf Schadensersatz aus §§ 280 I, III, 281 I 1 1. Fall BGB sind dem Grunde nach erfüllt. Problematisch ist, dass K nach dem Fristablauf zunächst erneut Leistung begehrt hat. Es ist umstritten, ob der Gläubiger sich durch das Leistungsverlangen nach Fristablauf analog §§ 262, 263 II BGB selbst bindet. Dies hängt davon ab, ob man die dem Gläubiger zustehenden Ansprüche als einen Fall der nicht gesetzlich geregelten elektiven Konkurrenz oder als Wahlschuld nach § 262 BGB begreift.

Selbstbindung durch Leistungsverlangen analog §§ 262, 263 BGB

Teilweise wird vertreten, dass der Gläubiger nach Fristablauf seine Wahl verbindlich treffen muss, weil nach Fristablauf ein Wahlschuldverhältnis i.S.v. § 262 BGB entstünde. Verlangt der Gläubiger erneut Leistung, binde er sich analog §§ 262, 263 II BGB, bis der Schuldner seine Pflicht zur Leistung erneut verletzt habe. Wegen des Wahlschuldcharakters wäre der Gläubiger gezwungen, die tatsächlichen Voraussetzungen für die Begründung eines neuen Schadensersatzanspruchs grundsätzlich durch eine neue fristgebundene Aufforderung zur Leistung zu schaffen.[436]

M.M.: Wahlschuld i.S.v. § 262 BGB

BEISPIEL: Nach dieser Auffassung wären die Voraussetzungen des geltend gemachten Schadensersatzanspruches im „Wohnzimmertür-Fall" nicht erfüllt. Vielmehr müsste K einen weiteren Erfüllungsversuch abwarten. Erfolgt dieser weiterhin nicht, müsste der Gläubiger eine neue Frist setzen. Erst nach deren Ablauf darf er Schadensersatz statt der Leistung gem. § 281 IV BGB verlangen.

Die h.M. interpretiert § 281 IV BGB anders. Nach Fristablauf, bzw. nach Eintritt des Fristablaufsurrogates aus § 281 II BGB, sollen die verschiedenen Rechte des Gläubigers in einer elektiven Konkurrenz stehen.

h.M.: Elektive Konkurrenz der Rechte

> **DEFINITION**
> Eine **elektive Konkurrenz** besteht, wenn der Gläubiger so lange zwischen seinen Rechten und Ansprüchen (Erfüllung, Recht zum Rücktritt, Schadensersatz, Aufwendungsersatz) wählen darf, bis durch Geltendmachung eines Rechtes der Anspruch auf Erfüllung erloschen ist.[437]

Elektive Konkurrenz

Demzufolge ließe erst das Verlangen des K nach Schadensersatz statt der Leistung den Primäranspruch auf Erfüllung erlöschen. Bis zu diesem Zeitpunkt durfte K folglich vom Erfüllungsanspruch abrücken und Schadensersatz begehren.

---

436   OLG Celle, NJW 2005, 2094, 2094, 2095 ; Jauernig/Stadler § 281 Rn 15; M. Schwab, JR 2003, 133, 135, 136
437   BGH, NJW 2006, 1198, 1199; Althammer NJW 2006, 1179, 1181; Kleine/Scholl, NJW 2006, 3462, 3462

Streitentscheid

Für die h.M. sprechen überzeugende Argumente. § 281 IV BGB gilt nicht nur für die Nichtleistung, sondern auch, wenn der Verkäufer beim Verbrauchsgüterkauf eine mangelhafte Sache liefert und der Käufer Schadensersatz statt der Leistung gem. §§ 437 Nr. 3, 280 I, III, 281 I 1 2. Fall BGB verlangen will. Dieser Anspruch darf wegen der Pflicht zur richtlinienkonformen Auslegung[438] nicht gegen die zugrunde liegende Verbrauchsgüterkaufsrichtlinie 1999/44/EG verstoßen. In dieser findet sich kein Hinweis auf ein Recht des Schuldners, dem Gläubiger durch ein erneutes Leistungsangebot nach Fristsetzung den Schadensersatzanspruch wieder aus der Hand zu schlagen.[439] Genau dies droht aber, wenn man eine Wahlschuld annimmt. Zweitens lässt sich aus § 281 IV BGB ein Umkehrschluss ziehen. Durch die Entscheidung des Gläubigers für einen sekundären Anspruch auf Schadensersatz statt der Leistung wird nur der Anspruch auf Erfüllung ausgeschlossen. Hingegen tastet der Wortlaut des § 281 IV BGB die Befugnis des Gläubigers nicht an, trotz vorherigem Erfüllungsverlangen zum Schadensersatz statt der Leistung überzugehen.[440] Außerdem muss entscheidend mitberücksichtigt werden, dass der Schuldner durch seine Pflichtverletzung den ihn nun belastenden Schwebezustand selbst herbeigeführt hat.[441] Letztlich lassen sich die Rechte des Schuldners effektiv mit dem Verbot des venire contra factum proprium aus Treu und Glauben gem. § 242 BGB schützen, nach welchem der Gläubiger dem Schuldner die für die Vorbereitung und Erfüllungshandlung notwendige Zeit einräumen muss.[442]

BEISPIEL: Im „Wohnzimmertür-Fall" hat die erneute Leistungsaufforderung nicht zur Selbstbindung geführt. Deshalb wurde der Anspruch auf Schadensersatz nicht grundsätzlich ausgeschlossen.

Venire contra
factum proprium
§ 242 BGB

Das Geltendmachen des Anspruchs darf aber nicht gegen Treu und Glauben gem. § 242 BGB verstoßen. Das wäre der Fall, wenn K gegen das Verbot des widersprüchlichen Verhaltens (venire contra factum proprium) verstoßen hätte. Sofern der Gläubiger Erfüllung verlangt, ist er nach Treu und Glauben gehalten, dem Schuldner die Zeit zu belassen, die dieser zur Erfüllung üblicherweise benötigt.

BEISPIEL: Im „Wohnzimmertür-Fall" gewährte K dem Schreiner eine Woche Nachfrist. Dies scheint auf den ersten Blick knapp bemessen zu sein. Hier ist aber zu berücksichtigen, dass das Aufmessen, Anfertigen und Einbauen einer Tür innerhalb einer Woche möglich ist, wenn man andere Arbeiten zurückstellt und dass V bereits mehrere Wochen hat verstreichen lassen. Daher hat K nicht gegen § 242 BGB verstoßen, wenn er nun Schadensersatz statt der Leistung verlangt. Also stünde K der geltend gemachte Anspruch zu.

MERKSATZ
Wenn der Gläubiger nach Fristablauf zunächst erneut Erfüllung verlangt, bindet er sich nicht selbst analog §§ 262, 263 BGB. Er kann grundsätzlich Schadensersatz statt der Leistung gem. § 281 IV BGB verlangen, darf aber gem. § 242 BGB nicht gegen das Verbot des widersprüchlichen Verhaltens (venire contra factum proprium) verstoßen.

---

438   Siehe Randnummer 115
439   Kleine/Scholl, NJW 2006, 3462, 3463
440   BGH, NJW 2006, 1198, 1199
441   Kleine/Scholl, NJW 2006, 3462, 3463
442   Althammer NJW 2006, 1179, 1181; Kleine/Scholl, NJW 2006, 3462, 3463

(c) Verlangen kombiniert mit Fristsetzung

Probleme ergeben sich, wenn der Gläubiger versucht, das Schadensersatzverlangen mit der Fristsetzung zu kombinieren.

151

Verbindung des Schadensersatzverlangens mit der Fristsetzung

BEISPIEL: Im „Wohnzimmertür-Fall"[443] setzt K eine Frist von einem Monat und verkündet ihm, dass er nach Ablauf der Frist den Schreiner S aus dem Nachbarort kostenpflichtig beauftragen werde. V reagiert nicht. Nach erfolglosem Fristablauf lässt K die Ersatzvornahme durch S durchführen, der aufgrund gestiegener Kosten 100,- € mehr berechnet. Hinterher streiten V und K darum, ob K schon Schadensersatz gem. § 281 IV BGB verlangt hatte. K ist der Meinung, er habe die Erklärung mit der Fristsetzung kombiniert.

Inhaltlich ließ die Aussage des Gläubigers K nichts zu wünschen übrig. Wenn er eine kostenpflichtige Ersatzvornahme nach Fristablauf ankündigt, kann der Schuldner dies nur als Ablehnung der Erfüllung verstehen. Umstritten ist aber, ob es rechtlich zulässig ist, das Verlangen mit der Fristsetzung zu verbinden.

M.M.: Verlangen erst nach Fristablauf erlaubt

Man kann der Auffassung sein, dass zunächst die Frist abgelaufen sein muss, bevor man Schadensersatz statt der Leistung verlangen darf.[444]

Demgegenüber lässt sich aber auch vertreten, dass eine Kombination mit der Fristsetzung unter gewissen Voraussetzungen zulässig ist, nämlich dann, wenn für den Schuldner keinerlei Rechtsunklarheit besteht. Dies ist der Fall, wenn die Verlangenserklärung unter einer zulässigen Potestativbedingung (Verhaltensbedingung) gestellt wird.[445]

h.M.: Verlangen unter einer zulässigen Potestativbedingung

DEFINITION

Eine **Bedingung i.S.v. § 158 BGB** setzt, wer eine Rechtsfolge an ein in der Zukunft liegendes ungewisses Ereignis knüpft.[446]

Bedingung gem. § 158 BGB

Hier gilt es zwischen Bedingung i.S.v. § 158 BGB und der Potestativbedingung zu unterscheiden. Problematisch ist nämlich, dass Gestaltungsrechte analog § 388 S.2 BGB grundsätzlich keine Bedingung vertragen, weil die Rechtsklarheit darunter leidet.[447]

BEISPIEL: Gestaltungsrechte sind die Anfechtung (§§ 142, 143 BGB), die Aufrechnung (§ 388, 389 BGB), die Kündigung (u.a. § 314 BGB), die Minderung (§§ 441, 638 BGB), der Rücktritt (§ 349 BGB) und der Widerruf (§ 357 BGB).

Weil dies für Rücktrittserklärungen anerkannt ist, muss es wegen der Parallelität auch für das die Rechtslage gestaltende Schadensersatzverlangen gelten.[448] Deshalb darf man § 281 IV BGB nicht unter einer echten Bedingung i.S.v. § 158 BGB erklären.

---

443   Siehe Randnummer 150
444   Oetker/Maultzsch, Vertragliche Schuldverhältnisse, S. 100
445   Münch/Komm-Ernst, BGB, § 281, Rn 96; Derleder/Zänker, NJW 2003, 2777, 2779,2781
446   BayObLG, NJW 1967, 729, 729; MünchKomm-Westermann, BGB, § 158 Rn 8
447   BGH, NJW 1986, 2245, 2246
448   Derleder/Zänker, NJW 2003, 2777, 2781

> **BEISPIEL:** Im „Wohnzimmertür-Fall" erklärt K, er wolle Schadensersatz statt der Leistung, wenn sein Fußballverein am Sonntag den DFB-Pokal gewinnt. Dies liegt in der Zukunft und ist unvorhersehbar. Wegen der Rechtsunklarheit wäre das Verlangen analog § 388 S. 2 BGB unwirksam.

Jedoch ist anerkannt, dass Gestaltungserklärungen wie Änderungskündigungen oder Rücktrittserklärungen unter Potestativbedingung gestellt werden dürfen. Gleiches muss folglich für das Schadensersatzverlangen gem. § 281 IV BGB gelten.[449]

Potestativbe-
dingung

| **DEFINITION**
Bei **Potestativbedingungen** hängt der Eintritt des Ereignisses lediglich vom Willen des Erklärungsempfängers ab.[450]

> **BEISPIEL:** Im „Wohnzimmertür-Fall" sagt K zu V, er werde nach Ablauf der Woche S beauftragen. V hat es in der Hand, pünktlich zu erfüllen.

Damit wird deutlich, dass eine Potestativbedingung eben nicht auf ein ungewisses, künftiges Ereignis abstellt. Der Adressat der Bedingung ist Herr seines Schicksals. Er kann es durch Ausübung seines Willens beeinflussen.

Streitentscheid

Für die h.M. spricht entscheidend, dass der Schuldner die geschuldete Handlung bis zum Ablauf der Frist vornehmen kann und dass er aufgrund der rechtzeitigen Warnung auch nicht von einer unvermuteten Schadensersatzpflicht überrascht werden kann. Letztlich hat es der Schuldner in der Hand, die Schadensersatzpflicht herbeizuführen oder zu vermeiden.[451]

> **BEISPIEL:** Folglich hat K wirksam Schadensersatz statt der Leistung verlangt, weshalb er von V 100,- € Schadensersatz fordern darf.

Ein Gläubiger, der so verfährt, nimmt sich selbst sein Wahlrecht, die Leistung nach Fristablauf zu fordern.

bb) Schadensermittlung

(1) Positives Interesse

Haftungs-
ausfüllender
Tatbestand
§ 281 I 1 1. Fall

152 Nach Erklärung des Schadensersatzverlangens gem. § 281 IV BGB tritt an die Stelle des Anspruchs auf Leistung der Schadensersatzanspruch aus §§ 280 I, II, 281 I 1 1. Fall BGB auf Schadensersatz statt der Leistung. Dieser Schadensersatzanspruch ist auf die Leistung des positiven Interesses gerichtet.[452] Die Ersatzfähigkeit der geltend gemachten Vermögenseinbuße richtet sich nach den §§ 249 ff. BGB.

Die Vermögenseinbuße berechnet man mit Hilfe der positiven Differenzhypothese.

---

449   *Derleder/Zänker, NJW 2003, 2777, 2781*
450   *MünchKomm-Westermann, BGB, § 158 Rn 19, 31*
451   *Derleder/Zänker, NJW 2003, 2777, 2781*
452   *Erman-Westermann, BGB, § 281 Rn 23; MünchKomm-Ernst, BGB, § 281 Rn 8; Palandt-Grüneberg, BGB, § 281 Rn 17*

DEFINITION

Positives Interesse: Bei Ersatz des positiven Interesses ist der Gläubiger so zu stellen, wie er stünde, wenn der Schuldner den Vertrag ordnungsgemäß erfüllt hätte.[453]

Positives
Interesse

BEISPIEL: B plant schon seit geraumer Zeit, sich ein e genes Reitpferd zu kaufen. Seine Schwester S ist des Reitens müde und schenkt ihm per notariell beurkundetem Schenkungsversprechen gem. §§ 516, 518 BGB ihren Wallach „Paciente". Mit der Übereignung lässt sie sich Zeit. Als B fragt, wann er das Pferd in Empfang nehmen darf, verweigert S die Leistung, weil sie die neue Freundin des B hasse. B weist auf das Turnier im Oktober hin, an dem er teilnehmen will und setzt eine Nachfrist bis zum 30. September, die erfolglos verstreicht.

B darf nach Fristablauf verlangen, so gestellt zu werden, wie er stünde, wenn die vorsätzlich die Erfüllung verweigernde S den Vertrag ordnungsgemäß erfüllt hätte. Die eingetretene Vermögenseinbuße muss als Schaden nach den §§ 249 ff. BGB ersatzfähig sein.

BEISPIEL: Im Beispielsfall[454] könnte B nach Fristablauf einen Ersatzkauf tätigen und die Kosten gem. § 249 I BGB von S ersetzt verlangen. Alternativ darf er den Wert des Pferdes, den es zur Zeit des Fristablaufs hat, gem. § 249 I BGB in Geld verlangen, im Falle eines Wertzuwachses auch den entgangenen Gewinn gem. § 252 BGB.

(2) Kausalität zwischen Pflichtverletzung und Schaden

Die Vermögenseinbuße muss adäquat kausal auf der Pflichtverletzung beruhen. Die **153** Pflichtverletzung besteht im schuldhaften Nichtleisten bei Fristablauf, bzw. bei Eintritt der Entbehrlichkeitsvoraussetzungen gem. § 281 II BGB.

Wie bereits dargelegt, benutzt man die positive Differenzhypothese auch zur Berechnung des Verzögerungsschadens gem. §§ 280 II, 286 BGB.[455] Deshalb drängt sich erneut die Frage auf, in welchem Verhältnis der Schaden statt der Leistung zum Verzögerungsschaden steht und ob es Überschneidungen zwischen beiden Schadensarten gibt.

Der Schadensersatz statt der Leistung ist an die Stelle des früheren in § 286 II BGB a.F. und § 326 BGB a.F. gewährten „Schadensersatz wegen Nichterfüllung" getreten. Nach der früheren Rechtsprechung zu diesem Schadensersatz konnte der Verzögerungsschaden aus § 286 I BGB a.F. geltend gemacht werden, aber auch als Schadensposten innerhalb des Schadensersatzes wegen Nichterfüllung.[456]

Abgrenzung zum
Verzögerungs-
schaden

---

453   BGH, NJW 1998, 2901, 2902; Erman-Westermann, BGB, § 281 Rn 23; Palandt-Grüneberg, BGB, § 281 Rn 17
454   Siehe Randnummer 152
455   Siehe Randnummer 121
456   BGH NJW 1997, 1231, 1232; NJW 2000, 71, 71

BEISPIEL („Zinnfall"): Im Jahr 1995 verkauft V an K eine Tonne Zinn zum Marktpreis. Als V nicht liefert, mahnt ihn K. Nachdem V die Leistung weiter verzögert, begibt sich K zum Rechtsanwalt, der eine Frist mit Ablehnungsandrohung setzt. Nach Ablauf der Frist verlangt K Schadensersatz wegen Nichterfüllung Er macht zwei Schadensposten geltend: Erstens begehrt er die durch die Verzögerung verursachten Rechtsanwaltskosten in Höhe von 500,- DM. Zweitens verlangt er Schadensersatz, weil ihm nachweislich ein sicherer Gewinn in Höhe von 1.000,- DM entgangen ist.

Rechtsprechung zur alten Rechtslage

Nach ständiger Rechtsprechung des BGH zur alten Rechtslage durfte der Gläubiger die Anwaltskosten in Höhe von 500,- DM als Verzögerungsschaden gem. § 286 I BGB a.F. geltend machen und separat ohne den entgangenen Gewinn einklagen. Er durfte den Verzögerungsschaden aber auch in die Vermögensschadensbilanz des Schadensersatzes wegen Nichterfüllung gem. § 326 I BGB a.F. als so genannten Schadensposten aufnehmen und auf Zahlung von 1.500,- DM klagen. Er musste in der Klagebegründung nur klar stellen, dass es sich um zwei unterschiedliche Posten handelte.

h.M.: Keine Überschneidung mit Verzögerungsschaden

Durch das Schuldrechtsmodernisierungsgesetz wurden am 1.1.2002 mit § 280 BGB nicht nur ein allgemeiner Pflichtverletzungtatbestand, sondern neue Schadensbegrifflichkeiten eingeführt. Zwar soll nach dem Willen des Gesetzgebers der Schadensersatz statt der Leistung den „Schadensersatz wegen Nichterfüllung" seiner Funktion nach ersetzen.[457] Zur alten Rechtslage bestehen aber gravierende Unterschiede. Zum einen unterscheidet § 280 BGB sprachlich und wegen der Absatztrennung auch systematisch strikt zwischen dem Schadensersatz neben der Leistung und dem Schadensersatz statt der Leistung. Außerdem setzt § 281 I BGB im Unterschied zur alten Rechtslage keinen Schuldnerverzug voraus.[458] Konsequent sieht die heute h.M. in beiden Schadensersatzarten Vermögensbeeinträchtigungen, die sich nicht überschneiden. Sie sieht beide Schadensersatzarten jeweils eigenen Voraussetzungen unterworfen, weshalb der Verzögerungsschaden als aliud aus dem Nichterfüllungsschaden auszuschließen ist.[459]

BEISPIEL: Im obigen „Zinnfall" muss K nach heutiger Rechtslage die Rechtsanwaltskosten aus §§ 280 I, II, 286 BGB als Verzögerungsschaden fordern. Den entgangenen Gewinn erhält er als Schadensersatz statt der Leistung aus §§ 280 I, III, 281 I 1 1. Fall BGB.

Weil auch der Verzögerungsschaden unter den Begriff des positiven Interesses fällt, muss ein weiteres Kriterium gefunden werden, um ihn vom Schadensersatz statt der Leistung abzugrenzen.

BEISPIEL: Wendet man im „Zinnfall" die positive Differenzhypothese an, soll K so gestellt werden, als hätte V ordnungsgemäß den Vertrag erfüllt. Nun stellt man fest, dass K im Falle rechtzeitiger ordnungsgemäßer Erfüllung gar keinen Rechtsanwalt benötigt hätte.

---

457   Regierungsentwurf, BT-Drs. 14/6040, S. 136
458   Siehe Randnummer 135
459   MünchKomm-Ernst, BGB, § 281 Rn 112, 114; Palandt-Grüneberg, BGB, § 281 Rn 17; Lorenz/Riehm, § 5 Rn 289;
       Lorenz/Riehm, § 5 Rn 289; Huber/Faust, Kapitel 3 Rn 91;

Benötigt wird eine Definition des Schadensersatzes statt der Leistung i.S.v. §§ 280 I, III, 281 I 1 1. Fall BGB, die eine trennscharfe Abgrenzung zum Verzögerungsschaden leistet und andererseits das positive Interesse umfasst. Dies erreicht man, wenn man auf die Kausalität zwischen endgültiger Nichtleistung und eingetretener Vermögenseinbuße abstellt.

MERKSATZ

Ein **Schaden statt der Leistung** im Sinne des § 281 I 1 1. Fall BGB ist jede unfreiwillige Vermögenseinbuße, die adäquat kausal auf dem endgültigen Ausbleiben der Leistung beruht und zum positiven Interesse gehört.[460]

Schaden statt der Leistung im Sinne des § 281 I 1 1. Fall BGB

Wie bereits beschrieben, soll ein Verzögerungsschaden daran erkennbar sein, dass er auch bei hinzugedachter späterer Erfüllung nicht entfiele.[461] **154**

BEISPIEL: Im „Zinnfall"[462] leistet der Schuldner nach Mahnung des Rechtsanwaltes so rechtzeitig, dass dem Gläubiger kein Gewinn entgeht. Die Rechtsverfolgungskosten schuldet der Gläubiger dem Rechtsanwalt trotz der Erfüllung weiterhin.

Würde man dieser Abgrenzung folgen, hätte man zwei unterschiedliche Schadensersatzansprüche, die sich nicht überlappen.[463]

Eine Entscheidung des BGH zum Verhältnis zwischen Verzögerungsschaden und Schadensersatz statt der Leistung gem. §§ 280 I, III, 281 I 1 1. Fall BGB in dieser Fallgruppe steht noch aus. Damit ist noch nicht geklärt, ob der BGH an seine alte Rechtsprechung anknüpfen wird, nach der man die Wahl hat, Verzögerungsschäden separat über §§ 280 I, II, 286 BGB einzuklagen oder als Teil des Nichterfüllungsschadens zu fordern. Aufhorchen ließ eine Entscheidung aus dem kaufrechtlichen Sachmängelgewährleistungsrecht. In dieser klärte der BGH vorwiegend, dass ein Betriebsausfallschaden nicht unter den engen Voraussetzungen des Schuldnerverzuges verlangt werden darf, sondern als einfacher Schaden gem. §§ 437 Nr. 3, 280 I BGB. Jedoch erlaubte der BGH dem Gläubiger in dieser Entscheidung, diesen einfachen Schaden, der ein Schaden neben der Leistung ist, in die Vermögensschadensbilanz des Schadensersatzes statt der Leistung aus §§ 437 Nr. 3, 280 I, III, 281 I 1 2. Fall BGB als Posten einzugliedern, sofern der Gläubiger Schadensersatz statt der Leistung gem. § 281 IV BGB verlangt.[464] Damit ist zwar nicht gesagt, dass dies nach Ansicht des BGH auch für den Verzögerungsschaden aus §§ 280 I, II, 286 BGB im Verhältnis zu §§ 280 I, III, 281 I 1 1. Fall BGB gelten soll. Der Verzögerungsschaden ist aber auch ein Schaden neben der Leistung, wenn auch wegen der zusätzlichen Voraussetzungen des § 286 BGB ein besonderer Fall. Andererseits hat der BGH im „Biodiesel-Fall"[465] mehr als nur angedeutet, dass er beide Schadensersatzarten materiell differenziert und in einem Aliud-Verhältnis sieht.

Neue Rechtsprechung zu §§ 437 Nr. 3, 280 I BGB

---

460   Medicus/Lorenz, Schuldrecht I, Rn 352 ff.
461   Siehe Randnummer 122
462   Siehe Randnummer 153
463   MünchKomm-Ernst, BGB, § 281 Rn 114
464   BGH, NJW 2009, 2674, 2675
465   Siehe Randnummer 128

KLAUSURHINWEIS

Im Gutachten sollte man zunächst den Verzögerungsschaden aus §§ 280 I, II, 286 BGB prüfen und zusprechen, wenn es gerechtfertigt ist. Danach sollte man sich des Schadensersatzes statt der Leistung aus §§ 280 I, III, 281 I 1 1. Fall BGB annehmen, sofern es Vermögenseinbußen gibt, die gerade auf dem endgültigen Ausbleiben der Leistung beruhen. In der Rechtsfolge darf dann problematisiert werden, ob der Verzögerungsschaden als Schadensposten eingestellt werden darf, oder ob es sich um zwei Ansprüche ohne Überschneidungen handelt.

Abgrenzung zum Verzögerungsschaden

Für die h.M. lassen sich nicht nur die o.g. wörtlichen und systematischen Erwägungen ins Feld führen. Für eine Trennung der Schadensersatzarten spricht ferner die Gefahr, dass ohne diese Trennung Beschränkungen des Anspruchs auf Ersatz des Verzögerungsschadens übersehen werden. Es ist denkbar, dass ein Haftungsausschluss nur den Anspruch auf Ersatz des Verzögerungsschadens erfasst, es ist möglich, dass der Anspruch auf Ersatz des Verzögerungsschadens vor dem Anspruch auf Schadensersatz statt der Leistung verjährt ist.[466]

BEISPIEL: Das wäre zur Abgrenzung der Fall, wenn ein Verzögerungsschaden am 30.12.2007 entstünde, die Frist zur Erfüllung aber vergeblich am 15.01.2008 abliefe. Dann wäre der Anspruch auf Verzögerungsschaden gem. §§ 187 I, 188 II, 195, 199 I BGB am 31.12.2010 um 24.00 Uhr verjährt, der Schadensersatzanspruch aus §§ 280 I, III, 281 I 1 1. Fall BGB hingegen erst am 31.12.2011 um 24.00 Uhr.

Unterschiedliche Beurteilung des Mitverschuldens

155 Außerdem müssen das Verschulden des Schuldners und das Mitverschulden des Gläubigers separat beurteilt werden.[467] Den Gläubiger treffen nämlich inhaltlich unterschiedliche Schadensminderungspflichten gem. § 254 I, II 1 BGB, wenn ihm eine geschuldete Sachleistung vorenthalten wird.

BEISPIEL: Deshalb mietet er bei Schuldnerverzug eine Ersatzsache vorübergehend an, um die Vermögensnachteile der Vorenthaltung auszugleichen und den Verzögerungsschaden gering zu halten. Nach Fristablauf wird der Gläubiger zur Schadensdeckung eine endgültige Ersatzbeschaffung durch Kauf tätigen. In beiden Fällen treffen ihn Schadensminderungspflichten[468]

Unterschiedliche Zeitpunkte des Verschuldens bei Nichtleistung

Die Ansprüche auf Ersatz des Verzögerungsschadens und des Schadensersatzes statt der Leistung setzen die verschuldete Nichtleistung des Schuldners voraus. Weil die Pflichtverletzungen zu unterschiedlichen Zeiten eintreten können, sie sich inhaltlich und zeitlich unterscheiden, ist Trennung geboten.

MERKSATZ

Verzögerungsschaden im Sinne der §§ 280 I, II, 286 BGB und Schadensersatz statt der Leistung gem. §§ 280 I, III, 281 I 1 1. Fall BGB stehen im Aliud-Verhältnis. Sie können aber nebeneinander stehen und sich ergänzen, soweit sie auf unterschiedliche Schadenspositionen bezogen sind.

---

466   *Huber/Faust, Kapitel 3 Rn 185*
467   *MünchKomm-Ernst, BGB § 281 Rn 113*
468   *MünchKomm-Ernst, BGB § 281 Rn 113*

cc) Besondere Fragen

(1) Schadensermittlung bei gegenseitigen Verträgen

Bei gegenseitigen Verträgen ist umstritten, ob sich die Berechnung des Schadens- **156**
ersatzes statt der Leistung stets nach der Differenzmethode richtet. Zur Frage, ob
und in welchen Fällen man die Surrogationsmethode verwenden darf, gelten die
Ausführungen zur Unmöglichkeit entsprechend.[469]

(2) Aufwendungen als Schaden

Schäden und Aufwendungen mindern das Vermögen des Betroffenen. Aufwen- **157** Herausforde-
dungen sind freiwillige Vermögensopfer, Schäden unfreiwillige Vermögensein-   rungslage
bußen. Begrifflich scheint es keine Überschneidungen zwischen beiden das Vermögen mindernden Phänomenen zu geben.

(a) Herausforderungslage

Gleichwohl stößt man schnell auf Abgrenzungsschwierigkeiten, wenn der Gläubiger
gezwungen ist, wegen Verzugs des Schuldners sein Vermögen einzusetzen, um
fernere Nachteile abzuwenden. Wie oben gezeigt, befindet er sich in einer Herausforderungslage, in welcher er sich zur Aufwendung von Rechtsverfolgungskosten
herausgefordert fühlen darf.[470]

BEISPIEL: Der Gläubiger schaltet nach Verzugseintritt zur Verfolgung seiner Rechte einen
  Rechtsanwalt ein.

Unter den Voraussetzungen des §§ 280 I, II, 286 BGB darf er die Rechtsverfolgungskosten als Verzögerungsschaden geltend machen.

(b) Rentabilitätsvermutung

Vor der Einführung des § 284 BGB stellte sich die Frage, ob und unter welchen Vor- **158** Rentabilitätsver-
aussetzungen eine nutzlos gewordene Aufwendung unter den Begriff des Schadens   mutung
subsumiert werden durfte, um die Vermögensminderung des Gläubigers durch eine
Schadensersatzleistung des Schuldners auszugleichen. Die Rechtsprechung hatte
diese Frage mit der „Rentabilitätsvermutung" beantwortet, nach der unter gewissen
Umständen eine nutzlos gewordene Aufwendung einen Schaden darstellen konnte.

BEISPIEL (abgewandelt nach BGH NJW 1999, 2269): Der vollmachtlose V kauft ein Grundstück
  von D im Namen des B. Dann verkauft er es im Namen des B an K, ebenfalls ohne Vollmacht. K plant auf dem Grundstück die Errichtung eines Gewerbebetriebes. Für diesen
  Kaufvertrag wendet K Notarkosten in Höhe von 5.000 € auf. B genehmigt den Vertrag mit
  K, verweigert jedoch endgültig die Genehmigung des Vertrages mit D. B ist dadurch gar
  nicht leistungsfähig. Er ist nicht Eigentümer und hat keinen Anspruch gegen D auf Erwerb
  des Grundstücks. Der Aufforderung des K zur Leistung begegnet B mit der endgültigen
  Verweigerung. K muss Notarkosten in Höhe von 5.000 € bezahlen, ohne einen Nutzen
  daraus zu ziehen und verklagt B auf Schadensersatz aus §§ 280 I, III, 281 I 1 1. Fall BGB.

---

469   *Siehe Randnummer 289*
470   *Siehe Randnummer 124*

Indem B die vollmachtlose Stellvertretung des V beim Vertrag mit K gem. §§ 177, 184 BGB genehmigte, kam ein Kaufvertrag zwischen V und K zustande, aus dem B dem K zur Übereignung des Grundstücks aus § 433 I BGB verpflichtet war. Weil B endgültig die Leistung verweigerte, war ein Fristablauf gem. § 281 II 1. Fall BGB entbehrlich. Die den Anspruch begründenden Voraussetzungen der §§ 280 I, III, 281 I 1 1. Fall BGB sind gegeben. Das Erheben der Zahlungsklage impliziert überdies konkludent das gebotene Verlangen i.S.v. § 281 IV BGB.

> **KLAUSURHINWEIS**
>
> Ganz offensichtlich könnte K die Notarkosten i.H.v. 5.000 € als frustrierte Aufwendungen aus § 284 BGB fordern. In Prüfungen stellt sich deshalb immer die Frage, ob man hier überhaupt den Schadensersatzanspruch prüfen soll. Eigentlich bedarf es, seit es § 284 BGB gibt, keiner aufwendigen Diskussion, wann man frustrierte Aufwendungen als Schadensersatz anzusehen hat. Weil die Rechtsprechung jedoch ihre selbst entwickelten Grundsätze zur Rentabilitätsvermutung trotz der Einführung des § 284 BGB weiterhin für anwendbar erklärt, schadet es nicht, das Problem bereits beim Schadensersatzanspruch zum ersten Mal anzusprechen.

Erwerbs-
bezogene
Aufwendungen

Fraglich ist hier allein, ob die vergeblich aufgewendeten Notarkosten auch als Schaden statt der Leistung anzusehen sind. Schließlich handelt es sich auf den ersten Blick um freiwillig aufgewendetes Vermögen. Nach § 249 I BGB soll der Gläubiger beim Schadensersatz so gestellt werden, als wäre der Vertrag ordnungsgemäß erfüllt worden.

BEISPIEL: Im obigen Fall[471] hätte K die 5.000 € aber auch investiert, wenn B das Grundstück übereignet hätte. Das Problem des K besteht darin, dass er die 5.000 € ohne Nutzen aufgewendet hat.

Nach ständiger BGH-Rechtsprechung wurde seit je widerlegbar vermutet, dass die Parteien bei gegenseitigen Verträgen Leistung und Gegenleistung als gleichwertig einschätzen. Sie erwarten, dass ihre Aufwendungen zum Vertragsschluss durch den Vorteil der erwarteten Gegenleistung ausgeglichen werden – Rentabilitätsvermutung bei erwerbsbezogenen Aufwendungen.[472] Deshalb sah man in Fällen, in denen der Gläubiger vergeblich Geld investierte, um eine mindestens gleichwertige Leistung zu erhalten, einen Schaden, den man als „Schadensersatz wegen Nichterfüllung" ersetzt verlangen konnte. Es besteht Einigkeit, dass diese Grundsätze nicht durch die Einführung des § 284 BGB verdrängt werden sollen, weil dies weder dem Wortlaut noch den Motiven der Reform entnommen werden kann.[473] Die Rentabilitätsvermutung ist widerleglich. Deshalb kann der Gläubiger keinen Schadensersatz verlangen, wenn er mit der Leistung des Schuldners keine wirtschaftlichen, sondern lediglich ideelle Interessen verfolgt hat, weil eine Amortisation im wirtschaftlichen Sinne dort von vornherein ausscheidet.[474]

---

471   Siehe Randnummer 158
472   BGH, NJW 1999, 2269, 2269; MünchKomm-Ernst, BGB, § 284 Rn 4
473   MünchKomm-Ernst, BGB, § 284 Rn 35; Lorenz/Riehm Rn 223, 225
474   Lorenz/Riehm Rn 224

KLAUSURHINWEIS

Referendare müssen in der prozessbegleitenden, forensischen Anwalts-klausur zunächst die materielle Rechtslage begutachten und dort beide Lösungswege darlegen. Anschließend stellt sich bei der Prüfung der Zweck-mäßigkeit des prozessualen Vorgehens die Frage, auf welche Anspruchs-grundlage der Entwurf der Klageschrift zu stützen ist. Zu bedenken ist hierbei, dass die Voraussetzungen des § 284 BGB leichter darzutun sind.[475] Ferner sollte man bei den Zweckmäßigkeitserwägungen darauf hinweisen, dass die „Rentabilitätsvermutung" widerleglich ist. Es empfiehlt sich daher, im materiellen Gutachten alle Anspruchsgrundlagen zu prüfen und im praktischen Entwurf die Hauptbegründung auf § 284 BGB und die Hilfsbe-gründung auf Schadensersatz zu stützen.

BEISPIEL: Im obigen Fall[476] stellen die investierten 5.000 € erwerbsbezogene Aufwen-dungen dar, die in Erwartung des Erhaltes der im Gegenseitigkeitsverhältnis stehenden Leistung getätigt wurden, nämlich in Erwartung der Übereignung des Grundstücks. Sie dienten auch der Verwirklichung wirtschaftlicher Ziele. Man darf folglich vermuten, dass sich diese Aufwendungen rentiert hätten. Folglich darf die Frustration der Auf-wendung im obigen Beispiel als Schaden gewertet werden, was mithin den Schadens-ersatzanspruch des K gegen B aus §§ 280 I, III, 281 I 1 1. Fall BGB rechtfertigt.

Nicht unter die Rentabilitätsvermutung fielen und fallen Aufwendungen, die nicht **159** unmittelbar den Erwerb betreffen, sondern die weitere Verwendung des zukünf-tigen Gegenstandes.[477] Dies lässt sich damit begründen, dass die Rentabilitäts-vermutung sich auf die enttäuschten Erwartungen des Gläubigers bezieht, der wegen einer Nicht- oder Schlechtleistung des Schuldners bei einem gegenseitigen Vertrag für seine Leistung keine Amortisation erhalten hat. Aufwendungen, die der Gläu-biger für die weitere Verwendung des Gegenstandes tätigt, liegen außerhalb dieses Austauschverhältnisses.[478]

Nutzenbezogene
Aufwendungen

BEISPIEL (BGH NJW 1992, 2564): V hatte K einen Gastronomiebetrieb verkauft, dabei aber arglistig verschwiegen, dass es sich um einen bordellähnlichen Stundenhotelbetrieb handelte, was von außen nicht erkennbar war. Dieser Umstand war maßgeblich für das Nichterreichen eines Mindestumsatzes, den K mit einer Diskothek zu erzielen gedachte. Für den Umbau in die Diskothek hatte K 20.000 € aufgewendet. Die Investitionen in den zukünftigen Gastronomiebetrieb wurden nicht als von der Rentabilitätsvermutung erfasst angesehen.[479] Wie in einem vorangegangenen ähnlichen Fall führte der BGH aus, dass die mit dem Ausbau einer Diskothek verbundenen Aufwendungen außerhalb des Austauschverhältnisses von Leistung und Gegenleistung des Grundstückskaufs stehen und deshalb nicht von der Rentabilitätsvermutung erfasst werden.[480]

---

475   MünchKomm-Ernst, BGB, § 284 Rn 35
476   Siehe Randnummer 158
477   Lorenz, NJW 2004, 26, 27
478   BGH, NJW 1991, 2277, 2279
479   BGH, NJW 1992, 2264, 2265
480   BGH, NJW 1991, 2277, 2279

160 Ebenfalls keinen Investitionsschutz bietet die Rentabilitätsvermutung bei Aufwendungen, die keinen kommerziellen Zwecken dienen.

> **BEISPIEL** („Konzertreisefall" LG Lüneburg NJW 2002, 614): Der Kläger hatte Konzertkarten bei der Beklagten erworben, um eine Solistin erleben zu können. Um das Konzert zu besuchen, wendete er Fahrt- und Übernachtungskosten auf. Wegen einer plötzlichen schweren Erkrankung der Solistin sagte der Beklagte das Konzert sofort ab. Der Kläger erhielt zwar die Kosten der Konzertkarten erstattet, klagte aber vergeblich auf Schadensersatz wegen der aufgewandten Fahrt- und Übernachtungskosten.

Ideelle Aufwendungen

In diesem Fall der Nichtleistung (es handelt sich bereits um den Leistungsstörungsfall der Unmöglichkeit) muss Schadensersatz nach der Rentabilitätsvermutung wegen der Fahrt und Übernachtungskosten verweigert werden. Es handelt sich bei diesen Kosten zunächst um freiwillige Vermögensopfer, mithin um Aufwendungen, die der Kläger auch getätigt hätte, wenn das Konzert stattgefunden hätte. Die Rentabilitätsvermutung muss hier von vornherein verneint werden, weil der Kläger keine Möglichkeit hatte, die für den immateriellen Zweck des optimalen Konzertgenusses aufgewandten Kosten wieder zu erwirtschaften. Jedes andere Ergebnis stünde auch im Widerspruch zur Regelung des § 253 BGB, der immaterielle Schäden nur in den dafür gesetzlich vorgesehenen Fällen gewährt.[481] Ob der Kläger im „Konzertreisefall" nach heutiger Rechtslage Aufwendungsersatz gem. § 284 BGB verlangen dürfte, erscheint zweifelhaft. Es ist nicht zu erkennen, dass der Beklagte die Leistungsstörung zu vertreten hat. Es fehlt es am haftungsbegründenden Tatbestand eines Anspruchs auf Schadensersatz statt der Leistung.[482] Deshalb erhält der Kläger weder Schadens- noch Aufwendungsersatz.

MERKSATZ
Auf die **Rentabilitätsvermutung** darf bei erwerbsbezogenen Aufwendungen (Notar-, Gutachter-, oder Maklerkosten etc.) innerhalb eines Anspruchs auf Schadensersatz statt der Leistung immer noch eingegangen werden. Die Rentabilitätsvermutung ist unanwendbar, wenn die Aufwendung nicht wirtschaftlichen, sondern ideellen Zwecken gedient hat. Aufwendungen, die die weitere Verwendung des zukünftigen Gegenstandes betreffen, werden von der Rentabilitätsvermutung nicht erfasst.

f) Einwendungen
Der Schadensersatzanspruch kann durch rechtsvernichtende Einwendungen erlöschen oder sich vermindern. Es gelten die obigen Ausführungen entsprechend.[483]

g) Einreden
Rechtshemmende Einreden führen zur Undurchsetzbarkeit des Anspruchs, wenn sie erhoben werden. Es gelten die obigen Ausführungen.[484]

h) Keine unzulässige Rechtsausübung gem. § 242 BGB
Es gelten die obigen Ausführungen.[485]

---

481   LG Lüneburg, NJW 2002, 614, 614
482   Siehe Randnummer 185
483   Siehe Randnummer 130
484   Siehe Randnummer 131
485   Siehe Randnummer 131

7. Das Rücktrittsrecht gem. § 323 I 1. Fall BGB

Der Gläubiger darf vom Vertrag bei einfachem Schuldnerverzug unter den Vor- **161**
aussetzungen des § 323 I 1. Fall BGB, im Falle des § 508 BGB wegen qualifizierten
Verzuges zurücktreten. Die Rücktrittsfolgen werden in einem gesonderten Kapitel
besprochen.[486]

Leistet der Schuldner trotz Möglichkeit, Fälligkeit und Durchsetzbarkeit seiner Leis- **162**   Sinn und Zweck
tungsverpflichtung nicht, gewährt § 323 I 1. Fall BGB dem Gläubiger das Recht, sich   des Rücktritts
durch Rücktritt vom Vertrag zu lösen. Damit beseitigt er die Vertragspflichten und
der Vertrag wandelt sich in ein Rückgewährschuldverhältnis mit neuen Pflichten
nach den §§ 346 ff. BGB um.[487] Zum Schutz des Schuldners und, um einen Gleichlauf
der Voraussetzungen zum Schadensersatzanspruch statt der Leistung zu gewährleisten, hängt der Rücktritt vom Ablauf einer Frist ab.

BEISPIEL: V hat an K eine Gitarre, die einen Marktwert von 500,- € hat, für 700,- € verkauft.
Als V zum vereinbarten Termin nicht leistet, setzt ihm K eine zweiwöchige Frist. Nach
erfolglosem Ablauf tritt er vom Vertrag zurück. Der Vertrag verwandelt sich sogleich
in ein Rückgewährschuldverhältnis gem. § 346 BGB. K muss den Kaufpreis nicht mehr
zahlen, erhält aber auch die Leistung nicht mehr.

Im Unterschied zum Schadensersatzanspruch aus §§ 280 I, III, 281 I 1 1. Fall BGB
bedarf es für das Rücktrittsrecht aus § 323 I BGB keines Verschuldens des Schuldners.
Dies ist sehr wichtig für den Gläubiger, der damit die Möglichkeit erhält, sich vom
Vertrag zu lösen und seinen Bedarf woanders zu decken.

BEISPIEL: K benötigt für sein Wohnhaus dringend neue Zimmertüren. Er bestellt solche bei
V, der aber trotz Fristsetzung nicht liefert. Durch das Rücktrittsrecht erhält K die Freiheit
zurück, sich die Türen bei einer fähigeren Firma zu besorgen. Nach dem Rücktritt muss
er keinen Anspruch des V mehr befürchten.

Ferner bestimmen die Absätze V und VI Beschränkungen des Rücktrittsrechts, sowie
verschiedene Ausschlussgründe.

a) Prüfungsschema

PRÜFUNGSSCHEMA

RÜCKTRITTSRECHT GEM. § 323 I 1. Fall BGB

1. **Gegenseitiger Vertrag**
2. **Nichterfüllung einer fälligen, möglichen und durchsetzbaren
   Leistungspflicht**
3. **Setzung einer erforderlichen und angemessenen Frist und erfolgloser
   Ablauf der Frist**
4. **Kein Ausschluss des Rücktrittsrechts**

---

486   Siehe Randnummer 431
487   Siehe Randnummer 437

b) Gegenseitiger Vertrag

163 Das Rücktrittsrecht gem. § 323 I BGB gilt nur für gegenseitige Verträge.[488]

c) Nichterfüllung einer fälligen, möglichen und durchsetzbaren Leistungspflicht

Der Schuldner muss eine Leistungspflicht nicht erbracht haben, obwohl ihm dies möglich war, außerdem muss die Leistungspflicht fällig und durchsetzbar gewesen sein.

aa) Leistungspflicht i.s.v. § 323 I 1. Fall BGB

164 Die wichtigste Frage bei Prüfung der Tatbestandsvoraussetzungen muss gleich zu Beginn beantwortet werden. Sie lautet, für welche Art Schuldnerpflichten dieses Rücktrittsrecht geschaffen wurde. In Frage kommen grundsätzlich Hauptleistungs-, Nebenleistungs- und Nebenpflichten.[489] Ein Rücktrittsrecht wegen der Verletzung von Nebenpflichten wurde allerdings in § 324 BGB speziell geregelt. Daher beschränkt sich der Anwendungsbereich des § 323 I BGB von vornherein auf die Leistungspflichten. Nach dem erklärten Willen des Gesetzgebers sollen alle leistungsbezogenen Pflichten gemeint sein, Hauptleistungs- und Nebenleistungspflichten, gleich, ob sie im Gegenseitigkeitsverhältnis stehen oder nicht.[490] Dies wird von der h.M. anerkannt.[491]

h.M: Anwendbarkeit des § 323 I 1. Fall BGB auf alle Nebenleistungspflichten

BEISPIEL: Nach h.M. wendet man § 323 I 1. Fall BGB auf die typischen Nebenleistungspflichten der Nichtabnahme der verkauften Sache durch den Käufer (§ 433 II 2. Fall BGB) oder das Versäumen einer geschuldeten Montage an.[492]

Gleichwohl ist die Anwendbarkeit auf nicht im Synallagma stehende Nebenleistungspflichten umstritten.

BEISPIEL: Ein Arbeitnehmer ist lt. Arbeitsvertrag verpflichtet, dem Arbeitgeber dessen Arbeitsgerät zurückzugeben und tut dies bei Fälligkeit und Ablauf der gesetzten Frist nicht.

M.M.: Einschränkende Auffassung

Eine Auffassung verneint in diesem Fall das Recht des Gläubigers, sich wegen Nichterfüllung der Nebenleistungspflicht gem. § 323 I 1. Fall BGB vom Vertrag zu lösen. Sie begründet dies mit den Argumenten, einerseits sei ein Teilrücktritt nicht möglich, weil die Rückgabepflicht nicht durch Arbeitslohn abgegolten werde. Andererseits verbiete sich ein Rücktritt vom gesamten Vertrag, weil dem Arbeitgeber das Recht bleibe, im Wege des Schadensersatzes gem. §§ 280 I, III, 281 I 1. Fall BGB gegen den Arbeitnehmer vorzugehen. Treffe den Arbeitnehmer kein Verschulden, und falle der Schadensersatzanspruch dadurch aus, müsse der Arbeitgeber dies als Teil des unternehmerischen Risikos hinnehmen.[493]

---

488 *Siehe Randnummer 68*
489 *Siehe Randnummer 5*
490 *BT-Drs. 14/6040, S. 183*
491 *Erman-Westermann, BGB, § 323 Rn 5; Palandt-Grüneberg, BGB, § 323 Rn 10;*
492 *Erman-Westermann, BGB, § 323 Rn 5*
493 *MünchKomm-Ernst, BGB, § 323 Rn 13*

Gerade das letzte Argument vermag nicht zu überzeugen. Im Vergleich zu § 323 V BGB und zu § 324 BGB ergibt sich ein Ungleichgewicht, weil dort das Rücktrittsrecht entweder nur bei unwesentlichen Pflichtverletzungen ausgeschlossen ist (§ 323 V BGB) oder an wertende Kriterien geknüpft ist (§ 324 BGB).[494]

Streitentscheid

Es erscheint deshalb nicht sachgerecht, in § 323 I BGB von vornherein bestimmte Leistungspflichten abzuscheiden, wenn in allen anderen Fällen über die Anwendbarkeit des Rücktrittsrechts die Schwere der Pflichtverletzung und ihre Wesentlichkeit für den Gläubiger entscheidet.

MERKSATZ

§ 323 I 1. Fall BGB findet auf alle leistungsbezogenen Pflichten eines gegenseitigen Vertrages Anwendung.

bb) Möglichkeit der Erfüllung

Hat der Schuldner nicht geleistet, weil er von seiner Leistungspflicht gem. § 275 I, II, III BGB frei geworden ist, findet § 323 I BGB keine Anwendung. Es kommt der speziellere § 326 V BGB zur Anwendung, der auf § 323 I BGB verweist. Es ist sinnlos, eine Frist zu setzen, wenn die Leistung ohnehin nicht mehr erbracht werden kann.

165   Verhältnis zu
§ 326 V BGB

cc) Fälligkeit und Durchsetzbarkeit

Zu den Begriffen Fälligkeit und Durchsetzbarkeit gilt grundsätzlich das zu § 286 BGB und das zu 281 I 1 1. Fall BGB ausgeführte.[495] Insbesondere ist bei gegenseitigen Verträgen auch hier zu beachten, dass der Gläubiger wie bei § 286 BGB die ihm obliegende synallagmatische Gegenleistung in Annahmeverzug begründender Weise anbieten muss, um die auch ohne Erhebung zu beachtende Einrede des § 320 BGB zu beseitigen. Die Ausführungen bei § 286 BGB gelten hier entsprechend.[496]

166

(1) Rücktrittsmöglichkeit vor Fälligkeit gem. § 323 IV BGB

Ausnahmsweise kann der Gläubiger schon vor der Fälligkeit des Anspruchs auf Leistung zurücktreten. Dieses Recht billigt ihm § 323 IV BGB zu. Dies gilt dann, wenn Verhaltensweisen des Schuldners das nahe Eintreten der Vertragsverletzung als offensichtlich erscheinen lassen.

§ 323 IV BGB

BEISPIEL: Der Schuldner hat vor der Fälligkeit seine ernstliche und endgültige Leistungsverweigerung erklärt.[497] Einen weiteren Fall könnte man darin sehen, dass der Schuldner aufgrund einer bevorstehenden Importbeschränkung zur Leistung nicht mehr in der Lage sein wird.[498]

---

494   *Erman-Westermann, BGB, § 323 Rn 5*
495   *Siehe Randnummer 67 und 135*
496   *Siehe Randnummer 72*
497   *Erman-Westermann, BGB, § 323 Rn 11*
498   *MünchKomm-Ernst, BGB, § 323 Rn 139*

(2) Gleichzeitiger Schuldnerverzug

Verhältnis zu
§ 286 BGB

167 Man kann sich allerdings die Frage stellen, ob bei § 323 I 1.Fall BGB gleichzeitig die Voraussetzungen des Schuldnerverzuges erfüllt sein müssen. Dies ist auf den ersten Blick zu verneinen. Schuldnerverzug erfordert gem. § 286 IV BGB das Vertretenmüssen des Schuldners. Dagegen wird ein Vertretenmüssen des Schuldners in § 323 I BGB nicht gefordert. Ferner muss der Schuldner, der in Verzug geraten soll, grundsätzlich gemahnt werden. Auf dieses Erfordernis verzichtet § 323 I 1. Fall BGB nach ausdrücklich erklärtem Willen des Gesetzgebers.[499] Stattdessen wird grundsätzlich eine Fristsetzung verlangt. Trotzdem können aber wegen der großen Übereinstimmungen zwischen § 286 BGB und § 323 I 1. Fall BGB beide Tatbestände gleichzeitig erfüllt sein. Insbesondere wird man in aller Regel in der Fristsetzung zugleich eine Mahnung erblicken dürfen. Nur ausnahmsweise, nämlich, wenn die Leistungsaufforderung keine sofortige Mahnung enthalten soll, wird nicht mit der Fristsetzung eine Mahnung verbunden sein.[500] Solche Fallkonstellationen wurden bereits beschrieben.[501] Also kann parallel zu den Voraussetzungen des § 323 I 1. Fall BGB Schuldnerverzug eintreten. Dies ist jedoch keine Voraussetzung zur Begründung des Rücktrittsrechts aus § 323 I 1. Fall BGB.

MERKSATZ

§ 323 I BGB setzt nicht gleichzeitigen Schuldnerverzug voraus.

d) Setzung einer erforderlichen und angemessenen Frist und erfolgloser Ablauf der Frist

168 Grundsätzlich muss der Gläubiger dem Schuldner eine Frist zur Leistung gesetzt haben, die fruchtlos abgelaufen sein muss. Die streitige Frage, ob das Fristsetzungserfordernis des § 323 I 2. Fall BGB gegen die Richtlinie 1999/44/EG verstößt, betrifft nur die nicht vertragsgemäß erbrachte Leistung und wird deshalb hier nicht erörtert.[502]

aa) Fristsetzung

(1) Zeitpunkt der Fristsetzung

Zeitpunkt der
Fristsetzung

169 Im Zeitpunkt der Fristsetzung muss der Leistungsanspruch fällig und durchsetzbar gewesen sein.[503] Jedoch ist es erlaubt, die Setzung der Frist mit den Erklärungen zu verbinden, die die Fälligkeit herbeiführen.[504]

BEISPIEL: V hat an K sein Fahrrad verkauft. Geliefert werden sollte es „am Ende des Sommers". Am 20. September fordert K den V schriftlich auf, bis zum 2. Oktober zu liefern.

Weil § 323 IV BGB den Rücktritt vor Fälligkeit abschließend regelt, ist eine Fristsetzung vor Fälligkeit wirkungslos.[505] Die nachträgliche Fälligkeit heilt nicht die wirkungslose Fristsetzung.[506]

---

499   BTDrs. 16/6040, S. 184
500   Erman-Westermann, BGB, § 323 Rn 6
501   Siehe Randnummer 86
502   Näheres im Skript Kaufrecht
503   MünchKomm-Ernst, BGB, § 323, Rn 46, 47
504   MünchKomm-Ernst, BGB, § 323 Rn 56
505   BGH, BeckRS 2012, 15274
506   MünchKomm-Ernst, BGB, § 323 Rn 56

MERKSATZ

Die Leistung muss grundsätzlich zur Zeit der Fristsetzung fällig sein.

(2) Inhalt

Die Frist muss eine bestimmte und eindeutige Leistungsaufforderung enthalten. Erneut ist fraglich, ob der Gläubiger zum Schutz des Schuldners einen Endtermin oder die Fristdauer in Tagen, Wochen oder Monaten bemessen muss. Dies wird auch bei § 323 I BGB von einer Auffassung vertreten.[507] Aus den bei § 281 I BGB dargestellten Argumenten ist die Benennung eines in Tagen, Wochen oder Monaten bemessenen Zeitrahmens aber abzulehnen.[508] Nicht nötig ist ferner die Androhung von rechtlichen Konsequenzen.

170 Bestimmtheit der Fristsetzung

Wenn der Gläubiger zu viel fordert, gelten die zu § 286 BGB ausgeführten Grundsätze, nach denen die Erklärung unter Einbeziehung aller Umstände des Einzelfalles ausgelegt werden muss.[509] Die Grenze stellt allerdings der Grundsatz von Treu und Glauben dar.

Zuvielforderung

BEISPIEL: Mit einer erheblichen Zuvielforderung kann der Gläubiger gegen § 242 BGB verstoßen. Weil die Fristsetzung dann als wirkungslos gilt, kann er nicht gem. § 323 I BGB zurücktreten. Ob Verzug gem. § 286 BGB eingetreten ist, muss davon unabhängig beurteilt werden.[510]

(3) Angemessenheit der Frist

Die Fristsetzung muss angemessen sein. Hat der Gläubiger eine zu kurz bemessene Frist gesetzt, führt dies grundsätzlich nicht zur Unwirksamkeit, sondern zum Beginn einer angemessen langen Frist, deren Bemessung im Streitfall dem Gericht obliegt.[511] Dabei ist dem Schuldner so viel Zeit zu gewähren, wie nötig ist, um eine bereits vorbereitete Leistung zu vollenden.[512] In die Abwägung mit einzubeziehen sind, wie viel Zeit dem Schuldner bereits zur Verfügung stand und welche Dringlichkeit die Leistung für den Gläubiger aufweist. Kein Kriterium ist die finanzielle Leistungsfähigkeit des Schuldners.[513]

171 Angemessene Länge der Frist

KLAUSURHINWEIS

Im Examensfall übernimmt der Kandidat die Rolle des Prozessgerichts und muss eine abgewogene Entscheidung nach gesundem Menschenverstand treffen. Dabei entscheiden die Umstände des Einzelfalles. Man wird die Länge der Frist beim Kauf einer Leuchte anders beurteilen als bei einer Einbauküche.

Nur ausnahmsweise wird man in einer zu kurz gesetzten Frist einen Verstoß des Gläubigers gegen Treu und Glauben gem. § 242 BGB sehen. In diesem Fall ist die Fristsetzung abweichend vom Normalfall unwirksam.

---

507   *Palandt-Grüneberg, BGB, § 323 Rn 13*
508   *Siehe Randnummer 137*
509   *Siehe Randnummer 89*
510   *OLG Celle, MDR 1994, 137, 137; MünchKomm-Ernst, § 323 Rn 63*
511   *Bamberger/Roth-Schmidt, BGB, § 323 Rn 16*
512   *Bamberger/Roth-Schmidt, BGB, § 323 Rn 17*
513   *BGH, NJW 1985, 2640, 2641*

BEISPIEL: Dies wird man annehmen können, wenn der Gläubiger die Frist nur zum Schein setzt oder er verdeutlicht, er werde die Leistung auch bei fristgemäßer Erfüllung nicht annehmen.

MERKSATZ

Eine zu kurz bemessene Frist setzt grundsätzlich eine angemessen lange Frist in Gang.

Auch bei § 323 I BGB muss die Fristsetzung keinen in Tagen, Wochen oder Monaten bemessenen Zeitraum bezeichnen.[514]

bb) Entbehrlichkeit der Fristsetzung

172 § 323 II BGB regelt Ausnahmen, in denen der Gläubiger dem Schuldner keine Frist setzen muss und sein sofortiger Rücktritt berechtigt ist.

(1) Entbehrlichkeit gem. § 323 II Nr. 1 BGB

Leistungsver-
weigerung gem.
§ 323 II Nr. 1 BGB

Die Fristsetzung ist entbehrlich, wenn der Schuldner die Leistung ernstlich und endgültig verweigert hat. Hier gelten die Ausführungen zu den strengen Anforderungen zu § 281 II 1. Fall BGB entsprechend.[515] Allein die Erklärung des Schuldners, er werde zum Fälligkeitszeitpunkt nicht leisten können, begründet keine ernsthafte und endgültige Leistungsverweigerung gem. § 323 II Nr. 1 BGB. Entscheidend ist die Prognose, ob er nach Ablauf der Nachfrist nicht leisten kann.[516]

(2) Entbehrlichkeit gem. § 323 II Nr. 2 BGB

Relatives
Fixgeschäft gem.
§ 323 II Nr. 2 BGB

173 § 323 II Nr. 2 BGB regelt das relative Fixgeschäft. Grundsätzlich gelten hinsichtlich der Definitionen und Voraussetzungen die Ausführungen zu § 281 II 2. Fall BGB.[517] Bei § 323 II Nr. 2 BGB muss die Leistungszeit genau bestimmt sein und die Einhaltung der Leistungszeit muss nach dem Parteiwillen derart wesentlich sein, dass mit der zeitgerechten Leistung das Geschäft stehen oder fallen soll.[518] Erfolgt die Leistung nicht innerhalb der fixierten Zeit, kann der Gläubiger ohne Fristsetzung zurücktreten. Auf ein Verschulden des Schuldners kommt es nicht an.[519]

(3) Entbehrlichkeit gem. § 323 II Nr. 3 BGB

Interessenab-
wägung gem.
§ 323 II Nr. 3 BGB

174 Nach bisheriger Rechtslage war die Fristsetzung auch entbehrlich, wenn besondere Umstände vorlagen, die bei Abwägung der beiderseitigen Interessen eine Fristsetzung und den Fristablauf als unnötig erscheinen lassen.

BEISPIEL: Dies war der Fall, wenn Saisonartikel wegen Zeitablaufs unverkäuflich geworden waren oder die Kunden des Gläubigers wegen der Lieferverzögerung die Abnahme verweigerten.[520]

---

514   Siehe Randnummer 137
515   Siehe Randnummer 139
516   BGH, BeckRS 2012, 15274
517   Siehe Randnummer 143
518   Palandt-Grüneberg, BGB, § 323 Rn 20
519   Palandt-Grüneberg, BGB, § 323 Rn 21
520   Palandt-Grüneberg, BGB, 73. Auflage, § 323 Rn 23

Im Jahr 2011 trat die Richtlinie 2011/83/EU des Europäischen Parlaments und des Rates (VRRL) in Kraft.[521] Das folgende Gesetz zur Umsetzung der Verbraucherrechtsrichtlinie der Bundesrepublik Deutschland vom 20.09.2013[522] enthielt eine den Art. 18 II der VRRL überschießende Regelung, die den § 323 II Nr. 3 BGB änderte.

VRRL

Mit dem Inkrafttreten des Gesetzes gilt das fristlose Rücktrittsrecht nach § 323 II Nr. 3 BGB bei Verträge, die ab dem 13.06.2014 nur noch für Fälle der nicht vertragsgemäß erbrachten Leistung.[523]

Schlechtleistung

BEISPIEL: Der Besteller hat das Vertrauen in den Bauunternehmer verloren, weil der in einer derartigen Häufigkeit und Schwere gegen die Regeln der Baukunst verstoßen hat, dass Zweifel an der Standfestigkeit des Gebäudes bestehen.[524] Der Verkäufer hat den Käufer hinsichtlich eines Mangels arglistig getäuscht.[525]

Dass in Art. 229 § 32 I EGBGB nur Verbraucherverträge genannt sind, beruht in Bezug auf § 323 II BGB auf einem Redaktionsversehen. Die Neuerung gilt für alle gegenseitigen Verträge.[526]

cc) Nichterbringung der Leistungspflicht im maßgeblichen Zeitpunkt

Der Schuldner darf die Leistung bis zum maßgeblichen Zeitpunkt nicht rechtzeitig erbracht haben. Maßgebender Zeitpunkt ist bei gesetzter Frist der Fristablauf, im Falle der zu kurz bemessenen Frist der Zeitpunkt, an dem die angemessene Frist ablaufen würde. Beim Fixgeschäft muss die Nichterfüllung innerhalb der Fixzeit eingetreten sein.

175   Nichterfüllung

e) Kein Ausschluss des Rücktrittsrechts

Ausnahmsweise kann das Rücktrittsrecht ausgeschlossen sein. Für den Fall der Nichtleistung regeln § 323 V 1 BGB und § 323 VI BGB den Ausschluss.

aa) Ausschlussgrund des § 323 V 1 BGB bei Teilleistung

Der Ausschlussgrund des § 323 V 1 BGB knüpft an eine teilweise erfolgte Leistung und eine teilweise nicht erfolgte Leistung des Schuldners an. Er enthält zwei gegenläufige Informationen und ist deshalb nur schwer zu verstehen. Einerseits schränkt er im Falle einer teilweisen Nichterfüllung den Rücktritt vom gesamten Vertrag ein, andererseits bestätigt er, dass unter den Voraussetzungen des § 323 I – IV BGB im Falle einer Teilleistung grundsätzlich auch ein Teilrücktritt vom Vertrag erlaubt ist.

Inhalt des § 323 V 1 BGB

(1) Recht zum Teilrücktritt

Der Umkehrschluss des § 323 V 1 BGB erlaubt die Feststellung, dass der Gläubiger im Falle einer Teilleistung diese annehmen und vom Rest des Vertrages zurücktreten darf. Die Pflicht zur Gegenleistung mindert sich dann analog § 441 III BGB.[527] Zunächst muss der Begriff der teilweisen Nichtleistung erläutert werden. Sie ist nur denkbar, wenn man die schuldnerische Leistung als teilbare Leistung versteht.

176

---

521   Tonner, VUR 2013, 444
522   (BGBL I 2013, S. 3642 ff.)
523   Palandt-Grüneberg, BGB, § 323 Rn 22
524   BGH, NZBau, 2008, 576, 577
525   Palandt-Grüneberg, BGB, § 323 Rn 22
526   MünchKomm-Ernst, BGB, § 323 Rn 6
527   Bamberger/Roth-Grothe, BGB, § 323 Rn 43

Teilbare Leistung

DEFINITION

Eine **Leistung** ist **teilbar**, wenn sie grundsätzlich wirtschaftlich-gegenständlich oder wirtschaftlich-rechtlich zerlegbar ist.[528]

BEISPIEL: V verkauft K 100 Anzughemden für 50,- €/Stück. Die Menge besteht aus 10 Tranchen in 10 verschiedenen Herrengrößen. Jede Tranche enthält 10 Hemden. Hier bildet jede Tranche einen Teil der Gesamtleistung. Ferner bildet die Menge – 10 Stück – innerhalb der Tranche einen Teil.

Nichterbringung der Teilleistung

Ferner muss der Schuldner einen Teil der teilbaren Leistung nicht erbracht haben.

BEISPIEL: Liefert V 10 Tranchen zu je fünf Hemden hat er eine Teilleistung bewirkt. Liefert er nur 5 Tranchen mit 10 Hemden hat er ebenfalls eine Teilleistung bewirkt.

Teilbarkeit der Gegenleistung

Dritte Voraussetzung des Teilrücktrittes ist, dass die Gegenleistung ebenfalls teilbar ist.[529]

BEISPIEL: Das ist bei den Anzughemden der Fall, da jedes mit 50,-- € pro Stück berechnet wird. Aus § 323 V 1 BGB darf man im obigen Fall[530] den Umkehrschluss ziehen, dass K die 50 Hemden annehmen, aber vom restlichen Vertrag zurücktreten darf. Seine Gegenleistungspflicht reduziert sich analog § 441 III BGB auf 2.500 €.

Teilweise Schlechterfüllung

Ausschluss des Teilrücktritts

Keine Teilleistung i.S.v. § 326 V 1 BGB ist die teilweise Schlechterfüllung. Dies folgt schon daraus, dass es für diesen Fall in § 323 V 2 BGB eine eigenständige Regelung gibt.[531] Der Teilrücktritt ist hingegen ausgeschlossen, wenn die Leistung entweder aus wirtschaftlichen oder aus rechtlichen Gründen unteilbar ist. Gleiches gilt, wenn die Parteien die Leistung als eine untrennbare einheitliche Leistung ansehen.

Vereinbarung über Unteilbarkeit

Die Parteien können eine Vereinbarung über die Unteilbarkeit der Leistung sogar stillschweigend treffen. Zur Feststellung einer solchen konkludenten Vereinbarung sollen dieselben Kriterien herangezogen werden, die bei § 139 BGB dafür maßgebend sind, ob mehrere, rechtlich verschieden zu beurteilende Vereinbarungen einen einheitlichen Vertrag bilden. Es soll darauf ankommen, ob alle Leistungen miteinander "stehen oder fallen" sollen und ob von vornherein nur eine vollständige Rückgängigmachung in Betracht kommt, wenn auch nur einer von mehreren Leistungsteilen nicht vertragsgemäß erbracht wird.[532]

BEISPIEL („EDV-Anlagenfall"): V verkauft K eine EDV-Anlage, bestehend aus Hardware und spezieller Software. K kommt es erkennbar auf eine „Gesamtlösung" an, weil er nicht später dem Streit einzelner Lieferanten ausgesetzt sein will, wenn ein Teil der Anlage nicht funktioniert. Die Spezialsoftware ist nicht handelsüblich und nur bei V erhältlich und auf die gelieferte Hardware zugeschnitten.

---

528   *Bamberger/Roth-Grothe, BGB, § 323 Rn 43*
529   *MünchKomm-Ernst, BGB, § 323 Rn 202*
530   *Siehe Randnummer 177*
531   *MünchKomm-Ernst, BGB, § 323 Rn 197*
532   *BGH, NJW 1990, 3011, 3012*

In diesem Fall darf man von einer unteilbaren Einheit des Vertrages ausgehen. Liefert V nur die Hardware, nicht aber seine Spezialsoftware, wäre ein Teilrücktritt nicht erlaubt.

MERKSATZ

Der Gläubiger darf nach Annahme einer Teilleistung unter den Vorausset-zungen des § 323 BGB teilweise zurücktreten, wenn es sich sowohl bei der Leistung, als auch bei der Gegenleistung des Vertrages um teilbare Leis-tungen handelt.

(2) Recht zum Rücktritt vom gesamten Vertrag

§ 323 V 1 BGB erlaubt dem Gläubiger im Falle der Teilleistung den Rücktritt vom gesamten Vertrag nur eingeschränkt. Erneut sind Differenzierungen nötig.   **177**

Hat der Schuldner dem Gläubiger eine Teilleistung angeboten, die dieser jedoch unter Berufung auf § 266 BGB nicht angenommen hat, darf der Gläubiger nach Fristablauf vom gesamten Vertrag zurücktreten.[533]

Rücktritt nach Nichtannahme der Teilleistung

§ 323 V 1 BGB erfasst also, wenn es um den Gesamtrücktritt geht, nur den Fall, dass der Gläubiger die Teilleistung angenommen hat, aber nach dem endgültigen Ausbleiben der restlichen Leistung vom gesamten Vertrag zurücktreten will. Ent-scheidend ist dann, ob sein Interesse am gelieferten Teil so groß ist, dass ein Rücktritt vom gesamten Vertrag ausscheiden soll. Dies ist im Einzelfall nach seinen Bedürf-nissen, jedoch immer objektiv zu beurteilen. Dabei entscheidet, ob die konkreten Zwecke des Gläubigers mit der gelieferten Teilleistung nicht, auch nicht teilweise, verwirklicht werden können.[534]

Fehlendes Interesse an der Teilleistung

BEISPIEL: Im EDV-Anlagenfall[535] hat K die Hardware erhalten, aber nicht die Spezial-software. Wenn eine andere Firma die Spezialsoftware gar nicht oder nur zu wesentlich höheren Preisen herstellen oder nur zu unzumutbaren Lieferzeiten beschaffen könnte, dürfte sich K zu Recht auf fehlendes Interesse an der Hardware berufen und vom gesamten Vertrag zurücktreten.

MERKSATZ

Der Gläubiger darf vom gesamten Vertrag bei einer angenommenen Teilleistung gem. § 323 V 1 BGB nur zurücktreten, wenn er an dieser Teilleistung kein Interesse hat. Entscheidend ist, ob er sein konkretes Ziel mit der Leistung zumindest teil-weise verwirklichen kann.

---

533   *Erman-Westermann, BGB, § 323 Rn 25*
534   *BGH, NJW 1990, 3011, 3013*
535   *Siehe Randnummer 176*

bb) Ausschlussgrund des § 323 VI BGB

178 Der Rücktritt ist ausgeschlossen, wenn einer der beiden Fälle des § 323 VI BGB einschlägig ist.

(1) Alleinige oder weit überwiegende Verantwortlichkeit des Gläubigers

Wenn der Gläubiger für den Umstand, der ihn zum Rücktritt berechtigt, allein oder weit überwiegend verantwortlich ist, ist der Rücktritt ausgeschlossen. Das ist der Fall, wenn der Gläubiger aufgrund seines Mitverschuldens wegen § 254 BGB gleichzeitig keinen Schadensersatzanspruch für sich beanspruchen könnte.[536] Deshalb wird man eine Quote von 90 % fordern müssen.[537] Der Gläubiger kann die Erfüllung durch den Schuldner auf verschiedene Weise stören. Er kann sowohl seine eigenen Vertragspflichten, aber auch seine Mitwirkungsobliegenheiten verletzen.

BEISPIEL: Der Gläubiger einer Bauleistung verwehrt dem Unternehmer den Zutritt zur Baustelle.

MERKSATZ

Der Gläubiger ist weit überwiegend verantwortlich i.S.v. § 323 VI BGB, wenn ihm bei Stellung eines Schadensersatzanspruchs gem. § 254 BGB eine Mitverschuldensquote von mindestens 90 % angerechnet würde.

(2) Annahmeverzug des Gläubigers

179 Ist der Gläubiger bereits im Annahmeverzug und tritt währenddessen der Umstand ein, der ihn zum Rücktritt berechtigen würde, ist dieser ausgeschlossen, wenn der Schuldner den Umstand nicht zu vertreten hat.

BEISPIEL: Kaufmann V verkauft Kaufmann K einen Posten weiße Wandfarbe. Fixer Liefertermin soll der 1. Juni sein. Es wird vereinbart, dass V vorzeitig leisten darf. Am 2. Mai kündigt V an, am 24. Mai zu liefern, womit K einverstanden ist. Am 24. Mai ist K aber abwesend, weshalb die Lieferung nicht erfolgt. Am 1. Juni verursacht V leicht fahrlässig einen Verkehrsunfall auf der Autobahn. Durch die aus dem Unfall folgende Verzögerung schafft es V nicht mehr, dem K die Farbe am 1. Juni zu liefern.

Beim relativen Fixgeschäft i.S.v. § 323 II Nr. 2 BGB ist die Fristsetzung entbehrlich. Weil V den Fixtermin vom 1. Juni verpasst hat, stünde K eigentlich ein Rücktrittsrecht gem. § 323 I, II Nr. 2 BGB zu. Dies ist jedoch ausgeschlossen, wenn die Voraussetzungen des § 323 VI 2. Fall BGB greifen. Der Gläubiger gerät unter den Voraussetzungen der §§ 293 ff. BGB in Annahmeverzug. Danach ist K hier am 24. Mai in Annahmeverzug geraten. Während des Annahmeverzuges hat der Schuldner gem. § 300 I BGB nur grobe Fahrlässigkeit zu vertreten. Hier hat V die Nichtleistung am 1. Juni nur leicht fahrlässig verursacht und diese mithin nicht zu vertreten. Der Rücktritt gem. §§ 323 I, II Nr. 2 BGB ist folglich ausgeschlossen.

---

536   *BT-Drs. 14/6040, S. 187*
537   *Erman-Westermann, BGB, § 323 Rn 29*

8. Rücktrittsrecht gem. § 323 III BGB

Abweichend von § 323 I BGB kann der Rücktritt auch gem. § 323 III BGB auf den **180** Verstoß gegen eine Unterlassungspflicht gestützt werden, wenn der Schuldner der Unterlassungspflicht zuwiderhandelt. In diesem Fall tritt an die Stelle einer Fristsetzung die Abmahnung.

> **DEFINITION**
>
> Unter **Abmahnung** versteht man die ernsthafte Aufforderung an den Schuldner, weitere Zuwiderhandlungen zu unterlassen.[538]

Abmahnung gem. § 323 III BGB

9. Das Rücktrittsrecht gem. § 508 BGB

Hat ein Unternehmer (§ 14 BGB) einem Verbraucher (§ 13 BGB) oder einem Existenzgründer (§ 513 BGB) eine entgeltliche Zahlungshilfe i.S.v. § 506 I BGB gewährt, kann der Unternehmer nur unter erhöhten Voraussetzungen vom Vertrag zurücktreten. § 508 BGB verweist auf § 498 I BGB, der einen qualifizierten Verzug voraussetzt.[539]

10. Kündigungsrechte

Das BGB enthält neben Schuldverhältnissen, die, wie der Kauf, nur auf eine einmalige Leistung gerichtet sind, auch Schuldverhältnisse, die auf Dauer angelegt **181** sind und bei denen während ihrer Laufzeit ständig neue Leistungspflichten und Schutzpflichten/Nebenpflichten entstehen. Solche Schuldverhältnisse werden Dauerschuldverhältnisse genannt.

> **DEFINITION**
>
> Bei **Dauerschuldverhältnissen** wird ein dauerndes Verhalten oder werden wiederkehrende Leistungen geschuldet. Der Gesamtumfang der Leistungen hängt von der Dauer der Rechtsbeziehung ab.[540]

Dauerschuld-verhältnis

Dauerschuldverhältnisse kann der Gläubiger aus wichtigem Grund ohne Einhaltung einer Kündigungsfrist kündigen. Hierzu gewährt die Rechtsordnung zunächst spezielle Gründe, nämlich die §§ 490, 498, 543, 569, 626, 723 BGB sowie § 89b HGB. Nur soweit diese Regeln nicht einschlägig sind, darf das Dauerschuldverhältnis wegen eines wichtigen Kündigungsgrundes aus § 314 I BGB gekündigt werden.

---

538   *Palandt-Grüneberg, BGB, § 323 Rn 17*
539   *Siehe Randnummer 182*
540   *Palandt-Grüneberg, BGB, § 314 Rn 2*

BEISPIEL (nach OLG Saarbrücken, NJW-RR 2006, 465): Der selbständige Malermeister M hatte bei V eine Krankentagegeldversicherung abgeschlossen, die für den Fall einer Arbeitsunfähigkeit zu 100 % Krankentagegeldzahlungen leisten sollte. In den Vertragsbedingungen war allerdings vorausgesetzt, dass für die Dauer des Bezugs des Tagegeldes tatsächlich nicht gearbeitet werden durfte. Obwohl M aufgrund eines Attestes Krankentagegeld von V bezog, nahm er heimlich einen Auftrag an, was V aufgrund des Einsatzes eines Detektivs herausfand. Darauf kündigte die Versicherung den Vertrag aus wichtigem Grund.

a) Kündigungsrecht gem. § 498 BGB

182 Die Kündigung des Verbraucherdarlehensvertrages erfordert gem. § 498 BGB qualifizierten Verzug. Die Norm soll den Darlehnsnehmer davor schützen, die gesamte Darlehenssumme zurückzahlen zu müssen, obwohl er nur mit einem geringen Teil der Summe in Zahlungsrückstand geraten ist. Deshalb genügen die Voraussetzungen des Schuldnerverzuges allein nicht zur Kündigung und Gesamtfälligstellung des Darlehens. Nur wenn der Darlehensnehmer in einer bestimmten Höhe des Rückzahlungsbetrages im Zahlungsrückstand ist und ihm eine bestimmte Frist gesetzt worden ist, muss er die Kündigung hinnehmen und den gesamten Betrag zurückzahlen.

aa) Verbraucherdarlehensvertrag

Verbraucherdar-lehensvertrag

Gefordert wird das Vorliegen eines Verbraucherdarlehensvertrages i.S.d. § 491 BGB. Ein solcher kann ein Allgemein-Verbraucherdarlehensvertrag oder ein Immobiliar-Verbraucherdarlehensvertrag sein.[541] Dieser Vertrag muss auch gem. § 494 I BGB formwirksam sein.[542] Gem. § 514 BGB gilt § 498 BGB auch bei unentgeltlichen Darlehensverträgen.

bb) Qualifizierter Verzug

Allgemein-Ver-braucherdarle-hensvertrag

Der Darlehensnehmer muss mit der Rückzahlung des Darlehens aus § 488 I 2 BGB im Schuldnerverzug sein. Schuldnerverzug tritt unter den Voraussetzungen des § 286 BGB ein.[543] Jedoch muss der Schuldner mit zwei aufeinander folgenden Teilzahlungen im Rückstand sein, die ganz oder teilweise ausstehen können. Außerdem muss bei einem Allgemein-Verbraucherdarlehensvertrag der Verzug in Höhe eines in § 498 I BGB angegebenen Prozentsatzes der Darlehenssumme bestehen. Hinzukommen muss die Setzung einer mindestens zweiwöchigen Frist mit Ablehnungsandrohung.

Immobiliar-Ver-braucherdarle-hensvertrag

Für Immobiliar-Verbraucherdarlehensverträge gelten ergänzend die Regelungen in § 498 II und III BGB.

b) Kündigungsrecht gem. §§ 314 II, 323 BGB

Ein wichtiger Grund kann gem. § 314 II BGB eine Pflichtverletzung sein. Die Rechtsnorm stellt durch den Verweis auf § 323 II BGB klar, dass eine Pflichtverletzung des Schuldners, die dem Gläubiger ein Rücktrittsrecht i.S.v. § 323 I BGB gewährt,

---

541   *Siehe Randnummer 494*
542   *Siehe Randnummer 504*
543   *Siehe Randnummer 65*

diesen auch zur Kündigung berechtigt. Leistet der Schuldner trotz fälligem und einredefreiem Anspruch nicht, kann der Gläubiger nach erfolglosem Fristablauf ein in Vollzug gesetztes Dauerschuldverhältnis kündigen.[544]

BEISPIEL: A betreibt eine Diskothek und hat zur Beaufsichtigung der Einlasstür den Türsteher T mit einem selbständigen Dienstvertrag beauftragt. Dieser Pflicht kommt T nicht nach. A setzt ihm eine Frist, am nächsten Abend den Dienst anzutreten. T erscheint nicht. Darauf kündigt A. Die kurze Frist ist gleichwohl angemessen, weil es A nicht zuzumuten ist, auf Sicherheitspersonal zu verzichten oder kurzfristig teuren Ersatz zu besorgen.

---

544   *Erman-Böttcher, BGB, § 314 Rn 7*

AUFWENDUNGSERSATZ GEM. § 284 BGB

I. EINLEITUNG

Einführung des
§ 284 BGB zum
Investitionsschutz

183 Das BGB in der Fassung bis zum 31.12. 2001 enthielt keine spezifische Regelung zum Schutz der Investitionen, welche der Gläubiger einer Leistung im Vertrauen auf den Erhalt der Leistung tätigte. Deshalb wurde § 284 BGB am 01.01. 2002 durch das Schuldrechtsreformgesetz als neue Vorschrift in das BGB eingeführt. Diese Rechtsnorm spricht dem Gläubiger umfassenden Ersatz seiner vergeblichen Aufwendungen zu. Aufwendungsersatz gewähren auch andere Vorschriften des BGB.

BEISPIEL: So gewährt § 670 BGB dem Beauftragten Aufwendungsersatz beim Auftrag gem. § 662 BGB oder beim entgeltlichen Geschäftsbesorgungsvertrag gem. § 675 BGB. Die §§ 994, 996 BGB entschädigen den unberechtigten Besitzer. Als weitere Beispiele für Aufwendungsersatz lassen sich §§ 304, 347 II 2, 478 II, 536a II, 637, 1835 BGB anführen.

Unter erstattungsfähigen Aufwendungen verstand man aber bisher nur freiwillige Vermögensopfer mit fremdnützigem Charakter.[545]

BEISPIEL: A leistet dem bewusstlosen B Erste Hilfe. Um B zu verbinden, verbraucht er sämtliche Mullbinden aus seinem Verbandskasten. Diese Aufwendung kann er gem. §§ 677, 683 S. 1, 670 BGB von A erstattet verlangen.

Schutz
eigennütziger
Aufwendungen

Die wesentliche Neuerung des § 284 BGB besteht deshalb zum einen darin, dem Gläubiger sogar dann Aufwendungsersatz zu gewähren, wenn das freiwillige Vermögensopfer ausschließlich dem Gläubiger selbst zugutekommen soll.[546]

BEISPIEL: K kauft bei V ein Fahrrad für private Zwecke. In Erwartung der Lieferung bestellt er sich bei Z ein Tachometer. Das Fahrrad wird nicht geliefert, der Tachometer schon. Die Anschaffung des Tachometers gilt bei § 284 BGB als Aufwendung.

Rentabilitätsver-
mutung

Das Schadensersatzrecht vermag zum andern nicht alle Vermögensnachteile des Gläubigers auszugleichen, die dieser bei einer Vertragsverletzung erleidet. Wie bereits dargelegt, wurde der Investitionsschutz des Gläubigers über das Schadensersatzrecht durch die „Rentabilitätsvermutung" zumindest teilweise gewährt. Diese schützt jedoch nur erwerbsbezogene Aufwendungen.[547] Dies wurde im „Stadthallenfall" deutlich.

BEISPIEL („Stadthallenfall" BGH NJW 1987, 831): Eine rechtsextreme Vereinigung hatte eine Stadthalle für eine Versammlung angemietet. Weil nachweislich eine Störung der öffentlichen Sicherheit und Ordnung drohte, trat die Stadt aufgrund einer wirksamen Vertragsklausel rechtmäßig vom Vertrag zurück. Die Vereinigung verlangte vom Vermieter anschließend vergeblich Ersatz für ihre nutzlos gewordenen Werbemaßnahmen.

---

545   Palandt-Grüneberg, BGB, § 256 Rn 1
546   AnwK-Dauner-Lieb, Schuldrecht, § 284 Rn 18; Schenk ZGS 2008, 55, 57; Tröger, ZGS 2005, 463, 466
547   Siehe Randnummer 158

Zur Zeit dieser Entscheidung fehlte es an einer Rechtsnorm, die frustrierte Aufwendungen ohne Einschränkung ersetzen konnte. Die Werbekosten hätten nur dann als Schadensersatz geltend gemacht werden können, wenn die Rentabilitätsvermutung gegriffen hätte. Diese hätte vorausgesetzt, dass die Werbeaufwendungen in Erwartung einer Gegenleistung gemacht wurden, die den Aufwand hätte ausgleichen können. Weil die Investition im „Stadthallenfall" aber keinen kommerziellen Zwecken diente, war ein solcher Ausgleich nicht zu erwarten und konnten die Werbemaßnahmen somit nicht als Schaden geltend gemacht werden.

Die Rentabilitätsvermutung gewährt im Schadensersatzrecht keinen Ausgleich für rein ideelle Aufwendungen immaterieller Art, die man auch Frustrationsschäden nennt, weil sie keine erstattungsfähigen Schäden i.S.v. §§ 249 ff. BGB darstellen.

DEFINITION

Frustrationsschäden sind Aufwendungen, die man auch bei ordnungsgemäßer Erfüllung durch den Schuldner getätigt hätte, deren Zweck aber durch die Pflichtverletzung nicht erreicht wurde.

Wie dargelegt, kann das Schadensersatzrecht nutzerbezogene Aufwendungen, die die weitere Verwendung der erwarteten Leistung betreffen, nicht erstatten, weil die erwartete Amortisierung nicht aus dem Austauschverhältnis des gestörten Schuldverhältnisses stammt.[548]

Diese Regelungslücken schließt § 284 BGB. Theoretisch lässt sich darüber streiten, ob § 284 BGB auch Anwendung findet, wenn kommerzielle Aufwendungen getätigt werden, oder ob die Norm teleologisch auf die Fälle rein konsumtiver, d.h. nicht kommerzieller Vermögensopfer zu beschränken ist. Für ersteres spricht nicht nur der klare Wortlaut der Norm, sondern entscheidend auch der klare Wille des Gesetzgebers, die frühere von der Rechtsprechung entwickelte Unterscheidung zwischen Aufwendungen für kommerzielle und sonstige Zwecke durch Schaffung eines Gesetzes aufzuheben.[549]

2. Grundfall: „Garage"

SACHVERHALT

Privatmann V hat an Privatmann K einen älteren Gebrauchtwagen verkauft. Dieser **184** soll am 1. November ausgeliefert werden. Wegen der kalten und nassen Jahreszeit mietet K sodann von E eine Garage für monatlich 50,- € an. Als V nicht pünktlich liefert, setzt ihm der leistungsbereite K eine Frist von zwei Wochen, die erfolglos abläuft, was V zu vertreten hat. Daraufhin tritt K gem. §§ 346, 349 I, 323 I 1. Fall BGB vom Kaufvertrag zurück. Weil K den Mietvertrag vereinbarungsgemäß erst zum 30.11. kündigen darf, muss er an E 50,- € Miete für die Garagenmiete im November zahlen.

Margin notes: Nichtkommerzielle Aufwendungen · Frustrationsschäden

---

548   Siehe Randnummer 158
549   Regierungsentwurf, BT-Drs. 14/6040, S. 142 ff.

I. SCHADENSERSATZANSPRUCH GEM. §§ 280 I, III, 281 I 1 1. FALL BGB

Wegen der von K an E nutzlos gezahlten 50,- € könnte K gegen V einen Schadensersatzanspruch in Höhe von 50,- € aus §§ 280 I, III, 281 I 1 1. Fall BGB haben.

Der zwischen V und K geschlossene Kaufvertrag begründet das für diesen Anspruch erforderliche Schuldverhältnis. Ferner hat V trotz Fälligkeit der Leistung diese bis zum Ablauf der Nachfrist schuldhaft nicht erbracht, sodass die haftungsbegründenden Voraussetzungen dieses Anspruchs auf Schadensersatz statt der Leistung erfüllt sind.

Fraglich ist allein, ob K einen ersatzfähigen Schaden im Sinne dieser Rechtsnorm erlitten hat. Ein Schaden statt der Leistung im Sinne des § 281 I 1 1. Fall BGB ist jede unfreiwillige Vermögenseinbuße, die adäquat kausal auf dem endgültigen Ausbleiben der Leistung beruht und zum positiven Interesse gehört. Stellt man eine positive Differenzhypothese an, hätte K die 50,- € auch dann an E bezahlt, wenn V das Auto geliefert hätte. Folglich handelt es sich nicht um eine unfreiwillige Vermögenseinbuße, die auf das Ausbleiben der Leistung zurückzuführen ist, sondern um ein freiwilliges Vermögensopfer, eine Aufwendung. Nach der Rentabilitätsvermutung können Aufwendungen dann als Schaden geltend gemacht werden, wenn sie in Erwartung einer Gegenleistung getätigt werden, die den Aufwand materiell ausgleichen würde. Problematisch ist, dass es sich um eine Aufwendung handelt, die nicht den Erwerb, sondern die weitere Verwendung des Gegenstandes betrifft. Von einer Garage erhofft man sich eine bessere Sicherung gegen Diebstahl und Vandalismus, eine längere Haltbarkeit des Fahrzeugs durch besseren Korrosionsschutz und weniger Probleme beim morgendlichen Kaltstart. Diese Art des Vermögensausgleichs würde hier somit aus einer Beziehung erfolgen, die außerhalb der Austauschbeziehung des Kaufvertrages zwischen K und V herrührt. Solche Fälle sind aber von der Rentabilitätsvermutung nicht erfasst. Folglich hat K keinen ersatzfähigen Vermögensschaden erlitten und kann damit keinen Schadensersatz verlangen.

KLAUSURHINWEIS

Es empfiehlt sich im Gutachten stets einen Anspruch auf Schadensersatz statt der Leistung voranzustellen, bevor § 284 BGB geprüft wird. Damit stellt man klar, dass das Schadensersatzrecht keine Lösung bietet. Ferner kann bei der Prüfung des § 284 BGB auf diese Prüfung verwiesen werden.

II. ANSPRUCH AUS §§ 325, 284 BGB

K kann ein Zahlungsanspruch in Höhe von 50,- € aus §§ 325, 284 BGB gegen V zustehen.

1. Anwendbarkeit neben Rücktritt

Gem. § 325 BGB schließt der erfolgte Rücktritt nicht das Recht aus, Schadensersatz zu fordern. Indem in § 284 BGB auf den Schadensersatz statt der Leistung Bezug genommen wird, muss dies auch für den Aufwendungsersatzanspruch aus § 284 BGB gelten.

KLAUSURHINWEIS

§ 325 BGB findet auch auf den Aufwendungsersatzanspruch aus § 284 BGB Anwendung, sodass ein erfolgter Rücktritt die Möglichkeit, Aufwendungsersatz zu fordern, nicht beschränkt. Es ist empfehlenswert, dieses Wissen im Gutachten frühzeitig anzuzeigen, indem man nach erfolgtem Rücktritt, den § 325 BGB im Obersatz in Verbindung mit § 284 BGB zitiert.

2. Haftungsbegründender Tatbestand eines Anspruchs auf Schadensersatz statt der Leistung

Der Anspruch aus § 284 BGB setzt grundsätzlich voraus, dass der haftungsbegründende Tatbestand eines Anspruchs auf Schadensersatz statt der Leistung gegeben sein muss. Dabei kommt es nicht auf das Vorliegen eines ersatzfähigen Schadens an. Diese Voraussetzungen sind wie oben dargelegt der Fall.

3. Aufwendungen im Vertrauen auf den Erhalt der Leistung

Die 50,- € Garagenmiete müssen eine Aufwendung darstellen, die im Vertrauen auf den Erhalt der Leistung gemacht wurde. Unter Aufwendungen versteht man die freiwillige Aufopferung von Vermögenswerten. Bei § 284 BGB braucht die Aufopferung nicht fremdnützig zu sein. Die 50,- € stellen eine Aufopferung eigenen Vermögens des K dar, die dieser nur investierte, weil er an die pünktliche Lieferung glaubte.

Diese Aufwendung darf sich nicht rentiert haben. K erhoffte sich als eigenen Vermögensvorteil einen trockenen Aufbewahrungsort, um eine längere Haltbarkeit des PKW und damit einen geringeren Zeitwertverlust zu erzeugen. Weil er die Garage einen Monat ungenutzt bezahlen musste, stellt sich der Aufwand als vergeblich dar.

4. Billigkeit

Die Aufwendung muss der Billigkeit entsprochen haben. Aufwendungen entsprechen nicht mehr der Billigkeit, wenn sie zu einem Zeitpunkt gemacht werden, zu dem sich die Leistungsstörung erkennbar abzeichnet. Hier hat K den Mietvertrag geschlossen, als sich die Leistungsuntreue des V noch nicht abzeichnete.

5. Kein Ausschluss

Der Anspruch ist zum einen ausgeschlossen, wenn die Vergeblichkeit der Aufwendung nicht auf der Pflichtwidrigkeit beruht, zum anderen, wenn die Frustration nachweislich auch aus einem anderen Grund eingetreten wäre. Beides ist hier zu verneinen.

Folglich sind die Voraussetzungen des § 284 BGB erfüllt und K steht der Zahlungsanspruch i.H.v. 50,-€ gegen V zu.

FALLENDE

II. SYSTEMATIK UND VERTIEFUNG

1. Prüfungsschema

ANSPRUCH AUF AUFWENDUNGSERSATZ GEM. § 284 BGB

1. **Haftungsbegründender Tatbestand eines Anspruchs auf Schadensersatz statt der Leistung**
2. **Aufwendungen im Vertrauen auf den Erhalt der Leistung**
3. **Billigkeit der Aufwendungen**
4. **Nutzlosigkeit der Aufwendungen**
5. **Kausalität**
6. **Keine anderweitige Zweckverfehlung**
7. **Rechtsfolge**
8. **Einwand des § 254 BGB analog**
9. **Einwendungen**
10. **Einreden**
11. **Keine unzulässige Rechtsausübung gem. § 242 BGB**

2. Haftungsbegründender Tatbestand eines Anspruchs auf Schadensersatz statt der Leistung

185 Der Gesetzeswortlaut stellt allen weiteren Voraussetzungen voran, dass der Gläubiger „anstelle des Schadensersatzes statt der Leistung" Aufwendungsersatz verlangen kann. Damit meint die Rechtsnorm zunächst alle Ansprüche, die ausdrücklich Schadensersatz statt der Leistung gewähren, also neben §§ 280 I, III, 281 I 1 1. Fall BGB[550] auch die weiter unten dargestellten Ansprüche aus §§ 280 I, III, 283 BGB[551] oder § 311 a II 1 BGB[552]. Welche Ansprüche außerdem zur Anwendung des § 284 BGB führen, wird in diesem Kapitel besprochen. Aus der Formulierung leiten sich gleich mehrere Tatbestandsvoraussetzungen ab.

a) Nur haftungsbegründende Voraussetzungen

Schaden nicht erforderlich

Aus der Formulierung folgt erstens, dass ein Anspruch auf Schadensersatz statt der Leistung nur dem Grunde nach gegeben sein muss. Hingegen kommt es nicht darauf an, ob der Gläubiger auch einen ersatzfähigen Schaden erlitten hat.[553]

MERKSATZ

Erforderlich sind sämtliche haftungsbegründende Tatbestandsvoraussetzungen eines Anspruchs auf Schadensersatz statt der Leistung, mithin alle Voraussetzungen mit Ausnahme des Nachweises eines Schadens.

550   Siehe Randnummer 132
551   Siehe Randnummer 285
552   Siehe Randnummer 295
553   Tröger, ZGS 2005, 462, 462

BEISPIEL: Im Grundfall „Garage"[554] kam es nicht darauf an, ob V durch die Nichtleistung einen Schaden erlitten hatte, etwa wegen eines entgangenen Gewinns, einer Ersatzanmietung oder eines Deckungskaufs.

b) Alternativverhältnis

Aus der gesetzlichen Formulierung folgt zweitens, dass sich der Gläubiger zwischen Schadensersatz statt der Leistung einerseits und Aufwendungsersatz andererseits entscheiden muss. Zwischen Ansprüchen, die diese unterschiedlichen Vermögensminderungen ausgleichen sollen, besteht folglich ein Alternativverhältnis. Schadensersatz statt der Leistung gewährt das BGB ausdrücklich in drei Fällen. Für den Fall der endgültigen Nichtleistung gem. §§ 280 I, III, 281 I 1 1. Fall BGB wird auf den Grundfall verwiesen.[555] Ferner kann Aufwendungsersatz gem. § 284 BGB auch anstelle der Ansprüche aus § 311 a II 2. Fall BGB, §§ 280 I, III, 283 BGB oder aus §§ 280 I, III, 282 BGB verlangt werden. In all diesen Fällen kann der Schadensersatzanspruch sich sowohl aus einem einseitigen Schuldverhältnis als auch aus einem gegenseitigen Vertrag ergeben.[556] Nicht zuletzt ergibt sich die Anwendbarkeit im Falle der mangelhaften Erfüllung im Kaufrecht gem. §§ 437 Nr. 3, 280 I, III, 281 I 1 2. Fall BGB und im Werkvertragsrecht gem. §§ 634 Nr. 4, 280 I, III, 281 I 1 2. Fall BGB.

c) Anwendbarkeit auf Schadensersatznormen für positives Interesse

Erst die Schuldrechtsreform führte am 1.1. 2002 den Begriff „Schadensersatz statt der Leistung" in das BGB ein. Der Anspruch richtet sich, sieht man von Modifizierungen im Gewährleistungsrecht ab, grundsätzlich auf das positive Interesse. Andere bereits vor der Schuldrechtsreform existierende Schadensersatzanspruchsnormen, welche Ersatz des positiven Interesses ersetzen, sind aber ohne begriffliche Veränderung bestehen geblieben.

BEISPIEL: So haftet der Vertreter ohne Vertretungsmacht gem. § 179 I BGB wahlweise auf Erfüllung oder auf positives Interesse, dieses schuldet der Vermieter in § 536a BGB, der Reiseveranstalter in § 651f BGB. Nicht zu vergessen ist die Haftung des Schenkers wegen eines arglistig verschwiegenen Sachmangels in § 524 II 2 BGB.

Es lässt sich sehr gut vertreten, Gläubigern einen Anspruch aus § 284 BGB auch dann zu gewähren, wenn ihnen einer der im Beispiel genannten Ansprüche dem Grunde nach zustehen würde, wiederum natürlich nur alternativ. Es erscheint nämlich zweifelhaft, Gläubigern diesen Aufwendungsersatzanspruch nur deshalb nicht zuzuerkennen, weil der Gesetzgeber bei ähnlich gelagerten Fällen unterschiedliche Begriffe benutzt und alte Begriffe nicht der neuen Rechtslage angepasst hat.[557]

d) Verhältnis zum Verzögerungsschaden

Fraglich ist das Verhältnis zum Anspruch auf Verzögerungsschaden aus §§ 280 I, II, 286 BGB. Es ist sehr umstritten, ob es ausnahmsweise einen Anspruch auf Aufwendungsersatz aus § 284 BGB geben kann, wenn die haftungsbegründenden Voraussetzungen des Anspruchs auf Verzögerungsschaden gem. §§ 280 I, II, 286 BGB erfüllt sind.

186

---

554   *Siehe Randnummer 184*
555   *Siehe Randnummer 184*
556   *Reim, NJW 2003, 3662, 3663*
557   *AnwK-Dauner-Lieb, Schuldrecht, § 284 Rn 13; Huber/Faust, Kapitel 4, Rn 9; Schenk, ZGS 2008, 55, 57; Tröger, ZGS 2005, 463, 464*

**Regelfall: Keine
Anwendbarkeit**

Einerseits ist der Verzögerungsschaden zwar Teil des positiven Interesses[558], andererseits aber nur ein Schaden neben der Leistung. Somit lässt der Wortlaut des § 284 BGB die Anwendung auf den Verzögerungsschaden eigentlich nicht zu. Dort ist eindeutig von einem Schadensersatz statt der Leistung die Rede. Alle Arten des Schadensersatzes statt der Leistung haben gemeinsam, dass die Leistung letztlich nicht erbracht wurde und auch nicht mehr nachgeholt werden darf. Wie gezeigt, dient § 281 IV BGB hier der Rechtsklarheit, indem der Gläubiger durch das Verlangen des Schadensersatzes gleichzeitig seine Erfüllungsansprüche aufgibt.[559] Überdies reguliert der Anspruch auf Verzögerungsschaden Vermögenseinbußen des Gläubigers weitgehend.

> **BEISPIEL:** V und K haben eine Holschuld[560] vereinbart und den Termin festgelegt. K erscheint mit einem gemieteten Fahrzeug bei V, der die Sache nicht bereithält. Deshalb muss K ein weiteres Mal zu V fahren. Die Kosten für diese erneute Anfahrt kann K von V aus §§ 280 I, II, 286 BGB ersetzt verlangen. Daneben besteht ein Anspruch aus § 304 BGB.

187 Zweifel hinsichtlich einer strengen wörtlichen Auslegung bestehen aber bei so genannten Fixaufwendungen.

> **BEISPIEL:** K kauft von V ein Hausgrundstück, das am 17.12. übergeben werden soll. In freudiger Erwartung kauft K einen großen Weihnachtsbaum, den er auf dem Hof aufstellen will. Es kommt durch das Verschulden des V zur verspäteten Übergabe des Grundstücks nach Silvester.

**Ausnahme:
Fixaufwendungen**

Im Beispielsfall bleibt der Zweck der Aufwendung (Erwerb des Baumes) sogar dann verfehlt, obwohl die Leistung (Übergabe des Grundstücks), wenn auch verspätet, noch erbracht wird. Es besteht kein Schadensersatzanspruch. K hat keinen Anspruch aus §§ 280 I, II, 286 BGB auf Ersatz des Verzögerungsschadens. Zwar sind die haftungsbegründenden Voraussetzungen des Anspruchs aus §§ 280 I, II, 286 BGB erfüllt, denn auf eine Mahnung kommt es ja wegen § 286 II Nr. 1 BGB nicht an. Jedoch hat K keinen Verzögerungsschaden erlitten. Beim Erwerb des Baumes handelt es sich erkennbar um eine freiwillige Vermögensaufwendung, die im Vertrauen auf den Erhalt der Leistung erbracht wurde und eben nicht um eine Vermögenseinbuße, die durch die Verzögerung der Leistung entstand. Hier unterscheidet sich der Beispielsfall vom obigen Beispiel mit der Holschuld. Ferner besteht kein Anspruch aus §§ 280 I, III, 281 I 1 1. Fall BGB. Die Leistung wurde schließlich, wenn auch verspätet, erbracht. Umstritten ist, wie man mit solchen Fixaufwendungen umgeht.

Fixaufwendungen

DEFINITION

Fixaufwendungen sind im Vertrauen auf eine Leistung getätigte Aufwendungen, bei denen die erwartete Leistung so eng mit einem Leistungszeitpunkt verknüpft ist, dass durch ein Versäumen des Leistungszeitpunktes der Zweck der Aufwendungen endgültig verfehlt wird.[561]

---

558   *Siehe Randnummer 35*
559   *Siehe Randnummer 148*
560   *Siehe Randnummer 13*
561   *Tröger, ZGS 2005, 462, 463*

Legt man § 284 BGB weit aus, dürfte zur Anwendbarkeit bei Fixaufwendungen auch der haftungsbegründende Tatbestand des Verzögerungsschadens genügen. Als Argument lässt sich anführen, dass die beabsichtigte Steigerung des Nutzens der geschuldeten Sache bereits während des Verzuges endgültig vereitelt worden ist, auch wenn die Leistung später noch erbracht wird.[362]

h.L.: Weite Auslegung

Gegen die Ausdehnung des Wortlauts wird eingewendet, dass Fälle, in denen der Gläubiger wegen einer verzögerten Leistung keine Aufwendungen erhält, in der Praxis kaum vorkommen dürften und der Gläubiger nur gering belastet wird. Nur wenn die Leistung erstens einem ideellen Zweck dient, zweitens noch nachholbar ist oder nachgeholt wurde und drittens zugleich der Zweck der Aufwendung während des Verzuges vereitelt wurde, geht der Gläubiger leer aus. Dies soll nicht rechtfertigen, den klaren Wortlaut in der vorgeschlagenen Weise auszudehnen.[563]

M.M.: Strenge wörtliche Auslegung

Einer Ausdehnung des Wortlautes bei Fixaufwendungen ist wegen der überzeugenderen Argumente zuzustimmen. Nach der gesetzgeberischen Konstruktion, die einen Schadensersatzanspruch statt der Leistung voraussetzt, scheint § 284 BGB zwar gerade davon abzuhängen, ob die Leistung erbracht wird oder endgültig ausbleibt. Sinn und Zweck der Norm besteht aber vor allem darin, dem Gläubiger zu erlauben, Investitionen zum Nutzen der erhofften Leistung zu tätigen. Dabei soll sein Vertrauen auf den Erhalt der Leistung durch § 284 BGB sehr weitgehend geschützt werden, schließlich war der Schutz auch ideeller Aufwendungen Grund für die Einführung der Norm. Konsequent muss § 284 BGB dann auch von den Beschränkungen und Zufälligkeiten der herkömmlichen Schadensberechnung befreit werden. Daher muss der Fall, indem der Gläubiger die Leistung endgültig nicht mehr erhält und die Aufwendung nutzlos wird dem Fall gleich gestellt werden, in denen die Leistung später zwar noch erfolgt, der Zweck der Aufwendung aber bereits vorher vereitelt wurde.[564]

Streitentscheid

MERKSATZ

§ 284 BGB findet bei Fixaufwendungen Anwendungen, auch wenn nur der haftungsbegründende Tatbestand des §§ 280 I, II, 286 BGB erfüllt ist.

e) Anwendbarkeit neben einfachem Schadensersatz

Es besteht kein Ausschlussverhältnis zwischen Aufwendungsersatz und Schadensersatz schlechthin, vielmehr darf der Gläubiger neben Aufwendungsersatz alle Schäden neben der Leistung fordern. Mit der Formulierung „anstelle des Schadensersatzes statt der Leistung" wird bezweckt, dass der Gläubiger nicht wegen ein und derselben Vermögenseinbuße sowohl Schadensersatz statt der Leistung als auch Aufwendungsersatz und damit doppelte Kompensation verlangen kann.[565]

188

BEISPIEL: Der Käufer (K) eines PKW rügt gegenüber dem Verkäufer (V) zahlreiche Mängel, die V bestreitet. Daraufhin lässt K für 500,- € einen Sachverständigen das Auto begutachten, der die gerügten Mängel bestätigt.

---

562   Tröger, ZGS 2005, 462, 464
563   MünchKomm-Ernst, BGB, § 284 Rn 14
564   Erman-Westermann, BGB, § 284 Rn. 5; Schenk, ZGS 2008, 55, 56; Tröger, ZGS 2005, 462, 465
565   BGH, NJW 2005, 2848, 2850

Verlangt K 500,- € Schadensersatz wegen der Gutachterkosten, macht er einen einfachen Schaden neben der Leistung gem. §§ 437 Nr. 3, 280 I BGB geltend. Dieser stellt keinen Schadensersatzanspruch statt der Leistung dar. Deshalb steht es K frei, zurückzutreten und daneben entweder Schadensersatz statt der Leistung oder Aufwendungsersatz gem. § 284 BGB zu verlangen.

MERKSATZ

Verlangt der Gläubiger einfachen Schadensersatz neben der Leistung, bleibt sein Recht, Aufwendungsersatz nach § 284 BGB zu fordern, unberührt.[556]

f) Verhältnis zu § 347 II BGB

Aufwendungen vor Rücktritt vom Vertrag

Nach erfolgtem Rücktritt gewährt § 347 II BGB ebenfalls Aufwendungsersatz. Dennoch findet § 284 BGB hinsichtlich der Aufwendungen Anwendung, die vor dem Rücktritt vom Vertrag gemacht wurden. § 347 II BGB regelt nämlich abschließend nur den Ersatz solcher Aufwendungen, die allein als Folge des Rücktritts, d.h. nach Entstehung des Rückgewährschuldverhältnisses, verlangt werden. Ein Käufer kann jedoch wegen § 325 BGB neben einem erfolgten Rücktritt immer noch Schadensersatz verlangen. Dies gilt auch für den Aufwendungsersatzanspruch aus § 284 BGB. Für den Anspruch aus §§ 437 Nr. 3, 284 BGB hat der BGH bereits entschieden, dass dieser neben den Aufwendungs- und Verwendungsersatzanspruch aus § 347 II BGB tritt.[567]

MERKSATZ

Der Anspruch aus §§ 437 Nr. 3, 284, 325 BGB findet neben § 347 II BGB Anwendung.

3. Aufwendungen im Vertrauen auf den Erhalt der Leistung

a) Allgemeines zum Begriff der Aufwendung

189   Unter Aufwendungen versteht man üblicherweise freiwillige Vermögensopfer im Interesse eines anderen.[568] Diese Definition lässt sich auf § 284 BGB nicht vollständig übertragen. § 284 BGB stellt nämlich einen besonderen Fall des Aufwendungsersatzes dar. Typischerweise tätigt der Gläubiger bei § 284 BGB Aufwendungen, die in seinem eigenen Interesse liegen.

BEISPIEL: Dazu gehören die im „Stadthallenfall"[569] aufgewendeten Kosten für die Flyer-Werbung.[570] Konsequenterweise fallen auch die im „Konzertreisefall"[571] sinnlos aufgewendeten Fahrt- und Übernachtungskosten unter den Aufwendungsbegriff.

566   BGH, NJW 2005, 2848, 2850
567   BGH, NJW 2005, 2848, 2849
568   BGH, NJW 1960, 1568, 1569
569   Siehe Randnummer 183
570   Reim, NJW 2003, 3662, 3663
571   Siehe Randnummer 160

§ 284 BGB gewährt zudem Ersatz aller Aufwendungen, also sowohl solcher, die kommerziellen Zwecken dienen, als auch solcher, die nur den ideellen oder konsumtiven Zwecken des Aufwendenden dienen.[572]

DEFINITION

Aufwendungen i.S.v. § 284 BGB sind freiwillige Vermögensopfer, die der Gläubiger im Hinblick auf den Erhalt einer vereinbarungsgemäßen Leistung erbringt.[573]

Aufwendungen i.S.v. § 284 BGB

b) Besonderes zum Begriff der Aufwendung

aa) Arbeitsleistungen des Gläubigers

Wie immer, wenn es um Aufwendungsersatzansprüche geht, drängt sich auch hier **190** die Frage auf, ob die eigene Arbeitsleistung des Gläubigers eine erstattungsfähige Aufwendung darstellt. Dabei ist zu berücksichtigen, dass diese nicht unbedingt unter Vermögensopfer zu fassen sind. Begrifflich wird man Arbeitstätigkeit immer als dem Vermögen zugehörig erachten, wenn die Tätigkeit zum Beruf oder zum Gewerbe des Gläubigers gehört, ein Rechtsgedanke, der dem Aufwendungsersatzanspruch des Vormundes in § 1835 III BGB zugrunde liegt. Ob persönliche Bemühungen darüber hinaus als Aufwendungen i.S.v. § 284 BGB gelten sollen, ist umstritten.

BEISPIEL: Der kaufmännische Angestellte K hat für sein neues Eigenheim eine Einbauküche bei Händler H bestellt. Hierfür nimmt K in Erwartung der Lieferung und des Einbaus umfängliche Renovierungsarbeiten vor, für die er Zeit und Material aufwendet. Dabei stellt sich der begabte K so geschickt an, als wäre er ein gelernter Handwerker. Weil die Küche trotz angemessener Nachfrist nicht geliefert wird, tritt K berechtigt gem. § 323 I 1. Fall BGB vom Kaufvertrag zurück. Es stellt sich heraus, dass die vorgenommenen Arbeiten für den Einbau einer Küche eines anderen Herstellers nicht sinnvoll genutzt werden können.

Es wird vorgeschlagen, wie bei der Geschäftsführung ohne Auftrag gem. §§ 683, 670 BGB Arbeitsleistungen des Gläubigers analog § 1835 III BGB nur dann als erstattungsfähige Vermögensaufwendungen anzuerkennen, wenn sie zum Beruf oder Gewerbe des Gläubiger gehören.[574] Dies würde im obigen Fall nicht zur Erstattungspflicht hinsichtlich der Arbeitsaufwendungen führen.

M.M.: Erstattung von Arbeitsaufwendungen nur analog § 1835 III BGB

Gegen diese Einschränkung der Aufwendungserstattungspflicht sprechen aber gravierende Bedenken. Zum einen ist der Fall des § 670 BGB nicht mit § 284 BGB vergleichbar. Denn die Erstattungspflicht aus § 670 BGB beruht entweder gem. § 662 BGB oder gem. § 683 BGB jeweils auf einer unentgeltlichen Leistung.[575] Außerdem wird bei den Aufwendungserstattungsansprüchen aus § 536 a II BGB oder aus § 637 BGB stets auch die Arbeit eines Gläubigers, der beruflicher Laie ist, als erstattungsfähiger Aufwand angesehen. Eine Ungleichbehandlung erscheint willkürlich und ist daher abzulehnen.[576] Vernünftigerweise sollten Gläubiger, die frustrierten Aufwand

h.M.: Erstattung nach Ermessen gem. § 287 ZPO

---

[572]   *BGH, NJW 2005, 2848, 2850*
[573]   *Palandt-Grüneberg, BGB, § 284 Rn 5*
[574]   *Huber/Faust, Kapitel 4, Rn 12*
[575]   *AnwK-Dauner-Lieb, Schuldrecht, § 284 Rn 18*
[576]   *Reim, NJW 2003, 3662, 3665*

in Form von Arbeitsleistungen erbracht haben, das erhalten, was dem Marktwert der Leistung entspricht.[577] Dabei kann das Gericht sein Ermessen gem. § 287 ZPO ausüben, zumindest analog, weil es sich nicht um Schadens-, sondern um Aufwendungsersatz handelt.

bb) Entgangener Gewinn aus Alternativgeschäften

191   Umstritten ist, ob ein Gläubiger Ersatz für den entgangenen Gewinn aus § 284 BGB fordern kann, den er in einem anderen Geschäft erzielt hätte.

BEISPIEL: Jemand kauft einen Gegenstand bei einem Schuldner, obwohl er den Gegenstand bei einem Dritten billiger erwerben könnte. Schließlich scheitert die Erfüllung endgültig. Zwischenzeitlich sind die Preise beim Dritten aber gestiegen, sodass dem Gläubiger die Vorteile aus dem Alternativgeschäft endgültig entgangen sind.

Der Gesetzgeber sprach sich ausdrücklich gegen eine Erstattung solcher entgangener Gewinne über den Aufwendungsersatzanspruch aus.[578]
Die Gegenauffassung verspricht Aufwendungsersatz zumindest dann, wenn durch den Einsatz eigener Mittel auf eine tatsächliche Rendite verzichtet wurde.[579]

BEISPIEL: Um ein Geschäft mit dem Schuldner zu finanzieren, verkauft der Gläubiger Wertpapiere aus seinem Depot, anstatt ein Darlehen bei einer Bank aufzunehmen. Nachdem der Schuldner trotz Fälligkeit nach Ablauf der angemessenen Nachfrist nicht geleistet hat und der Gläubiger deswegen zurückgetreten ist, stellt sich heraus, dass die verkauften Wertpapiere eine hohe Rendite erbracht hätten, die dem Gläubiger nun entgangen ist.

Die besseren Argumente sprechen dafür, dem Willen des Gesetzgebers zu folgen. Er hielt es für nicht vertretbar, Aufwendungsersatz für ein Geschäft zu gewähren, das nicht stattgefunden hat.[580] Außerdem stehen den Gläubigern in den Fällen, in denen ihnen Gewinne entgangen sind, Ansprüche auf Schadensersatz statt der Leistung zu. Ein Gläubiger, der zusätzliche Aufwendungen getätigt hat, muss dem Alternativverhältnis zwischen Schadensersatz und Aufwendungsersatz Rechnung tragen und sich für das eine oder das andere entscheiden.[581]

cc) Vertragskosten

Der Gläubiger kann auch seine vergeblichen Vertragskosten als Aufwendungen ersetzt verlangen.

Vertragskosten

DEFINITION

Vertragskosten sind die zur Eingehung und Abwicklung des Vertrages unmittelbar aufgewendeten Kosten.[582]

---

577   *MünchKomm-Ernst, BGB, § 284 Rn 17*
578   *BT-Drs. 14/6040, S. 144*
579   *MünchKomm-Ernst, BGB, § 284 Rn 17 b*
580   *BT-Drs. 14/6040, S. 144*
581   *Schenk, ZGS 2008, 55, 58*
582   *Reim, NJW 2003, 3662, 3663*

BEISPIEL: Darunter fallen Makler-, Einbau-, Montage-, Untersuchungs-, Transport-, Überführungs- und Zulassungskosten, sowie Fracht und Zölle.[583]

Neben den klassischen Eingehungskosten wie Notar-, Makler- und Gutachterkosten und den damit verbundenen Fahrtkosten können ebenso Kreditzinsen Vertragskosten sein, die ein Gläubiger für einen Kredit aufwendet. Dies setzt aber voraus, dass der Zweck der Kreditaufnahme verfehlt wird, weil der zu finanzierende Vertrag wegen der Pflichtverletzung des Schuldners scheitert.

c) Vertrauen auf den Leistungserhalt

Der Gläubiger muss die Aufwendungen im Vertrauen auf den Erhalt der Leistung **192** getätigt haben. Daraus folgt eine zeitliche Beschränkung. Die Aufwendungen sind nur dann erstattungsfähig, wenn sie, sieht man vom Sonderfall des § 311 a II 2. Fall BGB ab, im Zeitraum nach Entstehung der Leistungspflicht gemacht wurden. Ist noch kein Vertrag zustande gekommen, fehlt es am schutzwürdigen Vertrauen. Daraus folgt, dass Kosten der Vertragsanbahnung grundsätzlich nicht erstattungsfähig sind.[584] Ist die Leistungspflicht ausgeschlossen oder z.B. durch Erfüllung erloschen, darf auf den Erhalt der Leistung nicht mehr vertraut werden. Deshalb gewährt § 284 BGB keinen Ersatz für Aufwendungen, die nach diesem Zeitpunkt getätigt wurden.

4. Billigkeit der Aufwendungen

Die Aufwendungen müssen der Billigkeit entsprechen. Was unter Billigkeit zu ver- **193** stehen ist, unterliegt naturgemäß starken Wertungen. Deshalb besteht Uneinigkeit, über die Bedeutung innerhalb des § 284 BGB. Natürlich kann keinem Gläubiger verboten werden, nach seinem Belieben Aufwendungen zu tätigen, die seine eigenen Angelegenheiten betreffen. Umstritten ist aber, wann und in welcher Höhe diese Aufwendungen des Gläubigers dem Schuldner kostenpflichtig auferlegt werden dürfen. Zumindest herrscht Einigkeit über die zeitliche Grenze der Billigkeit, die so genannte Billigkeitsgrenze.

DEFINITION

Aufwendungen entsprechen nicht mehr der **Billigkeit**, wenn sie zu einem Zeitpunkt gemacht werden, zu dem sich die Leistungsstörung erkennbar abzeichnet.[585]

Billigkeit i.S.v. § 284 BGB: Billigkeitsgrenze

Ab diesem Zeitpunkt ist nach allgemeiner Meinung die Billigkeitsgrenze erreicht, nach deren Erreichung Aufwendungen nicht mehr der Billigkeit entsprechen. Umstritten ist vor allem die darüber hinaus gehende Rechtsnatur dieses Tatbe- **194** standsmerkmals. Es besteht zwar Einigkeit, dass die Norm auf § 254 BGB Bezug nimmt.[586] Darüber hinaus wird über die Erstattungsfähigkeit von Aufwendungen gestritten, die vor Erreichen der Billigkeitsgrenze getätigt wurden, die aber außer Verhältnis zum Wert der geschuldeten Leistung stehen, also als luxuriös oder gar unvernünftig gelten.

Luxuriöse und unvernünftige Aufwendungen

583   *Palandt-Grüneberg, BGB, § 284 Rn 5*
584   *MünchKomm-Ernst, BGB, § 284 Rn 18; Reim, NJW 2003, 3662, 3665*
585   *Tröger, ZGS 2005, 462, 467*
586   *Palandt-Grüneberg, BGB, § 284, Rn 6*

M.M: Voller Investitionsschutz bis Erreichen der Billigkeitsgrenze

Es wird von einer M.M. vertreten, dass das Überschreiten der Billigkeitsgrenze den Anspruch vollständig ausschließt. Jedoch soll der Gläubiger bis zum Erreichen der Billigkeitsgrenze in seinem Vertrauen auf den Erhalt der Leistung schutzwürdig sein.[587] Danach entsprechen alle Investitionen, die vor Erreichung der Billigkeitsgrenze im Vertrauen auf den Erhalt der Leistung gemacht wurden der Billigkeit.

h.M.: Inhaltliche Einschränkung des Investitionsschutzes

Nach der h.M. soll das Merkmal darüber hinaus die Höhe der zu erstattenden Aufwendungen begrenzen.[588]

BEISPIEL: A bestellt beim unbekannten Straßenkünstler K ein Porträt (Wert 100,- €). Dieses hat eine ungewöhnliche Form. Deshalb lässt sich A für dieses Bild einen kunstvollen Silberrahmen nach Maß fertigen (Wert 2.000 €), den er nicht anderweitig verwenden kann.

Die M.M. begründet ihren Standpunkt zum einen mit dem Argument, dass die Rechte des Gläubigers ohnehin schon dadurch ausreichend eingeschränkt seien, dass er beweisen muss, die Aufwendung hätte ohne die Pflichtverletzung ihren Zweck erreicht.[589] Zum anderen wird argumentiert, das Merkmal „billigerweise" werde durch das Merkmal „im Vertrauen auf den Erhalt der Leistung" konkretisiert. Aus dem schutzwürdigen Vertrauen des Gläubigers in den Erhalt der Leistung folge, dass es der freien Entscheidung des Gläubigers überlassen bleiben muss, welche Aufwendungen er in welcher Höhe er auf die Leistung, z.B. die Kaufsache, erbringt.[590] Aus § 254 II 1 a.E. BGB sei für die Erstattungsfähigkeit der Investitionen allein der Zeitpunkt als maßgebend heraus zu lesen, ab dem das Vertrauen in den Erhalt der Leistung nicht mehr billig sei. Eine materielle Angemessenheitskontrolle folge hingegen nicht aus dem Gedanken des § 254 II 1 a.E. BGB.[591]

Nach der h.M. sollen dem Gläubiger ebenfalls keine Aufwendungen erstattet werden, die er nach dem Zeitpunkt des Erreichens der Billigkeitsgrenze tätigt. Darüber hinaus sollen dem Gläubiger unter Billigkeitsgesichtspunkten innerhalb des § 284 BGB nur die Aufwendungen ersetzt werden, die im Einzelfall als angemessen und vernünftig erscheinen. Aufwendungen, die darüber hinausgehen, soll er dagegen selbst tragen.[592] Damit begrenzt das Tatbestandsmerkmal der Billigkeit auch sachlich die Haftung des Schuldners und § 284 BGB wird nicht zum Einfallstor zur Forderung des Ersatzes sinnloser Investitionen.

Streitentscheid

Die Argumente der h.M. überzeugen. Erstens gewähren auch andere Aufwendungsersatzansprüche nicht vollen Investitionsschutz. Dem Geschäftsführer werden innerhalb des Aufwendungsersatzanspruches aus § 670 BGB sogar fremdnützige Aufwendungen nur in der Höhe erstattet, in der er sie bei Vornahme für erforderlich halten durfte. Zweitens ist eine Beschränkung der Erstattungspflicht notwendig, weil der Anspruch aus § 284 BGB erheblich über das positive Interesse hinausgehen kann. Es trifft zwar zu, dass der Gesetzgeber auf eine dem § 122 BGB entsprechende Begrenzung des Anspruchs auf das positive Interesse bewusst verzichtet hat.[593]

---

587 Huber/Faust, Kapitel 4, Rn 31; Oechsler, § 2, Rn 258; Tröger, ZGS 2005, 462, 469
588 MünchKomm-Ernst, BGB, § 284 Rn 20; Palandt-Grüneberg, BGB, § 284 Rn 6; Staudinger-Kaiser, Eckpfeiler, S. 381; Reim, NJW 2003, 3662, 3666
589 Huber/Faust, Kapitel 4, Rn 31
590 Oechsler, Vertragliche Schuldverhältnisse, Rn 258
591 Tröger, ZGS 2005, 462, 469
592 MünchKomm-Ernst, BGB, § 284 Rn 20; Palandt-Grüneberg, BGB, § 284 Rn 6; Reim, NJW 2003, 3662, 3666
593 Oechsler, Vertragliche Schuldverhältnisse, Rn 258

Daraus darf aber nicht der Schluss gezogen werden, dass der Schuldner wegen unvorhersehbar teurer Aufwendungen des Gläubigers ruiniert werden darf. Nach dem Grundsatz von Treu und Glauben hat gem. § 242 BGB jede Partei bei ihrem Handeln auf die schutzwürdigen Interessen der anderen Seite Rücksicht zu nehmen. Dazu gehört auch die schutzwürdige Erwartung des Schuldners, wegen überzogener Aufwendungen des Gläubigers nicht wirtschaftlich vernichtet zu werden. Drittens darf sogar eine Partei, der ein einseitiges Leistungsbestimmungsrecht zuerkannt wurde, dieses gem. § 315 I, III BGB nur nach billigem Ermessen unter Berücksichtigung der Interessen des Schuldners ausüben.[594]

Im obigen Beispiel[595] ist es vernünftig und geboten, analog § 254 II 1 a.E. BGB den Aufwendungsersatzanspruch aus § 284 BGB zu begrenzen. Bei der Entscheidung müssen alle Umstände des Einzelfalles berücksichtigt werden. Zu berücksichtigen ist im obigen Fall, dass dem Gläubiger das Eigentum am Rahmen bleibt, für den er nicht ohne Grund so viel Geld aufgewendet hat. Angemessen erscheint, den Aufwendungsersatz auf den Wert eines normalen Standardrahmens zu begrenzen.

MERKSATZ

Auch vor Erreichen der **Billigkeitsgrenze**[596] werden dem Gläubiger nur Aufwendungen erstattet, die man für vernünftig und angemessen erachten darf.

5. Nutzlosigkeit der Aufwendungen

Der Tatbestand des § 284 BGB enthält den Halbsatz „es sei denn, deren Zweck **195** wäre auch ohne die Pflichtverletzung des Schuldners nicht erreicht worden". Der Schuldner erhält dadurch die Gelegenheit, sich zu entlasten. Er kann gegenüber dem Gläubiger einwenden, dass der Zweck der Aufwendungen selbst dann verfehlt worden wäre, wenn der Schuldner alle Pflichten ordnungsgemäß erfüllt hätte. Eine Pflicht des Schuldners zur Entlastung setzt notwendig voraus, dass er zunächst belastet wurde. Dies folgt aus dem Vortrag des Gläubigers, die Aufwendungen seien wegen Verfehlung ihres Zwecks nutzlos. Aus der Formulierung „wäre auch ohne (...) nicht erreicht worden" ist folglich zu schließen, dass § 284 BGB stets die vom Gläubiger darzulegende Verfehlung des Zwecks der Aufwendungen voraussetzt.

KLAUSURHINWEIS

Deshalb muss im Gutachten bei der Beurteilung des § 284 BGB zunächst die Nutzlosigkeit der Aufwendungen positiv festgestellt werden.

6. Kausalität

Aus dem Halbsatz, „es sei denn, deren Zweck wäre auch ohne die Pflichtverletzung **196** des Schuldners nicht erreicht worden", folgt ferner, dass die Nutzlosigkeit der Aufwendung kausal auf der Pflichtverletzung beruhen muss.[597]

---

594   *Reim, NJW 2003, 3662, 3666*
595   *Siehe Randnummer 194*
596   *Siehe Randnummer 193*
597   *MünchKomm-Ernst, BGB, § 284 Rn 24*

BEISPIEL: Der Käufer hat zur Finanzierung der gekauften Sache einen Kredit aufgenommen. Liefert der Verkäufer endgültig nicht, wendet der Käufer die Zinsen und sonstigen Kreditkosten sinnlos auf.

KLAUSURHINWEIS

Die Pflichtverletzung wurde bereits im haftungsbegründenden Tatbestand des betreffenden Anspruchs auf Schadensersatz statt der Leistung dargelegt. Es handelt sich z.B. um das endgültige Ausbleiben der Leistung bei § 281 I 1 1. Fall BGB. Durch einen einfachen Verweis „nach oben" nimmt man hier Bezug auf die Pflichtverletzung.

e.A: Schuldner muss fehlende Kausalität darlegen und beweisen

Umstritten ist, ob der Schuldner oder der Gläubiger die Darlegungs- und Beweislast für die Kausalität trägt.

Zum Teil wird vertreten, sie falle in vollem Umfang dem Schuldner zur Last, und zwar sowohl für den Nachweis der Kausalität zwischen Pflichtverletzung und Nutzlosigkeit als auch für den Einwand der anderweitigen Zweckverfehlung.[598]

a.A: Schuldner muss nur hypothetische Kausalität darlegen und beweisen

Die Gegenauffassung sieht den Schuldner nur hinsichtlich des Einwandes der anderweitigen Zweckverfehlung als beweispflichtige Partei an. Somit muss der Gläubiger Tatsachen vortragen und im Bestreitensfalle beweisen, die den Kausalzusammenhang zwischen Pflichtverletzung und nutzloser Aufwendung schlüssig ausfüllen. Der Schuldner kann sich verteidigen, indem er darlegt, auch bei rechtmäßigem Alternativverhalten wäre der Zweck der Aufwendung vereitelt worden.[599]

Streitentscheid

Dem Wortlaut kann man keine Beschränkung des Kausalitätsentlastungsbeweises entnehmen. Dort geht es um die Frage, ob der verfolgte Zweck vereitelt worden ist, ohne dass die Pflichtverletzung dafür ursächlich wurde. Dies spricht entscheidend für die volle Beweislast des Schuldners.[600] Diese Beweislast belastet den Schuldner auch nicht erheblich. Wie oben bereits beschrieben, muss der Gläubiger die Nutzlosigkeit der Aufwendungen substantiieren.[601] Dabei wird in aller Regel der Kausalzusammenhang offensichtlich sein.

BEISPIEL: Die Maklerkosten sind offensichtlich nutzlos, wenn der Verkäufer das Grundstück nicht übereignet.

MERKSATZ

Der Gläubiger hat die Nutzlosigkeit der Aufwendungen darzulegen und zu beweisen. Den Schuldner trifft die Darlegungs- und Beweislast, die Kausalität zur Pflichtverletzung zu widerlegen.

---

598   *Dauner-Lieb/Konzen/K.Schmidt-Gsell, Das neue Schuldrecht, S.321, 326; MünchKomm-Ernst, BGB, § 284 Rn 23*

599   *AnwK-Dauner-Lieb, Schuldrecht § 284 Rn 31; Lorenz/Riehm, § 3 Rn 229*

600   *MünchKomm-Ernst, BGB, § 284 Rn 23*

601   *Siehe Randnummer 195*

KLAUSURHINWEIS

In der Regel kann man leicht feststellen, ob die Vereitelung des Zwecks kausal auf der Pflichtverletzung beruht. Sofern der Schuldner keine Entlastungstatsachen behauptet, sollte man es bei der Feststellung belassen und sich dem spannenden nächsten Prüfungspunkt widmen. Eine echte Chance, der Haftung zu entgehen, erhält nämlich der Schuldner, der beweisen kann, dass auch bei rechtmäßigem Alternativverhalten der Zweck der Aufwendung verfehlt worden wäre.

7. Keine anderweitige Zweckverfehlung

Als Essenz folgt aus dem Halbsatz „es sei denn, deren Zweck wäre auch ohne die Pflichtverletzung des Schuldners nicht erreicht worden", dass der Schuldner sich mit dem Beweis von der Haftung befreien kann, die Aufwendungen des Gläubigers wären auch bei rechtmäßigem Alternativverhalten nutzlos geworden. Hier liegt der Schwerpunkt, hierin besteht der eigentliche Sinn der Entlastungsmöglichkeit für den Schuldner. Aufgrund der Negativformulierung, „es sei denn", trägt der Schuldner hierfür die Beweislast.[602]

197 Keine anderweitige Zweckverfehlung

Bezüglich dieser Entlastungsmöglichkeit muss zwischen kommerziellen und nicht kommerziellen Aufwendungen differenziert werden.

a) Nichtkommerzielle Aufwendungen

Wenn der Gläubiger Aufwendungen getätigt hat, die allein konsumtiven oder ideellen Zwecken dienen, bei denen also die Gewinnerzielungsabsicht fehlt, muss der Schuldner gezielt Ursachen darlegen, die auch bei pflichtgemäßem Verhalten den Zweck der Aufwendung vereitelt hätten.

198 Nichtkommerzielle Aufwendungen

BEISPIEL: Die wegen der Lieferung einer Einbauküche gemachten Aufwendungen werden durch einen Wassereinbruch unbrauchbar. [603]

Gegenüber solchen konsumtiven oder ideellen Zwecken kann sich der Schuldner selbstverständlich nicht darauf berufen, der Gläubiger hätte mit den Aufwendungen ohnehin einen wirtschaftlichen Verlust erlitten. Dieser wird ja bei ideellen oder rein konsumtiven Zwecken gerade in Kauf genommen. Dies führt dazu, dass § 284 BGB den Gläubiger sogar günstiger stellt, wenn er nur nichtkommerzielle Zwecke verfolgt.[604]

BEISPIEL: K hat zur Finanzierung des Kaufpreises eines mit V geschlossenen Grundstückskaufvertrages einen Kredit bei der Bank B aufgenommen. K will das zum Grundstück gehörende Eigenheim selbst bewohnen. Aufgrund der schuldhaften Nichtleistung des V scheitert der Vertrag endgültig. Verlangt K aus § 284 BGB Ersatz der Finanzierungskosten, kann sich V nicht darauf berufen, es wäre nachweislich für K billiger gewesen, zur Miete zu wohnen.

602   AnwK-Dauner-Lieb, Schuldrecht § 284 Rn 31
603   BT-Drs. 16/6040, S. 144; Palandt-Grüneberg, BGB, § 284 Rn 9
604   MünchKomm-Ernst, BGB, § 284 Rn 26

MERKSATZ

Hat der Gläubiger Aufwendungen getätigt, die allein nichtkommerziellen Zwecken dienen sollten, kann der Schuldner dem Aufwendungsersatzanspruch nicht mit dem Einwand begegnen, die Aufwendungen hätten ohnehin zu einem wirtschaftlichen Verlust geführt.

b) Kommerzielle Aufwendungen

Kommerzielle Aufwendungen

199 Gegenüber Aufwendungen des Gläubigers zu kommerziellen Zwecken kann der Schuldner einwenden, die Aufwendungen hätten sich auch im Falle seines pflichtgemäßen Verhaltens nicht amortisiert. § 284 BGB hält einerseits die Tradition der Rentabilitäts-Rechtsprechung bei kommerziellen, erwerbsbezogenen Aufwendungen aufrecht, erweitert die Vermutung der Rentabilität nunmehr auch auf nutzenbezogene Aufwendungen. Diese werden im Schadensrecht nicht von der Rentabilitätsvermutung erfasst.[605] Somit obliegt es dem Gläubiger, die Höhe der Aufwendungen sowie ihre Nutzlosigkeit vorzutragen. Der Schuldner hat dann Gelegenheit, die fehlende Rentabilität zu beweisen.

BEISPIEL: V verkauft K Kunstwerke eines unbekannten Künstlers. K glaubt, diese seien unbekannte Werke des Malers Ernst Ludwig Kirchner und mietet zum Weiterverkauf ein Ladenlokal an. V liefert trotz angemessener Nachfrist nicht, weshalb der Vertrag scheitert. K verlangt die sinnlos aufgewendete Miete.

Wenn V beweisen kann, dass es sich nicht um Originale von Kirchner, sondern handwerklich schlechte Kopien eines unbekannten Künstlers im Stil von Kirchner und damit um letztlich unverkäufliche Werke handelt, kann er den Einwand der fehlenden Rentabilität erheben. Es ist dann sicher, dass sich die Aufwendungen (Abschluss des Mietvertrages) auch im Falle ordnungsgemäßer Erfüllung nicht amortisiert hätten.

c) Zweckbündel

Zweckbündel

200 Wenn der Gläubiger behauptet, sowohl kommerzielle, als auch nichtkommerzielle Zwecke verfolgt zu haben (Zweckbündel), steht man erneut vor dem Problem, entscheiden zu müssen, wie weit der Investitionsschutz zugunsten eines Gläubigers reichen soll, der Aufwendungen im Vertrauen auf den Erhalt der Leistungen getätigt hat. Einerseits bekämpfte der Gesetzgeber mit der Einführung des § 284 BGB die Diskriminierung nichtkommerzieller Zwecke. Wie dargelegt, gewährte das Schadensersatzrecht nach alter Rechtslage Aufwendungsersatz nur für kommerzielle Investitionen nach der Rentabilitätsvermutung.[606] Andererseits besteht bei großzügiger Handhabung des § 284 BGB die Gefahr, dass ein Gläubiger, der sich wirtschaftliche Fehlinvestitionen geleistet hat, die Mitverfolgung nichtkommerzieller Zwecke behauptet, um auf den Schuldner seine eigenen Verluste abzuwälzen. Wie bereits erörtert wurde, ist die Behauptung nichtkommerzieller Zwecke für den Gläubiger sogar günstiger, weil dem Schuldner nicht der Einwand zusteht, die Aufwendungen hätten sich wirtschaftlich nicht amortisiert.[607] Dies kann leicht missbraucht werden.

---

605   *Siehe Randnummer 159*
606   *Siehe Randnummer 158*
607   *Siehe Randnummer 196 und 197*

BEISPIEL: K betreibt selbständig einen Kurierdienst. Zu diesem Zweck kauft er für sein Firmenfahrzeug ein teures Navigationsgerät von V, der baldige Lieferung verspricht. Das Firmenfahrzeug verfügt bereits über eine Einbauvorrichtung, in welche das Gerät leicht eingesteckt werden kann. Um das Gerät auch in seinem älteren privaten PKW nutzen zu können, lässt er in diesen in der Werkstatt für 200,- € eine neue Mittelkonsole einbauen, in welche das Gerät passgenau eingefügt werden kann. V liefert trotz Fälligkeit das Navigationsgerät nicht, die Nachfrist verstreicht erfolglos, was V auch zu vertreten hat. Kurz darauf wird der Firmenwagen durch umstürzende Bäume zerstört. K verlangt Ersatz der 200,- € aus § 284 BGB.

Der Umgang mit solchen Zweckbündeln, bei denen ein kommerzieller und ein ideeller Zweck zusammentreffen und letzterer mittelbar vereitelt wird, stellt für jedes Gericht eine Herausforderung dar. V kann sich gegenüber K darauf berufen, der Einbau in das Firmenfahrzeug hätte sich nicht amortisiert, weil dieses ohnehin zerstört wurde. Diesen Einwand kann er aber nicht gegen den rein konsumtiven, nicht-kommerziellen Zwecken dienenden Umbau der Mittelkonsole erheben, weil solche Aufwendungen eben keiner wirtschaftlichen Bewertung unterfallen sollen.

Zum Teil wird vertreten, dass der Gläubiger benennen muss, ob er kommerzielle oder nichtkommerzielle Zwecke verfolgte.[608] Kumulieren solche Zwecke, soll grundsätzlich Ersatz nur wegen der Vereitelung des Primärzweckes geleistet werden. Wenn es ausnahmsweise keine eindeutige Hierarchie gibt, soll der Aufwendungsersatz nach richterlichem Ermessen gem. § 287 ZPO aufgeteilt werden.[609]

e.A.: enge Auslegung

Dagegen wird zu Recht eingewandt, dass dem Wortlaut des § 284 BGB sich nicht entnehmen lässt, dass der Aufwendungsersatz nur solchen Gläubigern zustehen soll, die entweder nur kommerzielle oder nur ideelle Zwecke verfolgen.[610] Außerdem obliegt dem Gläubiger die Darlegungs- und Beweislast für seine weiteren mit der Aufwendung verfolgten Zwecke, sodass unsubstantiierte Schutzbehauptungen des Gläubigers das Gericht nicht überzeugen werden.

A.A.: weite Auslegung

Die Darlegungs- und Beweislast des Gläubigers schützt die Interessen der Schuldner somit ausreichend. Gelingt es dem Gläubiger substantiiert seine ideellen Zwecke darzulegen und zu beweisen, wird man ihm den Aufwendungsersatzanspruch aus § 284 BGB nicht verwehren dürfen.[611]

Streitentscheid

BEISPIEL: Im obigen Fall[612] besteht kein Grund, dem Gläubiger keinen Anspruch aus § 284 BGB in Höhe von 200,- € zu gewähren.

MERKSATZ

Beim Zweckbündel muss der Gläubiger nur die Verfehlung seiner ideellen Zwecke darlegen und beweisen.

---

608 *MünchKomm-Ernst, BGB, § 284 Rn 22*
609 *Dauner-Lieb/Konzen/K.Schmidt-Gsell, Das neue Schuldrecht, S. 321, 329, 330*
610 *Münch-Komm-Ernst, BGB, § 284 Rn 23*
611 *Tröger, ZGS 2005, 462, 467*
612 *Siehe Randnummer 200*

8. Rechtsfolge

Dem Gläubiger steht gem. § 284 BGB ein Anspruch auf Ersatz seiner Aufwendungen gegen den Schuldner zu.

a) Verlangen

201 Liegt dem Anspruch aus § 284 BGB der haftungsbegründende Tatbestand eines Anspruchs aus §§ 280 I, III, 281 I 1 1. Fall BGB zugrunde, bringt das Verlangen von Schadensersatz statt der Leistung den Erfüllungsanspruch gem. § 281 IV BGB zum Erlöschen und stellt den Schadensersatzanspruch fällig. Gleiches gilt in diesem Fall für den Aufwendungsersatzanspruch aus § 284 BGB. Dieser wird fällig, wenn der Gläubiger Aufwendungsersatz statt der Leistung verlangt. Dies gilt sogar dann, wenn der Gläubiger irrig Schadensersatz statt der Leistung verlangt hat, sich seine Anspruchsberechtigung nur aus § 284 BGB ergibt.[613] Ebenso muss der Gläubiger in den Fällen des Anspruchs aus §§ 437 Nr.3, 284 BGB und aus §§ 634 Nr. 4, 284 BGB Aufwendungsersatz statt der Leistung analog § 284 BGB verlangen.

(Randspalte: Verlangen von Aufwendungsersatz statt der Leistung)

> **MERKSATZ**
>
> Der Gläubiger muss analog § 281 IV BGB Aufwendungsersatz statt der Leistung verlangen.

b) Aufwendungsersatz

Der Aufwendungsersatz ist in Geld zu entrichten. Weil er keinen Schadensersatzanspruch auf Ersatz des negativen Interesses darstellt, wird er in der Höhe nicht auf das positive Interesse beschränkt, wie es etwa § 122 BGB regelt. Zur Beschränkung der Anspruchshöhe und zum Schutz des Schuldners vor überhöhten Ansprüchen des Gläubigers dienen die genannten Einschränkungen des Tatbestandes des § 284 BGB.[614]

9. Einwand des § 254 BGB analog

202 § 254 II 1 a.E. BGB regelt die allgemeine Schadensminderungspflicht des Gläubigers.[615] Diese Rechtsnorm findet auf § 284 BGB analoge Anwendung. Hier muss erneut zwischen kommerziellen und nichtkommerziellen Aufwendungen unterschieden werden.

(Randspalte: Schadensminderungspflicht)

Bei kommerziellen Aufwendungen besteht Einigkeit, dass der Gläubiger gehalten ist, das Beste aus den Aufwendungen zu machen.

(Randspalte: Kommerzielle Aufwendungen)

BEISPIEL: Der Gläubiger nimmt zur Finanzierung des beim Schuldner gekauften Firmen-LKW ein Darlehen bei der B-Bank auf. In der Folgezeit leistet der Schuldner endgültig nicht, sodass der Vertrag scheitert. Wenn sich der Gläubiger jetzt nicht vom Kredit lösen kann, muss er in der Zukunft sinnlose Zinslasten aufwenden. Macht er sie über § 284 BGB geltend, ist er analog § 254 II 1 BGB gehalten, das Geld gewinnbringend anzulegen, um die Höhe der sinnlosen Aufwendungen zu begrenzen.[616]

---

613 MünchKomm-Ernst, BGB, § 281 Rn 103, 105
614 Siehe Randnummer 194
615 Palandt-Grüneberg, BGB, § 254 Rn 36
616 Huber/Faust, Kapitel 4, Rn 34

Bei nichtkommerziellen Aufwendungen gestaltet sich die Rechtsfindung indes schwieriger, weil der Schuldner dem Gläubiger nicht vorschreiben darf, wie dieser seine Freizeit verbringen soll.[617]

BEISPIEL: Man wird dem Gläubiger, der wegen der Fußball-WM nach Südafrika reisen will, nach der Absage des Spiels nicht vorhalten können, er solle gefälligst auf Safari gehen.

Andererseits wird hier die Lösung von den Umständen des Einzelfalles abhängen, sodass auch hier der Einwand der verletzten Schadensminderungspflicht denkbar ist.

BEISPIEL: Das Ehepaar G will im Kino S den neuen James Bond Film sehen und hat Karten im Vorverkauf erworben. Hierzu hat es die B als Babysitterin für 8,- € pro Stunde engagiert. Wegen eines von S verschuldeten Rattenbefalls schließt die Behörde das Kino vorübergehend.

Dem Grunde nach liegt hier der Anspruch aus § 284 BGB der G gegen S in Höhe der sinnlos aufgewendeten Babysitterkosten vor. Eine Schadensminderungspflicht besteht nur, wenn der Schuldner nachweist, dass das Ehepaar G am selben Abend in einem anderen Kino in zumutbarer Entfernung denselben Film hätte sehen können.

10. Einwendungen
Der Anspruch aus § 284 BGB geht durch rechtsverrichtende Einwendungen unter oder vermindert sich in der Höhe. Es gelten die obigen Ausführungen.[618]

11. Einreden
Gegen den Anspruch aus § 284 BGB können rechtshemmende Einreden erhoben werden. Es gelten die obigen Ausführungen.[619]

12. Keine unzulässige Rechtsausübung gem. § 242 BGB
Es gelten die obigen Ausführungen.[620]

---

617   *Huber/Faust, Kapitel 4, Rn 35*
618   *Siehe Randnummer 130*
619   *Siehe Randnummer 131*
620   *Siehe Randnummer 132*

UNMÖGLICHKEIT

I. EINLEITUNG

Rechte des
Gläubigers bei
nachträglicher
Unmöglichkeit

203 Niemand kann gezwungen werden, eine unmögliche Leistung zu erbringen. Niemand kann erfolgreich auf Erbringung einer unmöglichen Leistung verklagt werden. Die Unmöglichkeit der geschuldeten Leistung bildet die radikalste Art der Leistungsstörung. Ist sie eingetreten, schließt § 275 I BGB den Anspruch ces Gläubigers gegen den Schuldner auf Erfüllung der Leistung in Natur aus. Der Eintritt der Unmöglichkeit bewirkt aber nicht nur den Ausschluss des geschuldeten Anspruchs, sondern lässt unter weiteren Voraussetzungen Schadensersatz- und Aufwendungsersatzpflichten, sowie Rücktrittsrechte entstehen.

Subjektive
Unmöglichkeit

Streng nach dem Wortsinn tritt Unmöglichkeit nur ein, wenn dauerhaft niemand den Leistungserfolg herbeiführen kann. Man spricht dann von objektiver Unmöglichkeit. Jedoch sind auch Fälle denkbar, in denen nur der Schuldner nicht, aber immerhin ein Dritter, die geschuldete Leistung erbringen kann. Diesen Fall der subjektiven Unmöglichkeit stellt § 275 I BGB der objektiven Unmöglichkeit gleich. Gem. § 275 I BGB genügt es für den Ausschluss der Leistungspflicht, wenn nur der Schuldner nicht leisten kann.

Faktische
Unmöglichkeit

§ 275 II BGB regelt den umstrittenen Fall der praktischen oder faktischen Unmöglichkeit und gewährt dem Schuldner ein Leistungsverweigerungsrecht. Außerdem darf der Schuldner aus ethischen Gründen nach § 275 III BGB die Leistung verweigern. Ob der Gläubiger einen Schadensersatzanspruch statt der Leistung erhält, entscheidet sich unter den Voraussetzungen der §§ 280 I, III, 283 BGB. Alternativ darf er Aufwendungsersatz aus § 284 BGB fordern. Schließlich kann der Gläubiger die Herausgabe des stellvertretenden commodums aus § 285 BGB verlangen, oder gem. §§ 326 V, 323 BGB vom gegenseitigen Vertrag zurücktreten, selbst wenn der Schuldner die Unmöglichkeit nicht zu vertreten hat.

Rechte des
Gläubigers bei
anfänglicher
Unmöglichkeit

Mit der Einführung des § 311a BGB wurden mehrere Wertentscheidungen zugleich getroffen. Erstens bleiben Verträge gem. § 311a I BGB auch dann wirksam, wenn die Leistungspflicht gem. § 275 I BGB ausgeschlossen ist. Zweitens stehen dem Gläubiger dieselben Rechte zu, die er im Falle der nachträglichen Unmöglichkeit hätte. Ferner hat der Gesetzgeber in § 311a BGB die Frage beantwortet, worin bei anfänglicher Unmöglichkeit die Pflichtverletzung des Schuldners gesehen wird. Seit jeher gilt, dass eine versprochene Leistung, die schon bei Entstehung des Schuldverhältnisses nicht erbracht werden kann, auch von Anfang an nicht geschuldet wird. Eine nicht geschuldete Pflicht kann aber nicht unmöglich werden. Deshalb besteht in § 311a BGB die Pflichtverletzung darin, dass der Schuldner bei Vertragsschluss nicht wusste oder infolge von Fahrlässigkeit verkannte, dass er zur Erbringung des Leistungserfolges nicht imstande ist.

Unterschied zur
c.i.c.

Konsequent wurde der Schadensersatzanspruch in § 311a II BGB direkt hinter die in § 311 II und III BGB normierte culpa in contrahendo - c.i.c. - verortet. Im Unterschied zur c.i.c. wird gem. § 311a II 1 BGB aber entweder Schadensersatz statt der Leistung - also das positive Interesse - gewährt oder dem Gläubiger die Möglichkeit eingeräumt, gem. § 311a II 1 Fall 2 BGB Aufwendungsersatz gem. § 284 BGB zu fordern.

3. Grundfall: „Die Uhr"

V verkauft am 2. Mai seine gebrauchte Uhr an K. Es handelt sich um ein wertvolles **204** Einzelstück aus den sechziger Jahren des 20. Jahrhunderts. Beide haben vereinbart, dass K die Uhr am 3. Mai bei V abholen soll. Kurz bevor K wie verabredet eintrifft, lässt V den Zeitmesser aus Unachtsamkeit auf den Steinfußboden fallen, auf dem dieser irreparabel zerbricht. Die Uhr hatte vor der Zerstörung einen Wert von 1000 €, der Kaufpreis betrug 800,- €. Wie ist die Rechtslage?

KLAUSURHINWEIS

In Prüfungsarbeiten wird in Unmöglichkeitsfällen häufig pauschal nach der Rechtslage gefragt. Klausurbearbeiter müssen dann sämtliche Ansprüche und Rechte der im zu begutachtenden Fall mitwirkenden Personen prüfen. Logische Priorität genießen bei den vertraglichen Anspruchsgrundlagen die Primäransprüche auf Erfüllung der versprochenen Leistung. Innerhalb dieser begutachtet man eine eingetretene Unmöglichkeit zuerst als mögliche Einwendung im Sinne des § 275 I BGB und falls nötig, als Einrede nach §§ 275 II oder III BGB. Erst danach werden die weiteren sekundären Ansprüche und Rechte geprüft. Dies vermeidet Inzidentprüfungen und voreilige Wertungen. Im obigen sehr einfachen Beispielsfall muss man zunächst begutachten, ob der Anspruch des V gegen K auf Lieferung der Uhr aus § 433 I BGB gem. § 275 I BGB erloschen ist. Gem. § 275 I BGB soll der Anspruch auf Leistung ausgeschlossen sein, wenn die Leistung nach Entstehung des Schuldverhältnisses unmöglich wird. Es handelt sich folgerichtig um eine rechtsvernichtende Einwendung. Erst dann ist auf Schadensersatz einzugehen.

1. Teil – Ansprüche des K gegen V

LÖSUNG

A. Anspruch auf Lieferung der Uhr gem. § 433 I BGB

§ 275 I BGB

K könnte gegen V einen Anspruch aus § 433 I BGB auf Lieferung der Uhr haben. Die Parteien haben einen Kaufvertrag mit diesem Inhalt geschlossen, weshalb der Anspruch zunächst entstanden ist.

Jedoch könnte der Anspruch gem. § 275 I BGB erloschen sein. Dann muss die dem V aus dem Vertrag obliegende Pflicht unmöglich geworden sein. Dafür könnte die Zerstörung der Uhr sprechen.

Unter Unmöglichkeit ist aber die dauerhafte Nichterbringbarkeit des Leistungserfolges zu verstehen. Dies wäre hier nicht der Fall, wenn V verpflichtet wäre, eine Uhr zu übereignen, die nur nach Gattungsmerkmalen bestimmt ist, also gem. § 243 I BGB nach allgemeinen Merkmalen, die auf eine Vielzahl von Stücken zutreffen. In diesem Fall müsste V eine andere Uhr aus der Gattung liefern. Beschränkte sich die Lieferungspflicht des V hingegen auf das zerbrochene Stück, wäre er dauerhaft nicht mehr in der Lage, die geschuldete Uhr zu liefern. Eine Stückschuld setzt voraus, dass der Leistungsgegenstand so hinreichend individualisiert ist, dass dem Schuldner keine Auswahlmöglichkeit verbleibt. Hier haben sich V und K von vornherein auf einen konkreten, nach individuellen Merkmalen bestimmten Gegenstand geeinigt. Mit dem Untergang dieses Gegenstandes ist die Leistungspflicht aus § 433 I BGB unmöglich geworden, dies auch nach Vertragsschluss, weshalb der Anspruch gem. § 275 I ausgeschlossen ist. K hat gegen V keinen Anspruch aus § 433 I BGB.

B. Anspruch auf Schadensersatz statt der Leistung gem. §§ 280 I, III, 283 BGB

K könnte gegen V wegen des Untergangs der Uhr aber einen Anspruch auf Schadensersatz haben. In Betracht kommt ein Anspruch auf Schadensersatz statt der Leistung gem. §§ 280 I, III, 283 BGB.

I. SCHULDVERHÄLTNIS

Das in § 280 I BGB geforderte Schuldverhältnis ist hier der o.g. Kaufvertrag.

II. UNMÖGLICHKEIT

Aus diesem ist die Leistungspflicht des V i.S.v. § 275 I BGB nachträglich unmöglich geworden, mithin ist auch eine Pflicht i.S.v. §§ 280 I, III, 283 BGB verletzt.

III. VERTRETENMÜSSEN DES SCHULDNERS

V muss die Unmöglichkeit aber auch zu vertreten haben. Gem. § 276 I BGB hat der Schuldner Vorsatz und Fahrlässigkeit zu vertreten. Unter Fahrlässigkeit versteht man gem. § 276 II BGB das Außerachtlassen der im Verkehr üblichen Sorgfalt. Wer sich durch Vertrag gebunden hat, wird Teilnehmer einer Sonderrechtsbeziehung, in welcher er Sorge zu tragen hat, dass die ihm obliegende Pflicht nicht fahrlässig unmöglich wird. Wer den Leistungsgegenstand durch Unachtsamkeit zerstört, handelt fahrlässig. Also hat V die Unmöglichkeit zu vertreten.

IV. RECHTSFOLGE: SCHADENSERSATZ STATT DER LEISTUNG

Fraglich ist zuletzt, ob und in welcher Höhe K Schadensersatz statt der Leistung zu fordern hat. Unter Schadensersatz statt der Leistung i.S.v. §§ 280 I, III, 283 BGB versteht man die unfreiwillige Vermögenseinbuße i.S.v. §§ 249 ff. BGB, die adäquat kausal auf der Unmöglichkeit beruht und zum positiven Interesse gehört. Anhand einer positiven Differenzhypothese ist zu fragen, wie der Gläubiger im Falle der Erfüllung durch den Schuldner stünde. Hätte V erfüllt, wäre K nun Eigentümer einer Uhr im Wert von 1000 €. Für diese hätte er aber 800,- € an V bezahlt. Folglich beträgt der Differenzschaden 200,- €. Dieser ist als entgangener Gewinn auch gem. § 252 BGB erstattungsfähiger Schaden. Letztlich hat K den Gewinn wegen der Unmöglichkeit nicht erzielt, weshalb auch die Kausalität zu bejahen ist. Folglich hat K gegen V einen Anspruch auf Schadensersatz statt der Leistung in Höhe von 200,- € gem. §§ 280 I, III, 283 BGB.

2. Teil – Anspruch des V gegen K aus § 433 II BGB

§ 326 I BGB

Zu prüfen bleibt, ob V der Zahlungsanspruch aus § 433 II BGB noch zusteht. Dieser könnte nämlich gem. § 326 I BGB erloschen sein. Dies erfordert zunächst einen gegenseitigen Vertrag zwischen V und K. Ein Vertrag ist gegenseitig, wenn die Hauptleistungspflichten im Gegenseitigkeitsverhältnis stehen, wenn der Schuldner seine Leistung erbringt, um vom Gläubiger die Gegenleistung zu erhalten. Dies ist beim Kaufvertrag gem. § 433 I BGB und § 433 II BGB der Fall. Ferner muss der Schuldner die obliegende Leistung nicht mehr zu erbringen haben. Dies ist, wie innerhalb des § 275 I BGB geprüft wurde, der Fall. Zuletzt darf keine der in § 326 II oder III BGB geregelten Ausnahmen eingreifen. Solche sind nicht ersichtlich. Also ist K von seiner Kaufpreiszahlungspflicht befreit worden und V hat keinen Anspruch gegen K aus § 433 II BGB.

II. SYSTEMATIK UND VERTIEFUNG

Man unterscheidet u.a., ob die Unmöglichkeit beim Schuldner oder beim Gläubiger eintritt, ob sie aus tatsächlichen oder aus rechtlichen Gründen bejaht wird, ob niemand oder nur der Schuldner den Leistungserfolg nicht erbringen kann. Über den Klausurerfolg entscheidet die Fähigkeit, dieses Wissen innerhalb der gesetzlichen Regelungen zu verorten. Ebendiese Fähigkeit soll durch die folgende Darstellung erworben oder auch vertieft werden.

1. Einwand der nachträglichen Unmöglichkeit gem. § 275 I BGB im Falle einer Stückschuld

205 Bei § 275 I BGB handelt es sich um einen Einwand, der den primären Anspruch des Gläubigers gegen den Schuldner auf Erfüllung der versprochenen Leistung in Natur endgültig ausschließt.

Rechtsnatur des § 275 I BGB

BEISPIEL: Im obigen Grundfall stand K gegen V primär der Anspruch aus § 433 I BGB auf Übereignung und Lieferung der Uhr zu. Diese Leistung wurde aber durch die Zerstörung der Uhr unmöglich. Deshalb erlosch der Anspruch aus § 433 I BGB gem. § 275 I BGB.

§ 275 I BGB regelt weder den Untergang des Schuldverhältnisses als solches, noch die Entstehung sekundärer Schadensersatz- oder Aufwendungsersatzpflichten. Letztere hängen zusätzlich vom Vertretenmüssen des Schuldners ab. Dies ergibt sich einerseits aus der Verweisung in § 275 IV BGB auf die §§ 280 ff. BGB und aus dem Erfordernis des Vertretenmüssens in § 280 I 2 BGB.

> **KLAUSURHINWEIS**
>
> Hinweise zur Gutachtentechnik: § 275 I BGB stellt im Gutachten im Falle der nach Entstehung des Schuldverhältnis auftretenden Unmöglichkeit einen rechtsvernichtenden Einwand dar und muss als Erlöschensgrund geprüft werden (s.o. Grundfall).[621] Im Gutachten liegt der Schwerpunkt bei der genauen Bestimmung der Leistungspflicht, bei der Feststellung der Schuld als Stückschuld, sowie bei der Begründung, ob die Leistungspflicht auch dauerhaft nicht erbringbar, bzw. nicht wiederholbar ist.

a) Prüfungsschema

PRÜFUNGSSCHEMA

> **EINWAND DER NACHTRÄGLICHEN UNMÖGLICHKEIT gem. § 275 I BGB IM FALLE EINER STÜCKSCHULD**
>
> 1. **Schuldverhältnis**
> 2. **Unmöglichkeit des Leistungserfolges**
>   a) **Leistungspflicht**
>   b) **Stückschuld**
>   c) **Kein Untergang des Anspruchs auf Leistung durch Erfüllung gem. § 362 BGB**
>   d) **Dauerhafte Nichterbringbarkeit des Leistungserfolges: Fall der Unmöglichkeit**
> 3. **Nach Entstehung des Schuldverhältnisses**

---

621   *Siehe Randnummer 204*

b) Schuldverhältnis

Anwendbarkeit der allgemeinen Regeln

206 Sowohl nach seinem Wortlaut („Schuldner") als auch nach seiner Stellung im Gesetz erfordert § 275 I BGB das Bestehen eines Anspruchs aus einem Schuldverhältnis. Nach dem vom Gesetzgeber sehr allgemeingültig formulierten Wortlaut des § 275 I BGB scheint die Rechtsnorm auf jeden schuldrechtlichen Leistungsanspruch anwendbar zu sein. Dies trifft auf Leistungsansprüche aus Verträgen auch uneingeschränkt zu. § 275 I BGB findet Anwendung auf Ansprüche sowohl aus gegenseitigen Verträgen als auch auf solche aus einseitig verpflichtenden oder unvollkommen zweiseitigen Verträgen.

BEISPIEL: Es kann nicht nur der im typischen Lehrbuchbeispiel häufig genannte Anspruch aus § 433 I BGB unmöglich werden, sondern auch der Anspruch aus einem Schenkungsversprechen (§ 518 I BGB), der Rückgabeanspruch aus einem beendeten Mietvertrag gem. § 546 BGB oder der Rückgabeanspruch aus dem unvollkommen zweiseitigen Leihvertrag aus § 604 I BGB.

Weil die Norm im allgemeinen Teil des Schuldrechts steht, kommt sie auf den ersten Blick als Ausschlussgrund für Leistungspflichten aus gesetzlichen Schuldverhältnissen in Betracht. Jedoch enthalten diese zum Teil besondere Regeln.

BEISPIEL: So regelt das Bereicherungsrecht in seinen besonderen Vorschriften gem. § 818 I Fall 2 BGB und § 818 II BGB die Unmöglichkeit der Pflicht zur Herausgabe des Erlangten aus den kondiktionsrechtlichen Ansprüchen der §§ 812 ff. BGB. § 989 BGB regelt die Unmöglichkeit der Herausgabe des Besitzes aus § 985 BGB im Eigentümer-Besitzer-Verhältnis. Ebenso regeln im Erbrecht die §§ 2018, 2019, 2023 BGB mit eigenen, spezielleren Rechtsnormen die Unmöglichkeit. Diese Spezialvorschriften schließen dort grundsätzlich die Anwendung des § 275 BGB aus.

> **MERKSATZ**
> § 275 I BGB gilt als Ausschlussgrund für alle vertraglichen Ansprüche. Bei gesetzlichen Ansprüchen muss im Einzelfall geprüft werden, ob speziellere Regeln normiert sind.

c) Unmöglichkeit des Leistungserfolges

207 § 275 I BGB fordert die Störung des Schuldverhältnisses durch Unmöglichkeit der Leistung. Diese bedeutet eine Nichtleistung. Sie unterscheidet sich aber von den bereits in den Kapiteln zum Schuldnerverzug dargelegten Fällen der Nichtleistung.

Unmöglichkeit i.S.v. § 275 I BGB

> **DEFINITION**
> **Unmöglichkeit** der Leistung im Sinne des § 275 I BGB bedeutet dauerhafte Nichterbringbarkeit des Leistungserfolges.[622]

Abgrenzung zum Schuldnerverzug

Wesen und Kern der Unmöglichkeit ist somit die dauerhafte Nichterbringbarkeit, bzw. die Nichtwiederholbarkeit der Leistung. Hierin besteht der grundsätzliche

---

622   *Palandt-Grüneberg, BGB, § 275 Rn 18*

Unterschied zu den Fällen des Schuldnerverzuges. Diese sanktionieren zwar ebenfalls die Nichtleistung zur Zeit der Fälligkeit, jedoch ist bei ihnen die Leistung immerhin noch erbringbar oder wiederholbar.

KLAUSURHINWEIS

Nicht selten besteht die vom Prüfer gestellte Aufgabe darin, zwischen Unmöglichkeit und Verzug abzugrenzen. Begutachtet man eine Anspruchsgrundlage wegen Schuldnerverzuges zuerst, muss man prüfen, ob dem Gläubiger ein fälliger und noch möglicher Anspruch auf Leistung zusteht. Dies ist nicht nur lästig, sondern auch eine unerwünschte Inzidentprüfung. Wenn ein Fall der Unmöglichkeit nicht von vornherein als fern liegend erscheint, empfiehlt es sich, die Prüfung der Unmöglichkeit im Gutachten voranzustellen und in angemessener Kürze zu begutachten.

aa) Leistungspflicht

Will man beurteilen, ob Unmöglichkeit des Leistungserfolges eingetreten ist, muss **208** fest stehen, welche Leistung genau geschuldet wird. Dazu müssen zunächst Art, Inhalt und Umfang der Leistungspflicht klar bestimmt werden. Dies bereitet Schwierigkeiten, wenn ein Vertrag den Parteien gleichzeitig mehrere Leistungspflichten nebeneinander auferlegt.

BEISPIEL: Der Käufer schuldet nach § 433 II BGB nicht nur die Zahlung des Kaufpreises, sondern auch die Abnahme der gekauften Sache. Die Pflicht zur Geldzahlung kann nur ausnahmsweise unmöglich werden. Es gilt sprichwörtlich: „Geld hat man zu haben". Hingegen kann die Pflicht zur Abnahme sehr wohl dauerhaft nicht erbringbar sein. Deshalb muss bezeichnet werden, auf welche Pflicht sich die Begutachtung bezieht.

Unmöglich werden kann theoretisch jeder klagbare Leistungsanspruch aus Vertrag oder aus gesetzlichen Schuldverhältnissen. Sind Inhalt und Umfang des Anspruchs gesetzlich typisiert, bereitet die Auslegung der Leistungspflicht kaum Schwierigkeiten.

BEISPIEL: Der Verleiher muss dem Entleiher gem. § 598 BGB den Besitz an der verliehenen Sache einräumen, damit dieser die Sache auf Zeit besitzen darf.

Stehen der Umfang oder der Inhalt der Leistungspflicht nicht durch präzise gesetzliche Bestimmung oder durch genaue vertragliche Fixierung fest, müssen sie durch Auslegung ermittelt werden.

Bestimmung der geschuldeten Leistung durch Auslegung

BEISPIEL: S hat der B seinen LKW zur Sicherung übereignet. Der Sicherungstreuhandvertrag, welcher der sachenrechtlichen Übereignung an die B schuldrechtlich zugrunde liegt, ist nicht gesetzlich typisiert. Sein Inhalt bedarf der vertraglichen Festlegung und der Auslegung, zur Not der ergänzenden Vertragsauslegung gem. §§ 133, 157, 242 BGB.

MERKSATZ

Innerhalb der Unmöglichkeitsprüfung muss zuerst die betroffene Leistungspflicht genau bestimmt werden.

BEISPIEL: V schuldet dem K aus § 433 I BGB die Lieferung des PKW mit der Fahrgestellnummer XJ-2143-XSJ. A schuldet B aus § 433 I BGB die Lieferung eines Glascontainers der Marke „Posh", Serie „Wallis".

bb) Stückschuld

Beschränkung
der Leistungs-
pflicht auf das
untergegangene
Stück

209 Steht der Inhalt der betroffenen Leistungspflicht fest, kommt es bei § 275 I BGB entscheidend darauf an, dass der Leistungserfolg dauerhaft nicht erbringbar ist. Dies kann bei vertraglichen Leistungspflichten zweifelhaft sein, wenn die Erbringung einer Sachleistung geschuldet ist.

BEISPIEL: Der Verkäufer schuldet beim Kauf gem. § 433 I BGB, der Hersteller beim Werklieferungsvertrag gem. § 651 BGB die Lieferung einer Sache. Der Leasinggeber, der Vermieter, der Verleiher schuldet die Überlassung des Besitzes an einer Sache während der Vertragsdauer.

Denn sogar dann, wenn die Sache, mit welcher der Schuldner erfüllen wollte, zerstört wurde, kann die Erfüllung mit einer anderen Sache derselben Gattung ja noch möglich sein. Es kommt also darauf an, ob genau die untergegangene Sache geschuldet war. Dies ist bei Kaufverträgen nicht selten zweifelhaft, weil durch die modernen Vertriebswege der Katalog- oder Internetbestellung sehr häufig ein Gattungskauf vereinbart wird.

MERKSATZ

Geht eine vertraglich geschuldete Sache unter oder verloren, bedeutet dies nur dann Unmöglichkeit der Leistungspflicht, wenn sich die Leistungspflicht des Schuldners auf Lieferung genau dieser Sache beschränkt hat.

Nur dann ist es dem Schuldner nicht möglich, die geschuldete Sache zu liefern, zu überlassen, zu übereignen. Aus Gründen der Verständlichkeit soll die Leistungsstörung der Unmöglichkeit zunächst nur in Bezug auf eine von vornherein vereinbarte Stückschuld erläutert werden. Im nächsten Sinnabschnitt wird dargestellt, in welchen Fällen und unter welchen Voraussetzungen die Unmöglichkeitsregeln Anwendung finden, wenn die Parteien zunächst eine Gattungsschuld vereinbart haben.[623] Zur Begriffsklärung soll hier zunächst zwischen Stückschuld und Gattungsschuld unterschieden werden.

Stückschuld

DEFINITION

Eine **Stückschuld** ist gegeben, wenn der Leistungsgegenstand so hinreichend individualisiert ist, dass der Schuldner keine Auswahlmöglichkeit mehr hat. [624]

---

[623]   Siehe Randnummer 231
[624]   MünchKomm-Emmerich, BGB, § 243 Rn 9; Gruber, JZ 2005, 707

Haben die Parteien beim Vertragsschluss den Leistungsgegenstand bereits indivi- **210** duell festgelegt, wird dem Schuldner von vornherein keinerlei Auswahl gestattet. In diesem Fall besteht kraft Parteivereinbarung bereits originär eine Stückschuld.

BEISPIEL: Dies ist zum einen bei nur einmal vorkommenden Gegenständen der Fall. So existiert die „Mona Lisa" von Da Vinci nur einmal im Original.

Solange der geschuldete Gegenstand nur der Gattung nach bestimmt ist und solange ein Gegenstand aus dieser Gattung noch existiert, ist der Eintritt des Leistungserfolges hingegen nicht ausgeschlossen, denn dann ist die Leistung noch erbringbar. In diesem Fall kann der Schuldner die Erfüllung in Natur nämlich noch herbeiführen.

Abgrenzung zur Gattungsschuld

DEFINITION

Bei einer **Gattungsschuld** ist die geschuldete Leistung nur nach allgemeinen Merkmalen (Gattungsmerkmalen) bestimmt, sodass der Schuldner Auswahl treffen kann.[625]

Gattungsschuld

Die Gattungsschuld wird in § 243 I BGB normiert. Nach § 243 II BGB kann sich die Gattungsschuld nachträglich in eine Stückschuld konkretisieren, wenn der Schuldner alles seinerseits Erforderliche zur Erfüllung getan hat. Bei der Gattungsschuld steht der konkrete Leistungsgegenstand bei der Begründung des Schuldverhältnisses noch nicht fest. Der Schuldner weiß aber durch die Parteivereinbarungen, wie seine Leistung beschaffen sein muss, um später die Erfüllungswirkung gem. § 362 BGB herbeizuführen. Dies gelingt ihm, indem er ein Stück aus der Gattung übereignet, das die vereinbarten Gattungsmerkmale aufweist.

Gesetzliche Grundlage der Gattungsschuld

KLAUSURHINWEIS

In Prüfungsaufgaben kommt es häufig darauf an, zwischen **Stückschuld** und **Gattungsschuld** genau zu differenzieren. Hier liegt regelmäßig ein Schwerpunkt der Prüfung. Prüfer bewerten an dieser Stelle gezeigte Schwächen besonders streng, weil sie aus ihnen auf fehlendes Grundlagenverständnis des Kandidaten schließen.

In besonderen Fallkonstellationen, etwa im Falle der Konkretisierung gem. § 243 II BGB, kann § 275 I BGB gleichwohl zur Anwendung kommen. Auf diese und andere Ausnahmen von der Regel wird aus Gründen der Übersichtlichkeit unten ausführlich eingegangen.[626]

KLAUSURHINWEIS

Ist im Klausurfall der Gegenstand vor oder während des Erfüllungsversuches untergegangen, empfiehlt es sich zu schreiben, dass die Erbringung der Leistungspflicht nur unmöglich geworden ist, wenn sie sich auf den untergegangenen Gegenstand beschränkt hat. Dies ist bei einer Stückschuld immer der Fall.

---

625   *Brox-Walker, Schuldrecht-AT, § 8 Rn 1*
626   *Siehe Randnummer 232*

211 Haben die Parteien beim Vertragsschluss den Leistungsgegenstand bereits individuell festgelegt, besteht durch die Parteivereinbarung bereits originär eine Stückschuld.

Originäre
Stückschuld

Eine originäre Stückschuld vereinbart man häufig bei gebrauchten Sachen. Notwendig ist aber auch dann, dass sich die Parteien auf eine bestimmte gebrauchte Sache geeinigt haben.

> **BEISPIEL:** V hat bei eBay seinen gebrauchten VHS Videorekorder mit Foto und Seriennummer angeboten. K hat nach den Bedingungen das höchste Gebot abgegeben.

Abgrenzung zur
Gattungsschuld
bei gebrauchten
Sachen

Falsch wäre nämlich die Aussage, der Verkauf gebrauchter Sachen führe zwingend zur Vereinbarung einer Stückschuld. Das folgende Beispiel beweist, dass die Parteien auch beim Verkauf gebrauchter Sachen eine Gattungsschuld vereinbart haben können.

> **BEISPIEL:** K ist Liebhaber englischer Automobile und möchte gerne einen dunkelgrünen Jaguar Typ E, Baujahr 1965 für 50.000 € erwerben. Oldtimerhändler V verspricht, einen solchen zu liefern, mangelfrei und mittlerer Art und Güte. Tatsächlich existieren weltweit noch 120 Stück mit den vereinbarten Merkmalen.

Hier haben sich V und K auf den Kauf einer nach allgemeinen Merkmalen bestimmten Gattungssache gem. § 243 I BGB geeinigt. Dass sie gebraucht ist, ändert nichts an den allgemeinen Merkmalen und dem Charakter als Gattungsschuld.

cc) Kein Untergang des Anspruchs auf Leistung durch Erfüllung gem. § 362 BGB

Erfüllung vor
Untergang

212 Der Anspruch des Gläubigers darf vor dem die Unmöglichkeit auslösenden Ereignis noch nicht erfüllt worden sein, denn eine gem. § 362 I BGB durch Erfüllung erloschene Leistungspflicht kann nicht mehr unmöglich werden. Dasselbe gilt für die Erfüllungssurrogate aus § 364 I, § 378, § 389 BGB.

dd) Dauerhafte Nichterbringbarkeit des Leistungserfolges: Fall der Unmöglichkeit

Echte
Unmöglichkeit

213 § 275 BGB fasst in den Absätzen 1 bis 3 unterschiedliche Leistungsstörungen unter der Bezeichnung Unmöglichkeit zusammen. Sie unterscheiden sich nicht nur im Tatbestand, sondern auch in der Rechtsfolge. Nur § 275 I BGB ordnet den Ausschluss des Anspruchs an. Die Absätze 2 und 3 berechtigen den Schuldner zur Verweigerung der Leistung. Nur bei § 275 I BGB kann man begrifflich von einer echten Unmöglichkeit sprechen.[627]

> **KLAUSURHINWEIS**
> Deshalb ist es notwendig, die in den Absätzen gemeinten unterschiedlichen Fallgruppen der Unmöglichkeit sorgfältig und trennscharf voneinander abzugrenzen.

---

627   *Medicus/Lorenz, Schuldrecht AT, Rn 413*

(1) Objektive Unmöglichkeit

Verschiedene tatsächliche Ursachen können bewirken, dass objektiv niemand die **214** Leistung erbringen kann.

(a) Physikalische Unmöglichkeit

Verstößt die Leistung gegen die Naturgesetze, spricht man von physikalischer Unmöglichkeit.

Physikalische Unmöglichkeit

BEISPIEL: Dies ist zum Beispiel der Fall, wenn U dem B verspricht, synthetisches Gold herzustellen, aber auch dann, wenn K dem V eine bestimmte Vase verkauft und diese vor der Übereignung in Scherben zerbricht. Hier sind die Kristallgitter im Material so nachhaltig verformt worden, dass eine Reparatur nur das Entstehen einer anderen Vase als der geschuldeten ergibt.

MERKSATZ

Eine Leistung, die naturgesetzlich nicht erbringbar ist, ist objektiv unmöglich. Die Pflicht zur Leistung ist dann gem. § 275 I BGB ausgeschlossen.

(b) Zweckerreichung

Zur objektiven Unmöglichkeit gem. § 275 I BGB gehören auch Fälle, in denen die **215** Unmöglichkeit in der Sphäre des Gläubigers eintritt. Es handelt sich um Fälle, in denen die Leistungshandlung durch den Schuldner noch erbringbar, der vereinbarte Leistungserfolg jedoch nicht mehr eintreten kann. Zur Annahme von Unmöglichkeit kommt es nicht auf die Leistungshandlung, sondern auf den Eintritt des Leistungserfolges an.[628] Deshalb findet auf diese Fälle Unmöglichkeitsrecht Anwendung. Dies ist zum Beispiel der Fall, wenn der Zweck der Leistung vorzeitig erreicht wird.

BEISPIEL („Hochseeschlepperfall"): Tankerkapitän K gerät in der Deutschen Bucht in Seenot, als er kurz vor Amrum auf eine Sandbank aufläuft. Über Funk erreicht er den Hochseeschlepperkapitän S, der verspricht, ihn mit seinem Boot von der Sandbank frei zu schleppen. Als S an der Unglücksstelle eintrifft, ist der Tanker schon auf natürlichem Wege befreit worden, weil die Flut das Schiff gehoben hat.

Es ist S zwar möglich, den Tanker nach Wilhelmshaven zu schleppen, dies war aber nicht geschuldet. Geschuldet war eindeutig der Erfolg, K von der Sandbank frei zu schleppen. Durch Naturkräfte ist dieser Zweck vorzeitig erreicht worden und die Leistungspflicht des S gem. § 275 I BGB erloschen.

Zweckerreichung

KLAUSURHINWEIS

Hier wird besonders deutlich, wie wichtig die genaue Bestimmung der Leistungspflicht ist. „Schleppen" und „Freischleppen" stellen unterschiedliche Leistungen dar, weil sie auf einen unterschiedlichen Erfolg gerichtet sind.

---

628   *OLG Saarbrücken, NJW-RR 2006, 1602, 1603*

§ 645 BGB
analog

Fraglich ist, ob Schuldnern im Falle der zufälligen Zweckerreichung eine Vergütung zusteht. Der Anspruch auf die Gegenleistung erlischt ja gem. § 326 I BGB.[629] Ein Schadensersatzanspruch aus §§ 280 I, III, 283 BGB scheitert bei zufälliger Zweckerreichung am Verschulden des Schuldners. Denkbar ist es, den Schuldnern eine Teilvergütung in analoger Anwendung des § 645 BGB zukommen zu lassen.[630]

Abgrenzung zur
Erfüllung bei
Leistung durch
einen Dritten

216 Unterscheiden muss man zwischen Erfüllung und Unmöglichkeit, wenn die Leistung durch einen Dritten erbracht wird. Gem. § 267 BGB kann ein Dritter mit Erfüllungswillen die Schuld des Schuldners zum Erlöschen bringen.

BEISPIEL: S schuldet G die Rückzahlung eines Darlehens und kann bei Fälligkeit nicht leisten. Der Bruder des S zahlt an G mit den Worten: „Dieses Geld soll die Schuld des S tilgen." Hier tritt gem. §§ 267 I, 362 BGB Erfüllung ein.

Lässt der Schuldner die Leistung durch einen Erfüllungsgehilfen erbringen, führt dies regelmäßig zur Erfüllung gem. § 362 I BGB.

BEISPIEL: Gärtnermeister M hat sich durch Werkvertrag dem G gegenüber verpflichtet, dessen Bäume zu schneiden. Er lässt die Arbeit durch den bei ihm beschäftigten Gesellen X ausführen. Hier hat M selbst erfüllt, weil nicht vereinbart war, dass M die Arbeit höchstpersönlich auszuführen hatte.

217 Unmöglichkeit kann aber gegeben sein, wenn der Schuldner die Leistung höchstpersönlich zu erbringen hat, der Leistungserfolg aber durch die Leistung eines anderen eingetreten ist.

BEISPIEL (OLG Koblenz, NJW 2008, 1679, 1679): Chefarzt C wirbt mit seiner besonderen Erfahrung als kosmetischer Operateur. Deshalb meldet sich P bei ihm und lässt sich persönlich wegen einer Nasenkorrektur beraten. Vereinbart wird, dass C die P operiert. Als P aus der Narkose erwacht, stellt sich heraus, dass Assistent A die Operation mit Erfolg ausgeführt hat. Der geschuldete Erfolg aber, nämlich Operation durch C, kann jetzt nicht mehr eintreten, weil die Nase korrigiert wurde.

Hier liegt nicht Erfüllung, sondern Zweckerreichung und damit gem. § 275 I BGB Unmöglichkeit vor, weil höchstpersönliche Erfüllung vereinbart war.

(c) Zweckfortfall

218 Ebenfalls leistungsbefreiend gem. § 275 I BGB wirkt der Zweckfortfall.

BEISPIEL: Pferdezüchter P hat eine trächtige Stute, die alsbald abfohlen soll. Tierarzt T soll das Fohlen auf die Welt holen. Als er eintrifft, sind sowohl die Stute als auch das Fohlen verstorben.

Zweckfortfall

MERKSATZ

Beim Zweckfortfall geht das Objekt, an dem die Leistung ausgeübt werden soll, unter, bzw. verstirbt das Subjekt. Die Leistung ist dann objektiv nicht erbringbar.

---

629   *Siehe Randnummer 266*
630   *Palandt-Grüneberg, BGB, § 275 Rn 19; Palandt-Sprau, BGB, § 645 Rn 8*

Auch hier wäre an einen Vergütungsanspruch analog § 645 BGB zu denken.

(d) Zweckvereitelung

Keinen Fall der Unmöglichkeit stellt die Zweckvereitelung dar.   **219**

BEISPIEL: Im „Karnevalsbalkonfall" wird der Zweck der Leistung durch äußere Umstände vereitelt.[631]

Hier tritt keine Unmöglichkeit gem. § 275 I BGB ein, weil die geschuldete Leistung, nämlich Überlassung des Balkons, erbracht werden kann. Auf den Verlauf des Rosenmontagszuges hat V keinen Einfluss und deshalb auch kein Leistungsversprechen abgegeben. Die Lösung muss bei § 313 BGB gesucht werden.[632]

Zweckvereitelung

(e) Qualitative Unmöglichkeit

Hat der Verkäufer eine mangelhafte Sache verkauft und übergeben, wandelt sich der   **220** Anspruch aus § 433 I BGB bei Gefahrübergang in den Anspruch auf Nacherfüllung aus § 437 Nr. 1, 439 I BGB um. Ist dem Verkäufer nicht möglich, nachzubessern oder nachzuliefern, spricht man von qualitativer Unmöglichkeit.

(f) Rechtliche Unmöglichkeit

Unmöglichkeit der Leistung kann auch aus rechtlichen Gründen eintreten, nämlich   **221** dort, wo der mit einem Rechtsgeschäft angestrebte Erfolg durch ein Gesetz ausgeschlossen wird. Auch hier muss zwischen Fällen differenziert werden, in denen niemand aus rechtlichen Gründen den Erfolg herbeiführen kann (objektive Unmöglichkeit), oder nur der Schuldner nicht (subjektive Unmöglichkeit).

Objektive rechtliche Unmöglichkeit kann eintreten, wo Sachenrecht oder Erbrecht einen Typenzwang festlegen. So beschränkt das Sachenrecht die Anzahl der Sachenrechte auf sieben unterschiedliche Rechte, nämlich Eigentum, Dienstbarkeit, Nießbrauch, Vorkaufsrecht, Pfandrecht, Reallast und Erbbaurecht (Numerus clausus der Sachenrechte). Jedes dieser Rechte darf nur so bestellt und übertragen werden, wie es das Gesetz vorsieht (Typenzwang).

Verstoß gegen
Typenzwang

BEISPIEL: Es darf im Sachenrecht das Pfandrecht an beweglichen Sachen durch Rechtsgeschäft nur gem. §§ 1204 f. BGB bestellt werden, indem dem Pfandgläubiger der Besitz an der Sache übergeben wird. Damit ist die rechtsgeschäftliche Bestellung eines besitzlosen Pfandrechts an einer beweglichen Sache rechtlich ausgeschlossen. Vereinbaren E und P durch Sicherungsvertrag, dass E dem P an seinem Kraftfahrzeug eine Autohypothek nach italienischem Vorbild einräumen will, also die Bestellung eines besitzlosen Pfandrechts, so ist dies wegen Verstoß gegen den Typenzwang des Sachenrechts unmöglich.

Verstößt ein Vertrag bei Vertragsschluss gegen ein Einfuhr- oder Ausfuhrverbot ist   **222**   Exportverbot
regelmäßig Nichtigkeit wegen Verstoßes gegen ein Verbotsgesetz gem. § 134 BGB anzunehmen. Wird das Verbot nachträglich verhängt, kann Unmöglichkeit in rechtlicher Hinsicht gegeben sein. Voraussetzung ist aber stets die dauernde Unausführbarkeit der Ein- oder Ausfuhr der Ware.[633]

---

631   *Siehe Randnummer 382*
632   *Siehe Randnummer 383*
633   *BGH, NJW 1983, 2873, 2874; MünchKomm-Ernst, BGB, § 275 Rn 44*

(g) Unmöglichkeit durch Zeitablauf

Überschreitung der Leistungszeit

223 Ließ der Schuldner einen vereinbarten Leistungszeitpunkt verstreichen, kann Schuldnerverzug oder Unmöglichkeit eingetreten sein. Hier gilt es zu differenzieren. Haben die Parteien schlicht den Leistungszeitpunkt vereinbart, kommt der Schuldner gem. § 286 II Nr. 1 BGB ohne Mahnung in Schuldnerverzug.

Relatives Fixgeschäft

Haben die Parteien darüber hinaus die Leistungszeit fixiert, indem der Gläubiger keinen Zweifel daran ließ, dass er nach Verstreichen der Leistungszeit an der Leistung kein Interesse mehr hat, kann er nach Zeitablauf gem. § 323 II Nr. 2 BGB ohne Fristsetzung vom Vertrag zurücktreten, bzw. gem. § 376 HGB oder wie oben kritisch besprochen gem. § 281 II 2. Fall BGB ohne Fristsetzung Schadensersatz fordern.[634]

> **MERKSATZ**
>
> Grundsätzlich löst Zeitablauf daher nur die typischen Rechtsfolgen des Schuldnerverzuges aus, auch beim beschriebenen „relativen" Fixgeschäft.

Unmöglichkeit wegen Überschreitung der Leistungszeit

Ist der Leistungserfolg aber so eng mit der Einhaltung der Leistungszeit verbunden, dass entweder die Leistung nach Verstreichen der Leistungszeit nicht mehr nachgeholt werden kann oder das Erbringen der Leistung ihren Sinn verliert, wird der Leistungserfolg wegen eines absoluten Fixgeschäfts unmöglich.[635]

BEISPIEL: V hat M eine Wohnung in der Oberstadt von Marburg ab dem 1.10. für ein halbes Jahr vermietet, weil M einen Aufbaustudiengang im Medizin- und Pharmarecht belegen will. Weil der Vormieter X die Wohnung aber erst am 1.11. geräumt hat, ist die Leistungspflicht des V unmöglich geworden. Diese bestand nämlich in der Überlassung des Gebrauchs im Zeitraum vom 1.10. bis 31.03.

Im Beispiel ist die Erbringung der Leistungspflicht ist so eng mit dem Monat Oktober verknüpft, dass ihre Nachholbarkeit nach Verstreichen des Oktobers ausscheidet.

Absolutes Fixgeschäft

> **DEFINITION**
>
> Ein **absolutes Fixgeschäft** erfordert über die Festlegung der genauen Leistungszeit hinaus die Einigkeit der Parteien darüber, dass der Vertrag mit der Einhaltung oder Nichteinhaltung der Leistungszeit stehen oder fallen soll.[636]

BEISPIEL: K hat bei Bäcker B eine Hochzeitstorte für seine Hochzeitsfeier am Samstagabend bestellt. B liefert die Torte erst am Sonntag.

Hier kann K die Torte zwar essen, aber nicht mehr, wie vereinbart, auf seiner Hochzeitsfeier. Deshalb hat die Leistung des B für K ihren Sinn verloren. Damit ist Unmöglichkeit gem. § 275 I BGB.

Keine Unmöglichkeit wäre gegeben, wenn im Beispielsfall die Hochzeit ausgefallen wäre. Dann könnte der Leistungserfolg noch herbeigeführt werden.

---

634   Siehe Randnummer 142
635   Erman-Westermann, BGB, § 275 Rn 10
636   Medicus/Lorenz, Schuldrecht AT, Rn 420

Grundsätzlich müsste K die bestellte Torte abnehmen und bezahlen. Allenfalls könnten K Rechte aus § 313 BGB zustehen.

(h) Teilunmöglichkeit

Von Teilunmöglichkeit spricht man, wenn von einer an sich teilbaren Leistung ein Teil nicht mehr erbracht werden kann.[637]

224   Teilunmöglichkeit

Dies wird aus dem Wort „soweit" abgeleitet.[638] Eine Leistung ist teilbar, wenn sie sich in quantitativer Hinsicht in Einzelposten zerlegen lässt.[639] Der einzelne Teil muss sich in seiner Größe, nicht aber in seiner Beschaffenheit von der Gesamtleistung unterscheiden. In diesen Fällen wird der Schuldner bezüglich des untergegangenen Teils gem. § 275 I BGB frei. Ebenso findet Teilunmöglichkeit bei § 275 II, III BGB Anwendung.[640]

BEISPIEL: V hat bei K drei bestimmte Universalfräsmaschinen gekauft. Nachdem K zwei erhalten hat, wird die dritte vor der Lieferung an K zerstört. In solchen Fällen wird der Schuldner von seiner Leistungspflicht bezüglich des dritten Teiles frei.

Ferner kann Teilunmöglichkeit gegeben sein, wenn sich bei einem aus mehreren Pflichten bestehenden Vertrag eine Pflicht als nicht erbringbar darstellt.

BEISPIEL (BGH NJW 1995, 1737, 1737): V verkauft K einen aus mehreren Teilflächen bestehenden Grundstückskomplex. Dieser ist mit einem Gebäude bebaut. Nach dem Vertragsschluss wird das Gebäude vollständig zerstört. V kann das Grundstück übereignen, jedoch ohne Gebäude.

Nicht gemeint sind hingegen Fälle, in denen der Gegenstand technisch oder im Rechtssinne unteilbar ist.[641]

BEISPIEL: Technisch unteilbar ist ein goldener Ring. Rechtlich unteilbar ist ein höchstpersönliches Recht.

Auf die Rechtsfolgen der Teilunmöglichkeit, die in §§ 283 I 2, 281 I 2 BGB für den Schadensersatz, in § 326 I 1 2. Hs. BGB für das Schicksal der Gegenleistung und in § 323 V 1 BGB für den Rücktritt geregelt sind, wird unten eingegangen.[642]

(2) Subjektive Unmöglichkeit

Von der objektiven Unmöglichkeit abzugrenzen sind alle Fälle der subjektiven Unmöglichkeit.

225   Tatsächliche subjektive Unmöglichkeit

> **DEFINITION**
> Unter **subjektiver Unmöglichkeit** versteht man, dass der Schuldner die Leistung nicht erbringen kann, ein Dritter aber leistungsfähig ist.[643]

---

637   *MünchKomm-Ernst, BGB, § 275, Rn 120*
638   *Erman-Westermann, BGB, § 275 Rn 18*
639   *Siehe Randnummer 176*
640   *MünchKomm-Ernst, BGB, § 275 Rn 120*
641   *MünchKomm-Ernst, BGB, § 275 Rn 121 ff.*
642   *Siehe Randnummer 277*
643   *MünchKomm-Ernst, BGB, § 275 Rn 51*

BEISPIEL: Gemeint sind Fälle, in denen ein Dritter im Besitz einer verkauften Sache ist, in denen ein Dritter eine Handlung erbringen kann, oder in denen ein Dritter eine bestimmte Information zur Verfügung hat, nicht aber der Schuldner.

(a) Abgrenzung zu § 275 II BGB

226 In allen Fällen der tatsächlichen subjektiven Unmöglichkeit kann man ganz grundsätzlich der Meinung sein, dass diese Konstellationen nie unter § 275 I BGB fallen. Man könnte ja argumentieren, der Schuldner müsse nur seinen Leistungsaufwand steigern, um pflichtgemäß zu erfüllen.

Anwendbarkeit des § 275 I BGB bei subjektiver Unmöglichkeit

BEISPIEL: Der Schuldner heuert 1.000.000 Detektive an, um weltweit nach dem unbekannten Dritten zu fahnden, der die geschuldete Sache besitzt.

Dies hieße allerdings konsequent zu Ende gedacht, dass alle Fälle der subjektiven Unmöglichkeit unter § 275 II und III BGB fielen. Gegen diese Schlussfolgerung spricht aber ein entscheidendes Argument. Der Tatbestand des § 275 I BGB selbst geht davon aus, dass es Fälle subjektiver Unmöglichkeit geben muss, in denen der Schuldner von seiner Leistungspflicht kraft Gesetz befreit wird.[644] Dort heißt es ja wörtlich: „soweit diese für den Schuldner oder für jedermann unmöglich ist." Deshalb ist eine Differenzierung anhand des Sinn und Zwecks der Normen des § 275 II und III BGB geboten. Der Wortlaut des zweiten und dritten Absatzes gewährt dem Schuldner das Recht, die Leistung zu verweigern, folglich eine vor Gericht zu erhebende Einrede. Daraus folgt aber eben keine Pflicht zur Erhebung dieser Einrede, vielmehr ist daraus zu schließen, dass er weiterhin berechtigt ist, auch unter den nun erschwerten Bedingungen zu leisten, obwohl er es eigentlich nicht müsste - also „überobligatorisch" zu leisten.

Abgrenzung zu § 275 II, III BGB

MERKSATZ

Also müssen § 275 II und III BGB immer zur Anwendung kommen, wenn der Schuldner durch überobligatorische Leistung erfüllen darf, hingegen wird der Schuldner gem. § 275 I BGB befreit, wenn ausgeschlossen ist, dass er die Leistung noch erbringt.[645]

Verlust der Sache

Schwierig abzugrenzen sind alle Konstellationen, in denen der Schuldner nach Entstehung des Schuldverhältnisses den unmittelbaren oder mittelbaren Besitz der Sache verliert. Diese werfen immer die Frage auf, ob und wann noch § 275 I BGB einschlägig ist und ab wann sie schon unter § 275 II BGB fallen. Schließlich könnte der Schuldner theoretisch so lange suchen, bis er den Besitz wieder erlangt hat oder bis er den Dritten, der sich im unmittelbaren Besitz der Sache befindet, gefunden hat. Vernünftigerweise sollte man folgendermaßen differenzieren. Steht fest, dass der Schuldner die Sache auch unter Mithilfe eines Dritten nicht wieder zurückerlangen kann, ist die Leistungspflicht gem. § 275 I BGB ausgeschlossen.[646]

---

644   *Huber/Faust, 2. Kapitel, Rn. 14*
645   *MünchKomm-Ernst, BGB, § 275 Rn 52; Huber/Faust, 2. Kapitel, Rn 12*
646   *MünchKomm-Ernst, BGB, § 275 Rn 52*

BEISPIEL: Der Dritte ist in die Sahara geflohen und versteckt sich dort.

MERKSATZ

Wurde dem Schuldner die Sache entwendet oder hat er sie verloren und kennt er den Aufenthaltsort der Sache nicht, bedeutet dies die tatsächliche Unmöglichkeit im Sinne des § 275 I BGB und befreit ihn von der Leistungspflicht.

Bestehen Zweifel an der endgültigen Nichterbringbarkeit, kann man z.B. den Dritten, der sich im Besitz der Sache befindet, durch Nachforschung bei Behörden oder Zeitungsannoncen noch finden, kann nur § 275 II BGB greifen.[647]

BEISPIEL: Der Schuldner hat einem Dritten den Leistungsgegenstand in Verwahrung gegeben. Der Dritte ist unbekannt verzogen. Hier ist Nachforschung noch möglich.

Hat ein gutgläubiger Dritter gem. §§ 932 ff. BGB das Eigentum an der verkauften Sache erlangt, kommt es darauf an, ob dieser zur Herausgabe bereit ist.   **227**   Gutgläubiger Erwerb eines Dritten

BEISPIEL: V hat eine Armbanduhr, die dem K seit langem sehr gefällt. Diese befindet sich bei U in Verwahrung. K bietet dem V telefonisch 200,-- € Kaufpreis für die Uhr, den dieser akzeptiert. Sie vereinbaren, dass V die Uhr am nächsten Tag zu K bringt. Als V die Uhr bei U abholen will, um sie anschließend dem K zu übergeben, beichtet U, dass er die Uhr an den gutgläubigen D übereignet hat. V bietet dem D 200,- € für die Uhr.

Lehnt der Dritte endgültig ab, greift § 275 I BGB. Ist der Dritte aber zur Veräußerung gegen einen hohen Preis bereit, hätte der Schuldner theoretisch die Möglichkeit, durch überobligatorische Leistung zu erfüllen. Folglich muss anhand von § 275 II BGB geprüft werden, ob der gestiegene Leistungsaufwand außer Verhältnis zum Gläubigerinteresse steht.[648]

BEISPIEL: D verlangt von V 500,- € Kaufpreis für die Uhr.

Hat der Schuldner versprochen, eine Sache zu übereignen, die einem Dritten gehört, kann § 275 I BGB, bzw. §§ 311a I, 275 I BGB nur eingreifen, wenn es ausgeschlossen scheint, dass der Dritte die Sache veräußern wird.

BEISPIEL: V zeigt dem chinesischen Geschäftsmann K ein Foto der goldenen Madonna aus dem Domschatz der Essener Münsterkirche und verspricht ihm, das Kunstwerk zu besorgen. Es ist ausgeschlossen, dass die Kirche dieses unersetzliche Werk aus der Stauferzeit jemals verkaufen könnte, weshalb man subjektive Unmöglichkeit annehmen muss.

Ist der Gegenstand derart verloren gegangen, dass man ihn aber unter großem Aufwand finden und bergen könnte, kommt § 275 I BGB nicht in Betracht, weil die Leistung sowohl theoretisch, als auch tatsächlich erbringbar ist.

---

647   *MünchKomm-Ernst, BGB, § 275 Rn 52*
648   *Erman-Westermann, BGB, § 275 Rn 15*

Zu differenzieren ist dann aber, ob ein Fall des § 275 II BGB oder des § 313 BGB vorliegt. Auf diese Fallgruppe wird unten eingegangen.[649]

228   Auch subjektive rechtliche Unmöglichkeit ist denkbar und schließt die Leistungspflicht gem. § 275 I BGB aus.

> **BEISPIEL:** Es besteht eine subjektive rechtliche Unmöglichkeit, wenn einem ausländischen Arbeitnehmer die Arbeitserlaubnis verweigert wird.[650]

Abgrenzung zum
Rechtsmangel
§ 435 BGB

(b) Verkauf gestohlener Sachen

229   Umstritten ist die Einordnung des Verkaufs gestohlener Sachen.

> **BEISPIEL:** Dieb D hat dem Eigentümer E eine Sache gestohlen. Er schließt mit dem gutgläubigen G einen Kaufvertrag und verspricht ihm, das Eigentum an dieser Sache zu verschaffen. Wie ist die Rechtslage, wenn sicher ist, dass der wahre Eigentümer die Sache behalten will?

h.M.:
Anwendung des
Unmöglichkeitsrechts

Wegen § 935 BGB kann der D dem G kein Eigentum verschaffen. Man kann deshalb einerseits vertreten, die Übereignung sei wegen § 935 I BGB rechtlich unmöglich.[651] Nach dieser Norm kann das Eigentum an einer gestohlenen Sache auch vom gutgläubigen Erwerber nicht durch Rechtsgeschäft erlangt werden. Dies hätte zur Konsequenz, dass D von seiner Leistungspflicht aus § 433 I BGB gem. §§ 311a I, 275 I BGB frei würde, aber gem. § 311a II BGB auf Schadensersatz haften würde.

M.M.:
Anwendung des
Kaufrechts gem.
§ 435 BGB

Es wird von einer M.M. auch vertreten, dass ein Rechtsmangel vorliegt, der zur Anwendung der §§ 435, 437 BGB führen würde. Dann wäre das Problem nicht über das allgemeine Schuldrecht gem. §§ 275 ff. BGB zu lösen, sondern über die im Kaufrecht geregelten besonderen Vorschriften.

> **KLAUSURHINWEIS**
> Im Gutachten sollte wegen des Vorrangs des Gewährleistungsrechts zunächst §§ 435, 437 BGB angeprüft werden. Dort sollte der Rechtsmangel von der Nichtleistung begrifflich abgegrenzt werden. Danach sollte man, sofern man der h.M. folgt, mit § 311a II BGB fortfahren.

Relevanz des
Streitstandes

Neben der dogmatisch wichtigen Frage, welche Pflicht hier verletzt wird, wird hier die praktisch bedeutsame Frage nach der Verjährung aufgeworfen. Für die Verjährung der Ansprüche aus §§ 435, 437 BGB wegen eines Rechtsmangels gilt § 438 BGB, für die Verjährung der Ansprüche im allgemeinen Leistungsstörungsrecht die §§ 195, 199 BGB.

Streitentscheid

Für die Anwendung der Rechtsmängelhaftungsvorschriften wird vor allem der Unterschied in den Verjährungsvorschriften herangezogen. Es sei ein Wertungswiderspruch gegeben, wenn der nicht erfolgreiche Erwerber dem Eigentümer aus § 985 BGB 30 Jahre lang gem. § 197 I Nr. 1 BGB auf Herausgabe hafte, der Anspruch aus § 311a II BGB aber gem. §§ 195, 199 BGB nach drei Jahren verjährt sei. Diesen Wertungswiderspruch vermeide man, wenn man in diesem Fall generell das

649   Siehe Randnummer 245
650   MünchKomm-Ernst, BGB, § 275 Rn 55
651   BGH, NJW 2007, 3777, 3779; Bamberger/Roth-Faust, BGB, § 435 Rn 15

Rechtsmängelrecht anwende. Dann sei ein Schadensersatzanspruch aus §§ 435, 437 Nr.3, 311a II 1 BGB gegeben, der über § 438 I Nr. 1a BGB ebenfalls erst nach 30 Jahren verjährt sei.[652]

Entscheidend für die Annahme eines Falles der Unmöglichkeit spricht die Systematik des § 433 I BGB. Danach enthält der Paragraph in Absatz 1 zwei Sätze. Im ersten Satz wird die Pflicht zur Eigentumsverschaffung konstituiert. Davon losgelöst legt Satz 2 dem Verkäufer auf, die Sache frei von Rechts- oder Sachmängeln zu verschaffen.[653] Deshalb ist die Pflicht zur Eigentumsverschaffung als solche auch losgelöst von der Pflicht zur mangelfreien Eigentumsverschaffung zu betrachten.[654]

Systematik des § 433 I BGB

Allerdings lässt sich der Wertungswiderspruch im Verjährungsrecht mit der analogen Anwendung des § 438 I Nr. 1a BGB auf diesen Fall lösen.[655]

MERKSATZ

Verpflichtet sich ein Verkäufer, eine gestohlene Sache zu verkaufen, finden die §§ 275 ff. BGB Anwendung. Es finden die Verjährungsvorschriften des Kaufrechts analog § 438 BGB Anwendung.

d) Nach Entstehung des Schuldverhältnisses

Zur Abgrenzung von § 311a BGB muss bei § 275 I BGB das Leistungshindernis nach Entstehung des Schuldverhältnisses eintreten.

2. Der Einwand des § 275 I BGB wegen Unmöglichkeit im Falle einer Gattungsschuld gem. § 243 I BGB

a) Prüfungsschema

PRÜFUNGSSCHEMA

EINWAND DER NACHTRÄGLICHEN UNMÖGLICHKEIT GEM. § 275 I BGB IM FALLE EINER GATTUNGSSCHULD   230

  I. Schuldverhältnis
 II. Unmöglichkeit des Leistungserfolges
    1. Leistungspflicht
    2. Beschränkung der Leistungspflicht im Falle der Gattungsschuld
    3. Kein Untergang des Anspruchs auf Leistung durch Erfüllung gem. § 362 BGB
    4. Dauerhafte Nichterbringbarkeit des Leistungserfolges: Fall der Unmöglichkeit
III. Nach Entstehen des Schuldverhältnisses

b) Schuldverhältnis

Es muss zwischen den Parteien ein Schuldverhältnis bestehen.

---

652   Pahlow, JuS 2006, 289, 292
653   Peter Huber, Besonderes Schuldrecht /1, Rn. 67
654   BGH, NJW, 2007, 3777, 3779; Bamberger/Roth-Faust, BGB, § 435 Rn 15
655   Peter Huber, Besonderes Schuldrecht /1, Rn. 67

c) Unmöglichkeit des Leistungserfolges
Der Leistungserfolg muss unmöglich geworden sein.

aa) Leistungspflicht
Zunächst muss die genaue Leistungspflicht festgestellt werden.[656]

bb) Beschränkung der Leistungspflicht im Falle der Gattungsschuld
Sehr häufig bestimmen die Vertragsparteien beim Kaufvertrag den Kaufgegenstand nur nach allgemeinen, übereinstimmenden Merkmalen und vereinbaren eine Gattungsschuld gem. § 243 I BGB.[657] Sollte ein Leistungsgegenstand verloren zerstört oder beschädigt werden, bleibt der Schuldner einer Gattungsschuld grundsätzlich zur Leistung verpflichtet. Er muss ein anderes Stück mit den vereinbarten Gattungsmerkmalen leisten. Leistungsbefreiung wegen Unmöglichkeit kann gem. § 275 I BGB nur eintreten, wenn sich die Leistungspflicht auf das betroffene Stück beschränkt hat. Dann müssen die Regeln der Stückschuld auf die Gattungsschuld anwendbar sein. Dies kann aus verschiedenen Gründen der Fall sein.

(1) Konkretisierung gem. § 243 II BGB
231 Durch Konkretisierung kann sich diese Gattungsschuld gem. § 243 II BGB in eine Stückschuld wandeln.

Typischer
Klausurfall bei
Gattungsschuld

> **KLAUSURHINWEIS**
> Im typischen Klausurfall vereinbaren die Parteien zunächst eine Gattungsschuld. Sodann wählt der Schuldner zur Erfüllung einen Gegenstand aus, der aber noch vor oder bei der Übergabe untergeht. Für den Bearbeiter stellt sich die Frage, ob der Schuldner gem. § 275 I BGB durch Unmöglichkeit von der Leistungspflicht frei geworden ist. Dies kann aber nur eintreten, wenn sich die Leistungspflicht des Schuldners auf das untergegangene Stück beschränkt hat. Dies ist immer der Fall, wenn sich die Gattungsschuld gem. § 243 II BGB durch Konkretisierung zur Stückschuld gewandelt hat.

Das „seinerseits
Erforderliche"
des Schuldners

Konkretisierung erfordert gem. § 243 II BGB, dass der Schuldner das seinerseits Erforderliche zur Leistung getan hat. Wann dies der Fall ist, hängt entscheidend von der Art der Schuld ab, nämlich ob eine Hol-, Bring-, oder Schickschuld vereinbart wurde.

> **KLAUSURHINWEIS**
> Diese Anknüpfung an § 243 II BGB leitet perfekt zur Bestimmung der Schuld über.

Holschuld
Erfolgsort und
Leistungsort

(a) Holschuld
232 Sollen der Erfolgsort und der Leistungsort gem. § 269 I BGB am Wohnsitz des Schuldners sein, besteht eine Holschuld.

---

656   *Siehe Randnummer 208*
657   *Siehe Randnummer 210*

KLAUSURHINWEIS

Es ist empfehlenswert, zunächst den vereinbarten Erfolgsort zu identifizieren. Das ist gem. § 269 I BGB der Ort, „an dem die Leistung zu erfolgen" hat. Soll er beim Schuldner liegen, besteht eine Holschuld. § 269 I BGB vermutet, dass dieser Ort beim Schuldner liegt. Liegt er hingegen beim Gläubiger, ist nach dem Leistungsort zu fragen. Dies ist der Ort, an dem der Schuldner die Leistungshandlung zur Erfüllung unternehmen soll. Deshalb wird dieser Ort in § 447 I BGB auch der Erfüllungsort genannt, weil bei dem dort geregelten Versendungskauf der Schuldner am eigenen Wohnsitz die ihn befreiende Handlung unternimmt.

Fraglich ist stets, was der Schuldner bei der einzelnen Schuld zur Konkretisierung unternehmen muss.

> Leistungsort gleich Erfüllungsort

DEFINITION

Haben die Parteien eine **Holschuld** vereinbart oder ergibt dies die Auslegung gem. § 269 I BGB, muss der Schuldner zur Konkretisierung gem. § 243 II BGB eine Sache mittlerer Art und Güte aussondern, bereitstellen und, soweit erforderlich, den Gläubiger benachrichtigen.[658]

> Konkretisierung bei der Holschuld

BEISPIEL: K hat bei V telefonisch eine neu hergestellte Waschmaschine der Marke X, Typ Y bestellt. Nachdem V für K eine mangelfreie Maschine aus dem Lager geholt und im Verkaufsraum mit einem Aufkleber mit der Aufschrift „Für K" abgestellt hat, meldet er sich bei K fernmündlich und teilt mit, die Maschine stünde zur Abholung bereit. K erklärt freudig, sich sofort auf den Weg zu machen. Wenige Minuten später wird der Verkaufsraum mitsamt der Maschine aufgrund einer Gasexplosion zerstört. Hat K einen Anspruch auf Lieferung einer neuen Maschine?

KLAUSURHINWEIS

Der folgende Text soll für die Klausur exemplarisch eine schulmäßige, gutachterliche Anknüpfung an das Gesetz demonstrieren.

Aufgrund des Kaufvertrages ist ein Anspruch auf Lieferung einer Waschmaschine Marke X, Typ Y aus § 433 I BGB entstanden. Der Anspruch wäre aber gem. § 275 I BGB erloschen, wenn wegen der zerstörten Maschine die Leistungserbringung unmöglich geworden wäre. Unmöglichkeit bedeutet dauerhafte Nichterbringbarkeit des Leistungserfolges. Ob dies hier der Fall ist, hängt entscheidend davon ab, ob sich die Leistungspflicht auf die untergegangene Maschine beschränkt hat, also eine Stückschuld vorlag. Andernfalls muss V aus dem Lager eine andere Maschine desselben Typs holen und K anbieten. Eine Stückschuld ist gegeben, wenn der Leistungsgegenstand so hinreichend individualisiert ist, dass der Schuldner keine Auswahlmöglichkeit mehr hat. Hier war der Kaufgegenstand aber nach allgemeinen übereinstimmenden Merkmalen definiert, die auf eine Vielzahl von Waschmaschinen zutreffen, nämlich Marke X, Typ Y. Mithin hatten V und K also eine Gattungsschuld im Sinne des § 243 I BGB vereinbart. Jedoch könnte sich diese zur Stückschuld konkretisiert haben,

---

658   Palandt-Grüneberg, BGB, § 243 Rn 4, 5; Erman-Westermann, BGB, § 243 Rn 15

wenn V gem. § 243 II BGB das seinerseits Erforderliche getan hat. Was das seinerseits Erforderliche ausmacht, hängt von der Art der Schuld ab. Liegt der Erfolgsort beim Schuldner, besteht eine Holschuld. Wenn sich nicht aus der Parteivereinbarung oder den Umständen etwas anderes ergibt, ist dies regelmäßig der Fall – so auch hier.

MERKSATZ

Bei Bestehen einer Holschuld muss der Schuldner einen Gegenstand mittlerer Art und Güte aussondern, bereitstellen und den Gläubiger benachrichtigten, um zu konkretisieren.[659]

Das BGB definiert den Begriff der Aussonderung nicht. Eine Begriffsbestimmung gewinnt man über die Funktion der Aussonderung. Ein einzelnes Stück aus der Gattung soll dem Gläubiger angeboten werden. Daher muss Aussonderung die nach außen ersichtliche Trennung des Stücks vom Vorrat sein.

Aussonderung

DEFINITION

Unter **Aussonderung** versteht man das Trennen der einzelnen Gattungssache aus dem Vorrat oder ihre Bezeichnung mit einem unterscheidungskräftigen Kennzeichen.

Indem V die Maschine aus dem Vorrat holte und mit dem Zettel „Für K" kennzeichnete, hat er eine bestimmte Kaufsache ausgesondert.

Bereitstellung

DEFINITION

Bereitstellung: Der Schuldner stellt die Sache bereit, wenn er dem Gläubiger Zugriff auf die Sache ermöglicht.

Indem V die Sache im Verkaufsraum aufstellte, konnte K innerhalb der regelmäßigen Geschäftszeit auf die Sache zugreifen. Weil V dies dem K auch mitteilte, hat er i.S.v. § 243 II BGB die Gattungsschuld zur Stückschuld konkretisiert. Damit beschränkte sich die Leistungspflicht auf die bereitgestellte Maschine. Folglich ist die Leistungspflicht des V unmöglich im Sinne des § 275 I BGB geworden. Also ist der Anspruch des K gem. § 275 I BGB erloschen.

KLAUSURHINWEIS

Die Notendifferenzierung in Klausuren erfolgt nicht nur nach der richtigen Lösung und dem gezeigten Wissen, sondern auch, inwieweit die Kandidaten den Gutachtenstil beherrschen. Das Ziel muss immer die Anknüpfung des Problems an ein gesetzliches Tatbestandsmerkmal sein. Die obige Falllösung zeigte dies exemplarisch.[660] Ohne die Anknüpfung an eine Rechtsnorm und ihren Tatbestand schwebt das Gutachten schnell im leeren Raum und wirkt lehrbuchhaft.

---

659   *Huber/Faust, Kapitel 2, Rn 20*
660   *Siehe Randnummer 232*

Umstritten ist bei der Holschuld, ob sich der Schuldner nach der Konkretisierung **233** selbst bindet, oder ob er die konkretisierten Sachen an einen Dritten veräußern und dem Gläubiger andere, neu ausgesonderte Sachen anbieten darf. Daran kann der Schuldner ein nachvollziehbares Interesse haben. Denn wenn nach der Konkretisierung zur Stückschuld Unmöglichkeit eintritt, verliert er regelmäßig gem. § 326 I BGB den Anspruch auf die Gegenleistung.[661] Dies kann er vermeiden, indem er wieder in das bereits verlassene Stadium der Gattungsschuld zurückkehrt und eine andere Sache aus der Gattung anbietet. Dann kann er den bedungenen Kaufpreis fordern.[662]

Selbstbindung
bei der Holschuld

BEISPIEL: V verkauft an K 10 Fahrräder der Marke X, Typ Y für 5.000 €. Nachdem er 10 Exemplare aus seinem Lager ausgesondert und für K bereitgestellt hat, benachrichtigt er diesen und fordert ihn zur Abholung auf. Nach drei Wochen hat K der Aufforderung immer noch nicht Folge geleistet. V verliert die Geduld und veräußert die Fahrräder an einen Dritten, der sogar bereit ist, pro Fahrrad 50,- € mehr zu bezahlen. Als K dies erfährt verlangt er aus § 285 BGB die 5.500 € Zug um Zug gegen Zahlung von 5.000 €. V verweigert die Zahlung und bietet dem K hingegen erneut Lieferung von anderen 10 Fahrrädern desselben Typs an. Wer hat Recht?

K hat nur dann den geltend gemachten Anspruch aus § 285 BGB, wenn die Leistungspflicht des V gem. § 275 I BGB wegen Unmöglichkeit erloschen ist und V den Erlös durch den die Unmöglichkeit begründenden Umstand erzielt hat. Die Parteien hatten innerhalb des § 433 BGB sowohl eine Gattungsschuld, als auch eine Holschuld vereinbart, demgemäß hatte V nach § 243 II BGB das seinerseits Erforderliche getan. Daher beschränkte sich seine Leistungspflicht auf die konkretisierten Sachen. Umstritten ist aber, ob der Schuldner nach der Konkretisierung über die Sachen an Dritte verfügen darf, oder ob er sich selbst gebunden hat.

Es wird vertreten, dass die Konkretisierung nicht bindet, sondern nach der Verfügung die Gattungsschuld durch Rekonzentration wieder auflebt. Dies wird zum einen damit begründet, dass § 243 II BGB ein einseitiger Akt der Privatautonomie sei, den der Schuldner einseitig wieder vernichten dürfe und andererseits damit, dass § 243 II BGB eine Vorschrift sei, die allein den Schuldner schützen soll.[663]

Rekonzentration

BEISPIEL: Im letzten Beispielsfall[664] läge keine Unmöglichkeit vor. V darf erneut aussondern und K zur Abholung auffordern und den Mehrerlös behalten.

Die Gegenauffassung sieht den Schuldner nach der Konkretisierung grundsätzlich als gebunden an[665], schränkt diese Rechtsfolge aber teilweise gem. § 242 BGB ein. Danach soll es ausnahmsweise gegen Treu und Glauben verstoßen (Verbot des venire contra factum proprium), wenn der Gläubiger erst ohne Grund die Abnahme verweigert, aber anschließend Erfüllung mit der konkretisierten Sache verlangt.[666] Ist dies nicht der Fall und hat der Schuldner dem Gläubiger die konkretisierte Sache

Bindende
Wirkung der
Konkretisierung

---

661   Siehe Randnummer 267
662   Canaris, JuS 2007, 793, 793
663   Medicus, Jus 1966, 297, 300
664   Siehe Randnummer 233
665   BGH, NJW 1982, 873, 873; OLG Köln, NJW 1995, 3128, 3129
666   MünchKomm-Emmerich, BGB, § 243, Rn 33, 34, 35.; Brox/Walker, Schuldrecht-AT, § 8, Rn. 6; Looschelders, Schuldrecht AT, Rn 296;

so angedient, dass dieser darüber disponieren kann, soll er sich endgültig gebunden haben.[667] Dies ist regelmäßig der Fall, wenn der Schuldner dem Gläubiger die Aussonderung angezeigt hat.

BEISPIEL: In obigen Beispielsfall[668] war K bloß untätig. Darin ist nicht zwingend eine Ablehnung der Sache zu erkennen. Deshalb wäre hier von Selbstbindung und damit von Unmöglichkeit auszugehen, weshalb danach K von V aus § 285 BGB 500,- € herausverlangen könnte.

Streitentscheid: Keine Rekonzentration

Für diese Auslegung des Wortlauts des § 243 II BGB spricht historisch der in den Gesetzesmaterialien ausdrücklich geäußerte Gedanke, dass der Schuldner nicht auf Kosten des Gläubigers spekulieren soll.[669] Es erscheint auch gerecht und systematisch ausgelegt konsequent, dass derjenige die Vorteile einer Sache an sich ziehen darf, der die Gefahr der Verschlechterung und des Untergangs trägt.[670] Letztlich ist der Schuldner auch nicht schutzlos gestellt. Gem. § 304 BGB muss der Gläubiger die Mehraufwendungen für die Aufbewahrung tragen. Ferner kann der Schuldner dem Gläubiger auch für die Erfüllung der Abnahmepflicht aus § 433 II BGB eine Frist setzen und nach ihrem Ablauf zurücktreten. Der so frei gewordene Schuldner darf dann unstrittig an Dritte veräußern und den Erlös behalten.

Bringschuld

(b) Bringschuld

234   Befindet sich der Erfolgsort entgegen der Vermutung des § 269 I BGB beim Gläubiger, kann eine Bring- oder eine Schickschuld gegeben sein. Im Unterschied zur Schickschuld liegt der Leistungsort der Bringschuld beim Gläubiger. Auch bei der Bringschuld muss der Schuldner zur Konkretisierung gem. § 243 II BGB eine Sache aussondern. Umstritten ist, welche Pflicht er mit dieser Sache am Wohnsitz des Gläubigers zu erbringen hat. Dazu existieren drei Auffassungen.

h.M: Tatsächliches Angebot in Annahmeverzug begründender Weise genügt

Nach der h.M. genügt es, dass der Schuldner die Ware dem Gläubiger in einer den Annahmeverzug begründenden Weise tatsächlich anbietet.[671] Auf die tatsächliche Übergabe der Sache kommt es nicht an.

BEISPIEL: V erscheint mit der vereinbarten Sache zur vereinbarten Zeit wie vereinbart am Wohnsitz des Gläubigers K. Er lädt die Sache aus dem PKW aus, bringt sie zur Tür des K und klingelt an der Türschelle. K öffnet, sieht die angebotene Sache und verweigert die Annahme

K ist gem. §§ 293 ff. BGB in Annahmeverzug geraten. V hat ihm ein tatsächliches Angebot gem. § 294 BGB gemacht. K hat gem. § 293 BGB die Annahme verweigert. Obwohl V dem K die Sache nicht übergeben hat, ist dieser Auffassung folgend gem. § 243 II BGB die Konkretisierung eingetreten.

---

667   *MünchKomm-Emmerich, BGB, § 243 Rn 35*
668   *Siehe Randnummer 233*
669   *Motive II, S. 12, 74*
670   *U. Huber, FS Ballerstedt, 327, 340; Van Venrooy, WM 1981, 890, 896*
671   *Palandt-Grüneberg, BGB, § 243, Rn 5; Medicus, JuS 1966, 297, 302*

BEISPIEL: V erscheint mit der vereinbarten Sache zur vereinbarten Zeit wie vereinbart am Wohnsitz des Gläubigers K. Er klingelt bei K, der aber nicht daheim ist. V lässt den Gegenstand im Lieferwagen, wartet eine Zeit vergeblich und fährt heim.

Hier fehlt die Angebotshandlung des V. Er hat die Sache nicht ausgeladen und zur Tür gebracht. Damit hat er den Gegenstand nicht so angeboten, dass K nur zugreifen musste. Dennoch ist nach der h.M. K in Annahmeverzug geraten. Denn die Voraussetzungen eines tatsächlichen Angebots in Annahmeverzug begründender Weise sind gem. §§ 294, 296 BGB erfüllt. V war zur Leistungszeit am Leistungsort. Er war gem. § 297 BGB zur Leistung bereit und Imstande. Wegen der Abwesenheit des K durfte V gem. § 296 BGB auf die Angebotshandlung verzichten. Sie war gem. § 296 entbehrlich.[672] Teilweise werden die Anforderungen an den Schuldner anders formuliert. Zum Teil heißt es, der Schuldner solle termingerecht tatsächlich anbieten.[673] Zum Teil heißt es, der Schuldner solle das erfüllungstaugliche Stück zum Gläubiger bringen und es ihm zu einer Zeit anbieten, zu der der Schuldner leisten darf.[674] Sinngemäß ist stets das Gleiche gemeint. Es muss zum einen ein tatsächliches Angebot i.S.v. §§ 294, 296 BGB erfolgen und zum anderen müssen sämtliche Voraussetzungen des Annahmeverzuges vollständig erfüllt sein. Letzteres ist nur der Fall, wenn Erfüllbarkeit40 vorliegt und der Annahmeverzug nicht gem. § 299 BGB ausgeschlossen ist.50 Nach der h.M. tritt Konkretisierung gem. § 243 II BGB also nicht ein, wenn der Schuldner den geschuldeten Gegenstand am Wohnsitz des Gläubigers zwar in tatsächlicher Weise, aber vor der Erfüllbarkeit oder entgegen § 299 BGB anbietet.

BEISPIEL: Gläubiger und Schuldner haben als Leistungszeitpunkt den Dienstag bestimmt. Der Schuldner soll aber vorzeitig leisten dürfen. Der Schuldner erscheint ohne Ankündigung beim Gläubiger. Der Gläubiger ist nicht daheim.

Jetzt kann der Gläubiger wegen vorübergehender Annahmeverhinderung gem. § 299 BGB nicht in Annahmeverzug geraten. Denn der Schuldner hat sein Angebot nicht vorher angekündigt.

MERKSATZ

Nach der h.M. kann bei der Bringschuld keine Konkretisierung gem. § 243 II BGB eintreten, wenn der Gläubiger nicht zugleich in Annahmeverzug geraten ist.

Die h.M. begründet dies mit dem Erfordernis der gerechten Risikoverteilung zwischen den Parteien. Wenn der Schuldner gem. § 243 II BGB konkretisiert hat, beschränkt sich seine Leistungspflicht auf das konkretisierte Stück. Damit geht die Leistungsgefahr auf den Gläubiger über.[675] Damit kein Widerspruch zu den hohen Anforderungen des § 300 II BGB eintritt, achtet die h.M. bei Bringschulden darauf, dass wegen des Gefahrübergangs aus Gründen der gerechten Risikoverteilung ein zwischen den Parteien vereinbarter Leistungszeitpunkt für die Frage berücksichtigt

---

672   *Siehe Randnummer 48*
673   *Staudinger-Schiemann, BGB, § 243 Rn 31*
674   *Medicus/Lorenz, Schuldrecht I, Rn 205*
675   *Siehe Randnummer 59*

wird, ob Konkretisierung eintritt oder nicht.[676] Deshalb muss das tatsächliche Angebot so erfolgen, dass es Annahmeverzug auslöst. Dazu gehört auch die Erfüllbarkeit und die Beachtung des § 299 BGB. Genau diese Voraussetzungen würden aber nicht beachtet, wenn die Konkretisierung schon durch ein tatsächliches Angebot einträte, das nicht in Annahmeverzug begründender Weise erfolgt.

MERKSATZ

Die h.M. verlangt bei Bringschulden für den Eintritt der Konkretisierung sowohl ein tatsächliches Angebot am Leistungsort, als auch, dass das Angebot in Annahmeverzug begründender Weise erfolgt. Deshalb müssen sämtliche Voraussetzungen des Annahmeverzuges gegeben sein.

M.M.: Annahmeverzug begründendes Angebot genügt für § 243 II BGB bei Bringschulden

Eine Mindermeinung vertritt, dass zur Konkretisierung gar kein tatsächliches Angebot am Wohnsitz des Gläubigers erfolgen muss. Sie lässt für § 243 II BGB den Eintritt des Annahmeverzugs genügen, auch wenn dieser vor Übermittlung der Sache eintritt. Dies kann vor dem tatsächlichen Angebot gem. § 295 BGB durch ein wörtliches Angebot geschehen.[677] Nach der M.M. muss der Schuldner zur Konkretisierung i.S.v. § 243 II BGB gar nicht mehr am Leistungsort erscheinen, sofern er den Gläubiger zuvor in Annahmeverzug versetzt hat.[678]

BEISPIEL: Verkäufer V hat einen Gegenstand ausgesondert und will sich auf den Weg zu K machen. Plötzlich ruft K an und verweigert die Annahme. V bietet gem. § 295 BGB wörtlich an und versetzt K in Annahmeverzug. V fährt nicht mehr zu K, sondern stellt den Gegenstand separiert in sein Lager.

Auswirkungen der Meinungen auf § 275 I BGB

Beide Auffassungen unterscheiden sich darin, auf welchem Weg man zur Anwendung des § 275 I BGB gelangt, wenn die ausgesonderte Sache untergeht.
Nach der h.M. wäre hier die Lösung nicht über § 243 II BGB, sondern über § 300 II BGB zu suchen.[679] Gem. § 300 II BGB wäre die Leistungsgefahr auf den Käufer übergegangen. Geht die Sache danach unter, braucht der Schuldner nicht erneut auszusondern, sondern wird von der Leistung frei.

Unterschied zur h.M.

Nach der abweichenden Auffassung würde durch das wörtliche Angebot Annahmeverzug eintreten. Dann hätte der Schuldner dem Gläubiger ein Angebot in Annahmeverzug begründender Weise gemacht. Dies soll für § 243 II BGB zur Konkretisierung ausreichen. Ein tatsächliches Angebot am Wohnsitz des Gläubigers ist entbehrlich. Auf § 300 II BGB käme es nach dieser Auffassung nicht an.
Für die M.M. hat § 300 II BGB neben § 243 II BGB bei Bringschulden damit keine eigenständige Bedeutung.[680] § 300 II BGB wird nach der M.M. bei Bringschulden von § 243 II BGB vollständig verdrängt.[681]

Streitentscheid

Der Gegenauffassung ist schon der Wortlaut des § 243 II BGB entgegen zu halten. Nach diesem muss der Schuldner zur Konkretisierung das „seinerseits Erforderliche" tun.

---

676   *Staudinger-Schiemann, BGB, § 243 Rn 37*
677   *MünchKomm-Ernst, BGB, § 300 Rn 4*
678   *MünchKomm-Emmerich, BGB, § 243 Rn 28*
679   *Siehe Randnummer 239*
680   *MünchKomm-Ernst, BGB, § 300 Rn 4*
681   *Siehe Randnummer 239*

Dies besteht gem. § 269 BGB im tatsächlichen Angebot am Wohnsitz des Gläubigers. Ansonsten hätten die Parteien ja auch eine Schickschuld oder eine Holschuld vereinbaren können. Nach der M.M. erschöpft sich das dem Schuldner obliegende Erforderliche darin, den Gläubiger in den Verzug der Annahme zu versetzen. Die Regelungen über den Leistungsort in § 269 BGB werden somit ignoriert. Bei der Bringschuld muss der Schuldner den Gegenstand aber zum Gläubiger bringen. Es gibt keinen Grund, warum dies dem Schuldner erlassen werden sollte, nur weil er den Gläubiger in den Annahmeverzug versetzt hat. Das Angebot in Annahmeverzug begründender Weise muss bei der Bringschuld also am Leistungsort, am Wohnsitz des Gläubigers, vorgenommen werden, um Konkretisierung gem. § 243 II BGB auszulösen.

> **KLAUSURHINWEIS**
> Auf den Meinungsstreit kommt es im Klausurfall immer an, wenn eine Bringschuld vereinbart wurde, der Schuldner nicht am Leistungsort erschienen ist, den Gläubiger aber durch ein wörtliches Angebot in Annahmeverzug versetzt hat und der ausgesonderte Gegenstand dann untergeht. Dass § 275 I BGB zur Anwendung kommt steht fest, umstritten ist, ob dies über § 300 II BGB oder über § 243 II BGB geschieht.

MERKSATZ
Bei der Bringschuld tritt Konkretisierung gem. § 243 II BGB ein, wenn der Schuldner die Ware dem Gläubiger in einer den Annahmeverzug begründenden Weise tatsächlich anbietet.[682]

(c) Schickschuld
Bei der Schickschuld liegt der Erfolgsort beim Gläubiger, jedoch der Leistungsort **235**   Schickschuld
beim Schuldner. Weil sich der Leistungsort beim Schuldner befindet, hat bei der Schickschuld der Schuldner das seinerseits Erforderliche getan, wenn er die ausgesonderte Sache an seinem Wohnsitz einer sorgfältig ausgewählten, zuverlässigen Transportperson ausgehändigt hat. Mit der Übergabe an diese tritt die Konkretisierung gem. § 243 II BGB ein.[683] Ob § 300 II BGB neben § 243 II BGB eine eigenständige Bedeutung hat, wird unten ausgeführt.[684]

(2) Konkretisierung durch Vereinbarung der Parteien
Auch wenn die Parteien eine Gattungsschuld eingegangen sind, können sie diese in **236**
eine Stückschuld umwandeln, indem sie nachträglich einen konkreten Gegenstand zum Leistungsgegenstand erheben.[685]

(3) Konkretisierung durch den Gläubiger
Der Käufer hat eine mangelhafte Sache erhalten und verlangt gem. §§ 437 Nr. 1, 439 I **237**
BGB die Beseitigung des Mangels durch Nachbesserung und nicht durch Nacherfüllung. Damit hat er die Leistungspflicht des Verkäufers auf die gelieferte Sache beschränkt.[686]

---

682   *Medicus, JuS 1966, 297, 302, Palandt-Grüneberg, BGB, § 243, Rn 5*
683   *Palandt-Grüneberg, BGB, § 243 Rn 5*
684   *Siehe Randnummer 238*
685   *RGZ 43, 182, 184; MünchKomm-Emmerich, BGB, § 243 Rn 25*
686   *Teichmann, Vertragliches Schuldrecht, Rn 7*

(4) Übergang der Leistungsgefahr gem. § 300 II BGB

238   Haben die Parteien eine Gattungsschuld vereinbart, wird der Schuldner gem. § 275 I BGB grundsätzlich erst frei, wenn die Gattung erschöpft ist oder sich die Gattungsschuld gem. § 243 II BGB zur Stückschuld konkretisiert hat. In der Regel liegt diese Konkretisierung zeitlich vor dem Beginn des Annahmeverzuges.

§ 300 II BGB bei der Schickschuld

(a) Schickschuld

Dies trifft insbesondere auf den praktisch so bedeutsamen Fall der Schickschuld zu. Hat der Schuldner die ausgesonderte Sache der sorgfältig ausgewählten Transportperson übergeben, tritt bereits Konkretisierung ein, Annahmeverzug hingegen regelmäßig erst, wenn der Gläubiger nach der Ankunft der Sache die Annahme verweigert. Theoretisch denkbar ist allerdings auch bei der Schickschuld, dass der Annahmeverzug vor der Konkretisierung eintritt. Dies wird man annehmen dürfen, wenn der Gläubiger die Annahme von vornherein verweigert, der Schuldner den Gläubiger durch ein wörtliches Angebot gem. § 295 BGB in Annahmeverzug versetzt[687] und danach die Aussonderung[688] vornimmt.[689]

BEISPIEL: K hat bei V schriftlich einen Drucker, Marke X, Typ Y bestellt. Sie vereinbaren eine Schickschuld. Noch bevor V einen Drucker zum Versand ausgewählt hat, ruft K bei V an und sagt: „Ich will den Drucker nicht mehr." V antwortet: "Ich biete Ihnen die Lieferung an und sondere jetzt einen aus." Danach trennt V einen Drucker vom Vorrat und markiert ihn auf der Verpackung mit der Aufschrift „Für K."

Durch das wörtliche Angebot und die Aussonderung begann gem. § 295 S. 1, 1. Fall BGB der Annahmeverzug.[690] Somit wäre noch vor der Übergabe an eine Transportperson gem. § 300 II BGB die Leistungsgefahr auf den Käufer übergegangen. Würde der sich im Lager befindliche ausgesonderte Drucker durch ein Hochwasser vernichtet, wäre V gem. § 275 I BGB frei geworden.

BEISPIEL: Zu einem ähnlichen Ergebnis käme man auch über § 295 S. 1, 2. Fall BGB, wenn der Käufer eine Mitwirkungshandlung unterlässt, indem er die geforderte Lieferadresse nicht nennt und der Verkäufer wörtlich anbietet.[691]

MERKSATZ

Bei der Schickschuld tritt Konkretisierung gem. § 243 II BGB grundsätzlich zeitlich vor dem Annahmeverzug ein. Nur wenn der Gläubiger durch ein wörtliches Angebot in Annahmeverzug gesetzt wird und eine Aussonderung erfolgt, kann § 300 II BGB vor § 243 II BGB zur Anwendung kommen.

(b) Bringschuld

239   Auch bei der Bringschuld wird die Konkretisierung regelmäßig vor dem Annahmeverzug eintreten.

---

687   *Siehe Randnummer 42*
688   *Siehe Randnummer 232*
689   *Larenz, Schuldrecht AT, § 25 II b, S. 396*
690   *Siehe Randnummer 42*
691   *Siehe Randnummer 47*

Wenn der Schuldner dem Gläubiger bei der Bringschuld die Sache in Annahmeverzug begründender Weise anbietet, tritt Konkretisierung gem. § 243 II BGB ein, Annahmeverzug hingegen erst eine Sekunde später, nämlich nach der Verweigerung der Annahme durch den Gläubiger.[692]

§ 300 II BGB bei der Bringschuld

BEISPIEL: V erscheint mit der ausgesonderten und mangelfreien Sache bei K und bietet sie tatsächlich an. K verweigert die Annahme. Mit dem Angebot hat V gem. § 243 II BGB schon konkretisiert. Erst mit der Annahmeverweigerung hat gem. § 294 BGB der Annahmeverzug begonnen. Erst jetzt kann § 300 II BGB greifen.

Umstritten ist der Fall, in dem der Gläubiger bei Bringschulden im Sinne des § 295 Satz 1, 1. Fall BGB eine vorweggenommene Ablehnung erklärt und der Schuldner ihn durch wörtliches Angebot in Annahmeverzug versetzt, ohne ein tatsächliches Angebot vorzunehmen. Dieser Meinungsstreit wurde bereits erörtert.[693]
Nach der h.M. kann § 300 II BGB vor der Konkretisierung gem. § 243 II BGB die Leistungsgefahr auf den Gläubiger übergehen lassen. Für sie spricht entscheidend, dass durch den Annahmeverzug der Schuldner das seinerseits Erforderliche i.S.v. § 243 II BGB noch nicht getan hat. Sonst würde die Bringschuld zur Holschuld.[694]

§ 295 S. 1. Fall BGB

MERKSATZ

Grundsätzlich erfolgt die Konkretisierung gem. § 243 II BGB bei der Bringschuld vor dem Eintritt des Annahmeverzugs. Hat der Schuldner ausgesondert und den Gläubiger vor dem tatsächlichen Angebot durch ein wörtliches Angebot bereits in Annahmeverzug gesetzt, findet § 300 II BGB Anwendung.

(c) Holschuld

Bei der Holschuld tritt Konkretisierung gem. § 243 I BGB nach der Aussonderung und Bereitstellung erst ein, wenn dies dem Gläubiger mitgeteilt wird. Der Annahmeverzug tritt gemäß § 295 S. 1, 2. Fall BGB hingegen erst ein, wenn der Gläubiger die Ware nicht abholt. § 275 I BGB wird gem. § 243 II BGB anwendbar. Auf § 300 II BGB kommt es in diesem Fall nicht an.

240

(d) Geldschuld

Im Falle der Geldschuld enthält § 270 I BGB eine Ausnahme zu § 243 II BGB, weil dort zwar der Leistungsort beim Schuldner liegt (§§ 270 IV, 269 III BGB), jedoch die Gefahr so lange beim Schuldner liegt, bis der Gläubiger befriedigt ist.[695]

241

BEISPIEL: Das vom Schuldner geschickte Geld kommt beim Gläubiger nicht an, weil der Geldbote auf dem Weg zum Gläubiger überfallen wurde. Der Schuldner bleibt verpflichtet und muss noch einmal leisten.

Hat der Gläubiger jedoch nach dem Angebot des Geldboten die Annahme verweigert, geht die Gefahr analog § 300 II BGB auf den Gläubiger über.

Analoge Anwendung des § 300 II BGB bei Geldschulden

---

692   Medicus, JuS 1966, 297, 302
693   Siehe Randnummer 234
694   Medicus/Lorenz, Schuldrecht I, Rn 525
695   Siehe Randnummern 26 und 115

BEISPIEL: Nach der Annahmeverweigerung macht sich der Geldbote auf den Heimweg. Dort wird er beraubt. Die Pflicht des Schuldners beschränkte sich durch Gefahrübergang analog § 300 II BGB auf die Übereignung der angebotenen Scheine. Weil ihm diese nachträglich geraubt wurden, ist er jetzt gem. § 275 I BGB von seiner Leistungspflicht befreit.

(5) Untergang des Vorrats bei der Vorratsschuld

Vorratsschuld

Hat der Schuldner bei einer Gattungsschuld seine Leistungspflicht auf Lieferung von Stücken aus einem festen Vorrat beschränkt, spricht man von einer Vorratsschuld, auch beschränkte Gattungsschuld genannt. Unmöglichkeit gem. § 275 I BGB tritt ein, wenn der gesamte Vorrat untergeht.[696]

(6) Untergang der gesamten Gattung

Untergang der Gattung

Theoretisch kann bei einer Gattungsschuld die gesamte Gattung untergehen. Auch dann ist der Schuldner gem. § 275 I BGB von seiner Leistungspflicht frei geworden.[697]

MERKSATZ

Bei einer Gattungsschuld kann bei Untergang einer Sache entgegen § 243 I BGB der Schuldner von seiner Leistungspflicht durch Unmöglichkeit gem. § 275 I BGB frei werden, wenn die gesamte Gattung untergegangen ist, wenn der Schuldner nur aus einem Vorrat schuldete und der Vorrat untergegangen ist, wenn sich die Pflicht des Schuldners nach Konkretisierung gem. § 243 II BGB oder durch Übergang der Leistungsgefahr gem. § 300 II BGB auf das untergegangene Stück beschränkt hatte.

---

cc) Kein Untergang des Anspruchs auf Leistung durch Erfüllung gem. § 362 BGB

Wie bereits erläutert wurde, führt eine Erfüllung vor dem Untergang der Sache zur Leistungsbefreiung nach § 362 BGB. Unmöglichkeit kann nach dem Erlöschen der Leistungspflicht nicht mehr eintreten.[698]

dd) Dauerhafte Nichterbringbarkeit des Leistungserfolges: Fall der Unmöglichkeit

Hinsichtlich der Unmöglichkeitsarten gelten hier alle bereits erörterten Fallgruppen.[699]

d) Nach Entstehung des Schuldverhältnisses

§ 275 I fordert die Unmöglichkeit nach Begründung des Schuldverhältnisses.

3. Die Einwendung aus §§ 311 a I, 275 I BGB

242 Wenn die Leistungspflicht schon vor Entstehung des Schuldverhältnisses objektiv oder subjektiv unmöglich geworden ist, ist sie gem. §§ 311a I, 275 I BGB ausgeschlossen.

---

696   *Palandt-Grüneberg, BGB, § 243 Rn 3*
697   *Palandt-Grüneberg, BGB, § 243 Rn 3*
698   *Siehe Randnummer 212*
699   *Siehe Randnummer 216*

KLAUSURHINWEIS

Für den Aufbau im Gutachten ist der Charakter dieser Einwendung fraglich, nämlich ob rechtshindernd oder rechtsvernichtend. Der Gesetzgeber hat dies nicht entscheiden wollen und stattdessen die neutrale Formulierung „ausgeschlossen", die auf beide Formen der Einwendung zutrifft, gewählt.

In Prüfungsarbeiten kann man sich deshalb immer auf den Wortlaut des Gesetzes zurückziehen und wie im folgenden Beispiel dargelegt aufbauen:

BEISPIEL: V besucht seinen alten Freund K in dessen Wohnung, um über alte Zeiten zu sprechen. Dabei erwähnt V, dass er in ein kleineres Domizil umziehen möchte und beabsichtige, sich von einigen Kunstgegenständen zu trennen. K bietet daraufhin dem V 5.000 € für eine Radierung von Caspar David Friedrich, die bei V an der Schlafzimmerwand hing. V ist einverstanden. Beide ahnen nicht, dass der Einbrecher E unmittelbar vor dem Vertragsschluss in die Wohnung des V eingedrungen ist und dabei das wertvolle Bild achtlos vernichtet hat. Hat K gegen V einen Anspruch auf Übereignung?

K könnte gegen V einen Anspruch aus § 433 I BGB auf Übereignung des betreffenden Bildes haben. Die Parteien haben den vorausgesetzten Vertrag geschlossen. Jedoch könnte die Leistungspflicht gem. § 311a I BGB i.V.m. § 275 I BGB ausgeschlossen sein. Dann muss ein Vertrag geschlossen worden sein, der auf eine bei Entstehung des Schuldverhältnisses unmögliche Leistung gerichtet ist. Hier hat der Einbrecher das Bild vor dem Vertragsschluss zerstört, sodass die Leistungspflicht nicht besteht.

KLAUSURHINWEIS

Sollte man zur Entscheidung über den Charakter der Einwendung gezwungen sein, lässt sich für den rechtsvernichtenden Charakter anführen, dass § 311a I BGB den Vertrag bestehen lässt und nur die Leistungspflicht ausschließt. Daraus kann man mit viel gutem Willen schließen, dass der vertragliche Anspruch zunächst entsteht, aber sofort untergeht. Die innere Logik des Unmöglichkeitsfalles spricht hingegen deutlich für eine rechtshindernde Einwendung: Was von vornherein nicht geschuldet werden kann, ist unmöglich und lässt einen Anspruch auf Leistung gar nicht erst entstehen – impossibilium nulla est obligatio.

a) Prüfungsschema

PRÜFUNGSSCHEMA

DIE EINWENDUNG AUS §§ 311 a I, 275 I BGB

1. Vertragsschluss
2. Dauerhafte Nichterbringbarkeit der Leistung vor Entstehung des Schuldverhältnisses

b) Vertragsschluss

Wie bereits im kleinen Beispielsfall gezeigt, gelten die allgemeinen rechtsgeschäft- **243** lichen Regeln zum Vertragsschluss. Aus § 311a I BGB ist ferner zu schließen, dass die anfängliche Unmöglichkeit den Vertrag nicht in der Entstehung hindert.

c) Dauerhafte Nichterbringbarkeit der Leistung vor Entstehung des Schuldverhältnisses

244 Der Zeitpunkt der Unmöglichkeit liegt vor der Entstehung des Schuldverhältnisses. Auf ein Vertretenmüssen kommt es für den Ausschluss gem. §§ 311a I, 275 I BGB nicht an.

4. Einrede der Unmöglichkeit gem. § 275 II BGB

245 Die seit langem diskutierte Fallgruppe der „praktischen" oder auch „faktischen" Unmöglichkeit ist vom Schuldrechtsmodernisierungsgesetz in § 275 II BGB geregelt worden.[700]

Nachträgliche, übermäßige Leistungserschwerung Es handelt sich dabei um Fallkonstellationen, in denen eine Leistung zwar objektiv erbracht werden kann, dies aber einen derart gesteigerten Leistungsaufwand erfordert, dass die Leistungserbringung aufgrund eines groben Missverhältnisses zum Gläubigerinteresse von niemandem vernünftigerweise erwartet werden kann.

> **BEISPIEL:** V verkauft K einen Ring. Als V ihn zu K bringen will, lässt er ihn ins Meer fallen, wo er auf dem Meeresboden liegen bleibt. X verkauft Y eine Münzsammlung. Es stellt sich heraus, dass diese mittlerweile unter dem Fundament eines Wolkenkratzers liegt.

Wirtschaftliche Unmöglichkeit **246** Das Reichsgericht ordnete Fälle übermäßiger Leistungserschwerung in den Notzeiten nach dem ersten Weltkrieg als „wirtschaftliche Unmöglichkeit" ein und den Schuldner als von der Leistungspflicht gem. § 275 I BGB befreit an. Es gab diese Rechtsprechung kurz danach allerdings wieder auf, weil es die Lehre vom Wegfall der Geschäftsgrundlage wegen ihrer Flexibilität besser geeignet hielt, Konfliktlagen zu lösen, in denen der Schuldner eine „Opfergrenze" zur Leistung überschreiten musste.[701]

> **KLAUSURHINWEIS**
> Zur Vermeidung von Missverständnissen sollte man in Klausuren den Begriff der wirtschaftlichen Unmöglichkeit vermeiden. Vorzugswürdiger prüft man zunächst § 275 I BGB und lässt die Einwendung am Merkmal der dauerhaften Nichterbringbarkeit des Leistungserfolges scheitern. Die Leistung kann ja erbracht werden, der Aufwand ist nur sehr hoch. Dann sollte § 275 II BGB geprüft werden.

Praktische Unmöglichkeit **247** Die umstrittene Frage, ob solche Fallkonstellationen als „praktische Unmöglichkeit" mit dem Unmöglichkeitsrecht oder mit der Lehre vom Wegfall der Geschäftsgrundlage gelöst werden sollen, hat sich mit dem SMG keineswegs erledigt. Vielmehr kommt dieser Abgrenzung seitdem eine noch höhere Bedeutung zu. Mit der Einführung des § 313 BGB wollte der Gesetzgeber Fälle der so genannten „wirtschaftlichen Unmöglichkeit" erfassen.[702] Die Fälle der „wirtschaftlichen Unmöglichkeit", der „Unerschwinglichkeit", in denen eine Leistung nur erschwert wird, sollen nach dem Willen des Gesetzgebers durch die Anwendung des § 313 BGB gelöst werden.[703] Nur der seltene Unterfall der praktischen/faktischen Unmöglichkeit sollte in § 275 II BGB seine Heimat finden.

---

700   *Erman-Westermann, BGB, § 275 Rn 21*
701   *Bamberger/Roth-Unberath, § 275 Rn 33*
702   *Canaris, JZ 2001, 499, 502*
703   *BT-Drucks. 14/6040, 130; Canaris, JZ 2001, 499, 501*

MERKSATZ

§ 275 II BGB ist gegenüber § 313 BGB in der Fallgruppe der übermäßigen Leistungserschwerung lex specialis.

Das Kriterium der Gläubigerinteresses ist ausschlaggebend, ob § 275 II BGB oder § 313 BGB zur Anwendung kommen soll.[704] In einer neueren Entscheidung zum Mietrecht hat der BGH diese neue Einstufung bereits ausgeurteilt.

BEISPIEL („Tiefgaragenfall", abgewandelt nach BGH, NJW 2005, 3284): M hat von V eine Wohnung angemietet. Zur Wohnung gehört auch ein Stellplatz in der Tiefgarage, die durch einen Kellergang mit dem Wohnhaus verbunden ist. Bei Regen kann Wasser durch die Garage in den Kellergang eindringen und diesen durchfeuchten. M verlangt Beseitigung des Mangels. Der Sachverständige stellt fest, dass man dazu das ganze Haus abreißen und neu errichten müsste.

Erstmals hat der BGH bei Überschreitung der **„Opfergrenze"** nicht § 275 I BGB oder § 313 BGB, sondern ausdrücklich den neuen § 275 II BGB angewendet. Der Senat begründete dies mit dem Hinweis auf das Missverhältnis zwischen dem Gläubigerinteresse an einem trockenen Kellergang und dem Kostenaufwand des Schuldners.[705] Auf § 313 BGB musste deshalb nicht mehr eingegangen werden.

Überschreitung der Opfergrenze

KLAUSURHINWEIS

Wegen der Subsidiarität des § 313 BGB soll der vorrangige § 275 II BGB im Gutachten zuerst geprüft werden.[706] Wenn kein grobes Missverhältnis zwischen Leistungsaufwand und Gläubigerinteresse gegeben ist, darf § 313 BGB geprüft werden.[707]

Umstritten ist bereits die Rechtsnatur des § 275 II BGB. Weder der Wortlaut, noch die Stellung im Gesetz sind hinreichend eindeutig. Man kann § 275 II BGB gut vertretbar als Einwendung[708] oder als Einrede einstufen.

248 *Charakter des § 275 II BGB*

KLAUSURHINWEIS

Nicht nur für den Prozess, sondern bereits für das Gutachten ist relevant, ob es sich um eine von Amts wegen zu berücksichtigende rechtsvernichtende Einwendung handelt. Sie würde den Anspruch des Gläubigers nämlich zum Erlöschen bringen. Im Gutachten wäre § 275 II BGB unter „Anspruch erloschen" zu verorten, im Prozess müsste das Gericht sie auch ohne Erhebung der Einrede beachten. Stuft man die Rechtsnorm als Einrede ein, muss sie unter „Anspruch durchsetzbar" als rechtshemmende Einrede geprüft werden. Im Prozess darf das Gericht sie nur nach Erhebung der Einrede beachten.

Wer die Rechtsnorm erstmalig liest, wird sie in § 275 BGB unter der Überschrift „Ausschluss der Leistungspflicht" finden. Dies wäre als Hinweis auf den Charakter als

Abgrenzung zur Einwendung

---

704   Siehe Randnummer 258
705   BGH, NJW 2005, 3284, 3284
706   Siehe Randnummer 394
707   Siehe Randnummer 406
708   Teichmann, BB, 2001, 1485, 1487

Einwendung zu deuten. Erhärtet wird der Verdacht, wenn man die Verweisung in § 275 IV BGB auf die §§ 280 ff. BGB erkennt. Hier wird deutlich, dass auch die Fälle des § 275 II, III BGB zur Leistungsbefreiung des Schuldners führen sollen. Jedoch deutet der Wortlaut selbst in die entgegengesetzte Richtung. In § 275 I BGB heißt es wörtlich, der Anspruch auf Leistung „ist ausgeschlossen", was den Charakter als Einwendung deutlich hervortreten lässt. Hingegen „kann der Schuldner" in § 275 II BGB „die Leistung verweigern", was auch im Vergleich zu §§ 273, 320 BGB die Rechtsnatur als Einrede nahelegt. Entscheidend für den Charakter als Einrede spricht die Tatsache, dass man dem Schuldner dadurch nicht das Recht nimmt, die Leistung doch noch überobligatorisch zu erbringen.[709] Daran kann er aus zwei Gründen interessiert sein. Einerseits kann ein Schuldner den gestiegenen Leistungsaufwand akzeptieren, um eine gewachsene Geschäftsbeziehung zum Gläubiger nicht zu gefährden oder um sich eine besondere Gegenleistung zu verdienen.[710] Andererseits muss der Schuldner dem Gläubiger im Fall der Unmöglichkeit das stellvertretende commodum in § 285 BGB herausgeben oder abtreten. Leistet er überobligatorisch, sichert er es sich selbst.

BEISPIEL: V verkauft K einen Ring im Wert von 1 Mio. €. V hat einen Feind namens F, der den Ring vorsätzlich in einen tiefen See wirft, damit V ihn nicht liefern kann. V lässt den Ring für 1 Mio. € bergen und übereignet ihn an K. Danach verlangt er aus § 823 I Schadensersatz von F. Hätte sich V auf § 275 II BGB berufen, hätte er den Ersatzanspruch gem. § 285 BGB an K abtreten müssen.

249   Die h.M. sieht in § 275 II BGB deshalb eine Einrede, die der Schuldner erheben muss.[711] Hat er sie erhoben, wirkt sie wegen § 275 IV BGB genauso leistungsbefreiend wie § 275 I BGB.[712]

Rechtsver-
nichtende
Einrede

MERKSATZ

Man kann § 275 II BGB wegen der Pflicht zur Einredenerhebung und der leistungsbefreienden Wirkung deshalb als rechtsvernichtende Einrede oder als Einrede mit schuldbefreiender Wirkung bezeichnen.

a) Prüfungsschema

PRÜFUNGSSCHEMA

EINREDE DER UNMÖGLICHKEIT GEM. § 275 II BGB

1. Schuldverhältnis
2. Erhöhung des Leistungsaufwandes des Schuldners
    a) Leistungspflicht des Schuldners
    b) Erhöhung des Leistungsaufwandes
3. Grobes Missverhältnis zum Gläubigerinteresse

---

709   Micklitz/Pfeiffer/Tonner/Willingmann, S. 68
710   Huber/Faust, Kapitel 2, Rn 13
711   MünchKomm-Ernst, BGB, § 275 Rn 96, 97; Palandt-Grüneberg, BGB, § 275 Rn 32
712   Erman-Westermann, BGB, § 275 Rn 22; Palandt-Grüneberg, BGB, § 275 Rn 32

b) Schuldverhältnis

Es gilt grundsätzlich das zu § 275 I BGB Gesagte.[713] Besonderheiten ergeben sich aus der Konkurrenz zu ähnlichen Rechtsnormen. Bei Kauf- und Werkverträgen hat § 275 II BGB wegen der dort geregelten §§ 439 III, 635 III BGB bezüglich des Aufwandes, den der Schuldner zur Nacherfüllung leisten muss, praktisch keine Bedeutung. Liegen die Voraussetzungen des § 439 III BGB nicht vor, wird der Verkäufer in der Regel auch nicht nach § 275 II BGB frei, gleiches gilt für § 635 III BGB und § 275 II BGB beim Werkunternehmer.[714] Denkbar wäre es aber, unter § 275 II BGB einen Aufwand zu fassen, der anders als bei §§ 439 III, 635 III BGB kein reiner Kostenaufwand ist.[715] Allerdings dürften solche Fälle häufig unter § 275 III BGB anzusiedeln sein.

250 Konkurrenz zu §§ 439 III, 635 III BGB

> **BEISPIEL:** Der Verkäufer hat mangelhaft geliefert. Es handelt sich um das einzige noch existierende Stück aus der Gattung. Der Käufer verlangt Nacherfüllung durch Reparatur. Der Gegenstand befindet sich aber in einem Gebäude nahe einem Atomkraftwerk, in dem gerade eine Kernschmelze stattfand und das die Umgebung verseucht hat.

Hier scheidet § 439 III BGB aus, weil wegen der nicht abwendbaren und andauernden Lebensgefahr kein noch so hoher Kostenaufwand diese Reparatur ermöglicht. § 275 III BGB scheidet aus, weil die Leistungspflicht nicht persönlich erbracht werden muss. Der Leistungsaufwand steht im groben Missverhältnis zum Gläubigerinteresse, ohne ein Kostenaufwand zu sein. Der Schuldner müsste nämlich in Kauf nehmen, seine Gesundheit, oder die eines Gehilfen zu ruinieren. Das extreme Beispiel beweist die geringe Praxisrelevanz anderer Leistungsaufwendungen als finanzieller Aufwendungen. Im folgenden Text soll der Leistungsaufwand daher stets finanziell quantifizierbar sein.

c) Erhöhung des Leistungsaufwandes des Schuldners

Im Unterschied zu § 313 BGB soll § 275 II BGB nicht als allgemeine Unzumutbarkeitsregelung verstanden werden. Andernfalls könnte sich der Schuldner allzu leicht aus seiner Leistungsverpflichtung davonstehlen, obwohl er durch den Grundsatz „pacta sunt servanda" (Verträge müssen eingehalten werden) gebunden ist. Deshalb enthält der Tatbestand strenge Kriterien einer Interessensabwägung.[716] Nur wenn der Leistungsaufwand in einem derart groben Missverhältnis zum Gläubigerinteresse steht, dass die Unverhältnismäßigkeit ein unmöglichkeitsähnliches Ausmaß einnimmt, man eben von „faktischer" oder „praktischer" Unmöglichkeit sprechen kann.[717] Erstes Kriterium ist der Leistungsaufwand des Schuldners. Dieser wird in der Regel als finanzieller Aufwand in Geld messbar sein.[718]

251 Messbarkeit des Leistungsaufwandes in Geld

> **BEISPIEL:** Der finanzielle Aufwand des Schuldners besteht in Such-, Beschaffungs- oder auch Reparaturkosten.

---

713   Siehe Randnummer 206
714   Palandt-Grüneberg, BGB, § 275 Rn 28
715   Palandt-Weidenkaff, BGB, § 439 Rn 17
716   Erman-Westermann, BGB, § 275 Rn 22, 23
717   MünchKomm-Ernst, BGB, § 275 Rn 70
718   Lorenz/Riehm, Rn 305

aa) Leistungspflicht des Schuldners

252 Vor der Beurteilung eines groben Missverhältnisses muss man zuerst nach der geschuldeten Leistungspflicht des Schuldners fragen. Möglicherweise hat sich der Schuldner ja sehenden Auges auf ein Geschäft eingelassen, dass ihn von vornherein grob benachteiligte. Dann haben die Parteien ein Ungleichgewicht von vornherein einkalkuliert. Das Verhältnis zwischen Leistungsaufwand und Gläubigerinteresse muss man dann kraft privatautonomer Vereinbarung als das angemessene ansehen.[719]

BEISPIEL: Robert Ballard verpflichtet sich, eine Porzellantasse aus der versunkenen Titanic zu bergen. Ein Spezialunternehmer verpflichtet sich, Neuwagen aus einem havarierten Autofrachter zu bergen. Ein Abrissunternehmer verpflichtet sich, einen Atombunker beseitigen.

Kommt in solchen Fällen, in denen der Schuldner ein besonderes Aufwandsrisiko eingegangen ist, kein besonderer Leistungsaufwand hinzu, verbietet es sich, § 275 II BGB anzuwenden.[720]

bb) Erhöhung des Leistungsaufwandes

253 Durch ein nachträglich eingetretenes Ereignis muss sich der Leistungsaufwand des Schuldners erhöht haben. Dies gilt insbesondere, wenn der Schuldner nur Bemühungen schulden wollte und keinen Erfolg versprochen hat, aber auch wenn ein Erfolg vereinbart war, aber nun äußere, unvorhergesehene Faktoren den Leistungsaufwand steigern.

BEISPIEL: Im „Tiefgaragenfall"[721] hatte V dem M vertraglich die Benutzung des Stellplatzes mangelfrei versprochen. Das hereindringende Wasser vereitelt nun die mangelfreie Leistung.

d) Grobes Missverhältnis zum Gläubigerinteresse

aa) Gläubigerinteresse

254 Zweites Kriterium ist das Gläubigerinteresse. Auch das Gläubigerinteresse wird man finanziell quantifizieren können.

BEISPIEL: So hat Mieter M im „Tiefgaragenfall"[722] ein finanzielles Interesse den Stellplatz für seinen PKW benutzen zu können, ferner ein finanzielles Interesse, trocken dorthin zu gelangen, weil ihm sonst Schäden an Kleidung oder Gesundheit drohen.

bb) Grobes Missverhältnis

255 Steht die Erhöhung des Leistungsaufwandes fest, muss geprüft werden, ob ein grobes Missverhältnis zum Gläubigerinteresse eingetreten ist.

---

719   *Lorenz/Riehm, Rn 308*
720   *MünchKomm-Ernst, BGB, § 275 Rn 77*
721   *Siehe Randnummer 247*
722   *Siehe Randnummer 247*

BEISPIEL: Im „Tiefgaragenfall"[723] kann kein vernünftiger Mensch erwarten, dass der Vermieter das ganze Haus abreißen lässt und wiedererrichtet, damit der Mieter in Zukunft
durch einen trockenen Gang vom Stellplatz ins Haus gelangt.

Berücksichtigen muss man nach Treu und Glauben außer den objektiv mess- **256**
baren Kriterien auch immaterielle Interessen des Gläubigers.[724] Jedoch wird man
auch besondere Affektionsinteressen (Liebhaberinteressen) des Gläubigers an der
Leistung in Natur hinzunehmen haben, die einen höheren Aufwand rechtfertigen
können.[725] Dies gilt insbesondere dann, wenn der Schuldner ein Beschaffungsrisiko
gem. § 276 BGB eingegangen ist.

*Affektionsin-
teressen und
Beschaffungs-
risiken*

BEISPIEL: Der Schuldner hat garantiert, dem Gläubiger ein Gemälde von Ernst Ludwig
Kirchner, das in den letzten Kriegstagen im April 1945 durch Flucht aus dem Familien-
besitz gelangt ist, zurück zu verschaffen.

Ebenso ist gem. § 275 II 2 BGB bei der Bemessung des Aufwandes zu berücksich- **257**
tigen, ob der Schuldner das Leistungshindernis zu vertreten hat. Dies gilt insbesondere deshalb, weil der Schuldner, der gem. § 275 II BGB die Leistung verweigert,
Schadensersatz statt der Leistung aus den §§ 280 I, III, 283 BGB leisten muss, sofern
die übrigen Voraussetzungen dieses Schadensersatzanspruchs erfüllt sind. Deshalb
wird man vom Schuldner, der das Leistungshindernis zu vertreten hat, verlangen
dürfen, mindestens Aufwendungen bis zur Höhe des zu erwartenden Schadensersatzes zu tragen, bevor er sich auf § 275 II BGB berufen darf.[726]

*Vertretenmüssen
gem. § 275 II 2*

Im groben Missverhältnis zwischen Leistungsaufwand und Gläubigerinteresse ist **258**
der entscheidende Unterschied zu der nach § 313 BGB zu lösenden wirtschaftlichen
Unmöglichkeit zu sehen.[727] Das folgende Beispiel zeigt, dass im Falle des § 313 BGB
zwar der Leistungsaufwand über die Opfergrenze hinaus steigt, jedoch das Gläubigerinteresse nicht außer Verhältnis gerät.

*Abgrenzung
zwischen
§ 275 II BGB und
§ 313 BGB*

BEISPIEL („Kaffeeröster-Fall"): V ist Großhändler für Roh-Kaffee. K ist Kaffeeröster mit der
Spezialität Edelmarken. Für diese benötigt er einen großen Anteil kolumbianischen
Kaffees der Sorte Arabica und einen kleinen Anteil asiatischen oder afrikanischen
Kaffees der Sorte Robusta. Er kann das Mischungsverhältnis nicht verändern, ohne Einbußen im Geschmack zu riskieren. V und K schließen einen Kaufvertrag über mehrere
hundert Tonnen Cafe de Colombia, Sorte Arabica zu einem festgelegten Kaufpreis.
Dann vernichtet El Nino 90 % der kolumbianischen Ernte. Der Weltmarktpreis für Kaffee
steigt kaum, der Preis für Cafe de Colombia, Sorte Arabica, steigt um das 15fache, weil
sich der handelbare Vorrat auf Reste der Vorjahresernte und die geernteten 10 % der
üblichen Jahresmenge beschränkt. K verlangt Lieferung zum vereinbarten Preis. V
überlegt, ob er die Leistung verweigern kann, ob er Vertragsanpassung begehren oder
vom Vertrag zurücktreten soll.

---

723   Siehe Randnummer 247
724   Palandt-Grüneberg, BGB, § 275 Rn 28
725   Lorenz/Riehm, Rn 307
726   BGH, NJW 2008, 3122, 3123
727   Siehe Randnummer 406

§ 275 II BGB

V und K haben einen Kaufvertrag geschlossen, der einen Anspruch des K auf Lieferung der vereinbarten Menge Rohkaffee aus § 433 I BGB entstehen ließ. Ein Leistungsverweigerungsrecht des V gem. § 275 II BGB würde voraussetzen, dass sich erstens der Leistungsaufwand erhöht hat. Will sich V vertragstreu zeigen, muss er die fünfzehnfachen Beschaffungskosten aufwenden, sodass sich der Leistungsaufwand des Schuldners deutlich erhöht hat. Ferner erfordert § 275 II 1 BGB, dass das Gläubigerinteresse nunmehr grob außer Verhältnis zum Leistungsaufwand des Schuldner steht. Dies setzt voraus, dass nur der Leistungsaufwand des Schuldners gestiegen ist, hingegen das Interesse des Gläubigers K am Erhalt des Kaffees gar nicht oder nur geringfügig gewachsen ist. Hingegen wird man § 275 II BGB verneinen müssen, wenn das Verhältnis von erhöhtem Leistungsaufwand zu gleichfalls erhöhtem Gläubigerinteresse gleich bleibt.[728] Hier ist deshalb zu berücksichtigen, dass K eine Ware erhalten würde, die im Wert erheblich gestiegen ist und sein Vermögen nach Erhalt immens steigert. Schließlich kann K den besonderen Kaffee auch nicht von anderen Anbietern zum alten Weltmarktpreis bekommen. Er könnte also bei V billig einkaufen und den Kaffee am Weltmarkt anderen Interessenten zum erhöhten Preis weiter verkaufen. Damit hat sich das Gläubigerinteresse des K am Erhalt des Kaffees ebenfalls erhöht. Es ist folglich nicht außer Verhältnis zum Leistungsaufwand des Schuldners geraten. Folglich liegen die Voraussetzungen des § 275 II BGB nicht vor.

> **KLAUSURHINWEIS**
> Wegen der Subsidiarität des § 313 BGB muss § 275 II BGB vorab geprüft werden. Jetzt kann man in § 313 BGB als gefordertes Schuldverhältnis den Kaufvertrag ausweisen und die fehlende vorrangige Regelung mit einem Verweis nach oben erledigen.

Ein Anspruch auf Vertragsanpassung gem. § 313 I BGB des V erfordert, dass sich wesentliche Umstände, die zwar nicht Vertragsinhalt, aber Vertragsgrundlage geworden sind, erheblich verändert haben. Hier haben beide Parteien die Beschaffbarkeit des Rohkaffees unter Berücksichtigung der natürlichen Marktschwankungen beurteilt. Von der grundsätzlichen Beschaffbarkeit sind aber beide Parteien ausgegangen. Indem sich dies durch eine Naturkatastrophe verändert hat, ist die Geschäftsgrundlage real gestört. Die Störung muss aber normativ betrachtet wesentlich sein und nicht allein in das Risiko des V fallen. Grundsätzlich trägt der Verkäufer, der ein Beschaffungsrisiko bei Gattungsschulden zum Festpreis übernimmt, das Preisrisiko.[729] Dies gilt auch bei Kenntnis des Käufers, dass sich der Verkäufer die Ware erst noch beschaffen muss.[730]

Unzumutbarkeit des Festhaltens am unveränderten Vertrag

Nur wenn durch Umstände außerhalb des Einfluss- und Risikobereichs des Schuldners ein so krasses Missverhältnis zwischen Leistung und Gegenleistung entsteht, dass ein Festhalten am Vertrag nicht mehr zumutbar ist, kann gem. § 313 I BGB Vertragsanpassung begehrt werden oder sogar der Rücktritt gem. § 313 III 1 BGB möglich sein. Dies ist hier, angesichts einer derartigen Marktstörung und dem um das fünfzehnfache gestiegenen Beschaffungsaufwand, der Fall.

Somit kann V grundsätzlich Vertragsanpassung verlangen, es sei denn, diese ist unzumutbar.

728　Lorenz/Riehm, Rn 306
729　Palandt-Grüneberg, BGB, § 313 Rn 31
730　BGH, NJW 1972, 1702, 1703

Im folgenden Beispielsfall steigt das Gläubigerinteresse hingegen nicht an, sondern **259** gerät außer Verhältnis zum Leistungsaufwand des Schuldners.

BEISPIEL: K aus Hamburg ist Juwelier und beliefert europäische Fürstenhäuser. Für die Krönung der norwegischen Thronfolgerin benötigt er einen 7-Karäter. Von diesen existieren drei in New York, einer in Johannesburg und zwei in Antwerpen. K vereinbart mit V aus New York nach deutschem Recht eine Bringschuld über einen besonders schönen Diamanten im Wert von 1 Mio. €. Wegen seiner Flugangst reist V per Schiff, das einen Eisberg rammt, in zwei Hälften zerbricht und versinkt. V verwahrte den Stein im Tresor der Kapitänskajüte. Aufgrund moderner Technik wird diese schnell geortet. Robert Ballard bietet die Bergung für 5 Mio. € an. K verlangt Lieferung, V beruft sich auf § 275 II BGB.

Das Gläubigerinteresse steigt geringfügig, denn erstens werden sich die Preise der verfügbaren Diamanten etwas erhöhen und außerdem war dieser Ring auch noch besonders schön. Jedoch sind vergleichbare Steine am Weltmarkt erhältlich, weshalb man nun das Gläubigerinteresse des K im groben Missverhältnis zum nun sehr hohen Aufwand des V sehen würde. V kann sich auf § 275 II BGB berufen, haftet aber mangels Verschulden nicht nach §§ 280 I, III, 283 BGB.

MERKSATZ

Wenn der Leistungsaufwand des Schuldners über die Opfergrenze hinaus gestiegen ist, kommen zunächst sowohl § 275 II BGB, als auch § 313 BGB in Betracht. Steigt das Gläubigerinteresse mit an, liegt ein über § 313 BGB zu lösender Fall der nachträglichen Leistungserschwerung vor. Bleibt das Gläubigerinteresse gleich oder steigt es nur geringfügig an, gerät es außer Verhältnis zum Leistungsaufwand. Dann kann § 275 II BGB gegeben sein.

5. Einrede der Unmöglichkeit gem. § 275 III BGB

Auch bei § 275 III BGB handelt es sich um eine rechtsvernichtende Einrede.[731] Sie **260**   Charakter des entfaltet nur Wirkung, wenn der Schuldner sie ausdrücklich als Einrede erhebt, führt   § 275 III dann aber zur Leistungsbefreiung. Zur Begründung gelten dieselben Argumente wie bei § 275 II BGB. Ihr Sinn und Zweck liegt darin, einen gegenüber § 275 II BGB besonderen Einredetatbestand zu schaffen, der bei persönlichen Leistungspflichten des Schuldners diesem das Recht gewährt, sich auf eine persönliche Unzumutbarkeit zu berufen.

a) Prüfungsschema

EINREDE DER UNMÖGLICHKEIT GEM. § 275 III BGB

1. **Schuldverhältnis**
2. **Leistungspflicht des Schuldners**
3. **Persönliche Unzumutbarkeit der Leistungserbringung**

---

731   Siehe Randnummer 248

b) Schuldverhältnis

261 Es gilt das zu § 275 I und II BGB Gesagte entsprechend.[732]

c) Leistungspflicht des Schuldners

Persönliche
Leistungspflicht

262 Persönlich zu erbringende Leistungen fordern ein persönliches Tätigwerden des Schuldners, nicht einen abstrakten persönlichen Erfolg.[733] Dies gilt nicht nur für Arbeitnehmer. Es handelt sich um Leistungen aus Arbeits-, Dienst- und Werkverträgen, die der Schuldner persönlich zu erbringen hat.[734] Das persönliche Element erkennt man daran, dass die Leistung nicht durch Erfüllungsgehilfen erbracht werden kann.[735] Nahezu typisch sind die Dienste, die Künstler zu erbringen haben, Musiker, Schauspieler etc. Bei ihnen kommt es gerade auf die Person an.

BEISPIEL: Wer ein Konzert mit Diana Krall veranstaltet, möchte auch Diana Krall erleben und nicht Diana Ross.

d) Persönliche Unzumutbarkeit der Leistungserbringung

Abgrenzung zu
§ 275 I BGB

263 Es handelt sich um in der Person des Schuldners begründete Leistungshindernisse. Sie müssen ihn im hohen Maße belasten.[736] Gegenüber § 275 I BGB ist § 275 III BGB subsidiär.[737]

BEISPIEL: Der Arbeitnehmer A wurde dauerhaft arbeitsunfähig geschrieben. Er kann wegen subjektiver Unmöglichkeit gem. § 275 I BGB nicht zur Arbeit gezwungen werden. § 275 III BGB findet keine Anwendung.

MERKSATZ

§ 275 III BGB greift deshalb nur bei Leistungshindernissen, die keine subjektive Unmöglichkeit begründen, sondern eine persönliche Entscheidung des Schuldners erfordern.

BEISPIEL: Wenn die Opernsängerin ihren kranken Säugling persönlich betreuen will und die Vorstellung deshalb absagt, kann sie sich auf § 275 III BGB berufen, wird aber je nach Vertragsgestaltung und Umständen eventuell zum Schadensersatz herangezogen.

Abgrenzung zu
§ 275 II 1 BGB

264 Anders als von § 275 II 1 BGB vorgesehen, muss die persönliche Unzumutbarkeit nicht durch eine Kosten-Nutzen-Abwägung finanziell quantifizierbar sein. § 275 III BGB soll helfen, die persönliche Betroffenheit des Schuldners im Falle der persönlichen Leistungserbringung besser auszudrücken.[738]

BEISPIEL (nach BAG NJW 1983, 2872): Der türkische Arbeitnehmer T bleibt seiner Arbeit fern, weil er seiner Einberufung zum Wehrdienst in der Türkei folgen musste. Wäre er dem Einberufungsbefehl nicht gefolgt, hätte ihm in der Türkei damals die Todesstrafe gedroht.

---

732   Siehe Randnummer 206
733   MünchKomm-Ernst, BGB, § 275 Rn 110
734   Palandt-Grüneberg, § 275 Rn 30
735   MünchKomm-Ernst, BGB, § 275 Rn 112
736   MünchKomm-Ernst, BGB, § 275 Rn 116
737   Palandt-Grüneberg, § 275 Rn 30
738   Erman-Westermann, BGB, § 275 Rn 30; MünchKomm-Ernst, § 275 Rn 107

Es kommt anders als bei § 275 II 2 BGB grundsätzlich nie darauf an, ob der Schuldner **265**
das Leistungshindernis zu vertreten hat. Wegen des ebenfalls zu berücksichtigenden Gläubigerinteresses könnte man auf die Idee kommen, vom Schuldner, der das Leistungshindernis zu vertreten hat, mehr zu verlangen, als vom Schuldner, der das Leistungshindernis nicht zu vertreten hat.

Abgrenzung zu § 275 II 2 BGB

BEISPIEL: Die Opernsängerin hat durch grobe Fahrlässigkeit die Krankheit des Säuglings herbeigeführt.

Die Verselbständigung in Absatz 3 hat aber gerade den Sinn, eine Abwägung mit dem Gläubigerinteresse unabhängig vom Vertretenmüssen des Schuldners zu ermöglichen – anders als in § 275 II 2 BGB.[739]

6. Einwendung des § 326 I BGB

Bei gegenseitigen Verträgen steht dem Anspruch auf Leistung ein Anspruch auf die **266**
Gegenleistung gegenüber.

Normzweck des § 326 I BGB

BEISPIEL: Wenn V sein Fahrrad für 100,– € an K verkauft, hat K einen Anspruch auf Leistung gem. § 433 I BGB und V einen Anspruch auf den Erhalt der Gegenleistung gem. § 433 II BGB.

Das Freiwerden des Schuldners von seiner Pflicht zur Erbringung der Leistung in Natur fordert eine Regelung hinsichtlich des Schicksals seines Anspruchs auf Erhalt der Gegenleistung. Dies ist in § 326 BGB sehr differenziert geregelt. Dort hängt das Schicksal des Gegenleistungsanspruchs auch davon ab, wer die Gefahr des zufälligen Untergangs der Leistung tragen muss.

§ 326 I 1 BGB ordnet grundsätzlich an, dass der Schuldner seinen Anspruch auf die Gegenleistung verliert, wenn er von seiner Pflicht zur Leistung gem. § 275 BGB frei wird. Dies wurde im Grundfall deutlich.[740]

Struktur des § 326 BGB

KLAUSURHINWEIS

§ 326 I 1 BGB ist eine rechtsvernichtende Einwendung. Sie wird unter „Anspruch untergegangen" geprüft.

In § 326 I 2 befindet sich eine Sonderregelung für die qualitative Unmöglichkeit. § 326 II BGB enthält anspruchserhaltende Ausnahmen. § 326 III BGB lässt den Anspruch bestehen, wenn der Gläubiger das stellvertretende commodum nach § 285 BGB herausverlangt. § 326 IV BGB regelt den Sonderfall der Abstandnahme vom Vertrag, wenn der Gläubiger nicht zurücktreten will. In Absatz V befindet sich schließlich ein Rücktrittsrecht.

Im Folgenden soll die Einwendung des § 326 I BGB einschließlich seiner anspruchserhaltenden Ausnahmen dargestellt werden.

---

739   MünchKomm-Ernst, BGB, § 275 Rn 117
740   Siehe Randnummer 204

a) Prüfungsschema

EINWENDUNG DES § 326 I BGB

1. Gegenseitiger Vertrag
2. Freiwerden des Schuldners gem. § 275 BGB
3. Keine anspruchserhaltende Sonderregelung
   a) Vom Gläubiger allein oder weit überwiegend zu vertretende Unmöglichkeit (§ 326 II 1 1. Fall BGB)
   b) Unmöglichkeit trat während des Annahmeverzuges des Gläubigers ein (§ 326 II 1 2. Fall BGB)
   c) Gläubiger übernimmt vertraglich die Gefahr für ein Leistungshindernis
   d) Gläubiger macht Anspruch gem. § 285 BGB geltend (§ 326 III BGB)
   e) Übergang der Gegenleistungsgefahr
   f) Teilleistung
   g) Qualitative Unmöglichkeit
   h) Vom Schuldner und vom Gläubiger zu vertretende Unmöglichkeit

b) Gegenseitiger Vertrag

267   § 326 BGB fordert einen gegenseitigen Vertrag.[741]

c) Freiwerden des Schuldners gem. § 275 BGB

268   Der Schuldner muss von einer im Gegenseitigkeitsverhältnis stehenden Leistungspflicht gem. § 275 BGB frei geworden sein. Ansonsten kommen nur die §§ 275, 280 ff. BGB zur Anwendung und eben nicht § 326 BGB.[742] Die Leistungen stehen im Gegenseitigkeitsverhältnis, wenn nach dem Parteiwillen die eine Leistung erbracht wird, um die andere zu erhalten.

Gegenleistung   Zunächst muss sicher identifiziert werden, was die Leistung und was die Gegenleistung ist. Diese Bestimmung ist überraschend einfach vorzunehmen. Sieht man vom Tauschvertrag ab, fällt es leicht, die Begriffe Leistung und Gegenleistung zuzuordnen. Leistung kann nur sein, was unmöglich werden kann. Der Anspruch auf Zahlung von Geld kann grundsätzlich nicht unmöglich werden, weil man Geld zu haben hat. Der Gegenleistungsanspruch im gegenseitigen Vertrag ist derjenige, der auf Zahlung von Geld gerichtet ist.

MERKSATZ
Geld hat man zu haben. Der Anspruch auf Gegenleistung ist der Anspruch, der auf Geld gerichtet ist.

---

741   *Siehe Randnummer 68*
742   *Bamberger/Roth-Schmidt, BGB, § 326 Rn 4*

KLAUSURHINWEIS   **269**

Wie bereits beschrieben, muss nun die Prüfung der Unmöglichkeit erfolgen. Hat man im Gutachten die Wahl, sollte man deshalb den Anspruch des Gläubigers auf die Leistung voranstellen. Wurde der Schuldner gem. § 275 BGB frei, kann man in der umgekehrten Anspruchsrichtung nach oben verweisen. Dies wurde exemplarisch im Grundfall gezeigt.[743]

Umstritten ist, ob auch im Fall der naturgesetzlichen Unmöglichkeit der Leistung   **270** gem. § 275 I BGB zwingend der Anspruch auf die Gegenleistung entfällt.

BEISPIEL („Wahrsagerinnenfall", abgewandelt nach BGH, NJW 2011, 756): B bietet als Wahrsagerin Lebensberatung durch Kartenlegen an. In einer durch private Beziehungsprobleme ausgelösten Lebenskrise nimmt K diese Dienste in erheblichem Umfang in Anspruch. Im ersten Jahr zahlt er 35.000 € für Beratungen durch Kartenlegen mit dem Ziel, die ehemalige Lebenspartnerin zurückzugewinnen. Im zweiten Jahr verlangt B für erbrachte Dienste 6.000 €. Nun verweigert K die Zahlung. Zu Recht?

Das Landgericht hatte die Klage der Wahrsagerin abgewiesen. Ihre Berufung vor dem OLG hatte keinen Erfolg. Beide Gerichte sahen die im Dienstvertrag gem. § 611 BGB über magische Lebensberatung versprochene Leistung als objektiv naturwissenschaftlich unmöglich gem. § 275 I BGB an. Konsequent verneinten sie den Anspruch auf die Gegenleistung in Geld gem. § 326 I BGB.[744]

Vertraglicher Ausschluss des § 326 I BGB

Der BGH stützte in der Revision einerseits den Gedanken, dass es sich bei Lebensberatung auf der Grundlage des Kartenlegens um eine naturwissenschaftlich unmögliche Leistung handelt. Denn die Fähigkeit zukünftige und verborgene Ereignisse durch Kartenlegen zu sehen und daraus Rückschlüsse auf erfolgsorientiertes Verhalten im Alltag abzuleiten, ist parapsychologisch. Solche magischen Leistungen lassen sich naturwissenschaftlich nicht beweisen und unterfallen dem Glauben, bzw. dem Aberglauben. Jedoch entfällt nach der Ansicht des urteilenden Senates des BGH nicht zwingend der Vergütungsanspruch aus § 611 BGB gem. § 326 I BGB. Erstens sei anders als nach früherer Rechtslage ein Vertrag, der auf eine objektiv unmögliche Leistung gerichtet ist, nicht mehr grundsätzlich nichtig – anders nach § 306 a.F. BGB. Folglich ist der Vertrag wirksam. Zweitens soll der Grundsatz der Vertragsfreiheit es ermöglichen, die Rechtsfolge des § 326 I BGB vertraglich auszuschließen.[745] Dies soll geschehen, wenn ein Geschäftsfähiger eine Leistung bucht, wissend, dass die Basis der naturwissenschaftlichen Erkenntnisse verlassen wird. Allerdings kann ein solcher Vertrag wegen Sittenwidrigkeit gem. § 138 I BGB nichtig sein, wenn der Magier ausgenutzt hat, dass sich der Dienstberechtigte aufgrund schwieriger Lebensumstände in psychisch labiler Lage befunden hat. Daran sind keine hohen Anforderungen zu stellen.

Also entfällt der Anspruch auf die Gegenleistung nicht zwingend, wenn die Leistungspflicht gegen Naturgesetze verstößt.

---

743   Siehe Randnummer 204
744   OLG Stuttgart, BeckRS 2010, 13190
745   Siehe Randnummer 274

d) Keine anspruchserhaltende Sonderregelung

271 Ausnahmsweise bleibt der Gläubiger zur Gegenleistung verpflichtet, auch wenn der Schuldner von seiner Leistungspflicht gem. § 275 BGB frei geworden ist. Es kann eine anspruchserhaltende Sonderregelung greifen.

aa) Vom Gläubiger allein oder weit überwiegend zu vertretende Unmöglichkeit

§ 326 II 1, 1. Fall BGB

272 Gem. § 326 II 1, 1. Fall BGB muss der Gläubiger die Gegenleistung erbringen, wenn er die Unmöglichkeit der Leistung allein oder weit überwiegend zu vertreten hat.

> **BEISPIEL:** V verkauft sein Auto an K zum Kaufpreis von 10.000 €. Kurz vor der Übereignung zündet K das Auto an, sodass es vollständig zerstört wird. K verliert seinen Anspruch auf Übereignung der Sache aus § 433 I BGB gem. § 275 I BGB, bleibt aber gem. § 326 II 1, 1. Fall BGB zur Zahlung des Kaufpreises aus § 433 II BGB verpflichtet.

Auslegungsbedürftig ist dagegen die Formulierung „weit überwiegend". Gedacht wird hier an eine Quote von 90 % Mitverschulden.[746] Auf den Begriff des „vertreten-müssens" wird in einem gesonderten Kapitel eingegangen.[747]

bb) Unmöglichkeit trat während des Annahmeverzuges des Gläubigers ein

§ 326 II 1, 2. Fall BGB

273 Auch § 326 II 1, 2. Fall BGB verpflichtet den Gläubiger der Leistung zur Entrichtung der Gegenleistung. Dies setzt erstens voraus, dass er in den Verzug der Annahme der Leistung geraten ist. Zweitens muss der Umstand, der den Schuldner gem. § 275 I bis III BGB befreite, während des Annahmeverzuges eingetreten sein. Drittens darf der Umstand, der die Leistungsbefreiung herbeiführte, vom Schuldner nicht zu vertreten sein.

> **BEISPIEL:** K hat beim Klavierhändler V ein bestimmtes Klavier gekauft. Ausdrücklich vereinbart wurde, dass V das Klavier in die Altbauwohnung des K in der dritten Etage liefert. V hat das Instrument in seinen Lieferwagen eingeladen und befindet sich auf dem Weg zu K, als die Freisprechanlage seines Mobiltelefons einen Anrufer meldet. V nimmt den Anruf entgegen und vernimmt zu seiner Überraschung die Stimme des K: „Hier spricht K. Ich will das Klavier nicht mehr. Den Weg zu mir können Sie sich sparen". V antwortet vergeblich: „Wir haben aber einen gültigen Kaufvertrag geschlossen und den werde ich erfüllen. Ich biete Ihnen Erfüllung an." Kurz darauf verursacht V leicht fahrlässig einen Autounfall, bei dem das Klavier zerstört wird.

Hier ist K durch Ablehnung der Leistung in Annahmeverzug geraten. Ferner ist Unmöglichkeit gem. § 275 I BGB während des Annahmeverzuges eingetreten. Während des Annahmeverzuges muss der Schuldner gem. § 300 I BGB nur noch grobe Fahrlässigkeit vertreten. Hier handelte V nur leicht fahrlässig und hat die Unmöglichkeit nicht zu vertreten. Dadurch ist der Anspruch aus § 433 II BGB nicht gem. § 326 I 1 BGB erloschen. Deshalb schuldet K Zahlung des Kaufpreises.

---

746   Palandt-Grüneberg, BGB, § 326 Rn 9; Erman-Westermann, BGB, § 326 Rn 11
747   Siehe Randnummer 304

KLAUSURHINWEIS

Entgegen der Satzstellung in § 326 II 1 2. Fall BGB empfiehlt es sich, den Annahmeverzug vor dem Vertretenmüssen des Schuldners zu prüfen. Denn im Falle des Annahmeverzuges des Gläubigers reduziert sich der Haftungsmaßstab beim Vertretenmüssen des Schuldners gem. § 300 I BGB auf grobe Fahrlässigkeit.

cc) Gläubiger übernimmt vertraglich die Gefahr für ein Leistungshindernis

274 Hat der Gläubiger ausdrücklich oder konkludent das Risiko für das Auftreten eines Leistungshindernisses vertraglich übernommen, bleibt er zur Bewirkung der Gegenleistung verpflichtet und kann sich nicht auf § 326 I BGB berufen.[748]

BEISPIEL (abgewandelt nach BGH, NJW 2002, 595): Gläubiger G ist Konzertveranstalter. Unter Vertrag befindet sich die Band „Tic Tac Toe", mit der er eine Tournee unternehmen will. Dazu bucht er den Schuldner S als Beleuchter. Der Beginn der Tournee muss wegen Spannungen in der Band zunächst auf den Anfang des nächsten Jahres verschoben werden. Der Gläubiger besteht aber auf der Vertragserfüllung mit dem Schuldner. Dann löst sich die Band auf und die Tournee platzt.

Hier hat der BGH den Gläubiger gem. §§ 611, 615 BGB zur Zahlung der Vergütung an S verurteilt. § 326 I BGB sei konkludent abbedungen worden, weil der Gläubiger das alleinige Risiko einer späteren Unmöglichkeit habe tragen wollen. Die Leistungsstörung wurde von einem Dritten verursacht, mit dem nur der Gläubiger einen Vertrag hatte – der Band „Tic Tac Toe". Nur der Gläubiger konnte die Spannungen erkennen, bestand aber auf Vertragserfüllung des Schuldners für die kommende Tournee und verhinderte dadurch ein anderweitiges Engagement des Schuldners. Dies konnte der Schuldner von seinem Empfängerhorizont nur so deuten, dass der Gläubiger das Risiko des endgültigen Scheiterns der Tournee übernehmen wollte.

dd) Gläubiger macht Anspruch gem. § 285 BGB geltend

275 Macht der Gläubiger seinen Anspruch aus § 285 BGB geltend, bleibt er gem. § 326 III BGB verpflichtet, die Gegenleistung zu bewirken.

§ 326 III BGB

BEISPIEL: Am Dienstagmittag verkauft V sein Fahrrad an K für 100,- €. Das Fahrrad hat exakt diesen Marktwert. Weil V am nächsten Wochenende eine Radtour mit der Familie plant, vereinbaren V und K, dass die Übereignung gem. § 929 S. 1 BGB erst am nächsten Montag stattfinden soll. Am Dienstagabend bietet D dem V 150,- € für das Fahrrad, wenn es ihm sofort übereignet wird, was sofort geschieht. D ist in der Folgezeit nicht zur Herausgabe bereit.

Hier darf K von V Herausgabe der 150,- € aus § 285 I BGB fordern, muss aber gem. § 326 III BGB den Kaufpreis aus § 433 II BGB in Höhe von 100,- € zahlen.

---

748   *Palandt-Grüneberg, BGB, § 326 Rn 9*

ee) Übergang der Gegenleistungsgefahr

276 § 326 I BGB findet keine Anwendung, wenn vor Eintritt der Unmöglichkeit die Preisgefahr/Gegenleistungsgefahr auf den Gläubiger übergegangen ist.[749] Dies kann bei Kauf- und Werkverträgen gem. §§ 446, 447, 644, 645 BGB eintreten. Nach diesen Sonderregeln bleibt der Anspruch des Schuldners auf den Erhalt der Gegenleistung bestehen. Bei Dienstverträgen gilt § 615 BGB.[750]

ff) Teilleistung

277 § 326 I 1. 2. HS ordnet die Minderung des Anspruchs auf die Gegenleistung durch entsprechende Anwendung des § 441 III BGB an. Vorausgesetzt wird einerseits, dass die Leistung rechtlich-wirtschaftlich zerlegbar ist und andererseits, dass eine nur teilweise Abwicklung mit dem Parteiwillen überhaupt vereinbar ist. Typischerweise ist dies bei Dauerschuldverhältnissen der Fall, bei der die Leistung einer Teileinheit ausfällt und nicht nachgeholt werden kann.[751]

326 I 1, 2. HS BGB

BEISPIEL: V vermietet an M ein Ladenlokal im Erdgeschoss ab dem 1. Oktober zu einem Mietpreis von 3.000 €. Ab dem 1. November soll ein Kellerraum für 100,- € hinzukommen. Aufgrund des Verschuldens des V wird der Kellerraum erst im Februar übergeben, obwohl M die Einräumung des Besitzes stets gefordert hat. M zahlt gem. § 326 I 1, 2. HS BGB keine Miete für den Kellerraum für die Monate November, Dezember und Januar.

Andernfalls kommt man zur vollständigen Unmöglichkeit und zum vollständigen Erlöschen des Anspruchs auf die Gegenleistung.[752]

BEISPIEL (abgewandelt nach RGZ 140, 378 ff.): U verspricht B eine Werbezeitschrift zu drucken. Kern der Zeitschrift soll das Rundfunkprogramm sein. U druckt nur den Werbungsteil ohne das Rundfunkprogramm zum vereinbarten Termin.

gg) Qualitative Unmöglichkeit

§ 326 I 2 BGB

278 Der Untergang des Gegenleistungsanspruchs gem. § 326 I 1 BGB ist nach § 326 I 2 BGB ausgeschlossen. Als Konsequenz bleibt der Anspruch auf die Gegenleistung zunächst bestehen.

BEISPIEL: V verkauft K eine Konzertgitarre. Es stellt sich heraus, dass der Hals etwas verzogen und das Instrument in den hohen Lagen nicht mehr bundrein ist. Dieser Mangel kann auch nicht beseitigt werden.

§ 326 I 2 BGB bezieht sich nach seinem Wortlaut auf Fälle, in denen der Gläubiger einen Anspruch auf Nacherfüllung gem. §§ 437 Nr. 1, 634 Nr. 1 BGB hat, dieser aber gem. § 275 BGB vom Schuldner nicht erbracht zu werden braucht. Dies soll bewirken, dass der Gegenleistungsanspruch nicht sofort entfällt. Stattdessen sollen dem Gläubiger (Käufer oder Besteller) seine Rechte aus §§ 437, 634 BGB zustehen. Er soll beim Kauf gem. §§ 437 Nr. 2, 326 V BGB zurücktreten oder gem. §§ 437 Nr. 2, 441 BGB mindern dürfen.

749　Siehe Randnummer 23
750　Palandt-Grüneberg, BGB, § 326 Rn 4
751　Bamberger/Roth-Schmidt, BGB, § 326 Rn 30
752　Bamberger/Roth-Schmidt, BGB, § 326 Rn 30

BEISPIEL: Im obigen Beispiel[753] will K das Instrument behalten und mindert den Kaufpreis gem. §§ 437 Nr.2, 441 BGB.

§ 326 I 2 BGB hat also den Sinn und Zweck, dem Gläubiger die speziellen Wahlrechte des Kauf- oder Werkvertrages zu erhalten. Die strikte Anwendung des § 326 I 1 BGB dagegen würde ihm diese Rechte nehmen. Nach § 326 I 1 BGB würde der Kaufpreisanspruch im obigen Beispiel nämlich entfallen und könnte nicht gemindert werden.

Umstritten ist, ob § 326 I 2 BGB auch außerhalb des Gewährleistungsrechtes des Kauf- und Werkvertrages Anwendung findet. **279**

Dies wird von der h.M. abgelehnt. Gegen eine Ausdehnung spricht schon der Wortlaut, der von einem Recht auf Nacherfüllung ausgeht. Solche gewähren aber nur die §§ 437, 634 BGB. Dagegen spricht ferner der oben gefundene Sinn und Zweck, dem Gläubiger sein Recht auf Minderung nicht zu nehmen.

h.M: § 326 I 2 BGB gilt nur bei §§ 437, 634 BGB

Eine Gegenauffassung will in der Minderung wohl einen allgemeinen Rechtsbehelf erkennen und schlägt eine teleologische Reduktion des § 326 I 2 BGB vor.[754]

M.M.: teleologische Reduktion

Der h.M. muss gefolgt werden. Die teleologische Reduktion erscheint willkürlich, weil sie gegen den klaren Wortlaut, die Systematik des § 326 BGB und den eindeutigen gesetzgeberischen Willen verstößt. Systematisch verweist im Falle eines unbehebbaren Mangels der § 437 Nr. 2 BGB nämlich sowohl auf § 326 V BGB, als auch auf §§ 441, 326 V BGB, um die Wahlrechte des Gläubigers zu erhalten. Ginge der Kaufpreisanspruch des Verkäufers sofort vollständig unter, könnte der Käufer nicht mehr mindern und einen geminderten Kaufpreis zahlen. Schließlich hat der Gesetzgeber selbst die Anwendung auf solche Vertragstypen beschränkt, in denen Nacherfüllungs- und Minderungsrechte ausdrücklich als Wahlrechte gewährt werden. Er befürchtete nämlich Wertungswidersprüche, wenn das Schicksal der Gegenleistung im Falle der irreparablen Schlechtleistung bei Kauf- und Werkverträgen vom Wahlrecht des Gläubigers abhängt, es in anderen Fällen aus dem Wortlaut des § 326 I 2 BGB als Recht neben dem Rücktrittsrecht hergeleitet würde.[755]

Streitenstscheid

Unumstritten ist eine unbehebbare Schlechtleistung i.S.v. § 326 I 2 BGB kein Fall der Teilleistung. Dies ergibt sich schon daraus, dass die unbehebbare Schlechterfüllung in § 326 I 2 BGB gesondert erfasst wird. **280**

MERKSATZ

§ 326 I 2 BGB findet nur Anwendung, wenn auf ihn aus §§ 437, 634 BGB verwiesen wird.

hh) Vom Schuldner und vom Gläubiger zu vertretende Unmöglichkeit

Aus Gründen der Übersichtlichkeit wird die Frage, in wie weit sich die vom Schuldner und vom Gläubiger zu vertretende Unmöglichkeit auf den Anspruch des Schuldners auf Erhalt der Gegenleistung auswirkt, in einem gesonderten Kapitel geklärt.[756] **281**

---

753   *Siehe Randnummer 278*
754   *Peukert, AcP 2005, 430, 430*
755   *BT-Drs. 14/6040, S. 189*
756   *Siehe Randnummer 306*

7. Abstandnahme vom Vertrag gem. § 326 IV BGB

§ 326 IV BGB   **282**   § 326 IV BGB verweist auf die Rücktrittsfolgen der §§ 346 ff. BGB. Weil das Recht zum Rücktritt nach § 326 V BGB unbenommen besteht, ermöglicht § 326 IV BGB die Anwendbarkeit der Rücktrittsfolgen in den §§ 346 ff. BGB ohne Rücktrittserklärung. Es muss allerdings zum Bereicherungsrecht abgegrenzt werden. § 326 IV BGB kann nur zur Anwendung kommen, wenn der Gläubiger die Gegenleistung erbracht hat, bevor die Unmöglichkeit der Leistung eintrat und der Anspruch auf die Gegenleistung gem. § 326 I 1 BGB untergegangen ist.

> **BEISPIEL:** M ist auf Wohnungssuche. Er findet in der Zeitung ein Inserat. Nachdem er die Wohnung besichtigt hat, ist er überzeugt, seine Traumwohnung gefunden zu haben. Vermieter V verlangt überraschend eine nur geringe Miete. Nachdem am 15. August der Mietvertrag mit dem Mietbeginn zum 1. September geschlossen wurde, zahlt M die Miete für September im Voraus. Der Vormieter X räumt die Liegenschaft erst am 1. Oktober.

Durch Zeitablauf ist hier Unmöglichkeit der Überlassung der Liegenschaft für den Monat September gem. § 275 I BGB eingetreten. Dadurch wurde M von seiner Pflicht zur Mietzahlung gem. § 326 I BGB frei. Er braucht nicht gem. § 326 V BGB zurückzutreten, um das Geld nach § 346 I BGB zurückzuverlangen. Gem. § 326 IV BGB darf er am Vertrag festhalten und die zu Unrecht gezahlte Miete für September herausfordern.

> **BEISPIEL:** Anders wäre der obige Fall zu beurteilen, wenn M die Septembermiete nicht im Voraus, sondern erst Ende September zahlt, obwohl ihn diese Leistungspflicht gem. § 326 I BGB gar nicht trifft. Dann würde er auf eine Nichtschuld zahlen und es würde das Bereicherungsrecht gem. §§ 812, 814 BGB zur Anwendung kommen.

8. Das Rücktrittsrecht gem. §§ 326 V, 323 I BGB

Sinn des Rücktrittsrechts aus §§ 326 V, 323 I BGB   **283**   Im Falle der Unmöglichkeit der Leistung steht dem Gläubiger beim gegenseitigen Vertrag ein Recht zum Rücktritt zu. Dies erstaunt auf den ersten Blick, erhält er doch ohnehin keine Leistung mehr und braucht er selbst wegen § 326 I BGB nicht mehr die Gegenleistung zu erbringen. Dennoch hat das Rücktrittsrecht einen Sinn.
Zum einen gewährt es ihm die Möglichkeit, ohne Nachfristsetzung zurückzutreten und dann nach § 346 I BGB seine Gegenleistung zurückzufordern, die er möglicherweise vorgeleistet hat.
Zum anderen soll der Gläubiger alle Vertragswirkungen beseitigen dürfen. Daran kann er ein Interesse haben, wenn der Schuldner entweder nur eine Teilleistung bewirkt, oder wenn der Schuldner schlecht erfüllt hat.[757] Insbesondere erlischt im Falle der Schlechtleistung nicht automatisch der Anspruch auf die Gegenleistung.[758] Es handelt sich bei § 326 V BGB um eine Rechtsgrundverweisung auf § 323 I BGB.[759] Deshalb ergibt sich folgender Aufbau.

a) Gegenseitiger Vertrag
Es gilt das zu § 326 I BGB Geschriebene.[760]

---

757   *Bamberger/Roth-Schmidt, BGB, § 326 Rn 35; Erman-Westermann, BGB, § 326 Rn 19*
758   *Siehe Randnummer 278*
759   *Bamberger/Roth-Schmidt, BGB, § 326 Rn 33*
760   *Siehe Randnummer 267*

b) Freiwerden des Schuldners gem. § 275 BGB

Im Unterschied zu § 323 I BGB kann hier der Schuldner die Leistungspflicht nicht gem. § 275 I BGB erbringen oder hat sich auf seine Einreden aus § 275 II BGB oder § 275 III BGB berufen. Zur Art der Pflicht, von der der Schuldner frei wird, gilt das zu § 326 I BGB Gesagte.[761]

c) Kein Ausschluss

Wenn der Rücktritt nach § 323 VI BGB ausscheidet, darf der Gläubiger auch nicht gem. § 326 V BGB zurücktreten. Andernfalls würde der Ausnahmetatbestand des § 326 II BGB unterlaufen, der den Gläubiger trotz Unmöglichkeit zur Erbringung der Gegenleistung verpflichtet.[762]

9. Anspruch auf Schadensersatz statt der Leistung wegen nachträglicher Unmöglichkeit gem. §§ 280 I, III, 283 BGB

Ist der Primäranspruch auf Leistung wegen Unmöglichkeit gem. § 275 I BGB erlo-   **284** schen, oder kann sich der Schuldner wirksam auf §§ 275 II oder III BGB berufen, kann der Gläubiger zwischen verschiedenen Rechten wählen. Gem. § 325 BGB steht ihm neben der Möglichkeit zurückzutreten auch das Recht zu, seinen Anspruch auf Schadensersatz statt der Leistung wegen der Unmöglichkeit geltend zu machen, sofern die folgenden Voraussetzungen erfüllt sind.

a) Prüfungsschema

PRÜFUNGSSCHEMA

ANSPRUCH AUF SCHADENSERSATZ STATT DER LEISTUNG WEGEN NACH-TRÄGLICHER UNMÖGLICHKEIT GEM. §§ 280 I, III, 283 BGB

1. **Schuldverhältnis**
2. **Pflichtverletzung gem. §§ 280 III, 283 BGB**
3. **Vertretenmüssen des Schuldners**
4. **Schaden statt der Leistung**
5. **Einwendungen**
6. **Einreden**
7. **Keine unzulässige Rechtsausübung gem. § 242 BGB**

b) Schuldverhältnis

Der Anspruch aus §§ 280 I, III, 283 BGB verlangt ein Schuldverhältnis. Wie bereits beschrieben, gibt es gesetzliche Schuldverhältnisse, deren eigene Unmöglichkeits-regeln den Anspruch aus §§ 280 I, III, 283 BGB verdrängen.[763]

c) Pflichtverletzung gem. §§ 280 III, 283 BGB: Unmöglichkeit

Der Begriff der Pflichtverletzung in § 280 I BGB ist in Bezug auf § 283 BGB miss-verständlich, weil er Assoziationen zum Vorwurf des Verschuldens weckt.

Pflichtverletzung i.S.v. § 283 BGB

---

761   Siehe Randnummer 268
762   Erman-Westermann, BGB, § 326 Rn 20
763   Siehe Randnummer 206

Aus § 280 I S. 1 BGB ist abzuleiten, dass der Gläubiger, der den Schuldner verklagen will, die Pflichtverletzung des Schuldners nachzuweisen hat. Der Schuldner muss sich gem. § 280 I S. 2 BGB durch den Entlastungsbeweis, er habe die Pflichtverletzung nicht zu vertreten, aus der Haftungspflicht befreien. Daraus folgt, dass man den Begriff der Pflichtverletzung eigentlich objektiv verstehen muss. Der Begriff hat die Funktion, alle Störungen des Schuldverhältnisses durch den Schuldner zusammenzufassen und im Falle dessen Verschuldens zur Schadensersatzpflicht zu leiten. Umstritten ist, ob der Begriff der Pflichtverletzungen einen einheitlichen, subsumtionsfähigen Inhalt hat, der auf alle Leistungsstörungen der §§ 280 ff. BGB anzuwenden ist, der für die Unmöglichkeit und die nicht leistungsbezogene Pflichtverletzung des § 241 II BGB einheitlich gilt.

Nach herrschender Auffassung soll die Pflichtverletzung gem. §§ 280 III, 283 BGB die Unmöglichkeit sein. Die Gegenauffassung verlangt ein objektiv gegen den Pflichtenkatalog des Schuldverhältnisses gerichtetes Verhalten.

285 Stellt man auf die gesetzgeberische Konzeption ab und vergleicht man, wie der Gesetzgeber in den auf § 280 I BGB folgenden Absätzen und Normen den Begriff der Pflichtverletzung konkretisiert und präzisiert hat, dann muss man zwischen einer Verletzung des Leistungsinteresses und der Verletzung nicht leistungsbezogener Pflichten unterscheiden. Im ersten Fall besteht in jeder Störung des Leistungsinteresses des Gläubigers eine Pflichtverletzung, unabhängig davon, ob der Schuldner oder ein Dritter die Störung verursacht hat oder ob sie durch Naturereignisse hervorgerufen wurde. Das Verhalten des Schuldners wird dann nur beim Vertretenmüssen relevant. Im zweiten Fall muss der Gläubiger dem Schuldner eine Sorgfaltspflichtverletzung durch ihn oder seinen Erfüllungsgehilfen aus § 241 II BGB nachweisen; der Schuldner hat nach § 280 I 2 BGB die Möglichkeit, sich bezüglich des Verschuldens zu entlasten. Für den Fall der Unmöglichkeit bedeutet dies, dass das bloße Nichtleistenkönnen schon die Pflichtverletzung darstellt.[764]

Systematische Definition

MERKSATZ

Entscheidend für den Tatbestand der Pflichtverletzung ist nach der erfolgsbezogenen Auslegung bei § 283 BGB der Erfolg. Dieser besteht im Eintritt der Unmöglichkeit des Leistungserfolges.

h.M.: Erfolgsbezogene Auslegung

286 Streng nach dem Wortlaut ausgelegt, erfordert „Pflichtverletzung" ein Verhalten des Schuldners, das sich objektiv gegen das Pflichtenprogramm des Schuldverhältnisses richtet. Dies hätte zur Konsequenz, dass die Pflichtverletzung nicht im bloßen Nichtleisten, sondern in den Umständen, die zur Unmöglichkeit geführt haben, zu sehen wäre (verhaltensbezogene Auslegung).[765]

Definition anhand des Wortlauts: Verhaltensbezogene Auslegung

287 Auch wenn die verhaltensbezogene Auffassung den Vorteil aufweist, sämtliche Pflichtverletzungen gleich zu definieren und damit auch nicht zwischen Leistungspflichten und Sorgfaltspflichten unterscheiden zu müssen, verdient dennoch die erfolgsbezogene Auffassung den Vorzug.

Diese wohl herrschende Meinung hat zunächst den Aufbau des Gesetzes auf ihrer Seite, nach dem die Pflichtverletzung in § 280 II BGB durch 286 BGB und in § 280 III

Streitentscheid

---

764   *Lorenz, NJW 2005, 1889, 1890*
765   *MünchKomm-Ernst, BGB, 283 Rn 4*

durch die §§ 281, 282, 283 BGB präzisiert wird. Ferner entspricht sie dem erklärten Willen des Gesetzgebers.[766]

Ferner wird das Verhalten des Schuldners beim Vertretenmüssen ohnehin überprüft, es findet streng genommen nur eine Verschiebung der Überprüfung in den subjektiven Tatbestand statt. Dies ist aber vom Gesetz nicht nur beabsichtigt, sondern auch vernünftig. Der Gläubiger, der die Pflichtverletzung darlegen und beweisen muss, wird regelmäßig schwerlich in der Lage sein, die Verhaltenspflichtverletzung des Schuldners darzulegen und zu beweisen, weil diese Umstände nicht Gegenstand seiner eigenen Wahrnehmung sind. Aus diesem Grund kommt ihm die Beweislastumkehr des § 280 I 2 BGB zu Gute, nach welcher der Schuldner sich zu entlasten hat. Es ist daher vernünftig, wenn der Gläubiger im Falle der Nichtleistung allein diese Tatsache vorzutragen hat und sich der Schuldner durch den Vortrag entlasten muss, der Schaden beruhe nicht auf seinem fahrlässigen oder vorsätzlichem Vorverhalten.[767]

Nicht zuletzt spricht auch die Aufnahme des Wortes „Garantie" in den Tatbestand des § 276 BGB dafür. Hat der Schuldner die Leistung garantiert, haftet er auch auf Schadensersatz, wenn er die Unmöglichkeit nicht zu vertreten hat und keine verhaltensbezogene Pflicht verletzt hat.

MERKSATZ

Unter Pflichtverletzung i.S.v. § 283 BGB ist die Unmöglichkeit zu verstehen.[768]

Pflichtverletzung
i.S.v. § 283 BGB

Der Begriff der Unmöglichkeit wurde bei der Darstellung des § 275 BGB dargelegt.[769] Gem. § 275 IV BGB können alle Fälle des § 275 I – III BGB einen Anspruch auf Schadensersatz statt der Leistung auslösen.

KLAUSURHINWEIS

Im Gutachten hat man in der Regel zunächst einen Primäranspruch geprüft, etwa aus § 433 I BGB. Hat man dort die Unmöglichkeit und die Leistungsbefreiung des Schuldners aus § 275 BGB festgestellt, gelangt man zu §§ 280 I, III, 283 BGB. Hier kann man bei der Pflichtverletzung auf die festgestellte Unmöglichkeit Bezug nehmen. Den Meinungsstreit braucht man nicht zu führen, denn man soll den eigenen Aufbau nicht zu begründen. Relevant ist der Streit aber für Referendare, weil es beim Urteil oder im Relationsgutachten zur Entscheidung nach Darlegungs- und Beweislastregeln kommen kann. Dort ist es wichtig, ob der Kläger nur die Unmöglichkeit zu beweisen hat, oder auch die Umstände, die zu ihr geführt haben.

d) Nach Entstehung des Schuldverhältnisses

Im Unterschied zum Schadensersatzanspruch aus § 311a II 1. Fall BGB muss die Unmöglichkeit nach Entstehung des Schuldverhältnisses eingetreten sein.[770]

---

766 *Huber/Faust, Kapitel 3, Rn 121*
767 *Lorenz, NJW 2005, 1889, 1890*
768 *Lorenz, NJW 2005, 1889, 1890*
769 *Siehe Randnummer 204*
770 *Siehe Randnummer 295*

e) Vertretenmüssen des Schuldners

aa) Eigenes Verschulden des Schuldners § 276 BGB

288   Der Schuldner hat gem. § 276 BGB Vorsatz und Fahrlässigkeit zu vertreten. Hierzu gilt grundsätzlich das beim Schuldnerverzug Gesagte.[771]

(1) Haftungsverschärfung

Befindet sich der Schuldner vor Eintritt der Unmöglichkeit mit der Erbringung der Leistung im Schuldnerverzug, haftet er gem. § 287 S. 2 BGB für die Unmöglichkeit auch, wenn diese durch Zufall eintritt.[772]

> **KLAUSURHINWEIS**
>
> Für den Klausurfall heißt dies, dass beim Vertretenmüssen innerhalb des § 287 S. 2 BGB der vollständige Schuldnerverzugstatbestand des § 286 BGB zu prüfen ist.

(2) Haftungserleichterung

Haftungserleichterungen können sich aus einer vertraglichen Vereinbarung ergeben, nach der der Schuldner seine Haftung beschränkt, wobei die Grenzen des § 276 BGB und die §§ 307, 309 Nr. 7 BGB zu beachten sind.[773] Eine gesetzliche Haftungserleichterung befindet sich in § 277 BGB, wonach der Schuldner erst bei Überschreitung der eigenüblichen Sorgfalt haftet. Dies gilt in Bezug auf § 283 BGB in den Fällen der §§ 690, 708, 1359, 1664 BGB und § 4 LPartG.

(3) Darlegungs- und Beweislast

Wie bei § 286 IV BGB muss gem. § 280 I 2 BGB der Schuldner darlegen und beweisen, dass er die Unmöglichkeit nicht zu vertreten hat.

bb) Zurechnung fremden Verschuldens gem. § 278 BGB

§ 278 BGB   Der Schuldner hat für das Verschulden seines gesetzlichen Vertreters oder seines Erfüllungsgehilfen wie für eigenes Verschulden einzustehen. Aus Gründen der Verständlichkeit wird dieses Thema bei den Ausführungen zu §§ 280 I, 241 II behandelt. Auf die dortigen Erläuterungen wird hier verwiesen.[774]

f) Schadensersatz statt der Leistung

289   **DEFINITION**

Ein **Schaden statt der Leistung** im Sinne der §§ 280 III, 283 BGB ist jede unfreiwillige Vermögenseinbuße i.S.v. §§ 249 ff. BGB, die zum positiven Interesse gehört und adäquat kausal auf der Unmöglichkeit beruht.

---

771   *Siehe Randnummer 109*
772   *Siehe Randnummer 117*
773   *Palandt-Grüneberg, BGB, § 276 Rn 35*
774   *Siehe Randnummer 353*

aa) Schadensermittlung

Der Schaden statt der Leistung im Sinne des § 280 III BGB ist in Abgrenzung zu den § 280 I und II BGB der Schaden, der auf dem endgültigen Ausbleiben der Leistung beruht.[775] Bei der Unmöglichkeit ist erstens zu beachten, dass Leistung in Natur nicht mehr möglich ist. Deshalb tritt zweitens der Schadensersatzanspruch wegen der Nichterbringbarkeit der Leistung immer an die Stelle der ursprünglich geschuldeten Leistung. Begriffsnotwendig ist er ein Schaden statt der Leistung.

Daraus folgt, dass es für die Leistungsstörungskategorie der Unmöglichkeit im allgemeinen Schuldrecht grundsätzlich keinen einfachen Schadensersatz neben der Leistung gibt, der ausschließlich über § 280 I BGB abzuwickeln wäre, weil § 280 III BGB auf § 283 BGB verweist.[776] Diskutiert wird die Annahme eines einfachen Schadens nur für das Mängelrecht, nämlich dann, wenn ein Verkäufer nach Vertragsschluss schuldhaft einen unbehebbaren Mangel verursacht, der Schäden neben der Leistung verursacht.[777]

Verhältnis zu § 280 I BGB

> **BEISPIEL:** V verkauft K einen PKW, den er nach Vertragsschluss, aber vor Übergabe schuldhaft irreparabel schädigt, was K bei der Übergabe aber nicht erkennt. Aufgrund dieses Mangels verunglückt K und verletzt sich schwer.

Hier wird gefordert, dass K die aufgrund der Körperverletzung eintretenden Schäden nach §§ 437 Nr. 3, 280 I BGB ersetzt verlangen darf. Zur Begründung wird angegeben, dass K berechtigt bleiben müsse, neben diesem Schaden auch Ersatz seiner Aufwendungen aus §§ 437 Nr. 3, 284 BGB zu fordern.[778] Dies dürfe er aber nicht, wenn er den Schadensersatz wegen der Körperverletzung nur unter den Voraussetzungen des Schadensersatzes statt der Leistung gem. §§ 437 Nr. 3, 280 I, III, 283 BGB erhielte. Denn gem. § 284 BGB darf man Aufwendungsersatz nur anstelle des Schadensersatzes statt der Leistung fordern.

Es besteht jedoch ein gravierender Unterschied zwischen der Nichtleistung aufgrund vollständiger Unmöglichkeit und der unbehebbar mangelhaften Leistung. Ein Verkäufer, der schuldhaft mangelhaft leistet, hat geleistet, wenn auch mangelhaft. Deshalb können durch die Verwendung des mangelhaften Objekts beim Käufer Schäden neben der Leistung eintreten. Diese ersetzt verlangen zu dürfen, entspricht ganz der Systematik des Kaufrechts mit seinen Wahlrechten, die es dem Käufer zur Verfügung stellt.

Unterschied zwischen unbehebbarem Mangel und vollständiger Unmöglichkeit

Der Käufer hat nämlich auch das Recht, eine irreparabel mangelhafte Sache zu behalten und gem. §§ 437 Nr. 2, 441 BGB die Minderung des Kaufpreises zu erklären. Nur im Falle der Wertlosigkeit der Sache, bei der der Kaufpreis auf Null gesetzt wird, hat er die wertlose Sache analog § 346 BGB herauszugeben.[779] Daneben muss ihm die Möglichkeit gewährt werden, die Schäden neben der Leistung über den Weg des einfachen Schadensersatzes gem. §§ 325, 437 Nr. 3, 280 I BGB zu fordern.[780]

Anders verhält es sich im Falle der vollständigen Unmöglichkeit im allgemeinen Schuldrecht. Angenommen, der Verkäufer zerstört den PKW im obigen Beispiel[781]

775 Lorenz, NJW 2005, 1889, 1891
776 AnwK-Dauner-Lieb, Schuldrecht, § 283 Rn 2
777 AnwK-Dauner-Lieb, Schuldrecht, § 283 Rn 2
778 AnwK-Dauner-Lieb, Schuldrecht, § 280 Rn 81, 86
779 AnwK-Büdenbender, Schuldrecht, § 441, Rn 23
780 AnwK-Büdenbender, Schuldrecht, § 441 Rn 28
781 Siehe Randnummer 289

vor der Übergabe schuldhaft. In diesem Fall kann V keine Leistung erbringen. Einfache Schäden neben der Leistung, die keine Verzögerungsschäden sind, können mangels Vorliegen einer erbrachten Leistung nicht entstehen. Sie sind nicht vorstellbar. Auch Schäden am Integritätsinteresse wären in diesem Fall Schäden statt der Leistung. Nach der Systematik des allgemeinen Schuldrechts muss sich K entscheiden, entweder gem. §§ 280 I, III, 283 BGB das positive Interesse als Schadensersatz statt der Leistung zu fordern, oder gem. § 284 BGB Erstattung seiner frustrierten Aufwendungen.

BEISPIEL: V verkauft Autoliebhaber K seinen Aston Martin im Wert von 100.000 € für 95.000 €. K mietet eine Garage an. Vor der Übergabe zerstört V das Auto schuldhaft. K erleidet vor Schreck einen Herzinfarkt.

Schaden neben der mangelhaften Leistung

Es ist schon unrealistisch, dass ein Gericht hier einen adäquaten Kausalzusammenhang zwischen der Unmöglichkeit und den für die Behandlung des Herzinfarktes aufgewendeten Heilbehandlungskosten anerkennen würde. Aber selbst wenn so entschieden würde, wären diese Kosten, genau wie der entgangene Gewinn in Höhe von 5.000 €, ein Schaden, den K erlitten hat, weil er die Leistung nicht erhalten hat und auch in Zukunft nicht erhalten wird. Es ist also ein Schaden statt der Leistung. Zwischen Schadensersatz und Aufwendungsersatz gem. § 284 BGB hat er zu wählen. Dies erscheint auch nicht ungerecht im Vergleich zur oben aufgezeigten Lage im Kaufrecht. Dort ist der Schaden neben der Leistung in Wirklichkeit ein Schaden neben der mangelhaften Leistung, den man über §§ 437 Nr. 3, 280 I BGB anerkennen kann, um den geschädigten Käufer im Besitz seines Wahlrechts auf Minderung zu lassen, das es im allgemeinen Schuldrecht im Falle der vollständigen Unmöglichkeit allerdings nicht gibt.

Verhältnis zu §§ 280 I, II, 286 BGB

290 Wie bereits bei der Abgrenzung zwischen §§ 280 I, II, 286 BGB und §§ 280 I, III, 281 I 1 1. Fall BGB beschrieben wurde, ist im Falle der Nichtleistung der einzig denkbare Fall des Schadens neben der Leistung der Verzögerungsschaden, der sich nach Verzugseintritt, aber noch vor der Unmöglichkeit bildet.[782] Dieser beruht nämlich gerade nicht auf der Unmöglichkeit der Leistung, sondern tritt im Lauf der Verzögerung endgültig ein, weil er auch bei hinzugedachter Erfüllung nicht entfiele.[783]

Positives Interesse

Das positive Interesse ermittelt man durch Bildung der Differenzhypothese.[784] Dabei wird die aktuelle wirtschaftliche Lage verglichen mit dem hypothetischen Fall der ordnungsgemäßen Erfüllung durch den Schuldner. Dies wurde am Beispiel eines Schenkungsvertrages bereits beim Schadensersatzanspruch aus §§ 280 I, III, 281 I 1 1. Fall BGB erörtert.[785]

Besonderheiten der Schadensermittlung ergeben sich bei gegenseitigen Verträgen.

bb) Schadensermittlungsmethoden bei gegenseitigen Verträgen

Berechnung beim gegenseitigen Vertrag

Wird die dem Schuldner obliegende Leistung in einem gegenseitigen Vertrag unmöglich, ergeben sich zwei denkbare Möglichkeiten den Schadensersatz statt der Leistung zu berechnen. Im Gegensatz zu einseitig verpflichtenden Verträgen muss das Schicksal der Gegenleistung berücksichtigt werden.

---

782   Siehe Randnummer 153
783   Lorenz, NJW 2005, 1889, 1891
784   Siehe Randnummer 152
785   Siehe Randnummer 152

(1) Differenzmethode

Im Falle der Unmöglichkeit der Leistung bei einem gegenseitigen Vertrag entfällt   **291**
die Pflicht des Schuldners zur Erbringung der Leistung gem. § 275 I – III BGB. Grundsätzlich entfällt in diesem Fall zugleich die Verpflichtung zur Gegenleistung gemäß
§ 326 I BGB. Damit sind beide Parteien von ihren jeweiligen Leistungspflichten frei
geworden. Die Differenzmethode geht davon aus, dass diese Rechtsfolgen vor-
gegeben sind und verrechnet geldwerte, wechselseitige Ansprüche.[786] Dabei gilt
grundsätzlich eine konkrete Schadensberechnung, bei der sämtliche Vor- und Nachteile des nicht erfüllten Vertrages zu saldieren sind.[787] Zur konkreten Berechnung
des Schadens bildet man zwei Posten.

Der erste bildet die hypothetische Vermögenslage des Gläubigers im Falle ordnungs-   Berechnung
gemäßer Erfüllung durch den Schuldner ab. Auf Seiten des Gläubigers wird der Wert   nach der
der hypothetisch empfangenen Leistung bestimmt. Fallweise werden entweder der   Differenzmethode
Wert eines entgangenen Gewinns oder die Mehrkosten eines Deckungsgeschäfts
addiert.[788] Denkbar sind auch Folgeschäden, die aus Ansprüchen Dritter herrühren.
Aus Gründen der Verständlichkeit wird dieser Posten hier „Posten 1" genannt.
Auf Seiten des Schuldners bildet man einen geldwerten Posten in Höhe des Wertes
der Gegenleistung. Dieser soll hier „Posten 2" heißen.

Nun subtrahiert man vom Posten 1 den Posten 2 (entspricht dem Wert der Gegenleistung in Geld). Die Differenz bildet die Schadenshöhe ab.

BEISPIEL: V verkauft K eine Kamera im Wert von 100,- € für einen Kaufpreis von 80,- €.
Durch das Verschulden des V wird die Kamera vollständig zerstört. Nach der Differenzmethode kann K von V Schadensersatz in Höhe von 20,- € aus §§ 280 I, III, 283 BGB
verlangen. S verkauft G ein Mobiltelefon im Wert von 100, - € für 100,- €. G verkauft es
an D für 130,- € weiter. Durch das Verschulden des S wird das Telefon vernichtet. G kann
von S Schadensersatz statt der Leistung in Höhe von 30,- € verlangen.

(2) Surrogationsmethode

Bei der Surrogationsmethode – auch Austauschmethode genannt – werden die   **292**   Berechnung nach
Leistungen ausgetauscht. Der Gläubiger der unmöglich gewordenen Leistung   der Surrogati-
ist Schuldner der Gegenleistung. Weil ihm seine ihm obliegende Leistungspflicht   onsmethode
(Gegenleistung) ja nicht unmöglich geworden ist, soll er diese nicht unmögliche
Gegenleistungspflicht erfüllen dürfen. Dafür erhält er anstelle der unmöglich gewor-
denen Leistung den nach der Differenzhypothese ermittelten Schadensersatz. Dieser
wird berechnet wie oben beim „Posten 1" dargelegt.[789] Dieser Posten tritt dann als
Surrogat an die Stelle der unmöglich gewordenen Leistungspflicht.

Im Unterschied zur Differenzmethode werden die Posten aber nicht verrechnet,
sondern wirklich ausgetauscht.
Der Gläubiger der Leistung erhält Geld anstelle der Leistung. Der Schuldner erhält
die versprochene Leistung in Natur.

---

786   *Palandt-Grüneberg, BGB, § 281 Rn 18*
787   *Palandt-Grüneberg, BGB, § 281 Rn 25*
788   *Palandt-Grüneberg, BGB, § 281 Rn 25, 26, 27*
789   *Siehe Randnummer 291*

BEISPIEL (Rasenmäherfall): R und K sind Nachbarn. R ist Eigentümer eines Rasenmähers im Wert von 150,- €, den er aber nicht mehr benötig. K ist Eigentümer einer Spiegelreflexkamera – Wert 100,- €, die er nicht mehr braucht. K und R vereinbaren, die beiden gebrauchten Sachen zu tauschen. In der Nacht vor der geplanten Erfüllung des Tauschvertrages dringen Diebe in das Gartenhäuschen des R ein, das dieser aus Unachtsamkeit nicht verschlossen hat. Dabei zerstören sie den Rasenmäher vollständig.

Nach der Surrogationsmethode darf K die Kamera an R übereignen. Im Gegenzug erhält er aber als Schaden statt der Leistung gem. §§ 280 I, III, 283 BGB die Summe von 150,- € von R ausgezahlt.

(3) Neue Rechtslage
Die nach altem Recht h.M. wurde „eingeschränkte Differenztheorie" genannt. Nach ihr bestand grundsätzlich ein Wahlrecht des Gläubigers zwischen beiden oben dargestellten Methoden.[790] Ausnahmsweise war bei bereits erbrachter Gegenleistung nur die Surrogationsmethode anzuwenden. Dies war nötig, weil man im Schuldrecht vor der Schuldrechtsmodernisierung nach § 325 BGB a.F. nur entweder Schadensersatz verlangen oder zurücktreten konnte. Heute erlaubt § 325 BGB dem Gläubiger, beide Rechte nebeneinander auszuüben.

293   Nach dem jetzt gültigen § 325 BGB darf der Gläubiger auch bei bereits erbrachter Gegenleistung diese nach einem wirksamen Rücktritt gemäß §§ 346 I, 326 V, 323 I BGB wieder herausverlangen. Nach heutiger Fassung des § 325 BGB schließen Rücktritt und Geltendmachung von Schadensersatz einander nicht aus. Folglich kommt auch bei bereits erbrachter Gegenleistung nach aktuell geltendem Recht eine Abwicklung nach der Differenzmethode in Betracht. Ferner war bei Tauschverträgen die Surrogationsmethode vernünftig.

Ob eine Abwicklung nach der Surrogationsmethode nach neuer Rechtslage noch zulässig ist, wird teilweise bezweifelt.

M.M.:
Abwicklung nur
noch nach der
Differenzmethode

Dafür wird angeführt, dass anders als im früheren Recht das Schicksal der Gegenleistung bei vom Schuldner zu vertretender Unmöglichkeit nunmehr ausdrücklich geregelt sei. Nach § 326 I BGB erlischt der Anspruch auf die Gegenleistung kraft Gesetzes, sofern keine Ausnahme gem. §§ 326 II und III BGB vorliegt und sofern nicht die Preisgefahr nach den §§ 446, 447, 615, 644, 645 BGB übergegangen ist. Im Gegensatz zu § 325 BGB a.F. stelle sich im Rahmen des Anspruchs nach §§ 280 I, III, 283 BGB folglich auch nicht mehr die Frage, wie die Gegenleistung (z.B. durch die Surrogationsmethode) zu berücksichtigen ist. Deshalb wird zum Teil gefordert, dass die Abwicklung stets nach der Differenzmethode zu erfolgen hat.[791]

BEISPIEL: Im "Rasenmäherfall"[792] darf K nach der Surrogationsmethode die Kamera an R übereignen. Im Gegenzug erhält er aber als Schaden statt der Leistung gem. §§ 280 I, III, 283 BGB die Summe von 150,- € von R ausgezahlt). Nach der Differenzmethode müsste K die Kamera behalten und bekäme als Differenzschaden statt der Leistung 50,- € als entgangenen Gewinn ausgezahlt.

---

790   Siehe Randnummer 291 und 292
791   Schwab/Witt, Examenswissen zum neuen Schuldrecht, S. 66, 68 und 73
792   Siehe Randnummer 292

Es liegt aber nicht fern, dem Gläubiger auch ein Vorgehen nach der Surrogationsmethode zu erlauben, wo dies sinnvoll ist. Dies lässt sich mit dem Argument begründen, § 326 I 1 BGB regele nur, dass der Gläubiger seine Gegenleistung nicht mehr erbringen müsse, schließe aber nicht aus, dass er sie nach wie vor erbringen dürfe.[793]

Insbesondere bei Tauschverträgen muss man am Sinn der Differenzmethode zweifeln, denn erstens lässt sich Ungleichartiges nicht subtrahieren oder verrechnen und zweitens wollten die Parteien beim Tausch ja gerade kein Geld leisten, sonst hätten sie von vornherein zwei Kaufverträge schließen können. Wenn es dem Parteiwillen widerspricht, eine Leistung gegen Geld zu tauschen, muss dies auch für die Rückabwicklung gelten, sofern eine der Leistungen noch erbringbar ist. Nach dieser Argumentation bliebe Platz für die Surrogationsmethode und es bestünde zumindest beim Tausch nach wie vor ein Wahlrecht des Gläubigers, wie er seinen Schadensersatzanspruch abwickeln will.

h.M.: Wahlrecht bei Tauschverträgen

Streitentscheid

MERKSATZ

Wird beim gegenseitigen Vertrag die dem Schuldner obliegende Leistungspflicht unmöglich, wird der Schadensersatz beim Anspruch aus §§ 280 I, III, 283 BGB wegen § 326 I BGB grundsätzlich nach der Differenzmethode berechnet. Bei Tauschverträgen darf der Gläubiger aber nach der Surrogationsmethode vorgehen.

---

cc) Ersatzfähigkeit des Schadens nach den §§ 249 ff. BGB

Ob der eingetretene Schaden ersatzfähig ist, richtet sich nach den Vorschriften der §§ 249-253 BGB. Es wird auf die Ausführungen bei §§ 280 I, 241 II BGB verwiesen.[794] Zur Problematik der Abgrenzung von Schaden und Aufwendung bei der Rentabilitätsvermutung gelten die Ausführungen zu § 281 BGB entsprechend.[795]

dd) Kausalität zwischen Vermögenseinbuße und Unmöglichkeit

Der Schaden muss kausal auf der Unmöglichkeit beruhen.

g) Einwendungen

Es gelten die obigen Ausführungen.[796]

h) Einreden

Es gelten die obigen Ausführungen.[797]

i) Keine unzulässige Rechtsausübung gem. § 242 BGB

Das Verfolgen eines Anspruchs kann rechtsmissbräuchlicher Verstoß gegen Treu **294** und Glauben gem. § 242 BGB sein. Treu und Glauben bildet eine allen Anspruchsgrundlagen immanente Inhaltsbegrenzung.[798]

---

793   *AnwK-Dauner-Lieb, § 283 Rn. 14; Canaris, ZRP 2001, 329 ff.*
794   *Siehe Randnummer 329*
795   *Siehe Randnummer 157*
796   *Siehe Randnummer 130*
797   *Siehe Randnummer 131*
798   *Palandt-Grüneberg, § 242 Rn 38*

Fallgruppen

Neben den typischen anerkannten Fällen der Verwirkung, des venire contra factum propriums und des dolo agit, qui petit, quod statim rediturus est[799] können dies auch Fälle sein, in denen ein schutzwürdiges Eigeninteresse bei der Geltendmachung des Anspruchs fehlt.[800] Dies ist aber im Einzelfall sehr schwer zu beurteilen.

BEISPIEL: („Abbruchjäger-Fall"): K ist ein bekannter „Abbruchjäger", der sich simultan an zahlreichen Internetversteigerungen beteiligt. Zunächst fahndet er bei eBay nach 1,- € Angeboten. Findet er einen wertvollen Gegenstand, bietet er einen geringen Betrag. Zur Überwachung des Marktes hat K sein Wohnzimmer in eine Art Raumschiff Enterprise mit Dutzenden blinkenden Bildschirmen verwandelt. Eine echte Kaufabsicht hat er nicht. Vielmehr wünscht er, dass der Anbietende die Versteigerung frustriert vorzeitig abbricht, weil außer K niemand bietet. Dann schlägt die Stunde des K. Er fordert, sofern er bei Abbruch der Auktion Höchstbietender ist, den Anbietenden zur Übereignung auf Zug um Zug gegen Zahlung des Gebotes des K. Hierbei beruft er sich auf § 10 der AGB, die von allen Marktteilnehmern verbindlich akzeptiert wurden. V geht K in die Falle. V bietet einen gebrauchten Gabelstapler für 1,- € Startpreis an. Der Wert beträgt 7.000 €. Als einige Stunden vor Ablauf der Internetauktion das höchste Gebot 300,- € beträgt - natürlich ist K dieser Bieter - bricht V die Auktion ab. Danach veräußert er das Gerät an den im Ausland sitzenden X für 5.000 €. K verlangt Übereignung des Gabelstaplers gegen Zahlung der 300,- €. Als V sich auf die Veräußerung an den nicht herausgabebereiten X beruft, verlangt K von V als entgangenen Gewinn Schadensersatz statt der Leistung wegen Unmöglichkeit gem. §§ 280 I, III, 283 BGB.

Weil V aufgrund der Veräußerung an den nicht herausgabebereiten X dauerhaft zur Leistung außerstande ist, ist der Anspruch aus dem Kaufvertrag gem. § 433 I BGB auf Übereignung ist gem. § 275 I BGB ausgeschlossen. Dies hat V aufgrund der vorsätzlichen Veräußerung an X nach Abbruch der Auktion auch zu vertreten. Weil der wirkliche Wert des Gabelstaplers bei 7.000 € lag, der Kaufpreis aber nur 300,- €, hätte K einen Gewinn von 6.700 € erzielt. Fraglich ist hier allein, ob diese Masche des K unzulässige Rechtsausübung gem. § 242 BGB ist. Das Gericht gab der Klage des K allerdings statt und verneinte dessen angeblichen Verstoß gegen Treu und Glauben, weil der V mit dem 1,- € Gebot das Risiko, auf Erfüllung oder Schadensersatz statt der Leistung verklagt zu werden, in Kauf genommen hat, um den Bieterwettstreit zu entfachen.[801]

10. Anspruch auf Schadensersatz statt der Leistung wegen anfänglicher Unmöglichkeit gem. § 311 a II 1 Fall 1 BGB

295 § 311 a I BGB ordnet an, dass ein auf eine unmögliche Leistung gerichteter Vertrag wirksam ist. Jedoch soll der Anspruch auf die Leistung gem. §§ 311a, 275 I BGB ausgeschlossen sein.[802] Die Rechtsnorm lässt die Wirksamkeit des Vertrages unberührt, verweist den Gläubiger aber in Absatz 2 auf Schadens- oder Aufwendungsersatz.
Die Pflichtverletzung begeht der Schuldner bereits vor bzw. bei dem Vertragsschluss. Ihm wird vorgeworfen, dass er in einem Vertrag eine Leistung verspricht, ohne sich sorgfältig über die Leistungsmöglichkeit oder seine Leistungsfähigkeit informiert zu haben.

---

799   Siehe Randnummer 131
800   Palandt-Grüneberg, § 242 Rn 49
801   OLG Hamm, BeckRS 2014, 20655
802   Siehe Randnummer 242

Es ist daher nicht verwunderlich, dass der Gesetzgeber die Norm unmittelbar hinter der Haftung aus c.i.c. in § 311 II und III BGB positioniert hat. Im Unterschied zur c.i.c. haftet der Schuldner in § 311 a II 1 BGB aber auf Schadensersatz statt der Leistung, also auf das positive Interesse oder auf den Ersatz vergeblicher Aufwendungen.

a) Prüfungsschema

PRÜFUNGSSCHEMA

ANSPRUCH AUF SCHADENSERSATZ STATT DER LEISTUNG WEGEN ANFÄNGLICHER UNMÖGLICHKEIT GEM. § 311 a II 1 Fall 1 BGB

1. **Auf eine anfänglich unmögliche Leistung gerichteter Vertrag**
2. **Keine Unkenntnis oder keine fahrlässige Unkenntnis des Schuldners von der eigenen Leistungsunfähigkeit**
3. **Schadensersatz statt der Leistung**

b) Auf eine anfänglich unmögliche Leistung gerichteter Vertrag

Die Parteien müssen einen Vertrag geschlossen haben, in dem die ausbedungene Leistung schon vor dem Vertragsschluss entweder gem. § 275 I BGB ausgeschlossen war oder gem. § 275 II oder III BGB vom Gläubiger nicht verlangt werden durfte.

c) Keine Unkenntnis oder keine fahrlässige Unkenntnis des Schuldners von der eigenen Leistungsunfähigkeit

Der Schuldner darf weder bewiesen haben, dass er von diesem Leistungshindernis **296** keine Kenntnis hatte, noch dass er es nicht infolge von Fahrlässigkeit nicht kannte (beachte § 122 II BGB „Kennenmüssen").

d) Schadensersatz statt der Leistung

Es gelten die zu §§ 280 I, III, 283 BGB dargelegten Regeln.[803]

DEFINITION

Schaden statt der Leistung im Sinne des § 311 a II 1, 1. Fall BGB ist jede unfreiwillige Vermögenseinbuße i.S.v. §§ 249 ff. BGB, die zum positiven Interesse gehört und bei erfolgter Leistung vermieden worden wäre.

BEISPIEL („Malerfall"): Maler M verspricht K in der Kneipe, ihm für 5.000 € ein Gemälde zu verkaufen, das dieser bei ihm im Atelier gesehen hat. Der wahre Wert beträgt 5.100 €. Zur Zeit des Vertragsschlusses war das Bild aber bereits zerstört. Dies hätte M wissen können, weil ihm seine Assistentin dies per Mailbox mitgeteilt hatte. Jetzt schuldet M dem K Schadensersatz in Höhe von 100, - €.

e) Einwendungen

Es gelten die obigen Ausführungen entsprechend.[804]

---

803   *Siehe Randnummer 289*
804   *Siehe Randnummer 130*

f) Einreden

Es gelten die obigen Ausführungen entsprechend.[805]

g) Keine unzulässige Rechtsausübung

Es gelten die obigen Ausführungen entsprechend.[806]

11. Anspruch auf Aufwendungsersatz gem. §§ 311a II 1 2. Fall, 284 BGB

297 Wahlweise kann der Gläubiger unter den Voraussetzungen des § 311a II 1 BGB auch Aufwendungsersatz i.S.v. § 284 BGB verlangen.

BEISPIEL: Im „Malerfall"[807] hat K für den Transport ein Auto für 150,- € gebucht. Anstelle des Schadensersatzes kann er diesen nutzlosen Aufwand in Höhe von 150,- € gem. §§ 311a II 1 2. Fall, 284 BGB von M fordern.

12. Anspruch auf Herausgabe des stellvertretenden commodums gem. § 285 BGB

298 Das BGB gewährt dem Gläubiger im Falle der Unmöglichkeit außer Schadensersatz oder Rücktritt das Recht, vom Schuldner die Herausgabe desjenigen zu fordern, was der Schuldner aufgrund der Unmöglichkeit als Ersatz empfangen hat. Ist dem Schuldner aufgrund der Unmöglichkeit ein solcher Vermögensvorteil zugeflossen, kann dieser auch ohne Verschulden des Schuldners vom Gläubiger herausverlangt werden.

a) Prüfungsschema

PRÜFUNGSSCHEMA

> **ANSPRUCH AUF HERAUSGABE DES STELLVERTRETENDEN COMMODUMS GEM. § 285 BGB**
>
> 1. Schuldverhältnis
> 2. Freiwerden des Schuldners gem. § 275 I – III BGB
> 3. Aufgrund der Unmöglichkeit erlangtes Surrogat
> 4. Rechtsfolgen
> 5. Einwendungen
> 6. Einreden
> 7. Keine unzulässige Rechtsausübung gem. § 242

b) Schuldverhältnis

Zwischen Gläubiger und Schuldner muss ein Schuldverhältnis bestehen.

c) Freiwerden des Schuldners gem. § 275 I – III BGB

Der Schuldner muss von der Leistung frei geworden sein, und zwar entweder gem. § 275 I BGB, oder gem. 275 II BGB oder gem. § 275 III BGB.

---

805 Siehe Randnummer 131
806 Siehe Randnummer 131 und 293
807 Siehe Randnummer 296

d) Aufgrund der Unmöglichkeit erlangtes Surrogat

Dem Schuldner muss infolge desselben Umstandes, der seine Leistungsbefreiung bewirkt hat, ein Ersatz oder ein Ersatzanspruch, also ein Surrogat, zugeflossen sein.

aa) Surrogat

Der Wortlaut formuliert die Herausgabepflicht sehr weit und ohne Einschränkung. **299**   Surrogat
In Betracht kommen alle geldwerten Rechtsgüter.[808] Dazu gehören alle Sachen und Rechte.[809] Das ist folglich jeder Gegenstand, der als Ersatz infolge der Unmöglichkeit ins Vermögen des Schuldners gelangt ist, sowie jeder Ersatzanspruch gegen dritte Schädiger oder Versicherungen.[810] Ersteres muss der Schuldner herausgeben, letzteren an den Gläubiger abtreten.

BEISPIEL: X verkauft an Y seinen PKW, den er bei der Z-Versicherung teilkasko gegen Diebstahl und Vandalismus versichert hat. In der Nacht vor der Übereignung legt der Unbekannte U brennenden Grillanzünder auf den Vorderreifen und entfernt sich rasch. Das Auto wird infolge des Brandes zerstört.

Kassiert X die Versicherungssumme, muss er sie gem. § 285 I BGB an Y herausgeben. Kassiert er sie nicht selbst, muss er den Anspruch auf Auszahlung an Y abtreten. Erfasst wird auch der erlangte Kaufpreis aus rechtsgeschäftlicher Weiterveräußerung, also das rechtsgeschäftliche Surrogat.[811]

BEISPIEL: A verkauft freitags sein Fahrrad im Wert von 100,- € für 100,- € an B. Die Übereignung soll am Montag um 9 Uhr erfolgen. Am Samstag bietet C dem A 200,- € Zug um Zug gegen sofortige Übereignung. A ist einverstanden, einigt sich mit C gem. § 929 S.1 BGB und übergibt diesem das Fahrrad. Als B am Montag bei A erscheint, erklärt A, nicht mehr leistungsfähig zu sein. C verweigert ebenso die Herausgabe. Welche Rechte stehen B gegen A zu?

Der Anspruch aus §§ 280 I, III, 283 BGB gegen A bietet für B keinen Ausgleich. Das   Differenzmethode
Fahrrad hat einen Wert von 100,- €. Berechnet man den Schaden nach der Differenzmethode ergibt sich angesichts der Gegenleistung in Höhe von 100,- € ein Schaden von 0,- €. B hat das Geld noch nicht gezahlt, folglich nutzt ihm auch die Ausübung seines Rücktrittsrechts aus §§ 326 V, 323 BGB nichts. Jedoch kann B von A gem. § 285 BGB Herausgabe der erlangten 200,- € verlangen, bleibt aber gem. § 326 III BGB zur Zahlung des Kaufpreises aus § 433 II BGB i.H.v. 100,- € verpflichtet.
Wie sich hier anschaulich zeigt, ergänzt § 285 BGB die sonstigen Regeln der Unmöglichkeit, um die Vertragstreue des Schuldners zu sichern. Könnte der Gläubiger den Gewinn nicht abschöpfen, dürfte der Schuldner nahezu ohne Sanktion den Vertrag brechen.

bb) Kausalität

Es muss ein adäquater Kausalzusammenhang zwischen dem Ereignis, das die Unmöglichkeit ausgelöst hat und dem Umstand bestehen, der zum Zufluss des Surrogates geführt hat.[812]

---

808   BGH, NJW 1997, 2316, 2316
809   BGH, NJW 2006, 2323, 2325; MünchKomm-Emmerich, BGB, § 285 Rn 4
810   Erman-Westermann, BGB, § 285 Rn 9
811   Erman-Westermann, BGB, § 285 Rn 7
812   Palandt-Grüneberg, BGB, § 285 Rn 7

cc) Identität

300   § 285 BGB verlangt, dass der Ersatz „für den geschuldeten Gegenstand" in das Vermögen des Schuldners geflossen sein muss. Deshalb muss der Gegenstand, der ins Vermögen geflossen ist, identisch sein mit dem, der von der Unmöglichkeit betroffen ist. Es genügt dabei eine wirtschaftliche Einheit.[813]

BEISPIEL: Dies ist im obigen Beispielsfall mit dem Fahrrad[814] unproblematisch gegeben, weil der Erlös aus der Verwertung des Eigentums den wirtschaftlichen Wert des Eigentums widerspiegelt. Ferner tritt im obigen Beispielsfall mit dem Auto[815] die Versicherungssumme an die Stelle des Wertes des PKW.

Ein Gegenbeispiel lässt sich anschaulich bilden, wenn der Schuldner nur Besitz am Gegenstand verschaffen soll.

BEISPIEL (nach BGH, NJW 2006, 2323): M mietet von V ein 8.000 qm großes Grundstück zur Nutzung als Parkplatz für 24.000 € pro Jahr. Ohne Zustimmung des M vermietet und überlässt V Teilflächen an H zur Errichtung von Verkaufsflächen. Hat M gegen V einen Anspruch aus § 285 BGB auf Herausgabe des erzielten Mieterlöses?

Hier hat die Überlassung der Fläche an H durch V den Anspruch des M auf Einräumung des unmittelbaren Besitzes gem. § 535 I BGB unmöglich gemacht. Gleichzeitig stellt die Überlassung der Fläche an H den Grund für die Mietzahlung des H an V dar. Es liegt also Kausalität vor. Fraglich ist aber, ob Identität zwischen der Nichtnutzung der Fläche durch M und dem erzielten Surrogat des V, nämlich die durch H erzielte Miete, vorliegt. Dagegen spricht entscheidend, dass der Mieterlös aus einer Nutzung des H stammt, die der V dem M gar nicht erlaubt hat. V durfte die Fläche als Parkplatz nutzen, H nutzt sie jedoch als Verkaufsstand. Damit bleibt M auf seine Rechte aus den §§ 536 ff. BGB angewiesen, nämlich Minderung und Schadensersatz.

e) Rechtsfolgen

aa) Anspruch auf Surrogatsherausgabe

301   Den Anspruch auf Surrogatsherausgabe aus § 285 darf der Gläubiger nur geltend machen, wenn er das Surrogat tatsächlich erlangt hat. Es genügt also nicht, dass er es hätte erlangen können.[816] Ferner muss der Gläubiger ihn ausdrücklich geltend machen, weil es ein verhaltener Anspruch ist, der erst mit der Geltendmachung erfüllbar und fällig wird.[817]

Problematisch ist, ob dem Gläubiger auch ein über den Wert der Sache hinausgehender Übererlös zustehen soll.

h.M.: Herausgabe des gesamten Surrogates

Die h.M. gewährt dem Gläubiger stets das volle rechtsgeschäftliche Surrogat und damit auch den Übererlös.[818]

---

813   Palandt-Grüneberg, BGB, § 285 Rn 7
814   Siehe Randnummer 299
815   Siehe Randnummer 299
816   Palandt-Grüneberg, BGB, § 285 Rn 9
817   Palandt-Grüneberg, BGB, § 285 Rn 9
818   BGH, NJW 1980, 178, 178

Dies wird von einer Gegenansicht nicht nur, aber besonders kritisch gesehen, wenn es sich um persönlich zu erbringende Dienst- oder Arbeitsleistungen handelt, die unter Berufung auf § 275 III BGB nicht erbracht wurden.

BEISPIEL: S ist zugleich selbständige Opernsängerin und Rechtsanwältin. Konzertveranstalter V hat sie für zwei Konzerte gebucht. Die Gage beträgt 5.000 €. Weil ihr Baby schwer krank ist, sagt sie das Konzert unter Berufung auf § 275 III BGB ab. In Heimarbeit erstellt sie stattdessen eine Synopse zum Abwasserabgabenrecht für einen Verband, der ihr dafür 5.500 € zahlt.

Nach der h.M. darf der Gläubiger die Herausgabe der 5.500 € aus § 285 I BGB fordern, muss aber gem. § 326 III BGB die Gegenleistung aus 5.000 € erbringen, sodass V letztlich die 500,- € Übererlös herausverlangen darf.

Die Gegenansicht will die Herausgabepflicht des Schuldners begrenzen. Als Grenze dient die Höhe des Gläubigerschadens. Sie sieht nämlich den Sinn und Zweck des § 285 BGB im Nachteilsausgleich des Gläubigers.[819] Danach käme es hier darauf an, welchen Vermögensnachteil V erlitten hat. In Betracht kommen Kosten durch die Absage des Konzertes oder die Kosten einer Ersatzsängerin. Wenn diese nur 1.000 € betragen, müsste S nur diesen Betrag an V zahlen und dürfte 4.500 € behalten.
Die Gegenansicht vermeidet ein kritikwürdiges Problem der Anwendung des § 285 BGB auf Dienst- und Arbeitsverträge. Wendet man die Norm dort ohne Einschränkung an, wird Druck auf den Schuldner ausgeübt, die geschuldete Leistung unter Verzicht auf die Einrede des § 275 III BGB doch zu erbringen.

M.M.: Begrenzung auf den Gläubigerschaden

BEISPIEL: S, die wegen ihres Babys auf die Gage verzichtet, muss arbeiten, um zu leben. Sie erstellt die Synopse nicht zum Vergnügen. Um die Herausgabe des Rechtsanwaltshonorars zu vermeiden, müsste sie deshalb singen und das Baby vernachlässigen.

Dieses Ergebnis ist ungerecht, weil es faktisch zu einem Erfüllungszwang führt.[820] Es ist auch systemwidrig, weil es den Schuldnern ihren durch § 275 III BGB frisch gewonnenen Vorteil wieder nimmt.

Man kann dem § 285 I BGB nicht generell eine Beschränkung der Herausgabepflicht auf die Höhe des Gläubigerschadens entnehmen. Zur Vorteilsausgleichung dienen einerseits der § 326 III BGB, der dem Gläubiger die Pflicht zur Gegenleistung auferlegt, und andererseits die Anrechnung in § 285 II BGB. Beide Rechtsnormen verhindern einen ungerechtfertigten Vermögensvorteil des Gläubigers.[821] Eine weitergehende generelle Beschränkung auf den Gläubigernachteil erscheint bei § 285 I BGB willkürlich. Jedoch überzeugt die Gegenansicht mit den dargelegten Argumenten dort, wo ein Dienstpflichtiger oder ein Arbeitnehmer gem. § 275 III BGB frei wird. In diesem Fall sollte man der Gegenansicht also folgen.

Streitentscheid

---

819   Löwisch, NJW 2003, 2049,2051
820   Löwisch, NJW 2003, 2049,2052
821   Palandt-Grüneberg, BGB, § 285 Rn 11

MERKSATZ

Bei § 285 I BGB muss der Schuldner grundsätzlich das volle Surrogat herausgeben. Wird ein Dienstpflichtiger oder ein Arbeitnehmer von seiner Pflicht gem. § 275 III BGB frei, muss er dem Dienstherrn oder Arbeitgeber seine durch anderweitige Dienste oder Arbeit erzielten Vergütungen nur bis zur Höhe des Schadens des Dienstherrn oder Arbeitgebers herausgeben, den dieser durch die Nichterbringung des Dienstes erlitten hat.

bb) Anrechnung gem. § 285 II BGB

302 Dem Gläubiger kann gleichzeitig ein Schadensersatzanspruch aus §§ 280 I, III, 283 BGB und ein Surrogatsherausgabeanspruch aus § 285 I BGB zustehen. Diese beiden Ansprüche stehen ihm in elektiver Konkurrenz[822] als Wahlrecht zu.[823]
Keinesfalls soll er einen ungerechtfertigten Gewinn auf Kosten des Schuldners einstreichen.[824] Deshalb wird, wenn er § 285 BGB geltend macht, das Erhaltene auf seinen Schadensersatzanspruch angerechnet.

BEISPIEL („Anrechnungsfall"): V verkauft an K seinen PKW, der einen Wert von 5.000 € hat, für 4.000 €. Der PKW ist bei Z Vollkasko versichert. Durch das Verschulden des V wird der PKW vor der Übereignung zerstört.

Macht K seinen Schadensersatzanspruch aus §§ 280 I, III, 283 BGB geltend, erhält er 1.000 € als entgangenen Gewinn gem. § 252 BGB. Verlangt K aus § 285 I BGB die Herausgabe der 5.000 € Versicherungssumme, muss er gem. § 326 III BGB die Gegenleistung von 4.000 € erbringen. In Summe erhält er 1.000 €. Hat er diese 1.000 € auch tatsächlich erhalten, reduziert sich sein Schadensersatzanspruch auf 0,- €. Hier zeigt sich, dass § 285 II BGB verhindert, dass ein Gläubiger wie K sowohl 1.000 € aus § 285 I BGB erhält, als auch weitere 1.000 € aus Schadensersatzanspruch.

BEISPIEL: Hätte V von Z im „Anrechnungsfall" hingegen nur 4.500 € erhalten und gibt er nach Abzug der Gegenleistung die Summe von 500,- € an K heraus, bleibt diesem noch ein Schadensersatzanspruch über 500,- € gegen V aus §§ 280 I, III, 283 BGB.

MERKSATZ

Das Wahlrecht des Gläubigers zwischen dem Surrogatsherausgabeanspruch aus § 285 I BGB und dem Schadensersatzanspruch aus §§ 280 I, III, 283 BGB endet erst, wenn einer der beiden Ansprüche in voller Höhe erfüllt ist.

Gleiches gilt, wenn sich die Parteien über eine Entschädigung geeinigt haben oder wenn der Gläubiger seine Wahl getroffen hat und der Schuldner dem Gläubiger die gewählte Leistung in Annahmeverzug begründender Weise angeboten hat.[825]

303 Weitere Bedeutung erhält § 285 II BGB, wenn es um die Abtretung eines als Surrogat erhaltenen Ersatzanspruches geht.

---

822   Siehe Randnummer 150
823   Palandt-Grüneberg, BGB, § 285 Rn 10
824   Palandt-Grüneberg, BGB, § 285 Rn 11
825   Bamberger-Roth-Unbearth, § 285 Rn 16

BEISPIEL: Im „Anrechnungsfall"[826] tritt V an K den Anspruch gegen die Versicherung Z ab.

Weil K gem. § 326 III BGB die Gegenleistung von 4.000 € erbringen muss, trägt er das Risiko, dass er von Z auch tatsächlich das Geld ausgezahlt bekommt. Damit übernimmt er das Insolvenzrisiko des Dritten.

Es besteht Einigkeit, dass der Gläubiger nicht das Insolvenzrisiko des Dritten tragen soll. Allerdings werden unterschiedliche Wege beschritten, um dies zu erreichen.

Nach einer Auffassung stellt die Abtretung der Forderung gegen den Dritten zwar eine Annahme an Erfüllung statt gem. § 364 I BGB dar, jedoch erfolgt die Anrechnung gem. § 285 II BGB nur in der Höhe des tatsächlichen Wertes der Forderung im Zeitpunkt der Abtretung. Dabei argumentiert sie mit dem Wortlaut des § 285 II BGB, der auf den Wert des erlangten Ersatzanspruchs abstellt.[827]

e.A.: Anrechnung wegen § 364 I BGB in Höhe des tatsächlichen Wertes

BEISPIEL: Angenommen, im „Anrechnungsfall"[828] wäre Z insolvent. Dann wäre der Anspruch gegen ihn wirtschaftlich nichts wert und eine Anrechnung würde nicht erfolgen.

Eine andere Auffassung sieht in der Abtretung nur eine Annahme erfüllungshalber gem. § 364 II BGB.[829] Danach kann es erst zur Anrechnung auf den Schadensersatzanspruch kommen, wenn die abgetretene Forderung auch tatsächlich beim Schuldner durchgesetzt und eine Befriedigung durch Zahlung des Schuldners an den Zessionar erzielt wurde.

a.A.: Anrechnung wegen § 364 II BGB erst nach Durchsetzung der Forderung

BEISPIEL: Im „Anrechnungsfall"[830] leistet die Z-Versicherung an K Zahlung von 5.000 €. Der Schadensersatzanspruch erlischt.

Nach beiden Auffassungen erfolgt die Anrechnung nach § 285 II BGB erst, wenn eine tatsächliche Befriedigung des Gläubigers aus § 285 I BGB erfolgt ist.

Für die Richtigkeit und damit Vorzugswürdigkeit der ersten Auffassung spricht ihre Herleitung aus dem klaren Wortlaut des § 285 I BGB.

Streitentscheid

MERKSATZ

Was der Gläubiger aus § 285 I BGB tatsächlich erlangt hat, mindert in dieser Höhe seinen Anspruch auf Schadensersatz statt der Leistung gem. §§ 280 I, III, 283 BGB.

f) Einwendungen

Es gelten die obigen Ausführungen.[831]

g) Einreden

Es gelten die obigen Ausführungen.[832]

h) Keine unzulässige Rechtsausübung gem. § 242

Es gelten die obigen Ausführungen.[833]

---

826   *Siehe Randnummer 302*
827   *MünchKomm-Emmerich, BGB, § 285 Rn 37*
828   *Siehe Randnummer 302*
829   *Palandt-Grüneberg, BGB, § 285 Rn 11*
830   *Siehe Randnummer 302*
831   *Siehe Randnummer 130*
832   *Siehe Randnummer 131*
833   *Siehe Randnummer 131 und 294*

VOM GLÄUBIGER ZU VERTRETENDE UNMÖGLICHKEIT

304 Ist der Gläubiger für die Unmöglichkeit allein oder weit überwiegend verantwortlich, wird der Schuldner nicht nur von seiner Leistungspflicht frei, sondern behält gem. § 326 II 1 1. Fall BGB grundsätzlich auch den Anspruch auf die Gegenleistung. Regelmäßig sind Fälle gemeint, in denen auf den Gläubiger 90 % der Mitverursachungsquote entfallen, in jedem Fall aber 80 %.[834]

Begriff der Verantwortlichkeit

Sphärentheorie

Fraglich ist aber, was unter Verantwortlichkeit zu verstehen ist. Der Gesetzgeber hat es versäumt, hier eine klare Regelung zu normieren.

Grundsätzlich abzulehnen ist die Idee, den Gläubiger für alles haften zu lassen, was aus seiner Sphäre stammend die Unmöglichkeit verursacht. Diese Idee ist mit dem Grundsatz der Gleichbehandlung von Schuldner und Gläubiger nicht zu vereinbaren und folglich zu verwerfen.[835]

Der erste Blick fällt auf die §§ 276, 278 BGB, denn dort ist geregelt, was man im Schuldverhältnis zu vertreten hat. Dort allerdings heißt es wörtlich, „der Schuldner" habe Vorsatz und Vorsatz zu vertreten, „der Schuldner" habe für das Verschulden seines Erfüllungsgehilfen einzustehen. Der Gläubiger ist aber zunächst einmal der Gläubiger und nicht der Schuldner.

Direkte Anwendung der §§ 276, 278 BGB

Also lassen sich die §§ 276, 278 BGB nur dort direkt anwenden, wo der Gläubiger dem Schuldner etwas schuldet. Dies ist immer der Fall, wenn den Gläubiger gegenüber dem Schuldner eine Hauptleistungs-, Nebenleistungs- oder Nebenpflicht trifft und er diese gegenüber dem Schuldner verletzt hat.

> **BEISPIEL** (abgewandelt nach BGH, NJW 1976, 1315 ff.): V hat an M Büro- und Lagerräume vermietet. Durch unsachgemäße Lagerung von Kunststoffen verursacht M einen Brand, der die Mietsache vollständig zerstört. V verlangt die Zahlung der Miete aus § 535 II BGB. M beruft sich auf § 326 I BGB.

Die Pflicht des V aus § 535 I BGB ist gem. § 275 I BGB erloschen. Es handelt sich wegen der totalen Zerstörung um Unmöglichkeit. § 275 I BGB ist anwendbar und wird nicht von den besonderen Vorschriften des Mietrechts verdrängt, wenn die Unmöglichkeit nicht auf einem Mietmangel beruht.[836] Hier beruhte die Unmöglichkeit auf der unsachgemäßen Lagerung eingebrachter Sachen. Jedoch erlischt hier der Mietzahlungsanspruch nicht gem. § 326 I BGB. Vielmehr greift zugunsten des V die anspruchserhaltende Sonderregelung des § 326 II 1 1. Fall BGB, weil M weit überwiegend verantwortlich ist. Der Mieter darf aufgrund der Überlassung der Sache gegenüber dem Vermieter den Gebrauch der Sache nur in den vertraglich zulässigen Grenzen ausüben. Daraus erwachsen ihm gegenüber dem Vermieter Obhuts- und Fürsorgepflichten.[837] Verletzt er diese und führt dies zurechenbar zur Unmöglichkeit, hat er die Unmöglichkeit auch im technischen Sinne zu vertreten.

---

834   Siehe Randnummer 272
835   Looschelders, Schuldrecht AT, Rn 726
836   Palandt-Weidenkaff, BGB, § 536 Rn 10
837   BGH, NJW 1976, 1315, 1316

Dies wirkt sich insbesondere dort aus, wo nicht der Mieter selbst, sondern sein Erfüllungsgehilfe den Pflichtenverstoß verursacht, weil dann § 278 BGB greift.

Teilweise wird in den Fällen solcher Obhutspflichtverletzungen der begrifflichen Reinheit wegen vorgeschlagen, die §§ 276, 278 BGB analog anzuwenden.[838]

M.M.: Stets analoge Anwendung der §§ 276 ff. BGB

Dies ist unnötig, wenn beim gegenseitigen Vertrag Nebenpflichten des Gläubigers gegenüber dem Schuldner durch Auslegung ermittelt werden können. Eine analoge Anwendung ist sinnvoll, wenn der Gläubiger Obliegenheiten verletzt.

Streitentscheid: Differenzierung zwischen Pflicht und Obliegenheit

Wer Obliegenheiten verletzt, handelt weder pflicht-, noch rechtswidrig, weil er dort nur eine Verpflichtung sich selbst gegenüber trägt.[839]

Obliegenheit

BEISPIEL: Im obigen Beispielsfall[840] schuldet der Mieter dem Vermieter aufgrund seiner Rücksichtnahmepflicht aus § 241 II BGB die sachgemäße Lagerung. Diese ist eine echte Pflicht und keine bloße Obliegenheit.

Ferner sieht man die §§ 276, 278 BGB als direkt anwendbar an, wo der Gläubiger den Vertrag durch deliktische Handlungen i.S.v. §§ 823 ff. BGB kausal und zurechenbar verletzt und ferner dort, wo der Gläubiger eindeutig das Risiko vertraglich übernommen hat.[841]

Vertragsverletzung durch deliktische Handlung

BEISPIEL: V verkauft K seinen PKW im Wert von 10.000 € für 10.000 €. Der stets zuverlässige, sorgfältig ausgewählte und überwachte Angestellte A des K soll den PKW abholen, zerstört ihn aber vor der Übergabe und Übereignung leicht fahrlässig.

Ohne § 326 II 1 1. Fall BGB wären Verkäufer unter Umständen ungeschützt, wenn eine Hilfsperson des Käufers den Gegenstand vor der Übergabe im deliktischen Sinne schuldhaft zerstört, weil sie bis zur Übergabe gem. § 446 BGB das Risiko des Untergangs tragen. So haftet der Gläubiger K im Beispielsfall mangels eigener Fahrlässigkeit nicht aus § 823 I BGB. Für A kann er sich gem. § 831 I 2 BGB exkulpieren, sodass K dem V nicht aus § 831 I BGB haftet. Hier erweist sich die Regelung des § 326 II 1 1. Fall BGB als Segen vorteilhaft für den Schuldner/Verkäufer. Der Gläubiger muss sich im Rahmen des § 326 II BGB das Verschulden seiner Hilfspersonen gem. § 278 BGB anrechnen lassen.[842] K schuldet dem V aus § 241 II BGB, so fürsorglich zu sein, dass der Gegenleistungsanspruch aus § 433 II BGB nicht entfällt. Der Gläubiger der Hauptleistungspflicht, K, ist damit aus Nebenpflicht gem. § 241 II BGB zugleich Schuldner des Schuldners der Hauptleistungspflicht, V. A ist Erfüllungsgehilfe des K. Deshalb muss sich K das Verhalten des A gem. § 278 BGB zurechnen lassen, wird so gestellt, als hätte er den Untergang der Kaufsache selbst verursacht und muss den Kaufpreis in Höhe von 10.000 € gem. § 433 II BGB i.V.m. § 326 II 1 1. Fall BGB an V zahlen.

---

838   *Looschelders, Schuldrecht AT, 712*
839   *Palandt-Grüneberg, BGB, Einl vor § 241 Rn 13*
840   *Siehe Randnummer 304*
841   *Bamberger/Roth-Schmidt, BGB, § 323 Rn 35, § 326 Rn 14*
842   *Palandt-Grüneberg, BGB, § 278 BGB Rn 24*

305 Eine analoge Anwendung der §§ 276, 278 BGB kommt in Betracht, wenn der Gläubiger zwar keine Pflicht verletzt, aber Mitwirkungsobliegenheiten.

Obliegenheiten

DEFINITION

Obliegenheiten sind Pflichten des Gläubigers gegen sich selbst, bei deren Missachtung dem Gläubiger ein Rechtsverlust oder ein rechtlicher Nachteil droht.[843]

BEISPIEL: Im „Hochseeschlepperfall"[844] erscheint der Schlepper, als der Tanker hilflos auf der Sandbank liegt. Der Tankerkapitän wirkt aber nicht mit, indem er das angebotene Tau nicht am Tanker vertäut. Kurz darauf hebt die Flut den Tanker und die Leistung wird unmöglich.

Hier kann sich der Gläubiger nicht auf § 326 I BGB berufen. Vielmehr hat er analog § 276 BGB die Unmöglichkeit allein zu vertreten. Die §§ 642 ff. BGB bleiben hier unberührt.

MERKSATZ

Hat der Gläubiger die Unmöglichkeit allein oder weit überwiegend zu vertreten, behält der Schuldner gem. § 326 II 1 1. Fall BGB den Anspruch auf die Gegenleistung. §§ 276 278 BGB finden direkt oder analog Anwendung.

---

843   *Palandt-Grüneberg, BGB, vor § 241 Rn 13*
844   *Siehe Randnummer 215*

VON SCHULDNER UND GLÄUBIGER ZU VERTRETENDE UNMÖGLICHKEIT

I. EINLEITUNG

Seit Inkrafttreten des BGB existierte keine ausdrückliche Regelung für die Fallgruppe, **306** in der sowohl der Schuldner als auch der Gläubiger die Unmöglichkeit zu vertreten hat. Folglich war die Behandlung der Frage in Rechtsprechung und Lösung von Anfang an umstritten. Auch das Schuldrechtsreformgesetz hat keine ausdrücklich gesetzliche Lösung normiert, sieht man von § 326 II 1 1. Fall BGB ab. Die dort ausgewiesene Regelung gilt aber nur in Fällen, in denen der Gläubiger nahezu alles, also 90 % des Mitverschuldens zur vertreten hat.[845] In allen anderen Fällen hat das Reformgesetz keine Abhilfe geschaffen, sodass der Streitstand aktuell geblieben ist. Besondere Bedeutung erlangt der Streit innerhalb der Prüfung des Anspruchs des Schuldners auf die Gegenleistung. Deshalb liegt der Schwerpunkt der Darstellung bei den Auswirkungen auf die Einwendung des § 326 I BGB. Das Schema orientiert sich am häufigsten Fall. Dieser wird eintreten, wenn die Kaufsache nach Vertragsschluss, aber vor der Erfüllung durch von Schuldner und Gläubiger zu vertretender Unmöglichkeit untergeht. Selbstverständlich kann diese Form der Unmöglichkeit jeden anderen Vertrag stören.

4. Grundfall: „Carfreitag"

SACHVERHALT

K betreibt in Hanau einen florierenden Apothekenlieferservice, der auch an Sonn- und Feiertagen Notdienst hat. V betreibt zusammen mit seiner Ehefrau eine große Apotheke in Frankfurt am Main. V und K sind Autofans. Der wirtschaftliche Erfolg ermöglicht es K, dem V dessen renntauglichen Tourenwagen im Wert von 50.000 € für 70.000 € abzukaufen. Die Bezahlung darf per Scheck erfolgen. Es wird verabredet, dass der bei K angestellte Mitarbeiter A den Scheck schon am Osterwochenende in der Apotheke des V abgeben soll. Die Übereignung des Autos soll aber erst am Dienstag nach Ostern stattfinden. Am Karfreitag nimmt V in Frankfurt am Main auf der Hanauer Landstraße nämlich an einem illegalen Autorennen im regulären Straßenverkehr teil, das von der Szene „Carfreitag" genannt wird. Zufällig befindet sich der umweltbewusste A mit seinem Dienstfahrrad auf dieser Straße, um ein Medikament in die Apotheke des V zu liefern, in der dessen Ehefrau Notdienst hat. A hat auch den Scheck dabei. Der gut ausgewählte, immer zuverlässige und stets überwachte Angestellte A fühlt sich von V und den anderen Rennteilnehmern derart provoziert, dass er wütend zum Verkehrserzieher wird. Dadurch wird der verkaufte, aber noch nicht übereignete PKW des V total zerstört. Am Steuer des Unfallwagens saß V. Der Gutachter stellt jeweils hälftiges Mitverschulden des V und des A aufgrund erheblicher, beiderseitiger Verstöße gegen die Straßenverkehrsordnung fest. Haben V und K Ansprüche aus dem Kaufvertrag?

---

845   *Siehe Randnummer 272*

1. Teil – Ansprüche des K gegen V

A. Anspruch aus § 433 I BGB auf Übereignung

K könnte gegen V einen Anspruch auf Übereignung des PKW aus § 433 I BGB haben.

I. ANSPRUCH ENTSTANDEN

Indem sich die Parteien auf einen bestimmten PKW geeinigt und einen Kaufpreis von 70.000 € vereinbart haben, kam zwischen ihnen ein Kaufvertrag zustande, der diesen Anspruch entstehen ließ.

II. ANSPRUCH UNTERGEGANGEN

Der Anspruch könnte aber gem. § 275 I BGB erloschen sein. Der Kaufvertrag bildet das von § 275 I BGB geforderte Schuldverhältnis. Der Untergang des Anspruchs setzt ferner voraus, dass die geschuldete Leistungspflicht unmöglich geworden ist. Unmöglichkeit liegt bei dauerhafter Nichterbringbarkeit des Leistungserfolges vor. Diese könnte durch die Zerstörung des PKW des V eingetreten sein, wenn sich die Leistungspflicht des V auf diesen PKW beschränkt hat. Dies wäre bei einer Stückschuld der Fall. Eine Stückschuld ist gegeben, wenn der Leistungsgegenstand so hinreichend individualisiert wurde, dass der Schuldner keine Auswahlmöglichkeit mehr hat. Hier haben sich die Parteien auf den dem V gehörenden bestimmten PKW als Gegenstand des Kaufvertrages geeinigt, mithin eine Stückschuld vereinbart. Durch die Zerstörung des PKW kann niemand mehr den PKW übereignen. Folglich kann der geschuldete Leistungserfolg nicht mehr eintreten. Also liegt Unmöglichkeit der Leistungspflicht des V vor. Diese trat nach Entstehung des Schuldverhältnisses ein. Folglich ist der Anspruch gem. § 275 I BGB untergegangen

B. Anspruch aus §§ 280 I, III, 283 BGB

K könnte einen Anspruch aus §§ 280 I, III, 283 BGB auf Zahlung von Schadensersatz haben. Der Kaufvertrag bildet das von § 280 I BGB geforderte Schuldverhältnis. Die Pflichtverletzung besteht in der bereits festgestellten Unmöglichkeit. Diese muss der Schuldner V aber zu vertreten haben. Der Schuldner hat gem. § 276 BGB Vorsatz und Fahrlässigkeit zu vertreten. Dies hat der Sachverständige bei V festgestellt. Folglich hat V die Unmöglichkeit zu vertreten. Letztlich muss dem K ein ersatzfähiger Schaden entstanden sein, der auf der Unmöglichkeit beruht. Beim Schadensersatzanspruch statt der Leistung ist der Schaden jede unfreiwillige Vermögenseinbuße im Sinne der §§ 249 ff. BGB, die auf der Unmöglichkeit beruht und zum positiven Interesse gehört. Zur Bestimmung muss überprüft werden, wie K stünde, wenn V erfüllt hätte. Hätte V erfüllt, würde K ein PKW im Wert von 50.000 € gehören. Allerdings müsste er gem. § 433 II BGB 70.000 € Zug um Zug an V bezahlen. Folglich kann ein Vermögensnachteil hier nicht erkannt werden. Mangels Schaden hat K keinen Anspruch gegen V auf Schadensersatz.

Aus diesem Grund kann unberücksichtigt bleiben, inwieweit eine Haftungsminderung aus §§ 254 I, II 2, 278 BGB eingreift.

2. Teil – Ansprüche des V gegen K

A. Anspruch des V gegen K aus § 433 II BGB

V könnte gegen K einen Anspruch auf Zahlung der 70.000 € Kaufpreis aus § 433 II BGB haben.

I. ANSPRUCH ENTSTANDEN

Ein Kaufvertrag mit entsprechendem Inhalt kam zwischen V und K zustande. Folglich ist der Anspruch auf Kaufpreiszahlung in dieser Höhe zunächst entstanden.

II. ANSPRUCH ERLOSCHEN

Jedoch könnte der Anspruch gem. § 326 I BGB untergegangen sein.

1. Gegenseitiger Vertrag

§ 326 I BGB ist nur auf gegenseitige Verträge anwendbar. Beim gegenseitigen Vertrag stehen die Hauptleistungspflichten im Synallagma. Dies ist beim Kaufvertrag der Fall. Es liegt folglich ein gegenseitiger Vertrag vor.

2. Freiwerden des Schuldners von seiner Leistungspflicht gem. § 275 BGB

Der Schuldner der Leistung muss nach § 275 BGB von seiner Leistungspflicht frei geworden sein. Wie bereits dargelegt, muss V gem. § 275 I BGB wegen Unmöglichkeit nicht mehr an K übereignen.

3. Keine den Anspruch erhaltende Sonderregel

a) § 326 II 1 1. Fall BGB

Hier könnte die anspruchserhaltende Sonderregel des § 326 II 1 1. Fall BGB greifen, nach der der Kaufpreiszahlungsanspruch vollständig erhalten bliebe. Dann müsste der Gläubiger K die Unmöglichkeit allein oder weit überwiegend zu vertreten haben. Dies ist der Fall, wenn das Vertretenmüssen des Gläubigers derart überwiegt, dass das Vertretenmüssen des Schuldners nicht mehr ins Gewicht fällt. Dies wird man bei einer Verteilungsquote von 90 % annehmen können. Der Untergang des PKW wurde nicht von K persönlich, sondern von dessen Angestellten A mit verursacht. Auf § 326 BGB findet aber unumstritten § 278 BGB Anwendung. Wäre A der Erfüllungsgehilfe des K, könnte das Verschulden des A dem K zugerechnet werden. Um Erfüllungsgehilfe des K zu sein, müsste er im Pflichtenkreis des K mit dessen Willen und Wollen tätig sein. Hier sollte der A nicht nur die Apotheke des V beliefern, sondern auch bei der Bezahlung des Kaufpreises mitwirken. Indem dies mit Wissen und Willen des K geschah, war A auch Erfüllungsgehilfe. Die Tätigkeit des A stand sowohl in einem äußeren, als auch in einem inneren Zusammenhang mit der Pflicht des K. Deshalb ist ein Exzess des A zu verneinen. Folglich liegt eine von beiden Seiten zu vertretende Unmöglichkeit vor. Nach Feststellungen des Gutachters liegt hälftiges Mitverschulden vor. Die Sonderregel des § 326 II 1 1. Fall BGB greift aber erst bei einer Verteilungsquote von 90 % Mitverschulden. Deshalb scheidet die Sonderregel aus.

b) § 446 S. 1 BGB

Der Anspruch auf die Gegenleistung erlischt ferner nicht, wenn die Gegenleistungs-gefahr vor dem Untergang der Sache auf den Gläubiger übergegangen ist. Dies wäre gem. § 446 S. 1 BGB der Fall, wenn V dem K den PKW übergeben hätte. Hier befand sich der PKW aber immer noch im Besitz des V. Folglich ist die Gegenleistungsgefahr nicht übergegangen.

c) Von beiden Parteien zu vertretende Unmöglichkeit

Fraglich ist, wie sich die von beiden Parteien zu vertretende Unmöglichkeit auf den Anspruch auf die Gegenleistung auswirkt.

aa) Ersatzloser Untergang gem. § 326 I BGB

Man könnte vertreten, dass § 326 I BGB den Anspruch aus § 433 II BGB untergehen lässt und kein Ersatzanspruch an dessen Stelle treten soll. Als Konsequenz würde V den Untergang der Sache alleine tragen, obwohl der Angestellte des K zurechenbar am Untergang mitgewirkt hat. Weil dieser ein Fahrrad fuhr, haftet K nicht aus § 7 I StVG. Da A gut ausgewählt und stets überwacht wurde und immer zuverlässig war, kann sich K gem. § 831 I 2 BGB für ihn exkulpieren. K würde also gar nicht haften. Dies ließe sich erstens mit dem Wortlaut des § 326 BGB begründen, der keine Ein-schränkung der Rechtsfolge im Fall der von beiden Seiten hälftig zu vertretenden Unmöglichkeit vorsieht. Allerdings wirkt das Alles-oder-nichts-Prinzip deshalb unge-recht, weil es den Schuldner übermäßig belastet. Die Nichthaftung des Gläubigers in solchen Fällen wird deshalb damit begründet, dass der Verkäufer grundsätzlich das Risiko des zufälligen Untergangs trägt, wenn nicht die §§ 326 II, 446, 447 BGB eine abweichende Regelung treffen. Weil es bei § 275 BGB nicht auf ein Verschulden ankommt, ist das Verschulden bei § 326 I BGB ebenfalls grundsätzlich unerheblich, es sei denn aus § 326 II 1 BGB ergibt sich etwas Abweichendes. Dieser Begründung begegnen aber schwere Bedenken. Erstens handelt es sich nicht um einen zufälligen Untergang, wenn der Gläubiger an ihm zurechenbar mitgewirkt hat. Der Begriff des Zufalls lebt gerade von der Abwesenheit des Verschuldens. Zweitens kommt es bei § 275 I BGB zwar nicht auf ein Vertretenmüssen an. An die Stelle des Primäran-spruchs aus § 433 I BGB tritt aber gem. §§ 275 IV, 280 I, III, 283 BGB ein Schadens-ersatzanspruch, der das Verschulden des Schuldners berücksichtigt. Deshalb muss das Vertretenmüssen des Gläubigers auch Berücksichtigung finden. Einen ersatzlosen Untergang des § 433 I BGB durch einen uneingeschränkt anzuwendenden § 326 I BGB muss man daher ablehnen.

bb) Schadensersatzlösung

Man könnte vertreten, dass der Kaufpreiszahlungsanspruch zwar gem. § 326 I BGB untergeht. Ersatzweise würde man dem Schuldner der Leistung einen Schadens-ersatzanspruch gegen den Gläubiger aus §§ 280 I, 241 II BGB zugestehen, der um das Mitverschulden des Schuldners gem. § 254 I BGB zu kürzen wäre. Der Schaden des Schuldners bestünde im Untergang seines Anspruchs auf die Gegenleistung aus § 433 II BGB durch § 326 I BGB. Bei einem Kaufpreis von 70.000 € wäre das ein Schadensersatzanspruch in Höhe von 35.000 €. Dies würde den V immerhin von einem Teil des Schadens freistellen. Hier bestünde das von § 280 I BGB geforderte Schuldverhältnis im zwischen V und K geschlossenen Kaufvertrag. Fraglich ist aber die Pflichtverletzung des K gem. § 241 II BGB. Gem. § 241 II BGB sind die Parteien des Schuldverhältnisses im Rechtsverkehr zur Rücksicht auf die Rechte, Rechtsgüter und Interessen der jeweils anderen Partei verpflichtet. Daraus folgen Schutz-, Obhuts- und Fürsorgepflichten. Unter Interessen sind alle Vermögensinteressen zu verstehen, auch Ansprüche auf Geldzahlung aus Verträgen. Hier hat sich der Erfüllungsgehilfe des K, obwohl ein Schuldverhältnis bestand, rücksichtslos gegenüber V im Straßenverkehr verhalten und dadurch den Untergang des Kaufpreisanspruchs mitursächlich herbeigeführt. Fraglich ist aber, ob dadurch ein Anspruch begründet werden kann. Es besteht nämlich ein Wertungswiderspruch zu den Rücktrittsregeln, die gem. § 325 BGB unbenommen neben dem Schadensersatzrecht anwendbar bleiben. Angenommen, K hätte den Kaufpreis schon gezahlt, dann wäre er gem. §§ 326 V, 349 BGB berechtigt, vom Vertrag zurückzutreten und den Kaufpreis gem. § 346 I BGB zurückzufordern. Daran wird er nicht durch seinen Anteil am Vertretenmüssen gehindert. Gem. § 323 VI BGB ist der Rücktritt nämlich nur ausgeschlossen, wenn der Rücktrittsberechtigte den Umstand, der zum Rücktritt führt – hier: die Unmöglichkeit – allein oder weit überwiegend zu vertreten hat. Wenn K im Fall der von beiden Seiten hälftig zu vertretenden Unmöglichkeit berechtigt ist, durch Rücktritt alle Gegenleistungsansprüche des Verkäufers zu vernichten, kann man ihm eine Rücksichtnahmepflicht in der vorgeschlagenen Art nicht auferlegen.

Die Schadensersatzlösung scheitert also am Fehlen einer nachvollziehbar zu begründenden Pflichtverletzung im Sinne des § 241 II BGB.

cc) Lösungen durch Analogiebildungen

(1) Surrogationsmethode durch analoge Anwendung des § 326 II BGB

Man könnte andererseits vertreten, dass der Anspruch aus § 433 II BGB nicht nach § 326 I BGB untergeht, sondern analog § 326 II BGB zunächst bestehen bliebe. Jedoch würde der Kaufpreiszahlungsanspruch mit dem nach der Surrogationsmethode errechneten und um das Mitverschulden des K gekürzten Anspruch auf Schadensersatz statt der Leistung saldiert werden. Wie oben aufgezeigt wurde, lagen die Voraussetzungen des Anspruchs auf Schadensersatz statt der Leistung gem. §§ 280 I, III, 283 BGB dem Grunde nach vor. Es bestand aber kein Schaden, weil er bei Kaufverträgen grundsätzlich nach der Differenzmethode berechnet wird. Nach der Surrogationsmethode richtet sich die Schadenshöhe aber nach dem Wert der Leistung. Deshalb würde K ein Anspruch auf Schadensersatz in Höhe von 50.000 € zustehen. Dieser reduziert sich nach Anrechnung des Mitverschuldens des K gem. § 254 I BGB auf 25.000 €. Subtrahiert man diesen Betrag vom Kaufpreisanspruch, bliebe dem V ein Anspruch gegen K aus § 433 II BGB in Höhe von 45.000 € übrig.

Die Analogiebildung erscheint durch die Reform des § 326 BGB aufgrund des Schuldrechtsreformgesetzes problematisch. Schließlich enthält § 326 II BGB bereits eine anspruchserhaltende Sonderregelung, die das Vertretenmüssen des Gläubigers der Leistung regelt, aber ihm eben nur eine Relevanz zumisst, wenn es weit überwiegt. Daraus muss man den Schluss ziehen, dass für eine über den Wortlaut des § 326 II BGB hinausgehende Analogiebildung kein Raum gegeben ist, die den Anspruch auf den Kaufpreis vollständig erhält, um ihn dann durch Verrechnung zu kürzen.

(2) Analoge Anwendung des § 254 I BGB auf § 326 I BGB

Man könnte vertreten, dass der § 326 I BGB nur eingeschränkt zur Anwendung kommen könnte und ein Teil des Anspruchs aus § 433 II BGB bestehen bliebe. Dies könnte man erreichen, indem man auf den § 326 I BGB den § 254 I BGB analog anwendet. Dann würde der Kaufpreisanspruch aus § 433 II BGB gem. § 326 I BGB nur in Höhe des Mitverschuldens des Verkäufers analog § 254 I BGB erlöschen und im Übrigen bestehen bleiben. V müsste nicht den Untergang der Kaufsache alleine tragen, sondern nur in der Höhe, die seinem Verursachungsanteil am Untergang entspricht. Die Interessen des Käufers ließen sich dadurch berücksichtigen, dass der gekürzte Kaufpreisanspruch verrechnet wird mit einem um das Mitverschulden nach § 254 I BGB gekürzten Anspruch auf Schadensersatz statt der Leistung aus §§ 280 I, III, 283 BGB. Folgte man dieser Lösungsidee, würde der Kaufpreisanspruch in Höhe von 70.000 € gem. § 326 I BGB i.V.m. § 254 I BGB analog um 50 % auf 35.000 € gekürzt. Weil K keinen Schadensersatzanspruch hat, wird auch kein weiterer Geldbetrag zu Lasten des V subtrahiert. Nach dieser Lösung bliebe V gegen K noch ein Anspruch aus § 433 II BGB in Höhe von 35.000 € übrig. Auch diese Lösung beruht aber auf einer Analogiebildung. Folglich muss eine planwidrige Regelungslücke bestehen und eine vergleichbare Interessenlage.

Es fragt sich aber, ob der § 326 I BGB eine zur Analogiebildung benötigte planwidrige Regelungslücke überhaupt enthält. Wie gezeigt wurde, enthält § 326 II BGB eine anspruchserhaltende Sonderregelung, die das Vertretenmüssen des Gläubigers der Leistung zumindest teilweise regelt. Daraus könnte man den Schluss ziehen, dass auch keine Einschränkung des § 326 I BGB erlaubt ist, wenn der Gläubiger nicht weit überwiegend die Unmöglichkeit zu vertreten hat.

Diese Sichtweise hätte allerdings zur Konsequenz, dass der Anspruch aus § 433 II BGB gem. § 326 I BGB ersatzlos erlischt. Damit würde, wie bereits kritisiert wurde, der Schuldner den Untergang vor der Übergabe der Kaufsache tragen, obwohl kein zufälliger Untergang, sondern ein vom Gläubiger mitverschuldeter Untergang eingetreten ist. Es ist nicht davon auszugehen, dass der Gesetzgeber diesen Wertungswiderspruch gesehen und bewusst hingenommen hat. § 326 I BGB enthält keineswegs einen unumstößlichen Grundsatz. Es gibt es noch weitere von § 326 I BGB abweichende Regelungen. So enthält § 326 III BGB einen weiteren Ausschlussgrund, so findet § 326 I BGB keine Anwendung, sofern die Gegenleistungsgefahr gem. §§ 446, 447, 644 auf den Gläubiger übergegangen ist. Daraus kann man den Schluss ziehen, dass § 326 I BGB nur einen Grundsatz mit zahlreichen Ausnahmen enthält, also eine grundsätzlich ergänzungsbedürftige Regelung darstellt, die im Fall des von beiden Seiten zu vertretenden Unmöglichwerdens der Leistung eben keine abschließende Regelung trifft. Mit der analogen Anwendung des § 254 I BGB würde § 326 I BGB weiterhin fort gelten, allerdings mit der sinnvollen Anrechnung des eigenen Mitverschuldens nur eingeschränkt.

Zur Analogiebildung müsste eine vergleichbare Interessenlage mit der Anwendung des § 254 I BGB auf Schadensersatzansprüche bestehen. Im Schadensersatzrecht stellt § 254 I BGB eine Ausprägung des Grundsatzes von Treu und Glauben dar. Derjenige, der trotz Mitverantwortung an einem Schadensereignis vollen Schadensausgleich fordert, verstößt gegen den Grundsatz des venire contra factum propriums aus Treu und Glauben und § 254 BGB ist nichts anderes als die Spezialisierung ebendieses Grundsatzes. Ließe man den Anspruch auf die Gegenleistung bei einem hälftigen Mitverschulden des Gläubigers dennoch zu Gunsten dieses Gläubigers ersatzlos entfallen, würde dieser Gläubiger aufgrund der unerfreulich starren Anwendung des § 326 I BGB unangemessen bevorzugt werden. Wie bei Schadensersatzansprüchen muss der zurechenbare Verursachungsbeitrag berücksichtigt werden. Die analoge Anwendung des § 254 I BGB auf § 326 I BGB ist also geboten.

B. Ergebnis

V hat gegen K einen Anspruch auf Zahlung eines reduzierten Kaufpreises aus § 433 II BGB in Höhe von 35.000 €.

II. SYSTEMATIK UND VERTIEFUNG

1. Prüfungsschema

PRÜFUNGSSCHEMA

PRÜFUNGSSCHEMA AM BEISPIEL DES KAUFVERTRAGES

    I. Anspruch auf Kaufpreiszahlung aus § 433 II BGB entstanden
II. Anspruch gem. § 326 I BGB erloschen
    1. Gegenseitiger Vertrag
    2. Freiwerden des Schuldners nach § 275 I – III BGB
    3. Keine anspruchserhaltende Sonderregelung
    4. Auswirkungen der von Gläubiger und Schuldner zu vertretenden Unmöglichkeit

2. Einseitig verpflichtende Verträge

Bei einseitigen Verträgen stellt sich dieses Phänomen als unproblematisch dar. Der **307** Anspruch des Gläubigers aus §§ 280 I, III, 283 BGB wird gemäß § 254 I BGB einfach um den Anteil seines Mitverschuldens gekürzt.[846]

BEISPIEL: S hat B seinen PKW im Wert von 5.000 € gem. §§ 311 I, 241 I, 518 I BGB geschenkt. Vor der Übereignung zerstören S und B grob fahrlässig den PKW. Der Gutachter stellt hälftiges Mitverschulden fest.

Der Anspruch aus §§ 311 I, 241 I, 518 I BGB geht gem. § 275 I BGB unter. An seine Stelle tritt ein Anspruch aus §§ 280 I, III, 283 BGB. S hat gem. § 599 I BGB wegen grober Fahrlässigkeit die Unmöglichkeit zu vertreten. Der Schaden beträgt eigentlich 5.000 €, ist aber gem. § 254 I BGB um die Hälfte auf 2.500 € zu kürzen.

---

846   Baumann/Hauth, Jus 1983, 273, 274

3. Gegenseitige Verträge

Bei gegenseitigen Verträgen[847] hat sich im Falle des von beiden Seiten zu vertretenden Unmöglichwerdens der Leistung bis heute noch keine allgemein anerkannte Lösungsidee durchgesetzt, die sowohl dem System aller gesetzlichen Regelungen des Leistungsstörungsrechts als auch der Interessenlage beider Parteien voll gerecht wird. Auch das Schuldrechtsreformgesetz hat es versäumt, eine eindeutige Regelung zu treffen. Es existieren fünf Lösungsvorschläge, deren Verständnis zum Schwierigsten gehört, was der allgemeine Teil des Schuldrechts zu bieten hat.

> **KLAUSURHINWEIS**
>
> Erschwerend kommt hinzu, dass sich für die Bezeichnung der Lösungsvorschläge bis heute keine einheitliche Terminologie durchgesetzt hat. Dies kann zu tragischen Missverständnissen führen. In Klausuren sollte der Schwerpunkt deshalb noch stärker als auf der Erläuterung des Lösungsweges und der Herausarbeitung der Argumente liegen, um Missverständnisse zu vermeiden. Auf das bloße Nennen eines Begriffs darf man sich hier auf gar keinen Fall verlassen.

Die folgende Darstellung richtet sich vor allem an Examenskandidaten.

308 BEISPIEL („Carfreitag-Fall"): K betreibt in Hanau einen florierenden Apothekenlieferservice, der auch an Sonn- und Feiertagen Notdienst hat. V betreibt zusammen mit seiner Ehefrau eine große Apotheke in Frankfurt am Main. V und K sind Autofans. Der wirtschaftliche Erfolg ermöglicht es K, dem V dessen renntauglichen Tourenwagen im Wert von 50.000 € für 70.000 € abzukaufen. Die Bezahlung darf per Scheck erfolgen. Es wird verabredet, dass der bei K angestellte Mitarbeiter A den Scheck schon am Osterwochenende in der Apotheke des V abgeben soll. Die Übereignung des Autos soll aber erst am Dienstag nach Ostern stattfinden. Am Karfreitag nimmt V in Frankfurt am Main auf der Hanauer Landstraße nämlich an einem illegalen Autorennen im regulären Straßenverkehr teil, das von der Szene „Carfreitag" genannt wird. Zufällig befindet sich der umweltbewusste A mit seinem Dienstfahrrad auf dieser Straße, um ein Medikament in die Apotheke des V zu liefern, in der in dessen Ehefrau Notdienst hat. A hat auch den Scheck dabei. Der gut ausgewählte, immer zuverlässige und stets überwachte Angestellte A fühlt sich von V und den anderen Rennteilnehmern derart provoziert, dass er wütend zum Verkehrserzieher wird. Dadurch wird der verkaufte, aber noch nicht übereignete PKW des V total zerstört. Am Steuer des Unfallwagens saß V. Der Gutachter stellt jeweils hälftiges Mitverschulden des V und des A aufgrund erheblicher, beiderseitiger Verstöße gegen die Straßenverkehrsordnung fest. Haben V und K Ansprüche aus dem Kaufvertrag?

a) Ersatzloser Untergang des Anspruchs gem. § 326 I BGB

309 Es wird vertreten, dass der Anspruch des Schuldners auf den Erhalt der Gegenleistung gem. § 326 I 1 BGB entfallen muss, ohne dass ein Ersatz aus §§ 280 I, 241 II BGB an seine Stelle träte. Einzig dem Gläubiger stünde ein nach der Differenzmethode berechneter und nach § 254 I BGB zu kürzender Anspruch auf Schadensersatz statt

---

847   *Siehe Randnummer 68*

der Leistung zu.[848] Das Reichsgericht nahm dies in einer einzelnen Entscheidung für den Fall des hälftigen Vertretenmüssens ebenfalls an.[849]

BEISPIEL: Dies hätte im „Carfreitag-Fall"[850] zur Folge, dass weder V noch K Ansprüche gegeneinander hätten. Somit würde V den Untergang der Sache allein tragen.

> **BEISPIEL** (Variante des „Carfreitag-Fall"): Der Kaufpreis beträgt 50.000 €. Der Wert des PKW beträgt 70.000 €. In der Variante würde V nichts erhalten, müsste aber an K noch 10.000 € Schadensersatz aus §§ 280 I, III, 283, 254 I BGB leisten.

Die Lösung wird mit dem Hinweis begründet, dass der Verkäufer grundsätzlich das Risiko des zufälligen Untergangs trägt, wenn nicht die §§ 326 II, 446, 447 BGB eine abweichende Regelung treffen.[851] Weil es bei § 275 BGB nicht auf ein Verschulden ankommt, ist das Verschulden bei § 326 I BGB ebenfalls grundsätzlich unerheblich, es sei denn aus § 326 II 1 BGB ergibt sich etwas Abweichendes.[852]
Gegen diese Lösung spricht, dass für die Mitverantwortung des Vertragspartners kein Ausgleich geschaffen wird, was aufgrund der unerfreulichen Starrheit zu einer unangemessenen Bevorzugung des anderen Teiles führt.[853]
Ferner sind die Fälle des zufälligen Untergangs der Kaufsache, für die die Gefahrtragungsregeln konzipiert sind, anders gelagert. Hat der Gläubiger den Untergang der Sache mehr als nur unerheblich anteilig zu vertreten, kann von zufälligem Untergang keine Rede sein. Der Zufall lebt von der Abwesenheit des Vertretenmüssens.
Dieser Lösung kann nicht gefolgt werden.

KLAUSURHINWEIS

In der Klausur sollte der Einstieg in die Problematik mit dieser Lösung gewählt werden, weil man sie aufgrund ihrer offensichtlichen Ungerechtigkeit am leichtesten ablehnen kann.

b) Schadensersatzlösung

Die Schadensersatzlösung geht auf Hadding zurück.[854] Der primäre Anspruch auf **310** die Gegenleistung soll gem. § 326 I BGB untergehen. An dessen Stelle tritt ein Schadensersatzanspruch des Schuldners (Verkäufers) gegen den Gläubiger (Käufer). Dem Gläubiger (Käufer) steht ein gem. § 254 I BGB zu kürzender Schadensersatzanspruch aus §§ 280 I, III, 283 BGB zu. Den Schadensersatzanspruch des Schuldners (Verkäufers) gegen den Gläubiger (Käufer) sah Hadding in einem Anspruch aus positiver Forderungsverletzung, der analog der Unmöglichkeits- und Verzugsregeln aus §§ 280, 286, 325, 326 BGB a.F. abgeleitet wurde.[855] Der Anspruch aus positiver Forderungsverletzung entsprach weitgehend dem heutigen Anspruch aus § 280 I BGB.[856]

848   Gruber, JuS 2002, 1066, 1071
849   RG, JW 1910, 936, 936
850   Siehe Randnummer 308
851   Gruber, JuS 2002, 1066, 1071
852   Gruber, JuS 2002, 1066,1067
853   Baumann/Hauth, JuS 1983, 273, 278
854   Hadding, AcP (168) 1968, 150 ff.
855   Hadding, AcP (168) 1968, 150 ff.
856   Siehe Randnummer 342

Die Herleitung dieses Anspruchs aus den Unmöglichkeitsregeln begründete allerdings zugleich ihre Angreifbarkeit. Denn eine Regelungslücke für eine Analogiebildung lag ja im Falle einer Unmöglichkeit gerade nicht vor.

Nach Einführung des § 280 I BGB durch das SMG entfiel diese Begründungsschwäche. Deshalb etablierte sich die Schadensersatzlösung rasch.

> **KLAUSURHINWEIS**
> Die Schadensersatzlösung wird auch **„Theorie der beiderseitigen Schadens-ersatzansprüche"** genannt.[857]

aa) Der Anspruch des Schuldners der Leistung (V)

Gem. § 326 I 1 BGB soll der Anspruch des Schuldners der Leistung auf Erhalt der Gegenleistung immer untergehen, wenn er selbst nach § 275 BGB nicht zu leisten braucht und keine der in § 326 BGB geregelten Ausnahmen einschlägig ist. An die Stelle des untergegangenen Primäranspruchs auf die Gegenleistung soll ein Anspruch auf Schadensersatz aus §§ 280 I, 241 II BGB treten, der um den Mitverschuldensanteil gem. § 254 I zu kürzen ist.[858] Das Schuldverhältnis soll der betroffene Vertrag sein.

BEISPIEL: Im „Carfreitag-Fall"[859] war es der zwischen K und V geschlossene Kaufvertrag über das Auto.

Die Pflichtverletzung i.S.v. § 241 II BGB muss objektiv dargelegt werden.[360] Indem der Gläubiger mit einem Verursachungsbeitrag dazu beiträgt, den Anspruch des Schuldners auf die Gegenleistung gem. § 326 I BGB zum Untergang zu bringen, missachtet er die Vermögensinteressen des Schuldners.[861]

BEISPIEL: Im „Carfreitag-Fall" waren es die Verstöße gegen die Straßenverkehrsordnung. Diese hatte der Angestellte A angesichts des Schuldverhältnisses zwischen K und V gegenüber letzterem zu unterlassen.

Diese Pflichtverletzung muss der Gläubiger der Leistung/Schuldner der Gegenleistung (K) zu vertreten haben.[862]

BEISPIEL: Im „Carfreitag-Fall" lag zwar kein eigenes Verschulden des K gem. § 276 BGB vor. Jedoch hatte K gem. § 278 BGB das Verschulden des A zu vertreten.

Der Schaden des Schuldners soll im Untergang des Anspruchs auf die Gegenleistung bestehen.[863]

---

857   *MünchKomm-Ernst, BGB, § 326 Rn 82*
858   *Palandt-Grüneberg, BGB, § 326 Rn 15*
859   *Siehe Randnummer 308*
860   *Siehe Randnummer 345*
861   *Medicus/Lorenz, Schuldrecht I, Rn 449*
862   *Siehe Randnummer 352*
863   *Meier, JURA 2002, 118, 128; Schulze/Ebers, JuS 2004, 366, 368*

BEISPIEL: Im „Carfreitag-Fall" entfiel ein Kaufpreiszahlungsanspruch in Höhe von 70.000 €. Nach dieser Lösung wäre dem V ein gem. § 249 BGB ersatzfähiger Schaden in Höhe von 70.000 € entstanden. Diese Vermögenseinbuße beruhte auch kausal auf der Pflichtverletzung.

Der Schadensersatzersatzanspruch aus §§ 280 I, 241 II BGB muss noch um den Anteil des Mitverschuldens des Schuldners der Leistung/Gläubiger der Gegenleistung (V) gem. § 254 I BGB gekürzt werden.

Kürzung

BEISPIEL: Im „Carfreitag-Fall" stellte der Gutachter hälftiges Mitverschulden des V fest. Also hätte V nach dieser Lösung einen Schadensersatzanspruch aus §§ 280 I, 241 II, 254 I BGB gegen K auf Zahlung von 35.000 €.

bb) Der Anspruch des Gläubigers

Konsequent muss wegen des Untergangs des Gegenleistungsanspruchs der Schadensersatzanspruch aus §§ 280 I, III, 283 BGB nach der Differenzmethode berechnet werden.[864]

BEISPIEL: Im „Carfreitag-Fall" hätte K einen PKW im Wert von 50.000 € erworben. Er hätte aber 70.000 € bezahlen müssen. Folglich hat er keine Vermögenseinbuße infolge der Unmöglichkeit der Leistungspflicht des V erlitten. Sein Schaden beträgt 0,- €.

Danach muss der Schadensersatzanspruch um den Anteil des Mitverschuldens des Gläubigers der Leistung gem. § 254 I BGB gekürzt werden.

BEISPIEL: Im „Carfreitag-Fall" ist dies unnötig, weil K keinen Schaden erlitten hat. K hat keinen Anspruch auf Schadensersatz gegen V aus §§ 280 I, III, 283 BGB.

cc) Verrechnung

Teilweise wird vertreten, dass die Ansprüche zu saldieren seien.[865]

BEISPIEL: Im „Carfreitag-Fall" müsste man 35.000,- abzüglich 0,- € rechnen. Dadurch hätte V einen Anspruch gegen K auf Zahlung von 35.000 €.

Wenn der Käufer keinen Schadensersatzanspruch hat, wird er in der Lösung nicht berücksichtigt. Dem Verkäufer steht dann ein Schadensersatzanspruch in Höhe des Kaufpreisanspruchs zu, der um sein Mitverschulden zu kürzen ist. Anders als beim zufälligen Untergang der Kaufsache vor Übergabe trägt der Verkäufer das Risiko des Untergangs hier nicht allein. Wegen des Mitverschuldens des Gläubigers der Leistung, des Käufers, kann man nicht von einem zufälligen Untergang sprechen.

In der Variante des Carfreitag-Falles wird aufgezeigt, wie die Interessen des Käufers berücksichtigt werden, wenn ihm ein günstiges Geschäft entgangen ist. Dort beträgt der Kaufpreis 50.000 €, der Wert des PKW 70.000 €.

---

864   Siehe Randnummer 291
865   Medicus/Lorenz, Schuldrecht I, Rn 449; Schulze/Ebers, JuS 2004, 366, 368

V verliert den Kaufpreisanspruch in Höhe von 50.000 €, erhält aber gem. §§ 280 I, 241 II, 254 I BGB wegen des hälftigen Mitverschuldens einen Schadensersatzanspruch in Höhe von 25.000 €.

K hätte gem. §§ 280 I, III, 283 BGB einen Anspruch auf Schadensersatz, der nach der Differenzmethode berechnet, eine Höhe von zunächst 20.000 € hätte. Nach Anrechnung des hälftigen Mitverschuldens gem. § 254 I BGB bliebe ihm ein Anspruch in Höhe von 10.000 €.

Verrechnet man die Ansprüche, bliebe V ein Anspruch aus §§ 280 I, 241 II BGB auf Schadensersatz in Höhe von 15.000 € übrig.

Der Schuldner verliert sein Eigentum, wird aber zumindest teilweise entschädigt. Hat er einen zu niedrigen Kaufpreis angesetzt, verringert er die Schadenshöhe beim Anspruch aus §§ 280 I, 241 II BGB. Ferner belastet ihn der entgangene Gewinn des Käufers zusätzlich.

BEISPIEL: In der Variante trägt er mehr als drei Viertel des durch den Untergang herbeigeführten Schadens letztlich selbst.

Würde man die Verrechnung nicht automatisch eintreten lassen, müsste eine der Parteien gem. § 388 BGB aufrechnen. Dies wird vereinzelt gefordert.[866]

dd) Kritik an der Lösung

Wertungswider-
spruch

Der Lösung begegnen Bedenken wegen eines unauflösbaren Wertungswiderspruches. Sie geht davon aus, dass im Wegfall des Gegenleistungsanspruchs der Schaden liegt. Sie muss deshalb in Umständen, die die Rechtsfolge des § 326 I BGB auslösen, eine Pflichtverletzung gegenüber dem Verkäufer sehen. Dabei wird verkannt, dass im Falle der von beiden Seiten herbeigeführten Unmöglichkeit eine legale Möglichkeit existiert, den Gegenleistungsanspruch zu vernichten. Der Käufer darf im Falle der Unmöglichkeit vom Kaufvertrag gem. §§ 326 V, 323, 349 BGB zurücktreten. Dies hat zur Folge, dass der Gegenleistungsanspruch aus § 346 I BGB untergeht. Wurde die Gegenleistung schon erbracht, darf sie aus § 346 I BGB zurückgefordert werden. Das Rücktrittsrecht ist gem. § 323 VI BGB erst ausgeschlossen, wenn der Gläubiger weit überwiegend zu vertreten hat. Wenn es im Falle der von ihm selbst mit zu vertretenden Unmöglichkeit dem Gläubiger erlaubt ist, den Gegenleistungsanspruch über § 326 V BGB untergehen zu lassen, dann kann es keine Pflichtverletzung i.S.v. § 241 II BGB darstellen, wenn dieselbe Rechtsfolge ohne Rücktritt gem. § 326 I BGB eintritt.[867]

Bloße Obliegen-
heitsverletzung

Der Kern dieses Problems liegt darin, dass eine unterlassene Mitwirkung des Gläubigers keine einen Schadensersatz nach § 280 I BGB auslösende Pflichtverletzung ist. Es handelt sich vielmehr um eine bloße Obliegenheitsverletzung[868] des Gläubigers, die für eine Haftung aus § 280 I BGB nicht ausreicht.[869]

Im Übrigen weist die Schadensersatzlösung noch einen weiteren Wertungswiderspruch auf. Lässt man den Gegenleistungsanspruch zwingend gem. § 326 I BGB entfallen, und berechnet man den Schadensersatzanspruch des Gläubigers gem. § 280 I, III, 283 BGB nach der Differenzmethode, ist nicht einzusehen, warum der

---

866　*Bamberger-Roth/Schmidt, BGB, § 326 Rn 28*
867　*Gruber, JuS 2002, 1066, 1070*
868　*Siehe Randnummer 305*
869　*Erman-Westermann, BGB, § 326 Rn 12, § 280 Rn 5; MünchKomm-Ernst, § 326 Rn 82*

Schadensersatzanspruch des Schuldners aus §§ 280 I, 241 II BGB den vollen Gegenleistungsanspruch als Schaden ausweist, wie es der unten dargestellten Surrogationsmethode entspräche.[870] Bei dieser werden Leistungen tatsächlich ausgetauscht.
Konsequent müsste der Schadensersatzanspruch des Gläubigers dann auch nach
der Surrogationsmethode berechnet werden. Konsequent dürfte der Anspruch des
Schuldners aus §§ 280 I, 241 II BGB dann aber nicht gem. § 254 I BGB zu kürzen sein.

BEISPIEL: Im „Carfreitag-Fall" würde der Schadensersatzanspruch des K sich dann nach
dem Wert der Sache richten. Er hätte dann einen Anspruch aus §§ 280 I, III, 283, 254 I
BGB in Höhe von 25.000 €. Verrechnet mit dem Anspruch aus §§ 280 I, 241 II BGB in
Höhe von 70.000 € würde er 45.000 € erhalten.

Allerdings gibt es für die Nichtanwendung des § 254 I BGB auf einen Schadensersatzanspruch gar keinen Grund.
Würde man § 254 I BGB anwenden, wäre das Ergebnis wiederum wirtschaftlich nicht
nachvollziehbar.

BEISPIEL: Wie gerade dargelegt, betrüge im „Carfreitag-Fall" der Schadensersatzanspruch
des K nach der Surrogationsmethode 25.000 €. V hätte gem. §§ 280 I, 241 II, 254 I BGB
einen Schadensersatzanspruch in Höhe von 35.000 €. Verrechnet verbleiben V trotz nur
hälftigem Vertretenmüssen 10.000 €.

Der Schadensersatzlösung kann wegen ihrer inneren Widersprüche daher nicht
gefolgt werden.

KLAUSURHINWEIS
In der Klausur wirft die Schadensersatzlösung ein Darstellungsproblem auf.
Sie setzt voraus, dass man den Primäranspruch geprüft, aber gem. § 326 I
BGB abgelehnt hat. Folgt man ihr, muss man sie als Schadensersatzanspruch
anschließend prüfen. Wie im „Carfreitag-Fall" deutlich wird, muss sie als disku-
tabler Lösungsansatz aber innerhalb des § 326 I BGB angesprochen werden.
Diese Inzidentprüfung ist unschön, aber nicht zu vermeiden. Selbst wenn
man § 326 I BGB annehmen würde, weil man keine Analogie bilden möchte,
darf man diese Lösung dann nicht einfach unkommentiert anschließen. Dies
würde den Vorwurf erzeugen, sich mit den gegen sie vorgebrachten Argumenten des Wertungswiderspruches nicht auseinandergesetzt zu haben.

c) Bestimmung des Gläubigers analog § 254 BGB
Nach der überwiegenden Rechtsprechung zur alten Rechtslage sollte in dem Fall, in   **311**
dem keine Partei den Untergang der Sache allein zu vertreten hatte ein Interessen-
sausgleich analog § 254 I BGB gesucht werden. Nach § 254 I analog sollte bestimmt
werden, welche Partei überwiegend zu vertreten hatte. Hatte der Schuldner/Ver-
käufer überwiegend zu vertreten, sollte der Gläubiger/Käufer ein Anspruch auf
Schadensersatz erhalten, damals aus § 325 BGB a.F., der beim gegenseitigen Vertrag
weitgehend dem §§ 280 I, III, 283 BGB entsprochen hat. Hatte der Gläubiger/Käufer
überwiegend zu vertreten, sollte dem Schuldner/Verkäufer grundsätzlich der

---

870   *Siehe Randnummer 312*

Gegenleistungsanspruch erhalten bleiben.[871] Die ausgleichsberechtigte Partei sollte danach eine Anspruchskürzung nach § 254 I BGB direkt oder analog in Höhe des Mitverschuldens hinzunehmen haben.[872]

Hatten beide Parteien hälftig zu vertreten, sollte § 323 I a.F. BGB, dem § 326 I BGB heute allerdings nur noch teilweise entspricht, zur Anwendung kommen und der Verkäufer sollte ersatzlos seinen Anspruch auf Gegenleistung verlieren.[873] Zum Verständnis dieser Reichsgerichtsentscheidung muss man wissen, dass im Unterschied zum heutigen § 326 I BGB der § 323 I BGB a.F. forderte, dass weder der Schuldner, noch der Gläubiger die Unmöglichkeit zu vertreten haben durfte. Das Reichsgericht setzte in dieser Entscheidung den Fall, in dem keiner zu vertreten hat, wertungsmäßig dem Fall gleich, in welchem beide hälftig zu vertreten haben. Ähnlich argumentiert Gruber in der oben dargestellten Lösung.[874]

Für den vorliegenden Fall entspräche dies der oben dargestellten Lösung, die einen ersatzlosen Untergang des Anspruchs der Gegenleistung propagiert.[875] Sie ist aus den dargelegten Gründen zu verwerfen.

d) Lösung unter Anwendung der Surrogationsmethode

312   Ein Teil des Schrifttums wendet die schon vor dem SMG vom OLG Frankfurt am Main[876] und Teubner[877] vertretene Methode an, bei der zur Berechnung des Schadensersatzanspruchs des Gläubigers die Surrogationsmethode benutzt wird.[878]

Theorie der ungeminderten Gegenleistungspflicht

KLAUSURHINWEIS

Diese Konfliktlösungsidee wird auch **„Theorie der ungeminderten Gegenleistungspflicht"** genannt.[879]

Dabei darf der Primäranspruch des Schuldners auf die Gegenleistung nicht gem. § 326 I 1 BGB untergehen, vielmehr soll dieser analog § 326 II BGB bestehen bleiben und verrechnet werden mit dem nach der Surrogationsmethode errechneten Schadensersatzanspruch aus §§ 280 I, III, 283 BGB.[880]

aa) Der Anspruch des Schuldners auf die Gegenleistung

Der Anspruch des Schuldners auf die Gegenleistung wird ungekürzt in Ansatz gebracht, weil bei der Surrogationsmethode keine Verrechnung der Leistungen nach Posten stattfindet, sondern Leistungen real ausgetauscht werden.[881]

BEISPIEL: Im „Carfreitag-Fall"[882] beträgt der Anspruch aus § 433 II BGB 70.000 €.

---

871   Gruber, JuS 2002, 1066, 1067
872   BGH, BeckRS 1980, 30381677; RGZ 94, 140, 141, 142; OLG Oldenburg, NJW 1975, 1788, 1789
873   RG, JW 1910, 936, 936
874   Siehe Randnummer 309
875   Siehe Randnummer 309
876   OLG Frankfurt, NJW-RR 1995, 435, 437
877   Teubner, NJW 1975, 2295, 2295
878   Siehe Randnummer 292
879   MünchKomm-Ernst, BGB, § 326 Rn 82
880   Lorenz/Riehm, Rn. 351 f.
881   Siehe Randnummer 292
882   Siehe Randnummer 308

bb) Der Anspruch des Gläubigers auf Schadensersatz

Wird der Anspruch des Gläubigers auf Schadensersatz gem. §§ 280 I, III, 283 BGB nach der Surrogationsmethode berechnet, richtet sich die Schadenshöhe nach dem Wert der Leistung.[883]

BEISPIEL: Im „Carfreitag-Fall" wären dies 50.000 €.

Das Mitverschulden wäre gem. § 254 I BGB abzuziehen.

BEISPIEL: Im „Carfreitag-Fall" bliebe somit ein Schadensersatzanspruch aus §§ 280 I, III, 283, 254 I BGB in Höhe von 25.000 € übrig.

cc) Verrechnung

Beide Ansprüche werden automatisch verrechnet.

BEISPIEL: Im „Carfreitag-Fall" erhielte V von K noch 45.000 € aus § 433 II BGB.

Es wird deutlich, dass die Anwendung der Surrogationsmethode den Verkäufer bei einem für ihn günstigen Geschäft doppelt begünstigt. Zum einen hat er durch gutes Verhandeln einen hohen Kaufpreis erzielt. Zum anderen wird das schlechte Geschäft des Käufers bei ihm schadensersatzmindernd berücksichtigt. Dies ist bei Anwendung der Differenzmethode nicht möglich. Ein Schaden kann nach der Differenzmethode allenfalls 0,- € betragen. Deshalb weichen die Berechnungsmethoden voneinander ab, wenn der Anspruch auf die Gegenleistung den Wert der Leistung übersteigt.
Übersteigt der Wert der Leistung hingegen den Wert der Gegenleistung, ergeben sich keine Unterschiede in den Berechnungsmethoden.

BEISPIEL: In der Variante des „Carfreitag-Falles"[884] erhält V aus § 433 II BGB nur 15.000 €, weil vom Kaufpreiszahlungsanspruch in Höhe von 50.000 € der hälftige Schadensersatzanspruch aus §§ 280 I, III, 283, 254 I BGB in Höhe von 35.000 € (Wert der Sache = 70.000) subtrahiert wird.

dd) Kritik an der Lösung

Die entscheidende Begründungsschwäche dieser Lösung besteht in der Fragwürdigkeit der analogen Anwendung des § 326 II 1 BGB. Ausgerechnet dort wird das Vertretenmüssen des Gläubigers ja berücksichtigt, allerdings erst bei einem weit überwiegenden Anteil. Wenn der Gesetzgeber die Wörter „weit überwiegend" vor das Vertretenmüssen gesetzt hat, lässt sich die Planwidrigkeit einer Regelungslücke nicht aus § 326 II 1 BGB entnehmen.

e) Analoge Anwendung des § 254 I BGB auf § 326 I 1 BGB

Eine weitere Lösung will den Gegenleistungsanspruch nicht vollständig gem. § 326 I **313** BGB erlöschen lassen. Ferner will sie die Belange des Gläubigers schadensersatzrechtlich mitberücksichtigen. Sie wendet § 254 I BGB analog auf § 326 I 1 BGB an

---

883   Siehe Randnummer 292
884   Siehe Randnummer 309

und verrechnet den Anspruch mit einem nach der Differenzmethode ermittelten Schadensersatzanspruch gem. §§ 280 I, III, 283, 254 I BGB.[885]

> **KLAUSURHINWEIS**
>
> Sie wird auch „Theorie der gekürzten Gegenleistung" genannt.[886]

Theorie der
gekürzten
Gegenleistung

aa) Der Anspruch des Schuldners auf die Gegenleistung

Zur Berechnung soll erstens der Grundsatz des Mitverschuldens in § 254 I BGB analog auf die Einwendung des § 326 I 1 BGB angewendet werden. Danach soll der Anspruch des Schuldners auf die Gegenleistung nur in Höhe seines Mitverschuldens erlöschen.[887]

BEISPIEL: Dies hieße im „Carfreitag-Fall"[888], dass V aus § 433 II BGB noch 35.000 € zustünden.

bb) Der Anspruch des Gläubigers auf Schadensersatz

Dem Gläubiger wird ein nach der Differenzmethode berechneter und gem. § 254 I BGB gekürzter Anspruch aus §§ 280 I, III, 283 BGB zugestanden.

BEISPIEL: Im „Carfreitag-Fall" hat K keinen Schaden erlitten, weshalb ihm auch kein Anspruch zusteht.

cc) Verrechnung

Die Ansprüche werden saldiert.

BEISPIEL: Dies hieße im „Carfreitag-Fall", dass V aus § 433 II BGB noch 35.000 € zustünden, weil es nichts zu saldieren gibt. In der Variante des Falles erhält V aus § 433 II BGB nur noch 15.000 €.

Es ist kein Zufall, dass nach dieser Lösung wirtschaftlich das gleiche Ergebnis wie bei der Schadensersatzlösung erzielt wird. Der Anspruch aus §§ 280 I, III, 283 BGB wird wie dort nach der Differenzmethode berechnet. Wirtschaftlich erhält der Schuldner den Wert der Gegenleistung in Geld, abzüglich des Anteils, der auf sein Mitverschulden entfällt - hier in Form des primären Gegenleistungsanspruchs, bei der Schadensersatzlösung in Form des Schadensersatzanspruchs.

dd) Stellungnahme

314 Es fällt auf, dass auch nach der Schuldrechtsreform kein Lösungsweg auf allgemeine Zustimmung gestoßen ist. Zwei der hier dargestellten Lösungswege, die Surrogationslösung und die analoge Anwendung des § 254 I BGB auf § 326 I BGB, beruhen auf der Idee, dass der Reformgesetzgeber eine Regelungslücke zur Fortführung der bisherigen rechtsdogmatischen Lösungswege gelassen hat. Deshalb sehen sie Raum für ihre jeweilige Analogiebildung. Die Vertreter der beiden anderen Lösungswege, nämlich „Schadensersatzlösung" und „ersatzloser Untergang des Primäranspruchs",

---

885   Siehe Randnummer 291
886   MüchKomm-Ernst, BGB, § 326 Rn 82
887   Brox/Walker, SchR-AT, § 22, Rn 41
888   Siehe Randnummer 308

stützen ihre Auffassungen hingegen primär auf das Fehlen einer solchen Regelungslücke und reklamieren für sich eine Befolgung des reformierten Gesetzeswortlauts. Ein Blick in die Gesetzesmaterialien wird leider nicht mit einem eindeutigen Ergebnis belohnt. In der Gesetzesbegründung schweigt der Gesetzgeber zur von beiden Seiten zu vertretenden Unmöglichkeit.

KLAUSURHINWEIS

Wer die auf Analogiebildung basierenden Auffassungen vertritt, muss die Analogievoraussetzungen prüfen und landet bei der Darlegung der planwidrigen Regelungslücke schnell bei der bloßen und schwer zu beweisenden Behauptung, der Gesetzgeber wollte die Lösung bewusst der Rechtsfortbildung durch Gerichte und Lehre überlassen.

Gegen die Auffassung, der Gegenleistungsanspruch müsse ersatzlos untergehen, wurde schon vor der Reform scharfe Kritik erhoben, nämlich die Ungerechtigkeit des „Alles-oder-Nichts-Prinzips". Diese Schlechterbehandlung des Schuldners wird aktuell damit begründet, dass der Schuldner sich ja dadurch schützen könne, indem er die Sache ausreichend versichere; ohnehin trüge er die Gefahr des zufälligen Untergangs.[889] Unbedingt zustimmen muss man zwar dem Gedanken, dass § 326 BGB Regelungen über die Gefahrtragung des zufälligen Untergangs der Leistung enthält, nämlich, dass § 326 I BGB voraussetzt, die Gefahr des zufälligen Untergangs sei noch nicht gem. §§ 446, 447 BGB oder § 326 II 2. Fall BGB auf den Sachgläubiger/Käufer übergegangen. Als Argument für einen ersatzlosen Untergang taugt dieser Gedanke für den Fall der von beiden Seiten zu vertretenden Unmöglichkeit jedoch nicht, weil es sich hierbei gerade nicht um einen zufälligen Untergang der Sache handelt. Unter Zufall ist ein Ereignis zu verstehen, dass die Vertragsparteien nicht beeinflussen können. Dies findet seine Stütze in dem Umstand, dass § 326 II 1 BGB in seinen beiden Alternativen sehr wohl zwischen dem Vertretenmüssen des Gläubigers einerseits und dem Annahmeverzug des Gläubigers, bei dem es auf sein Vertretenmüssen gerade nicht ankommt, unterscheidet.

KLAUSURHINWEIS

Bei aller Kritik: In Prüfungsarbeiten lässt sich vor allen dargestellten Wegen die Schadensersatzlösung am einfachsten begründen. Es genügt ein bloßer Hinweis auf den Wortlaut des § 326 I BGB und den neu gefassten § 280 I BGB.

Die Surrogationslösung setzt zwingend die Aufrechterhaltung des primären Anspruchs auf die Gegenleistung voraus, was sich nur durch eine analoge Anwendung des § 326 II BGB erreichen lässt. Dies ist, wie oben dargelegt wurde, kaum zu begründen.[890]
Besser lässt sich argumentieren, dass § 326 I BGB nicht abschließend ist, sondern offen für Einschränkungen durch analoge Anwendungen. Der Gesetzgeber hatte ursprünglich geplant, Regelungen über die von beiden Seiten zu vertretenden Unmöglichkeit ins Gesetz aufzunehmen – gem. § 323 III Nr. 3 KE und § 323 III Nr. 3 DiskE sollte das Rücktrittsrecht des Gläubigers schon entfallen, wenn er für die

---

889   *Gruber, JuS 2002, 1066, 1071*

890   *Siehe Randnummer 313*

Pflichtverletzung „überwiegend verantwortlich" war.[891] Aus dem Umstand, dass die letztendlich normierten § 323 VI BGB und § 326 II BGB nur noch den Fall regeln, dass der Gläubiger „weit" überwiegend verantwortlich ist, lassen sich zwei Schlüsse ziehen: Zum einen, dass § 326 I BGB alle anderen Fälle des Vertretenmüssens des Gläubigers regelt, mit dem Ergebnis, dass der Anspruch auf die Primärleistung erlischt[892], oder zum anderen, dass die nicht normierten Fälle der Rechtsfortbildung durch Anwendung der alten Lehrmeinungen offen stehen.[893]

315 Gegen den ersten Schluss sprechen die zahlreichen über das gesamte Schuldrecht verteilten Ausnahmen zu § 326 I 1 BGB. Schon in § 326 II und III BGB befinden sich drei, wobei das Schicksal der Gegenleistung in § 326 III BGB sogar davon abhängen soll, welches Recht der Gläubiger wählt, ferner regeln §§ 446, 447 BGB den Gefahrübergang. Es fällt folglich schwer, in § 326 I BG die allumfassende Regelung für das Schicksal der Gegenleistung zu sehen.

Deshalb soll hier der Auffassung gefolgt werden, nach der § 254 I BGB analog auf § 326 I BGB angewendet wird.

MERKSATZ

Wird bei einem gegenseitigen Vertrag die dem Schuldner obliegende Leistung infolge eines Umstandes unmöglich, den sowohl der Schuldner als auch der Gläubiger zu vertreten hat, ohne dass den Gläubiger ein weit überwiegender Mitverschuldensvorwurf trifft, wird auf § 326 I BGB der § 254 I BGB analog angewendet. Der Gegenleistungsanspruch geht nur in Höhe des Mitverschuldens des Schuldners unter. Dieser Anspruch wird verrechnet mit dem dem Gläubiger gem. § 280 I, III, 283, 254 I BGB zustehenden, nach der Differenzmethode berechneten, Schadensersatzanspruch.

---

891   Gruber, JuS 2002, 1066, 1068
892   Gruber, JuS 2002, 1066, 1071
893   Canaris, JZ 2001, 499, 511; Teichmann, BB 2001, 1488; Mattheus, JuS 2002, 209, 212; Lorenz/Riehm Rn 351

DIE SCHLECHTLEISTUNG

I. EINLEITUNG

Erbringt der Schuldner die Leistung nicht wie geschuldet, verletzt er seine Leistungspflicht. Diese Art der Pflichtverletzung, die Schlechtleistung, regelt das BGB in einigen Vertragstypen speziell.

316 Begriff der Schlechtleistung

BEISPIEL: Für den Kaufvertrag gelten im Falle der mangelhaften Leistung die §§ 434 ff. BGB, diese finden gem. §§ 480, 651 BGB auch für den Tausch- und den Werklieferungsvertrag Anwendung. Ferner regeln die §§ 633 ff. BGB die mangelhaft erbrachte Werkleistung. Außerdem enthält das Mietrecht in den §§ 536 ff. BGB und das Reisevertragsrecht in den § 651a ff. BGB Sonderregelungen. Für die Schlechtleistung des Arbeitnehmers gilt § 619a BGB. Für den Zahlungsdiensterahmenvertrag gelten die §§ 675c ff BGB, insbesondere die §§ 675 u – z BGB.

Wegen der ausführlichen und speziellen Regelungen dieser Vertragstypen wird die mangelhafte Erbringung dieser Leistungspflichten nicht dem allgemeinen Schuldrecht zugerechnet. Zwar verweisen Kauf- und Werkvertragsrecht aus §§ 437, 634 BGB auf das allgemeine Leistungsstörungsrecht zurück, jedoch enthalten die genannten speziellen Regelungen eigene Bestimmungen über die Art der Pflichtverletzung, eigene Einreden und eigene Verjährungsvorschriften.

Vorrang des Gewährleistungsrechts

BEISPIEL: Die §§ 434 f., 633, 536, 651a BGB definieren die jeweilige Pflichtverletzung. §§ 438 und 634a BGB regeln die Verjährung.

In diesem Kapitel sollen die Fallkonstellationen behandelt werden, für die das BGB keine eigenen speziellen Regelungen enthält und in denen deshalb im Falle der Schlechtleistung das allgemeine Schuldrecht zur Anwendung kommt.
Die nicht wie geschuldet erbrachte Leistung ist die Verletzung einer Leistungspflicht. Leistungspflichten können als Haupt- oder als Nebenleistungspflicht bestehen.[894]
Die Regeln des allgemeinen Schuldrechts greifen im Fall der Schlechterfüllung einer Hauptleistungspflicht dann, wenn keine der genannten Spezialregelungen greift. Deshalb kommen nur Hauptleistungspflichten aus Verträgen in Betracht, für die es keine speziellen Regelungen gibt.

Schlechtleistung nach Regeln des allgemeinen Schuldrechts

Schlechterfüllung der Hauptleistungspflicht

BEISPIEL: Dienstverträge, Verwahrungsverträge oder Maklerverträge.

Wenn eine Nebenleistungspflicht irgendeines Vertrages schlecht erfüllt wird, kommt das allgemeine Schuldrecht immer zur Anwendung.[895]
Klärungsbedürftig ist, welche Anspruchsnorm im Falle der Schlechterfüllung einer Hauptleistungspflicht greift, für die es keine spezielle Regelung gibt.

Schlechterfüllung der Nebenleistungspflicht

---

894   Siehe Randnummer 5
895   Siehe Randnummer 326

II. SYSTEMATIK UND VERTIEFUNG

1. Schadensersatzanspruch gem. §§ 280 I, III, 281 I 1 2. Fall BGB

317 Der Anspruch auf Schadensersatz statt der Leistung wegen nicht wie geschuldet erbrachter Leistung kommt in vier gesetzlich geregelten Fällen in Betracht. § 437 Nr. 3 BGB, der bei mangelhafter Erfüllung der Hauptleistungspflichten im Falle des Kaufs (§ 433 BGB), des Tauschs (§ 480 BGB) und des Werklieferungsvertrages (§ 651 BGB) anwendbar ist, verweist auf § 281 I 1 Fall 2 BGB. Gleiches geschieht in § 634 Nr. 4 BGB für den Fall der mangelhaft erbrachten Werkleistung.

> **BEISPIEL:** V verkauft K einen neuen Fernseher. Als Zahlungsziel werden 60 Tage vereinbart. Der Fernseher weist nach der Übergabe Mängel auf. K verlangt Nachlieferung gem. §§ 437 Nr. 1, 439 I BGB und setzt V eine Frist von 30 Tagen. Nachdem diese ergebnislos verstrichen ist, muss K feststellen, dass die Preise gestiegen sind und ein Fernseher gleicher Marke und gleichen Typs nun 100,- € mehr kosten. K kann zu Recht Schadensersatz statt der Leistung gem. §§ 437 Nr.3, 280 I, III, 281 I 1 2. Fall BGB von V verlangen.

Anwendbarkeit des §§ 280 I, III, 281 I 1 2. Fall BGB

Es stellt sich zwingend die Frage, ob §§ 280 I, III, 281 I 1 2. Fall BGB auch angewendet werden kann, wenn eine Hauptleistungspflicht mangelhaft erbracht wird, für die es keine spezielle Regelung gibt, etwa bei mangelhafter Erfüllung eines selbständigen Dienst- oder eines Auftrags- oder eines Geschäftsbesorgungsvertrages. Ferner stellt sich diese Frage, wenn eine leistungsbezogene Nebenleistungspflicht schlecht erfüllt wird. Alternativ wäre im Falle dieser Art der Pflichtverletzung an den einfacheren Schadensersatzanspruch aus § 280 I BGB zu denken. Die Schadensersatzansprüche unterscheiden sich dadurch, dass § 281 I 1 2. Fall BGB dem Gläubiger auferlegt, dem Schuldner eine Frist zur Nacherfüllung zu gewähren, bevor der Schadensersatz gefordert werden darf, hingegen bei § 280 I BGB dem Gläubiger dies nicht obliegt.

> **BEISPIEL** (Warzenfall): Privatier P leidet unter einer eiternden Warze. Er begibt sich zum Hautarzt A und schließt mit diesem einen ärztlichen Heilbehandlungsvertrag gem. §§ 630a, 630b, 611 BGB. A operiert ihn und stellt ihm eine Rechnung nach der Gebührenordnung der Ärzte aus, die P auch bezahlt. Wegen eines dem A nachweislich grob fahrlässig unterlaufenen groben Behandlungsfehlers misslingt die Behandlung schließlich.

Vorrang der Nacherfüllung

Wenn in einem solchen Fall § 280 I BGB zur Anwendung käme, dürfte P zu einem anderen Arzt gehen, mit diesem einen Vertrag über die Heilbehandlung schließen und diese Kosten als Schaden bei A geltend machen. Wäre hingegen §§ 280 I, III, 281 I 1 2. Fall BGB die richtige Anspruchsgrundlage, müsste P grundsätzlich dem A die Gelegenheit der Nacherfüllung gewähren. Letzteres wäre der Fall, wenn es einen grundsätzlichen Vorrang der Nacherfüllung auch in vertraglichen Schuldverhältnissen gäbe, die nicht ausdrücklich einen Anspruch auf Nacherfüllung gewähren.

> **KLAUSURHINWEIS**
> Verneint man die Anwendung des §§ 280 I, III, 281 I 1 2. Fall BGB, wird die Schlechtleistung in diesen Fällen über den einfachen Schadensersatzanspruch gem. § 280 I BGB sanktioniert.

Für eine Anwendung der §§ 280 I, III, 281 I 1 2. Fall BGB auch auf andere Leistungspflichten, z.B. auf § 611 BGB oder auch auf Nebenleistungspflichten, spricht, dass der Gesetzgeber die Rechtsfolge Schadensersatz statt der Leistung wegen „nicht wie geschuldet erbrachter Leistung" im allgemeinen Leistungsstörungsrecht geregelt hat. Hingegen wurde sie nicht dort verortet, wo das Gesetz den Vorrang der Nacherfüllung ausdrücklich anordnet, nämlich im Kauf- und Werkvertragsrecht. In den dortigen §§ 437, 634 BGB ist der Anspruch auf Nacherfüllung ausdrücklich normiert. Einen Anspruch auf Schadensersatz statt der Leistung erhält der Gläubiger durch einen Verweis aus den §§ 437 Nr. 3, 634 Nr. 4 BGB in die §§ 281, 282, 283 BGB des allgemeinen Schuldrechts. Diese gesetzgeberische Entscheidung könnte daher auch auf andere Leistungspflichten ausstrahlen.[896]

318 Argument für allgemeine Anwendbarkeit

In zwei höchstrichterlichen Entscheidungen zum Dienstvertrag zwischen Arzt und Patient wurde bisher trotz eines Behandlungsfehlers ein Vorrang der Nacherfüllung angenommen.[897] Im einen Fall wurde dem Patienten verwehrt, das geleistete Zahnarzthonorar nach §§ 280 I, III, 281 I 1 2. Fall BGB zurückzufordern, weil dem behandelnden Arzt keine Frist zur Nacherfüllung gesetzt wurde. Zur Begründung verwies das Gericht auf den angeblich grundsätzlichen Charakter des Vorrangs der Nacherfüllung in § 281 I 1 2. Fall BGB und die Möglichkeit hin, gem. § 281 II 2. Fall BGB auf eine Fristsetzung wegen ihrer Entbehrlichkeit zu verzichten.[898] Im anderen Fall verzichtete das Gericht in seinem obiter dictum auf jede Begründung.[899]

M.M.: Anwendbarkeit auf selbständige Dienstverträge

In der Literatur wird teilweise, jedoch ohne Begründung, § 281 I 1 BGB generell und damit auch für seinen 2. Fall, auf den selbständigen Dienstvertrag gem. § 611 BGB für anwendbar gehalten.[900] Als Beispiel dient jeweils ein Dienstverpflichteter, der trotz Fristsetzung keine vertragsgemäße Leistung erbringt, weswegen schließlich der Dienstberechtigte ein Mehrentgelt an einen anderen Dienstverpflichteten zahlen muss.

Das Beispiel überzeugt nicht. Erstens kann sich der Dienstberechtigte beim selbständigen Dienstvertrag gem. §§ 621, 626, 627 BGB durch Kündigung vom Vertrag lösen. Ein Bedarf zur Nachfristsetzung besteht somit nicht. Zweitens existieren für die Schadensersatzverpflichtung bei Leistungsstörungen des selbständigen Dienstvertrages überzeugende Lösungen in der Praxis, die im klaren Widerspruch zum vorgeschlagenen Lösungsweg stehen. Des Weiteren begegnen der Annahme eines allgemeinen Vorrangs der Nacherfüllung im Falle der Schlechtleistung insbesondere beim Arztvertrag schwere Bedenken.

Für die Schlechtleistung bei selbständigen Dienstverträgen bietet es sich an, dort, wo die einzelne Leistung einen werkvertraglichen Charakter hat, im Einzelfall die Regeln des Werkvertrages gem. §§ 633 ff. BGB analog anzuwenden. Dann kann über § 634 Nr. 4 BGB analog der Anspruch aus §§ 280 I, III, 281 I 1 2.Fall BGB zur Anwendung kommen.

Analoge Anwendung des Werkvertragsrechts oder Anwendung des § 280 I BGB

---

896   Schwab/Witt, S. 185, 186
897   OLG Frankfurt, BeckRS 2010, 21935; OLG Koblenz, BeckRS 2009, 23854
898   OLG Frankfurt, BeckRS 2010, 21935 Rn 3.2
899   OLG Koblenz, BeckRS 2009, 23854
900   Palandt-Grüneberg, BGB, § 281 Rn 44; Bamberger/Roth-Unberath, BGB, § 281 Rn 64

BEISPIEL: Der Steuerberatungsvertrag zwischen Steuerberater und Mandant ist grundsätzlich ein Geschäftsbesorgungsvertrag gem. § 675 BGB mit dienstvertraglichem Charakter.[901] Dort, wo der Steuerberater eine konkrete Einzelleistung mit werkvertraglichen Zügen erbringt, gilt Werkvertragsrecht. Hat der Steuerberater beim Jahresabschluss einen Fehler gemacht, darf er zumindest analog § 633, 634 Nr. 1, 635 I BGB den Mangel beseitigen.[902]

Schadensersatz gem. § 280 I BGB

Hat der Mandant den Steuerberatungsvertrag bereits gem. §§ 621, 626, 627 BGB gekündigt, ist der Vertrag mit dem Mandanten beendet. Findet dann ein anderer Steuerberater einen Fehler, würde es gegen den Sinn und Zweck der Kündigungsregeln verstoßen, dem alten Steuerberater eine Chance zur Mängelbeseitigung durch eine Frist zur Nacherfüllung zu gewähren.[903] Wenn dies für die Anwendung der Werkvertragsregeln gilt, verbietet es sich, die Fristsetzung und damit die zweite Chance des Schuldners auf dem Wege des allgemeinen Schuldrechts durch § 281 I 1 2. Fall BGB einzuführen. Deshalb muss der erste Steuerberater gem. § 280 I BGB Schadensersatz für den Mehraufwand der Mängelbeseitigung durch den zweiten Steuerberater zahlen.

BEISPIEL: So wurde auch entschieden, als ein Rechtsanwalt dem Mandanten fahrlässig zur Klageerhebung riet, obwohl der Misserfolg bei Anwendung rechtswissenschaftlicher Methoden auf der Hand lag. Nach der Niederlage verklagte der Mandant den Anwalt wegen Schlechtleistung erfolgreich aus § 280 I BGB auf Erstattung der Prozesskosten. Mit dieser Forderung rechnete er gegenüber dem Vergütungsanspruch des Anwalts auf.[904]

Arztvertrag

Solche überzeugenden Lösungen bietet die Praxis auch beim besonders sensiblen ärztlichen Heilbehandlungsvertrag. Der Arztvertrag war früher ein selbständiger Dienstvertrag.[905]

Behandlungsvertrag gem. § 630a BGB

Am 26.02.2013 trat das Gesetz zur Verbesserung der Rechte von Patientinnen und Patienten vom 20.02.2013 in Kraft.[906] Dieses führte zur Aufnahme des Behandlungsvertrages in die §§ 630 a ff. BGB. Dort verweist § 630b BGB auf die Regelungen des Dienstvertrages, sodass abgesehen von den in den §§ 630c ff. BGB geregelten Besonderheiten auch weiterhin Dienstvertragsrecht Anwendung findet. Nur ausnahmsweise können konkrete Einzelleistungen werkvertragsrechtlicher Charakter haben.

BEISPIEL: Radiologe R fertigt für den Chirurgen C ein Röntgenbild für dessen Patienten P an. Die Auswertung des Bildes soll aber C obliegen.[907] Laborarzt L analysiert Blut des Patienten X, der vom Hausarzt A behandelt wird.[908]

---

901   Palandt-Sprau, BGB, § 611 Rn 26
902   BGH, NJW 2002, 1571, 1572
903   BGH, NJW-RR 2006, 1490
904   OLG Koblenz, NJW-RR 2006, 1358, 1360, 1361
905   Palandt-Sprau, BGB, Einf v § 631 Rn 18
906   BGBl. I, 2013 S. 277
907   OLG Düsseldorf, MDR 1985, 1028, 1028
908   LG Dortmund, NJW-RR 2007, 269, 269

In diesen Fällen kann auch hier das Werkvertragsrecht angewendet werden, sodass aus § 634 Nr. 4 BGB auf §§ 280 I, III, 281 I 1 2.Fall BGB verwiesen wird.

Verletzt der Arzt dienstvertragsrechtliche Pflichten durch Schlechterfüllung, kann der Patient den Behandlungsvertrag kündigen, einen anderen Arzt beauftragen und diese Kosten der Ersatzvornahme als Schaden gem. § 280 I BGB vom schlecht leistenden Arzt fordern. Erst dann ist nämlich ein Schaden entstanden.[909] Hat er den Vergütungsanspruch des nicht wie geschuldet leistenden Arztes noch nicht beglichen, wird einerseits vertreten, der Patient habe aus §§ 280 I, 249 I BGB einen Anspruch auf Befreiung von der Vergütungspflicht.[910] Andererseits wird vertreten, er dürfe eine Ersatzvornahme durchführen und die Kosten gegen den Vergütungsanspruch aufrechnen.[911]

Es besteht folglich keine Notwendigkeit, § 281 I 1 2. Fall BGB auf selbständige Dienstverträge anzuwenden.

319 Gegen die Ausweitung des Anspruchs aus §§ 280 I, III, 281 I 1 2. Fall BGB auf weitere Leistungspflichten sprechen prinzipielle Gründe. Historisch wollte der Gesetzgeber grundsätzlich auch die Schlechtleistung und das Mängelgewährleistungsrecht in das allgemeine Leistungsstörungsrecht einordnen. Deshalb regelte er den Anspruch auf Schadensersatz statt der Leistung im § 281 I 1 2. Fall BGB zentral für die Schlechterfüllung aller Kauf-, Tausch-, Werk- und Werklieferungsverträge.[912]

Dieser Gedanke wird durch ein systematisches Argument gestützt. Dass § 281 I 1 2. Fall BGB die Schadensersatzfolge vom Ablauf der Nacherfüllungsfrist abhängig macht, soll den Vorrang der Nacherfüllung vor dem Schadensersatz statt der Leistung gewährleisten. Andernfalls hätte der Verkäufer kein Recht zur zweiten Andienung. Der Vorrang der Nacherfüllung ergibt sich nämlich nicht aus § 437 BGB selbst. Dort werden alle Rechte (Nacherfüllung, Rücktritt, Minderung, Schadensersatz, Aufwendungsersatz) gleichrangig aufgeführt. Erst durch das Erfordernis der Fristsetzung in § 281 I 1 2.Fall BGB ist sichergestellt, dass zuerst die Nacherfüllung versucht werden muss.[913]

Auch der Wortlaut des § 281 I 1 Fall 2 BGB spricht gegen eine Ausweitung des Anwendungsbereichs der Norm über die Fälle der §§ 437, 634 BGB hinaus. Der juristische Begriff der Nacherfüllung kommt außerhalb des § 281 I 1 2.Fall BGB und des § 323 I 2. Fall BGB nur in den §§ 437, 634 BGB überhaupt vor. Nur dort wird ein Anspruch auf Nacherfüllung gewährt. Und nur dort hat die Nacherfüllung auch eine Funktion, nämlich einerseits den Erfüllungsanspruch des Gläubigers zu sichern und andererseits dem Schuldner ein Recht zur zweiten Andienung zu gewähren. Deshalb sollte die Pflicht des Gläubigers, eine Frist zur Nacherfüllung setzen zu müssen, auch auf die gesetzlich angeordneten Fälle beschränkt bleiben.[914]

Schließlich begegnen der Ausweitung der Anwendbarkeit schwere Bedenken. Sie führt zwangsläufig dazu, dass dem Schuldner bei jeder Schlechtleistung eine zweite Chance eingeräumt werden müsste, was auf ein generelles Recht des Schuldners auf zweite Andienung hinausliefe. Dem begegnen aber gerade beim Behandlungsvertrag schwerwiegende Bedenken. Anders als bei Kauf- oder Werkverträgen ist es

Randnotizen:
Anwendung des Werkvertrages

Anwendung des § 280 I BGB

Historisches Argument

Systematisches Argument

Wörtliches Argument

Teleologisches Argument

909   OLG Naumburg, NJW-RR 2008, 1056, 1058
910   OLG Köln, LSK 1994 350002;OLG Köln, MedR 1994, 198, 198
911   Bamberger/Roth-Fuchs, BGB, § 611 Rn 88
912   Schwab/Witt, S. 185
913   Staudinger-Kaiser, Eckpfeiler des Zivilrechts, S. 318, Fußnote 16
914   Palandt-Grüneberg, BGB, § 280 Rn 22

dort dem Gläubiger (Patient) im Regelfall nicht zumutbar, sein Schadensersatzrecht von einer Nacherfüllungsfrist abhängig zu machen.

Der Vorrang der Nacherfüllung lässt sich bei gegenseitigen Verträgen grundsätzlich durch das Äquivalenzprinzip des Synallagma rechtfertigen. Die Parteien treffen privatautonome Entscheidungen über die vertragliche Bindung und den Leistungsaustausch. Hierbei lassen sie sich von der wirtschaftlichen Effektivität lenken. Dies lässt sich auf Behandlungsvertrag nur eingeschränkt übertragen. Beim Behandlungsvertrag entsteht nämlich eine Partnerschaft, die von einem besonderen Persönlichkeitsbezug geprägt wird. Wegen dieses besonderen Vertrauensverhältnisses zwischen Arzt und Patient ist die Vertragsbindung nur eingeschränkt geschützt.[915] Dies bringt der Gesetzgeber auch in den §§ 630b, 627 BGB zum Ausdruck, der ein Lösen vom Vertrag auch ohne wichtigen Grund i.S.d. § 626 BGB erlaubt.

Ferner kommt ein weiterer Aspekt hinzu. Jeder ärztliche Eingriff bedarf gem. § 630d BGB einer Einwilligung des Patienten. Nur sie lässt die Rechtswidrigkeit des ärztlichen Eingriffs entfallen, auch wenn er kunstgerecht erfolgt. Im Falle der ärztlichen Fehlleistung ist jedoch die Grundvoraussetzung für die Patienteneinwilligung entfallen, nämlich die Vertrauensbasis zwischen Arzt und Patient.[916] Würde man den Patienten zwingen, über den Vorrang der Nacherfüllung am Vertrag festzuhalten, weil ihm ohne Nacherfüllungsversuch kein Schadensersatzanspruch zustünde, zwänge man ihn, einen Eingriff ohne Einwilligung zu ertragen. Diese Pflicht zur Tolerierung eines medizinischen Nachbesserungsversuches lässt sich nicht halten, wenn der Patient bereits durch einen Behandlungsfehler geschädigt wurde.[917]

BEISPIEL: Es leuchtet nicht ein, warum das Schadensersatzverlangen des Patienten im obigen „Warzenfall"[918] von einer Nachbesserungschance des Arztes abhängen soll, der den Patienten durch einen groben Behandlungsfehler misshandelt hat.

Es hilft dem Patienten auch nicht, wenn ihm ein Schadensersatzanspruch aus §§ 280 I, III, 281 I 1 2. Fall BGB über § 281 II 2. Fall BGB ohne Nacherfüllungsfrist gewährt wird. Angesichts der fehlenden medizinischen Kenntnisse wird ein Patient die dort geforderte Interessenabwägung nicht hinreichend sicher vornehmen können.

Es ist deshalb vorzugswürdig, bei Verträgen ohne besondere Mängelhaftung im Falle der Schlechterfüllung einer Hauptleistungspflicht neben den deliktischen Schadensersatzpflichten grundsätzlich § 280 I BGB anzuwenden.[919]

> **KLAUSURHINWEIS**
> Der Abgrenzung zwischen Dienstvertrag und Werkvertrag kommt deshalb eine besondere Bedeutung zu. Bei Werkverträgen regelt § 634 Nr. 1 BGB das Nacherfüllungsrecht und verweist § 634 Nr. 4 BGB auf § 281 I 1 Fall 2 BGB.

Anwendbarkeit
des §§ 280
I, III, 281 I 1
2. Fall BGB
bei teilweiser
Schlechtleistung

320   Im Schrifttum wird eine Anwendbarkeit des §§ 280 I, III, 281 I 1 2.Fall BGB sowie des § 284 BGB außerhalb der speziellen Regelungen immerhin in einem Fall für möglich gehalten. Wenn der Schuldner einer teilbaren Leistung einen Teil der Leistung erbracht,

---

915   *Ballhausen, NJW 2011,2694, 2695*
916   *Ballhausen, NJW 2011, 2694, 2697*
917   *Spickhoff, NJW 2011, 1651, 1653*
918   *Siehe Randnummer 317*
919   *BGH, NJW 2012, 2024, 2024; Bamberger-Roth-Unberath, BGB, § 280 Rn 22; Palandt-Grüneberg, BGB, § 280 Rn 16*

aber mangelhaft erbracht hat, soll der Gläubiger berechtigt sein, Schadensersatz statt der ganzen Leistung oder Aufwendungsersatz zu verlangen.[920]

Dem begegnen aber die aufgezeigten systematischen Argumente. Ferner lässt sich auch in solchen Fällen über § 280 I BGB ein sachgerechtes Ergebnis erzielen.

MERKSATZ

Außerhalb der §§ 437 Nr. 3, 634 Nr. 4 BGB findet der Schadensersatzanspruch aus §§ 280 I, III, 281 I 1 2. Fall BGB keine Anwendung. Hat beim selbständigen Dienstvertrag eine konkrete Einzelleistung werkvertraglichen Charakter, wird auf sie das Werkvertragsrecht analog §§ 633, 634 BGB angewendet. Ansonsten werden Schäden aufgrund einer nicht wie geschuldet erbrachten Haupt- oder Nebenleistungspflicht über den einfachen Schadensersatz gem. § 280 I BGB ausgeglichen.

2. § 280 I BGB

§ 280 I BGB soll nicht nur Schadensersatz gem. §§ 280 I, 241 II BGB für die Verletzung von Nebenpflichten gewähren. Er korrigiert auch einen historischen Irrtum. Der ursprünglichen Fassung des BGB lag die Fehlvorstellung zugrunde, dass alle Leistungspflichtverletzungen durch die Regelungen zur Unmöglichkeit, zum Verzug und durch die speziellen Gewährleistungsvorschriften (§§ 434 ff., 536 ff., 633 ff., 651a ff. BGB) erfasst werden. Dadurch entstanden aber Lücken, die durch den ungeschriebenen Tatbestand der „positiven Forderungsverletzung" geschlossen wurden. Nun soll § 280 I BGB diese Lücke schließen und ergänzend zur Anwendung kommen, wenn eine Leistungspflichtverletzung nicht geregelt ist.[921]

321 Sinn und Zweck des § 280 I BGB

KLAUSURHINWEIS

Im Gutachten stellt man den Vorrang anderer gesetzlicher Regelungen auf zwei Arten dar. Erstens sollte man speziellere Vorschriften – etwa §§ 280 I, II, 286 BGB – zuvor anprüfen und verneinen. Zweitens sollte man unter dem Prüfungspunkt „Nicht anderweitig geregelte Pflichtverletzung" darauf verweisen, dass es keine speziellere Regelung gibt.

a) Prüfungsschema

PRÜFUNGSSCHEMA

SCHADENSERSATZANSPRUCH GEM. § 280 I BGB

1. **Schuldverhältnis**
2. **Nicht anderweitig geregelte Pflichtverletzung**
3. **Vertretenmüssen des Schuldners**
4. **Ersatzfähiger und kausaler Schaden**
5. **Einwendungen**
6. **Einreden**
7. **Keine unzulässige Rechtsausübung gem. § 242 BGB**

---

920   Bamberger-Roth-Unberath, BGB, § 280 Rn 23
921   Palandt-Grüneberg, BGB, § 280 Rn 4, 5, 6, 12

b) Schuldverhältnis

322 Der Schadensersatzanspruch aus § 280 I BGB erfordert zwingend ein Schuldverhältnis. Es kommen grundsätzlich alle Arten von Schuldverhältnissen in Betracht. Einige gesetzliche Schuldverhältnisse weisen spezielle eigene Regeln für Pflichtverletzungen und Leistungsstörungen auf, die § 280 I BGB ausschließen.

> **BEISPIEL:** So regeln die §§ 987 ff. BGB das Eigentümer-Besitzer-Verhältnis. Dort stellt § 993 I 2. HS BGB klar, dass jenseits dieser Regeln nicht auf Schadensersatz gehaftet wird. Dies betrifft auch § 280 I BGB. Ebenso ist § 818 I, II, III BGB zu entnehmen, dass bei normaler Haftung das Bereicherungsrecht keinen Platz für § 280 I BGB lässt.

Anwendbarkeit des § 280 I BGB auf die GoA

Hingegen stellt etwa die berechtigte Geschäftsführung ohne Auftrag i.S.v. §§ 677, 683 S.1 BGB ein gesetzliches Schuldverhältnis dar, bei dem der Geschäftsführer wegen seines Verschuldens bei der Ausführung aus § 280 I BGB haften kann.[922]

> **BEISPIEL:** G bewohnt ein freistehendes Einfamilienhaus. Eines Tages erkennt er durch das geschlossene Fenster des Nachbarhauses, dass es dort brennt. Die Nachbarn sind verreist und haben ihm einen Schlüssel übergeben. Obwohl er diesen in der Hosentasche hat, entscheidet er sich dafür, das Küchenfenster einzuschlagen, um zum Löschen auf diesem Weg ins Haus zu gelangen.

Die Geschäftsführung ohne Auftrag gem. §§ 677, 683 S. 1 BGB begründet hier ein Schuldverhältnis. Indem G vorsätzlich die Scheibe einschlug, obwohl dies wegen des Schlüssels nicht nötig war, kann er sich auch nicht auf die Haftungsprivilegierung des § 680 BGB berufen und schuldet den Nachbarn gem. § 280 I BGB Schadensersatz wegen der Zerstörung der Fensterscheibe.

c) Nicht anderweitig geregelte Pflichtverletzung

323 Bei § 280 I BGB handelt es sich einerseits um einen Grundtatbestand, andererseits aber um einen Auffangtatbestand, der ohne zusätzliche Voraussetzungen als Anspruch auf einfachen Schadensersatz neben der Leistung nur zur Anwendung kommt, wenn die Pflichtverletzung nicht in anderen, spezielleren Rechtsnormen geregelt ist.[923] Nicht jede Pflichtverletzung kann folglich zu einem Schadensersatzanspruch gem. § 280 I BGB führen.

> **KLAUSURHINWEIS**
>
> Es muss zuerst die Art der Pflichtverletzung ermittelt werden. Dann muss überprüft werden, ob diese Pflichtverletzung anderweitig spezieller geregelt wird. Nur soweit dies nicht zutrifft, bleibt Platz für die Prüfung des § 280 I BGB.

aa) Schlechterfüllung einer Hauptleistungspflicht

324 Dies wird sehr deutlich, wenn eine vertragliche Hauptleistungspflicht verletzt wird. Hauptleistungspflichten sind Leistungspflichten. Leistungspflichten unterscheiden sich von bloßen Nebenpflichten dadurch, dass sie einklagbar sind, während

---

922   OLG Köln NJW 1993, 793, 794
923   MünchKomm-Ernst, BGB, § 280 Rn 4; Palandt-Grüneberg, BGB, § 280 Rn 4

letztere nur die Rechte und Rechtsgüter des Gläubigers neben seinem Interesse an der Leistung beschützen wollen.[924] Bei den Leistungspflichten erkennt man die Hauptleistungspflichten daran, dass der Vertrag mit ihnen steht und fällt, während die Nebenleistungspflichten einen dienenden Charakter haben. Hauptleistungspflichten lassen sich leicht ermitteln, wenn man in die Rechtsnorm schaut, die den Vertrag vertypen, also in §§ 433, 535, 611, 631 BGB usw.

Im Kaufrecht ist nach Gefahrübergang für eine Anwendung des § 280 I BGB nur Raum, wenn durch § 437 Nr. 3 BGB auf ihn verwiesen wird. Gem. §§ 437 Nr. 3, 280 I BGB darf der Käufer den Ersatz aller Schäden fordern, die durch die Schlechterfüllung endgültig entstanden sind und durch Nacherfüllung nicht mehr beseitigt werden können.[925] Der Käufer kann sich entscheiden, ob er Nacherfüllung und Schadensersatz neben der Leistung fordert, oder ob er nach abgelaufener Nacherfüllungsfrist gem. §§ 437 Nr. 3, 280 I, III, 281 I 1 2. Fall BGB Schadensersatz statt der Leistung begehrt und den neben der Leistung erlittenen einfachen Schaden als Posten in die Schadensbilanz einstellt.[926] Umstritten ist, ob er einen Betriebsausfallschaden unter den Voraussetzungen des §§ 437 Nr. 3, 280 I BGB geltend machen darf[927] oder nur unter den Voraussetzungen des Schuldnerverzuges.[928]

> § 280 I BGB im Kaufrecht

Bei Pflichtverletzungen des Arbeitnehmers gilt ergänzend zu den allgemeinen Regeln der § 619a BGB. Für den Werkvertrag gilt wegen § 634 Nr. 4 BGB Entsprechendes. Abschließende Regelungen enthält das Reisevertragsrecht in den §§ 651a ff. BGB.

> Arbeitsrecht, Werkvertragsrecht und Reisevertrag

Die Ansprüche des Mieters gegen den Vermieter regelt § 536 a BGB im Mietrecht abschließend.

> Mietrecht

Jenseits dieser speziellen Regelung findet § 280 I BGB immer Anwendung, wenn der Schuldner seine Hauptleistungspflicht schlecht erfüllt hat.

BEISPIEL („Anlageberaterfall" nach BGH, NJW-RR 2009, 603): Anlageberater B berät K beim Kauf einer Eigentumswohnung, die dem Ehepaar E gehört. Obwohl B weiß, dass die Nettokaltmiete aus dem Mietpool, in den alle Eigentümer der Wohnungen des Hauses ihre Mieten einzahlen, im Schnitt der letzten Jahre nur 6,06 € pro qm beträgt, kalkuliert er gegenüber K mit 6,50 € pro qm. Nur deshalb entscheidet sich K für den Kauf der Immobilie. In der Folgezeit zahlt der Mietpool nur 5,20 € pro qm und schließlich nur noch 3,18 € pro qm aus.

Hier haben B und K einen selbständigen Beratungsvertrag mit Dienstvertragscharakter gem. § 675 BGB geschlossen. Seine Hauptleistungspflicht war die Erstellung einer Ertragskalkulation auf der Basis der Tatsachen. Diese hat B schlecht erfüllt, indem er nicht die tatsächlichen Mieterträge vorlegte, sondern erhoffte.

> Selbständiger Beratervertrag § 675 BGB

MERKSATZ
§ 280 I BGB kommt im Falle der Schlechterfüllung einer Hauptleistungspflicht nur jenseits der speziellen Regelungen für Leistungsmängel in Betracht.

---

924   Siehe Randnummer 7
925   Palandt-Grüneberg, BGB, § 280 Rn 18
926   BGH, NJW 2009, 2674, 2675
927   BGH, NJW 2009, 2674, 2675
928   Näheres im Skript Kaufrecht

bb) Nichterfüllung einer Hauptleistungspflicht

325 Alle Fälle der Nichtleistung sind abschließend geregelt in den Regelungen über Unmöglichkeit, nämlich in §§ 280 I, III, 283 BGB, sowie in den Regelungen über den Schuldnerverzug, dort in §§ 280 I, II, 286 BGB für den Ersatz des Verzögerungsschadens und in §§ 280 I, III, 281 I 1. Fall BGB für den Anspruch auf Schadensersatz statt der Leistung, wenn die Leistung endgültig nicht erbracht wurde.

> **MERKSATZ**
>
> Für eine Anwendung des § 280 I BGB ist neben §§ 280 I, II, 286 BGB und §§ 280 I, III, 281 I 1. Fall BGB kein Raum, wenn eine Hauptleistungspflicht nicht erfüllt wurde.

cc) Verletzung einer Nebenleistungspflicht

326 Bei der Verletzung von Nebenleistungspflichten ist zu differenzieren: Im Fall der Nichterfüllung gilt das zur Hauptleistungspflicht Gesagte.[929] Die dort angeführten Normen bilden abschließende Regelungen und verdrängen § 280 I BGB. Jedoch findet § 280 I BGB uneingeschränkt Anwendung, wenn eine Nebenleistungspflicht schlecht erfüllt wurde.[930]

BEISPIEL (abgewandelt nach BGH, NJW 2004, 2301): K stellt Werbebanden für Fußballstadien her und kauft hierzu bei V Metall und Kunststoffe. Es wird vereinbart, dass auf Seiten des V der Angestellte A, dem die Bedürfnisse des K bestens bekannt sind und der als besonders sachkundig gilt, den K berät. Dem A ist insbesondere der physikalische Effekt bekannt, dass sich die Werbebanden bei Hitze ausdehnen und verwölben können. Dies vergisst er jedoch bei der Beratung des K, der daraufhin einen ungeeigneten Kunststoff zur Herstellung benutzt und einen Totalverlust der Werbebanden erleidet.

Hier liegt kein neben dem Kaufvertrag geschlossener selbständiger Beratungsvertrag vor, dessen Hauptleistungspflicht verletzt wurde. Um nicht in Wertungswidersprüche zwischen den Pflichten des Kaufvertrages und Pflichten des allgemeinen Schuldrechts zu geraten, darf man diesen nur höchst ausnahmsweise annehmen, wenn sich seine beratende Tätigkeit nach Inhalt, Umfang, Intensität und Bedeutung für den Käufer so sehr verselbständigt hat, dass sie als andersartige, auf eigener rechtlicher und tatsächlicher Grundlage beruhende Aufgabe des Verkäufers erscheint und als vertragliche Verpflichtung eigener Art neben dem Kaufvertrag steht.[931]

BEISPIEL: Ein Indiz wäre eine eigene, vom Kaufvertrag gelöste Vergütung. Ein anderes, wenn die Beratung auch ohne den Kauf des Materials vereinbart werden würde.

Davon kann hier nicht ausgegangen werden. Vielmehr ist hier eine unselbständige Beratungsverpflichtung entstanden. Diese wurde durch schlechte Beratung schlecht erfüllt. Mangels speziellerer Regelung ist dies eine Pflichtverletzung i.S.v. § 280 I BGB.

---

929   *Siehe Randnummer 325*
930   *Palandt-Grüneberg, BGB, § 280 Rn 22*
931   *BGH, NJW 1997, 2327, 2329*

KLAUSURHINWEIS

Anders, wenn A der Pflicht nicht oder nur verzögert nachgekommen wäre. Dann wären §§ 280 I, II, 286 BGB für den Ersatz des Verzögerungsschadens und §§ 280 I, III, 281 I 1 1.Fall BGB als Anspruch auf Schadensersatz statt der Leistung spezieller.

dd) Verletzung einer Nebenpflicht gem. § 241 II BGB

Hauptsächlich zur Anwendung kommt § 280 I BGB, wenn eine Pflicht aus § 241 II BGB **327** verletzt wird. Dies wird in einem gesonderten Kapitel besprochen.[932]

KLAUSURHINWEIS

Auf die genaue Herausarbeitung der Pflicht und ihrer Verletzung muss noch aus einem anderen Grund Wert gelegt werden. In der Rechtsfolge muss der Kausalzusammenhang zwischen der Pflichtverletzung und der Vermögenseinbuße, dem Schaden, hergestellt werden. Dort muss man auf die Erläuterungen zur Pflichtverletzung nach oben verweisen. Je genauer die Pflichtverletzung dargestellt wurde, desto verständlicher werden die Ausführungen zum Kausalzusammenhang in der Rechtsfolge.

d) Vertretenmüssen

Der Schuldner hat sein eigenes Verschulden gem. § 276 BGB zu vertreten.[933] Ferner **328** muss er sich das Verschulden seines Erfüllungsgehilfen oder seines gesetzlichen Vertreters gem. § 278 BGB wie eigenes Verschulden anrechnen lassen.[934]

e) Ersatzfähiger und kausaler Schaden

aa) Ersatz des ersatzfähigen Vermögensschadens in Geld

Schadensersatz wird in der Regel durch Geldzahlungen gewährt.

(1) Ersatzfähige Schäden gem. §§ 249 ff. BGB

Es müssen alle unfreiwilligen Vermögenseinbußen i.S.v. §§ 249 ff. BGB ersetzt **329** werden, die sich als unmittelbare oder mittelbare Nachteile aus der Pflichtverletzung ergeben.[935]

Dies kann gem. § 249 I BGB auch die Zahlung von Geld sein.

Zahlung von Geld gem. § 249 I BGB

BEISPIEL: So kann der Geschädigte auch Prozesskosten als Schaden gem. §§ 280 I, 249 I BGB geltend machen. Jedoch muss der Rechtsstreit wegen der Schadensminderungspflicht unterbleiben, wenn er von vornherein aussichtslos ist, z.B. wegen des fest stehenden Ergebnisses eines vorher durchgeführten selbständigen Beweissicherungsverfahrens.[936]

---

932   Siehe Randnummer 342
933   Siehe Randnummer 109
934   Siehe Randnummer 353
935   Palandt-Grüneberg, BGB, § 280 Rn 32
936   OLG Düsseldorf, NJW-RR 1996, 729, 730

(2) Kompensation gem. § 251 I BGB

Kompensation   **330**   Ein Geldzahlungsanspruch kann sich auch aus § 251 I BGB ergeben, wenn Naturalrestitution nicht möglich ist.

> **BEISPIEL** („Labradorfall"): Tierarzt T soll den Labrador des K operieren und tötet ihn auf-
> grund eines schuldhaften Behandlungsfehlers. Naturalrestitution ist nicht möglich,
> weil das Haustier wie eine unvertretbare Sache zu behandeln ist. Hier ist der Wert des
> Hundes zu ersetzen.

(3) Entgangener Gewinn gem. § 252 BGB

Entgangener   **331**   Grundsätzlich muss gem. § 252 BGB auch der entgangene Gewinn erstattet werden.
Gewinn

> **BEISPIEL:** Angenommen, der Labrador des K hätte einen Wert von 500,- € gehabt und K kann
> im „Labradorfall" beweisen, dass er den Hund für 600,- € an X hätte verkaufen können.
> Dann sind ihm zusätzlich zum Wert des Hundes weitere 100,- € gem. § 252 BGB zu zahlen.

(4) Schmerzensgeld gem. § 253 II BGB

332   Bei Verletzung des § 280 I BGB ist auch ein Anspruch auf Schmerzensgeld denkbar.

Schmerzensgeld

> **BEISPIEL:** Im „Warzenfall"[937] erleidet P wegen der fehlerhaft entfernten Warze eine dauer-
> hafte ästhetische Beeinträchtigung durch Verstümmelung des Daumens.

(5) Naturalrestitution gem. § 249 I BGB wegen eines nachteiligen Vertrages

Schadensbe-   **333**   Vermögensnachteil kann auch der Abschluss eines nachteiligen Vertrages sein, wie
rechnung bei   der Anlageberaterfall zeigt. Im Falle des Abschlusses eines nachteiligen Vertrages
selbständigen   bestehen Besonderheiten bei der Schadensberechnung. Nach § 249 BGB soll der-
Beratungsver-   jenige, der den Schaden herbeigeführt hat, den Zustand herstellen, der bestehen
trägen   würde, wenn der zum Ersatz verpflichtende Umstand nicht eingetreten wäre.

> **BEISPIEL:** Im „Anlageberaterfall"[938] wäre K so zu stellen, als hätte er den nachteiligen
> Vertrag nicht abgeschlossen.

Ist dies nicht möglich, haftet der Schuldner gem. § 251 I BGB auf Zahlung von Geld
zur Kompensation des Schadens.

Die besondere Schwierigkeit der Durchführung des Schadensersatzes besteht im
insoweit typischen „Anlageberaterfall" darin, dass der Anlageberater nicht die rechtlichen Möglichkeiten hat, den Vertrag zwischen dem Kunden (im Beispiel „K") und
dem Veräußerer des Anlageobjekts (im Beispiel „Ehepaar E") rückgängig zu machen.
Er selbst ist ja an diesem nicht beteiligt.

Kompensation   Daraus kann man einerseits den Schluss ziehen, dass § 249 I BGB nicht möglich ist.
§ 251 I BGB   Konsequent haftet der Gläubiger dann nur auf Zahlung von Geld gem. § 251 I BGB.[939]

Naturalresti-
tution § 249
I BGB

---

937   *Siehe Randnummer 317*
938   *Siehe Randnummer 324*
939   *OLG Hamm, BeckRS 2008, 01832*

Andererseits kann man Naturalrestitution gem. § 249 I BGB auch dadurch bewirken, dass der Anlageberater dem Käufer den Kaufpreis der Immobilie zahlt, allerdings Zug um Zug gegen Übereignung der Immobilie.[940]

Diese Lösung ist vorzugswürdig. Entscheidendes Argument für sie ist der Gedanke der Vorteilsausgleichung. Der eigentliche Vermögensschaden des Geschädigten besteht im Aufwand des Kaufpreises für die Immobilie. Dieser Vermögensaufwand, den er ohne die fehlerhafte Beratung nicht getätigt hätte, muss ihm erstattet werden. Auszugleichen hat er Zug um Zug nach den Regeln der Vorteilsausgleichung aber den erlangten Vermögensvorteil. Dies ist das Eigentum an der Immobilie.[941]

Vorteils-ausgleichung

(6) Unterlassungspflicht aus § 249 I BGB

§ 280 I BGB kann den Schadensersatz gem. § 249 I BGB auch durch eine Unterlassungspflicht gewähren. Dies setzt voraus, dass der Schuldner einen pflichtwidrigen Zustand geschaffen hat, der noch andauert.   **334**

BEISPIEL (nach BGH, NJW 2009, 1504): K kauft vom Fußballverein V Karten für Bundesligaspiele. Dabei akzeptiert er die wirksamen AGB, den gewerblichen Weiterverkauf zu unterlassen. Gegen diese Pflicht verstößt K. V kann gem. §§ 280 I, 249 I BGB verlangen, dass K die bereits erworbenen Karten nicht gewerblich weiterveräußert.

bb) Kausalität

Es wird nur der Vermögensnachteil ersetzt, der äquivalent und adäquat kausal auf der Pflichtverletzung beruht und innerhalb des Schutzzwecks der Norm liegt.[942]   **335**

BEISPIEL: Im „Anlageberaterfall" war wegen der Vorlage fehlerhafter Tatsachen darauf abzustellen, dass bei einer Aufklärungspflichtverletzung eine tatsächliche Vermutung besteht, dass sich der Geschädigte „aufklärungsrichtig" verhalten hätte.[943] Es liegt nahe, dass der Anleger, der die wahren Tatsachen kennt, die Entscheidung so nicht treffen würde. Die Pflicht zur richtigen Aufklärung besteht also gerade deswegen, um den Anleger vor Fehlentscheidungen zu bewahren.

MERKSATZ

Nach der Lehre vom Schutzzweck der Norm muss der eingetretene Vermögensnachteil aus dem Gefahrenabwehrbereich der verletzten Pflicht stammen.

f) Einwendungen

Der Schadensersatzanspruch kann durch rechtsvernichtende Einwendungen untergehen oder sich vermindern. Es gelten die obigen Ausführungen.[944]   **336**

---

940   BGH, NJW-RR 2009, 603, 604
941   BGH, NJW-RR 2009, 603, 604
942   Palandt-Grüneberg, BGB, § 280 Rn 32
943   OLG Hamm, BeckRS 2008, 01832
944   Siehe Randnummer 130

g) Einreden

337 Der Schuldner kann die Durchsetzbarkeit des Anspruchs durch rechtshemmende Einreden **blockieren.** Insbesondere ist die Verjährungseinrede gem. § 214 BGB wegen der Verjährungsfrist erwähnenswert. Soweit aus § 437 Nr. 3 BGB auf § 280 I BGB verwiesen wird, gilt § 438 BGB als spezielle Verjährungsregel und soweit aus § 634 Nr. 4 BGB auf § 280 I BGB verwiesen wird, der § 634a BGB. Ansonsten gilt die Regelverjährung gem. §§ 195, 199 BGB.[945]

Es gelten die obigen Ausführungen.[946]

h) Keine unzulässige Rechtsausübung gem. § 242

Es gelten die obigen Ausführungen.[947]

3. Rücktrittsrecht gem. § 323 I 2. Fall BGB

338 Im Kaufrecht gelten im Falle der mangelhaften Leistung die Rücktrittsrechte einerseits aus §§ 437 Nr. 2, 323 I 2. Fall BGB beim behebbaren Mangel und andererseits aus §§ 437 Nr. 2, 326 V BGB beim unbehebbarem Mangel. Entsprechendes gilt für den Werkvertrag gem. § 634 Nr. 3 BGB. § 323 I 2. Fall hat somit die Aufgabe, das Gewährleistungsrecht des Kaufrechts und des Werkvertragsrechts in das allgemeine Leistungsstörungsrecht zu integrieren.[948]

Obwohl der Wortlaut des § 323 I 2. Fall BGB es zuließe, erscheint es fragwürdig, ein Rücktrittsrecht wegen mangelhafter Erbringung einer Nebenleistungspflicht zu gewähren. Schließlich ist eine Nebenleistungspflicht nur eine Nebenleistungspflicht, weil der Vertrag mit ihr weder steht, noch fällt. Es leuchtet nicht ein, warum es dem Gläubiger erlaubt sein sollte, sich vom Vertrag zu lösen, nur weil nebensächliches nicht zur Zufriedenheit erfüllt wurde.

4. Kündigungsrecht gem. § 314 I, II BGB

339 Um sich von Dauerschuldverhältnissen wie Miete oder Darlehen zu lösen, gewährt das BGB das Recht zur Kündigung des Vertrages. Einige gewähren sogar das Recht zur fristlosen Kündigung aus wichtigem Grund.

DEFINITION

Dauerschuldver-
hältnis

Ein **Dauerschuldverhältnis** charakterisiert sich im Vergleich zu den auf eine einzelne Leistung gerichteten Schuldverhältnissen dadurch, dass während seiner Laufzeit ständig neue Leistungs- und Nebenpflichten entstehen.[949]

---

945   *Palandt-Grüneberg, BGB, § 280 Rn 33*
946   *Siehe Randnummer 131*
947   *Siehe Randnummer 131 und 294*
948   *AnwK-Dauner-Lieb, Schuldrecht, § 323 Rn 14*
949   *Palandt-Grüneberg, BGB, § 314 Rn 2*

a) Besondere Kündigungsgründe

Es bestehen zahlreiche gesetzlich normierte Kündigungsgründe aus wichtigem Grund, worunter teilweise auch Leistungsstörungen und im Einzelfall auch die Schlechtleistung verstanden werden kann.

§ 490 BGB	Darlehensvertrag
§§ 543, 569 BGB	Außerordentliches Kündigungsrecht des Mietvertrages, bzw. Wohnraummietvertrages
§§ 626, 627 BGB	Kündigung des Dienstvertrages aus wichtigem Grund
§ 723 BGB	Kündigung der BGB-Gesellschaft aus wichtigem Grund
§ 89a HGB	Kündigung des Handelsvertretervertrages aus wichtigem Grund

Diese Sonderregelungen gehen der Anwendung des allgemeinen Kündigungsgrundes aus § 314 BGB vor.[950]

b) Allgemeiner Kündigungsgrund gem. § 314 I, II BGB

aa) Dauerschuldverhältnis

Es muss ein Dauerschuldverhältnis vorliegen.

340

§ 314 BGB

bb) Kündigungsgrund aus wichtigem Grund

(1) Kein speziellerer Kündigungsgrund

Gem. §§ 314 I, II BGB kann sich der Gläubiger aus wichtigem Grund vom Vertrag lösen, vorausgesetzt, kein spezieller Kündigungsgrund greift.[951]

(2) Wichtiger Grund

Wie aus § 314 II BGB hervorgeht, kann der wichtige Grund in einer Vertragsverletzung bestehen. Dies kann eine Schlechtleistung sein. Allerdings ist die Vertragsverletzung weder notwendig, noch hinreichend zur Rechtfertigung der außerordentlichen Kündigung aus wichtigem Grund, wie sich aus § 314 I BGB ergibt. Entscheidend ist, ob unter Abwägung der beiderseitigen Interessen dem kündigenden Teil unter Berücksichtigung aller Umstände des Einzelfalles ein Festhalten am Vertrag bis zum Ende der Laufzeit oder bis zum Ablauf einer Kündigungsfrist nicht zugemutet werden kann.

MERKSATZ

Entscheidend ist, ob durch die Schlechterfüllung einer Vertragspflicht die **Vertrauensgrundlage** zerstört wurde.

---

950   BTDrs. 14/6040, S. 177
951   Siehe Randnummer 339

BEISPIEL („Testimonialfall" nach BGH, NJW-RR 2009, 57): Hersteller H, Inhaber zahlreicher Marken, schließt mit dem bundesweit bekannten Schauspieler S einen Vertrag, in dem sich S verpflichtet, für die Dauer von drei Jahren ein „Testimonial" zu sein. Dazu verpflichtet sich S einerseits als Imageträger der Marken des H, keine objektiv nachweisbaren Handlungen oder Unterlassungen zu tätigen, die nach vernünftigen Kriterien dem Markenimage Schaden zufügen könnten. Insbesondere verpflichtet sich S andererseits, alle Fragen zu den Produkten des H positiv zu beantworten. Kurz danach veröffentlicht S seine Autobiographie, aus deren Seiten die Sex-, Drogen- und Alkoholexzesse dem Leser in Gesicht schreien. H kündigt den Vertrag und verlangt analog § 628 I 3 BGB die Rückzahlung der Vorauszahlungen.

Den Kündigungsgrund des § 314 I, II BGB muss man verneinen, weil S keine in Bezug auf die Marke schädlichen Handlung unternommen hat. Aus dem Wort „insbesondere" war nämlich zu schließen, dass die Verhaltenspflichten sich nicht generell auf das Leben des S, sondern auf seine Einstellung zu den Marken des H bezogen. Daher kann hier nicht von einer Zerstörung der Vertrauensgrundlage gesprochen werden.

BEISPIEL: Das wäre „Testimonialfall" gegeben, wenn S das von H hergestellte Bier vor laufender Kamera in die Gosse schüttet und sagt: „Das Bier passt zu mir. Jeder Dreck landet in der Gosse."

KLAUSURHINWEIS
Wie immer entscheiden die Umstände des Einzelfalles. Deshalb eignet sich § 314 BGB eher als Prüfungsstoff des Assessorexamens.

---

cc) Abmahnung oder Fristablauf
Der Kündigende muss dem Vertragspartner entweder erfolglos eine angemessene Frist zur Abhilfe gesetzt oder ihn abgemahnt haben. Bei der Länge der Frist entscheiden die Umstände des Einzelfalles.[952]

Alternativ zur Fristsetzung normiert § 314 II BGB die Abmahnung. Diese hat ihren Sinn vor allem beim Verstoß gegen oder Unterlassen von Verhaltenspflichten.

Abmahnung

DEFINITION
Eine **Abmahnung** erklärt der Gläubiger, wenn er den Schuldner wegen einer Vertragsverletzung rügt und ihn ernsthaft vor den Konsequenzen im Falle eines weiteren Verstoßes warnt.[953]

---

952   *Palandt-Grüneberg, BGB, § 314 Rn 10*
953   *Palandt-Grüneberg, BGB, § 314 Rn 8*

dd) Rechtsfolgen der Kündigung   341

(1) Beendigung
Die Kündigung beendet das Vertragsverhältnis mit sofortiger Wirkung ex nunc.

Beendigung ex nunc

(2) Rückabwicklung
Die Rückabwicklung erfolgt über § 628 BGB analog.

Rückabwicklung analog § 628 BGB

(3) Schadensersatz
Der bereits entstandene Schaden ist gem. § 280 I BGB zu ersetzen. Im Falle der Nichtleistung ist ein Schadensersatz statt der Leistung gem. §§ 280 I, III, 281 I 1 1.Fall BGB möglich, wobei eine Fristsetzung wegen des Interessewegfalls gem. § 281 II 2. Fall BGB stets entbehrlich ist.[954]

§ 280 I BGB oder §§ 280 I, III, 281 I 1.Fall BGB

Es wird erneut ohne Begründung und ohne Beispiel vorgeschlagen, auch im Falle der Schlechtleistung §§ 280 I, III, 281 I 1 2. Fall BGB anzuwenden. Dies ist aus den dargelegten Gründen jenseits der §§ 437, 634 BGB abzulehnen.[955] Auch hier kann bei im Einzelnen als werkvertraglich anzusehenden Pflichten das Werkvertragsrecht analog angewendet werden. Im Übrigen gewährt § 280 I BGB im Falle der Schlechtleistung Schadensersatz.

---

954   *Palandt-Grüneberg, BGB, § 314 Rn 11*
955   *Siehe Randnummer 317*

DIE VERLETZUNG VON NEBENPFLICHTEN AUS DEM VERTRAG

I. EINLEITUNG

342 Im Schuldverhältnis treten gem. § 241 II BGB neben die Leistungspflichten weitere Pflichten hinzu. Diese legen den Parteien auf, die Rechte und Rechtsgüter und Interessen des anderen zu achten. Diese Pflichten werden in Rechtsprechung und Schrifttum nicht einheitlich bezeichnet, mal heißen sie „Rücksichtspflichten", „weitere Verhaltenspflichten" oder Schutzpflichten.[956] Teilweise werden sie auch „unselbständige Nebenpflichten" genannt und von „selbständigen Nebenpflichten" durch ihre Funktion abgegrenzt.[957]

Begriff der Nebenpflicht

Hier sollen sie schlicht „Nebenpflichten" heißen, weil sie im Schuldverhältnis neben die Leistungspflichten treten.[958]

KLAUSURHINWEIS

Die praktische Bedeutung der Abgrenzung zwischen Nebenpflichten und Nebenleistungspflichten wird in der Literatur oft für gering gehalten, weil § 280 I BGB sowohl für die Verletzung von Nebenleistungspflichten, als auch für die Nebenpflichtverletzung gelte und die Sondervorschriften der §§ 281 bis 283 BGB zumeist zum selben Ergebnis führen würden.[959] Diese Einschätzung ist aus der Sicht des „Praktikers" legitim. Sie entspricht aber nicht der Prüfererwartungshaltung. Vom Kandidaten in der juristischen Pflichtfachprüfung und im Assessorexamen wird erwartet, Pflichten korrekt innerhalb der richtigen Anspruchsnorm subsumieren zu können.

Abgrenzung zur Leistungspflicht nach Parteiwillen

Nebenpflichten unterscheiden sich von allen leistungsbezogenen Pflichten durch die Klagbarkeit. Leistungspflichten können eingeklagt werden, Nebenpflichten nicht.[960] Dieses Kriterium ist entscheidender und trennschärfer als eine Unterscheidung nach der Funktion der Pflicht.

Abgrenzung nach der Funktion.

Ein Problem in der Unterscheidung nach der Funktion der Pflicht besteht darin, dass dieselbe Funktion als Leistungs- oder als Nebenpflicht existieren kann. Entscheidend ist allein der Parteiwille.

---

956 *Palandt-Grüneberg, BGB, § 241 Rn 6*
957 *Bamberger/Roth-Sutschet, BGB,, § 241 Rn 43*
958 *Siehe Randnummer 5 und 6 und 7*
959 *Palandt-Grüneberg, BGB, § 241 Rn 8*
960 *Bamberger/Roth-Sutschet, BGB, § 241 Rn 77*

BEISPIEL: Eine Aufklärungspflicht kann wegen über die Sacheigenschaft hinausreichender Gefahren aus Treu und Glauben gem. § 241 II BGB bestehen. Sie ist dann nicht einklagbar, ihre Verletzung kann aber zur Schadensersatzpflicht gem. §§ 280 I, 241 II BGB führen. Man kann eine Aufklärungspflicht aber durch Parteivereinbarung zur Nebenleistungspflicht des Vertrages zur Auskunftspflicht erheben.[961] Im selbständigen Beratungsvertrag wird sie sogar dessen Hauptleistungspflicht.[962]

Ein weiteres Problem besteht darin, dass sich die Funktionen der Leistungspflichten und der Nebenpflichten nicht konsequent unterscheiden. Man kann zwar auf den ersten Blick glauben, dass Nebenpflichten das Integritätsinteresse des Gläubigers und Leistungspflichten die Erfüllung des positiven Leistungsinteresses des Gläubigers schützen. Bei genauerer Betrachtung lässt sich diese Trennung nicht aufrechterhalten. Ein Sachmangel ist eine Leistungspflichtverletzung und kann ebenso das Integritätsinteresse des Käufers verletzen. Eine Aufklärungspflichtverletzung kann einen Schaden beim positiven Leistungsinteresse erzeugen.[963]

BEISPIEL: K kauft von V einen Toaster, der nicht richtig isoliert ist und erleidet einen Stromschlag. Hier führt in Sachmangel, also eine Leistungspflichtverletzung zu einer Schädigung des Körpers und damit des Integritätsinteresses. Wenn im „Friseurfall"[964] der Friseurmeister F die angebrochene Flasche Haartonikum nicht mehr verwenden kann, muss er sie wegwerfen, denn verkaufen kann er die geöffnete Flasche wohl kaum. Damit führt eine Nebenpflichtverletzung zu einer Verletzung des positiven Leistungsinteresses.

MERKSATZ

Nebenpflichten unterscheiden sich von den Leistungspflichten dadurch, dass man sie nicht einklagen kann, ihre Verletzung aber sekundäre Rechtsfolgen auslöst. Entscheidend für ihre Eingruppierung als Leistungspflicht oder Nebenpflicht ist der Parteiwille.

Im Falle einer **Nebenpflichtverletzung** kommen vier Rechtsfolgen in Betracht.

§§ 280 I, 241 II BGB	Anspruch auf Schadensersatz neben der Leistung
§§ 280 I, III, 282 BGB	Anspruch auf Schadensersatz statt der Leistung
§ 284 BGB	Anspruch auf Aufwendungsersatz
§ 324 BGB	Recht zum Rücktritt vom Vertrag

---

961   *Siehe Randnummer 347*
962   *Siehe Randnummer 324*
963   *Palandt-Grüneberg, BGB, § 241 Rn 8*
964   *Siehe Randnummer 348*

5. Grundfall: „Malerarbeiten"

343 Rechtsanwalt R hat den selbständigen Malermeister M beauftragt, die Rechtsanwaltskanzlei zu renovieren. Diese liegt in der ersten Etage eines dem R gehörenden Jugend-
stilaltbaus im Frankfurter Westend, die durch eine denkmalgeschützte Holztreppe
mit dem Erdgeschoss verbunden ist. Außerdem verfügt das Gebäude über einen
geräumigen Lastenaufzug. R verlangt von M, dieser möge zum Materialtransport ausschließlich den Aufzug benutzen, um das Treppenhaus zu schonen. Zu diesem Zweck
unterweist er M und dessen Gesellen G in der Bedienung des Aufzuges. Am Freitag
soll G das Material in das Objekt schaffen und die notwendigen Abklebearbeiten vornehmen, damit am Montag pünktlich mit den Arbeiten begonnen werden kann. G, der
bisher stets zuverlässig war, will unbedingt pünktlich in den Feierabend starten um den
Fanzug zum Auswärtsspiel seines Vereins Eintracht Frankfurt zu erwischen. Deshalb
empfindet er die Bedienung des Aufzuges als zu mühsam und zu umständlich. Er trans-
portiert die Materialien mit einer Lastkarre in den ersten Stock. Dabei beschädigt er die
Holztreppe so schwer, dass ein Sachschaden in Höhe von 3.000 € entsteht. R verlangt
von M Schadensersatz in dieser Höhe. M trägt wahrheitsgemäß vor, dass er den stets
zuverlässigen G sorgfältig ausgewählt und überwacht hat.
[Hinweis: Die Verdingungsordnung für Bauleistungen VOB/B wurde ausdrücklich
nicht einbezogen]

**A. Anspruch des R gegen M auf Zahlung von 3.000 € Schadensersatz
aus §§ 634 Nr. 4, 280 I BGB.**
R könnte gegen M einen Anspruch auf Zahlung von 3.000 € Schadensersatz aus §§ 634
Nr. 4, 280 I BGB haben. Dann müssten R und M einen Werkvertrag gem. § 631 BGB
geschlossen haben. Gegenstand des Werkvertrages ist ein Erfolg. Hier hat M dem R
versprochen, die Rechtsanwaltskanzlei zu renovieren. Dies bedeutet, lebensnah ausgelegt, nicht nur ein Tätigwerden des M, sondern die Fertigstellung der Renovierung
nach den anerkannten Regeln seines handwerklichen Fachs. Also hat M einen Erfolg
versprochen, die Parteien haben einen Werkvertrag geschlossen. Es muss ein Werkmangel vorliegen. Dieser ist in § 633 BGB definiert. Danach wäre gem. § 633 II 1 BGB
das Werk mangelhaft hergestellt, wenn ihm eine vereinbarte Beschaffenheit fehlte. Das
geschuldete Werk, nämlich die Renovierung der ersten Etage, wurde bisher aber noch
nicht fertig gestellt. Von einem Werkmangel kann daher nicht gesprochen werden.

**B. Anspruch des R gegen M auf Zahlung von 3.000 € Schadensersatz
gem. § 280 I, 241 II BGB**
R könnte gegen M einen Anspruch auf Zahlung von 3.000 € Schadensersatz gem.
§ 280 I, 241 II BGB haben.

I. SCHULDVERHÄLTNIS
Das erforderliche Schuldverhältnis ist der Werkvertrag

II. PFLICHTVERLETZUNG GEM. § 241 II BGB
Es müsste eine Pflicht gem. § 241 II BGB verletzt worden sein und es darf für diese Pflichtverletzung keine speziellere Regelung geben. Wie gezeigt, liegt kein Mangel und damit
keine spezielle Pflichtverletzung gem. §§ 633, 634 BGB vor. Gem. § 241 II BGB sind die

Parteien im Rechtsverkehr zur Rücksichtnahme auf Rechte, Rechtsgüter und Interessen des anderen Teils des Schuldverhältnisses verpflichtet. Aus diesem Gebot der gegenseitigen Rücksichtnahme im Verkehr folgen auch Schutzpflichten, die verhindern sollen, dass das Eigentumsrecht des anderen nicht verletzt wird. Indem G die Holztreppe anstelle des Aufzuges für den Lastentransport nutzte und dabei das Eigentum des R beschädigt wurde, ist eine Schutzpflicht gem. § 241 II BGB verletzt worden.

III. VERTRETENMÜSSEN DES M
Diese Schutzpflichtverletzung muss M zu vertreten haben.

1. Eigenes Verschulden des M gem. § 276 BGB
Mangels eigenen Verschuldens hat M die Pflichtverletzung nicht gem. § 276 BGB zu vertreten.

2. Zurechnung des Verschuldens des G gem. § 278 BGB
Es könnte ihm jedoch gem. § 278 BGB ein Verschulden des G aus §§ 280 I 2, 276 BGB zugerechnet werden. Dann müsste G Erfüllungsgehilfe des M gewesen sein. Erfüllungsgehilfe ist, wer im Pflichtenkreis des Schuldners mit dessen Wissen und Wollen tätig ist. Hier war der bei M angestellte G mit der Renovierung des Objekts beauftragt. Folglich handelte er in Erfüllung der Verbindlichkeit des M und mithin als dessen Erfüllungsgehilfe. Ferner muss G schuldhaft gehandelt haben. Er könnte fahrlässig gem. § 276 II BGB gehandelt haben. Dann müsste er die im Verkehr objektiv erforderliche Sorgfalt außer Acht gelassen haben. Die Empfindlichkeit der Holztreppe war G bekannt und damit die Gefahren, die mit einem Lastentransport drohten. Durch das Benutzen der Treppe ohne geeignete Sicherheitsmaßnahmen ließ G die im Verkehr objektiv erforderliche Sorgfalt vermissen. Deshalb hat M gem. § 278 BGB das Verschulden des G wie eigenes Verschulden zu vertreten.

IV. KAUSALER UND ERSATZFÄHIGER SCHADEN
Durch die Pflichtverletzung muss R ein ersatzfähiger Schaden entstanden sein. Ein ersatzfähiger Schaden ist eine unfreiwillige Vermögenseinbuße i.S.v. §§ 249 ff. BGB, die zum positiven Interesse gehört. Danach muss R so gestellt werden, wie er im Falle der ordnungsgemäßen Erfüllung des Vertrages gestanden hätte. Ohne die Pflichtverletzung wäre sein Eigentum nicht verletzt und damit sein Vermögen nicht in Höhe von 3.000 € geschädigt worden. Gem. § 249 II 1 BGB ist der Schaden wegen Verletzung einer Sache in Geld ersetzbar. Ferner beruht der Vermögensschaden auch adäquat kausal auf der Pflichtverletzung.
R kann von M 3.000 € Schadensersatz aus §§ 280 I, 241 II BGB verlangen.

C. Anspruch des R gegen M auf Zahlung von 3.000 € Schadensersatz aus 831 I BGB
R könnte gegen M einen Anspruch auf Zahlung von 3.000 € Schadensersatz aus 831 I BGB haben.

I. BESTELLUNG EINES VERRICHTUNGSGEHILFEN
Dies erfordert den Einsatz eines Verrichtungsgehilfen. Verrichtungsgehilfe ist, wer im Geschäftskreis des Geschäftsherrn nach dessen Weisung tätig ist. G war als

weisungsgebundener Angestellter des M in dessen Geschäftskreis Bauunternehmen tätig und folglich Verrichtungsgehilfe des M.

II. OBJEKTIVE VERLETZUNG DES TATBESTANDES EINER UNERLAUBTEN HANDLUNG

Der Verrichtungsgehilfe muss den objektiven Tatbestand einer unerlaubten Handlung erfüllen. G könnte den objektiven Tatbestand des § 823 I BGB erfüllt haben. Dann müsste er durch sein Verhalten kausal ein Rechtsgut des R verletzt haben. G hat durch sein Verhalten, die schweren Lasten mit einem für eine empfindliche Holztreppe ungeeigneten Transportmittel zu befördern, adäquat kausal das Eigentum des R verletzt. Dies geschah mangels Rechtfertigungsgrundes auch rechtswidrig. Ferner führte dies kausal zum Vermögensschaden des R. Somit erfüllte das Verhalten des Verrichtungsgehilfen den objektiven Tatbestand einer unerlaubten Handlung.

III. IN AUSFÜHRUNG DER VERRICHTUNG

Dies muss auch in Ausführung der Verrichtung geschehen sein. Dies erfordert einen räumlichen, sachlichen und zeitlichen Zusammenhang zur Verrichtung und darf nicht bloß bei Gelegenheit der Verrichtung geschehen sein. Hier geschah die Eigentumsverletzung während der von M zugewiesenen Arbeit. Damit erfüllte G die unerlaubte Handlung in Ausführung der Verrichtung.

IV. KEINE EXKULPATION GEM. § 831 I 2 BGB

Es dürfte sich M nicht gem. § 831 I 2 BGB exkulpiert haben. Der Geschäftsherr kann sich durch den Vortrag entschuldigen, den Verrichtungsgehilfen sorgfältig ausgewählt, angeleitet und überwacht zu haben. Dies hat M hier getan, weshalb er nicht gem. § 831 I BGB haftet.

FALLENDE

D. Ergebnis

R kann von M 3.000 € Schadensersatz aus §§ 280 I, 241 II BGB verlangen.

II. SYSTEMATIK UND VERTIEFUNG

1. Der Anspruch aus §§ 280 I, 241 II BGB

a) Prüfungsschema

PRÜFUNGSSCHEMA

DER ANSPRUCH AUS §§ 280 I, 241 II BGB

1. **Schuldverhältnis**
2. **Pflichtverletzung gem. § 241 II BGB**
3. **Vertretenmüssen des Schuldners**
4. **Ersatzfähiger und kausaler Schaden**
5. **Einwendungen**
6. **Einreden**
7. **Keine unzulässige Rechtsausübung gem. § 242 BGB**

b) Schuldverhältnis

Wer einen Vertrag schließt, will sich zu einer Leistung verpflichten. Dies geschieht bei **344** gegenseitigen Verträgen, um eine Gegenleistung zu erhalten, kann aber auch wie beim Auftrag oder der Leihe uneigennützig geschehen. Die vertragliche Bindung führt dazu, dass jede Partei ihre Rechte, Rechtsgüter und Interessen der Einflussnahme der anderen Seite aussetzt.

BEISPIEL: Wer einen Handwerker mit Malerarbeiten in seiner Wohnung beauftragt und ihm Zutritt verschafft, ermöglicht dem Handwerker nicht nur, die geschuldete Leistung zu erbringen. Er geht auch das Risiko ein, dass der Handwerker, seine Gesellen oder Azubis das eigene Mobiliar beschädigen.

Deshalb beginnt mit dem Vertragsschluss eine Sonderrechtsbeziehung zwischen den Vertragsparteien. Diese verpflichtet jede Partei über die geschuldete Leistung hinaus zur gegenseitigen Rücksichtnahme auf ebendiese Rechte, Rechtsgüter und Interessen.[965] § 241 II BGB erhebt diese Rücksichtnahmepflichten zu vertraglichen Nebenpflichten, bei deren Verletzung Schadensersatz aus § 280 I BGB wegen der Verletzung des Integritätsinteresses gefordert werden darf.

> **DEFINITION**
>
> Unter **Integritätsinteresse** ist der Schaden zu verstehen, den der Gläubiger an seinen Rechten, Rechtsgütern und sonstigen Vermögenspositionen neben der Leistung durch die Abwicklung des Schuldverhältnisses erleidet.[966]

Integritäts-interesse

Um den Gläubiger vor Schäden am Integritätsinteresse zu bewahren, stellt das BGB in § 241 II BGB Nebenpflichten auf.
Dabei sind sie in Dauerschuldverhältnissen aufgrund der längeren Bindung intensiver ausgeprägt als etwa bei Kaufverträgen, bei denen sich die Durchführung des Geschäfts regelmäßig im einmaligen Austausch erschöpft.[967]
Auch gesetzliche Schuldverhältnisse können eine Sonderrechtsbeziehung darstellen, aus der dem Schuldner Nebenpflichten erwachsen.

Gesetzliche Schuldverhältnisse

BEISPIEL: Dies wurde am Beispiel der Geschäftsführung ohne Auftrag schon erörtert.[968]

c) Pflichtverletzung gem. § 241 II BGB

Der Schuldner muss eine Nebenpflicht aus § 241 II BGB verletzen, um schadenser- **345** satzpflichtig zu werden. In dieser Norm sind die Nebenpflichten des Schuldverhältnisses geregelt. Die darin enthaltene Pflicht zur Rücksichtnahme erstreckt sich auf Rechte, Rechtsgüter und Interessen des Gläubigers. Damit ist der Gläubiger vor jeder Verletzung des Integritätsinteresses geschützt. Darunter ist der Schutz des Gläubigers vor jeder Verletzung seiner Vermögensinteressen durch ein Fehlverhalten des Schuldners zu verstehen.[969]

---

965   Palandt-Grüneberg, BGB, § 241 Rn 6; Müller, JuS 1998, 894, 895
966   BGH, NJW-RR 2004, 481, 483
967   Brox/Walker, Schuldrecht AT, § 2 Rn 13
968   Siehe Randnummer 322
969   Siehe Randnummer 344

Eine Verletzung dieser Pflichten kann häufig als Verstoß gegen eine allgemeine Verkehrspflicht gewertet werden, sodass parallel eine außervertragliche Haftung, z.B. aus § 823 I BGB, in Betracht kommt. Diese allgemeinen Verkehrspflichten können zugleich Vertragspflichten sein. Dies gewährt dann die Möglichkeit, das Verschulden des Erfüllungsgehilfen gem. § 278 BGB dem Schuldner zuzurechnen.[970]

Arten der Nebenpflichten

Den Schuldner können zum einen Schutz-, Obhuts- und Fürsorgepflichten und zum anderen Aufklärungspflichten und nicht zuletzt Leistungstreuepflichten treffen.

> **KLAUSURHINWEIS**
>
> Bei der Darstellung in Klausuren und Hausarbeiten ist zu beachten, dass die Pflichtverletzung bereits im objektiven Tatbestand darzulegen ist. Empfehlenswert ist dabei eine Prüfung in vier Schritten: Erstens Herleitung der Pflicht aus § 241 II BGB, zweitens systematische Charakterisierung nach Art der Pflicht, drittens Konkretisierung der Pflicht und viertens Subsumtion der Pflichtverletzung. Im Gegensatz zu den leistungsbezogenen Pflichten ist der Aufbau hier nicht erfolgsbezogen, sondern verhaltensbezogen. Das heißt, dass zur Bestimmung der Pflichtverletzung im objektiven Tatbestand ein Verhalten des Schuldners dargelegt werden muss, das gegen den Pflichtenkatalog des Schuldverhältnisses verstößt. Bei Unmöglichkeit und Verzug stellt die Unmöglichkeit oder der Verzug selbst die Pflichtverletzung dar. Nur dies muss im Prozess vom Gläubiger dargelegt werden. Der Schuldner muss wegen § 280 I 2 BGB darlegen, dass er dies nicht zu vertreten hat.

aa) Schutz-, Obhuts- und Fürsorgepflichten

346 Den Schuldner können Schutz-, Obhuts- und Fürsorgepflichten treffen. Diese Pflichten legen dem Schuldner Sorgfalt vor allem zum Schutz des Eigentums, des Lebens, des Körpers und der Gesundheit des Gläubigers auf.

BEISPIEL: B hat mit dem Malermeister M einen Werkvertrag geschlossen. M soll die Fassade des Einfamilienhauses des B neu streichen. Bei Ausführung der Arbeiten glaubt M fälschlich, auf ein sicheres Gerüst verzichten zu können. Stattdessen lehnt M eine ungesicherte Leiter an die Hauswand und stellt sich so ungeschickt an, dass die Leiter umfällt und das Panoramafenster zum Garten zerstört. B verlangt von M Schadensersatz der Reparaturkosten in Höhe von 1.000 €. Zu Recht ?

B könnte gegen M einen Anspruch auf Schadensersatz in Höhe von 1.000 € aus §§ 280 I, 241 II BGB haben. Hier hat M nicht seine Leistungspflicht verletzt, er könnte aber eine Nebenpflicht aus dem Werkvertrag verletzt haben. Gem. § 241 II BGB sind die Parteien im Rechtsverkehr zur Rücksichtnahme auf Rechte, Rechtsgüter und Interessen des anderen Teils verpflichtet.

> **KLAUSURHINWEIS**
>
> Mit diesem letzten Satz leitet man im Gutachten die Nebenpflichten des Schuldners aus § 241 II BGB ab.

Daraus folgen Schutz- und Obhutspflichten.

---

970   *Müller, JuS 1998, 894, 895*

KLAUSURHINWEIS

In diesem zweiten Schritt charakterisiert man die Art der Nebenpflicht, hier als Schutz- und Obhutspflicht.

Wer als Werkunternehmer Verrichtungen an fremdem Eigentum vorzunehmen hat, muss Sorge tragen, dass dieses nicht verletzt wird. Der Werkunternehmer nimmt die ihm vertrauten Sachen in seine Obhut und trägt Verantwortung für ihren Erhaltungszustand.[971] Dies bedeutet konkret, dass ein Werkunternehmer auf ein Sicherheitsgerüst nicht verzichten darf, wenn dies zum Schutz des Eigentums geboten ist. Es bedeutet ferner, dass Leitern gesichert werden müssen, damit sie nicht umfallen und fremdes Eigentum verletzen.

Obhutspflichten

KLAUSURHINWEIS

Dieser dritte Schritt ist der entscheidende. Man konkretisiert im Gutachten, was die aus § 241 II BGB auferlegte Pflicht für den Schuldner allgemein und im Einzelfall bedeutet. Die Prüfer, die überwiegend Praktiker sind, also Richter, Staatsanwälte oder Verwaltungsjuristen, müssen an dieser Stelle in ihrem Beruf nahezu täglich eigenständig argumentieren, wenn sie Urteile, Beschlüsse, Anklageschriften oder Bescheide verfassen. Deshalb erkennen sie anhand der hier gezeigten Argumentationskraft der Kandidaten ihre zukünftigen Kollegen. An dieser Stelle sammelt man oder verliert man Punkte.

Indem M ein solches Gerüst nicht aufstellte und das Eigentum des B verletzte, hat er eine Schutzpflicht aus dem Werkvertrag verletzt.

KLAUSURHINWEIS

Zum Schluss folgen Subsumtion und Ergebnis. Wird letzteres nicht formuliert, stellt dies einen schweren Fehler dar.

Indem er die erforderliche Sicherung verkannte und sich bei der Ausführung der Arbeit auch noch ungeschickt verhielt, hat er die im Verkehr erforderliche Sorgfalt verletzt. Deshalb handelte er schuldhaft gem. §§ 280 I 2, 276 BGB.

KLAUSURHINWEIS

Weil hier das Verschulden so offensichtlich ist, genügt die Darstellung im einfachen, verkürzten Gutachtenstil.

B muss einen gem. §§ 249 ff. BGB ersatzfähigen Schaden erlitten haben, der adäquat kausal auf der Pflichtverletzung beruht. Ein Schaden ist eine unfreiwillige Vermögenseinbuße. Mit der Zerstörung seines Panoramafensters erlitt B eine solche. Die Naturalrestitution kann B wegen der Verletzung seiner Sache gem. § 249 II 1 BGB in Geld verlangen. Ferner wurde das Fenster nur aufgrund des unsorgfältigen Verhaltens des M zerstört. Somit wäre der Schaden in Höhe von 1.000 € ohne die schuldhafte Pflichtverletzung nicht eingetreten. Es besteht folglich auch Kausalität zwischen Pflichtverletzung und Vermögensschaden.

---

[971]   *BGH, NJW 1977, 376, 376*

> **KLAUSURHINWEIS**
> Bei der Kausalität zwischen Pflichtverletzung und Schaden profitiert man von einer vorherigen, gründlichen Herausarbeitung der Pflichtverletzung.

Also schuldet M dem B aus §§ 280 I, 241 II BGB Ersatz für den Schaden in Höhe von 1.000 €.

> **KLAUSURHINWEIS**
> Das Gesamtergebnis darf man nicht vergessen.

Fürsorgepflichten

Den Schuldner können auch Fürsorgepflichten zum Schutz des Gläubigervermögens treffen.

BEISPIEL: S ist eine staatlich zugelassene Spielbank, die G häufig aufsucht. Als G einen Kontrollverlust befürchtet, bittet er S, ihn zu „sperren". Mit Ausspruch dieser Sperre soll es G verboten werden, weiter zu spielen. S kommt diesem Wunsch zwar nach und sperrt G, jedoch verhindert sie nicht dessen Weiterspielen.

Ein Spieler, der gegenüber der Spielbank den Wunsch nach einer Eigensperre ausspricht, sieht sich selbst als gefährdet an und handelt in der Phase, in der er noch zur Eigenreflexion fähig ist. Nimmt die Spielbank den Antrag an, geht sie eine Bindung mit dem Spieler ein, indem sie sich verpflichtet, ihn im Rahmen des zumutbaren und möglichen vor den wirtschaftlichen Schäden zu beschützen, die ihm aufgrund seiner Spielsucht drohen.[972]
Im obigen Beispiel[973] hat sich die Spielbank gem. §§ 280 I, 241 II BGB schadensersatzpflichtig gemacht. Im Jahr 2012 erweiterte der BGH die Fürsorgepflichten der Spielbanken. Wenn die Spielbank einen Spielbanksperrvertrag mit einem Spieler abgeschlossen hat, trifft sie später auch die Fürsorgepflicht, einem Antrag des Spielers auf Aufhebung der Eigensperre nicht ohne Nachweis stattzugeben, dass eine Spielsuchtgefährdung nicht mehr besteht.[974]

bb) Aufklärungspflichten

347 Den Schuldner können in vertraglichen Schuldverhältnissen Aufklärungspflichten treffen. Welche Qualität eine Aufklärungspflicht im Einzelfall hat, muss durch Auslegung ermittelt werden.

Aufklärungspflicht als Hauptleistungspflicht

Beim selbständigen Beratungsvertrag ist diese Pflicht Hauptleistungspflicht.

BEISPIEL: Ein solcher wird z.B. geschlossen, wenn ein Anlageinteressent an eine Bank herantritt, um über die Anlage eines Geldbetrages beraten zu werden, so wird das darin liegende Angebot zum Abschluss eines Beratungsvertrages stillschweigend durch die Aufnahme des Beratungsgesprächs angenommen.[975]

Aufklärungspflicht als Nebenleistungspflicht

Aufklärungspflichten können aber auch Nebenleistungspflichten sein.

---

972   BGH, NJW 2006, 362, 363
973   Siehe Randnummer 346
974   BGH, NJW 2012, 48, 49, 50
975   BGH, NJW 1993, 2433, 2433

BEISPIEL: Übernimmt der Verkäufer beim Kaufvertrag eine zusätzliche Beratungspflicht ist diese als Nebenleistungspflicht zu klassifizieren. Wird sie mangelhaft erfüllt, tritt die Haftung aus § 280 I BGB neben die kaufvertraglichen Gewährleistungsrechte.[976]

KLAUSURHINWEIS

Sollte die Aufklärungspflicht als Leistungspflicht zu klassifizieren sein, hat man sie im Gutachten bereits geprüft, bevor man zu §§ 280 I, 241 II BGB kommt. Wurde sie durch schuldhafte Nichtleistung verletzt, verlangt der Gläubiger Schadensersatz statt der Leistung entweder aus §§ 280 I, III, 283 BGB wegen Unmöglichkeit oder aus §§ 280 I, III, 281 I 1 1. Fall BGB wegen endgültigem Ausbleiben der Leistung. Verzögerungsschäden begehrt er aus §§ 280 I, II, 286 BGB. Wurde sie schlecht erfüllt, gelten die besonderen Regeln der §§ 437, 536, 619a, 634, 651a BGB, ansonsten gilt § 280 I BGB. Zur Nebenpflichtverletzung kommt man daher am Ende der Begutachtung. Dies erspart dem Verfasser dann aber Ausführungen zur Qualität der Pflicht innerhalb der Prüfung des §§ 280 I, 241 II BGB. Sollte der Fall eindeutig sein, wie im folgenden „Friseurfall",[977] kann man innerhalb des Merkmals „Pflichtverletzung" zügig abgrenzen.

Neben der Leistung kann eine vertragliche Nebenpflicht zur Aufklärung des Gläubigers aus Treu und Glauben gem. § 242 BGB geboten sein, wenn für den Schuldner ein berechtigtes Interesse des Gläubigers an sachgemäßer Aufklärung erkennbar ist. Grundsätzlich obliegt es nämlich dem Gläubiger, sich über mit dem Vertrag verbundene Gefahren selbst zu informieren.[978]

Aufklärungspflicht als Nebenpflicht

BEISPIEL („Friseurfall"): Friseurmeister F betrieb einen Salon in Mainz und bezog regelmäßig **348** vom Hersteller V ein Haartonikum in Großpackungen. V wies in den Kleinpackungen, die im Einzelhandel vertrieben wurden, im Beipackzettel auf die Gefahr einer allergischen Reaktion beim Verwender hin, die bei Menschen mit einer besonderen Veranlagung in seltenen Fällen auftreten könne. Obwohl der zuständige Dermatologe vor der Markteinführung auf die Notwendigkeit der Aufklärung über diesen Aspekt hingewiesen hatte, fehlte in den Großpackungen jede Information über diese Gefahr. Als bei F die typische allergische Reaktion auftrat, verwendete er das Tonikum nicht mehr. Jedoch trat der Hautausschlag in der Folgezeit immer wieder auf, sodass F seinen Salon schließen und eine neue Tätigkeit als Angestellter ausüben musste. F klagt gegen V aus §§ 280 I, 241 II BGB auf Ersatz des Verdienstausfalles, den er korrekt beziffert. Hat er Recht?

Der zwischen V und F geschlossene Kaufvertrag stellt das geforderte Schuldverhältnis dar. Fraglich ist aber, ob V eine Vertragspflicht verletzt hat. Das gelieferte Tonikum ist nicht mangelhaft i.S.v. § 434 BGB. Eine Beschaffenheitsvereinbarung nach § 434 I 1 BGB ist nicht getroffen. Es eignet sich auch zur gewöhnlichen Verwendung. Das Tonikum ist auch keine zur Montage bestimmte Sache. Deshalb führt der fehlende Hinweis in der Gebrauchsanweisung nicht zur Annahme einer mangelhaften Montageanleitung gem. § 434 II 2 BGB. Eine unselbständige, aber einklagbare

---

976   BGH, NJW 1983, 2697, 2698
977   Siehe Randnummer 348
978   BGH, NJW 1989, 763, 764

Nebenleistungspflicht zur Beratung des F wurde nicht vereinbart. V könnte deshalb allenfalls eine Nebenpflicht i.S.d. § 241 II BGB verletzt haben.

> **KLAUSURHINWEIS**
>
> So grenzt man pragmatisch und schnell von den spezielleren Anspruchs-normen ab.

Gem. § 241 II BGB sind die Parteien im Schuldverhältnis zur gegenseitigen Rücksicht-nahme auf Rechte, Rechtsgüter und Interessen des Vertragspartners verpflichtet. Daraus können Aufklärungspflichten folgen.

Herleitung aus Treu und Glauben

Zwar sind Informationsdefizite grundsätzlich Teil des allgemeinen Lebensrisikos, sodass keine generelle Aufklärungspflicht im Rechtsverkehr besteht und sich jede Partei selbst informieren muss. Jedoch ist Aufklärung des Gläubigers aus Treu und Glauben gem. § 242 BGB geboten, wenn für den Schuldner ein berechtigtes Interesse des Gläubigers an sachgemäßer Aufklärung erkennbar ist.[979] Dies ist insbe-sondere der Fall, wenn ohne die Aufklärung des Schuldners dem Gläubiger Gefahren für sein Leistungs- oder auch Integritätsinteresse drohen, von denen der Gläubiger keine Kenntnis hat. Dies gilt umso mehr, wenn der Schuldner Fachmann ist.[980]

> **KLAUSURHINWEIS**
>
> Wie man hier erkennt, stellt die Herleitung einer Aufklärungspflicht als Nebenpflicht eine echte Herausforderung dar, weil es dem Gläubiger grund-sätzlich obliegt, sich selbst zu informieren. Deshalb kommt der Darstellung des besonderen Aufklärungsinteresses des Gläubigers die allerhöchste Bedeutung zu, wie die folgende Passage zeigt.

Aufklärung bei gesundheitlichen Gefahren

Auch wer aus durchgeführten Versuchsreihen erkennen kann, dass ein Präparat im Prinzip ungefährlich ist und nur eine geringfügige Gefährdung für speziell allergisch veranlagte Personen darstellt, ist von der Verpflichtung zur Warnung nicht befreit. Nur nach einer entsprechenden Warnung kann ein Betroffener von diesem Mittel Abstand nehmen oder Schutzmaßnahmen ergreifen. Das Unterlassen der Warnung stellt objektiv eine Pflichtverletzung dar.

V muss die Pflichtverletzung auch zu vertreten haben. Der Schuldner hat grund-sätzlich gem. § 276 BGB Vorsatz und Fahrlässigkeit zu vertreten. Die im Verkehr erforderliche Sorgfalt hätte hier geboten, gerade Friseure auf die Gefahren einer sich unbemerkt entwickelnden Allergie hinzuweisen. Indem dies unterblieb, handelte V auch schuldhaft gem. §§ 280 I 2, 276 BGB.

Besondere Kau-salitätsprobleme bei unterlassener Aufklärung

> **KLAUSURHINWEIS**
>
> Aufklärungspflichten werden regelmäßig durch Unterlassen der Aufklärung verletzt. Dies wirft die im folgenden Text dargestellten typischen Kausalitäts-fragen auf.

Problematisch ist schließlich, ob ein ersetzbarer Schaden eingetreten ist, der adäquat kausal auf der Pflichtverletzung beruht. Der geltend gemachte Schaden ist

---

979   BGH, NJW 1989, 763, 764
980   BGH, NJW 1975, 824, 825; Palandt-Grüneberg, BGB, § 280 Rn 30

gem. § 252 BGB als entgangener Gewinn ersetzbar. Fraglich ist aber die Kausalität zwischen unterlassener Aufklärung und entgangenem Gewinn. Die Verletzung einer Hinweispflicht ist für den eingetretenen Schaden nur dann ursächlich, wenn pflichtgemäßes Handeln den Schaden mit Sicherheit verhindert hätte.[981] Hier lässt sich nicht aufklären, ob F bei Kenntnis des geringen Risikos auf den Einsatz des Haartonikums generell verzichtet oder geeignete Gegenmaßnahmen zum Schutz ergriffen hätte, z.B. durch das Tragen von Handschuhen. Zwar trägt grundsätzlich der Geschädigte die Darlegungs- und Beweislast für den Zusammenhang zwischen Pflichtverletzung und Schaden, jedoch ergibt sich hier aus dem Sinn und Zweck der Aufklärungspflicht das Gegenteil. Es soll gerade deswegen über die drohenden Gefahren der Kaufsache aufgeklärt werden, um Klarheit zu schaffen, ob der Käufer, wenn ihm das Risiko bewusst gemacht wird, trotzdem am Einsatz der Sache festhalten will. Folglich dient die Aufklärungspflicht gerade dazu, den Käufer aus der Beweisnot zu befreien, wenn man diese Frage nur hypothetisch beantworten kann.[982] Folglich hätte hier V darlegen müssen, dass F das Tonikum auch nach pflichtgemäßer Aufklärung ohne Schutzmaßnahmen verwendet hätte.

Indem er dies unterließ, steht fest, dass der Schaden kausal auf der unterlassenen Aufklärung beruht und F der Anspruch aus §§ 280 I, 241 II BGB gegen V zusteht. Darüber hinaus könnte F aus §§ 280 I, 241 II BGB auch Schadensersatz gem. § 249 I BGB wegen der geöffneten, für ihn nicht mehr nutzbaren und wegen der Öffnung auch unverkäuflichen Flasche Haartonikum verlangen. Die Vermögenseinbuße beruht auf der für ihn sinnlosen Anschaffung der Flasche, die er bei pflichtgemäßer Aufklärung entweder nicht gekauft, mindestens aber nicht geöffnet hätte.

MERKSATZ

Es obliegt grundsätzlich dem Gläubiger, sich umfassend über die Risiken des Vertrages vorab zu informieren. Jedoch besteht die vertragliche Nebenpflicht des Schuldners, den Gläubiger über alle wesentlichen Fragen aufzuklären, über die er im Verkehr redlicherweise Aufklärung erwarten darf. Dies ist immer der Fall, wenn ohne die Aufklärung des Schuldners Gefahren für Rechte, Rechtsgüter oder Vermögensinteressen des Gläubigers bestehen, von denen dieser keine Kenntnis hat. Dies gilt umso mehr, wenn der Schuldner Fachmann ist.[983]

cc) Leistungstreuepflichten

Aus Treu und Glauben können den Schuldner gem. § 242 BGB Treuepflichten treffen.   **349**
Der Schuldner hat die Pflicht, den Vertragszweck nicht zu gefährden.

BEISPIEL: Es widerspricht der Leistungstreuepflicht, die Erfüllung des Vertrages zu verweigern. Für diesen Fall der Nichtleistung ordnet § 281 II BGB speziell den Schadensersatz statt der Leistung ohne Einhaltung einer Frist gem. §§ 280 I, III, 281 I 1 1. Fall BGB an.

---

981   BGH, NJW 1961, 868, 870
982   BGH, NJW 1975, 824, 825
983   Palandt-Grüneberg, BGB, § 280 Rn 30

In Betracht kommen aber auch schadensersatzbegründende Nebenpflichtverletzungen. Denkbar sind Fälle einer treuwidrigen Kündigung, wenn diese z.B. auf unwahren Tatsachen beruht.

BEISPIEL: Wenn ein Vermieter dem Mieter eines Wohnraums den Mietvertrag kündigen will, benötigt er einen Kündigungsgrund gem. § 573 BGB. In der Praxis besteht als einzig realistische Möglichkeit die Kündigung wegen Eigenbedarfs. Täuscht der Vermieter den Eigenbedarf arglistig vor, haftet er dem ausgezogenen Mieter unumstritten gem. § 826 BGB auf Schadensersatz.[984] Parallel haftet er aus §§ 280 I, 241 II BGB.

Der Schaden besteht gem. § 249 I BGB in der Höhe der Umzugskosten, in der Höhe etwaiger Suchkosten einer neuen Wohnung und in der Differenz zwischen der höheren Miete der neuen und der niedrigeren der alten gekündigten Mietwohnung.

> **KLAUSURHINWEIS**
> Der Unterschied zwischen der Haftung aus § 826 BGB und der vertraglichen Haftung aus §§ 280 I, 241 II BGB besteht zum einen darin, dass der Vermieter sich das Verschulden seines Erfüllungsgehilfen, etwa einer Hausverwaltung, gem. § 278 zurechnen lassen muss und zum anderen darin, dass das Vertretenmüssen des Schuldners gem. § 280 I 2 BGB vermutet wird.

Eine Verletzung der Leistungstreuepflicht begeht der Schuldner, der schuldhaft eine rechtswidrige AGB verwendet.

BEISPIEL: Vermieter V verwendet eine falsche Schönheitsreparaturenklausel, die dem Mieter die Pflicht zur Vornahme von Schönheitsreparaturen auferlegt, selbst wenn diese nicht erforderlich sind. Auf diese Klausel vertraut M, der erhebliche Kosten zur Renovierung aufwendet. Entscheidend ist, ob dem Vermieter ein Verschuldensvorwurf gemacht werden kann.[985] Falls ja, kann der Mieter die aufgewendeten Kosten aus §§ 280 I, 241 II BGB als Schadensersatz fordern.

350 Die Schadensersatzpflicht kann sogar ausgelöst werden, wenn die Pflichtverletzung nach der Erfüllung des Vertrags eintritt.

BEISPIEL: („Skyline-Fall", abgewandelt nach OLG Frankfurt, RA 2016, 13 ff.): K und B schließen am 18.04.2008 einen notariellen Bauträgervertrag über eine Eigentumswohnung in der A-Straße 10 in Frankfurt-Riedberg ab. Dem Vertrag liegen die Baubeschreibung und der 138 Seiten starke Verkaufsprospekt „Skyline-Wohnkonzept" zugrunde. Darin heißt es:
„Auf der Südterrasse über dem X die Türme der Stadt fest im Blick. Der Abend, die Stadt mit ihren Türmen glüht. Die passende Bühne für den unverbaubaren Skyline-Blick. [...] Blick auf die Skyline der Frankfurter Innenstadt."

---

984   Klinkhammer, NJW 1997, 221, 221
985   BGH, VIII ZR 302/07, Urteil vom 27.05.2009, becklink 282439

Im Anschluss an den Vertragsschluss zahlt K den Kaufpreis i.H.v. insgesamt 326.118,01 € an B aus. Die Übergabe des Objekts findet am 23.06.2009 statt. Kurz danach wird unterhalb des Hauses durch B eine weitere Bebauung in dreigeschossiger Bauweise errichtet (sog. X-Projekt). Mit Schreiben vom 20.05.2011 verlangt K von B die Rücknahme des Einfamilienhauses und Rückzahlung des Kaufpreises. Zur Begründung führt K an, dass B ihm im Verkaufsprospekt einen Blick auf die Frankfurter Skyline zugesagt habe. Dieser sei aber nach der Verwirklichung des X-Projekts nicht mehr gesichert. B macht daraufhin geltend, dass die Unverbaubarkeit des Blicks nicht zugesagt gewesen sei. Sein Mitarbeiter D habe alle Erwerber mündlich darauf hingewiesen, dass auf dem gegenüberliegenden Grundstück noch gebaut werde. Zu Recht?

Nachvertragliche Treuepflicht

> **KLAUSURHINWEIS**
> **Rechte aus Sachmängelhaftung** gehen Ansprüchen wegen einer Nebenpflichtverletzung vor. Sie sind im Gutachten deshalb immer voranzustellen.

K könnte gegen B einen Anspruch aus einem Rückgewährschuldverhältnis gem. §§ 650u I 3, 437 Nr. 2, 323 I 2. Fall, 346 I BGB haben. Dann müssen die Regeln des Kaufrechts zur Anwendung kommen. Dies wäre gem. § 437 BGB der Fall, wenn K von B ein Grundstück mit einem bereits fertig errichteten Haus, bzw. mit einer fertig errichteten Eigentumswohnung gekauft hätte. Die Parteien haben aber einen Bauträgervertrag geschlossen. Dieser ist seit dem 01.01.2018 in § 650u BGB geregelt.

Bauträgervertrag

> **KLAUSURHINWEIS**
> In einer Klausur wäre § 650u BGB gem. Art. 229, § 39 EGEGB nur auf Bauträgerverträge anwendbar, die ab dem 01.01.2018 geschlossen wurden. Hier erfüllt die Aufgabenstellung einen didaktischen Zweck.

Bauträgerverträge waren bereits vor dem 01.01.2018 als typengemischte Verträge weit verbreitet.

> **DEFINITION**
> Von **typengemischten Verträgen** oder **Typenkombinationsverträgen** spricht man, wenn sich ein Gesamtvertrag aus Einzelleistungen zusammensetzt, die verschiedenen Vertragstypen zugeordnet werden können. Ferner sind bei ihnen diese Einzelleistungen derart eng miteinander verbunden, dass sie nur in ihrer Gesamtheit ein sinnvolles Ganzes ergeben.[986]

Typengemischter Vertrag

Dadurch unterscheiden sich typengemischte von zusammengesetzten Verträgen.

Abgrenzung des typengemischten vom zusammengesetzten Vertrag

> **DEFINITION**
> Bei **zusammengesetzten Verträgen** verlieren die einzelnen Bestandteile nicht ihren Sinn, wenn die aus Ihnen folgenden Pflichten getrennt erfüllt werden.[987]

---

986 *Erman-J.Kindl, BGB, vor § 311 Rn 18*
987 *Erman-J.Kindl, BGB, vor § 311 Rn 16*

Bauträgervertrag

Beim Bauträgervertrag will der Gläubiger ein schlüsselfertiges Haus oder eine schlüsselfertige Wohnung erwerben. Die Pflicht des Bauträgers aus § 433 I BGB, die Grundstücksfläche zu übereignen, steht in untrennbarem Zusammenhang mit seiner Pflicht, die versprochene Bauleistung gem. §§ 650a, 631 BGB zu erbringen. Nach der Komponentenlehre ist bei Verletzungen von Pflichten aus typengemischten Verträgen auf den verletzten Vertragsteil abzustellen, wenn kein eindeutiger Schwerpunkt erkennbar ist.[988] Beim Bauträgervertrag sind die kaufrechtliche Übereignungsverpflichtung und die werkvertragsrechtliche Bauverpflichtung rechtlich und wirtschaftlich gleichwertig, weil die eine ohne die andere keinen Sinn ergibt. Deshalb hat der Gesetzgeber in § 650u I BGB mehrere Sätze normiert. Bei Verletzung einer bauvertraglichen Verpflichtung verweist § 650u I 2 BGB auf die §§ 631, 650a ff. BGB, bei Störungen der kaufvertraglichen Verpflichtungen verweist § 650u I 3 BGB auf die kaufrechtlichen Vorschriften.

Verweisung aus
§ 650u I 3 BGB
auf § 437 BGB

Vorliegend kommt es darauf an, welcher Vertragsteil verletzt wurde. Das Gebäude der Liegenschaft wurde mangelfrei errichtet. Folglich ist der Mangel nicht im Bauvertrags-, sondern im Kaufrecht zu suchen. Somit kommt § 437 BGB über § 650u I 3 BGB zur Anwendung.

Gefahrübergang

§ 437 BGB setzt einen Sachmangel gem. § 434 BGB oder einen Rechtsmangel gem. § 435 BGB voraus, der bei Gefahrübergang vorhanden ist. Der Gefahrübergang ist gem. § 446 BGB mit der Übergabe des Objekts eingetreten, sofern die Parteien nichts anderes vereinbart haben. Unstreitig erlangte K den Besitz, sodass die Gefahr gem. § 446 S.1 BGB auf ihn übergegangen ist.

Sachmangel

Hier könnte ein Sachmangel gem. § 434 I 1 BGB gegeben sein. Dies setzt das Fehlen einer vereinbarten Beschaffenheit voraus. Beschaffenheiten sind alle Eigenschaften und sonstige Sachmerkmale, die für Wert und Tauglichkeit der Sache erheblich sind. K konnte als Beschaffenheit der erworbenen Eigentumswohnung erwarten, dass diese von den Wohn- und Außenbereichen einen unverbauten Blick auf die Frankfurter Skyline bietet, dies zwar nicht von jedem Punkt des Grundstücks und der Wohnung, aber jedenfalls von den im wesentlichen genutzten Bereichen im Inneren und auf der Terrasse. Dass K diese Beschaffenheit erwarten konnte, folgt aus dem Verkaufsprospekt, der als Werbung im Sinne des § 434 I 3 BGB anzusehen ist. Der Prospekt trägt den Titel „Skyline-Wohnkonzept". Der Begriff „Skyline" ist auch sonst der prägende Begriff des Objektes, wie es im Prospekt dargestellt wird.

Skyline

> **DEFINITION**
>
> **Skyline** (englisch „Horizont" oder „Silhouette") ist die Teilansicht oder das Panorama, das eine Stadt mit ihren höchsten Bauwerken und Strukturen vor dem Horizont abzeichnet.[989]

Mangel war
noch nicht bei
Gefahrübergang
vorhanden

Diese Beschaffenheit muss bei Gefahrübergang gefehlt haben. Hier steht aber fest, dass bei Übergabe des Objekts ein unverbauter Skyline-Blick vorlag. Folglich fehlt es an einem Mangel bei Gefahrübergang gem. §§ 437 Nr. 2, 434 I 1, 446 BGB. Damit besteht kein Rücktrittsrecht aus § 437 Nr. 2 BGB.

---

988   *Erman-J.Kindl, BGB, vor § 311 Rn 18*
989   *Wikipedia, Definition Skyline*

KLAUSURHINWEIS

Wenn das vorrangige Sachmängelrecht kein Ergebnis bringt, ist der Weg ins allgemeine Schuldrecht grundsätzlich frei. Anders als bei der culpa in contrahendo[990] wird es bei der hier vorliegenden culpa post contractum finitum nicht gesperrt. Diese hat ja gerade den Sinn, nachvertragliche Treuepflichtverletzungen zu sanktionieren. Das OLG hat seine Entscheidung auf §§ 280 I, 241 II BGB i.V.m. § 249 I BGB gestützt. An einen Anspruch aus § 346 I BGB nach einem Rücktritt gem. § 324 BGB hat es entweder nicht gedacht oder den Rücktrittsgrund nicht für einschlägig erachtet oder keine Notwendigkeit gesehen, auf ihn einzugehen. Es genügt bei stattgebenden Urteilen, die Entscheidung auf eine einschlägige Anspruchsgrundlage zu stützen.

K könnte gegen B aber einen Schadensersatzanspruch auf Rückabwicklung des Vertrages gem. §§ 280 I, 241 II BGB i.V.m. § 249 I BGB haben.

Das hierfür nötige Schuldverhältnis ist der Bauträgervertrag. Hier könnte B durch die nachvertragliche Verbauung des Skyline-Blicks eine Pflicht aus § 241 II BGB verletzt haben, sodass eine culpa post contractum finitum vorläge. **Schuldverhältnis**

KLAUSURHINWEIS

Diese wird auch **culpa post pactum finitum** und vereinzelt **culpa post contrahendo** genannt.

Gem. § 241 II BGB sind die Parteien im Rechtsverkehr zur Rücksichtnahme auf die Rechte, Rechtsgüter und Pflichten des Gläubigers verpflichtet. Aus diesem Gebot der gegenseitigen Rücksichtnahme folgen auch Leistungstreuepflichten. **Pflichtverletzung**

KLAUSURHINWEIS

So leitet man die Pflicht aus § 241 II BGB her. Es folgt die Systematisierung der Pflicht als Treuepflicht und ihre Konkretisierung. Hier kann auf das oben bei § 434 I 1 BGB Erarbeitete zurückgegriffen werden.

Hierzu gehört auch die Pflicht, dem Vertragspartner nach der Erfüllung der Vertragspflicht das Gewährte weder zu entziehen, noch wesentlich zu beeinträchtigen. Der unverbaute Skyline-Blick der Stadt Frankfurt war eine dem Vertrag zugrunde liegende Beschaffenheit der von K erworbenen Eigentumswohnung. Zu prüfen ist damit, ob dieser Blick durch die anschließende dreistöckige Bebauung des B im Rahmen des X-Projekts zerstört wird und eine nachträgliche Pflichtverletzung i.S.d. §§ 280 I, 241 II BGB angenommen werden kann. Der bei Vertragsschluss und Übergabe des Objektes an die Kläger vorhandene Blick auf die Skyline Frankfurts ist durch die nachfolgende von der Beklagten veranlasste Bebauung jenseits des X, soweit es die Sichtverhältnisse der Wohnung der Kläger betrifft, wesentlich beschränkt und beeinträchtigt worden. Die sichtbehindernde Bebauung durch das Projekt X stellt eine nachvertragliche Pflichtverletzung des B dar, die K zur Rückabwicklung des Kaufvertrages berechtigt (culpa post contractum finitum.) **culpa post contractum finitum**

B obliegt es gem. § 280 I 2 BGB darzulegen, dass er diese Pflichtverletzung nicht zu vertreten hat. Hier hat B die sichtbehindernde Bebauung selbst geplant und ausgeführt. **Vertretenmüssen**

---

990   Siehe Randnummer 372

Dies geschah folglich mindestens fahrlässig, mithin schuldhaft, weshalb B die Pflichtverletzung auch zu vertreten hat.

Rechtsfolge

Die vom Schuldner zu vertretene Pflichtverletzung begründet für den anderen Teil einen Schadensersatzanspruch, der sich auf alle unmittelbaren und mittelbaren Nachteile des schädigenden Verhaltens erstreckt. Ist infolge der Pflichtverletzung ein nachteiliger Vertrag über den Erwerb eines Gegenstands (Grundstück, Wohnung etc.) abgeschlossen worden, richtet sich gem. § 249 I BGB der Anspruch auf Erstattung des aufgewendeten Betrags, Zug um Zug gegen Übertragung des erworbenen Gegenstandes. Gleiches gilt, wenn der Vertrag - wie hier - erst durch eine nachträgliche Pflichtverletzung nachteilig wird.

K steht somit gegen B ein Anspruch auf Rückzahlung des gezahlten Kaufpreises i.H.v. 326.118,01 € aus § 280 I BGB zu.

MERKSATZ

Nach der Erfüllung des Vertrages besteht eine Treuepflicht fort, dem Gläubiger das aufgrund der Erfüllung Gewährte nicht wieder zu entziehen oder zu beeinträchtigen.

KLAUSURHINWEIS

Das OLG konnte seine Entscheidung auf den Schadensersatz aus §§ 280 I, 241 II BGB i.V.m. § 249 I BGB stützen. Bei der Klage stattgebenden Entscheidungen genügt es, das Urteil auf eine Anspruchsgrundlage zu stützen. Deshalb musste das OLG Frankfurt nicht überprüfen, ob ein Rücktritt gem. § 324 BGB vorlag, der gem. § 346 I BGB eine Rückabwicklung zur Folge gehabt hätte.

dd) Mitwirkungspflichten

351 Sie sind in der Regel selbständig einklagbare Nebenleistungspflichten und keine Nebenpflichten.[991]

d) Vertretenmüssen des Schuldners

aa) Eigenes Verschulden des Schuldners

352 Der Schuldner haftet gem. § 276 BGB für eigenes Verschulden, also für Vorsatz und Fahrlässigkeit, sofern keine strengere Haftung eröffnet ist. Es gilt das zu den anderen Fällen der Leistungsstörung Gesagte auch hier.[992]

bb) Zurechnung fremden Verschulden gem. § 278 BGB

353 Ein Schuldner, der sich zur Erfüllung seiner Verpflichtungen die Vorteile der Arbeitsteilung zunutze macht, indem er Hilfspersonen einsetzt, mindert sein Risiko, selbst schuldhaft zu handeln.

---

991   *Palandt-Grüneberg, BGB, § 242 Rn 32*
992   *Siehe Randnummer 109*

BEISPIEL („Bauarbeiterfall"): Bauunternehmer U hat sich gem. § 631 BGB gegenüber B verpflichtet, auf dessen Grundstück ein Haus zu errichten. Auf der Baustelle arbeiten ausschließlich die angestellten Bauarbeiter Jupp, Willy, Kalle und Vorarbeiter Mike. Jupp verschüttet Altöl, das in den Boden einsickert. Weil der U nicht selbst fahrlässig i.S.v. § 276 II BGB gehandelt hat, würde er wegen eigenen Verschuldens nicht aus § 280 I BGB haften.

Somit könnte sich jeder Schuldner seiner eigenen vertraglichen Haftung entziehen, indem er stets Hilfspersonen einsetzt, die die gefährlichen, Schadensersatz auslösenden Tätigkeiten für ihn ausführen. Genau dies soll § 278 BGB verhindern.[993] Diese Rechtsnorm ordnet an, dass der Schuldner sich gem. § 278 BGB das Verschulden seines gesetzlichen Vertreters oder seines Erfüllungsgehilfen zurechnen lassen muss. Er haftet im Falle des Verschuldens dieser Personen genau so, als hätte er selbst das Leistungshindernis verschuldet.

MERKSATZ

Jeder Schuldner, der zur Erfüllung der Pflichten aus dem vertraglichen Schuldverhältnis Hilfspersonen einsetzt, muss gegenüber dem Gläubiger grundsätzlich für das schuldhafte Fehlverhalten dieser Hilfspersonen einstehen.

(1) Schuldverhältnis zwischen Gläubiger und Schuldner

Aus dem Wortlaut der Rechtsnorm („der Schuldner"; ergibt sich zwingend, dass im Zeitpunkt des Fehlverhaltens der Hilfsperson bereits ein Schuldverhältnis existiert haben muss.[994]   **354**

BEISPIEL: Im „Bauarbeiterfall"[995] hatten U und B einen Werkvertrag geschlossen, als das Altöl das Grundstück des B verunreinigte. Im „Bananenschalenfall"[996] bestand hingegen keine rechtliche Sonderverbindung.

Als Schuldverhältnis i.S.v. § 278 BGB kommen alle bereits entstandenen vertraglichen oder vertragsähnlichen oder gesetzlichen Schuldverhältnisse in Betracht.[997] Schwierigkeiten bereitet nur die Vorstellung eines gesetzlichen Schuldverhältnisses, in dem dann eine Hilfsperson tätig wird. Dies lässt sich aber am Beispiel der Geschäftsführung ohne Auftrag gut darstellen.

BEISPIEL: Halter H parkt im uneingeschränkten Halteverbot und blockiert zudem die Einfahrt des Eigentümers E. Dieser kann dadurch nicht von seinem Grundstück auf die öffentliche Straße fahren. E beauftragt den Abschleppunternehmer A, der beim Abschleppvorgang grob fahrlässig den PKW des H beschädigt.

Hier war H gem. § 1004 I BGB zur Beseitigung der Blockade durch seinen PKW verpflichtet. Dieses Geschäft des E hat H für E geführt. Auf dessen entgegenstehenden

993   BGH, NJW 1985, 2775, 2476
994   BGH, NJW 1951, 477, 477
995   Siehe Randnummer 353
996   Siehe Randnummer 1
997   Siehe Randnummer 2 und 3 und 4

mutmaßlichen Willen kommt es gem. § 679 BGB nicht an. Deshalb stellt das Abschleppen eine Geschäftsführung ohne Auftrag gem. §§ 677, 683 S. 1 BGB dar. Innerhalb dieses gesetzlichen Schuldverhältnis haftet E für das Verschulden seines Erfüllungsgehilfen A nach §§ 280 I, 241 II, 278, 276 BGB.

> **KLAUSURHINWEIS**
>
> Das Schuldverhältnis erscheint im Gutachten als erster Prüfungspunkt sowohl des Anspruchs aus §§ 280 I, 241 II BGB als auch aller anderen Ansprüche aus den §§ 280 ff. BGB. Innerhalb des § 278 BGB kommt es nur noch darauf an, ob im Zeitpunkt des Fehlverhaltens des Gehilfen das Schuldverhältnis bereits bestanden hat.

(2) Gesetzlicher Vertreter oder Erfüllungsgehilfe im Pflichtenkreis des Schuldners

355 Die Hilfsperson muss im Pflichtenkreis des Schuldners gehandelt haben. Als Hilfspersonen kommen zum einen die gesetzlichen Vertreter in Betracht.

Gesetzliche Vertreter i.S.v. § 278 BGB

DEFINITION

Gesetzliche Vertreter i.S.v. § 278 BGB sind diejenigen, deren Vertreterstellung auf Gesetz oder organisatorischen Bestimmungen beruht.[998]

BEISPIEL: Eltern vertreten gem. §§ 1629, 1626 BGB das Kind, der Vormund gem. § 1793 BGB das Mündel, der Betreuer gem. § 1902 BGB den Betreuten, der GmbH-Geschäftsführer gem. § 35 GmbHG die GmbH.

Anwendbarkeit auf die Parteien kraft Amtes

Neben diesen echten Stellvertretern werden wie gesetzliche Vertreter die Parteien kraft Amtes behandelt, weil sie wie die echten Vertreter Rechte und Pflichten für andere Personen begründen, auch wenn sie im eigenen Namen handeln.[999]

BEISPIEL: Insolvenzverwalter sind gem. § 80 I InsO, Testamentsvollstrecker gem. § 2205 BGB, Nachlassverwalter gem. § 152 ZVG und Nachlassverwalter gem. § 1985 BGB Parteien kraft Amtes.

Ferner bestimmt das Gesetz die Zurechnung des Verschuldens eines Erfüllungsgehilfen.

Erfüllungsgehilfe

DEFINITION

Erfüllungsgehilfe ist die Person, die im Pflichtenkreis des Schuldners mit dessen Wissen und Wollen rein tatsächlich bei der Erfüllung der Verbindlichkeit des Schuldners tätig ist.[1000]

---

998   Erman-Westermann, BGB, § 278 Rn 7
999   Erman-Westermann, BGB, § 278 Rn 11
1000   BGH, NJW 1968, 1569, 1569; Palandt-Grüneberg, BGB, § 278 Rn 7, 13

Der Erfüllungsgehilfe darf, muss aber nicht weisungsgebunden sein. Es kommt nicht auf die Art der rechtlichen Beziehung zwischen dem Schuldner und seinem Gehilfen an. Diese Beziehung kann in einem Arbeitsvertrag, aber auch in einem selbständigen Dienstvertrag oder in einem Werkvertrag bestehen. Sogar öffentlich-rechtliche Verhältnisse oder ein rein faktisches Zusammenwirken können genügen.[1001] Maßgebend ist allein, ob er nach den rein tatsächlichen Vorgängen des gegebenen Falles mit dem Willen des Schuldners bei der Erfüllung seiner Verbindlichkeit als dessen Hilfsperson tätig wird.

MERKSATZ
Erfüllungsgehilfe ist, wer im Pflichtenkreis des Schuldners mit dessen Wissen und Wollen tätig ist.

Die Hilfsperson muss in Erfüllung einer Verbindlichkeit des Schuldners handeln. Dies bedeutet, dass sie im Pflichtenkreis des Schuldners handeln muss. Der Pflichtenkreis des Schuldners hängt vom konkreten Schuldverhältnis ab. Innerhalb dessen muss sein Umfang und sein Inhalt im Einzelfall durch Auslegung ermittelt werden. Schon bei einfachen Kaufverträgen wirft dies Probleme auf.

Pflichtenkreis des Schuldners

Pflichtenkreis beim Kaufvertrag

BEISPIEL: Wenn K bei V eine Sache kauft, die dieser vom Hersteller H erworben hat, muss ausgelegt werden, ob die Herstellung der Sache zum Pflichtenkreis des Verkäufers gehört. Weil sich die Pflicht des Verkäufers auf das Übereignen beschränkt, gehört die Herstellung nicht zu den Pflichten des Verkäufers, weshalb der Hersteller auch nicht im Pflichtenkreis des Verkäufers tätig ist.[1002]

Im Beispielsfall ist der Hersteller folglich nicht Erfüllungsgehilfe. In einem verwandten Fall muss noch stärker differenziert werden.

BEISPIEL: K kauft von V eine Büromaschine. V weist den Hersteller an, direkt an K auszuliefern. Hier ist der Hersteller zwar nicht bei der Herstellung, wohl aber bei der Lieferung der Maschine Erfüllungsgehilfe.[1003]

Besonders examensrelevant ist der Fall des Versendungskaufs gem. § 447 BGB, bei dem der Verkäufer nicht verpflichtet ist, die Leistung am Wohnsitz des Gläubigers anzubieten. Hier endet der Pflichtenkreis des Verkäufers mit der Übergabe an die sorgfältig ausgewählte Transportperson am eigenen Wohnsitz, weshalb die Transportperson grundsätzlich nicht Erfüllungsgehilfe des Verkäufers ist.[1004]

Pflichtenkreis beim Versendungskauf

BEISPIEL: V und K haben einen Versendungskauf vereinbart. V übergibt die Kaufsache dem Spediteur S, der sie beim Transport zu K fahrlässig zerstört. V wird gem. § 275 I BGB von seiner Leistungspflicht aus § 433 BGB frei. Er schuldet keinen Schadensersatz aus §§ 280 I, III, 283 BGB, weil ihn kein eigenes Verschulden trifft und ihm kein Verschulden des S gem. § 278 BGB zugerechnet werden kann.

1001   Palandt-Grüneberg, BGB, § 278 Rn 7
1002   BGH, NJW 2008, 2837, 2840
1003   Palandt-Grüneberg, BGB, § 278 Rn 13
1004   BGH, NJW 1968, 1569, 1570

§ 421 I HGB

Durch diese Besonderheit des Versendungskaufes entsteht aber eine Haftungslücke. Denn der Anspruch des V gegen K aus § 433 II BGB besteht fort, weil mit der Übergabe an den Spediteur die Gegenleistungsgefahr gem. § 447 BGB auf K übergegangen ist.[1005] Diese Haftungslücke wird durch § 421 I HGB geschlossen. Danach erhält K gegen S einen Schadensersatzanspruch.

Pflichtenkreis bei Selbsttransport trotz Schickschuld

Anders ist die Rechtslage, wenn der Verkäufer trotz Vereinbarung einer Schickschuld selbst den Transport übernimmt und dabei eigene Leute einsetzt. Nach h.M. findet § 447 I BGB auch hier Anwendung, sodass die Haftung des Verkäufers mit der Übergabe an die fremde oder eben auch an die eigene Transportperson endet.[1006] Nach der vorzugswürdigen Gegenauffassung findet § 447 BGB nur auf fremde Transportpersonen Anwendung.[1007] Dennoch haftet er nun für seine eingesetzten Transportpersonen, weil dem Käufer kein Anspruch aus § 421 I HGB zur Verfügung steht. Dogmatisch lässt sich dies gut damit begründen, dass wegen der Schickschuld zwar keine Beförderungspflicht des Verkäufers besteht, diesen aber eine Obhutspflicht bezüglich der Sachen trifft, die so lange andauert, bis die Sache beim Käufer sicher angekommen ist.[1008] Dieser Obhutspflicht entledigt sich der Verkäufer beim Selbsttransport eben nicht durch Übergabe an eine fremde Transportperson. Bei Verletzung dieser Obhutspflicht durch seine angestellten Transportpersonen wird dem Verkäufer das Verschulden dieser Gehilfen gem. § 278 BGB zugerechnet.

Pflichtenkreis beim Werkvertrag

Beim Werkvertrag ist auch der Subunternehmer Erfüllungsgehilfe des Werkunternehmers.

> **BEISPIEL:** K hat ein eigenes Grundstück. Er beauftragt den Bauunternehmer U mit der Errichtung eines Wohnhauses. Dieser wiederum schließt einen Vertrag mit Dachdeckermeister D, der bei der Ausführung der Arbeiten einen Schaden verursacht. Hier haftet U für das Verschulden des D über § 278 BGB.

MERKSATZ
Der Pflichtenkreis des Schuldners erfasst das gesamte Schuldverhältnis mit den leistungsbezogenen Pflichten und allen Nebenpflichten.

(3) Verschulden des Erfüllungsgehilfen

356 Erfüllungsgehilfen und gesetzliche Vertreter müssen schuldhaft gehandelt haben. Die Ausführungen zu § 276 BGB für das eigene Verschulden des Schuldners gelten auch hier.[1009] Grundsätzlich gilt derselbe objektive Sorgfaltsmaßstab des Schuldners auch für den Erfüllungsgehilfen.

> **BEISPIEL:** Andernfalls könnte sich der Schuldner mit dem Hinweis aus der Haftung argumentieren, an seinen Auszubilden seien eben geringere Anforderungen zu stellen.

Ausnahmsweise gilt der höhere Standard des Erfüllungsgehilfen, wenn ihm besonderes Vertrauen entgegengebracht wird.[1010]

1005   Siehe Randnummer 276
1006   RGZ 96, 258, 259
1007   Medicus/Petersen, Rn 275
1008   Hüffer, JuS 1988, 123, 129, 130
1009   Siehe Randnummer 109
1010   Palandt-Grüneberg, BGB, § 278, Rn 27

BEISPIEL: Der Schuldner beauftragt einen Notar zur Erfüllung seiner Verbindlichkeit. Der Notar verhält sich nicht nach den Regeln des objektiven Verkehrs fahrlässig, wohl aber nach den Haftungsmaßstäben, die für einen Notar gelten. Der Schuldner haftet, obwohl er nicht haften würde, wenn er selbst gehandelt hätte.

(4) Ausnahmen bei Exzess des Gehilfen oder Vertreters

Die arbeitsteilige Wirtschaft fordert aus den dargelegten Gründen die Zurechnung **357** des Verschuldens der Erfüllungsgehilfen und Vertreter. Wer die Vorteile der Arbeitsteilung durch den Einsatz von Gehilfen in Anspruch nimmt, darf die Nachteile aus dessen Fehlverhalten nicht zurückweisen. Fraglich ist aber, wie weit die Zurechnung dieses Fehlverhaltens reichen soll.

Die h.M. rechtfertigt die Zurechnung des Fehlverhaltens durch einen inneren und äußeren Zusammenhang zwischen der Tätigkeit des Gehilfen und der Pflicht des Schuldners, deren Erfüllung er dem Gehilfen anvertraut.[1011] Innerhalb dieses Zusammenhanges soll der Schuldner auch für die schädigenden Verhaltensweisen des Gehilfen einstehen, selbst wenn sie sich den Anweisungen des Schuldners widersetzen, um eigene Vorteile zu erzielen.[1012] Grundsätzlich soll der Schuldner also lediglich dann nicht für schuldhafte Handlungen des Erfüllungsgehilfen haften, wenn dieser sie nur bei Gelegenheit der Vertragserfüllung vornimmt.[1013]

h.M.: Verschuldenszurechnung nur bei sachlichem Zusammenhang mit der Vertragserfüllung

Die M.M. hingegen lässt den Schuldner auch für Handlungen des Schuldners haften, die dieser bei Gelegenheit der Erfüllung tätigt.[1014] Sie differenziert danach, ob der Gehilfe nur deshalb die Gelegenheit erhält, deliktisch zu handeln, weil der Schuldner ihn in seinem Bereich wirken lässt und ihm deshalb die Schädigung, bzw. die Straftat wesentlich erleichtert, oder ob er die Schädigung auch sonst hätte begehen können.[1015]

M.M.: Haftung auch „bei Gelegenheit" der Erfüllung

Beide Sichtweisen kommen oft zum selben Ergebnis

BEISPIEL (nach BGH, NJW 1965, 1709): M hat einen Beherbergungsvertrag mit dem Hotelier H geschlossen. Er beabsichtigt im Hotel des H eine Woche Urlaub zu machen. Zum Hotel gehört ein Einstellplatz für die PKW der Gäste. Zuständig für die Empfangnahme der PKW und das Einparken ist der Page P. Als M mit seinem Aston Martin erscheint und P das Auto zum Einparken überlässt, unternimmt dieser eine „Schwarzfahrt" durch den Schwarzwald, bei dem infolge überhöhter Geschwindigkeit das Auto zerstört wird.

Hier haftet H nach beiden Sichtweisen aus §§ 280 I, 278 BGB, weil der Erfüllungsgehilfe innerhalb des Sachzusammenhangs gehandelt hat. Schließlich gehörte das Fahren und Parken zur Aufgabe des P.

Schwieriger wird es, wenn der Gehilfe seinen Aufgabenkreis verlässt.

BEISPIEL („Tresorfall"): Unternehmer U verpflichtet sich, die Wohnung des Bestellers B zu renovieren. Der Erfüllungsgehilfe des U, Geselle G, entdeckt hinter einem eingebauten Wandschrank einen Tresor. Diesen bricht er auf und räumt ihn aus.

1011   *BGH, NJW 1957, 709, 710*
1012   *BGH, NJW 1997, 2236, 2237*
1013   *Palandt-Grüneberg, BGB, § 278 Rn 20*
1014   *Brox/Walker, Schuldrecht AT, § 20 Rn 32; Schwerdtner, JURA 1980, 213, 216*
1015   *Brox/Walker, Schuldrecht AT, § 20 Rn 32*

Nach der h.M. steht das deliktische Verhalten außerhalb des Zusammenhangs mit der dem G zugewiesenen Aufgabe. Vielmehr hat G durch seine Tätigkeit die Gelegenheit zum Einbruch erkannt und genutzt. U haftet nicht.

Nach der M.M. würde U für den Diebstahl des G über §§ 280 I, 241 II, 278 BGB haften. U hat G die Gelegenheit gewährt, deliktisch auf die Rechtsgüter des B einzuwirken, indem er ihn in seinem Bereich wirken ließ. Deshalb hat er dem G die Straftat wesentlich erleichtert. Das ist hier der Fall, weshalb U haftet.

Keineswegs möchte die M.M. dem Gläubiger aber vor allgemeinen Lebensrisiken bewahren. Dies wird am nächsten Beispiel deutlich.

BEISPIEL: Im „Tresorfall" merkt sich G den Tresor für spätere Gelegenheiten vor. Er baldowert aus, wann B im Urlaub ist, bricht Monate später ein und räumt den Tresor aus.

Hier würde U auch nach der M.M. nicht haften, weil U dem G keine Gelegenheit gewährt hat, zur Tatzeit auf die Rechte des B einzuwirken. Die M.M. argumentiert mit der Pflicht des Schuldners, gem. § 241 II BGB die Rechte, Rechtsgüter und Interessen des Gläubigers zu achten.[1016] Diese besteht während der Erfüllung der Verbindlichkeit, endet aber nach der Erfüllung und der sonstigen Beendigung des Schuldverhältnisses.

Streitentscheid

Der M.M. ist wegen dieser Anknüpfung an die Schuldnerpflicht auch zuzustimmen. Die Überlegenheit dieses Argumentes zeigt sich im „Krankenhausfall".

BEISPIEL („Krankenhausfall" nach BGH, NJW 1957, 709 ff.): P ist selbstzahlender Patient im Krankenhaus des Arztes und Klinkchefs K, in dem er wegen einer Netzhautablösung stationär behandelt wird. Zwei Stockwerke tiefer befindet sich die Nähstube des Krankenhauses, in welcher die Ehefrau des K nach dem Bügeln des Arztkittels ihres Ehemannes vergisst, das Bügeleisen auszuschalten. Dadurch entsteht ein Brand, der wiederum einen Hustenanfall des P verursacht. Durch diesen Hustenanfall löst sich die Netzhaut des P endgültig ab, worauf er unheilbar erblindet.

Die h.M. differenziert hier danach, ob ein sachlicher Zusammenhang zwischen dem Krankenhausvertrag zwischen H und P und dem Bügeln der Ehefrau bestand. Entscheidend sei, ob es die Aufgabe der Ehefrau war, dort zu bügeln.[1017] Weil dies nach den Ermittlungen des Gerichts nicht der Fall war, wurde die Zurechnung des Verschuldens nach § 278 BGB zurückgewiesen.

Nach der M.M. käme es nur darauf an, ob der Klinikchef K seiner Ehefrau die Gelegenheit zum Bügeln seines Arztkittels in der Nähstube des Krankenhauses eingeräumt hat. Weil das der Fall war, würde K gem. §§ 280 I, 278 BGB haften.

Der M.M. ist zuzustimmen, weil K gem. § 241 II BGB verpflichtet ist, die Rechtsgüter der Patienten zu achten. Diese dürfen berechtigterweise darauf vertrauen, nicht durch fahrlässige Brandstiftung anderer geschädigt zu werden, wenn sie sich im Krankenhaus aufhalten. Für sie kommt es nicht darauf an, ob es die Aufgabe der

---

1016   *Brox/Walker, Schuldrecht AT, § 20 Rn 32*
1017   *BGH, NJW 1957, 709, 710*

Ehefrau war, dort zu bügeln. Entscheidend ist, ob K dazu beigetragen hat, dass auf die Rechtsgüter der Patienten schädigend eingewirkt wird. Dies ist schon dann der Fall, wenn er der Ehefrau gestattet, das Bügeleisen des Krankenhauses zu benutzen. Das Kriterium des sachlichen Zusammenhangs ist auch wegen seiner hier gezeigten Unschärfe abzulehnen. Entscheidend sollte vielmehr sein, ob der Schuldner innerhalb der Vertragsbeziehung zum Gläubiger es dem Gehilfen wesentlich erleichtert hat, auf die Rechtsgüter des Gläubigers schädigend einzuwirken.

e) Ersatzfähiger und kausaler Schaden

aa) Ersatzfähiger Schaden
Die Ersatzfähigkeit des Schadens richtet sich nach den §§ 249 ff. BGB. Es ergeben sich   **358**
keine Abweichungen zu den obigen Ausführungen zu § 280 I BGB.[1018]

bb) Kausaler Schaden
Es ergeben sich keine Abweichungen zu den obigen Ausführungen zu § 280 I BGB.[1019]

f) Einwendungen
Es gilt das zu § 280 I BGB Ausgeführte.[1020]   **359**

g) Einreden
Es gelten die obigen Ausführungen.[1021] Bezüglich der Verjährung gem. § 214 BGB gilt die Regelverjährung der §§ 195, 199 BGB.[1022]

h) Keine unzulässige Rechtsausübung gem. § 242
Es gelten die obigen Ausführungen.[1023]

2. Der Anspruch aus §§ 280 I, III, 282 BGB
Der Anspruch aus §§ 280 I, III, 282 BGB auf Schadensersatz statt der Leistung ergänzt   **360**
das Rücktrittsrecht aus § 324 BGB. Er findet ausschließlich Anwendung, wenn die Pflichten aus § 241 II BGB verletzt werden.[1024] Sein Sinn besteht darin, dem Gläubiger, der sich wegen einer Pflichtverletzung i.S.v. § 241 II BGB vom Vertrag gelöst hat, einen Anspruch auf das gesamte positive Interesse zu gewähren.

BEISPIEL („Autohändler-Fall"): Autohändler V verkauft K einen Neuwagen. Als K zur Auslieferung erscheint, wird er vom Auszubildenden A beschimpft. Nachdem sich V entschuldigt hat, erleidet K durch das Verschulden des Auszubildenden B einen Stromschlag. Beim dritten Auslieferungsversuch wird er vom Hund „Cerberus" des V gebissen. Mittlerweile sind die Neuwagenpreise gestiegen. K tritt gem. § 324 BGB zurück und verlangt als Schaden statt der Leistung aus §§ 280 I, III, 282 BGB die Mehrkosten der Anschaffung.

1018   *Siehe Randnummer 329*
1019   *Siehe Randnummer 329*
1020   *Siehe Randnummer 336*
1021   *Siehe Randnummer 131*
1022   *Palandt-Grüneberg, BGB, § 280 Rn 33*
1023   *Siehe Randnummer 131 und 294*
1024   *BT-Drs. 14/6040 S. 138, 187*

a) Prüfungsschema

DER ANSPRUCH AUF SCHADENSERSATZ GEM. §§ 280 I, III, 282 BGB

1. **Schuldverhältnis**
2. **Pflichtverletzung gem. § 241 II BGB**
3. **Unzumutbarkeit der Leistungserbringung durch den Schuldner für den Gläubiger**
4. **Vertretenmüssen des Schuldners**
5. **Rechtsfolge: Schadensersatz statt der Leistung**
   a) **Verlangen analog § 281 IV BGB**
   b) **Ersatzfähiger Schaden**
   c) **Kausalität zwischen Schaden und Pflichtverletzung**
6. **Einwendungen**
7. **Einreden**
8. **Keine unzulässige Rechtsausübung gem. § 242 BGB**

b) Schuldverhältnis

Obwohl § 282 BGB nach Wortlaut und Stellung im Gesetz für alle Schuldverhältnisse gilt, ist seine Anwendung außerhalb der vertraglichen Schuldverhältnisse nicht, bzw. kaum vorstellbar.[1025]

c) Pflichtverletzung gem. § 241 II BGB

Es muss eine Pflicht gem. § 241 II BGB verletzt worden sein.[1026]

d) Unzumutbarkeit der Leistungserbringung durch den Schuldner für den Gläubiger

Die Pflichtverletzung des Schuldners muss gem. § 282 BGB für den Gläubiger ein so schweres Gewicht haben, dass ihm die Leistungserbringung durch den Schuldner schlechthin nicht mehr zugemutet werden kann. Dabei müssen alle Umstände des Einzelfalles berücksichtigt werden und insbesondere, wie hoch die Gefahr künftiger Nebenpflichtverletzungen einzuschätzen ist.[1027]

> **BEISPIEL** („Ungeschickter Maler-Fall"): Ein Maler führt die übernommene Pflicht zur Streichung der Wohnung korrekt aus, beschädigt aber auf dem Wege immer wieder das Treppenhaus, die Eingangstür und Einrichtungsgegenstände.[1028]

Abmahnung

Obwohl eine Abmahnung nicht in den Wortlaut des Gesetzes aufgenommen wurde, soll nach dem Willen des Gesetzgebers grundsätzlich der Schuldner zuvor abgemahnt werden.

1025   Palandt-Grüneberg, BGB, § 282 Rn 3
1026   Siehe Randnummer 345
1027   Brox/Walker, Schuldrecht AT, § 25, Rn 5
1028   BT-Drs. 14/6040, S. 141

BEISPIEL: Sind die Beschädigungen des ungeschickten Malers nur unwesentlich, muss eine Abmahnung vorausgehen.

Entsprechend dem Rechtsgedanken des § 281 II 2. Fall BGB kann auf die Abmahnung aber im Einzelfall verzichtet werden.[1029]

BEISPIEL: Sind die Beschädigungen bereits erheblich, kann auf die Abmahnung verzichtet werden.[1030] Denkbar ist auch eine schwere Beleidigung des Gläubigers oder eine andere Straftat des Schuldners gegen den Gläubiger.[1031] Deshalb ist der Schadensersatzanspruch im „Autohändlerfall"[1032] auch ohne Abmahnung gerechtfertigt.

e) Vertretenmüssen des Schuldners
Der Schuldner muss die Pflichtverletzung zu vertreten haben. Er haftet für das eigene Verschulden gem. §§ 276, 280 I 2 BGB und für das fremde über § 278 BGB.

f) Rechtsfolge

aa) Verlangen analog § 281 IV BGB
Erst mit dem Verlangen des Schadensersatzes statt der Leistung stellt der Gläubiger den Anspruch fällig. § 281 IV BGB gilt analog.[1033]

bb) Ersatzfähiger und kausaler Schaden
Es gelten die zu §§ 281, 283 BGB geschriebenen Ausführungen. Dem Gläubiger steht der Ersatz des positiven Interesses zu.[1034]

g) Einwendungen
Es gelten die obigen Ausführungen.[1035]

h) Einreden
Es gelten die obigen Ausführungen.[1036]

i) Keine unzulässige Rechtsausübung gem. § 242
Es gelten die obigen Ausführungen.[1037]

3. Der Anspruch aus § 284 BGB
Wenn der haftungsbegründende Tatbestand des Anspruchs aus §§ 280 I, III, 282 BGB **361** erfüllt ist und die sonstigen Voraussetzungen des § 284 BGB gegeben sind, steht dem Gläubiger auch alternativ der Anspruch aus § 284 BGB zu.

1029   *Palandt-Grüneberg, BGB, § 282 Rn 4*
1030   *BT-Drs. 14/6040, S. 142*
1031   *Brox/Walker, Schuldrecht AT, § 25 Rn 6*
1032   *Siehe Randnummer 360*
1033   *MünchKomm-Ernst, BGB, § 282 Rn 12*
1034   *Palandt-Grüneberg, BGB, § 282 Rn 6*
1035   *Siehe Randnummer 130*
1036   *Siehe Randnummer 131*
1037   *Siehe Randnummer 131 und 294*

4. Das Rücktrittsrecht gem. § 324 BGB

362 Der Gläubiger kann im Falle der Nebenpflichtverletzung gem. § 324 BGB vom Vertrag zurücktreten. Dies wird er anstreben, wenn er sich von den vertraglichen Pflichten des Vertrages lösen will. Problematisch ist nämlich, dass das Verlangen des Schadensersatzes statt der Leistung allein nicht die Pflicht des Gläubigers zur Gegenleistung erlöschen lässt.[1038] Das Verlangen gem. § 281 IV BGB bringt nur den Anspruch auf Erbringung der Leistung zum Erlöschen. Beim gegenseitigen Vertrag bliebe der Gläubiger ohne Rücktritt zur Erbringung der Gegenleistung verpflichtet.

a) Prüfungsschema

PRÜFUNGSSCHEMA

DAS RÜCKTRITTSRECHT GEM. § 324 BGB

1. Gegenseitiger Vertrag
2. Pflichtverletzung gem. § 241 II BGB
3. Unzumutbarkeit des Festhaltens am Vertrag für den Gläubiger
4. Kein Ausschluss des Rücktrittsrechts

b) Gegenseitiger Vertrag

Analoge Anwendung

§ 324 BGB gilt seinem Wortlaut nach nur bei gegenseitigen Verträgen. Jedoch können auch bei unvollkommen zweiseitigen Verträgen Nebenpflichtverletzungen das Festhalten am Vertrag für unzumutbar erscheinen lassen.

BEISPIEL: Dies gilt z.B. für den Auftrag gem. § 662 BGB.

Verhältnis zu § 314 BGB

Deshalb wird eine analoge Anwendung des § 324 BGB für möglich gehalten.[1039] Nach einer Auffassung verdrängt bei Dauerschuldverhältnissen das Kündigungsrecht aus § 314 BGB als lex specialis das Rücktrittsrecht aus § 324 BGB.[1040] Zu Recht wird das Verhältnis beider Normen von der Gegenauffassung differenzierter gesehen. § 314 I BGB fordert zur Lösung vom Vertrag einen wichtigen Grund, § 324 BGB die Unzumutbarkeit des Festhaltens am Vertrag aufgrund einer Pflichtverletzung gem. § 241 II BGB. Es werden regelmäßig die Pflichtverletzungen, welche die erforderliche Schwere aufweisen zugleich auch wichtige Gründe gem. § 314 BGB sein. Zwingend ist die Überschneidung aber nicht. Ferner gibt das Gesetz die Stellung des § 314 I BGB als gegenüber § 324 BGB vorrangige Norm weder vom Wortlaut, noch von der Stellung im Gesetz her.[1041] Entsprechendes lässt sich auch nicht der Gesetzesbegründung entnehmen. Diese erwartet zwar eine Konkurrenz zu § 323 BGB[1042], jedoch ist diese Erwartung allein nicht auslegungsrelevant, weil der Gesetzgeber es unterlassen hat, den § 314 BGB im Wortlaut als Spezialgesetz kenntlich zu machen.[1043]

1038   MünchKomm-Ernst, BGB, § 282 Rn 12; § 325 Rn 11
1039   Erman-Westermann, BGB, § 324 Rn 3; MünchKomm-Ernst, BGB, § 324 Rn 4
1040   Bamberger/Roth-Schmidt, BGB, § 324 Rn 2; Palandt-Grüneberg, BGB, § 324 Rn 2
1041   Erman-Westermann, BGB, § 324 Rn 2; MünchKomm-Ernst, BGB, § 324 Rn 2
1042   BT-Drs. 14/6040, S. 177
1043   MünchKomm-Ernst, BGB, § 323 Rn 36

Zu einer Konkurrenzlage zwischen § 314 BGB und § 324 BGB schweigt der Gesetzgeber.[1044] Hinzu kommt, dass sich die Rechtsfolgen bei der Rückabwicklung unterscheiden. Die Kündigung gem. § 314 BGB führt zur Rückabwicklung über das Bereicherungsrecht, bei Rücktritt gelten die Rücktrittsfolgen gem. §§ 346, 347, 348 BGB. Man sollte dem verletzten Gläubiger gestatten, die für ihn günstigere Variante zu wählen, wenn er seine erbrachte Leistung zurückfordern möchte.

MERKSATZ

§ 324 BGB gilt für gegenseitige Verträge. Bei unvollkommen zweiseitigen Verträgen ist an eine Analogie zu denken. § 314 ist gegenüber § 324 BGB kein lex specialis. Beide Gestaltungsrechte stehen zur Wahl des Gläubigers, sofern sie einschlägig sind.

c) Pflichtverletzung gem. § 241 II BGB

Der Schuldner muss eine Pflicht gem. § 241 II BGB verletzt haben.[1045]
Dies kann auch eine nachvertragliche Treuepflicht sein.[1046] Deshalb kann man im „Skyline-Fall"[1047] auch an einen Rücktritt gem. § 324 BGB denken.

KLAUSURHINWEIS

Dies hätte gegenüber der dort vom OLG Frankfurt favorisierten Lösung über das Schadensersatzrecht den Vorteil, dass der Gläubiger auch ohne ein Vertretenmüssen des Schuldners zum Rücktritt berechtigt sein kann.

d) Unzumutbarkeit des Festhaltens am Vertrag für den Gläubiger

Nur bei besonders gravierenden Pflichtverletzungen darf sich der Gläubiger vom Vertrag lösen. Die durch die Pflichtverletzung erlittenen Schäden darf er schließlich schon nach §§ 280 I, 241 II BGB ersetzt verlangen. Es muss sichergestellt sein, dass ihn ähnlich hohe Anforderungen treffen, wie im Falle der Leistungspflichtverletzungen gem. § 323 I BGB, weil § 324 BGB den § 323 BGB ergänzt. Wenn der Schuldner bei § 323 BGB nur teilweise nicht erfüllt, darf der Gläubiger bei Interessefortfall zurücktreten.[1048] Im Falle einer Nebenpflichtverletzung müssen die Pflichtverletzungen so schwer wiegen, dass das Festhalten am Vertrag unzumutbar ist. Mindestens sind die bei § 282 BGB aufgestellten Voraussetzungen einzuhalten.[1049]

BEISPIEL: Im „Skyline-Fall"[1050] liegt aufgrund der Beschaffenheitsvereinbarung eine erhebliche Treuepflichtverletzung vor. Erkennbar wurde der Bauträgervertrag wegen des unverbauten Skyline-Blicks abgeschlossen. Am Vertrag festzuhalten, nachdem der Blick verbaut wurde, wäre unzumutbar.

1044   BT-Drs. 14/6040, S. 187
1045   Siehe Randnummer 345
1046   Bodewig, JURA 2005, 505, 508
1047   Siehe Randnummer 349
1048   MünchKomm-Ernst, BGB. § 324 Rn 7
1049   Siehe Randnummer 360
1050   Siehe Randnummer 349

e) Kausalität zwischen Pflichtverletzung und Unzumutbarkeit

Die Unzumutbarkeit muss auf der Pflichtverletzung i.S.v. § 241 II BGB beruhen.

f) Kein Ausschluss des Rücktrittsrechts

Das Rücktrittsrecht ist in der Regel gem. § 242 BGB wegen widersprüchlichen Verhaltens (venire contra factum proprium) ausgeschlossen, wenn der Gläubiger nach den Pflichtverletzungen Leistungen des Schuldners entgegennimmt.[1051]

[1051]   *Palandt-Grüneberg, BGB, § 324, Rn 5*

CULPA IN CONTRAHENDO (VERSCHULDEN BEI VERTRAGSVERHANDLUNGEN)

I. EINLEITUNG

363

Schon vor Abschluss eines Vertrages kann eine Beziehung zwischen den beteiligten Personen entstehen, die es nahe legt, diese Personen einer vertragsähnlichen Haftung zu unterwerfen. Dieser Gedanke war schon vor der Schuldrechtsreform als culpa in contrahendo – Verschulden bei Vertragsverhandlungen – anerkannt. Mit dem SMG normierte der Gesetzgeber die Grundsätze dieser culpa in contrahendo ausdrücklich unter vollständiger Erwähnung ihrer Entwicklung in § 311 II und III BGB.[1052]

Sind die Voraussetzungen des § 311 II BGB oder des § 311 III BGB erfüllt, treffen die Beteiligten die Pflichten aus § 241 II BGB. Verletzen sie diese Pflichten, sollen sie aus § 280 I BGB auf Schadensersatz haften.

6. Grundfall: Teppichrollenfall

364

K betritt das Geschäft des V, um Auslegeware zu kaufen. Weil er sich nicht zwischen Teppichboden, Linoleum und PVC entscheiden kann, lässt er sich die Ware vom Angestellten A zeigen. Der lässt infolge einer leichten Unachtsamkeit eine Linoleumteppichrolle auf die 1.000 € teure Uhr des K fallen, die daraufhin zerbricht. Ein Kaufvertrag kommt nicht zustande.

A. Anspruch K gegen V auf Schadensersatz aus §§ 280 I, 311 II Nr. 1, 241 II BGB

LÖSUNG

K könnte gegen V einen Anspruch auf Schadensersatz gem. §§ 280 I, 311 II Nr. 1, 241 II BGB haben.

I. SCHULDVERHÄLTNIS

Dann müsste zwischen V und K ein Schuldverhältnis zustande gekommen sein. Ein Schuldverhältnis ist eine rechtliche Sonderverbindung zwischen Personen, aus der Pflichten gem. § 241 BGB entstehen. Hier könnte ein Schuldverhältnis zwischen V und K i.S.v. § 311 II Nr. 1 BGB zustande gekommen sein. Dies erfordert die Aufnahme von Vertragsverhandlungen. K war zum Kauf nach Beratung entschlossen, auf Seiten des V handelte der Angestellte A, mithin ist durch diese Vertragsverhandlungen ein Schuldverhältnis gem. 311 II Nr. 1 BGB entstanden.

II. PFLICHTVERLETZUNG GEM. § 241 II BGB

V muss eine Pflicht gem. § 241 II BGB verletzt haben. Gem. § 241 II BGB sind die Parteien zur Rücksicht auf Rechte, Rechtsgüter und Interessen des anderen Teils verpflichtet. Hier könnte durch Verletzung einer Schutzpflicht ein Recht des K beeinträchtigt worden sein. Wer einem anderen Ware mit erheblichem Gewicht präsentiert, muss zum Schutz des Eigentums und des Körpers des Kunden geeignete Vorkehrungen treffen, dass seine Ware nicht auf den Kunden herab fällt und dessen

---

1052   BT-Drs. 14/6040, S. 161

Eigentum, Körper oder Gesundheit verletzt. Dies wurde hier nicht beachtet, weshalb das Eigentum des K an der Uhr, also ein Recht des K, verletzt wurde.

III. VERTRETENMÜSSEN DES V

Diese Pflichtverletzung muss V zu vertreten haben. V hat gem. §§ 278, 280 I 2, 276 BGB auch die Fahrlässigkeit seines Erfüllungsgehilfen zu vertreten. Dann muss A der Erfüllungsgehilfe des V gewesen sein. Erfüllungsgehilfe ist, wer im Pflichtenkreis des Schuldners mit Wissen und Wollen des Schuldners zur Erfüllung dessen Verbindlichkeiten tätig ist. A soll als Ladenangestellter des V die Verkäufe des V erledigen und ist damit Erfüllungsgehilfe. Gem. § 276 II BGB handelt fahrlässig, wer die im Verkehr erforderliche Sorgfalt außer Acht lässt. Hier hat sich A aufgrund einer leichten Unachtsamkeit nicht wie erforderlich vorgesehen und handelte folglich fahrlässig.

IV. KAUSALER UND ERSATZFÄHIGER SCHADEN

Ferner muss der erlittene Schaden des K ersatzfähig sein und kausal auf der Pflichtverletzung beruhen. Gem. § 249 II 1 BGB ist im Falle der Beschädigung einer Sache der Schaden in Geld ersatzfähig. Der Wert der Uhr betrug 1.000 € Die Beschädigung der Uhr beruhte auch kausal auf der Unachtsamkeit des A.
Folglich hat V den Schaden des K an der Uhr zu ersetzen.

FALLENDE

B. V schuldet K Schadensersatz in Höhe von 1.000 € gem. §§ 280 I, 311 II Nr. 1, 241 II BGB

II. SYSTEMATIK UND VERTIEFUNG: VORAUSSETZUNGEN EINES SCHADENSERSATZANSPRUCHS AUS CULPA IN CONTRAHENDO GEM. §§ 280 I, 311 II, 241 II BGB

1. Prüfungsschema

PRÜFUNGSSCHEMA

365 **ANSPRUCH AUS C.I.C. GEM. §§ 280 I, 311 II, 241 II BGB**

1. **Schuldverhältnis**
2. **Pflichtverletzung gem. § 241 II BGB**
3. **Vertretenmüssen des Schuldners**
4. **Ersatzfähiger und Kausaler Schaden**
5. **Einwendungen**
6. **Einreden**
7. **Keine unzulässige Rechtsausübung gem. § 242 BGB**

2. Schuldverhältnis
§ 311 II und III BGB enthalten mehrere Alternativen, nach denen ein Schuldverhältnis entstehen kann.

a) Entstehung gem. § 311 II BGB

Gem. § 311 II Nr. 1 BGB sind Vertragsverhandlungen erforderlich.

DEFINITION

Mit dem Begriff **Vertragsverhandlungen** sird alle rechtsgeschäftlichen Kontakte gemeint, die den Abschluss eines Vertrages zum Ziel haben.[1053]

Hierzu genügen grundsätzlich rein tatsächliche Handlungen. Auf die Abgabe von Willenserklärungen kommt es nicht an.

BEISPIEL: Es reicht aus, wenn ein Arbeitnehmer zum Bewerbungsgespräch eingeladen wird.[1054] Im obigen „Teppichrollenfall"[1055] genügte bereits das Zeigen der Ware.

Nicht ausreichend sind nur vereinzelte Kontakte über die Aufnahme von Vertragsverhandlungen, in denen es nicht zum Austausch oder zur Weitergabe vertraulicher Informationen gekommen ist.[1056]

BEISPIEL: Ein Filmgroßhändler trifft sich mehrfach mit Vertretern einer Bank, um abstrakt über die Möglichkeit der Zusammenarbeit beim Investmentbanking zu sprechen. Dabei werden aber keine konkreten Firmeninterna genannt.

Eine besondere Bedeutung kommt der Vertragsanbahnung gem. § 311 II Nr. 2 BGB zu.

366

KLAUSURHINWEIS

Der Begriff wird in der Norm selbst erläutert, weshalb man auf eine eigenständige Definition verzichten kann.

Wird der Gläubiger in diesem Stadium in seinen geschützten Rechten, Rechtsgütern und Interessen verletzt, könnte er häufig auch nach den Regeln der unerlaubten Handlung gem. §§ 823 ff. BGB Schadensersatz erlangen, aber nicht immer, wie das folgende Beispiel zeigt.

BEISPIEL: K will im Bioladen des V einkaufen. V ist im Urlaub und hat die Leitung des Geschäfts seinem langjährigen und zuverlässigen Angestellten A überlassen. Dieser übersieht aus Unachtsamkeit ein Gemüseblatt im Eingangsbereich. K kann dieses aufgrund eines ungünstigen Schattenfalls nicht sehen, rutscht aus und bricht sich das Bein.

V haftet mangels eigenen Verschuldens nicht aus § 823 I BGB. Ebenso haftet er nicht aus § 831 I BGB, weil er sich für A gem. § 831 I 2 BGB exkulpieren kann. Jedoch hat er mit dem Öffnen des Geschäftslokals eine Vertragsanbahnung eingeleitet, welche ihm Pflichten gem. § 241 II BGB zum Schutze der Gesundheit der Kunden auferlegt.

1053   *Erman-Kindl, BGB, § 311 Rn 20*
1054   *ArbG Köln, NZA-RR 2005, 577, 578*
1055   *Siehe Randnummer 364*
1056   *BGH, NJW 2006, 830, 835*

Diese umfassen das Freihalten des Eingangs von Gefahrenquellen, folglich das Entfernen solcher rutschigen Gemüseblätter. A verletzte diese Pflichten fahrlässig. Dies wird V gem. § 278 BGB zugerechnet. Deshalb haftet V aus §§ 280 I, 311 II Nr. 2, 241 II BGB.

367 Das Gemüseblattbeispiel zeigt schulmäßig die Haftungslücke des Deliktsrechts auf. Das Deliktsrecht gewährt demjenigen, der nicht selbst tätig wird, sondern andere zur Verrichtung bestellt, eine zu leichte Möglichkeit der Entlastung durch Exkulpation. Die Rechtsprechung hatte wegen dieser Schwäche der Haftung aus den §§ 823 ff. BGB die culpa in contrahendo ausdrücklich als Ergänzung zum geschriebenen Recht anerkannt, um dem Opfer durch die Zurechnung des Gehilfenverschuldens gem. § 278 BGB eine bessere Stellung gegenüber dem Schuldner zu gewähren.[1057] Der Gesetzgeber hat deshalb die Anwendung der culpa in contrahendo bewusst über § 311 II Nr. 2 BGB ermöglicht.[1058] Erörterungswürdig ist die rechtliche Behandlung solcher Fälle, in denen Personen das geöffnete Ladenlokal eines Kaufmanns ohne Kaufabsicht betreten.

BEISPIEL: Im strengen Winter betreten der Angestellte K und der Obdachlose O das Kaufhaus des V. Beide wollen sich aufwärmen, K hat bei V schon mehrfach eingekauft, O hat kein Geld dabei. Beide rutschen im Verkaufsraum auf einem Gemüseblatt aus, welches die Ladenangestellte A fahrlässig nicht entfernt hat und verletzen sich schwer. Kurz darauf stürzt auch der Ladendieb D. Alle fordern Schadensersatz von V.

Flanieren im Kaufhaus

Nach allgemeiner Meinung liegt Vertragsanbahnung auch dann vor, wenn keine feste Kaufabsicht des Kunden beim Betreten des Kaufhauses besteht. Denn die Einrichtung des Kaufhauses zielt gerade darauf ab, bei Flaneuren durch gezielte Kaufanreize Kauflust zu wecken.[1059]

BEISPIEL: Deshalb wäre der Angestellte K eindeutig Partner eines Schuldverhältnisses i.S.v. § 311 II Nr. 2 BGB und könnte Schadensersatz fordern.

Aufwärmen im Kaufhaus

Umstritten ist, ob dies auch für Personen gilt, die sich nur aufwärmen wollen.

BEISPIEL: O hat kein Geld, um etwas zu kaufen, D hat V sogar bestohlen.

h.M.: Keine Vertragsanbahnung bei fehlender Kaufabsicht

Eine Auffassung sieht darin nur einen bloßen sozialen Kontakt, der nicht ausreiche, um eine Vertragsanbahnung nach § 311 II Nr. 2 BGB oder auch nur einen ähnlichen geschäftlichen Kontakt gem. § 311 II Nr. 3 BGB zu begründen.[1060]

M.M.: Vertragsanbahnung auch bei fehlender Kaufabsicht

Die Gegenansicht will auch solche Personen, die ohne Kaufabsicht, also etwa nur zum Aufwärmen die Verkaufsräume betreten, über § 311 II Nr. 2 BGB schützen.[1061] Sie verdient schon deshalb Zustimmung, weil sich eine im Prozess vorgetragene Kaufabsicht im praktischen Fall ohnehin nicht als Schutzbehauptung entlarven lässt. Schließlich kann jeder vorgeben, sein Geld vergessen zu haben. Ferner ist niemals auszuschließen, dass der Kaufentschluss nicht doch erfolgreich angeregt wird.[1062]

1057 BGH, NJW 1976, 712, 712
1058 BT-Drs. 16/6040, S. 163
1059 MünchKomm-Emmerich, BGB, § 311 Rn 64, Lorenz/Riehm, § 8, Rn 369
1060 BGH, NJW 1976, 712, 712; Erman-Kindl, BGB, § 311 Rn 28; Lorenz/Riehm, § 8, Rn 370
1061 MünchKomm-Emmerich, BGB, § 311 Rn 47, 64
1062 MünchKomm-Emmerich, BGB, § 311 Rn 47, 64

BEISPIEL: Deshalb könnte sogar O Schadensersatz verlangen. Schließlich könnte er einen Passanten bitten, ihm das Geld zum Kauf zu geben.

Nicht gehaftet wird hingegen für Ladendiebe, weil diese sich zu Unrecht im Geschäft aufhalten.[1063]

Keine Vertrags-
anbahnung bei
Ladendieben

BEISPIEL: Deshalb kann D keinen Schadensersatz verlangen.

Dies lässt sich auch damit begründen, dass der Dieb gegen Treu und Glauben gem. § 242 BGB verstößt, wenn er nach dem Betreten des Kaufhauses einerseits die Rechte des Kaufhausinhabers vorsätzlich missachtet, indem er stiehlt und andererseits Rücksicht auf seine körperliche Integrität fordert.

MERKSATZ
Vertragsanbahnung fordert im Kaufhaus keine konkrete Kaufabsicht bei Betreten des Kaufhauses, weil die Kaufabsicht noch entstehen kann.

§ 311 II Nr. 3 BGB benutzt die generalklauselartige Formulierung des „ähnlichen **368** geschäftlichen Kontaktes". Wegen des sehr weiten Anwendungsbereich des § 311 II Nr. 2 BGB fallen unter § 311 II Nr. 3 BGB nur Sachverhalte, in denen ein geschäftlicher Kontakt besteht, der nicht auf den Abschluss eines Vertrages zwischen den Parteien abzielt.

§ 311 II Nr. 3 BGB

BEISPIEL: Damit ist z.B. ein ausnahmsweise entstehendes Gefälligkeitsverhältnis mit rechtsgeschäftsähnlichem Charakter gemeint, wenn eine Bank eine Auskunft erteilt oder das Verhältnis zwischen dem Vollstreckungsgläubiger und dem Dritten, der gegen die Vollstreckung sein Interventionsrecht gem. § 771 ZPO klageweise geltend macht.[1064]

b) Grenzen der Entstehung gem. § 311 II BGB   **369**

aa) Geschäftsunfähige und Minderjährige

Minderjährige
und Geschäfts-
unfähige

Auch bei der Haftung aus c.i.c. ist der Schutz der Geschäftsunfähigen und Minderjährigen (§§ 2, 106 BGB) zu beachten. Geschäftsunfähige i.S.v. § 104 BGB können gem. § 105 I BGB keinen Vertrag schließen, soweit man von § 105a BGB absieht. Konsequenterweise haften sie auch nicht aus c.i.c. wegen Vertragsanbahnung. Ein Minderjähriger haftet nicht aus c.i.c., wenn der Vertrag für ihn nicht bindend geworden ist und der gesetzliche Vertreter analog §§ 104 ff. BGB mit der Aufnahme des rechtsgeschäftlichen Kontaktes nicht einverstanden gewesen ist.[1065] Letzteres ließe sich auch analog § 179 III 2 BGB begründen.

1063   MünchKomm-Emmerich, BGB, § 311 Rn 64
1064   MünchKomm-Emmerich, BGB, § 311 Rn 49
1065   Bamberger/Roth-Gehrlein/Sutschet, BGB, § 311 Rn 39

BEISPIEL: Ein Minderjähriger (M) kauft ohne Einwilligung des gesetzlichen Vertreters eine teure Armbanduhr bei V, indem er die Hälfte des Kaufpreises anzahlt und den Rest in Raten zahlen will. V lässt sich auf das Geschäft nur ein, weil ihm der Minderjährige glaubhaft seine Volljährigkeit versichert hat. Weil M in der Folgezeit zahlungsunfähig ist, muss das Geschäft rückabgewickelt werden. V hat wegen eines Vertrauensschadens keinen Anspruch gegen M aus §§ 280 I, 311 II, 241 BGB.

Umgekehrt haftet der volljährige Geschäftspartner aber gegenüber dem Minderjährigen auf Ersatz des Vertrauensschadens.[1066]

Anwendbarkeit
neben den
§§ 119, 123 BGB

370 bb) Konkurrenz zum Anfechtungsrecht der §§ 119, 123 BGB
Problematisch ist, ob die c.i.c durch die Anwendbarkeit der §§ 119, 123 BGB verdrängt wird. Hier muss man differenzieren. Wenn denjenigen, der seine Erklärung nach § 119 I BGB anficht, wegen seines Irrtums ein Verschulden trifft, tritt die Haftung aus c.i.c. neben den Anspruch auf Vertrauensschaden gem. § 122 I BGB. Wurde der Anfechtende arglistig getäuscht, tritt die Haftung aus c.i.c. neben die Anfechtungsmöglichkeit aus § 123 I BGB.[1067]

MERKSATZ
Wer schuldhaft einen Anfechtungsgrund nach § 119 I BGB verursacht oder arglistig täuscht haftet auch aus c.i.c.

371 Umstritten ist aber, ob der strenge Tatbestand der arglistigen, d.h. vorsätzlichen Täuschung des § 123 I BGB die auch durch bloße Fahrlässigkeit ausgelöste c.i.c. neben sich duldet. Schließlich kann man mit dem Anspruch aus §§ 280 I, 311 II, 241 II BGB über § 249 I BGB die Rückabwicklung des Vertrages auch ohne Anfechtung erreichen.[1068]

Dies wurde zum Teil mit der Begründung abgelehnt, die kurze Einjahresfrist des § 124 BGB drohe durch die regelmäßig gem. §§ 195, 199 BGB nach drei Jahren verjährende c.i.c. unterlaufen zu werden.[1069]

Diese Auffassung muss man aber als überholt ansehen. Mit der Einführung des § 241 II BGB sollen auch die bloßen „Interessen" des anderen geschützt werden. Darunter kann auch die Freiheit der Willensentschließung verstanden werden. Damit kann bereits ein schuldhafter Eingriff in die Entschließungsfreiheit des anderen eine Haftung aus c.i.c auslösen.[1070] Deshalb darf ein Anspruch aus §§ 280 I, 311 II, 241 II BGB i.V.m. § 249 I BGB neben der Anfechtung aus § 123 I BGB bestehen und bleibt vom Ablauf der Anfechtungsfrist gem. § 124 BGB unberührt.[1071]

1066 *BGH, NJW 1973, 1790, 1791*
1067 *Palandt-Grüneberg, BGB, § 311 Rn 13*
1068 *Siehe Randnummer 379*
1069 *OLG Hamm, NJW-RR 1995, 205*
1070 *Palandt-Grüneberg, BGB, § 311 Rn 13*
1071 *BGH, NJW 2008, 845, 847*

MERKSATZ

Die Möglichkeit der Anfechtung lässt nach h.M. die Anwendbarkeit der c.i.c. unberührt.

cc) Anwendbarkeit neben kaufrechtlicher Gewährleistung

Gestritten wird um die Anwendbarkeit der c.i.c neben den kaufrechtlichen **372** Gewährleistungsregeln.

Teilweise wird vertreten, Ansprüche aus kaufrechtlicher Gewährleistung und aus Verschulden bei Vertragsschluss bestünden stets nebeneinander, weil es sich um unterschiedliche Haftungssysteme mit verschiedenen Zwecksetzungen und unterschiedlichen Voraussetzungen handele.

Insbesondere soll die c.i.c. informationelle Defizite beim Vertragsschluss ausgleichen, für die der Verkäufer verantwortlich ist. Hingegen erstreben die §§ 434 ff. BGB Ausgleich dafür, dass der gekaufte Gegenstand nicht so ist, wie er sein soll.[1072] Ferner wird bemängelt, dass die §§ 434 ff. BGB dem Käufer nicht nach den allgemeinen Grundsätzen der Verschuldenshaftung sein volles negatives Interesse gewähren. Dieses kann er nur aufgrund der c.i.c. erlangen.[1073]

Eine zweite Auffassung lehnt einen Rückgriff auf die Regeln der c.i.c. nach Gefahrübergang zwar grundsätzlich ab, sofern es um Verhaltenspflichten des Verkäufers im Zusammenhang mit der Beschaffenheit der Kaufsache geht. Zur Begründung wird argumentiert, das Gewährleistungsrecht schütze in den §§ 434 ff. BGB den Käufer hinreichend. Eine Ausnahme wird aber zugelassen, wenn der Verkäufer vorsätzlich gehandelt hat.[1074]

Der h.M. ist zu folgen. Für eine grundsätzliche Sperrwirkung der kaufrechtlichen Gewährleistungsregeln sprechen systematische und teleologische Argumente.

Erstens verlangt § 437 Nr. 3 BGB einen Mangel bei Gefahrübergang. Aufgrund dessen kann der Käufer über § 437 Nr. 3 BGB Schadensersatz wegen eines Mangels geltend machen, wenn der Verkäufer die mangelhafte Lieferung durch eigene Fahrlässigkeit oder solche seines Erfüllungsgehilfen zu vertreten hat. Die Schadensersatzpflicht greift einerseits nur, wenn ein Mangel bei Gefahrübergang vorgelegen hat, andererseits aber schon bei einfacher Fahrlässigkeit.

Zweitens besteht im Falle eines Mangels bei Gefahrübergang der Vorrang der Nacherfüllung aus den §§ 437 Nr. 1, 439 I BGB. Zuerst muss der Käufer Nacherfüllung begehren und dem Verkäufer eine zweite Chance zur mangelfreien Erfüllung einräumen, bevor sich der Käufer gem. §§ 437 Nr. 2, 323 I Fall 2 BGB vom Vertrag lösen kann. Dadurch wird dem Verkäufer ein Recht auf zweite Andienung gewährt. Dieses Recht des Verkäufers auf eine zweite Andienung schützt ihn gerade vor einer zu schnellen Vertragsauflösung durch Rücktritt des Käufers, denn gem.

Margin notes:
Anwendbarkeit neben den §§ 434 ff. BGB

M.M.: Anwendbarkeit stets möglich

h.M.: Anwendbarkeit nur bei Vorsatz des Verkäufers

Streitentscheid

Recht auf zweite Andienung

1072   Bamberger/Roth-Faust, BGB, § 437 Rn 190
1073   MünchKomm-Emmerich, BGB, § 311 Rn 97
1074   BGH, NJW 2009, 2120, 2122; Palandt-Weidenkaff, BGB, § 437 Rn 51b

§§ 437 Nr. 2, 323 I Fall 2 BGB hängt das Recht zum Rücktritt vom erfolglosen Verstreichen der Nachfrist ab. Dies ist auch von Art. 3 Absatz 5 der Verbrauchsgüterkaufrichtlinie 1999/44/EG so gewollt. Würde man über §§ 280 I, 311 II, 241 II BGB i.V.m. § 249 I BGB eine Rückabwicklung des Vertrages bei fahrlässigem Verschweigen eines Mangels erreichen können, würde das Recht auf zweite Andienung unterlaufen.

Drittens sind die Gewährleistungsrechte des Käufers gem. § 442 I 2 BGB schon dann beschränkt, wenn er den Mangel bei Gefahrübergang grob fahrlässig übersehen hat. Eine solche Einschränkung kennt die c.i.c. nicht. Wären die Regeln der c.i.c. neben den Sonderregelungen der §§ 434 ff. BGB stets anwendbar, würden diese Sonderregelungen von den Regeln der c.i.c. durch deren leichtere Anforderungen stets unterlaufen. Dann hätte der Gesetzgeber mit den hohen Anforderungen der §§ 434 ff. BGB in sinnwidriger Weise etwas weithin Überflüssiges normiert. Davon kann nicht ausgegangen werden.[1075] Damit ist ein grundsätzlicher Vorrang der kaufrechtlichen Gewährleistungsregeln anzuerkennen.

Die Auslegung dieser kaufrechtlichen Sondervorschriften gebietet aber die Zulassung einer Ausnahme im Falle des arglistigen, vorsätzlichen Verhaltens des Verkäufers. Weil in diesen Fällen gem. § 438 III 1 BGB nicht die kurze kaufrechtliche, sondern die längere regelmäßige Verjährungsfrist gilt, weil der Verkäufer in diesem Fall gem. § 441 I 2 BGB auch bei grober Fahrlässigkeit des Käufers haftet, und weil ein Gewährleistungsausschluss wegen § 444 BGB unwirksam ist, durchbricht die Arglist des Verkäufers seine durch die §§ 434 ff. BGB geschützte Sonderstellung. Deshalb kann die c.i.c. bei vorsätzlicher Verletzung einer sachbezogenen Informations- und Aufklärungspflicht angewendet werden.[1076]

MERKSATZ

Das kaufrechtliche Gewährleistungsrecht sperrt die Regeln der c.i.c. grundsätzlich ab Gefahrübergang. Ausnahmsweise finden die Regeln der c.i.c. aber Anwendung bei vorsätzlicher Verletzung einer sachbezogenen Informations- und Aufklärungspflicht.[1077]

1075   *BGH, NJW 2009, 2120, 2122*
1076   *BGH, NJW 2009, 2120, 2122; Palandt-Weidenkaff, BGB, § 437 Rn 51 b*
1077   *Näheres im Kaufrecht*

3. Pflichtverletzung gem. § 241 II BGB

Das gem. § 311 II BGB entstandene Schuldverhältnis begründet keinen Anspruch **373** auf Leistung, sondern nur Pflichten gem. § 241 II BGB. Es handelt sich dabei um Verhaltenspflichten, die Rücksicht auf Rechte, Rechtsgüter und Interessen einfordern. Im Einzelnen handelt es sich um folgende Pflichten.

Schutz-, Obhuts- und Fürsorgepflichten	Sie dienen dem Schutz der Rechte und Rechtsgüter des anderen, also dem Schutz des Eigentums, des Leib und Lebens und überschneiden sich mit deliktischen Verkehrssicherungspflichten.
Aufklärungs- und Informationspflichten	Sie sollen den anderen vor Gefahren für dessen Eigentum, Leib und Leben beschützen, zielen aber darüber hinaus auch auf den Schutz der Vermögensinteressen.
Treuepflichten	Diese Pflichten zum loyalen Verhalten haben einen begrenzten Anwendungsbereich und sollen Schäden aus dem Abbruch von Vertragsverhandlungen ohne triftigen Grund verhüten.

a) Schutz-, Obhuts- und Fürsorgepflichten

Schutzpflichten halten den Schuldner an, alles Zumutbare zu unternehmen, um **374** Körper- oder Eigentumsverletzungen des Gläubigers zu vermeiden.

BEISPIEL: Jeden Inhaber eines Einzelhandelsgeschäfts trifft die Pflicht, dafür zu sorgen, dass potenzielle Kunden nicht von umfallenden Linoleumteppichrollen verletzt werden[1078], dass die Eingänge und Verkaufsflächen frei von am Boden liegenden Bananenschalen sind, weil die Kunden durch die angepriesenen Waren abgelenkt sind[1079], dass gelagerte Gasflaschen stabil gelagert werden, weil sie sonst herabfallen und Kunden verletzen können.[1080]   *Schutzpflichten*

Denkbar sind Schutzpflichten auch zur Vermeidung von Freiheitsbeeinträchtigungen.

BEISPIEL: Der Inhaber des Einzelhandelsgeschäfts schließt ohne Kontrolle den Laden ab, obwohl sich noch ein Kunde auf der Kundentoilette befindet.

Wer sich verpflichtet, auf fremde Sachen aufzupassen, nimmt diese in seine Obhut. In der Regel schließt er einen Verwahrungsvertrag. In diesem ist die Obhut für fremde Sachen die Hauptleistungspflicht. Obhutspflichten können ferner Nebenpflichten eines Vertrages sein.[1081] Sogar vor dem eigentlichen Vertragsschluss können Obhutspflichten entstehen, deren Verletzung Schadensersatzhaftung auslöst. Handwerker treffen Obhutspflichten für alle ihnen zur Untersuchung anvertrauten Gegenstände schon vor Abschluss des Reparaturvertrags.[1082]   *Obhutspflichten*

1078   RGZ 78, 239
1079   BGH, NJW 1962, 31
1080   LG Trier, NJW-RR 2006, 525, 525
1081   Siehe Randnummer 346
1082   BGH, NJW 1977, 376, 376

BEISPIEL: Eigentümer E hat einen Defekt an seinem Motorboot festgestellt. Er bittet Unternehmer U um Untersuchung, ob sich eine Reparatur überhaupt lohnt. U lässt das Boot in der Werft aufslippen. Dann entfernt er fahrlässig zwei Befestigungen, wodurch das Boot ins Wasser gleitet und sinkt.

Hier war der Werkvertrag noch nicht abgeschlossen. Trotzdem durfte E darauf vertrauen, dass U das Boot pfleglich behandelt. Sein enttäuschtes Vertrauen ist Grundlage für die Haftung des U aus §§ 280 I, 311 II Nr. 1, 241 II BGB wegen culpa in contrahendo.

Fürsorgepflichten

Die Parteien eines vorvertraglichen Schuldverhältnisses müssen auch die gebotene Fürsorge bezüglich der Vermögensinteressen des Anderen beachten.

BEISPIEL: So darf eine Internetfirma, die mit einem Kunden über die Erstellung einer Website unter dem Namen „literaturhaus" verhandelt, diesen Namen nicht für sich selbst registrieren lassen.[1083]

Dies gilt auch, wenn während der Vertragsverhandlungen der anderen Partei Vermögensschäden durch Unterlassungen drohen.

BEISPIEL: A aus Dortmund verhandelt mit B aus Duisburg über den Verkauf eines PKW. Sie vereinbaren einen Termin zur Besichtigung in Duisburg. B weiß, dass A aus Dortmund anreisen will. Deshalb muss er ihn rechtzeitig informieren, wenn er den Termin nicht einhalten kann.

Herbeiführung eines Dissenses

Ebenfalls gebietet die gegenseitige Fürsorgepflicht, sich so klar auszudrücken, dass ein Dissens verhindert wird.

BEISPIEL (nach RGZ 104, 265, „Weinsteinsäurefall"): V hatte K ein unverbindliches Angebot über 100 kg kristallisierte Weinsteinsäure für 68,50 Reichsmark geschickt. Darauf schrieb K telegraphisch zurück: „Erbitten Limit für 100 kg Weinsteinsäure Gries bleifrei." Dies fasste V als Kaufwunsch auf und schrieb zurück: „„Weinsteinsäure Gries bleifrei Kilogramm 128 M Nettokasse bei hiesiger Übernahme." Darauf telegraphierte die Beklagte: „Hundert Kilo Weinsteinsäure Gries bleifrei geordnet, briefliche Bestätigung unterwegs." Bei Lieferung stellte sich heraus, dass beide Seiten verkaufen wollten. Weil K Abnahme und Zahlung verweigerte, ließ V die Ware versteigern und forderte die Differenz zum Kaufpreis als Schadensersatz.

Das Reichsgericht sah hier eine Pflichtverletzung und damit eine Schadensersatzpflicht des K wegen dessen missverständlicher Ausdrucksweise als gegeben an, rechnete dem V aber sein Mitverschulden gem. § 254 BGB an. Dem ist zuzustimmen. Der Irrtum des V beruhte nämlich nicht auf seinem eigenen Versehen, sondern auf der Formulierung des K, die V durchaus als Kaufwunsch auffassen durfte. Weil sich V seinerseits missverständlich ausgedrückt und damit den Schaden mitverursacht hatte, war sein Anspruch aber zu kürzen.

[1083]   *BGH, NJW 2005, 1503, 1505*

MERKSATZ

Wer einen **Dissens** schuldhaft durch unklare Ausdrucksweise hervorruft, haftet aus c.i.c. Ein eigenes Mitverschulden wird gem. § 254 I BGB berücksichtigt.

b) Aufklärungs- und Informationspflichten

Das deutsche Recht kennt keine allgemeine Aufklärungspflicht. Weil jeder prinzi- **375** piell über die gleichen Informationsquellen verfügt, obliegt es jedem Teilnehmer am Rechtsverkehr, sich über Chancen und Risiken vorab zu informieren. Deshalb kommen Aufklärungspflichten nur ausnahmsweise in Betracht. Der Schuldner muss den Gläubiger über solche besonderen und zusätzlichen Umstände aufklären, die erstens nur ihm bekannt sind und von denen er zweitens wissen muss, dass der Gläubiger die Mitteilung nach der Verkehrssitte erwarten darf, weil sie seine Entscheidung beeinflussen oder der Vertragszweck gefährdet wird.[1084]

BEISPIEL: V gehört eine GmbH, die er an K verkaufen will. Ihm sind bereits Tatsachen bekannt, die auf eine bevorstehende Insolvenz der GmbH hindeuten. Über diese muss V aufklären.

Wenn eine Partei über Informationen verfügt, die gegen die Wirksamkeit des Vertrages sprechen, und ein Informationsgefälle zwischen den Parteien besteht, muss die wissende Partei der anderen diese Umstände gem. § 242 BGB mitteilen.[1085]

Aufklärungspflicht aus § 242 BGB

BEISPIEL: Der Verkauf eines Radarwarngerätes zur Benutzung und Mitführung im Kraftfahrzeug ist in Deutschland gem. § 23 I b StVO verboten. Die Rechtsprechung beurteilt diese Kaufverträge als sittenwidrig gem. § 138 I BGB.[1086] Ein Unternehmer (§ 14 BGB) muss einen Verbraucher (§ 13 BGB) beim Verkauf auf diesen Umstand hinweisen, wenn er ihm bekannt ist.

MERKSATZ

Informationsdefizite sind Teil des Lebensrisikos. Jede Partei kann aber vor Vertragsschluss erwarten, von der anderen wissenden Partei über Umstände aufgeklärt zu werden, die den Vertragszweck gefährden.

c) Treuepflichten

Schon vor Abschluss des Vertrages treu sein zu müssen, scheint ein Widerspruch in **376** sich selbst zu sein. Schließlich gilt der Grundsatz, dass jede verhandelnde Partei bis zum Abschluss des Vertrages in ihrer Entschließung frei ist, sich zu binden.[1087] Daraus folgt, dass jeder auf eigene Gefahr Aufwendungen vor Vertragsschluss in Erwartung des Vertragsschlusses tätigt.[1088] Dennoch ist als Fallgruppe das Abbrechen der Vertragsverhandlungen ohne triftigen Grund anerkannt, bei der ausnahmsweise ein Schadensersatzanspruch entstehen kann. Eine Schadensersatzpflicht besteht aber nur bei Vorliegen von drei Voraussetzungen. Erstens muss ein Verhandlungspartner

Abbruch von Vertragsverhandlungen ohne triftigen Grund

1084   BGH, NJW 2001, 2163, 2164
1085   MünchKomm-Emmerich, BGB, § 311 Rn 107
1086   BGH, NJW 2010, 610, 611
1087   Erman-Kindl, BGB, § 311 Rn 34
1088   BGH, NJW 1996, 1884, 1885; NJW-RR 1989, 627, 627;

bei der Gegenseite zurechenbar das aus deren Sicht berechtigte Vertrauen erweckt haben, der Vertrag werde mit Sicherheit zustande kommen.[1089] Zweitens muss die Gegenseite im Vertrauen auf den Vertragsschluss Aufwendungen getätigt haben.[1090] Drittens muss der Verhandlungspartner sodann die Vertragsverhandlungen ohne triftigen Grund abgebrochen haben.[1091]

BEISPIEL (abgewandelt nach BGH, NJW 1996, 1884 ff.): M hatte von V Räume zum Betrieb einer Druckerei gemietet. Dann erwarb K das Grundstück von V und begann mit Planungen zum Umbau und zur Aufteilung in Sondereigentumsflächen. K bot M die von ihm genutzte Fläche zum Kauf für 750.000 € an und stellte den Abschluss des notariell zu beurkundenden Kaufvertrages als sicher hin. Daraufhin begann M mit Umbaumaßnahmen in Kenntnis des K. Dieser verlangt nach deren Beendigung dann einen erhöhten Kaufpreis von 1 Mio. €. Weil M nicht zur Zahlung dieser erhöhten Summe bereit war, brach K die Vertragsverhandlungen ab und kündigte den Mietvertrag. M verlangt von K Schadensersatz wegen der nun nutzlosen Umbaukosten.

M kann mangels Vertragsschlusses Schadensersatz nur unter den Voraussetzungen einer culpa in contrahendo gem. §§ 280 I, 311 II Nr. 1, 241 II BGB geltend machen. Das geforderte Schuldverhältnis entstand gem. § 311 II Nr. 1 BGB durch die Aufnahme der Kaufvertragsverhandlungen.

KLAUSURHINWEIS
Wenn der Tatbestand des § 311 II Nr. 1 BGB sich ohne weiteres aus dem Sachverhalt ergibt, genügt wie hier eine Feststellung.

Jedoch muss K gem. § 241 II BGB eine vorvertragliche Pflicht verletzt haben. Gem. § 311 II Nr. 1, 241 II BGB sind auch Parteien, die noch um den Abschluss des Vertrages verhandeln, verpflichtet, auf Rechte, Rechtsgüter und Interessen des anderen Teils Rücksicht zu nehmen.

KLAUSURHINWEIS
Wie bei der Nebenpflichtverletzung muss auch hier in den vier Schritten „Herleitung, Systematisierung, Konkretisierung, Subsumtion" geprüft werden.[1092] Wie immer stellt das konkrete Ausformen der Pflicht die höchsten Anforderungen an die Argumentationskraft des Verfassers. Dies soll der folgende Text zeigen.

Hier könnte K eine Treuepflicht wegen eines Abbruchs der Vertragsverhandlungen ohne triftigen Grund verletzt und dadurch die Vermögensinteressen des M geschädigt haben. Prinzipiell hat jede Vertragspartei das Recht, innerhalb der Vertragsfreiheit vor Abschluss des Vertrages von den Verhandlungen endgültig Abstand zu nehmen, weshalb jede Vertragspartei Aufwendungen im Vertrauen auf den Vertragsschluss auf eigene Gefahr tätigt. Dies gilt umso mehr, wenn ein Vertrag, wie der hier vorliegende Grundstückskaufvertrag gem. § 311b I 1 BGB notariell beurkundet

---

1089   BGH, NJW-RR 1989, 627, 627
1090   BGH, NJW 1996, 1884, 1885
1091   BGH, NJW 1996, 1884, 1885; BGH, NJW-RR 1989, 627, 627
1092   Siehe Randnummer 345

werden muss, um die Parteien vor Übereilung zu warnen. Von einer Pflichtverletzung des die Vertragsverhandlungen abbrechenden Teils kann bei Arglist gesprochen werden. Dies würde hier konkret voraussetzen, dass K bewusst einen niedrigeren Kaufpreis genannt hat, um M zu den Aufwendungen zu bewegen und in eine Aufwendungsfalle zu locken, aus der er nur herauskommt, wenn er den später erhöhten Kaufpreis akzeptiert. Davon kann hier aber keine Rede sein. Jedoch könnte der vorliegende Fall in der Intensität der Pflichtverletzung wegen eines schweren Verstoßes mit der Arglist vergleichbar sein.

KLAUSURHINWEIS

Diese Argumentationstechnik benutzte auch der BGH im zugrunde liegenden Fall. Erst wird ein Fall vorgestellt, der von jedermann als Ausnahme anerkannt wird, nämlich die Arglist. Dann wird der Vergleich zum vorliegenden Fall gezogen.

Dem arglistigen Vorspiegeln, einen Vertrag zu einem niedrigeren Preis abzuschließen, ist nach Treu und Glauben der Fall gleichzustellen, wenn ein Verhandlungspartner zwar zunächst die geäußerte Verkaufsbereitschaft tatsächlich gehabt hat, im Verlaufe der Verhandlungen aber innerlich von ihr abgerückt ist, ohne dies zu offenbaren und wenn er sich außerdem zuvor als potentieller Verkäufer mit Aus- und Umbaumaßnahmen des Kaufinteressenten einverstanden erklärt hat. Die Äußerung der endgültigen Abschlussbereitschaft zu bestimmten Bedingungen fordert den Verhandlungspartner zu vermögensgefährdenden Aufwendungen heraus. Diese besondere Gefährdungslage begründet eine gesteigerte Vertrauensbeziehung, die den Verhandelnden zu erhöhter Rücksichtnahme auf die Interessen seines Partners verpflichtet. Daraus folgt die Pflicht, den Partner über die nicht mehr vorhandene Abschlussbereitschaft unverzüglich zu informieren, um nicht noch weitere Aufwendungen herauszufordern.[1093]

KLAUSURHINWEIS

Der hier aufgezeigte Begründungsaufwand spiegelt realistisch die Anforderungen im Examen bei Bearbeitung in dieser schwierigen Fallgruppe wider.

Diese hat K zumindest leicht fahrlässig gem. § 276 II BGB verletzt und haftet deshalb aus §§ 280 I, 311 II Nr. 1, 241 II BGB auf Schadensersatz.

MERKSATZ

Wegen Abbruchs von Vertragsverhandlungen ohne triftigen Grund haftet man nur, wenn man berechtigtes Vertrauen erweckt hat, der Vertrag werde zustande kommen, wenn der andere im Vertrauen auf den Vertragsschluss erkennbare Aufwendungen getätigt hat und der Abbruch der Vertragsverhandlungen dann ohne triftigen Grund erfolgt.

1093   *BGH, NJW 1996, 1884, 1885*

Besondere Aufmerksamkeit verdienen **Verträge mit Beteiligung öffenzlicher Auftraggeber**.

BEISPIEL („Öffentlicher-Auftraggeber-Fall", abgewandelt nach BGH, Urteil vom 11.11.2014, X ZR 32/14): Das Land L hatte Bauarbeiten zur Fahrbahnerneuerung an eine⁻ Straße ausgeschrieben. U gab das weitaus günstigste Angebot ab. Nachträglich stellte sich heraus, dass es rund 27 % unter demjenigen des Nächstbietenden lag. Zum Angebot war es gekommen, weil der Bieter in dem vom Land aufgestellten Leistungsverzeichnis versehentlich einen falschen Mengenansatz für den Asphaltbinder gewählt hatte. Statt der geforderten Abrechnungseinheit „Tonne" (Menge 4.125) wurde die Abrechnungseinheit „m²" und als Massenansatz 150 kg/m² zugrunde gelegt. Der korrekte Einheitspreis war 59,59 € pro Tonne. Den falschen Ansatz bezüglich dieser Position im Angebot teilte U der Vergabestelle noch vor dem Zuschlag mit. Er bat darum, sein Angebot wegen des Irrtums aus der Wertung zu nehmen. Dem entsprach die Vergabestelle nicht, sondern erteilte den Zuschlag. Muss U den Auftrag ausführen?

Widerruf nicht mehr möglich

Unbeachtlicher Motivirrtum

Dolo agit gem. § 242 BGB

U konnte nicht mehr rechtzeitig gem. § 130 I BGB widerrufen. Er war zurzeit der Annahmeerklärung des Landes an sein Angebot gem. § 145 BGB gebunden.
Zunächst könnte man annehmen, U habe sich vom Vertrag gem. § 142 I EGB durch Anfechtung gelöst. Hierzu wäre aber ein Anfechtungsgrund nötig gewesen. Ein Erklärungsirrtum nach § 119 I 2. Fall BGB hätte vorausgesetzt, dass U zurzeit der Angebotserklärung etwas erklärt hat, was er nicht erklären wollte. Hier liegt der Irrtum aber nicht bei der Erklärung selbst, sondern bei der dem Angebot vorgelagerten Kalkulation, mithin auf Motivebene. Sein Kalkulationsirrtum ist somit ein unbeachtlicher Motivirrtum, der eine Anfechtung nicht rechtfertigt kann.
Nach Auffassung des BGH kann U dem Erfüllungsanspruch den Einwand des dolo agit, qui petit, quod statim rediturus est gem. § 242 BGB entgegensetzen (kurz: dolo agit-Einwand, Fall der unzulässigen Rechtsausübung), weil U im Fale der Ausführung des Auftrages einen Anspruch aus c.i.c gem. §§ 280 I, 311 II Nr. 1, 241 II BGB haben würde. Das Land hat gegen die Rücksichtnahmepflicht aus § 241 II BGB verstoßen, weil es hier aufgrund des offensichtlichen Kalkulationsirrtums des Bieters im Zeitpunkt der Entscheidung über die Zuschlagserteilung im Hinblick auf die Pflicht zur Rücksichtnahme auf die Interessen des betroffenen Bieters nach § 241 II BGB von der Zuschlagserteilung hätte absehen müssen.

> **KLAUSURHINWEIS**
> Diese Illoyalität kann man als Treuepflichtverletzung einordnen.

Verstoß gegen § 241 II BGB

Die Rücksichtnahmepflicht aus § 241 II BGB verlangt vom öffentlichen Auftraggeber nicht, bei jedem noch so geringen Kalkulationsirrtum von der Annahme des Angebots abzusehen. Die Regelung ist kein Korrektiv, mit dem sich ein bietendes Unternehmen der Verantwortung für eigenes geschäftliches Handeln entziehen kann. Jedoch ist die Schwelle zum Pflichtenverstoß nach § 241 II BGB bei Erteilung des Zuschlags überschritten, wenn dem Bieter aus der Sicht eines verständigen öffentlichen Auftraggebers bei wirtschaftlicher Betrachtung nicht mehr zugemutet werden kann, zum irrig kalkulierten Preis zu leisten. Unter Berücksichtigung dieser Umstände, der krassen, erkennbaren Unterkalkulation, sowie der Erkennbarkeit des

Fehlers noch vor dem Zuschlag war das vergebende Land nach § 241 II BGB verpflichtet, von der Erteilung des Zuschlags abzusehen.

> **KLAUSURHINWEIS**
> Die Besonderheit dieses Falles liegt darin, dass es sich bei L um einen öffentlichen Auftraggeber handelt. Zum Abgleich ist die verwandte Fallgruppe des offenen Kalkulationsirrtums zu beachten.[1094]

4. Vertretenmüssen des Schuldners
Der Schuldner hat sein eigenes Verschulden gem. § 276 BGB zu vertreten.[1095] Ferner **377** hat er für das Verschulden der gesetzlichen Vertreter und der Erfüllungsgehilfen gem. § 278 BGB einzustehen.[1096]

5. Ersatzfähiger und kausaler Schaden
Grundsätzlich soll das Opfer der vorvertraglichen Pflichtverletzung nach § 249 I BGB **378** so gestellt werden, wie es ohne die vom anderen Teil während der vorvertraglichen Beziehung zu vertretenden Pflichtverletzung stünde.[1097] Im Detail ist aber vieles erörterungswürdig.

a) Ersatzfähiger Schaden
Die Ersatzfähigkeit des Schadens richtet sich auch hier nach den §§ 249 ff. BGB.[1098] Gestritten wird um die Reichweite des Schadensersatzes.

aa) Negatives Interesse
Grundsätzlich gewährt der Anspruch aus §§ 280 I, 311 II, 241 II BGB über § 249 BGB **379** einen Anspruch auf Schadensersatz durch Gewährung des negativen Interesses. Dieser kann auf Zahlung einer Geldsumme gerichtet sein. Im Unterschied zu den §§ 122, 179 II BGB wird dieser Anspruch nicht durch die Höhe des Erfüllungsinteresses begrenzt.[1099] Dies zeigt sich insbesondere beim schuldhaften Abbrechen von Vertragsverhandlungen ohne triftigen Grund.[1100]

Schadensersatz durch Zahlung einer Geldsumme

BEISPIEL (nach BGH, NJW 2006, 1963 ff.): Der Vermieter baute ein Geschäftshaus um und nahm aufgrund weit gediehener Verhandlungen zugunsten eines Mieters in einer anderen Etage umfängliche Umbauten vor, die erkennbar viel Geld kosteten. Ohne triftigen Grund brach M die Verhandlungen ab. Die sinnlos aufgewendeten Umbaukosten überstiegen das Interesse an der höheren Miete im angestrebten Zehnjahresvertrag und mussten voll ersetzt werden.

Umstritten ist, ob das negative Interesse über § 249 I BGB auch durch Rückabwicklung des Vertrages gewährt werden kann, wenn der Vertrag durch eine Informationspflichtverletzung zustande gekommen ist.

Schadensersatz durch Rückabwicklung des Vertrages

1094   Siehe Randnummer 423
1095   Siehe Randnummer 109
1096   Siehe Randnummer 353
1097   MünchKomm-Emmerich, BGB, § 311 Rn 199
1098   Siehe Randnummer 329
1099   Palandt-Grüneberg, BGB, § 311 Rn 55
1100   Siehe Randnummer 376

M.M.: Nur bei
Vermögens-
schaden

Die frühere Rechtsprechung gewährte dies nur unter den Voraussetzungen, dass ein Vermögensschaden entstanden sei.[1101]

Eine neuere Auffassung lehnt die Rückabwicklung per se ab, um über die c.i.c. keinen Nebenfluchtweg aus dem Vertrag zu eröffnen.[1102]

M.M.: Keine
Rückabwicklung

Die erste Auffassung sah im Vertragsschluss offensichtlich keinen durch Rückabwicklung ersatzfähigen Schaden. Die zweite will dem Geschädigten dieses Mittel der Wiederherstellung seiner Rechte schlicht verweigern.

Streitentscheid

Gegen solche pauschale Festlegungen argumentieren die neuere Rechtsprechung und die h.L zu Recht. Richtig ist nämlich, dass durch eine schuldhafte Informations- oder Aufklärungspflichtverletzung bereits der Eingriff in die Freiheit der Willensentschließung gesehen werden kann.[1103] Auch dies stellt eine Verletzung der Interessen i.S.v. § 241 II BGB dar. Richtig ist ferner, dass mit der Rückabwicklung nur der Zustand wiederhergestellt wird, der ohne die Pflichtverletzung bestünde, was man als natürliche Folge aus § 249 I BGB auffassen kann.[1104]

MERKSATZ

Grundsätzlich ist im Falle schuldhafter Informationspflichtverletzung Schadensersatz gem. §§ 280 I, 311 II, 241 II BGB auch gem. § 249 I BGB durch Rückabwicklung des Vertrages als Naturalrestitution zu leisten.

Einzuschränken ist dieser Grundsatz allerdings nach Gefahrübergang im Kaufrecht, wenn die Informations- oder Aufklärungspflichtverletzung einen Sachmangel betrifft. In diesem Fall beschränkt sich die Anwendbarkeit auf die vorsätzliche Pflichtverletzung.[1105]

bb) Erfüllungsinteresse

380 Wer infolge der Verletzung von Aufklärungs- oder Informationspflichten einen für ihn ungünstigen Vertrag abgeschlossen hat, kann diesen unter Umständen über die c.i.c. rückabwickeln.[1106] Solche Geschädigte können aber am Festhalten am ungünstigen Vertrag interessiert sein, wenn ihnen das positive Interesse, das Erfüllungsinteresse, als Schadensersatz gewährt würde.

BEISPIEL (abgewandelt nach BGH, NJW 2006, 3102 ff.): G ist ein Grundstücksprojektentwickler, S eine Tochter einer städtischen Gesellschaft. G plant eine große Liegenschaft zu bebauen und schließt mit S einen formwirksamen Vertrag. S macht gegenüber G im Vertrag hinsichtlich der Kosten der Vorfinanzierung des Grundstückskaufs falsche Angaben (310.000 € statt 820.000 €). G will am Vertrag festhalten, verlangt aber von S die Zahlung von 510.000 € Schadensersatz.

Frühere Rechtsprechung:
Vertragsan-
passung

Weil der Geschädigte ausdrücklich am Vertrag festhalten wollte, schied der Rücktritt oder die Rückabwicklung des Vertrags über §§ 280 I, 311 II, 241 II, 249 I BGB

1101   BGH, NJW 1998, 302, 303
1102   Dauner-Lieb, Ernst/Zimmermann, Zivilrechtswissenschaft und Schuldrechtsreform, 2001, 305, 320
1103   Palandt-Grüneberg, BGB, § 311 Rn 55
1104   Theisen, NJW 2006, 3102, 3104
1105   Siehe Randnummer 372
1106   Siehe Randnummer 379

als Konfliktlösung aus. In bisherigen Fällen hatte die Rechtsprechung die Lösung in einer Vertragsanpassung gesucht, wie das folgende Beispiel zeigt.

BEISPIEL (abgewandelt nach BGH, NJW 1999, 2032 ff.): K nahm zum Kauf von Sachen bei der Bank B einen Kredit auf. Dabei waren ihm spezielle Umstände nicht bekannt, welche die zu kaufenden Sachen betrafen. In Kenntnis dieser Umstände, hätte er bei Verkäufer V einen erheblich günstigeren Kaufpreis aushandeln können und hätte bei B weniger Kredit aufnehmen müssen. Die den Kredit finanzierende B verschwieg K bei der Kreditberatung diese Umstände. Der BGH verurteilte B zur „Anpassung" des Kreditvertrages auf die niedrigere Kreditsumme.

Mit der neuen Entscheidung[1107] verneint der BGH allerdings das Recht zur Vertragsanpassung und gewährt das Recht auf Schadensersatz in Geld. Zur Schadensersatzberechnung bietet der BGH ein Regel-Ausnahme-Verhältnis zur Wahl an. Grundsätzlich soll der Geschädigte Vertrauensschaden verlangen dürfen. Dabei soll er so gestellt werden, als wäre es ihm bei Kenntnis der wahren Sachlage gelungen, den Vertrag zu einem niedrigeren Preis abzuschließen. Als Restvertrauensschaden soll ihm dann der Betrag ersetzt werden, um den er den Kaufgegenstand zu teuer erworben hat.[1108]

Negatives oder positives Interesse

BEISPIEL: Danach müsste im obigen Beispiel die S dem Projektentwickler G die geforderten 510.000 € zahlen.

Den Nachweis, dass sich die andere Vertragspartei darauf eingelassen hätte, braucht der Geschädigte nicht zu führen.
Darüber hinaus soll der Geschädigte das Recht haben, darzulegen und zu beweisen, dass er einen noch günstigeren Vertrag ausgehandelt hätte, wären ihm die Informationen nur zur Hand gewesen.

BEISPIEL: Der Geschädigte kann darlegen und beweisen, dass er unter Zugrundelegung dieser Informationen den Vertrag bei einer anderen Bank dann zu besseren Zinsen oder mit weniger aufwendigeren Sicherheiten hätte schließen können und sich die finanzierende Bank dann auf einen noch besseren Vertrag hätte einlassen müssen.

KLAUSURHINWEIS

In der Klausur müssen hierfür klare Sachverhaltsindizien angegeben sein, aus denen sich ergibt, dass ein für den Geschädigten anderer und günstigerer Vertrag erstens nur aufgrund der fehlenden Information nicht zustande gekommen ist, aber zweitens bei Besitz der Information sicher zustande gekommen wäre. Hierzu müsste ein konkretes Alternativangebot aufgeführt sein. Dieses muss man dann auch als Hinweis auf die Erörterungswürdigkeit der Schadensberechnung deuten.

1107   BGH, NJW 2006, 3102 ff.
1108   BGH, NJW 2006, 3102, 3104

b) Kausalität zwischen Pflichtverletzung und Schaden

Zwischen der Pflichtverletzung und dem Vermögensschaden muss ein adäquat kausaler Zusammenhang bestehen. Ferner muss nach der Lehre vom Schutzzweck der Norm die eingetretene Schadenseinbuße aus dem Gefahrenabwehrbereich der verletzten Pflicht stammen.

6. Einwendungen

Der Anspruch erlischt oder vermindert sich durch rechtsvernichtende Einwendungen. Es gelten die obigen Ausführungen.[1109]

7. Einreden

Der Schuldner kann gegen den Anspruch rechtshemmende Einreden erheben. Es gelten die obigen Ausführungen.[1110]

8. Keine unzulässige Rechtsausübung gem. § 242

Es gelten die obigen Ausführungen.[1111]

1109   Siehe Randnummer 130
1110   Siehe Randnummer 131
1111   Siehe Randnummer 131 und 294

STÖRUNG DER GESCHÄFTSGRUNDLAGE § 313 BGB

I. EINLEITUNG

381 Vernünftigerweise werden Vertragsparteien schon bei den Verhandlungen über die Verteilung von Vertragsrisiken nachdenken. Weil niemand in die Zukunft zu schauen vermag, werden sie regelmäßig nicht alle Risiken erfassen, die sich aus unrichtiger Einschätzung oder unvorhersehbarer und unerwarteter Veränderung der Lebensumstände ergeben können. Solche Risiken gerecht zu verteilen, ist die Aufgabe des § 313 BGB, dem die Lehre vom Wegfall der Geschäftsgrundlage zugrunde liegt.

Normierung in § 313 BGB

Diese Lehre vom Wegfall der Geschäftsgrundlage war von Rechtsprechung und Lehre lange vor Einführung des Schuldrechtsmodernisierungsgesetzes als Fallgruppe des Grundsatzes von Treu und Glauben aus § 242 BGB abgeleitet und anerkannt worden.

Historische Herleitung des § 313 BGB

> **KLAUSURHINWEIS**
> Dies wirkt sich heute noch im Tatbestand aus, wenn man prüft, ob eine dem § 313 BGB gegenüber vorrangige Regelung existiert.

Die Gerichte hatten sie seitdem allerdings sehr zurückhaltend angewendet. Es verwundert daher nicht, dass zu diesem Thema nur wenig höchstrichterliche Rechtsprechung existierte. Schließlich wurde am 1.1. 2002 § 313 BGB durch das Schuldrechtsmodernisierungsgesetz in das BGB eingefügt und normiert sowohl die Voraussetzungen als auch die Rechtsfolgen der nunmehr dort so genannten Störung der Geschäftsgrundlage.

Die Lehre vom Wegfall der Geschäftsgrundlage stützt sich auf die Überlegung, dass allen Rechtsgeschäften und insbesondere allen Verträgen bestimmte Vorstellungen der Parteien zugrunde liegen, welche die rechtlichen und wirtschaftlichen und tatsächlichen Verhältnisse betreffen.[1112] Wenn diese bestimmten Vorstellungen Inhalt des Vertrages geworden sind, kann eine Veränderung der vorausgesetzten Verhältnisse in der Regel durch Auslegung des Vertrages oder durch Gesetzesanwendung reguliert werden.

Grundidee der Lehre vom Wegfall der Geschäftsgrundlage

> **KLAUSURHINWEIS**
> Deshalb müssen spezielle Gesetze vor § 313 BGB geprüft werden. Aus diesem Grund muss stets überlegt werden, ob man nicht durch Vertragsauslegung oder zur Not durch ergänzende Vertragsauslegung zum Ziel kommt.

[1112] *Erman-Böttcher, BGB, § 313 Rn 2*

Es stellen sich dann die typischen Fragen des Schuldrechts, ob eine Pflicht verletzt wurde, oder wer die Gefahr der Verschlechterung oder der Nichterfüllung trägt. Die üblichen Antworten gewährt das Schuldrecht mit seinen Normen und Grundsätzen, z.B. der im Vertragsrecht gültige Grundsatz „pacta sunt servanda". Nach ihm müssen die Parteien den Vertrag grundsätzlich einhalten.

Ausnahme zum Grundsatz „pacta sunt servanda"

Diese üblichen Antworten überzeugen aber nicht immer, wenn die Vorstellungen der Parteien nicht Vertragsinhalt wurden. Nach den vorgesehenen Regeln des Schuldrechts wäre grundsätzlich die durch die Veränderung der Verhältnisse benachteiligte Person auf ihre Vertragstreue zu verweisen. Das heißt, sie wäre gezwungen, alle Nachteile allein zu tragen. Schließlich verlangt der für das Vertragsrecht geltende Grundsatz „pacta sunt servanda" gerade die Aufrechterhaltung und die Durchsetzung des Vertrages mit dem Inhalt, mit dem er geschlossen wurde. Wendete man den Grundsatz „pacta sunt servanda" ohne Ausnahme an, müsste die benachteiligte Partei bei jeder Veränderung der rechtlichen, wirtschaftlichen und tatsächlichen Verhältnisse den Vertrag unverändert erfüllen, sogar dann, wenn diese Veränderung außerhalb des Vertrags und außerhalb jeder Beherrschung liegt.

BEISPIEL: Dies würde bedeuten, dass ein Sachschuldner für die vereinbarte Geldleistung seine Leistung zu erbringen hat, auch wenn sie nun wegen einer Naturkatastrophe, einer Revolution oder eines Krieges einen so hohen Aufwand erfordert, dass ihm bei Vertragstreue der Ruin droht.

Diese Härte erscheint angesichts des Grundsatzes von Treu und Glauben gem. § 242 BGB weder vernünftig noch gerecht. Sind die Vorstellungen in besonders gelagerten Fällen beim Vertragsschluss so wesentlich gewesen, dass sie auch für die Fortentwicklung der rechtlichen Beziehung Bedeutung haben und erscheint ein Festhalten der Parteien am Rechtsgeschäft ausnahmsweise wider Treu und Glauben, beschränkt nunmehr § 313 BGB die Pflicht zur Vertragstreue.[1113]

Unterschied zwischen § 313 I und § 313 II BGB

Grob eingeteilt enthält § 313 I BGB den Fall des „Wegfalls der Geschäftsgrundlage". Das sind Fälle, in denen die Geschäftsgrundlage nachträglich entfallen oder wesentlich erschüttert worden ist. Haben die Parteien das Vorliegen der Geschäftsgrundlage irrtümlich angenommen, obwohl diese von Anfang an fehlte, soll hingegen § 313 II BGB einschlägig sein.[1114]

Rechtsfolgen

Primäre Rechtsfolge beider Varianten ist der Anspruch der benachteiligten Partei auf Vertragsanpassung gem. § 313 I BGB. Die Vertragsanpassung gewährt die Möglichkeit, den Vertrag durch Anpassung seines Inhalts an veränderte Umstände aufrechtzuerhalten. Erst wenn eine solche Anpassung nicht möglich oder nicht zumutbar ist, soll gem. § 313 III BGB ein Rücktrittsrecht entstehen. Bei Dauerschuldverhältnissen wird dies gem. § 313 III 2 BGB durch das Kündigungsrecht ersetzt.

1113   *Erman-Böttcher, BGB, § 313 Rn 2*
1114   *Erman-Böttcher, BGB, § 313 Rn 1*

7. Grundfall: Karnevalsbalkon-Fall

V ist Eigentümer einer Stadtwohnung in Köln. Die Wohnung verfügt über einen **382** großen Balkon und ein Gäste-WC. Im Dezember wird die geplante Route des Rosen-montagszuges im Februar nächsten Jahres in Köln in der örtlichen Tageszeitung ver-öffentlicht. Zu seiner großen Freude bemerkt V, dass der große Rosenmontagszug im nächsten Jahr genau unterhalb seines Balkons durch die X-Straße ziehen wird, was bisher noch nie der Fall war. Der überzeugte Karnevalist V freut sich sehr über den eigenen Logenplatz, als ihm die Firma M anbietet, den Balkon und das Gäste-WC am Rosenmontag für 3.000 € zu mieten. Bei diesem Angebot kann V nicht widerstehen und sagt zu. Wegen eines plötzlich und ohne deutsche Beteiligung im Nahen Osten ausgebrochenen Krieges Anfang Februar beschließen die zuständigen Stellen, den Rosenmontagszug ausfallen zu lassen. V verlangt von M Zahlung der Miete in Höhe von 3.000 € und bietet Zugang zur Wohnung und zum Balkon am Rosenmontag an. M weigert sich zu zahlen. Nachdem Verhandlungen zur Vertragsanpassung scheitern, erklärt M die Anfechtung und tritt hilfsweise vom Vertrag zurück. V ver-langt dennoch Zahlung der 3.000 €. Zu Recht ?

V könnte gegen M einen Anspruch auf Zahlung der Miete aus einem Mietvertrag gem. § 535 II BGB i.H.v. 3.000 € haben.

A. Anspruch entstanden

Der Mietvertrag wurde zwischen V und M mit diesem Inhalt geschlossen.

Zu prüfen ist aber, ob der Anspruch auf Zahlung der Miete unter der aufschiebenden Bedingung steht, dass der Karnevalszug auch stattfindet. Eine Bedingung i.S.v. § 158 I BGB setzt, wer eine Rechtsfolge an ein in der Zukunft liegendes, ungewisses Ereignis knüpft. Ausdrücklich haben weder V noch K die Mietzahlungspflicht vom Stattfinden des Rosenmontagszuges abhängig gemacht. Sie könnten aber kon-kludent eine Bedingung vereinbart haben. Jedoch lässt sich ihrem Verhalten nichts Schlüssiges entnehmen, was eine solche Vertragsauslegung rechtfertigen könnte. Möglicherweise lässt sich eine aufschiebende Bedingung im Wege der ergänzenden Auslegung des Vertrages als vereinbart auslegen. Dies erfordert gem. §§ 133, 157, 242 BGB zunächst eine Vertragslücke. Diese ist gegeben, wenn die Parteien einen regelungsbedürftigen Punkt offen gelassen oder nicht bedacht haben. Gegen ersteres spricht zum einen, dass weder V noch K mit dem Ausfallen dieser Großver-anstaltung gerechnet haben oder rechnen mussten. Schließlich fand der Rosenmon-tagszug in der Vergangenheit seit 1823 bei jedem Wind und jedem Wetter und unter schlechtesten Rahmenbedingungen statt. Dass der Zug wegen eines fernen Krieges, an dem Deutschland nicht einmal beteiligt ist, abgesagt wird, rechtfertigt nicht, den Vertrag als lückenhaft anzusehen. Vielmehr handelt es sich um ein von außen auf den Vertrag einwirkendes, unvorhersehbares Ereignis. Mithin steht der Anspruch auf Zahlung der Miete gem. § 535 II BGB nicht unter aufschiebender Bedingung und ist zunächst entstanden.

B. Anspruch erloschen

I. UNMÖGLICHKEIT GEM. § 326 I BGB

Der Anspruch könnte jedoch wegen Unmöglichkeit gem. § 326 I BGB erloschen sein.

1. Gegenseitiger Vertrag

Dies setzt einen gegenseitigen Vertrag voraus. Bei solchen stehen die Hauptleistungspflichten im Gegenseitigkeitsverhältnis. Beim Mietvertrag überlässt der Vermieter dem Mieter den Besitz auf Zeit, um von diesem die Mietzahlung zu erhalten. Folglich ist der Mietvertrag ein gegenseitiger Vertrag.

2. Freiwerden des Schuldners von seiner Leistungspflicht gem. § 275 BGB

Ferner muss der Schuldner von seiner Leistungspflicht gem. § 275 BGB frei geworden sein. Schuldner ist hier der Vermieter. Hier könnte die dem Vermieter obliegende Pflicht zur Überlassung des Balkons gem. § 275 I BGB ausgeschlossen sein. Dann müsste es V unmöglich geworden sein, seine Leistungspflicht zu erbringen. Unmöglichkeit ist die dauerhafte Nichterbringbarkeit des Leistungserfolges. Zunächst ist fraglich, zu welcher Leistung genau sich V verpflichtet hat. Es ist ihm möglich, den Besitz am Balkon inklusive Toilettenbenutzung am Rosenmontag zu gewähren. Dies entspricht der Leistungspflicht gem. § 535 I BGB. Von Nichterbringbarkeit des Leistungserfolges kann man hier nur sprechen, wenn V das Erscheinen des Rosenmontagszuges versprochen hätte. Dies lag aber ebenso wenig in seiner Macht wie etwa eine von M erhoffte gute Stimmung beim Zuschauen. Man kann V nicht den Willen zur Erbringung einer Leistung unterstellen, wenn der Erfolg nicht durch seine eigene Handlung herbeigeführt werden kann. Vielmehr muss man das Erscheinen des Rosenmontagszuges als außerhalb des Vertrags liegenden Umstand werten, der nicht Bestandteil des Vertragswillens geworden ist. Folglich ist keine Unmöglichkeit gegeben und der Anspruch nicht gem. § 326 I BGB ausgeschlossen.

II. ANFECHTUNG GEM. § 142 I BGB

Der Anspruch bestünde gem. § 142 I BGB nicht, wenn der Vertrag durch Anfechtung als von Anfang an nichtig anzusehen wäre.

1. Anfechtungserklärung

Dies setzt zunächst die Erklärung der Anfechtung voraus. Als Anfechtungserklärung i.S.v. § 143 I BGB kann unter Laien jedes Verhalten ausgelegt werden, das den Schluss zulässt, der Anfechtende wolle an seiner ursprünglichen Willenserklärung nicht festgehalten werden. Schon indem M die Zahlung der Miete verweigert, drückt er exakt dies aus. Hier hat er außerdem die Anfechtung ausdrücklich erklärt und mithin gem. § 143 I BGB die Anfechtungserklärung abgegeben.

2. Anfechtungsgrund

Jedoch bedarf es zur Anfechtbarkeit der Willenserklärung auch eines Anfechtungsgrundes. In Betracht kann ein Eigenschaftsirrtum i.S.v. § 119 II 2. Fall BGB kommen. Dann muss sich M im Irrtum über eine verkehrswesentliche Eigenschaft einer Sache befunden haben. Unter Sacheigenschaften versteht man die einer Sache dauerhaft anhaftenden wertbildenden Faktoren. Die Belegenheit in der X-Straße haftet der

Wohnung des V und ihrem Balkon dauerhaft an. Die Tatsache, dass der Karnevalszug in diesem Jahr dort vorbeiführen wird, ist ein wertbildender Faktor. Jedoch ist die Tatsache, dass der Rosenmontagszug durch die X-Straße zieht, kein der Wohnung auf Dauer anhaftender Faktor. Schließlich kann die Route des Zuges durch eine Entscheidung der maßgeblichen Gremien verändert werden. Folglich befand sich M nicht im Eigenschaftsirrtum.

III. RÜCKTRITT GEM. §§ 346, 349, 313 III BGB

Schließlich könnte der Anspruch auch durch Rücktritt gem. §§ 346 I, 349, 313 I, II, III 1 BGB untergegangen sein.

1. Rücktrittserklärung

M muss gem. § 349 BGB den Rücktritt erklärt haben.

Schon die Verweigerung der Mietzahlung kann laiengünstig als Rücktrittserklärung gedeutet werden. Hier hat M hilfsweise, aber ausdrücklich gem. § 349 BGB den Rücktritt erklärt und zwar für den Fall, dass die Anfechtung nicht gelingt. Indem die Anfechtung scheiterte, wäre diese Bedingung eingetreten. Die Erklärung des Rücktritts wäre analog § 388 (2) BGB unwirksam, wenn der Rücktritt unter einer Bedingung i.S.v. § 158 I BGB erklärt worden wäre. Eine Bedingung i.S.v. § 158 BGB stellt, wer eine Rechtsfolge an ein in der Zukunft liegendes und ungewisses Ereignis knüpft. Hier knüpft M die Rücktrittserklärung an die gegenwärtige Rechtslage, nämlich daran, ob ein Anfechtungsgrund vorliegt oder nicht. Ein Anfechtungsgrund nach § 119 I BGB wäre gegenwärtig gegeben, wenn sich der Anfechtende in der Vergangenheit, bei Vertragsschluss, geirrt hätte. Indem M die Gültigkeit der Rücktrittserklärung an gegenwärtige und nicht an zukünftige Tatsachen anknüpft, hat er keine Bedingung i.S.v. § 158 BGB gestellt und somit nicht gegen das Verbot des § 388 (2) BGB analog verstoßen. Der Rücktritt wurde erklärt.

2. Rücktrittsgrund gem. §§ 313 I, II, III 1 BGB

Fraglich ist das Vorliegen eines Rücktrittsgrundes. Als solcher kommt die Störung der Geschäftsgrundlage gem. §§ 313 I, II, III 1 BGB in Betracht.

a) Vertrag

Der Rücktrittsgrund des § 313 III 1 BGB erfordert gem. § 313 I BGB einen Vertrag, der hier in Gestalt des Mietvertrages gegeben ist.

b) Keine vorrangige Regelung

Es muss § 313 BGB aber auch anwendbar und nicht wegen Subsidiarität ausgeschlossen sein. Wegen des Charakters der Rechtsnorm als Blankettvorschrift und seiner historischen Entstehungsgeschichte, die in § 313 I BGB normierte Lehre vom Wegfall der Geschäftsgrundlage wurde aus Treu und Glauben gem. § 242 BGB hergeleitet, gilt die Norm als subsidiär gegenüber vorrangigen Regelungen vertraglicher und gesetzlicher Art. Als solche kommen ausdrückliche und konkludente vertragliche Regelungen, sowie Leistungsstörungsrecht und die Anfechtung in Betracht, die hier, wie gezeigt, aber nicht einschlägig sind. Folglich ist die Anwendbarkeit des § 313 BGB nicht wegen Subsidiarität ausgeschlossen.

c) Geschäftsgrundlage

Der Rücktrittsgrund aus §§ 313 I, II BGB fordert, dass ein Umstand zur Geschäftsgrundlage geworden ist. Diese darf nach dem Wortlaut der Rechtsnorm gem. § 313 II BGB in Vorstellungen über Umstände gesehen werden, die nicht Vertragsinhalt, aber zur Vertragsgrundlage geworden sind. Es muss sich um Vorstellungen handeln, bei deren Fehlen der Vertrag nicht oder mit anderem Inhalt geschlossen worden wäre. Es muss sich also um eine Vorstellung handeln, auf welcher der Vertragswille beider Parteien, oder nur einer Partei, jedoch erkennbar für die andere, aufgebaut hat. Hier stellten sich sowohl V als auch M vor, der Karnevalszug erscheint am Rosenmontag in der X-Straße und kann vom Balkon der Wohnung des V angeschaut werden. Dies war die Geschäftsgrundlage des Vertrages.

d) Störung der Geschäftsgrundlage

Die Geschäftsgrundlage muss gestört sein. Das ist gem. § 313 II BGB der Fall, wenn sich die Vorstellungen als falsch herausstellen. Weil der Zug nicht erscheint, ist dies hier der Fall.

e) Unzumutbarkeit des Festhaltens am unveränderten Vertrag

Das Festhalten am unveränderten Vertrag darf für M unter Berücksichtigung der Risikoverteilung im Einzelfall nicht zumutbar sein.

aa) Schwerwiegende Störung

Dies erfordert zunächst eine schwerwiegende Störung des Vertrages. Hier wurde der von beiden Parteien vorausgesetzte Zweck der Balkonmiete, nämlich das Betrachten des Rosenmontagszuges vom Balkon aus, durch außerhalb des Vertrages liegende Umstände vereitelt. In der Fallgruppe der Zweckvereitelung kann grundsätzlich eine schwerwiegende Störung gesehen werden.

bb) Risikoverteilung

Dies setzt allerdings ferner voraus, dass die Partei, die sich auf die Störung der Geschäftsgrundlage beruft, nicht das Risiko der Zweckvereitelung tragen muss. Das Gesetz spricht in § 313 I BGB von vertraglicher und gesetzlicher Risikoverteilung. Beispielsweise beeinflussen Zusicherungen oder übernommene Garantien die vertragliche Risikoverteilung. Die gesetzliche Risikoverteilung hängt z.B. von den Gefahrtragungsregeln ab. Weder ersteres, noch letzteres sind hier ersichtlich. Allenfalls kann man davon sprechen, dass derjenige Käufer, Besteller und auch Mieter das Verwendungsrisiko des geleisteten Gegenstandes trägt. Ob der Käufer, Besteller oder Mieter mit der Sache zweckentsprechend verfahren kann, entzieht sich grundsätzlich der Beeinflussungs- und Kenntnissphäre des Schuldners. Daraus müsste man schließen, dass das Risiko des Erscheinens oder Nichterscheinens des Rosenmontagszuges allein beim Mieter läge.

cc) Einzelfallabwägung

Hier liegt der Fall aber besonders. Der Marktwert der Leistung, nämlich Balkonmiete an einer Kölner Straße im Februar für einen Tag, beruht allein auf dem Umstand, dass man von dort den Karnevalszug sehen kann. Diese Zweckbindung war hier auch für beide Seiten ersichtlich. Daraus muss billigerweise gefolgert werden, dass das Risiko des Nichterscheinens auf beide Seiten zu verteilen ist. Die Störung ist so schwerwiegend, dass das Festhalten am unveränderten Vertrag als unzumutbar anzusehen ist, wenn die Sonderopfergrenze überschritten ist. Bei Festhalten am Vertrag bürdete man M auf, für eine wertlose Leistung 3.000 € bezahlen zu müssen. Dies ist ein Sonderopfer. Daher wäre das Festhalten am unveränderten Vertrag unzumutbar.

f) Keine mögliche oder zumutbare Vertragsanpassung
Das Rücktrittsrecht erfordert gem. § 313 III 1 BGB, dass die Vertragsanpassung versucht wird, aber nicht gelingt. Hier erscheint aber schon der Versuch, eine Vertragsanpassung vorzunehmen, als von vornherein aussichtslos. Eine Vertragsanpassung könnte schließlich nur in der Anpassung der Miethöhe liegen. Weil die Miete des Balkons ohne vorbeiziehenden Rosenmontagszug aber gar keinen Marktwert besitzt, muss eine Vertragsanpassung scheitern. Dem Mieter darf keine Zahlungspflicht auch nur in Höhe eines Euro auferlegt werden.
Folglich ist ein Rücktrittsrecht gegeben.
Mithin ist M erfolgreich vom Mietvertrag zurückgetreten. Also ist der Anspruch aus § 535 II BGB des V erloschen.
Folglich hat V keinen Anspruch gegen M gegen V auf Zahlung von 3.000 € aus § 535 II BGB.

FALLENDE

II. SYSTEMATIK UND VERTIEFUNG

1. Anspruch auf Vertragsanpassung gem. § 313 I BGB
Ist eine vertragliche Beziehung i.S.v. § 313 I BGB gestört und beruft sich eine Partei durch Erhebung einer Einrede auf diese Störung, müssen die Parteien zunächst versuchen, den Vertrag durch Verhandlungen anzupassen. Scheitern die Verhandlungen, hat das Gericht die Möglichkeit, den Vertrag anzupassen.[1115] Erst wenn die Anpassung nicht möglich oder nicht zumutbar ist, sind die weiteren Rechtsfolgen des § 313 III BGB, Rücktritt oder Kündigung, gerechtfertigt.[1116]

383 Vorrang der Vertragsanpassung

a) Prüfungsschema

PRÜFUNGSSCHEMA

ANSPRUCH AUF VERTRAGSANPASSUNG GEM. § 313 I BGB

1. **Vertrag**
2. **Keine vorrangige Regelung**
3. **Geschäftsgrundlage**
4. **Störung der Geschäftsgrundlage**
5. **Unzumutbarkeit des Festhaltens am unveränderten Vertrag**
   a) **Schwerwiegende Störung**
   b) **Risikoverteilung**
   c) **Einzelfallabwägung**
6. **Mögliche und zumutbare Vertragsanpassung**

1115   Siehe Randnummer 430
1116   MünchKomm-Finkenauer, BGB, § 313 Rn 1, 2

b) Vertrag

Art des geforderten Vertrags

384 Zunächst erfordert der Anspruch auf Vertragsanpassung einen Vertrag. Ist der Vertrag nicht oder noch nicht zustande gekommen, finden ausschließlich die Regeln über vorvertragliche Schuldverhältnisse (§ 311 II, III BGB) und das Bereicherungsrecht (§§ 812 ff. BGB) Anwendung. In diesem Stadium ist der Vertragsschluss nämlich noch unsicher. Wenn die Geschäftsgrundlage eines Vertrages erst noch entstehen soll, kann sie weder gestört, noch entfallen sein.[1117] Der Wortlaut der Rechtsnorm geht von einem Vertrag aus. Dieser Begriff bedarf wegen des Blankettcharakters der Rechtsnorm der Auslegung. Mit dem Begriff Vertrag sind alle schuldrechtlichen Verträge gemeint, auch Vorverträge.[1118] Sogar auf § 779 BGB, der nach seinem Wortlaut einen eigenen Fall des Wegfalls der Geschäftsgrundlage darzustellen scheint, findet § 313 BGB Anwendung.[1119] Gemeint sein kann sogar ein familienrechtlicher Vertrag sui generis.[1120] Auf diesen wird weiter unten eingegangen.[1121]

> **BEISPIEL:** M und F leben in nichtehelicher Lebensgemeinschaft. F gehört ein Grundstück, auf dem sie ein Wohnhaus errichten will. Hierzu löst M eine Lebensversicherung i.H.v. 120.000 € auf und gibt F das Geld. Dabei hofft er, was die F auch erkennt, von dieser ein lebenslanges Wohnrecht eingeräumt zu erhalten.

c) Keine vorrangige Regelung

385 Die Lehre vom Wegfall der Geschäftsgrundlage wurde aus Treu und Glauben gem. § 242 BGB abgeleitet. § 313 BGB knüpft an diese Tradition an und stellt auch nach dem Willen des Gesetzgebers lediglich eine gesetzliche Ausformung dieser Lehre dar.[1122] Weil Konfliktlösungen, die sich des Grundsatzes von Treu und Glauben bedienen, eine ultima ratio darstellen, gilt folglich auch § 313 BGB grundsätzlich als subsidiär gegenüber anderen Regelungen der Vertragsausformung und Vertragsabwicklung.[1123]

MERKSATZ

Mithin ist § 313 BGB nur anwendbar, wenn die Rechtsnorm nicht durch vorrangige Regelungen verdrängt wird.

KLAUSURHINWEIS

Die Anwendbarkeit des § 313 BGB muss wegen der historisch begründeten Ableitung aus dem Grundsatz von Treu und Glauben positiv festgestellt werden. Zur Vermeidung einer Inzidentprüfung sollte man die vorrangigen Regelungen im Gutachten bereits an früherer Stelle geprüft haben. Innerhalb des § 313 BGB baut man die Anwendbarkeit der Norm am Geschicktesten als Prüfungsschritt zwischen den Voraussetzungen „Vertrag" und „Geschäftsgrundlage" ein. Dies hat den Vorteil, dass man bei den Fallgruppen der schwerwiegenden Störung keine Abgrenzung mehr treffen muss.[1124]

1117   BGH, NJW 1956, 1275, 1275
1118   BGH, NJW 1967, 1605, 1607
1119   Siehe Randnummer 393
1120   BGH, NJW 2008, 3277, 3279, 3281
1121   Siehe Randnummer 409
1122   Erman-Böttcher, BGB, § 313 Rn 2
1123   Erman-Böttcher, BGB, § 313, Rn 32
1124   Siehe Randnummer 402

Als **vorrangige Regelungen** kommen in Betracht:

Vertragliche Regelungen	Ausdrückliche Regelungen im Vertrag Ergänzende Auslegung des Vertrages gem. §§ 133, 157, 242 BGB
Gesetzliche Spezialvorschriften	§ 779 BGB
Leistungsstörungsrecht	Unmöglichkeit, Schuldnerverzug und Mängelhaftung
Anfechtungsrecht	§§ 119 ff. BGB
Zweckverfehlungskondiktion (str.)	§ 812 I 2 2. Fall BGB

aa) Vertragliche Regelungen

MERKSATZ   386

Lässt sich der Inhalt des Vertrages durch Auslegung oder gem. §§ 133, 157, 242 BGB durch ergänzende Vertragsauslegung ermitteln, gehen diese Regeln der Vertragsanpassung nach § 313 BGB vor.[1125]

Diese Abgrenzung ist die schwierigste. Streng genommen, kann man in nahezu jeder Situation, die vom Normalfall abweicht und zu einem Konflikt in der Vertragsbeziehung führt, den Parteien unterstellen, eine Lücke im Vertragswerk geschaffen zu haben, die dann durch Auslegung zu schließen ist. Ebenso wie bei § 313 BGB darf das Gericht bei der Auslegung aber nicht einfach seinen Willen an die Stelle des Parteiwillen setzen, sondern hat diesen grundsätzlich zu respektieren, indem es Vertragstreue und Privatautonomie berücksichtigt.[1126]

(1) Unterschiede in der Rechtsfindung
Ergänzende Vertragsauslegung und Störung der Geschäftsgrundlage unterscheiden sich zum einen in der Art, in welcher das Gericht das Recht findet.

(a) Rechtsfindung bei ergänzender Vertragsauslegung gem. §§ 133, 157 BGB
Bei der ergänzenden Vertragsauslegung hat der Tatrichter im Falle einer Vertragslücke die Tatsachen zur Lückenschließung zu ermitteln und festzustellen. Dann schließt er die Vertragslücke durch rechtliche Würdigung von Amts wegen. Dabei ist er an den Parteivortrag nicht gebunden.[1127]

1125   BGH, NJW 2006, 54, 55; NJW 1984, 1177, 1178; MünchKomm-Finkenauer, BGB, § 313, Rn 143
1126   Palandt-Ellenberger, BGB, § 157 Rn 8
1127   Palandt-Ellenberger, BGB. § 157, Rn 8; § 133 Rn 29

(b) Rechtsfindung bei Störung der Geschäftsgrundlage

Schon nach dem Wortlaut des § 313 BGB besteht ein Anspruch auf Vertragsanpassung. Über diesen sollen die Parteien zunächst selbst verhandeln.[1128] Wie und wo diese Verhandlungen stattfinden, ist umstritten.[1129] Jedoch besteht ein entscheidender Unterschied zur ergänzenden Auslegung. Spätestens im Prozess, nämlich in der Güteverhandlung gem. § 278 II ZPO, sollen die Parteien über die Anpassung verhandeln. Der Kläger darf dann Klage auf die angepasste Leistung aus dem Vertrag erheben.

BEISPIEL: Der Kläger fordert als Verkäufer einen höheren oder als Käufer einen geringeren Kaufpreis. Der Kläger fordert nach Erbringung des Kaufpreises nach Vertragsanpassung einen Teil des Kaufpreises zurück.

Wenn das Klägerbegehren mit der Rechtslage in Einklang steht, kann das Gericht antragsgemäß verurteilen. Wenn nicht, soll es dem Kläger gem. § 139 ZPO einen richterlichen Hinweis geben, wie der Antrag zu fassen ist.[1130]

MERKSATZ

Bei der ergänzenden Vertragsauslegung findet das Gericht die Vertragslücke, stellt sie fest und schließt sie von Amts wegen. Dabei ist es an Parteivorträge nicht gebunden. Es muss nur die Grundsätze der Vertragstreue und der Privatautonomie beachten. Bei der Vertragsanpassung gem. § 313 BGB hat der Rechtsfindung eine Verhandlung der Parteien voranzugehen.

(2) Inhaltliche Unterschiede

Es bestehen aber auch markante inhaltliche Unterschiede zwischen beiden Möglichkeiten.

(a) Ausdrückliche und eindeutige vertragliche Regelungen

387   Keine Probleme bereiten ausdrückliche und eindeutige Bestimmungen in Verträgen, welche äußere Einflüsse auf den Vertrag regeln wollen.

BEISPIEL: Verkäufer V beliefert Käufer K regelmäßig mit deutschen Luxusautos zum Export in arabische Länder. Beide haben geregelt, dass K auch im Falle eines Krieges, einer Revolution oder einer Naturkatastrophe zur Abnahme und zur Bezahlung verpflichtet sein soll. Hier hat K das alleinige Risiko vertraglich übernommen. Für § 313 BGB bleibt kein Raum.

Sofern diese Regelungen nicht gesetzlich verboten oder sittenwidrig sind oder an ähnlichen inhaltlichen Mängeln leiden, gelten sie. Es besteht keine Vertragslücke. Auch für Vertragsanpassung ist kein Raum.

1128   BT-Drs. 14/6040, S. 176
1129   Siehe Randnummer 430
1130   Bamberger/Roth-Unberath, BGB, § 313 Rn 86

(b) Abgrenzung zur ergänzenden Vertragsauslegung bei Vertragslücken

Schwierig wird es, wenn der Vertrag keine Regelungen für außergewöhnliche Umstände und für nicht vorhergesehene Wendungen des Lebens vorsieht. Fehlt eine solche ausdrückliche Regelung, lässt sie sich aber durch ergänzende Vertragsauslegung finden, darf keine Vertragsanpassung gem. § 313 BGB durch das Gericht vorgenommen werden. Fraglich ist im Einzelfall, wann eine Vertragslücke besteht, die im Wege der ergänzenden Vertragsauslegung geschlossen werden soll, und wann ein Fall der Störung der Geschäftsgrundlage eingetreten ist, welcher zur Vertragsanpassung nach § 313 BGB führen würde. Die Abgrenzung zwischen beiden Regelungen wird durch den Umstand erheblich erschwert, dass sowohl bei Störung der Geschäftsgrundlage als auch bei der ergänzenden Vertragsauslegung ein hypothetisches Element existiert. Bei Störung der Geschäftsgrundlage ist nämlich zu prüfen, ob der Vertrag bei Kenntnis des wahren Sachverhalts nicht oder nicht so geschlossen worden wäre. Dies kann nur durch eine hypothetische Betrachtung festgestellt werden. Bei der ergänzenden Vertragsauslegung muss zur Schließung der Vertragslücke der hypothetische Parteiwille ermittelt werden.[1131]

388 Abgrenzung zur ergänzenden Vertragsauslegung

BEISPIEL (nach BGH, NJW 2006, 54 ff. „Briefmarkenfall"): Wegen der Währungsumstellung auf den Euro hatte Anfang 2002 das Bundesministerium für Finanzen gem. § 43 I PostG alle Postwertzeichen, die in D-Mark oder Pfennig angegeben waren, mit Wirkung vom 01. Juli 2002 für ungültig erklärt. Gleichzeitig hatte sich die Deutsche Post AG (P) bereit erklärt, alle Pfennigbriefmarken bis zum 30.06. 2003 in Euro-Briefmarken umzutauschen. Briefmarkenhändler H tauschte bis in den Juli 2003 hinein Briefmarken zum Nennwert von über 300.000 € um. Dann erwarb H von Dritter Pfennigbriefmarken, um sie bei P umzutauschen. Diese verweigerte im November 2003 jedoch die Annahme. H hält die zeitliche Beschränkung der Umtauschmöglichkeit für ungültig und fordert Herausgabe von Euro-Briefmarken im Wert von 48.572,73 € Zug um Zug gegen Übergabe von DM-Briefmarken im Wert von 95.000 DM. Zur Recht ?

389 Abgrenzung danach, ob sich der Parteiwille ermitteln lässt

Seit der Privatisierung der Bundespost zur Post AG vertritt die h.M., dass man mit einer Briefmarke ein Wertpapier erwirbt. Es handelt sich um ein kleines Inhaberpapier gem. §§ 807, 793 BGB, welches jedem, dem es gehört, einen Anspruch gegen die Post AG beschert. Die Post AG verspricht jedem Inhaber der Briefmarke die Briefbeförderung.

Vorrang der Vertragsauslegung

Es finden sich keine gesetzlichen Regelungen für den Fall, dass Briefmarken durch staatlichen Hoheitsakt ihre Gültigkeit verlieren. Auch in den AGB der Post AG war dieser Fall nicht geregelt. Folglich erkannte das Gericht hier eine Vertragslücke.

Vertragslücke

Zur Lückenschließung muss versucht werden, das Leistungsversprechen der Post AG ergänzend gem. §§ 133, 157, 242 BGB auszulegen. Die Auslegung richtet sich danach, was redliche und verständige Parteien bei Kenntnis der planwidrigen Regelungslücke nach dem Vertragszweck und sachgemäßer Abwägung ihrer beiderseitigen Interessen nach Treu und Glauben gem. § 242 BGB vereinbart hätten. Vernünftigerweise hätten sich die Parteien auf ein Umtauschrecht geeinigt, dies aber auf ein Jahr befristet. Das Umtauschrecht ist vernünftig, weil es die Störung des Äquivalenzverhältnisses auf einfache Weise beseitigt. Es ist der P auch zuzumuten, weil diese das Geld bereits vorab eingenommen hat. Die Befristung auf ein Jahr rechtfertigt sich

Lückenschließung

1131   Erman-Armbrüster, BGB, § 157 Rn 20

zum einen daraus, dass mehr als 1000 Motive unterschiedlicher Pfennigbriefmarken im Umlauf waren, die weniger fälschungssicher sind als die Euro-Briefmarken und zum anderen aus dem erheblichen Verwaltungsaufwand durch den Umtausch.[1132] Weil sich der Vertragswille durch Auslegung finden ließ, war hier für die Anwendung des § 313 BGB kein Raum.

MERKSATZ

Lässt sich durch Auslegung ein sinnvoller Vertragswille finden, ist § 313 BGB nicht anwendbar. Lässt sich der Vertragsinhalt durch ergänzende Auslegung gem. §§ 133, 157, 242 finden, wird § 313 BGB verdrängt, weil ergänzende Vertragsauslegung vorrangig ist. Es findet § 313 BGB aber dort Anwendung, wo sich der Vertragsinhalt durch Auslegung nicht finden lässt.

390 Schaut man auf die Rechtsfolgen beider Lösungsideen, nämlich einerseits Lückenschließung durch ergänzende Vertragsauslegung und andererseits Vertragsanpassung bei Störung der Geschäftsgrundlage findet man mehr Übereinstimmungen als trennscharfe Unterscheidungen. Deshalb ist die Abgrenzung nach der Rechtsfolge oft zweifelhaft.

Abgrenzung danach, ob eine planwidrige Vertragslücke besteht

Eine genauere Abgrenzung ermöglicht der Blick auf die Grundvoraussetzungen der ergänzenden Vertragsauslegung. Wo sie fehlen, wird § 313 BGB nicht durch Auslegung verdrängt.

Erster Anknüpfungspunkt ist die Vertragslücke. Nicht jede fehlende Regelung rechtfertigt automatisch die Annahme einer Vertragslücke.[1133] Gefordert wird vielmehr die planwidrige Unvollkommenheit eines Vertrages. Diese ergibt sich dann, wenn die Parteien einen Punkt für nicht regelungsbedürftig gehalten haben oder diesen zwecks späterer Regelung bewusst offen ließen.[1134]

BEISPIEL: V und K schließen einen Kaufvertrag über Bergwerkseigentum und haben bei der Preiskalkulation die gesetzliche Mehrwertsteuer nicht ausgewiesen.

Hier haben beide Seiten die Mehrwertsteuerpflicht nicht für ausdrücklich regelungsbedürftig gehalten. Die Lücke wird geschlossen, indem man dem Nettobetrag die gesetzliche Mehrwertsteuer hinzurechnet. Für eine Vertragsanpassung nach § 313 BGB ist daher kein Raum.

Bewusstes Offenlassen eines regelungsbedürftigen Punktes

391 Keine Überschneidung zwischen Auslegung und § 313 BGB ergibt sich, wenn die Parteien eine vertragliche Bindung unbedingt wollen, im Vertrag aber bewusst Punkte offen gelassen haben, um sie später zu regeln, zu einer Regelung dann aber nicht mehr gekommen sind. Solche Fälle lassen sich mit ergänzender Vertragsauslegung interessengerecht lösen, wie folgendes Beispiel zeigt:

1132   BGH, NJW 2006, 54, 56
1133   Erman-Armbrüster, BGB, § 157 Rn 16
1134   Erman-Armbrüster, BGB, § 157 Rn 16

BEISPIEL: A und B sind Bauunternehmer und übernehmen gemeinschaftlich drei Bauaufträge. Sie unterzeichnen keinen Arbeitsgemeinschaftsvertrag, sondern verkünden zuversichtlich, „man werde sich schon einig". Hinterher stellt sich heraus, dass A doppelt so hohe Aufwendungen hatte wie B. Nun streitet man sich um die Gewinnverteilung. In diesem Fall haben die Parteien einen regelungsbedürftigen Punkt bewusst offen gelassen.

Hier haben die Parteien trotz der Nichtregelung der Gewinnverteilung nämlich deutlich gemacht, am Vertrag festhalten zu wollen. Ein Dissens gem. § 154 BGB bleibt somit außer Betracht. Eine gesetzliche Regelung fehlt. Aus den zitierten Worten darf man nämlich nicht auf die hälftige Gewinnteilung schließen, wie das Gesetz sie gem. § 722 BGB für die Gesellschaft Bürgerlichen Rechts im Regelfall vorsieht. Vielmehr ergibt die Auslegung, dass die Parteien die beiderseitigen Beitragsleistungen abwarten wollten.

In solchen Fällen ist es sachgerecht, den Gewinnanteil nach den eingesetzten Vermögenswerten und nach der Höhe der eingegangenen Risiken zu bestimmen.[1135]

Haben die Parteien keine Vorkehrungen für Krieg, Revolution, Putsch, Naturereignisse, Hyperinflationen oder Weltwirtschaftskrisen getroffen, kann man hingegen nicht von einer planwidrigen Regelungslücke sprechen. Das Besondere an solchen Sozialkatastrophen besteht in tatsächlicher Hinsicht gerade in ihrer Unvorhersehbarkeit und Unberechenbarkeit. Deshalb enthält § 313 BGB keine Regelung für den Fall, dass die Parteien eingetretene Änderungen der Verhältnisse weder als möglich vorgesehen haben noch hätten vorhersehen können.[1136] In rechtlicher Hinsicht lässt sich nach ihrem Eintritt regelmäßig weder ein hervortretender, noch ein hypothetischer Vertragsanpassungswille ermitteln. Gerade dies eröffnet den Raum für die Anwendung von § 313 BGB.

392 Unvorhersehbare Sozialkatastrophen

BEISPIEL: Im Heizölfall[1137] haben die Parteien durch eine Festpreisvereinbarung das Risiko schwankender Einkaufspreise aufgrund natürlicher Marktschwankungen geregelt. Daraus darf man aber nicht schließen, dass alle Risiken übernommen werden, nämlich die Risiken für Marktschwankungen aufgrund einer weltweiten, nicht vorhergesehenen Ölkrise.

MERKSATZ

Nur wenn sich weder durch Auslegung, noch durch ergänzende Auslegung des Vertrages eine Anpassungslösung finden lässt, ist Raum für die Anwendung des § 313 BGB. Dies wird regelmäßig der Fall sein, wenn die Parteien eingetretene Änderungen der Verhältnisse weder als möglich vorgesehen haben noch hätten vorhersehen können.

1135   BGH, NJW 1982, 2816, 2817
1136   BT-Drs. 14/6040, 175, 176
1137   Siehe Randnummer 406

bb) Gesetzliche Spezialvorschriften

Verhältnis zu
§ 779 BGB

393   Zahlreiche gesetzliche Regelungen ordnen Rechtsfolgen für den Fall einer Störung der Geschäftsgrundlage an und gehen § 313 BGB vor.[1138] Es gilt, dass § 313 BGB in diesem Fall subsidiäre Anwendung findet, wenn die Spezialvorschrift tatbestandlich oder hinsichtlich der Rechtsfolge nicht einschlägig ist.[1139] § 779 BGB ist eine Spezialvorschrift, die das anfängliche Fehlen der Vergleichsgrundlage regelt.[1140] Danach ist ein Vergleich nichtig, wenn der als feststehend zugrunde gelegte Sachverhalt der Wirklichkeit nicht entsprochen hat. Haben sich die Parteien hingegen bei Vergleichsabschluss Vorstellungen über das Eintreten oder Ausbleiben künftiger Ereignisse gemacht, kann ein Zuwiderlaufen der Entwicklung nicht zur Nichtigkeit des Vergleichs führen. Dann ist Raum für § 313 BGB.[1141]

> **MERKSATZ**
> § 779 BGB erfasst das anfängliche Fehlen, § 313 BGB den nachträglichen Wegfall der Vergleichsgrundlage.

cc) Leistungsstörungsrecht

394   Grundsätzlich ist § 313 BGB gegenüber Leistungsstörungsregeln subsidiär, wenn in diesen die Abweichung der Wirklichkeit von den Vorstellungen oder Erwartungen der Parteien geregelt ist.[1142] Dies betrifft sowohl die Mängelhaftung als auch die Unmöglichkeit.[1143]

BEISPIEL: Dies trifft etwa beim Sachmangel auf § 434 I 2 BGB zu, bei der Unmöglichkeit auf § 275 I BGB. Die Abgrenzung zu § 275 II oder III BGB erfordert, wie unten im „Heizölfall" gezeigt wird, Argumentationskraft.[1144]

dd) Anfechtungsrecht

395   Überschneiden sich die Voraussetzungen des § 313 mit den Regeln der Irrtumsanfechtung, haben grundsätzlich die §§ 119, 120 BGB Vorrang.[1145] Auf die umstrittene Sonderkonstellation beim gemeinsamen Eigenschaftsirrtum wird unten eingegangen.[1146]

> **MERKSATZ**
> Prüfe Auslegung vor Anfechtung, prüfe Anfechtung vor Anpassung.

ee) Zweckverfehlungskondiktion gem. § 812 I 2 2. Fall BGB

396   Umstritten ist, in welchem Verhältnis § 313 BGB zur Zweckverfehlungskondiktion gem. § 812 I 2 2. Fall BGB steht. Dies wird besonders bei familiären Zuwendungen relevant.

1138   *Erman-Böttcher, BGB, § 313 Rn 32*
1139   *Bamberger/Roth-Unberath, BGB, § 313 Rn 13*
1140   *MünchKomm-Habersack, BGB, § 779, 68*
1141   *BGH, NJW 1984, 1746, 1746*
1142   *Erman-Böttcher, BGB, § 313 Rn 32*
1143   *Erman-Böttcher, BGB, § 313 Rn 35, 39*
1144   *Siehe Randnummer 406*
1145   *MünchKomm-Finkenauer, BGB, § 313 Rn 14*
1146   *Siehe Randnummer 424*

BEISPIEL („Schwiegerelterngeschenk-Fall" abgewandelt nach BGH NJW 2010, 2202): M und F heiraten und leben im gesetzlichen Güterstand. M erwirbt ein bebautes Grundstück. Das Wohnhaus soll den Ehegatten als Familiensitz dienen. M nimmt zu Finanzierung ein Darlehen über 200.000 € auf. Der Vater der F (V) wendet darauf dem M weitere 100.000 € zur Unterstützung des Hausumbaus zu. M und F leben sich in der Folgezeit auseinander und werden sieben Jahre später geschieden. V verlangt von M die Rückzahlung der 100.000 €. Zu Recht?

Ansprüche aus Schenkungsrecht gem. §§ 530, 531 II, 812 I 2 1. Fall BGB oder §§ 527, 812 I 1 1. Fall BGB scheitern. Es liegt zwar ein Schenkungsvertrag vor. Nach neuer Rechtsprechung soll ein Schenkungsvertrag dann geschlossen sein, wenn Schwiegereltern ihren Schwiegerkindern etwas zuwenden und ihre freigiebige Absicht endgültiger unentgeltlicher Bereicherung der Kinder subjektiv hervortritt. Das ist der Fall, wenn Schwiegereltern nicht in der Absicht zuwenden, selbst am Vermögenswert zu partizipieren.[1147] Jedoch fehlt es für § 530 BGB am groben Undank, weil eine Scheidung rechtlich zulässig und damit keine Verfehlung ist. Für § 527 BGB fehlt es an der Vereinbarung einer Auflage.

Der Schenkungsvertrag ist das in § 313 BGB geforderte Schuldverhältnis. Problematisch ist, dass der Schenkungsvertrag zugleich eine Zweck-Grund-Abrede i.S.v. § 812 I 2 2. Fall BGB sein kann, deren Zweck verfehlt wird. Denn die Schenkung erfolgte zu dem Zweck, der Familie der Tochter ein dauerhaftes Heim zu schaffen und damit der Tochter einen langlebigen Vermögensvorteil zu verschaffen. Dieser Zweck wird durch die Scheidung verfehlt.

> **KLAUSURHINWEIS**
> Ob eine **Zweck-Grund-Abrede** vorliegt, ist Tatfrage und durch Subsumtion festzustellen. Liegt sie nicht vor, muss das Verhältnis zwischen § 313 BGB und § 812 I 2 2. Fall BGB streng genommen, nicht diskutiert werden. Jedoch enthalten Examensklausuren in einigen Ländern den Hinweis, es sei auf alle aufgeworfenen Fragen, zur Not hilfsgutachterlich einzugehen. Auf die Kenntnis des folgenden Streitstandes darf man nicht verzichten.

Nach einer Ansicht wird § 313 BGB jedoch verdrängt, wenn eine verfehlte Zweck-Grund-Vereinbarung i.S.v. § 812 I 2 2. Fall BGB vorliegt, weil deren Voraussetzungen angeblich strenger seien.[1148]

M.M.: Zweckverfehlungskondiktion ist spezieller

Nach einer anderen Ansicht verdrängt § 313 BGB die Zweckverfehlungskondiktion, weil zu respektieren sei, dass die Parteien Zwecke vereinbaren oder voraussetzen dürfen, die über die primäre Erfüllung hinausgehen, und deshalb § 313 BGB flexibler sei.[1149]

M.M.: § 313 ist spezieller

1147   BGH, NJW 2010, 2202, 2202
1148   MünchKomm-Roth, BGB, § 313 Rn 135 (5.Auflage)
1149   MünchKomm-Finkenauer, BGB, § 313 Rn 179 (6.Auflage); Palandt-Grüneberg, BGB, § 313 Rn. 15

Nach neuester Rechtsprechung des BGH stehen beide Ansprüche nebeneinander.[1150]

h.M: Beide
Ansprüche
stehen
nebeneinander

Dem ist zuzustimmen. Es liegt schon keine Spezialität einer Norm im formellen Sinne vor, indem die Tatbestandsvoraussetzungen der einen Norm voll in der anderen enthalten sind. Deshalb lässt sich nicht feststellen, welche strengere Voraussetzungen enthält. Vielmehr unterscheiden sich die Voraussetzungen stark. Ferner haben die Vorschriften unterschiedliche Ziele. § 812 I 2 2. Fall BGB ist auf die Rückabwicklung ausgerichtet, hingegen verfolgt § 313 BGB das Ziel der Vertragsanpassung. Zur Annahme einer Zweck-Grund-Abrede muss der Empfänger der Leistung die Zweckvorstellungen des Leistenden erkannt haben. Bloßes Kennenmüssen soll nicht genügen. Liegt eine solche Abrede vor, wurde ihr Zweck aber verfehlt, können § 313 BGB und § 812 I 2 2. Fall BGB nebeneinander stehen.[1151]

> **KLAUSURHINWEIS**
> Abgrenzungsfragen ermüden in der gutachterlichen Darstellung schnell den Leser. Man sollte weitschweifige theoretische Abhandlungen dazu vermeiden. Geschickter ist es, alle in Betracht kommenden vorrangigen Regelungen bereits vor Prüfung des § 313 BGB zu begutachten. Wenn eine von ihnen einschlägig ist, versperrt sie den Lösungsweg über § 313 BGB. Hat man sie hingegen abschlägig beschieden, darf man ruhigen Gewissens § 313 BGB prüfen und innerhalb der Begutachtung des § 313 BGB nach oben auf die fehlende Einschlägigkeit vorrangiger Regelungen verweisen. So zeigt man einerseits Strukturverständnis und weist andererseits Sorgfalt und Gründlichkeit nach. Im „Schwiegerelterngeschenk-Fall" hätte man § 812 I 2 2. Fall voranstellen können. Gegen das Vorliegen einer Zweck-Grund-Abrede hätte hier gesprochen, dass V seine Vorstellungen nicht geäußert hat.

d) Geschäftsgrundlage

397

Hypothetisches
Element

Obwohl immerzu vom Wegfall der Geschäftsgrundlage die Rede ist, enthält der Wortlaut des § 313 BGB diese Formulierung nicht. Der Wortlaut des Gesetzes enthält gleichwohl mehrere Tatbestandsmerkmale, die ein hypothetisches Element umschreiben, in denen man nach allgemeiner Auffassung die Geschäftsgrundlage sieht.

aa) Geschäftsgrundlage i.S.v. § 313 I BGB

Bezüglich der objektiven Geschäftsgrundlage ist in § 313 I BGB von „Umständen" die Rede, die „zur Grundlage des Vertrages" geworden sind. Daraus folgt zunächst, dass diese Umstände nicht Bestandteil des Vertrages geworden sind. Denn wären sie Bestandteil des Vertrages geworden, könnte man den Vertrag auslegen oder gem. §§ 133, 157, 242 BGB ergänzend auslegen. Ferner enthält der Gesetzeswortlaut das hypothetische Element, dass „die Parteien den Vertrag nicht oder mit anderem Inhalt geschlossen hätten, wenn sie die Veränderung erkannt hätten". Diese sinngemäße Umschreibung der Geschäftsgrundlage erlaubt folgende Begriffsbestimmung.

1150   BGH, NJW 2210, 2202, 2206
1151   BGH, NJW 2010, 2202, 2206

> **DEFINITION**
> Zur **Geschäftsgrundlage im Sinne des § 313 I BGB** gehören Umstände, die nicht Vertragsbestandteil geworden, aber so wesentlich sind, dass entweder der Geschäftswille beider Parteien auf ihnen aufbaut, oder zumindest der Geschäftswille einer Partei, was für die andere Partei erkennbar war, aber von ihr nicht beanstandet wurde.[1152]

BEISPIEL („Inflationsfall"): V verkauft Ende des Jahres 2009 sein Grundstück für 250.000 €, **398** was dem Marktpreis entspricht. Es wird vereinbart, dass der Kaufpreis nach Eintragung der Vormerkung fällig wird. Kurz darauf kommt es durch einen Bankenkrach zu einer weltweiten Finanzkrise. Weil die Zentralbank die Geldmenge infolge dieser Finanzkrise innerhalb der nächsten Monate zur Abwendung der von allen Experten prognostizierten Deflationsgefahr verdreifacht und als Sicherheit wertlose Wertpapiere akzeptiert, steigt die Inflationsrate plötzlich auf einen Wert von 150 % per annum. Mit dieser Entwicklung hatte weder V noch K noch die Wirtschaftspresse gerechnet. Als die Vormerkung Mitte nächsten Jahres endlich eingetragen wird, erhält V für sein Grundstück inflationsbereinigt einen Gegenwert in Höhe von 125.000 €.

Der Vertrag enthält keine Regelung zur Anpassung des Kaufpreises. Wollte man diesen Fall durch ergänzende Auslegung gem. §§ 133, 157, 242 BGB lösen, müsste man den Vertrag als lückenhaft bezeichnen und versuchen diese Lücke zu schließen, indem man sich überlegt, was die Parteien vernünftigerweise gewollt hätten, wenn sie diese Lücke erkannt hätten. Man kann aber einen Vertrag kaum als lückenhaft bezeichnen, wenn beide Parteien von Geldwertstabilität ausgegangen sind und deshalb eine Anpassungsklausel für den Fall einer Hyperinflation unterlassen haben.

Abgrenzung zur ergänzenden Vertragsauslegung

BEISPIEL: Obwohl seit Beginn des neuen Jahrtausends die Geldmenge in den USA so stark erhöht wurde, dass das relevante Geldmengenaggregat „M3" nicht mehr veröffentlicht wird, rechnet trotz dieser verdächtigen Heimlichtuerei kaum ein Ökonom mit einer Hyperinflation. Schließlich stellt die relative Geldwertstabilität mit niedrigen Inflationsraten seit 1948 den Normalzustand dar.

Ferner lässt sich ein Parteiwille weder subjektiv noch objektiv ermitteln. Rechtlich stellt die Geldentwertung einen von außen einwirkenden Umstand dar, der nicht nur ein einzelnes Vertragsverhältnis, sondern alle vertraglichen Beziehungen aller Rechtsteilnehmer erfasst, bei denen Geld als Gegenleistung geschuldet wird. Solche Extremfälle sollen typischerweise mit der Lehre vom Wegfall der Geschäftsgrundlage gelöst werden. Im Beispielsfall muss man vernünftigerweise davon ausgehen, dass die Parteien den Vertrag gar nicht geschlossen hätten, wenn die Veränderung voraussehbar gewesen wäre. Keinesfalls hätte sich V auf ein Geschäft eingelassen, bei dem er für einen stabilen Wert eine Gegenleistung erhält, die so rasch ihren Wert einbüßt. Der Vertrag muss folglich angepasst werden. Sollte sich dies als unzumutbar erweisen, darf V gem. §§ 313 III 1, 346 I, 349 BGB zurücktreten.

1152   *BGH, NJW 1976, 565, 566*

bb) Geschäftsgrundlage i.S.v. § 313 II BGB

399   Eine erweiternde und ergänzende Regelung zur Geschäftsgrundlage enthält § 313 II BGB. Er betrifft das ursprüngliche Fehlen der subjektiven Geschäftsgrundlage.[1153] Diese erlaubt die folgende Begriffsbestimmung.

Geschäfts-
grundlage gem.
§ 313 II BGB

DEFINITION

Geschäftsgrundlage i.S.v. § 313 II BGB sind auch Vorstellungen über Umstände, die nicht Vertragsinhalt wurden, aber so wesentlich für die Willensbildung waren, dass entweder der Vertragswille beider Parteien darauf aufbaut, oder nur der Vertragswille einer Partei, was für die andere erkennbar war, aber von ihr nicht beanstandet wurde.

BEISPIEL: Dies ist in den unten dargelegten Fällen des offenen Kalkulationsirrtums und des gemeinsamen Irrtums regelmäßig der Fall.[1154]

e) Störung der Geschäftsgrundlage

Reales Element   **400**   Die Geschäftsgrundlage ist gem. § 313 I BGB weggefallen, wenn sich die Umstände, die zur Grundlage des Vertrages geworden sind, verändert haben. Dies ist das reale Element des Tatbestandes des § 313 BGB, welches das Bedürfnis nach Vertragsanpassung auslöst. Gleiches gilt nach § 313 II BGB, wenn die Geschäftsgrundlage von Anfang an gefehlt hat. Dann müssen sich die wesentlichen Vorstellungen, die zur Grundlage des Vertrages geworden sind, als falsch herausgestellt haben. Jedoch erlaubt nicht jede Veränderung der Umstände und nicht jede Fehlvorstellung die Anpassung des Vertrages. Andernfalls wäre der Grundsatz der Vertragstreue so ausgehöhlt, dass man von einer vertraglichen Bindung nicht mehr sprechen könnte. Nur ganz besonders schwerwiegende Störungen rechtfertigen die Vertragsanpassung. Allenfalls dann ist Vertragsanpassung geboten.

KLAUSURHINWEIS

Man sollte die Störung der Geschäftsgrundlage im Gutachten zunächst positiv feststellen. Die eigentlichen Schwierigkeiten ergeben sich regelmäßig in den normativen Tatbestandselementen, welche die eigentlichen Voraussetzungen für die Vertragsanpassung normieren. Dort werden stets die entscheidenden Wertungen innerhalb einer argumentativen Lösung gefordert. Es ist deshalb zweckdienlich, alle normativen Tatbestandselemente im Zusammenhang zu prüfen.

---

f) Unzumutbarkeit des Festhaltens am unveränderten Vertrag

Normative
Tatbestands-
merkmale

401   § 313 I BGB enthält für den Fall des Wegfalls der Geschäftsgrundlage mehrere normative Tatbestandselemente, die der rechtlichen Wertung bedürfen. Die zur Geschäftsgrundlage gehörenden Umstände müssen sich nicht nur verändert, sondern „schwerwiegend" verändert haben. Für den Fall des Fehlens der Geschäftsgrundlage fordert § 313 II BGB, dass die Vorstellungen, die zur Grundlage des

---

1153   BT-Drs. 14/6040, S. 176
1154   Siehe Randnummer 419

Vertrages geworden sind, sich aber als falsch herausgestellt haben, „wesentliche" Vorstellungen sind. Ob ein Festhalten am unveränderten Vertrag dem benachteiligten Teil „zugemutet" werden kann, muss unter Berücksichtigung der „vertraglichen und der gesetzlichen Risikoverteilung" überprüft werden.

DEFINITION

Das **Festhalten am unveränderten Vertrag** ist nur dann **unzumutbar**, wenn es sich um eine schwerwiegende Störung handelt, die unvorhersehbar war und nicht allein in den Risikobereich der Partei fällt, die sich auf die Störung beruft.

Unzumutbarkeit des Festhaltens am unveränderten Vertrag

KLAUSURHINWEIS

Man sollte die normativen Elemente vor ihrer Subsumtion deshalb zusammengefasst präsentieren: „Das Festhalten am unveränderten Vertrag ist nur dann unzumutbar, wenn es sich um eine schwerwiegende Störung handelt, die unvorhersehbar war und nicht allein in den Risikobereich der Partei fällt, die sich auf die Störung beruft." Bei der anschließenden Subsumtion sollte man auf eine zu deutliche Tiefgliederung verzichten. Die normativen Tatbestandselemente hängen trotz ihrer sprachlichen Trennung im Tatbestand des § 313 BGB inhaltlich derart miteinander zusammen, dass man sich bei zu starker Untergliederung dem Vorwurf aussetzen kann, man könne etwas Zusammenhängendes nicht zusammenhängend darstellen. Wie unten deutlich wird, lassen sich Fragen der Risikoverteilung und der Unzumutbarkeit des Festhaltens am unveränderten Vertrag nicht immer getrennt darstellen, weil beide Antworten ineinander verwoben sind. Ferner bewerten Prüfer die Leistungen negativer, wenn sie den Eindruck gewinnen, der Kandidat klappert ein auswendig gelerntes Schema ab. Die gegliederte Darstellung erfolgt hier aus rein didaktischen Gründen, nämlich, um zum Erlernen der Materie sinnvolle Trennungen zu schaffen.

aa) Schwerwiegende Störung

Nur die schwerwiegende Störung der Geschäftsgrundlage, nur die wesentliche Fehl- **402** vorstellung rechtfertigt die Vertragsanpassung. Geklärt werden muss einerseits, in welchen Fällen die Geschäftsgrundlage als gestört gilt und andererseits, wann die Störung so wesentlich ist, dass sie der Vertragsanpassung bedarf.

KLAUSURHINWEIS

Die Rechtsprechung hat im Verlaufe der Jahrzehnte Fallgruppen gebildet, die man unbedingt kennen und beherrschen muss. Man sollte sich in Prüfungsarbeiten nach Möglichkeit nur innerhalb dieser Fallgruppen bewegen, wenn man § 313 BGB anwenden will. Ist keine der Fallgruppen einschlägig, sollte unbedingt eine andere Lösung, z.B. über die ergänzende Vertragsauslegung gesucht werden.

Unerlässlich ist demzufolge die Kenntnis dieser Fallgruppen.

Folgende **Fallgruppen** hat die Rechtsprechung anerkannt:

- Äquivalenzstörungen
- Übermäßige nachträgliche Leistungserschwerung (vom Reichsgericht „wirtschaftliche Unmöglichkeit" genannt)
- Zweckverfehlung
- Zweckvereitelung
- Leasing
- Offener Kalkulationsirrtum
- Gemeinsamer Irrtum

(1) Äquivalenzstörungen

Äquivalenz-
störung

403

DEFINITION

Bei einer **Äquivalenzstörung** wird die beim Vertragsschluss vorausgesetzte Gleichwertigkeit von Leistung und Gegenleistung durch nachträgliche unvorhergesehene Ereignisse (z.B. Geldentwertung, Eingreifen des Gesetzgebers, das die Leistungserbringung erschwert, etc.) so schwer gestört, dass für eine Partei ein so schwerer Nachteil entsteht, dass sie ihn nicht hinzunehmen braucht.[1155]

Wenn infolge einer wesentlichen Veränderung der politischen oder wirtschaftlichen Verhältnisse im In- oder Ausland ein offenbares Missverhältnis zwischen Leistung und Gegenleistung entsteht, kann ein Bedürfnis nach Vertragsanpassung gem. § 313 I BGB entstehen. Es stellt sich die Frage, ob der Geldschuldner noch vertragsgemäß erfüllt, wenn die von ihm zu erbringende Geldleistung wertmäßig weit hinter dem zurückbleibt, wovon die Parteien bei Vertragsschluss ausgingen.

BEISPIEL: Dies ist beispielsweise im obigen „Inflationsfall" gegeben.[1156]

Besonders in den Fällen der Entwertung einer Leistung muss der Vorrang der Vertragsauslegung beachtet werden, um die grundsätzliche Pflicht zur Vertragstreue nicht aufzuweichen und dem Missbrauch nicht Tür und Tor zu öffnen.

BEISPIEL: Dies zeigte sich oben im „Briefmarkenfall"[1157]. Dort durfte H nicht endlos auf die Umtauschregelung vertrauen.

(2) Übermäßige nachträgliche Leistungserschwerung

404 Auch übermäßige nachträgliche Leistungserschwerungen können die Vertragsanpassung rechtfertigen. Bei dieser Fallgruppe steigt der Leistungsaufwand des Schuldners nach Vertragsschluss durch äußere Umstände stark an.

1155 Erman-Böttcher, BGB, § 313 Rn 29
1156 Siehe Randnummer 398
1157 Siehe Randnummer 389

Erste Voraussetzung für eine Lösung über § 313 BGB ist, dass die Erbringung einer **405** Wirtschaftliche
Sachleistung noch möglich ist, denn ansonsten wäre § 275 I BGB vorrangig. Das Unmöglichkeit
Reichsgericht hatte diese Fallgruppe zunächst als „wirtschaftliche Unmöglichkeit"
bezeichnet und zur Lösung des Konflikts Unmöglichkeitsrecht gem. § 275 BGB angewendet.[1158] Obwohl das Gericht diese Rechtsprechung später endgültig aufgab,
wird der Begriff „wirtschaftliche Unmöglichkeit" bis heute als Bezeichnung der übermäßigen nachträglichen Leistungserschwerung benutzt.

> **MERKSATZ**
> Die Rechtsprechung sieht im Fall einer übermäßigen Leistungserschwerung, bei
> der die Leistung möglich ist, keinen Fall der Unmöglichkeit i.S.v. § 275 I BGB.

Zweite Voraussetzung für eine Lösung über § 313 BGB ist, dass die Erbringung der **406**
Leistung auch nicht außer Verhältnis zum Gläubigerinteresse stehen darf, denn dann
wäre an § 275 II BGB zu denken.[1159] Es kommt also darauf an, dass der Schuldner über
das nach dem Vertrag vorausgesetzte Risiko hinaus belastet wird. Dies hat diese Fallgruppe mit der Äquivalenzstörung gemein. Im Unterschied zur Äquivalenzstörung
stellt sich bei der übermäßigen nachträglichen Leistungserschwerung die Frage, ob
der Sachschuldner trotz veränderter Umstände seine Leistung noch zu unveränderten Bedingungen erbringen muss.

> **MERKSATZ**
> Bei der **Äquivalenzstörung** erhält der Schuldner eine Gegenleistung, die bei
> Vertragsschluss gleichwertig war, aber nun durch äußere Umstände unzumutbar
> entwertet wurde. Bei der übermäßigen nachträglichen Leistungserschwerung
> steigt der Leistungsaufwand des Schuldners so stark an, dass die Erbringung der
> Leistung ohne Vertragsanpassung ein Sonderopfer wäre.

BEISPIEL (nach BGH WM 78, 322 „Heizölfall"): Die Stadt S schließt im Oktober 1972 mit dem
Mineralölkonzern B einen Vertrag über die Belieferung der Stadt S mit Heizöl. Sie vereinbaren, dass B im Jahr 1973 12 Millionen Liter leichtes Heizöl liefern soll. Der Preis
soll 10 DM pro 100 Liter betragen. In der Vertragsklausel wird der Preis ausdrücklich
als Festpreis bezeichnet. Im Jahr 1973 trifft die OPEC Preisabsprachen, mit Hilfe derer
ausdrücklich und offiziell das geförderte Öl durch Preiserhöhung und Verknappung
als politische Waffe eingesetzt werden soll. Durch die Verstaatlichung der libyschen
Fördergesellschaften und die Versorgungskrise der USA steigt im Laufe des Jahres der
Einkaufspreis um 600 %. B verlangt vergeblich Vertragsanpassung und tritt schließlich
vom Vertrag zurück. Zu Recht?

§ 313 BGB erfordert zunächst, dass keine vorrangige Regelung einschlägig ist. Durch **407** Keine vorrangige
die Vereinbarung als Festpreis verbietet es sich, den Vertrag derart auszulegen, dass Regelung
ein höherer Preis als vereinbart gilt. Ferner kann das Öl am Markt beschafft werden,
weshalb keine Unmöglichkeit i.S.v. § 275 I BGB vorliegt. Ein Leistungshindernis gem.

1158   RGZ 107, 156, 157
1159   Siehe Randnummer 245 und 246

§ 275 II BGB erfordert, dass der Leistungsaufwand des Schuldners steigt und dadurch ein grobes Missverhältnis zum Gläubigerinteresse entstanden ist. Die Stadt S ist im Jahr 1973 mangels Energiealternativen auf die Belieferung mit Heizöl angewiesen. Ferner kann sie sich aufgrund der gestiegenen Erzeugerpreise nicht anderweitig am Markt bedienen. Das Nordseeöl steht 1973 den Marktteilnehmern ebenso wenig zur Verfügung wie das russische oder nigerianische. Dadurch ist das Gläubigerinteresse aufgrund der Ölkrise ebenso gestiegen wie der Leistungsaufwand des Schuldners. Daher wird § 313 BGB nicht durch § 275 II BGB verdrängt.

Geschäfts-
grundlage

Geschäftsgrundlage war für S die Abwesenheit einer Ölkrise aufgrund politischer Entscheidungen und, damit verbunden, eine stabile Marktlage mit ihren üblichen Schwankungen. Diese ist durch die Ölkrise schwer gestört.

Zumutbarkeit
des Festhaltens
am unverän-
derten Vertrag

Fraglich allein ist, ob das Festhalten am unveränderten Vertrag bei Einbeziehung der Risikoverteilung für B unzumutbar ist. Die Vereinbarung des Festpreises legt ja grundsätzlich das Kalkulations- und Beschaffungsrisiko in die Sphäre des Verkäufers. Dies gilt aber nicht für außergewöhnliche Schwankungen, die auf unvorhersehbaren und unbeherrschbaren äußeren Gründen beruhen. Diese fallen wiederum grundsätzlich nicht in den Risikobereich des Verkäufers. Davon ist schließlich eine Ausnahme zu bilden, wenn der Verkäufer diese Faktoren bei Anwendung pflichtgemäßer Sorgfalt kennen muss und zum Beispiel durch rechtzeitiges Einlagern von Ware dem Preisanstieg vorbeugen kann.[1160]

Dies war hier nicht der Fall. Dynamik bekam die Ölkrise erst durch den vor den arabischen Ländern unter Führung Ägyptens verlorenen Jom-Kippur-Krieg im Oktober 1973. Die Niederlage löste eine Verdopplung des Ölpreises innerhalb weniger Tage aus. Weil weder dieser Krieg, noch die weiteren Entwicklungen für B nicht vorhersehbar waren, muss nicht er allein das Risiko für Preisschwankungen aufgrund einer weltweiten Ölkrise tragen. Deshalb war der Vertrag anzupassen, bzw. ihm der Rücktritt zu erlauben.

MERKSATZ

Ist die Leistungserbringung nicht mehr möglich, geht § 275 I BGB dem § 313 BGB vor. Ist die mögliche Leistungserbringung wirtschaftlich sinnlos und steht der Leistungsaufwand des Schuldners außer Verhältnis zum Leistungsinteresse des Gläubigers, kommt § 275 II BGB und nicht § 313 BGB in Betracht. Ist die Leistung noch möglich und nicht gem. § 275 II BGB ausgeschlossen, aber dem Schuldner aus immateriellen Gründen nicht zuzumuten, kommt § 275 III BGB und nicht § 313 BGB in Betracht. Kann der Schuldner die Leistung erbringen, belastet sie den Schuldner wegen der Veränderung äußerer Umstände aber über das nach dem Sinn des Vertrages übernommene wirtschaftliche Risiko hinaus, kann eine Anspruch aus § 313 BGB auf Vertragsanpassung bestehen.

1160   BGH, WM 78, 322

(3) Zweckverfehlung   **408**

Diese jüngste Fallgruppe geht auf das BGH-Urteil zur Nichtehelichen Lebensgemeinschaft aus dem Jahr 2008 zurück, in welchem erstmals ein BGH-Senat die Anwendung des § 313 BGB bei der vermögensrechtlichen Abwicklung der Lebensgemeinschaft für möglich erachtet hatte.[1161] Das folgende Beispiel wandelt den wahren Sachverhalt allerdings ab.

BEISPIEL (abgewandelt nach BGH NJW 2008, 3277 ff. „NELG-Fall"): M und F leben in nichtehelicher Lebensgemeinschaft. F gehört ein Grundstück, auf dem sie ein Wohnhaus errichten will. Hierzu löst M eine für die Altersvorsorge bestimmte Lebensversicherung i.H.v. 120.000 € auf und gibt F das Geld. Dabei hofft er, was er zwar nicht sagt, was die F aber erkennt, von F ein lebenslanges Wohnrecht eingeräumt zu erhalten. Einige Zeit nach Errichtung des Hauses zieht M für immer aus und verlangt sein Geld zurück. Zu Recht?

> **KLAUSURHINWEIS**
>
> In der Klausur stellt sich hier als erstes die Frage, worin man eine vertragliche Beziehung zwischen M und F sehen kann. Wegen der Änderung der langjährigen Rechtsprechung sollte man hier den ersten Schwerpunkt der Bearbeitung setzen.

Als Vertrag zwischen M und F kann man nur einen familienrechtlichen Kooperations-   **409**
vertrag sui generis ansehen.

DEFINITION

Familienrechtlicher Kooperationsvertrag sui generis: Ein solcher wird bei Ehegatten und neuerdings auch bei nichtehelichen Lebenspartnern angenommen, wenn ein Partner eine überobligatorische Leistung zur Sicherung, Fortführung oder Ausgestaltung der Lebensgemeinschaft erbringt, die über das übliche Maß hinausgeht.[1162]

Familienrechtlicher Kooperationsvertrag sui generis

In Lebensgemeinschaften erbringen die Partner ständig Leistungen zur Aufrechterhaltung der Lebensgemeinschaft.

BEISPIEL: Dies beginnt mit der Erwerbsarbeit, um finanzielle Mittel zur Führung des Haushaltes zu erwerben, aber genauso durch die tägliche Arbeit im Haushalt.

Weil grundsätzlich keine Verrechnung solcher Leistungen der Partner stattfindet, läuft der Partner, der eine überobligatorische Leistung erbringt, Gefahr, diese rechtsgrundlos zu erbringen.

1161   *BGH, NJW 2008, 3277, 3281*
1162   *BGH, NJW 2008, 3277, 3279*

Überobligatorische gemeinschaftsbezogene Zuwendungen

> **DEFINITION**
>
> Unter **überobligatorischen gemeinschaftsbezogenen Zuwendungen** versteht man Zuwendungen, die über das übliche Maß hinausgehen, was die Gemeinschaft zur Aufrechterhaltung der Lebensgemeinschaft benötigt.[1163]

BEISPIEL: Jeder wird die Zahlung von 120.000 € im obigen Beispiel als überobligatorisch ansehen. Bezahlt M hingegen aus eigener Tasche 1.000 € für den Einbau einer neuen Badewanne in der gemeinsamen Wohnung, wird man dies wohl kaum so werten.

Um Benachteiligungen zu vermeiden und um eine Rückabwicklung nach den Grundsätzen sowohl der Zweckverfehlungskondiktion gem. § 812 I 2 2. Alt BGB als auch nach § 313 BGB zu ermöglichen, hat der BGH in dieser Entscheidung erstmalig einen familienrechtlichen Kooperationsvertrag sui generis als Grundlage der überobligatorischen Leistungen angenommen.

Keine vorrangige Regelung

410　**KLAUSURHINWEIS**
Weitere Voraussetzung für die Anwendbarkeit des § 313 BGB ist wie immer das Fehlen einer vorrangigen oder gesetzlichen Regelung.

Im vorliegenden Fall kommt kein Anspruch aus einer widerrufenen Schenkung gem. §§ 530, 531 II, 812 ff. BGB in Betracht. Die Zuwendung des M ist nicht unentgeltlich, das heißt in freigiebiger Absicht ohne Erwartung einer Gegenleistung erfolgt, vielmehr handelt es sich bei ihr um eine so genannte unbenannte, oder moderner ausgedrückt, um eine gemeinschaftsbezogene Zuwendung

Gemeinschaftsbezogene Zuwendungen

> **DEFINITION**
>
> **Gemeinschaftsbezogene Zuwendungen** unter Lebensgefährten erfolgen in der Regel zur Verwirklichung oder Ausgestaltung der Lebensgemeinschaft. Anders als bei einer Schenkung werden sie nicht allein gegenüber dem anderen Partner erbracht, sondern zu Gunsten der Lebensgemeinschaft und damit auch an den Leistenden selbst. Sie haben deshalb keinen Schenkungscharakter.[1164]

411　Ebenso wenig kommen Rückabwicklungsansprüche aus einer gescheiterten BGB-Gesellschaft gem. §§ 705, 730 ff. BGB in Betracht. Es fehlt an einem Gesellschaftsvertrag zwischen M und F. Dieser braucht zwar nicht ausdrücklich geschlossen worden zu sein, sondern kann auch durch schlüssiges Verhalten zustande kommen.

KLAUSURHINWEIS
Die Abgrenzung zur gesellschaftsrechtlichen Rückabwicklung stellt regelmäßig einen Schwerpunkt der Aufgabe dar.

Nichtvorliegen einer BGB-Gesellschaft

412　Wesentliche Voraussetzung für die Annahme einer durch schlüssiges Verhalten zu Stande gekommenen BGB-Gesellschaft ist nach der Rechtsprechung des BGH ein über die Verwirklichung der Ehegemeinschaft oder Lebensgemeinschaft

---

1163　*BGH, NJW 2008, 3277, 3278*
1164　*BGH, NJW 2008, 3277, 3278*

hinausgehender Zweck, wie er etwa vorliegt, wenn die Eheleute oder Lebenspartner durch den Einsatz von Vermögenswerten und Arbeitsleistungen gemeinsam ein Unternehmen aufbauen oder gemeinsam eine berufliche oder gewerbliche Tätigkeit ausüben.[1165] Das kann in Betracht kommen, wenn die Parteien die Absicht verfolgt haben, mit dem Erwerb eines Vermögensgegenstands, etwa einer Immobilie, einen - wenn auch nur wirtschaftlich - gemeinschaftlichen Wert zu schaffen, der von ihnen für die Dauer der Partnerschaft nicht nur gemeinsam genutzt werden, sondern ihnen nach ihrer Vorstellung auch gemeinsam gehören sollte.[1166] An letzterem fehlt es hier. Gem. §§ 946, 94 BGB erwirbt F das Alleineigentum am Gebäude. Rechtlich gehört es damit nur F. Damit es wirtschaftlich betrachtet beiden gehören soll, müssten wirtschaftliche Anhaltspunkte bestehen.

BEISPIEL: Typisch wäre eine gemeinsame Fruchtziehung durch Erzielung von Mieteinnahmen oder Pachteinnahmen.

MERKSATZ

Verfolgen die Partner einen Zweck, der nicht über die Verwirklichung der nichtehelichen Lebensgemeinschaft hinausgeht, bestehen grundsätzlich Zweifel an dem zur Begründung der BGB-Gesellschaft erforderlichen Rechtsbindungswillen. Denn in diesem Bereich haben Partner regelmäßig keine über die Ausgestaltung ihrer Gemeinschaft hinausgehenden rechtlichen Vorstellungen.

Nach der neuesten Rechtsprechung des BGH sind zwei Anspruchsgrundlagen **413** denkbar. Möglich erscheint hier eine Lösung über die Zweckverfehlungskondiktion gem. § 812 I 2 2. Fall BGB. Diese setzt eine Zweck-Grund-Abrede voraus. Hier hat der Empfänger der Leistung die Erwartung des Leistenden erkannt und die Leistung angenommen. In dieser Willensübereinstimmung liegt eine Zweck-Grund-Abrede.

MERKSATZ

Ob eine **Zweck-Grund-Abrede** vorliegt, ist Tatfrage. Bei einer Zweck-Grund-Abrede gem. § 812 I 2 2. Fall BGB müssen eine vertragliche Vereinbarung über den Leistungszweck und ein erzwingbarer Anspruch auf Herbeiführung fehlen.[1167] Nur einseitige Vorstellungen genügen nicht. Eine stillschweigende Einigung in diesem Sinne kann aber angenommen werden, wenn der eine Teil mit seiner Leistung einen bestimmten Erfolg bezweckt und der andere Teil dies erkennt und die Leistung entgegennimmt, ohne zu widersprechen.

Weil der mit der Leistung verfolgte Zweck des lebenslangen Wohnrechts hier verfehlt wurde, darf über § 812 I 2, 2. Fall BGB abgewickelt werden.

1165   BGH, NJW 2006, 1268, 1269
1166   BGH, NJW 2008, 3277, 3278
1167   Wandt, Gesetzliche Schuldverhältnisse § 10, Rn 66

> **KLAUSURHINWEIS**
>
> Seit der Entscheidung des BGH, NJW 2008, 3277 wurde die Fallgruppe von den Instanzgerichten über § 313 BGB gelöst. In der Regel scheitert die Zweckverfehlungskondiktion an den hohen Anforderungen an die Zweck-Grund-Abrede. Deshalb sind viele klausurrelevante Fragen nicht höchstrichterlich geklärt, während bei § 313 BGB Lösungen diskutiert werden.[1168] Unklar ist, wie die teilweise Zweckerreichung aufgrund des Wohnens im Haus sich auf den Anspruch aus § 812 I 2 2. Fall BGB auswirkt. Ob sich F auf § 818 III BGB berufen kann, weil M immerhin einige Zeit im Haus gewohnt hat, ohne Miete zu bezahlen, ist Tatfrage. Dies wird nicht zuletzt von der Dauer der gemeinsamen Nutzung abhängen. Denkbar ist auch, F gegen M einen Wertersatzanspruch aus §§ 812 I 2 2. Fall, 818 I, 818 II BGB für die von M gezogenen Nutzungen zuzuerkennen.

Wie oben gezeigt wurde, schließt das Vorliegen des Anspruchs aus § 812 I 2 2. Fall BGB nach h.M. eine Abwicklung über § 313 BGB nicht aus.[1169]

> **KLAUSURHINWEIS**
>
> Sollte eine solche Zweckgrundabrede nicht festzustellen sein, muss § 313 BGB nach allen Auffassungen geprüft werden. Ferner wird § 313 BGB sehr relevant, wenn im Falle einer Zweck-Grund-Abrede § 812 I 2 2. Fall BGB nicht zur Anwendung kommt, weil § 812 I 2 2. Fall BGB wegen § 815 BGB ausscheidet.

Geschäfts-grundlage der gemeinschafts-bezogenen Zuwendung

414 Als Geschäftsgrundlage der gemeinschaftsbezogenen Zuwendung diente die Erwartung, die Lebensgemeinschaft, deren Ausgestaltung sie bezweckt hat, werde Bestand haben. Indem die Lebensgemeinschaft scheiterte und M das Haus nicht mehr bewohnt, ist die Geschäftsgrundlage entfallen. Ein Festhalten am unveränderten familienrechtlichen Kooperationsvertrag sui generis ist M nicht zuzumuten. Ein Teil seiner Altersversorgung wurde in das Gebäude investiert, das rechtlich allein der F gehört, ihm wirtschaftlich keine Früchte bringt, und das er auch nicht durch Bewohnen nutzt.

> **KLAUSURHINWEIS**
>
> Zusätzliche Schwierigkeiten wird die Berechnung des Umfangs der Ausgleichspflicht in diesen Fällen bereiten.

Teilweise Zweckerreichung

415 Sollte die Lebensgemeinschaft scheitern, werden nicht alle Zuwendungen ausgeglichen. Ausgeschieden werden müssen erstens alle gewöhnlichen gemeinschaftsbezogenen Zuwendungen. Berücksichtigt werden nur die überobligatorischen. Aber auch bei solchen sind Einschränkungen geboten. Der BGH erlaubt den korrigierenden Eingriff über § 313 BGB nur, wenn dem Leistenden die Beibehaltung der durch die Leistungen geschaffenen Vermögensverhältnisse nach Treu und Glauben nicht zumutbar ist. Dabei soll bei einer Gesamtabwägung der Umstände des

---

1168   Siehe Randnummer 416
1169   Siehe Randnummer 396

Einzelfalles sowohl der Zweck der Zuwendung einbezogen, als auch berücksichtigt werden, inwieweit der Zweck erreicht wurde.[1170]

Dies bedeutet, dass bei der Vertragsanpassung die gemeinsam genutzte Zeit des Gebäudes angerechnet wird und nicht der volle Betrag zurückzuerstatten ist.

BEISPIEL: Ähnlich dürfte man auch im „Schwiegerelterngeschenk-Fall"[1171] verfahren. Die **416** Unzumutbarkeit des Festhaltens am Schenkungsvertrag ergibt sich dort aus der Tatsache, dass die Tochter weder direkt noch indirekt vom Vermögenszuwachs des Schwiegersohns profitiert. Nimmt man nämlich einen Schenkungsvertrag als Grundlage der Überlassung der 100.000 € an, wird die Summe gem. § 1374 II BGB dem Anfangsvermögen des Schwiegersohns zugerechnet und erhöht nicht dessen Zugewinn. Deshalb kann die Tochter im Falle der Scheidung nicht über § 1378 BGB per Zugewinnausgleich zumindest die Hälfte der Summe fordern. Von der zurückzufordernden Summe muss die gemeinsame Zeit der Nutzung durch die Tochter abgezogen werden. Mittlerweile hat der BGH diese Rechtsprechung bestätigt.[1172]

Einen anderen Weg ist bei teilweiser Zweckerreichung das OLG Bremen gegangen. Es hat eine Berechnungsmethode entwickelt, bei der die Dauer der Ehe in Anrechnung gebracht wird, wenn Schwiegereltern nach Scheitern der Ehe ihres Kindes vom Schwiegerkind Zuwendungen zurückfordern, die sie infolge von Schenkungen gemacht haben. Hierzu wird davon ausgegangen, dass die Ehe bis zum Tod eines der Ehegatten gehalten hätte. Den Todeszeitpunkt berechnet man nach den Sterbetafeln der Lebensversicherungswirtschaft. Dann wird der gezahlte Gesamtbetrag auf die Restlebenserwartung umgelegt, um den Wert eines Jahres zu ermitteln. Dieser Wert wird mit der Anzahl der Jahre multipliziert, welche die Ehe bestanden hat. Diese Summe wird vom Rückforderungsanspruch wegen teilweiser Zweckerreichung subtrahiert.[1173]

Anrechnung der Nutzung auf die Restlebenserwartung

KLAUSURHINWEIS

Diese Anrechnungsmethode erfordert eine Berechnung, die nur möglich ist, wenn der Sachverhalt Hinweise zur statistischen Restlebenserwartung enthält. Sollte dies nicht der Fall sein, sollte die ersparte Miete bei der Vertragsanpassung in Ansatz gebracht werden. Sollte der Sachverhalt keine zahlenmäßigen Angaben enthalten, kann zumindest ein Hinweis auf die teilweise Zweckerreichung nicht schaden.

(4) Zweckvereitelung

Ein Fall der Zweckvereitelung tritt ein, wenn der Schuldner zwar seine Leistung **417** erbringen kann, diese aber infolge nachträglicher Veränderung der Umstände ihren Sinn verloren hat, weil der Gläubiger den ursprünglich mit dem Vertrag verfolgten Zweck nicht mehr erreichen kann.

1170   *Wellenhofer, JuS 2008, 1124, 1126*
1171   *Siehe Randnummer 396*
1172   *BGH, NJW 2012, 523, 523*
1173   *OLG Bremen, Beschluss vom 17.08.2015, 5 UF 52/15, Rn 26, RA 2015, 522, 525*

BEISPIEL: Als typisches Beispiel dient der im Grundfall dargestellte Fall „Karnevals-balkon-Fall".[1174]

Die hauptsächlichen Probleme ergeben sich in dieser Fallgruppe bei der Frage, wer das Risiko der Verwendung trägt. Dies wurde bereits im Grundfall exemplarisch dargestellt.[1175]

(5) Leasing

418 Der Leasingvertrag ist im BGB nicht als Vertragstyp normiert. Gleichwohl forderte die Vielzahl der in der Praxis üblichen Leasingverträge die Rechtsprechung heraus. Für den Fall der Lieferung einer mangelhaften Leasingsache durch den Leasing-geber an den Leasingnehmer hatten die Gerichte schon vor dem Schuldrechtsmo-dernisierungsgesetz ein Konfliktlösungsmodell entwickelt. Bei diesen ist die Recht-sprechung auch nach Einführung des Schuldrechtsmodernisierungsgesetzes aus-drücklich geblieben. Relevant ist hier das Finanzierungsleasing.

Finanzierungs-leasing

Beim Finanzierungsleasing kauft der Leasinggeber die Leasingsache beim Hersteller gem. § 433 BGB. Der Leasingvertrag verpflichtet ihn, den Gebrauch und die Nut-zungen der Sache dem Leasingnehmer zu überlassen. Das Eigentum verbleibt bei ihm. Während der Laufzeit des Leasingvertrages zahlt der Leasingnehmer die Lea-singraten an den Leasinggeber. Typischerweise räumt man dem Leasingnehmer die Option ein, die Sache am Ende der Laufzeit des Vertrages zu kaufen.

> **KLAUSURHINWEIS**
> Konflikte entstehen, wenn die Sache während der Laufzeit des Leasingver-trages mangelhaft ist. Die Lösung dieses Konfliktes erwartet den Kandidaten als Prüfungsaufgabe in der Examensklausur.

BEISPIEL: G hat von H einen Baukran für 200.000 € gekauft. Diesen verleast er an N für eine Laufzeit von 60 Monaten. N hat 40.000 € zu Beginn des Vertrages als Sonderzahlung erbracht. Die Leasingraten betragen monatlich 2.000 €. Aufgrund eines Mangels kann N den Kran bereits 3 Monate nach der Übergabe nicht mehr nutzen.

Freizeichnung per AGB

Eigentlich könnte Leasingnehmer N in so einem Fall die Leasingrate analog § 536 BGB mindern. Dies wird jedoch nicht für sinnvoll erachtet, weshalb sich ein anderes Modell in der Praxis durchgesetzt hat. Zunächst zeichnet sich der Leasinggeber von der Haftung frei. Dabei wird in den Allgemeinen Geschäftsbedingungen des Leasing-vertrages ein Gewährleistungsausschluss vereinbart. Dies bringt aber wiederum den Leasingnehmer N in die Gefahr, unangemessen benachteiligt zu sein. Schließlich darf der Leasinggeber G nicht vom Leasingnehmer Vertragstreue verlangen – hier Zahlung der Leasingrate - wenn er sich aufgrund der mangelhaften Leistung selbst nicht ver-tragstreu verhält. Ein Verstoß gegen § 307 I BGB durch eine solche Klausel liegt nahe.

Abtretung der Gewährleis-tungsrechte

Dies vermeidet die Praxis, indem der Leasinggeber dem Leasingnehmer seine Gewährleistungsrechte gegen den Hersteller der Leasingsache aus den §§ 434 ff. BGB gem. § 398 BGB abtritt. Nur dann hält die Klausel der Inhaltskontrolle des

---

1174   Siehe Randnummer 382
1175   Siehe Randnummer 382

§ 307 I BGB stand und ist wirksam. Diese so genannte „Freizeichnung" des Leasing-gebers ist sinnvoll und zweckmäßig, handelt es sich bei den Leasinggebern doch regelmäßig um Töchter der Großbanken, die viel wirtschaftlichen und juristischen, aber kaum technischen Sachverstand besitzen und somit nicht in der Lage sind, den Mangel aus eigener Kraft zu beheben. So kann der Leasinggeber sich an den tech-nisch kompetenten Hersteller wenden und gem. §§ 398, 437 Nr. 1, 439 I BGB von diesem Nacherfüllung verlangen, entweder durch Nachlieferung oder durch Nach-besserung. Sollte diese gelingen, sind alle Parteien zufrieden gestellt.

Der Bedarf, eine Lösung über § 313 BGB zu suchen, wird erst geweckt, wenn die Nacherfüllung nicht gelingt. Sollte die Nacherfüllung unmöglich sein, entsteht ein Rücktrittsrecht gem. §§ 437 Nr. 2, 326 V BGB. Sofern der Hersteller die Nacher-füllung verweigert oder diese fehlschlägt oder nicht bis zum Ablauf der gesetzten Frist erfolgt, besteht ein Rücktrittsrecht aus §§ 437 Nr.2, 323 I, II BGB, gegebenenfalls unter Hilfe des § 440 BGB.

Lösung bei Fehlschlagen der Nacherfüllung

Aus abgetretenem Recht darf nun der Leasingnehmer den Rücktritt vom Kauf-vertrag gegenüber dem Hersteller erklären. Damit schuldet der Leasinggeber dem Hersteller die Herausgabe der Leasingsache, weshalb im Verhältnis zwischen Lea-singnehmer und Leasinggeber ein Rücktrittsrecht aus § 313 III 1 BGB entsteht. Der Kaufvertrag ist die Geschäftsgrundlage des Leasingvertrages, denn ohne bestands-kräftigen Kaufvertrag, kann der Leasinggeber die Sache nicht dauerhaft überlassen.

Rücktritt

BEISPIEL: Im obigen Beispielsfall[1176] muss der Leasingnehmer gegenüber dem Leasing-geber den Rücktritt gem. § 313 III 1 BGB erklären.

Nach der Rücktrittserklärung kann Rückabwicklung des Leasinggeschäfts nach § 346 BGB erfolgen.[1177]

KLAUSURHINWEIS

Die Fallgruppe ließe sich auch unter den Fall der Zweckverfehlung einordnen. Denn der Zweck der Freizeichnung des Leasinggebers, dem Leasingnehmer einen kompetenten Partner für die Nacherfüllung an die Hand zu geben, ist verfehlt worden.

Zweckverfehlung

(6) Offener Kalkulationsirrtum

DEFINITION   **419**

Ein **offener Kalkulationsirrtum** ist gegeben, wenn eine Vertragspartei in ihrer Willenserklärung sowohl das Kalkulationsergebnis mitteilt und gleichzeitig auf-deckt, welche Parameter sie ihrer Kalkulationsgrundlage zugrunde gelegt hat, aber letztlich das gebildete Kalkulationsergebnis nicht mit der aufgedeckten Kalkulationsgrundlage korreliert, weil der Erklärende sich über einen Berech-nungsparameter geirrt hat.[1178]

Offener Kalkula-tionsirrtum

1176   Siehe Randnummer 418
1177   OLG Frankfurt, Beck RS 2009, 05390
1178   Rösler, JuS 2005, 120, 123

BEISPIEL („Altmetall-Fall" Variante 1): Zwei Schrotthändler, Jupp und Willy, stehen im Kaiserhafen vor einem gigantischen Haufen Metallschrott, der dem Willy gehört. Jupp fragt Willy: „Wie viel Euro willst Du für das Altmetall haben?". Willy antwortet: „Das sind 5.000 Tonnen Schrott. Der Preis pro Tonne beträgt 40,-- €. Also will ich 200.000 € Kaufpreis von Dir." Es stellt sich heraus, dass es sich bei dem Altmetallvorrat um 10.000 Tonnen Schrott handelt.

Vorrang der Auslegung des Vertragswillens

420 Das Problem liegt in diesen Fällen darin, dass die Vertragspartei sowohl aufdeckt, wie sie den Endpreis kalkuliert und somit die Kalkulationsgrundlage offenbart, als auch schließlich einen Endpreis als Kalkulationsergebnis vorschlägt, beides aber nicht zusammenpasst. In solchen Fällen muss zunächst überprüft werden, was überhaupt Inhalt der Vertragserklärung wurde.

Falsa demonstratio non nocet

Ergibt die Auslegung, dass die Partei die Kalkulationsgrundlage zum Inhalt der Willenserklärung gemacht hat, stellt das Kalkulationsergebnis einen Rechenfehler dar. Dieser gilt als falsa demonstratio non nocet und wird nicht beachtet. Vielmehr gilt das wirklich Gewollte als Vertragsinhalt. In der Regel ist eine korrigierte Nachberechnung erforderlich. Für eine Vertragsanpassung gem. § 313 BGB ist folglich kein Raum, wie das folgende Beispiel zeigt.

BEISPIEL („Altmetall-Fall" Variante 2): Im Altmetall-Fall antwortet Willy auf Jupps Frage wörtlich: „Ich will den Marktpreis von 40,- € pro Tonne haben. Das ist für mich entscheidend. Das hier sind 5.000 Tonnen, also will ich 200.000 €." Hier hat Willy betont, es komme ihm auf den Marktpreis pro Tonne, also auf eine Berechnung anhand feststehender Berechnungsfaktoren an. Folglich schuldet Jupp, wenn er sich einverstanden erklärt, den Marktpreis für den gesamten Vorrat, auch wenn er 400.000 € für 10.000 Tonnen beträgt.

> **KLAUSURHINWEIS**
> Hier zeigt sich, dass man durch Auslegung zu sinnvollen Ergebnissen gelangen kann. Deshalb muss die Auslegung in der Klausur immer vor § 313 BGB versucht werden.

Perplexität der Willenserklärung

421 Lässt sich die Willenserklärung weder dahin auslegen, dass der Erklärende die Kalkulationsgrundlage zum ihrem Inhalt machen wollte, noch dahin, dass das Ergebnis der Willenserklärung gewollt ist, kann man die Willenserklärung wegen ihrer objektiven Mehrdeutigkeit nicht auslegen. Sie ist wegen Perplexität nichtig. Folglich kann ein Vertrag nicht zustande kommen.

BEISPIEL („Altmetall-Fall" Variante 3): Willy sagt: „Das Gewicht dieses Haufen Altmetalls beträgt 5.000 Tonnen. Ich will auf jeden Fall 40,- pro Tonne, nicht weniger. Ich will auf jeden Fall den gesamten Vorrat loswerden, weil ich das Lager für Kupfer brauche. Ich will Dir nur den ganzen Haufen verkaufen. Ich will 200.000 € für den Haufen haben." Erneut wiegt der Vorrat 10.000 Tonnen.

Hier ist die Willenserklärung perplex und damit nichtig. Weder schuldet der Verkäufer die Lieferung des Altmetalls aus § 433 I BGB, noch der Käufer aus § 433 II BGB Kaufpreiszahlung, denn ein Vertrag konnte nicht zustande kommen.

Umstritten ist, wie zu verfahren ist, wenn die Auslegung ergibt, dass das Kalkula- **422**
tionsergebnis gewollter Vertragsinhalt war, die aufgedeckte Kalkulationsgrundlage
aber nicht stimmt.

BEISPIEL („Altmetall-Fall" Variante 4): Willy sagt: „Ich schätze das Gewicht des Altmetalls,
so wie es hier liegt auf 5.000 Tonnen. Der Marktpreis beträgt ca. 40,- € pro Tonne. Okay,
hier kommt mein Angebot: Gib mir für diesen Haufen 200.000 €." Wie im Ausgangsfall
beträgt das Gewicht erneut 10.000 Tonnen.

Hier ergibt die Auslegung eindeutig, worauf es dem Anbietenden ankam, nämlich   *Kalkulations-*
auf den Kaufpreis von 200.000 € für den konkreten Altmetallvorrat. Die Kalkulations-   *ergebnis als*
parameter hat er zwar offenbart, blieb bei ihrer Benennung aber bei Schätzwerten.   *Vertragswille*
Konkret ist er erst beim Endpreis geworden. Hier würde jedes Gericht das Aufdecken
der Kalkulationsgrundlage als lautes Denken bewerten.
Jedoch hat er sich in der Menge um ganze 100 % verrechnet. Es stellt sich die Frage,   *Konfliktlösungs-*
ob dieser Rechenfehler allein zu seinen Lasten geht.   *modelle*

KLAUSURHINWEIS
In der Klausur sollte man zuerst Auslegung und Anfechtungsrecht in angemessener Breite darlegen. Hat man sich mit den Anfechtungsgründen hinreichend auseinandergesetzt, erübrigt sich eine streitige Darstellung.

Eine direkte Anwendung von § 119 I 1. Alt. BGB, dem so genannten Inhaltsirrtum,   *§ 119 I 1. Fall*
kommt hier nicht in Betracht. Dort müsste das Erklärte vom Gewollten abweichen.   *BGB*
Willy hat aber gesagt, was er in diesem Moment sagen wollte.
Ebenfalls liegt kein Irrtum über eine verkehrswesentliche Eigenschaft gem. § 119 II   *§ 119 II 2. Alt*
BGB vor. Eigenschaften i.s.v. § 119 II 2. Alt BGB sind nur die der Sache auf Dauer   *BGB*
anhaftenden Wert bildenden Faktoren. Das Gewicht bei einem Rohstoffvorrat ist
aber gerade nicht dauerhaft anhaftend.
Das Reichsgericht hatte in ständiger Rechtsprechung in solchen Fällen einen   *Aufgegebene*
erweiterten Inhaltsirrtum nach § 119 I BGB, zumindest analog, angenommen.[1179]   *Auffassung des*
Nachdem dies im Schrifttum überwiegende abgelehnt worden war, hat der BGH   *Reichsgerichts*
diese Rechtsprechung aus systematischen Gründen aufgegeben.[1180] Beim Kalkulationsirrtum decken sich nämlich Wille und Erklärung, der Fehler liegt vielmehr bei
der Willensbildung.
Solche Motivirrtümer sind aber grundsätzlich nicht anfechtbar.[1181]   *Heute h.M.:*
Es ist daher vorzugswürdig, den Konflikt über § 313 BGB zu lösen. Weil weder durch   *Lösung über*
Auslegung, noch durch Anfechtung eine vorrangige Lösung einschlägig ist, darf   *§ 313 BGB*
dieser Lösungsweg auch beschritten werden. Voraussetzung wäre nach § 313 II BGB,
dass sich wesentliche Vorstellungen als falsch herausstellen, die Grundlage des Vertrages geworden sind. Als Geschäftsgrundlage i.S.d. § 313 II BGB kommt hier die Vorstellung des Willy in Betracht, der Haufen Altmetall wiege nur 5.000 Tonnen. Indem
Willy diese Kalkulationsgrundlage gegenüber dem Vertragspartner aufdeckte,
wurde die Vorstellung gem. § 313 II BGB zur Geschäftsgrundlage des Vertrages.

1179   *RGZ 64, 266, 268; 101, 107, 108; 162, 198, 201*
1180   *BGH, NJW 1998, 3192, 3193, 3194*
1181   *Medicus/Petersen, Rn 134*

> **KLAUSURHINWEIS**
>
> Sollte der Erklärende die Kalkulationsgrundlage nicht aufgedeckt haben, spricht man von einem verdeckten Kalkulationsirrtum. Der Lösungsweg ist in der Klausurdarstellung zunächst gleich. Allerdings scheitern § 313 I oder II BGB in der Regel daran, dass die Geschäftsgrundlage für den anderen Teil nicht erkennbar war und folglich nicht Geschäftsgrundlage i.S.v. § 313 BGB werden konnte. Die Enttäuschung einseitiger, vom Vertragspartner nicht erkannter Erwartungen ist unbeachtlich.[1182] Sollte dies ausnahmsweise einmal nicht der Fall sein, weil der Vertragspartner den Irrtum erkennt und dies für ihn beachtlich ist, wird der **verdeckte Kalkulationsirrtum** bei Nicht-aufklärung Ansprüche aus c.i.c. auslösen[1183], die man dem Anspruch auf Erfüllung als dolo agit-Einwand gem. § 242 BGB entgegenhalten kann. Dies verdrängt eine Lösung über § 313 BGB.

Überschreiten der Opfergrenze

Indem der Posten Altmetall in Wirklichkeit 10.000 Tonnen wiegt, erweist sich die gegenüber dem Vertragspartner geäußerte Vorstellung jedoch als falsch. Dies allein rechtfertigt aber noch keinen Anspruch auf Vertragsanpassung. Zur Lösung des Beispielfalles[1184] bleibt nämlich abschließend zu klären, ob ein Festhalten am unveränderten Vertrag nicht zugemutet werden kann. Dann muss es sich beim Abweichen der vorgestellten und geäußerten Kalkulationsgrundlage von den wahren Gegebenheiten um eine wesentliche Fehlvorstellung handeln, welche die Opfergrenze überschreitet.[1185] Dies ist bei einer Fehlkalkulation von 100 % anzunehmen. Ferner muss die Risikoverteilung beachtet werden. Es entspricht der Natur des Kaufvertrages, dass grundsätzlich der anbietende Verkäufer das Kalkulationsrisiko trägt. Danach würde die Fehlkalkulation des Willy zu seinen Lasten gehen. Das Festhalten am unveränderten Vertrag wäre nicht unzumutbar. Jedoch müssen zur endgültigen Abwägung gem. § 313 I, II BGB auch die Umstände des Einzelfalles berücksichtigt werden. Hier wird als entscheidend angesehen, ob der andere Vertragsteil die Fehlkalkulation erkannt hat und ob man ihm nach Treu und Glauben gem. § 242 BGB zumuten kann, darauf hinzuweisen. Dies ist eine Tatfrage.

BEISPIEL: Angenommen, im obigen „Altmetall-Fall, Variante 4"[1186] erkennt der fachkundige Jupp, dass sich Willy um 5.000 Tonnen in der Menge verschätzt hat. Jupp weiß, dass Willy durch diesen Irrtum in erhebliche wirtschaftliche Schwierigkeiten geraten wird.

423 Wenn der andere Vertragsteil durch Aufdeckung der Kalkulationsgrundlage und durch fachkundige eigene Einschätzung den Irrtum des Anbietenden erkannt hat oder sich treuwidrig dieser Kenntnis verschließt, kann er im Einzelfall gegen Treu und Glauben gem. § 242 BGB verstoßen. Dann wäre ein Festhalten am unveränderten Vertrag unzumutbar und eine Vertragsanpassung geboten. Daran sind aber strenge Maßstäbe anzulegen, die hier nicht erfüllt sind. Grundsätzlich obliegt es demjenigen, der seine Kalkulation offenbart, für die Richtigkeit der Kalkulation zu sorgen,

---

1182   BGH, NJW 2006, 899, 902
1183   Siehe Randnummer 375
1184   Siehe Randnummer 422
1185   Siehe Randnummer 401
1186   Siehe Randnummer 422

ohne dass eine Aufklärungspflicht des Gegners entsteht.[1187] Deshalb hat Willy im „Altmetall-Fall, Variante 4"[1188] keinen Anspruch auf Vertragsanpassung.

BEISPIEL: Eine Pflicht, auf die Fehlkalkulation hinzuweisen, kann man allenfalls dann annehmen, wenn der andere Vertragsteil weiß, dass der Anbietende durch seine Fehlvorstellung bei Festhalten am unveränderten Vertrag in erhebliche wirtschaftliche Schwierigkeiten gerät.[1189]

> ### KLAUSURHINWEIS
> Zum Abgleich ist zu beachten die verwandte Fallgruppe des verdeckten Kalkulationsirrtums im „Öffentlicher-Auftraggeber-Fall".[1190]

(7) Gemeinsamer Irrtum

Wenn sich beide Parteien bei Vertragsschluss über einen wesentlichen Umstand des Vertrages irren, kann ebenfalls § 313 BGB zur Anwendung kommen.   **424**

BEISPIEL: (nach BGH NJW 1976, 565 „Lizenzspieler-Fall"): Der eingetragene Verein FC e.V. schließt mit dem Verein V einen Transfervertrag über den Spieler X. X soll gegen Zahlung von 60.000,- DM bei V spielen dürfen. Beide Vertragsparteien wissen nicht, dass sich X wie beinahe die gesamte Mannschaft des FC e.V. anlässlich eines Bundesligaspiels hat bestechen lassen. Nachdem X zwei Spiele für V bestritten hat, wird durch den „Bundesligaskandal" die Verwicklung des X bekannt, der daraufhin vom DFB gesperrt wird. V verlangt vom FC e.V. die Rückzahlung der gesamten Transfersumme.

Zunächst liegt es nahe, den Fall über das Anfechtungsrecht gem. §§ 119 II 1. Fall, 142 I BGB zu lösen. Die verbandsrechtlich unbedenkliche Einsetzbarkeit des Spielers haftet diesem dauerhaft an und ist folglich eine verkehrswesentliche Eigenschaft der Person. Jedoch weist der konkrete Fall eine Besonderheit auf. Beide Parteien setzten die verbandsrechtlich unbedenkliche Einsetzbarkeit des Spielers voraus und sprachen deshalb nicht über Konsequenzen bei Fehlen dieser Eigenschaft. Außerdem muss derjenige, der sich durch Anfechtung lösen will, dem anderen Vertragsteil Vertrauensschaden gem. § 122 BGB ersetzen. Der Weg zur Konfliktlösung ist in diesem Fall umstritten.

Nach einer Ansicht, soll derjenige, der sich durch den Vertragsschluss belastet sieht, die Anfechtung erklären, und dem anderen Teil Schadensersatz gem. § 122 BGB zahlen. Es wird argumentiert, dass dies auch nicht unbillig sei, weil der Vorteil der Irrtumsanfechtung stets mit der Pflicht zum Schadensersatz erkauft werde. Schließlich sei jede Partei innerhalb der Privatautonomie Hüter ihrer eigenen Interessen.[1191]   *M.M.: Lösung über das Anfechtungsrecht*

Nach anderer Auffassung wird dieses Ergebnis zum einen als unbillig empfunden, weil sich schließlich beide Parteien im Irrtum befunden hätten. Andererseits spricht gegen eine Lösung über das Anfechtungsrecht und für eine Anwendung des § 313 II BGB der Sinn und Zweck dieser neuen Regelung, gerade die Fälle der beiderseitigen subjektiven Störungen eindeutig dem Fehlen der subjektiven Geschäftsgrundlage zuzuordnen.[1192]   *h.M.: Lösung über § 313 II BGB*

1187   *BGH, NJW 1998, 3192, 3194, 3195*
1188   *Siehe Randnummer 422*
1189   *BGH, NJW 1998, 3192, 3194, 3195*
1190   *Siehe Randnummer 376*
1191   *Medicus/Petersen, Rn 162*
1192   *Rösler, JuS 2005, 120, 123*

> **KLAUSURHINWEIS**
> Erneut wird deutlich, wie geschickt es ist, die vorrangigen Lösungen voran zu stellen. Dadurch vermeidet man langweilige abstrakte Ausführungen, indem man sofort zum Kern des Problems kommt.

Die weiteren Voraussetzungen des § 313 BGB sind gegeben. Fraglich ist allein, in wessen Risikobereich die Sperre des Spielers fällt.

bb) Risikoverteilung

425 Die Störung darf nicht allein in den Risikobereich desjenigen fallen, der sich auf die Störung beruft. Dabei sind vertragliche und gesetzliche Regelungen der Risiken, sowie die Umstände des Einzelfalles zu beachten.

MERKSATZ
Auf § 313 BGB darf sich nicht berufen, wer das Risiko der Störung zu tragen hat.

(1) Vertragliche Risikoübernahme

426 Wer vertraglich ein Risiko übernommen hat, darf sich grundsätzlich nicht auf § 313 BGB berufen, wenn sich das Risiko verwirklicht.

> **BEISPIEL:** M und F leben in nichtehelicher Lebensgemeinschaft und schaffen als Altersruhesitz gemeinsames Immobilieneigentum an. Zunächst ist jeder hälftiger Miteigentümer, dann überträgt M 2/3 seines Eigentums auf F, der nun 5/6 zustehen. Im Gegenzug erhält M ein Wohnrecht gem. § 1093 BGB an der Liegenschaft. Vertraglich schließen sie die Möglichkeit aus, die Aufhebung der Bruchteilsgemeinschaft gem. §§ 741, 749, 753 BGB zu fordern. Dann trennen sie sich.

In diesem Fall sollte die Vertragsklausel ausdrücklich beide Parteien vor einer Aufhebung der Bruchteilsgemeinschaft und der Versteigerung der Liegenschaft schützen. Deshalb haben beide Parteien das Risiko übernommen, dass die nichteheliche Lebensgemeinschaft nicht hält. Wenn beide Parteien ein solches Risiko vertraglich eingehen, darf sich keine beim Scheitern auf § 313 BGB berufen.[1193]

427 Komplizierter gestalten sich Fallkonstellationen, in denen die Reichweite der Risikoübernahme durch Auslegung ermittelt werden muss.

> **BEISPIEL** (Variante zum Heizölfall[1194]): Angenommen, im Heizölfall[1194] hatte sich der Mineralölhändler B auf eine Festpreisvereinbarung mit der S eingelassen. Damit übernimmt B das Risiko gewöhnlicher Preisschwankungen. Man wird darin aber nicht eine Risikoübernahme für derart außergewöhnliche Marktprobleme sehen können, die eine weltweite Krise heraufbeschwören.

Diese Regelungen gelten auch für besonders risikoreiche Geschäfte. Wer ein Spekulationsgeschäft eingeht, trägt das alleinige Risiko des Verlustes.[1195]

1193   BGH, NJW 2004, 58, 59
1194   Siehe Randnummer 406
1195   Palandt-Grüneberg, BGB, § 313 Rn 20

(2) Gesetzliche Risikozuweisungen

Wie bereits beschrieben, weisen gesetzliche Regelungen den Parteien Risiken kraft **428** Gesetz zu.[1196]

BEISPIEL: So trägt der Unternehmer gem. § 644 BGB bis zur Abnahme grundsätzlich das Risiko des zufälligen Untergangs und der zufälligen Verschlechterung. Das heißt konkret: Bei zufälligem Werkuntergang bis zur Abnahme erhält der Unternehmer keine Vergütung, weil es ihm obliegt, sein Werk zu schützen, bei zufälligem Werkuntergang nach Abnahme ist der Besteller zur Leistung der vollen Vergütung verpflichtet.[1197] Ergänzt wird § 644 BGB durch § 645 BGB, der in besonderen Fällen eine Teilvergütungspflicht anordnet.

Innerhalb dieser gesetzlichen Zuweisungen des Risikos besteht kein Raum für eine Vertragsanpassung nach § 313 BGB. Vielmehr obliegt es den Risikoträgern sich selbständig abzusichern.

BEISPIEL: Der Bauunternehmer sollte sich vor Schäden durch Hochwasser, Flugzeugabstürze usw. versichern. Ferner hat er die Möglichkeit, das Recht zur Teilleistung und die Pflicht zur Teilabnahme zu vereinbaren, um das Risiko zu verteilen.

(3) Verschulden

Führt der Schuldner die Änderung der Verhältnisse schuldhaft herbei, kann er sich nicht auf § 313 BGB berufen. Dies ergibt sich bei Vorsatz oder Fahrlässigkeit schon daraus, dass das Berufen auf § 313 BGB wider Treu und Glauben wäre.[1198]

Verschulden

MERKSATZ

Generell kann derjenige, der die entscheidende Veränderung der Verhältnisse selbst bewirkt hat, keine Rechte aus dem dadurch herbeigeführten Wegfall der Geschäftsgrundlage herleiten.[1199]

BEISPIEL: A schließt mit Fernsehproduzent P einen Vertrag über sechs einstündige Folgen einer Fernseh-Serie über das Leben des Schriftstellers Hemingway. Diese Originalfassung soll in den USA vermarktet werden. Dazu vereinbaren sie einen Werklohn von 12 Millionen Euro. P plant aus eigenem Willensentschluss eine 8-stündige Fassung für den europäischen Markt. Dadurch steigen die Produktionskosten um mehrere Millionen Euro. Als P einen höheren Werklohn fordert, weigert sich A. P verweigert die Herausgabe der nun 8-stündigen Fassung, mit dem Argument, A könne nun bei seinen Abnehmern höhere Lizenzgebühren verlangen.

Die Ausweitung der Produktion beruht allein auf dem Willensentschluss des P und nicht auf einem unvorhergesehenen Ereignis. Für die Anwendung der Grundsätze des Wegfalls der Geschäftsgrundlage besteht deshalb kein Bedürfnis.[1200]

1196   Siehe Randnummer 23
1197   Erman-Schwenker, BGB, § 644 Rn 3
1198   BGH, NJW 2005, 359,362; OLG Frankfurt, BeckRS 2003, 30318852
1199   BGH, NJW 1995, 2028, 2031; NJW-RR 1993, 880, 881
1200   OLG München, ZUM 1991, 542, 542

(4) Natur des Schuldverhältnisses

Verwendungs-
risiko

429 Gewisse Risikoverteilungen ergeben sich aus der Natur des Schuldverhältnisses. So ist anerkannt, dass grundsätzlich der Gläubiger der Sachleistung das Risiko der Verwendung der Sache trägt.[1201]

> **BEISPIEL:** M mietet von V einen Saal, um dort an seinem Geburtstag die Sängerin X auftreten zu lassen. Dann erkrankt X, sodass das Konzert ausfallen muss. Für die Geburtstagsfeier wäre M auch mit einem kleineren Saal ausgekommen. Weil M das Verwendungsrisiko trägt, muss er die Saalmiete zahlen.

Kalkulationsrisiko

Aus der Natur des Schuldverhältnisses ergibt sich ferner, dass jeder, der eine Leistung im Rechtsverkehr anbietet, das Risiko der Fehlkalkulation trägt. Damit trägt jeder Vermieter, jeder Verkäufer, jeder Werkunternehmer das Kalkulationsrisiko. Von diesen Grundsätzen kann abgewichen werden, wenn im Einzelfall das Festhalten am unveränderten unter Berücksichtigung von Treu und Glauben unzumutbar erscheint.

> **BEISPIEL:** Der Pächter eines Grundstücks, das zur Erzeugung von Solarstrom durch Photovoltaikanlagen verpachtet wurde, trägt nicht das alleinige Kalkulationsrisiko, wenn durch die Änderung des Energieeinspeisungsgesetzes (EEG) die Einspeisungsvergütung von 32 Cent auf 5 Cent herabgesetzt wird.[1202]

cc) Einzelfallabwägung

Zweckbindung

Nur höchst ausnahmsweise, nämlich dann, wenn das Festhalten am unveränderten Vertrag als Verstoß gegen § 242 BGB erschiene, kann man von den genannten Grundsätzen zur Risikoverteilung abweichen. Bei den Verwendungsrisiken kann man dies in Fällen einer Zweckbindung manchmal annehmen.

> **BEISPIEL:** So kann man im „Karnevalsbalkon-Fall"[1203] im Grundfall dem Mieter zugutehalten, dass der Marktwert der Balkonmiete allein auf der Erwartung beruht, man könne vom Balkon den Karnevalszug sehen. Weil beide Parteien diese Erwartung hatten und allein deshalb den Preis angemessen fanden, würde der Vermieter gegen Treu und Glauben verstoßen, wenn er auf Zahlung der Miete bestünde.[1204] Deshalb ist ausnahmsweise eine andere Sicht geboten. So muss im „Lizenzspieler–Fall"[1205] berücksichtigt werden, dass der Lizenzspieler nicht eingesetzt werden kann und der Bestechungsskandal zur Zeit des Vertragsschlusses noch nicht aufgedeckt war. Schließlich trägt der erwerbende Verein kein „allgemeines Bestechungsrisiko."[1206]

Vorhersehbarkeit

Auch von der grundsätzlichen Verteilung des Kalkulationsrisikos zu Lasten der Schuldner kann man nur dann Ausnahmen zulassen, wenn das Festhalten am unveränderten Vertrag treuwidrig erscheint.[1207] Zu berücksichtigen ist, ob die Partei, die die Vertragsanpassung fordert, die Störung hätte vorhersehen und Vorkehrungen treffen können.

1201 Palandt-Grüneberg, BGB, § 313 Rn 21
1202 BGH, NJW 2012, 3731
1203 Siehe Randnummer 382
1204 Larenz, Schuldrecht I, § 21 II 1., S. 327
1205 Siehe Randnummer 424
1206 BGH, NJW 1976, 565, 566
1207 Siehe Randnummern 375 und 422

BEISPIEL: Im Heizölfall[1208] kommt es darauf an, ob der Mineralölkonzern bei Abschluss der Festpreisklausel die Entwicklungen in den Erdölförderländern vorhersehen konnte.

g) Mögliche und zumutbare Vertragsanpassung

Der durch die Störung benachteiligte soll einen Anspruch auf Vertragsanpassung haben.[1209] Nach einer Auffassung müssen die Parteien zunächst über die Vertragsanpassung verhandeln. Scheitern die Verhandlungen, darf der Gläubiger die Klage auf die Leistung erheben, die nach der Vertragsanpassung zu leisten wäre.[1210] Spätestens muss dies in der Güteverhandlung gem. § 278 II ZPO vor Stellung des Klageantrags geschehen.

430 e.A.: Pflicht zur Verhandlung vor Klageerhebung

Nach der Gegenauffassung stellt die Aufnahme der Verhandlungen durch den Gläubiger lediglich eine Obliegenheit dar. Unterlässt er es, wird die Klage nicht abgewiesen. Es können ihm aber die Prozesskosten gem. § 93 ZPO auferlegt werden, wenn der Schuldner im Prozess seine Leistungspflicht anerkennt und beantragt, dem Kläger die Kosten aufzuerlegen.[1211]

a.A.: Nur Obliegenheit

Für letztere Ansicht sprechen praktische Gesichtspunkte. Ein Neuverhandeln unter Zwang wird in der Praxis als formalistisch gesehen und keinen konstruktiven Erfolg erbringen. Wegen der gem. § 93 ZPO drohenden Kostenlast wird der anwaltlich beratene Gläubiger außerdem immer den Verhandlungsweg suchen.

Streitentscheid

2. Rücktrittsrecht

Wenn die Fortsetzung des Vertragsverhältnisses unzumutbar ist, darf der Gläubiger gem. § 313 III 1 BGB zurücktreten. Die Unzumutbarkeit besteht grundsätzlich immer, wenn die Vertragsanpassung von der Rechtsordnung verboten, undurchführbar oder sinnlos ist.[1212] Wegen der Interessenlage, schließlich liegt keine Pflichtverletzung des Schuldners vor, darf § 313 III 1 BGB nicht als gesetzlicher Rücktrittsgrund i.S.v. § 346 III 1 Nr. 3 BGB gewertet werden.[1213]

3. Kündigungsrecht

Bei Dauerschuldverhältnissen wird im Falle der Unzumutbarkeit der Vertragsanpassung gem. § 313 III 2 BGB das Rücktrittsrecht durch ein Recht auf Kündigung ersetzt.

BEISPIEL: V verpachtet M eine Fläche zur Aufstellung einer Photovoltaikanlage zwecks Gewinnung von Solarstrom. Zur Zeit des Abschlusses des Pachtvertrages beträgt die Einspeisungsvergütung 32 Cent. Später wird die Einspeisungsvergütung durch Reform des Energieeinspeisungsgesetzes EEG auf 5 Cent herabgesetzt.

Im Beispielsfall entschied der BGH, dass die durch Gesetz veranlasste Herabsetzung nicht allein in den Risikobereich des Pächters falle und dass eine Anpassung sinnlos sei.[1214] Der Pächter durfte gem. § 313 III 2 BGB die Kündigung aussprechen.

Wie bereits erwähnt, gilt das Recht zur Kündigung nicht für den Finanzierungsleasingvertrag. Dort soll der Leasinggeber zurücktreten, damit die Rückabwicklung über die Rücktrittsregeln gem. §§ 346 ff. BGB und nicht nach Kündigung über die §§ 812 ff. BGB erfolgen kann.[1215]

1208   Siehe Randnummer 406
1209   BT-Drs. 14/6040, S. 176
1210   BGH, NJW 2012, 373;Palandt-Grüneberg, BGB, § 313 Rn 41
1211   MünchKomm-Finkenauer, BGB, § 313 Rn 122
1212   Palandt-Grüneberg, BGB, § 313 Rn 42
1213   Kamanabrou, NJW 2003, 30, 31
1214   BGH, NJW 2012, 597, 597
1215   OLG Frankfurt, Beck RS 2009, 05390

DER RÜCKTRITT

I. EINLEITUNG

Rückabwick-
lungsverhältnisse
des BGB

431 Wenn es zwischen Personen zu Vermögensverschiebungen gekommen ist, kann ein Bedürfnis nach der Rückgängigmachung der Vermögensverschiebung entstehen. Das BGB kennt vier Urtypen des Rückabwicklungsverhältnisses, den Rücktritt gem. §§ 346 ff. BGB, den Widerruf gem. §§ 355, 357 ff. BGB, das Bereicherungsrecht gem. §§ 812 ff. BGB und das Eigentümer-Besitzer-Verhältnis (EBV) in den §§ 985 ff. BGB. Andere Rückabwicklungsverhältnisse nutzen die Rechtsfolgen dieser Urtypen, indem sie auf diese verweisen.

BEISPIEL: § 11 AnfG oder § 143 InsO verweisen auf das Bereicherungsrecht, § 628 BGB differenziert im Tatbestand und verweist entweder auf das Rücktrittrecht oder auf das Bereicherungsrecht. § 2018 ff. BGB verweisen zum Teil auf das Bereicherungsrecht, teilweise auf Regeln des EBV.

Die Verweisungen sind sachgerecht, weisen diese Urtypen doch differenzierte Regeln auf, die eine gerechte Konfliktlösung im Einzelfall ermöglichen. Ferner verweisen die Urtypen aufeinander.

BEISPIEL: § 357 I 1 BGB verweist für den Widerruf auf das Rücktrittsrecht der §§ 346 ff., §§ 993, 988 BGB verweisen aus dem EBV auf die Regeln des Bereicherungsumfang in § 818 BGB, §§ 819, 820, 818 IV BGB verweisen über § 292 auf die Regeln des EBV.

Das Verwei-
sungsproblem

Das Verständnis der Zusammenhänge wird zusätzlich erschwert, weil die Urtypen immer wieder dieselben Rechtsfolgen regeln, sich die Voraussetzungen der einzelnen Rückabwicklungsverhältnisse aber deutlich unterscheiden.

BEISPIEL: Alle genannten Rückabwicklungsverhältnisse enthalten Regelungen zur Herausgabe des Erlangten, zur Nutzungsvergütung, zum Schadensersatz und zur Erstattung von Verwendungen. Weitere Verständnishürden gilt es zu überwinden, wenn konkurrierende Regeln der Geschäftsführung ohne Auftrag (§§ 677 ff. BGB) oder aus Deliktsrecht (§§ 823 ff. i.V.m. § 249 I BGB) oder c.i.c. i.V.m. § 249 BGB teilweise ergänzenden, teilweise ausschließenden und teilweise subsidiären Charakter haben.

Ziel des
Rücktritts

Der Rücktritt ist ein vertragliches Rückabwicklungsverhältnis. Besteht kein Vertrag, scheiden die Rücktrittsregeln von vornherein aus. Seine Anwendbarkeit ist auf eine abschließende Zahl von Rücktrittsgründen beschränkt. Die Rechtsfolgen dienen primär der Rückgewähr des Erlangten und sekundär des Ausgleiches für Wertminderungen und Aufwendungen. Durch den Rücktritt soll einseitig der Zustand hergestellt werden, der nach Vertragsschluss, aber vor dem Austausch der Leistungen bestand.[1216]

Verhältnis zu den
§§ 812 ff. BGB

Seine Anwendung schließt die konkurrierenden Bereicherungsregeln aus. Wer zurücktritt, wandelt den Vertrag in ein Rückgewährschuldverhältnis um. Damit findet § 812 I 2 1. Fall BGB keine Anwendung, denn der Rechtsgrund ist mit dem Rücktritt nicht entfallen, sondern hat sich gewandelt.

Verhältnis zum
Schadensersatz

Der Rücktritt ist gem. § 325 BGB auch möglich, wenn Schadensersatz aus den §§ 280 ff. BGB gefordert wird.

1216   *Bamberger/Roth-Grothe, BGB, § 346 Rn 1*

§ 346 I BGB stellt die Forderung nach einem vertraglichen oder gesetzlichen Recht zum Rücktritt auf. § 349 BGB fordert eine wirksame Rücktrittserklärung. Schließlich darf der Rücktritt nicht gem. § 218 BGB unwirksam sein. § 346 I BGB enthält die primäre Rechtsfolge der Rückgewähr und die Pflicht, Nutzungen (§ 100 BGB) herauszugeben oder zu vergüten. § 346 II und III BGB ordnen an, unter welchen Bedingungen und in welchem Umfang Wertersatz geleistet werden muss. § 346 IV BGB verweist auf die Schadensersatzregeln der §§ 280 ff. BGB, wenn Pflichten aus § 346 I BGB verletzt werden. § 347 I ordnet die Vergütung nicht gezogener Nutzungen an. § 347 II BGB regelt die Ansprüche auf Aufwendungsersatz. Schließlich bestimmt § 348 BGB die Pflicht zur Zug um Zug Leistung i.S.v. § 320 BGB.

Voraussetzungen und Rechtsfolgen des Rücktritts

8. Grundfall: „Göttin"

SACHVERHALT

432

V hat K seinen PKW, einen Oldtimer Citroen DS 19, Baujahr 1968 für 20.000 € verkauft. Weil V sich kaum von seiner geliebten „Göttin" trennen mochte, hat er sich ein Rücktrittsrecht bis zum Jahresende vorbehalten, womit K einverstanden war. K unternimmt eine große Frankreich-Spanien-Portugal Reise. Bei seiner Rückkehr weist das Auto 5.000 gefahrene Kilometer laut Tacho und zwei Verschlechterungen auf. Erstens sind durch die lange Fahrt die Federkugeln der Hydropneumatik verschlissen, deren Austausch in der Fachwerkstatt 1.000 € kostet. Zweitens weist der Unterboden einen Blechschaden auf, der auf einen grob fahrlässigen Fahrfehler zurückgeht, bei dem K kurz die Kontrolle verlor und auf den Gehweg fuhr. Die Beseitigung des Blechschadens kostet weitere 1.000 €. V tritt zurück und verlangt erstens Nutzungsvergütung, ferner die Zahlung von 2.000 €. K benutzt das Auto trotz des Rücktritts des V weiter. Bei einem Ausflug vergisst er, das Fenster auf der Beifahrerseite zu schließen. Dadurch regnet es in das Fahrzeug hinein, wodurch der Sitz beschädigt wird, dessen Reparatur zusätzliche 500,- € kostet. Auch diesen Schaden macht V bei K geltend. K wiederum begehrt Zahlung von 500,- €, die er für eine notwendige Inspektion aufgewendet hat. Außerdem ist er der Meinung, dass V ihm den Kaufpreis verzinst herausgeben hat. Schließlich hat K 500,- € für die Wiederherstellung der weißen Dachlackierung und der Originalscheinwerferverglasung aufgewendet, die den Oldtimer in die Wertkategorie 1 aufrücken ließen, was den Wert steigert. Dazu musste K 2.000 € an einen Restaurator zahlen. Auch diese verlangt er ersetzt. V fragt, ob er seine Ansprüche den Ansprüchen des K entgegenhalten kann, sollten diese bestehen.

Wie ist die Rechtslage?

1. Teil –Ansprüche des V gegen K

LÖSUNG

A. Anspruch des V gegen K auf Nutzungsvergütung
V könnte gegen K einen Anspruch auf Nutzungsvergütung gem. § 346 I 1 2. Fall BGB haben.

I. RÜCKGEWÄHRSCHULDVERHÄLTNIS
Dies setzt zunächst das Bestehen eines Rückgewährschuldverhältnisses gem. § 346 BGB voraus. Ein solches entsteht, wenn eine Vertragspartei wirksam den Rücktritt

vom Vertrag erklärt hat. Hier hat V gem. § 349 BGB ausdrücklich den Rücktritt erklärt. Zur Begründung des Rückgewährschuldverhältnisses durch diese Erklärung muss V gem. § 346 I BGB ein vertragliches oder gesetzliches Rücktrittsrecht zugestanden haben. V hat sich im Vertrag den Rücktritt vorbehalten und dieses Recht vor Jahresende und damit i.S.v. § 218 BGB fristgemäß ausgeübt.

II. ZIEHUNG VON NUTZUNGEN

Ferner muss K Nutzungen gezogen haben. Nutzungen sind gem. § 100 BGB Früchte und Gebrauchsvorteile. Die gefahrenen Kilometer auf der Urlaubsreise des K stellen einen Mobilitätsvorteil durch Gebrauch des Autos und mithin einen erstattungsfähigen Gebrauchsvorteil dar. Folglich muss K Nutzungen gem. § 346 I 1 2. Fall BGB in Geld vergüten.

B. Ansprüche des V gegen K wegen der defekten Federkugeln auf Zahlung von 1.000 €

I. WERTERSATZANSPRUCH GEM. § 346 II 1 NR. 3 BGB

V könnte gegen K einen Anspruch auf Zahlung von 1.000 € als Wertersatz aus § 346 II 1 Nr. 3 BGB haben.

1. Rückgewährschuldverhältnis

Das geforderte Rückgewährschuldverhältnis besteht.

2. Verschlechterung der Sache

Ferner muss sich der PKW in Höhe von 1.000 € verschlechtert haben. Auf den ersten Blick indiziert der Reparaturaufwand in Höhe von 1.000 € wegen der Federkugeln sicherlich eine Verschlechterung des PKW. Fraglich ist aber, ob es für Verschlechterungen dieser Art Wertersatz geben soll. Problematisch ist nämlich die Ursache dieser Verschlechterung. Es handelt sich nur um den natürlichen Verschleiß der bei jeder bestimmungsgemäßen Nutzung auftritt. Für die bei der bestimmungsgemäßen Nutzung gefahrenen Kilometer muss K bereits Nutzungsvergütung entrichten. In diesen ist der Wertverlust durch natürlichen Verschleiß bereits abgegolten. Um zu verhindern, dass der Rücktrittsberechtigte nach der Rückgabe der Sache wegen dieser gewöhnlichen Abnutzung der Sache dadurch doppelt in Anspruch genommen wird, indem einerseits für die gefahrenen Kilometer eine Nutzungsvergütung gem. § 346 I 2. Fall BGB und andererseits Wertersatz für die verschleißbedingte Wertminderung zahlen soll, gilt die Wertminderung aufgrund bestimmungsgemäßer Nutzung nicht als ersatzpflichtige Verschlechterung. Folglich steht V kein Wertersatzanspruch wegen der Federkugeln aus § 346 II 1 Nr. 3 BGB zu.

II. SCHADENSERSATZ GEM. §§ 346 IV, 280 I BGB

V könnte gegen K einen Anspruch auf Zahlung von 1.000 € Schadensersatz wegen der defekten Federkugeln haben.

Dann muss K gem. § 346 IV BGB eine Pflicht aus dem entstandenen Rückgewährschuldverhältnis verletzt haben. Gem. § 241 II BGB sind die Parteien eines Schuldverhältnisses zur gegenseitigen Rücksichtnahme im Verkehr zum Schutz der Rechte, Rechtsgüter und Interessen des anderen verpflichtet. Fraglich ist, ob und inwieweit die Tatsache des vereinbarten Rücktrittsvorbehaltes eine Pflicht des Rücktrittsgegners generiert, die Interessen des anderen zu achten. Die Rücksichtnahme auf die Interessen des potenziellen Rücktrittsgläubigers V gebietet es sicherlich, mit der Sache keinen anderen als den bestimmungsgemäßen Gebrauch zu machen. Deshalb wäre es K wohl nicht erlaubt, den Oldtimer außerhalb von öffentlichen Straßen zu fahren, oder an Wettrennen teilzunehmen. Die Rücksichtnahmepflicht kann aber nicht so weit gehen, auf den bestimmungsgemäßen Gebrauch zu verzichten, Keinen anderen aber hat K vom Oldtimer gemacht, als er die Urlaubsreise unternahm. Folglich fehlt es schon objektiv an der Pflichtverletzung.

Also hat V keinen Schadensersatzanspruch gegen K gem. §§ 346 IV, 280 I BGB auf Zahlung von 1.000 € wegen der zu ersetzenden Federkugeln.

III. ZAHLUNGSANSPRÜCHE WEGEN DES BLECHSCHADENS IN HÖHE VON 1.000 €

1. Wertersatzanspruch gem. § 346 II 1 Nr. 3 BGB

Der Wertersatzanspruch kommt nur in Betracht, wenn man den Blechschaden als eine Verschlechterung der Sache im Sinne des § 346 II 1 Nr. 3 BGB erachtet. Der Blechschaden vermindert den Wert des PKW in Höhe von 1.000 €. Dies spricht für die Einstufung als Verschlechterung der Sache. Jedoch darf der Wertersatzanspruchs nicht gem. § 346 II 1 Nr. 3 2. HS BGB ausgeschlossen sein. Der Schaden ist während der Fahrt durch einen Unfall eingetreten. Zunächst könnte man sich auf den Standpunkt stellen, dass eine Wertverringerung, die während einer normalen Fahrt mit dem PKW eintritt, eine Wertminderung durch bestimmungsgemäßen Gebrauch sei. Jedoch läuft diese Auslegung des Gesetzes zum einen dem Sinn des Wortes „Verschlechterung" und zum anderen dem Sinn und Zweck des § 346 II 1 Nr. 3 BGB zuwider, nach dem eine verschuldensunabhängige Haftung für Verschlechterungen eintreten soll. Sinnvoll ist somit nur, eine Haftung auf Wertersatz auch dann anzuordnen, wenn während des gewöhnlichen bestimmungsgemäßen Gebrauches eine ungewöhnliche, auf einem Unfall beruhende Verschlechterung eintritt. Damit haftet K auf Wertersatz gem. § 346 II 1 Nr. 3 BGB in Höhe von 1.000 €.

2. Schadensersatz gem. §§ 346 IV, 280 I BGB

V könnte gegen K einen Anspruch auf Zahlung von 1.000 € wegen des Blechschadens gem. §§ 346 IV, 280 I BGB haben. Dann muss K eine Pflicht aus dem Rückgewährschuldverhältnis verletzt haben. Zur Zeit des Fahrfehlers bestand aber noch kein Rückgewährschuldverhältnis. Mithin konnte er keine Pflicht aus § 346 BGB verletzen.

3. Schadensersatz gem. §§ 280 I, 241 II BGB

Der Schadensersatzanspruch könnte sich aber aus §§ 280 I, 241 II BGB ergeben. Dann muss zwischen V und K ein Schuldverhältnis bestehen, das Pflichten gem. § 241 II BGB erzeugt. Der Kaufvertrag zwischen K und V stellt als rechtliche Sonderverbindung ein Schuldverhältnis dar, seine Pflichten waren aber bereits durch Erfüllung erloschen. Jedoch hatte sich V den Rücktritt vorbehalten. Daraus ergab sich für K die Pflicht zur Rücksichtnahme auf die Vermögensinteressen des V für den Fall der durch Rücktritt ausgelösten Rückgewährpflicht. Daraus folgte die konkrete Sorgfaltspflicht, den PKW nicht durch einen Unfall zu beschädigen. Diese hat K objektiv verletzt. Dies muss K auch zu vertreten haben. Der Schuldner hat gem.

§ 276 I BGB Vorsatz und Fahrlässigkeit zu vertreten. Hier handelte K grob fahrlässig. Schließlich muss V ein ersatzfähiger Schaden entstanden sein, der adäquat kausal auf der Pflichtverletzung beruht. Der Blechschaden ist wegen Sachbeschädigung gem. § 249 II 1 BGB ersatzfähig und beruht auf dem Fahrfehler.

Also kann V von K Zahlung von 1.000 € Schadensersatz verlangen.

IV. ANSPRUCH AUF ZAHLUNG DER 500,- € WEGEN DES DEFEKTEN SITZES

V könnte gegen K einen Anspruch auf Schadensersatz in Höhe von 500,- € aus §§ 346 IV, 280 I BGB haben. Das Rückgewährschuldverhältnis ist entstanden. Ferner muss K eine Pflicht aus dem Rückgewährschuldverhältnis verletzt haben. Der Sachschuldner schuldet neben der Rückgabe der Sache aus § 346 I BGB auch ihre pflegliche Behandlung vor der Rückgabe gem. § 241 II BGB. Folglich hat er die Fenster vorsorglich zu verschließen, um das Hineinregnen zu vermeiden. Dies hätte auch der im Verkehr objektiv erforderlichen Sorgfalt entsprochen, weshalb es K gem. § 276 BGB fahrlässig unterlassen hat. Der Schaden in Höhe von 500,- € ist gem. § 249 II 1 BGB erstattungsfähig und beruht auf der Pflichtverletzung.

Also schuldet K dem V die Zahlung von 500,- € Schadensersatz aus §§ 346 IV, 280 I BGB.

2. Teil – Ansprüche des K gegen V

A. Anspruch auf Rückzahlung des Kaufpreises

K hat nach dem wirksamen Rücktritt des V einen Anspruch auf Rückzahlung des Kaufpreises gem. 346 I BGB.

B. Anspruch auf Verzinsung

I. ANSPRUCH AUS §§ 346 I FALL 2, 100, 99 III BGB

K hat gegen V einen Anspruch auf Zahlung von Zinsen gem. §§ 346 I 2. Fall BGB, 100, 99 III BGB, wenn V durch das Anlegen des Geldes Zinsen als Rechtsfrüchte gem. § 99 III BGB wirklich gezogen hat. Zu dieser Annahme gibt der Sachverhalt keinen Anlass.

II. ANSPRUCH AUS §§ 347 I, 100 BGB

K könnte einen Anspruch auf Zahlung von schuldhaft nicht gezogenen Zinsen gem. §§ 347 I, 100 BGB haben. Dies setzt voraus, dass es eine Pflicht des V gibt den Kaufpreis verzinst anzulegen. Dies wird man allenfalls bei größeren Beträgen annehmen dürfen und auch nur dann, wenn ein Rücktritt und damit ein Rückgewährschuldverhältnis nicht auszuschließen war. V selbst hatte sich das Rücktrittsrecht vorbehalten und musste mit dem eigenen Rücktritt rechnen. Jedoch muss berücksichtigt werden, dass ein Privater kaum in der Lage ist, den gesetzlichen Zinssatz zu erzielen. Wenn ein Privater verzinste Rückzahlung schuldet, dann allenfalls in Höhe von Sparbuchzinsen. Hier spricht aber schon die geringe Summe von nur 5.000 €, die zurückzuzahlen ist, gegen eine Pflicht zur verzinsten Rückzahlung. Also schuldet K keine Vergütung nicht erzielter Zinsen.

C. Anspruch auf Ersatz der Inspektionskosten aus § 347 II 1 BGB

K könnte gegen V einen Anspruch auf Ersatz der Inspektionskosten aus § 347 II 1 BGB haben. Dann müssten die Inspektionskosten notwendige Verwendungen sein. Verwendungen sind freiwillige Vermögensopfer, die der Sache zugutekommen, indem sie sie wiederherstellen, verbessern oder im Wert erhalten. Notwendig sind Verwendungen, die die Sache wiederherstellen oder erhalten. Inspektionen dienen dem Ersatz von Verschleißteilen, um die Beschädigung anderer Teile des PKW zu verhindern und sind folglich notwendige Erhaltungsmaßnahmen und damit notwendige Verwendungen. Also kann K die 500,- € Inspektionskosten ersetzt verlangen.

D. Anspruch auf Ersatz der Restaurationskosten

K hat gegen V einen Anspruch auf Zahlung der Restaurationskosten in Höhe von 2.000 € aus §§ 347 II 2, 818 II BGB, wenn der V nach Herausgabe der Sache um die Wertsteigerung bereichert ist. Dies ist durch die Wertsteigerung in die genannte Wertkategorie 1 der Fall. Deshalb kann K von V Zahlung der 2.000 € aus §§ 347 II 2, 818 II BGB verlangen.

E. Einrederecht § 348 BGB

V kann den Ansprüchen des K die eigenen Ansprüche gem. §§ 348, 320 BGB entgegenhalten, sodass die Ansprüche wechselseitig nur Zug um Zug bestehen.

FALLENDE

II. SYSTEMATIK UND VERTIEFUNG

1. Voraussetzungen des Rücktritts

a) Prüfungsschema

PRÜFUNGSSCHEMA

VORAUSSETZUNGEN DES RÜCKTRITTS

1. Rücktrittsgrund
2. Rücktrittserklärung
3. Keine Unwirksamkeit gem. § 218 BGB

b) Rücktrittsgrund

Aus § 346 I 1. Fall BGB ergibt sich wörtlich, dass sich eine Vertragspartei den Rück- **433** tritt vorbehalten haben muss. Damit meint das Gesetz einen vertraglich vereinbarten Rücktrittsgrund. Diese Vereinbarung kann ausdrücklich oder konkludent erfolgen.[1217]

1217   Palandt-Grüneberg, BGB, § 346 Rn 2

KLAUSURHINWEIS

Zunächst sollte der Sachverhalt gründlich nach einem vertraglich vereinbarten Rücktrittsrecht untersucht werden. Existiert es, findet die wichtige
einschränkende Regelung des § 346 III 1 Nr. 3 BGB keine Anwendung. Vertragliche Rücktrittsrechte sind in der Praxis selten. In Klausuren spielen sie
beinahe nie eine Rolle. Die Nichtexistenz eines vertraglichen Rücktrittsrechts
ist im Klausurfall somit die Regel. Dies muss man nicht vorsorglich feststellen
bevor ein gesetzliches Rücktrittsrecht überprüft werden soll. Sätze wie:
„Ein vertragliches Rücktrittsrecht wurde nicht vereinbart, fraglich ist, ob ein
gesetzlicher Rücktrittsgrund gegeben ist.", sind überflüssig und störend.

§ 346 I 2. Fall BGB verweist auf vom Gesetz gewährte Rücktrittsrechte. Diese sind
abschließend geregelt. Auf die meisten in folgender Aufzählung enthaltenen Rück-
trittsgründe wurde bereits eingegangen.

§ 323 I 1. Fall BGB	Allgemeiner Rücktrittsgrund wegen endgül- tiger Nichterfüllung einer Leistungspflicht
§§ 326 V, 323 I BGB	Rücktrittsgrund wegen Unmöglichkeit der synallagmatischen Hauptleistungspflicht im gegenseitigen Vertrag
§ 324 BGB	Rücktrittsgrund wegen Verletzung einer vertraglichen Nebenpflicht
§ 313 III 1 BGB	Rücktrittsgrund wegen Störung der Geschäfts- grundlage und nicht möglicher oder nicht zumutbarer Vertragsanpassung
§§ 437 Nr. 2, 326 V, 323 I BGB	Rücktrittsgrund wegen Unmöglichkeit der Nacherfüllung beim Kaufvertrag
§§ 437 Nr. 2, 440, 323 I Fall 2 BGB	Rücktrittsgrund wegen endgültig nicht vertrags- gemäß erbrachter Leistung im Kaufvertrag
§§ 634 Nr. 3, 326 V BGB	Rücktrittsgrund wegen Unmöglichkeit der Nacherfüllung beim Werkvertrag
§§ 634 Nr. 3, 636, 323 I 2. Fall BGB	Rücktrittsgrund wegen endgültig nicht vertrags- gemäß erbrachter Leistung im Werkvertrag
§§ 506, 498 BGB	Rücktritt vom Teilzahlungsgeschäft wegen qualifiziertem Schuldnerverzug
§ 323 IV BGB	Rücktrittsgrund wegen offensichtlichem Nicht- eintritt des Leistungserfolges vor Fälligkeit

c) Rücktrittserklärung gem. § 349 BGB

Die Rücktrittserklärung ist eine einseitige und empfangsbedürftige Willenser-   **434**
klärung gem. § 349 BGB. Sie kann konkludent erklärt werden und bedarf keiner
Begründung.[1218]

BEISPIEL: K, juristischer Laie, hat V erfolglos eine Frist zur Leistung gesetzt. K sagt darauf
zu V: „Ihre letzte Chance ist vertan. Für mich ist der Vertrag erledigt." Obwohl K nicht
wörtlich vom Rücktritt gesprochen hat, sind seine Worte nur so zu verstehen, dass er
sich vom Vertrag durch Rücktritt lösen will.

Die Rücktrittserklärung ist analog § 388 S. 2 BGB als Gestaltungsrecht grundsätzlich   Charakter
bedingungsfeindlich.[1219] Das bedeutet, dass eine Rücktrittserklärung, die unter   der Rücktritts-
Bedingung erklärt wird, unwirksam ist.[1220]   erklärung

BEISPIEL: Kurz vor dem Endspiel der Fußballweltmeisterschaft hat V mit K einen Kaufvertrag
über sein Auto abgeschlossen. Dann sagt er: „Ich trete unter der Bedingung zurück, dass
Deutschland am Sonntag Fußballweltmeister wird." Wer Fußballweltmeister wird, liegt in
der Zukunft und ist ungewiss. Es handelt sich also um eine echte Bedingung.

Für die Bedingungsfeindlichkeit des Rücktritts und der anderen Gestaltungsrechte
gibt es einen guten Grund. Der Erklärungsempfänger soll nicht im Ungewissen
über den Rechtszustand gehalten werden, den der Erklärende mit seiner Erklärung
anstrebt.[1221] Deshalb lässt die Rechtsordnung mehrere Ausnahmen zu, die keine
echten Bedingungen sind, und keine Rechtsunsicherheit schaffen. Eine Ausnahme ist
z.B. die verhaltensbedingte Kündigung im Arbeitsrecht, bei der der Arbeitgeber die
Wirksamkeit seiner Kündigung vom Verhalten des Arbeitnehmers abhängig macht.
Für den Rücktritt lässt sich die Potestativbedingung als ausnahmsweise erlaubte
Form der Bedingung anführen.[1222]
Ein Rücktritt unter Setzung einer Potestativbedingung ist zulässig, wenn keine für
den Empfänger untragbare Ungewissheit über die Rechtslage geschaffen wird.[1223]

BEISPIEL: V verkauft K seinen Oldtimer und vereinbart, vom Vertrag zurücktreten zu dürfen,
wenn K ihn bis zum Jahresende nicht vom TÜV abnehmen lässt.

d) Keine Unwirksamkeit gem. § 218 BGB

Der Verjährung unterliegen gem. § 194 BGB nur Ansprüche. Deshalb können   **435**
Ansprüche aus einem durch Rücktritt entstandenen Rückgewährschuldverhältnis
gem. § 346 I BGB verjähren. Der Rücktritt selbst ist ein Gestaltungsrecht. Gestaltungsrechte selbst können nicht verjähren, das Recht auf den Rücktritt selbst ist
mithin unverjährbar.[1224]
§ 218 BGB schafft Rechtssicherheit, indem der Rücktritt insgesamt unwirksam sein
kann. Dazu muss der Anspruch, dessen Verletzung das Rücktrittsrecht begründet hat,

---

1218   Bamberger/Roth-Schmidt, BGB, § 349 Rn 1
1219   Bamberger/Roth-Schmidt, BGB, § 346 Rn 6; Palandt-Ellenberger, BGB, Einführung vor § 158 Rn 13
1220   Siehe Randnummer 151
1221   BGH, NJW 1986, 2245, 2246
1222   Siehe Randnummer 151
1223   BGH, NJW 1986, 2245, 2246
1224   Palandt-Ellenberger, BGB, § 194 Rn 3; Palandt-Grüneberg, BGB, Einführung vor § 346 Rn 5

verjährt sein.[1225] Ferner muss sich der Rücktrittsgegner ausdrücklich auf die Verjährung berufen.[1226] Geschieht dies, wird ein erklärter Rücktritt ex nunc unwirksam.[1227]

2. Rechtsfolgen des Rücktritts

a) Beendigung des Vertrages

436   Ist der Rücktrittsberechtigte vom Vertrag erfolgreich zurückgetreten, erlöschen die Leistungspflichten des Vertrages ex nunc.

Leistungs-befreiung   Sind noch gar keine Leistungen ausgetauscht worden, beschränkt sich die Wirkung des Rücktritts auf die Befreiung von diesen Pflichten.[1228]

Rückabwick-lungsschuld-verhältnis   Wird der Rücktritt nach dem Austausch der Leistungen erklärt, fällt der Vertrag nicht weg, sondern besteht mit verändertem Inhalt als Abwicklungsschuldverhältnis fort. Deshalb wird der Anspruch aus § 812 I 2 1. Fall BGB verdrängt.[1229]

Der Rücktritt hat keinen Einfluss auf die dingliche Rechtslage, es entstehen nur gegenseitige Ansprüche auf Rückgewähr.[1230]

> **BEISPIEL:** V hat K seinen PKW übereignet. K hat das Geld teilweise gezahlt. Weil sich K ohne Grund weigert, den Rest zu bezahlen, tritt K gem. § 323 I BGB zurück. Durch den Rücktritt verliert K nicht das Eigentum am PKW. Er ist nach § 346 I BGB nur verpflichtet, ihn zurückzuübereignen.

b) Rückgewährschuldverhältnis gem. §§ 346 ff. BGB

aa) Rückgewährpflichten

437   In dem durch den Rücktritt entstandenen Rückgewährschuldverhältnis schulden die Parteien gem. § 346 I BGB die Rückgewähr dessen, was sie empfangen haben.

> **BEISPIEL:** V hat in Erfüllung des Kaufvertrages seinen PKW an K übereignet, K hat den Kaufpreis an V bezahlt. Tritt V oder K vom Kaufvertrag zurück, muss K den PKW zurückübereignen und V das Geld zurückzahlen.

Nicht unter § 346 I BGB fallen Kosten für den Transport, den Einbau und die Maklervergütung. Diese können gegebenenfalls über §§ 325, 284 BGB ersetzt werden.

bb) Nutzungsvergütung gem. §§ 346 I, 100 BGB

438   Die gezogenen Nutzungen müssen herausgegeben werden.

Nutzungen

DEFINITION

Unter **Nutzungen** versteht § 100 BGB alle Früchte i.S.v. § 99 BGB, sowie alle Gebrauchsvorteile.

1225   *Palandt-Ellenberger, BGB, § 218 Rn 4*
1226   *Palandt-Ellenberger, BGB, § 218 Rn 5*
1227   *Palandt-Ellenberger, BGB, § 218 Rn 6*
1228   *BGH, NJW 2009, 575, 577*
1229   *Bamberger/Roth-Schmidt, BGB, § 346 Rn 9*
1230   *Palandt-Grüneberg, BGB, Einführung vor § 346 Rm 6*

BEISPIEL: K hat ein Landgut erworben und alle Äpfel geerntet. Diese sind nach dem Rücktritt in Natur vorhanden und müssen als Frucht gem. § 99 I BGB herausgeben werden. Gleiches würde für die Wolle der auf dem Landgut lebenden und geschorenen Schafe gelten. Ferner müsste K gem. § 99 III BGB die gewonnene Miete aus der Vermietung der dort gehaltenen Reitpferde herausgeben.

In der Regel sind die gezogenen Nutzungen nicht mehr in Natur vorhanden.

Vergütung der Nutzungen

BEISPIEL: Die Äpfel sind verkauft oder vermostet, die Wolle versponnen. In diesem Fall muss ihr Wert gem. § 346 II 1 BGB in Geld vergütet werden.

Keine Nutzungen sind Vorteile, die durch den Verbrauch der Sache entstehen.

BEISPIEL: K hat von V einen Apfel gekauft und aufgegessen. V tritt zurück. Jetzt muss K Wertersatz gem. § 346 II 1 BGB leisten, weil er den Apfel in Natur nicht mehr zurückgewähren kann.

cc) Wertersatz gem. §§ 346 II, III BGB

Systematisch betrachtet, stellt § 346 II BGB Wertersatzpflichten auf, die jedoch nach **439** § 346 III BGB wieder ausgeschlossen sein können.

(1) § 346 II Nr. 1 BGB

Gem. § 346 II 1 Nr. 1 BGB muss Wertersatz in Geld geleistet werden, wenn die Natur des Erlangten die Rückgewähr oder Herausgabe ausschließt.

BEISPIEL: Damit sind Dienstleistungen oder unkörperliche Werke wie Theatervorstellungen gemeint.[1231]

(2) § 346 II 1 Nr. 2 BGB

Nach § 346 II 1 Nr. 2 BGB besteht eine Wertersatzpflicht, wenn der Rückgewähr- **440** schuldner den Gegenstand verbraucht oder veräußert hat. In diesen Fällen ist die Herausgabe nicht mehr möglich, weshalb eine Wertersatzpflicht zwangsläufig die logische Konsequenz ist. Umstritten ist allein die Art der Wertberechnung beim schlechten Geschäft des Verkäufers.

Verbrauch und Veräußerung

BEISPIEL („Schlechtes Geschäft-Fall"): V verkauft seinen PKW, objektiver Marktwert 10.000 €, an K zum Kaufpreis von 8.000 €. K zahlt 4.000 € an und erhält den PKW übereignet. Nachdem V die restlichen 4.000 € angemahnt hat und erfolglos eine letzte Zahlungsfrist gesetzt hat, tritt er vom Kaufvertrag zurück. Es stellt sich aber heraus, dass K den PKW wirksam an D weiterveräußert hat. D verweigert den Rückverkauf an K. Weil auch der zugrundeliegende Kaufvertrag zwischen K und D wirksam ist, hat K keine Möglichkeit aus ungerechtfertigter Bereicherung gegen D vorzugehen und beruft sich auf die Unmöglichkeit der Rückübereignung an V. Fraglich ist, wie hoch der Wertersatzanspruch des V gegen K ist.

1231   *Palandt-Grüneberg, BGB, § 346 Rn 8*

Stellt man auf den exakten Wortlaut des § 346 II 2 BGB ab, kann sich die Höhe des Wertersatzes nur nach der vereinbarten Gegenleistung richten. Dann muss K nur 8.000 € Wertersatz leisten, nämlich die Höhe des Kaufpreises.

BEISPIEL: Im obigen „Schlechtes Geschäft-Fall" muss er also nur 4.000 € zu den gezahlten 4.000 € an V zahlen.

M.M.: teleolo-gische Reduktion des § 346 II 2 BGB

Dieses auf § 346 II 2 BGB gestützte Ergebnis wird teilweise mit dem Wunsch nach einer teleologischen Reduktion abgelehnt, wenn der Wertersatzschuldner den Rück-tritt verursacht hat. Dann soll auf den objektiven Wert abgestellt werden.[1232]

BEISPIEL: Dies hieße im „Schlechtes Geschäft-Fall" für K, dass er 10.000 € Wertersatz schuldete. Konkret hätte er zu den geleisteten 4.000 € noch 6.000 € an V zu zahlen.

h.M.: wörtliche Anwendung des § 346 II 2 BGB

Dem Wunsch nach teleologischer Reduktion darf mit der h.M. nicht entsprochen werden. Gegen sie spricht neben dem klaren Wortlaut des § 346 II 2 BGB die Geset-zesbegründung. Danach sollen die Parteien an ihren eigenen vertraglichen Bewer-tungen von Leistung und Gegenleistung festgehalten werden.[1233] Somit entspricht es der gesetzgeberischen Intention, die Parteien an ihren privatautonom gefassten Bewertungen der vertraglichen Leistungen festzuhalten.[1234]

> **MERKSATZ**
> Kann der Rückgewährschuldner die Sache aufgrund Unmöglichkeit nicht her-ausgeben, richtet sich die Höhe des Wertersatzanspruchs nach dem Wert der Gegenleistung, § 346 II 2 BGB. Eine teleologische Reduktion findet nicht statt.

Im Falle der Umgestaltung oder Verarbeitung kann der Schuldner wegen Ent-stehung einer neuen beweglichen Sache gem. § 950 BGB den Gegenstand nicht herausgeben und deshalb Wertersatz zu leisten.

Belastung der Sache

441 Nach § 346 II 1 Nr. 2 BGB soll der Schuldner Wertersatz für eine Belastung der Sache leisten. Damit ist die Belastung mit einem beschränkten dinglichen Recht gemeint.

BEISPIEL: K hat das Grundstück nach dem Kauf mit einem Grundpfandrecht, einer Grundschuld, in Höhe von 80.000 € belastet. Nach dem Rücktritt verlangt Verkäufer V Wertersatz, obwohl K die Beseitigung anbietet.

Umstritten ist das Verhältnis zwischen Beseitigung der Belastung und der Wertersatzpflicht.

M.M.: Bei Belastung nur Wertersatz geschuldet

Aus dem Wortlaut des § 346 II 1 Nr. 2 BGB wird teilweise geschlossen, dass schon die Belastung mit dem Pfandrecht allein die Wertersatzpflicht auslöst, weil der Gesetz-geber damit eine Wertentscheidung getroffen habe. Im Falle der Belastung schulde der Schuldner nur Wertersatz und eben nicht Beseitigung.[1235]
Dem kann mit der h.M. nicht gefolgt werden. Bei einer rein wörtlicher Auslegung

---

1232   MünchKomm-Gaier, BGB, § 346 Rn 45
1233   BTDrs. 14/6040, S. 196
1234   BGH, NJW 2009, 1068, 1070
1235   MünchKomm-Gaier, BGB, § 346 Rn 39

wird der systematische Zusammenhang zwischen § 346 I BGB und § 346 II 1 BGB missachtet. Es wird übersehen, dass die primäre Rechtsfolge des § 346 BGB insgesamt
zunächst die Herausgabe des Erlangten im ursprünglichen Zustand ist. § 346 II BGB
knüpft an Fallgestaltungen, in denen das Erlangte entweder gar nicht oder nur in
veränderter Form zurückgewährt werden kann. Daraus lässt sich der Schluss ziehen,
dass in § 346 II 1 BGB Fälle der objektiven und subjektiven Unmöglichkeit gemeint
sind, auch wenn der Wortlaut diese Begriffe nicht verwendet. Aus dem systematischen Zusammenhang ist daher zu schließen, dass Wertersatz nur im Falle der
Unmöglichkeit der Beseitigung der Last geschuldet wird.

h.M.: Wer-
tersatz nur bei
Unmöglichkeit
der Beseitigung
der Last

MERKSATZ
Hat der Rückgewährschuldner eine Sache zurückzugeben, die mit einem Pfandrecht belastet ist, schuldet er primär die Beseitigung der Last. Wertersatz wird
nur bei Unmöglichkeit der Beseitigung der Last geschuldet.

(3) § 346 II 1 Nr. 3 BGB

Wertersatz wird geschuldet, wenn die herauszugebende Sache sich verschlechtert **442**
hat oder untergegangen ist.

(a) Untergang

DEFINITION
Untergang i.S.v. § 346 II 1 Nr. 3 BGB ist die vollständige Vernichtung der
Sachsubstanz.[1236]

Untergang

Gemeint ist darüber hinaus jede andere Form der Unmöglichkeit der Herausgabe.[1237]

BEISPIEL: Die veräußerte Sache kann K nach Rücktritt des V nicht mehr herausgeben, weil
sie ihm von einem unbekannten Dieb gestohlen wurde.

(b) Verschlechterung

DEFINITION
Verschlechterung i.S.v. § 346 II 1 Nr. 3 BGB ist jede nachteilige Veränderung
der Sachsubstanz oder der Funktionstauglichkeit der zurück zugewährenden
Sache.[1238]

Verschlechterung
gem. § 346 II 1
Nr. 3 BGB

Diese Rechtsfolge ist besonders praxisrelevant. Sie greift, wenn der zurück zugewäh- **443**
rende Gegenstand nicht vollständig untergegangen ist, aber sich in der Hand des Sach-
schuldners deutlich verschlechtert hat. In diesem Fall schuldet der Schuldner einerseits

---

1236   Palandt-Grüneberg, BGB, § 346 Rn 9
1237   Palandt-Grüneberg, BGB, § 346 Rn 9
1238   Palandt-Grüneberg, BGB, § 346 Rn 9

die Rückgewähr der verschlechterten Sache und andererseits Wertersatz in Höhe der Verschlechterung. Dies lässt sich aus dem Wort „soweit" in § 346 II 1 BGB ableiten, das eine Form qualitativer Teilunmöglichkeit mit der Wertersatzpflicht belegt.[1239]

BEISPIEL: V hat K einen PKW für 10.000 € verkauft und übereignet. Nachdem K den Kaufpreis nicht vollständig entrichtet hat und die Frist zur Leistung abgelaufen ist, tritt V gem. § 323 I 1. Fall BGB zurück. Der PKW ist beschädigt und hat nur noch einen Wert von 7.000 €. Hier schuldet K einerseits Herausgabe des PKW aus § 346 I BGB und andererseits Wertersatz aus § 346 II 1 Nr. 3 BGB.

Es kommt hier nicht darauf an, ob K die Verschlechterung zu vertreten hat, oder ein unbekannter Dritter. Denn mit dem Übergang der Gefahr nach § 446 BGB trägt der Schuldner auch die Gefahr des Untergangs und der zufälligen Verschlechterung. § 346 III 1 Nr. 3 BGB greift nicht, weil es sich bei K nicht um den Rücktrittsberechtigten handelt.

Bestimmungs-
gemäße
Ingebrauch-
nahme gem.
§ 346 II 1 Nr. 3,
2. Hs. BGB

Zwei Funktionen bedient § 346 II 1 Nr. 3, 2. Hs. BGB. Die Norm stellt klar, dass die durch die bestimmungsgemäße Ingebrauchnahme bedingte Wertminderung außer Betracht bleiben soll.
Dies meint nach h.M. erstens die durch den gewöhnlichen bestimmungsgemäßen Gebrauch entstandene Wertminderung. Diese trägt der Gläubiger des Rückgewährsanspruchs, schließlich steht ihm ja schon das Recht auf Nutzungsvergütung aus § 346 I BGB zu.[1240] Somit stellt der Rückschluss aus § 346 II 1 Nr. 3, 2. Hs. BGB klar, dass dieser gewöhnliche, bestimmungsgemäße Gebrauch schon tatbestandlich keine Verschlechterung sein soll.[1241]

BEISPIEL: V hat K einen PKW verkauft. Nach dem Rücktritt des V stellt sich heraus, dass K 10.000 km mit dem PKW gefahren ist. Hierfür schuldet K Nutzungsvergütung, aber keinen Wertersatz für eine durch die höhere Laufleistung eingetretene Wertminderung.

Hingegen wird für Substanzverletzungen oder Abnutzungen aufgrund des nicht bestimmungsgemäßen Gebrauchs Wertersatz geschuldet.[1242]

BEISPIEL: Förster F hat von V einen Sportwagen gekauft und fährt mit diesem in den Wald über einen nur für geländetaugliche Fahrzeuge bestimmten Forstweg. Es kommt zu Beschädigungen.

M.M.: Nur erste
Ingebrauch-
nahme gemeint

Eine Gegenauffassung will diese Grundsätze schon aus der Vorrangigkeit der Nutzungsherausgabepflicht in § 346 I BGB herleiten und sieht in § 346 II 1 Nr. 3, 2. Hs. BGB nur eine Regelung für die erste Ingebrauchnahme.[1243]

Streitentscheid

Die Gegenauffassung verkennt, dass das Tatbestandsmerkmal der bestimmungsgemäßen Ingebrauchnahme die Rechtsgrundlage dafür bietet, dass der Käufer nach Kenntnis des Rücktrittsgrundes die Sache noch benutzen darf, gegen Erstattung der gezogenen Nutzungen.[1244] Er soll gem. § 346 III 1 Nr. 3 BGB nicht für den unver-

---

1239   MünchKomm-Gaier, BGB, § 346 Rn 46
1240   BT-Drs. 14/6040, S. 196; Bamberger/Roth-Schmidt, BGB, § 346 Rn 44
1241   Oechsler, Vertragliche Schuldverhältnisse, Rn 201
1242   BT-Drs. 14/6040, S. 196
1243   MünchKomm-Gaier, BGB, § 346 Rn 41, 42;
1244   Oechsler, Vertragliche Schuldverhältnisse, Rn 201, 212

schuldeten Untergang haften. Ein Bedürfnis, ihn neben den Nutzungen auch noch Wertersatz wegen der bestimmungsgemäßen Abnutzung leisten zu lassen, besteht nicht. Deshalb ist der h.M. zuzustimmen.

MERKSATZ
Die **verschleißbedingte Wertminderung** durch gewöhnlichen, bestimmungsgemäßen Gebrauch ist keine wertersatzpflichtige Verschlechterung i.S.v. § 346 II 1 Nr. 3 BGB.

Zweitens wollte der Gesetzgeber eine Lücke klarstellend schließen. Der Wertverlust, der regelmäßig durch die erste Ingebrauchnahme eintritt kann den Wert der gezogenen Nutzung erheblich übersteigen.

BEISPIEL: Der Käufer lässt den erworbenen PKW auf sich zu.[1245] Der Wert sinkt sofort um 20 %.

Für diesen hohen Wertverlust soll dem Verkäufer gerade kein Wertersatz zugesprochen werden.[1246]

dd) Ausschluss der Wertersatzpflicht gem. § 346 III BGB

(1) § 346 III 1 Nr. 1 BGB
Der Ausschlussgrund bezieht sich nur auf die zweckgerechte Verarbeitung oder **444** Umbildung der Sache, nicht auf den Verbrauch. Ausschließend ist nur die positive Kenntnis.[1247] Analoge Anwendung kann § 346 III 1 BGB finden, wenn die Kenntnis eines Mangels während des Verbrauches eintritt.[1248]

BEISPIEL: G hat bei S einen Salat bestellt und halb aufgegessen, als er eine Schnecke im Essen findet. Er tritt gem. §§ 651, 437 Nr. 2, 440, 323 I 2. Fall BGB wegen Unzumutbarkeit der Nacherfüllung sofort zurück und erhält sein Geld zurück. S kann aber keinen Wertersatz gem. § 346 II 1 Nr. 2 BGB wegen Teilverbrauchs verlangen, weil dies analog § 346 III 1 Nr. 1 BGB ausgeschlossen.

Der Ausschlussgrund betrifft Fälle der mangelhaften Leistung und keinen Fall des allgemeinen Leistungsstörungsrechts.

(2) § 346 III 1 Nr. 2 BGB
Mit der ersten Tatbestandsalternative sind Fälle gemeint, in denen der Rückgewähr- **445** gläubiger einen Mangel der Sache „zu vertreten" hat, aufgrund derer die Sache später untergeht. Der Begriff „zu vertreten" ist missglückt. Gemeint ist nämlich nicht das schuldhafte Vertretenmüssen des Mangels durch den Rückgewährgläubiger, sondern nur, dass der Mangel schon bei Übergabe vorhanden war.[1249]

1245   BT-Drs. 14/6040, S. 196
1246   Oechsler, Vertragliche Schuldverhältnisse, Rn 199
1247   Bamberger/Roth-Schmidt, BGB, § 346 Rn 49
1248   MünchKomm-Gaier, BGB, § 346 Rn 49; Palandt-Grüneberg, BGB, § 346 Rn 11
1249   Palandt-Grüneberg, BGB, § 346 Rn 12

BEISPIEL: V verkauft K einen PKW mit einem Rahmenschaden und übergibt den PKW, obwohl K noch einen Teil des Kaufpreises schuldet. Weil K bei Fälligkeit noch nicht den Restkaufpreis gezahlt hat, tritt V zurück. Es stellt sich heraus, dass sich der PKW aufgrund des Rahmenschadens bei einem gewöhnlichen Bremsvorgang überschlagen hat und zerstört ist. Hier muss K keinen Wertersatz leisten, auch wenn V den Rahmenschaden nicht i.S.v. § 276 BGB zu vertreten hatte.

Die zweite Tatbestandsalternative meint Fälle, in denen sicher ist, dass die Sache beim Gläubiger ebenfalls untergegangen wäre.

BEISPIEL: Die verkaufte Garage wird infolge eines Unwetters beim Käufer zerstört.[1250]

(3) § 346 III 1 Nr. 3 BGB

446 Dieser Ausschlussgrund privilegiert den aufgrund eines gesetzlichen Rücktrittsrechts zum Rücktritt berechtigten Rückgewährschuldner. Er betrifft keinen hier relevanten Fall des allgemeinen Leistungsstörungsrechts.[1251]

BEISPIEL: Gemeint sind Fälle, in denen der Käufer aufgrund eines Mangels zurücktritt, aber während der Besitzzeit die Sache beschädigt hat.

ee) Herausgabe des stellvertretenden commodums

447 Kann der Rückgewährschuldner den aus § 346 I BGB zurück zu gewährenden Gegenstand wegen Unmöglichkeit nicht herausgeben, und ist ihm unter den Voraussetzungen des § 285 BGB ein stellvertretendes commodum zugeflossen, kann der Gläubiger gem. § 346 I BGB i.V.m. § 285 BGB analog die Herausgabe des stellvertretenden commodums verlangen.[1252]

BEISPIEL: V hat sein Auto an K verkauft, der den Kaufpreis aber noch nicht voll bezahlt hat. Nachdem V berechtigt zurückgetreten ist, stellt sich heraus, dass das vollkaskoversicherte Auto zerstört wurde. V kann statt der Rückgewähr anstelle des Wertersatzes auch Abtretung des Anspruches gegen die Versicherung verlangen.

ff) Schadensersatz gem. § 346 IV BGB

448 Dank § 346 IV BGB wird deutlich, dass § 346 II, III BGB die Nicht- oder Schlechtleistung der Rückgewährpflichten nicht abschließend regelt. Vielmehr soll der Rückgewährschuldner nach den Regeln der allgemeinen Leistungsstörungen aus §§ 280 – 283 BGB auch auf Schadensersatz haften müssen.

(1) Vertragliches Rücktrittsrecht

Haben die Parteien im Vertrag ein vertragliches Rücktrittsrecht vereinbart, müssen sie jederzeit mit dem Rücktritt des anderen und damit mit der eigenen Rückgewährpflicht rechnen. Folglich schulden sie vom Austausch der Leistungen an Rücksicht auf die Interessen des anderen. Wird diese Pflicht aus § 241 II BGB verletzt, steht dem anderen ein Schadensersatzanspruch aus § 280 I BGB zu.

1250   *Palandt-Grüneberg, BGB, § 346 Rn 12*
1251   *Näheres im JI Skript Kaufrecht.*
1252   *BT-Drs. 14/6040, S. 194; Bamberger/Roth-Schmidt, BGB, § 346 Rn 62, Palandt-Grüneberg, BGB, § 346 Rn 20*

(2) Gesetzliches Rücktrittsrecht

449 Gesetzliche Rücktrittsrechte können auf einer Leistungsstörung wegen Unmöglichkeit, endgültiger Nichtleistung trotz Möglichkeit der Leistung oder einer mangelhaften Leistung beruhen.

Mannigfaltige Streitigkeiten ergeben sich für den Fall, indem dem Käufer eine mangelhafte Sache geliefert wurde, die er während der Besitzzeit beschädigt und nach eigenem Rücktritt gem. §§ 346 I, 349, 437 Nr. 2, 323 I 2. Fall BGB zurückgewährt. Gestritten wird um die wörtliche oder teleologische Auslegung des § 346 III 1 Nr. 3 BGB beim Wertersatz. Diese Streitstände gehören thematisch zum Kaufrecht und nicht zum allgemeinen Leistungsstörungsrecht des Schuldrechts.[1253]

Im Falle des Rücktrittsrechts wegen Unmöglichkeit oder der endgültigen Nichterbringung der Leistung wurde dem Gläubiger die Leistung nicht erbracht, weshalb ihn mangels Empfang der Leistung weder Rückgewährpflichten noch Sorgfaltspflichten gem. § 241 II BGB treffen.

Denkbar wäre aber der Fall, indem der Rücktritt wegen Nichterbringung der Gegenleistung erfolgt.

BEISPIEL: V hat K seinen PKW verkauft und übereignet. Den Kaufpreis in Höhe von 8.000 € hat K nur zur Hälfte bezahlt. Als K nach Fälligkeit und erfolglosem Fristablauf endgültig nicht zahlt, tritt V gem. § 323 I 1. Fall BGB vom Kaufvertrag zurück. Bei der Rückgewähr stellt sich heraus, dass der PKW wegen eines nach Fristablauf leicht fahrlässig verursachten Fahrfehlers des K während einer bestimmungsgemäßen Nutzung einen Blechschaden in Höhe von 1.000 € hat, den V ersetzt verlangt.

Weil der Schaden bei bestimmungsgemäßer Nutzung entstanden ist, scheidet Wertersatz gem. § 346 II 1 Nr. 3 BGB aus. Weil ein Rückgewährschuldverhältnis noch nicht entstanden war, scheidet ein Anspruch aus §§ 346 IV, 280 I BGB aus. Fraglich ist, ob ein Anspruch aus §§ 280 I, 241 II BGB besteht. Dann müsste K zur Sorgfalt verpflichtet gewesen sein. Dies lässt sich beim vertraglichen Rücktrittsrecht stets damit begründen, dass der Käufer mit dem Rücktritt rechnen musste.

BEISPIEL: Im Beispielsfall[1254] liegt der Fall ähnlich. Wer wie K den Kaufpreis noch nicht voll entrichtet hat, muss stets mit der Möglichkeit des Rücktritts rechnen. Spätestens ab Fristablauf besteht positive Kenntnis vom Rücktrittsrecht des anderen Teils Spätestens ab diesem Zeitpunkt besteht eine Sorgfaltspflicht gem. § 241 II BGB. Diese hat K fahrlässig verletzt und damit auch zu vertreten. Den Schaden hat er somit gem. § 249 II 1 BGB in Geld zu ersetzen.

MERKSATZ

Den Rückgewährschuldner treffen Pflichten zum sorgfältigen Umgang mit der herauszugebenden Sache im Sinne von § 241 II BGB ab Kenntnis vom Rücktrittsrecht des anderen Teils.

1253   Ihre Darstellung erfolgt konsequenterweise im Skript Kaufrecht.
1254   Siehe Randnummer 449

gg) Ersatz nicht gezogener Nutzungen § 347 I BGB

450 Den Rückgewährschuldner trifft die Pflicht, Nutzungen zu vergüten, die er entgegen den Regeln einer ordnungsmäßigen Wirtschaft nicht gezogen hat.

Fraglich ist allein, was im Einzelfall ordnungsgemäßer Wirtschaft entspricht.

BEISPIEL: K hat einen Weinbaubetrieb erworben, erntet aber die Trauben nicht, weil er lieber eine Weltreise unternimmt. V tritt zurück und kann neben der Rückübereignung auch Vergütung der nicht gezogenen Früchte fordern.

In diesem Fall dürfte jedermann zustimmen, dass es der ordnungsgemäßen Wirtschaft des Winzers entspricht die Trauben zu lesen.

BEISPIEL: K hat von V einen PKW gekauft, ist mit ihm aber keinen Meter gefahren. Hier muss K nach Rücktritt keine gezogenen Nutzungen vergüten. Es entspricht auch nicht der ordnungsgemäßen Wirtschaft, den PKW ohne Grund zu nutzen.

In diesem Fall dürfte jedermann zustimmen, dass es keinen Zwang zum Autofahren gibt.

Schwierig ist allein die Frage, ob es die ordnungsgemäße Wirtschaft gebietet, Geldbeträge verzinst anzulegen.

hh) Ersatz notwendiger Verwendungen § 347 II 1 BGB

451 Der Rückgewährgläubiger schuldet dem Schuldner Erstattung der notwendigen Verwendungen, inklusive der gewöhnlichen Erhaltungskosten, wenn er den Gegenstand zurückerhält[1255]

Verwendungen

> **DEFINITION**
>
> **Verwendungen** sind freiwillige Vermögensaufwendungen, die der Sache zugutekommen, indem sie ihrer Wiederherstellung oder Erhaltung oder ihrer Verbesserung dienen.[1256]
>
> **Notwendig** ist eine **Verwendung**, wenn sie zur Erhaltung, Wiederherstellung oder ordnungsmäßigen Bewirtschaftung der Sache nach objektivem Maßstab zur Zeit der Vornahme erforderlich ist.[1257]

Notwendige
Verwendungen

BEISPIEL: Im Grundfall „Die Göttin"[1258] kann K die Inspektionskosten von V erstattet verlangen, weil er den PKW zurückgibt.

Der Verwendungsersatzanspruch setzt nach dem klaren Wortlaut aber voraus, dass der Gegenstand auch zurückgewährt wird. Daraus folgt, dass es keinen Verwendungsersatzanspruch gibt, wenn der Gegenstand nicht zurückgewährt werden kann, oder Wertersatz wegen § 346 III BGB nicht geschuldet wird. Es ist unbillig, den

---

1255　Palandt-Grüneberg, BGB, § 347 Rn 3
1256　BGH, NJW 1996, 921, 921
1257　BGH, NJW 1996, 921, 922
1258　Siehe Randnummer 432

Rückgewährgläubiger mit Verwendungsersatzkosten zu belasten, wenn er weder den Gegenstand selbst oder Wertersatz für den Gegenstand erhält.[1259]

ii) Aufwendungsersatz § 347 II 2 BGB

Hat der Rückgewährschuldner während der Besitzzeit nicht notwendige Verwen- **452** dungen getätigt, die den Wert derart erhöhen, dass der Gläubiger nach der Rückgewähr bereichert ist, hat er den Wert gem. §§ 347 II 2, 818 II BGB zu ersetzen.

BEISPIEL: Im Grundfall[1260] durfte K von V die Erstattung der Restaurationskosten verlangen.

Entfällt die Bereicherung kann sich der Gläubiger auf §§ 347 II 2, 818 III BGB berufen.

jj) Einrede gem. §§ 348, 320 BGB

Jede Partei des Rückgewährschuldverhältnisses kann sich auf die Einrede des §§ 348, **453** 320 BGB berufen, sodass die Rückgewähr nur Zug um Zug zu erfolgen hat.

1259   Palandt-Grüneberg, BGB, § 347 Rn 3
1260   Siehe Randnummer 433

DER WIDERRUF GEM. § 355 BGB

I. EINLEITUNG

454 Der Widerruf gem. § 355 BGB ist das jüngste aller **Gestaltungsrechte**.

> **KLAUSURHINWEIS**
>
> Zu den Gestaltungsrechten gehören in aufsteigender Reihenfolge die **Anfechtung** gem. § 142 I BGB, die **Kündigung** gem. §§ 314, 489, 490, 498, 542, 543, 621, 626, 627 BGB, der **Rücktritt** gem. § 346 BGB, der **Widerruf** gem. § 355 BGB, die **Aufrechnung** gem. § 388 BGB und die **Minderung** gem. §§ 441, 638 BGB. Gestaltungsrechtsähnlich wirkt das Verlangen von Schadensersatz statt der Leistung gem. § 281 IV BGB.

Umsetzung europäischer Verbraucherschutzrichtlinien

Liest man die §§ 312 ff. BGB und die §§ 355 ff. BGB, fällt auf, dass diese Normen bereits optisch nicht zum sonstigen Inhalt des BGB passen. Anders als die üblicherweise kurz gefassten, abstrakten und systematisch formulierten Rechtsnormen des BGB, sind die dem Widerruf zugehörigen Gesetzestexte sowohl einzelfallbezogen, als auch sehr ausführlich formuliert. Weil der Text jeder einzelnen dieser Rechtsnormen außerordentlich lang geraten ist, wirken sie wie Fremdkörper im BGB. Die Ursache hierfür liegt in den **europäischen Richtlinien**, die der deutsche Gesetzgeber nach EU-Recht umzusetzen hatte.

Haustürwiderrufsgesetz, Verbraucherkreditgesetz, Fernabsatzgesetz

Bereits Mitte der 80er-Jahre des 20. Jahrhunderts verpflichteten europäische Richtlinien die nationalen Gesetzgeber im Vertragsgebiet der Europäischen Union zur jeweiligen Umsetzung des Gemeinschaftsrechts in nationale Gesetze. In Deutschland zeugten das „Haustürwiderrufsgesetz" und das „Verbraucherkreditgesetz" von dieser Aufgabe. Später gesellten sich das „Fernabsatzgesetz" und das „Teilzeit-Wohnrechtegesetz" hinzu. Alle Gesetze verfolgten das Ziel, Verbraucher besser zu schützen, als es die bisherigen nationalen Gesetze vorgesehen hatten. Deshalb enthielten sie übereinstimmend die einseitige Möglichkeit des Verbrauchers, Verträge mit Unternehmern ohne Angabe von Gründen zu widerrufen. Das dem Widerruf folgende Rückgewährschuldverhältnis war mit den Regeln des Rücktritts verwoben, enthielt aber den Verbraucher begünstigende Ausnahme-Regelungen.

Fehlen eines einheitlichen Widerrufsrechts im alten Recht

Weil diese Gesetze nacheinander in Kraft getreten waren, fehlte es an einem einheitlichen Widerrufsrecht mit einheitlicher Widerrufsbelehrung und einheitlichem Rückgewährschuldverhältnis - anders als es etwa beim Rücktritt seit Inkrafttreten des BGB der Fall ist. Erschwerend für Ausbildung und Praxis kam hinzu, dass diese Gesetze teilweise hinsichtlich der Rechtsfolgen aufeinander verwiesen. Dies förderte Unübersichtlichkeit und hinderte das Verständnis.

In mehreren Stufen, nämlich am 01.05.2000 und mit dem SMG[1261] vom 01.01.2002, ferner in den Jahren 2010 und 2011 versuchte der deutsche Gesetzgeber Abhilfe zu schaffen. Weil die Anforderungen an die Widerrufsbelehrung bei den einzelnen Widerrufsrechten jedoch so unterschiedlich waren, gelang dies nicht fehlerfrei. Die im BGB geregelten Anforderungen an die Widerrufsbelehrung entsprachen nicht

---

1261   Schuldrechtsmodernisierungsgesetz (SMG)

vollumfänglich den Vorgaben der zugrunde liegenden Richtlinien. Der Gesetzgeber war aufgrund dieser Fehler gezwungen, Übergangsregelungen zu schaffen. Diese verwirren nicht selten beim Studium der Gesetze, weil der Grund ihrer Existenz Uneingeweihten unerklärlich ist.

BEISPIEL: Typische Beispiele sind Art. 247, § 6 II 4 EGEGB und Art 247, § 12 I 4 EGBGB. Es gibt sie, weil dem Gesetzgeber im Jahr 2010 die Einführung einer Muster-Widerrufsbelehrung zunächst gründlich misslungen war und deshalb im Jahr 2011 nachgebessert werden musste.

Weil alle o.g. Richtlinien keine Vollharmonisierung vorschrieben, normierten die Mitgliedsländer der Europäischen Union den Verbraucherschutz in den nationalen Gesetzen nicht einheitlich.

Teilharmonisierungsrichtlinien

BEISPIEL: Als noch aktuelles Beispiel dient Art. 8 der Verbrauchsgüterkaufrichtlinie 1999/44/EG. Die Richtlinie setzt nur Mindeststandards, erlaubt aber jedem Mitgliedsland, zum Schutz der Verbraucher strengere Gesetze zu erlassen. Während in Deutschland die Darlegungs- und Beweislastumkehr beim Verbrauchsgüterkauf zugunsten des Verbrauchers gem. § 476 BGB nur 6 Monate beträgt, haben Frankreich, Portugal und Polen diese Frist zu Gunsten ihrer Verbraucher verlängert.[1262]

Solche Unterschiede scheinen maßgeblichen Institutionen der Europäischen Union ein Dorn im Auge zu sein, insbesondere der EU-Kommission. Diese schlug vor, die Haustürwiderrufsrichtlinie 85/577/EWG[1263], die Fernabsatzrichtlinie 97/7/EG[1264], die Richtlinie über missbräuchliche Vertragsklauseln 93/13/EWG[1265] und die Verbrauchsgüterkaufsrichtlinie 1999/44/EG[1266] in einer einzigen Richtlinie zusammenzufassen - mit dem Ziel der **Vollharmonisierung**. Durch Vollharmonisierung wird den Mitgliedsstaaten verboten, strengere oder weniger strenge Verbraucherschutzvorschriften in ihre nationalen Gesetze zu normieren. Diese Richtlinie sollte **Verbraucherrechterichtlinie** heißen, kurz VRRL. Jedoch protestierte hiergegen das Europäische Parlament. Im dem Protest folgenden Vermittlungsverfahren wurde ein Kompromiss gefunden, der lediglich die Regeln der bisherigen Fernabsatz- und Haustürwiderrufsrichtlinie und einige kaufrechtliche Vorschriften der Vollharmonisierung unterwarf.[1267]

Verbraucherrechterichtlinie: VRRL

KLAUSURHINWEIS

Art. 4 VRRL ordnet die Vollharmonisierung an. Anhand dieser Vorschrift lässt sich exemplarisch aufzeigen, was Vollharmonisierung bedeutet.

1262   *Bundesrat Drucksache 614/15 vom 10.12.15, Seite 7*
1263   *ABl. L 372 vom 31.12.1985, S. 31*
1264   *ABl. L 144 vom 04.06.1997, S. 19*
1265   *ABl. L 95, S. 29, EU-Dok.Nr. 3 1993 L 0013*
1266   *ABl. L 171, S. 12, EU-Dok.-Nr.3 1999 L 0044*
1267   *Tonner, VUR 2013, 444*

Vollharmoni-
sierung

DEFINITION

Ordnet eine Richtlinie **Vollharmonisierung** an, bedeutet dies, dass die Mitgliedstaaten weder von den Bestimmungen dieser Richtlinie abweichende innerstaatliche Rechtsvorschriften aufrechterhalten, noch solche einführen. Dies gilt auch für strengere oder weniger strenge Rechtsvorschriften zur Gewährleistung eines anderen Verbraucherschutzniveaus

Im Jahr 2011 trat die Richtlinie 2011/83/EU des Europäischen Parlaments und des Rates (**VRRL**) in Kraft. Das folgende Gesetz zur Umsetzung der Verbraucherrechtsrichtlinie der Bundesrepublik Deutschland vom 20.09.2013[1268] änderte die für das Widerrufsrecht aus § 355 BGB maßgeblichen Rechtsnormen so radikal, dass beispielsweise Referendare ihr im Studium bis 2014 erlerntes Wissen nur noch strukturell, hingegen nicht mehr im Detail verwerten können. Es stellt den stärksten Eingriff in das Schuldrecht des BGB seit der Schuldrechtsreform durch das Schuldrechtsmodernisierungsgesetz (SMG) vom 01.01.2002 dar.[1269] Rundum glücklich ist mit der Reform allerdings niemand. Viele Pflichten der Unternehmer wurden im EGBGB normiert. Dies führt nicht nur zur Unübersichtlichkeit, auch das Hin- und Herblättern zwischen BGB und EGBGB ist mühselig. Die frischesten Änderungen des Widerrufsrechts, auf die in diesem Buch Bezug genommen wird, sind auf das Gesetz zur Umsetzung der Wohnimmobilienkreditrichtlinie[1270] und zur Änderung handelsrechtlicher Vorschriften vom 11.03.2016[1271] zurückzuführen.

Vollharmo-
nisierung im
Verbraucherrecht

Der von der EU-Kommission angestrebte **Vollharmonisierungsprozess** ist bei Weitem noch nicht abgeschlossen. Ende des Jahres 2015 beschloss der Deutsche Bundestag etwa eine EU-Vorlage. In dieser schlug er eine Richtlinie des Europäischen Parlaments und des Rates über bestimmte vertragsrechtliche Aspekte des Online-Warenhandels und anderer Formen des Fernabsatzes von Waren vor.[1272] Gewünscht wird diese Vollharmonisierung, damit der Online-Handel über die Grenzen einzelner Mitgliedsländer den gleichen Regeln unterliegt.

KLAUSURHINWEIS

Die in diesem Kapitel vorgestellten Rechtsnormen weisen deshalb so lange Gesetzestexte auf, weil sie von Ausnahmen und Gegenausnahmen durchzogen sind. In der Klausur kommt es deshalb darauf an, den Gesetzestext stets bis zum Ende zu lesen und gründlich auf Ausnahmetatbestände zu untersuchen.

Dies gilt aufgrund einiger signifikanter Änderungen umso mehr für alle Kandidaten oder auch Praktiker, welche die Rechtslage vor dem 13.06.2014 BGB gelernt haben.

1268   *BGBL I 2013, S. 3642 ff.*
1269   *Tonner, VUR 2013, 443*
1270   *Richtlinie 2014/17/EU, Amtsblatt der EU, L 60 vom 28.02.2014, S. 34*
1271   *BGBL I 2016, S. 396 ff.*
1272   *BT-Drs. 614/15 und BT-Drs. 18/7286*

BEISPIEL: Während nach alter Rechtslage nur der § 312d IV BGB a.F. eine Liste von Vertragstypen enthielt, welche vom Widerruf bei Fernabsatzgeschäften ausgenommen waren, enthalten § 312 II BGB und vor allem § 312g II BGB nunmehr Listen, welche die Anwendbarkeit der Widerrufsvorschriften auch für AGV ausschließen. Diese Verschlechterung der Rechtsposition des Verbrauchers konnte der deutsche Gesetzgeber bei der Umsetzung der VRRL aufgrund des Vollharmonisierungsprinzips nicht vermeiden.[1273]

AGV: Außerhalb von Geschäftsräumen geschlossene Verträge

Seit dem 01.01.2018 gelten in den neu geschaffenen Regeln des Bauvertragsrechts gem. §§ 650a ff. BGB spezielle verbraucherschützende Vorschriften. § 650i BGB normiert den Verbraucherbauvertrag, § 650j BGB legt dem Unternehmer auf, den Verbraucher mittels Baubeschreibung zu unterrichten, § 650l BGB gewährt dem Verbraucher ein Widerrufsrecht im Sinne des § 355 BGB. Von diesen Regelungen darf gem. § 650o BGB nicht abgewichen werden. Die Widerrufsfrist beginnt abweichend von § 355 II BGB gem. § 356e BGB nicht, bevor der Unternehmer den Verbraucher gem. Art. 249 § 3 EGBGB über sein Widerrufsrecht belehrt hat. Die Regelungen gelten gem. Art. 229 § 39 EGBGB für ab dem 01.01.2018 geschlossene Verträge.

Reform des Bauvertragsrechts

II. SYSTEMATIK UND VERTIEFUNG

Der Widerruf gewährt dem Verbraucher das Recht, sich von einem Vertrag auch **ohne Pflichtverletzung des Vertragspartners** zu lösen. Hierdurch soll der Verbraucher einerseits vor wirtschaftlich gefährlichen Geschäften und andererseits vor benachteiligenden Situationen des Vertragsschlusses geschützt werden.

455

Lösen vom Vertrag ohne Pflichtverletzung des Partners

BEISPIEL: Wirtschaftlich gefährlich sind für den Verbraucher alle Kreditverträge gem. §§ 491 ff. BGB, Ratenlieferungsverträge gem. § 510 BGB und Teilzeit-Wohnrechteverträge gem. § 481 ff. BGB. Gefahr durch Überrumpelung besteht bei außerhalb von Geschäftsräumen geschlossenen Verträgen (AGV) gem. § 312b BGB. Die Leistung nicht anfassen kann der Verbraucher bei Fernabsatzverträgen gem. § 312c BGB.

Die damit verbundene Benachteiligung des Unternehmers, der den Vertrag sogar dann rückabwickeln muss, obwohl er vertragsgemäß erfüllt hat, ist aufgrund der o.g. Richtlinien[1274] politisch gewollt.

Der Verbraucher darf einen geschlossenen Vertrag aber nur innerhalb der **Widerrufsfrist** widerrufen, und dies auch nur dann, wenn das Gesetz ihm ein **Widerrufsrecht** einräumt.

KLAUSURHINWEIS

Das Gesetz spricht von **Widerrufsrecht** und nicht von Widerrufsgrund.

1273   Tonner, VUR 2013, 445
1274   Siehe Randnummer 454

Um die Rechtssicherheit nicht zu stark einzuschränken, ist der **Katalog der Widerrufsrechte** abschließend geregelt.

Recht zum Widerruf von außerhalb von Geschäftsräumen geschlossenen Verträgen (AGV)	§§ 312, 312b, 312g I BGB
Recht zum Widerruf von Fernabsatzverträgen	§§ 312, 312c, 312g I BGB
Recht zum Widerruf des Teilzeit-Wohnrechtevertrages	§ 485 BGB
Recht zum Widerruf des Allgemein-Verbraucherdarlehensvertrages	§§ 491, 495 BGB
Recht zum Widerruf des Immobiliar-Verbraucherdarlehensvertrages	§§ 491, 495 BGB
Recht zum Widerruf einer entgeltlichen Finanzierungshilfe (Teilzahlungsgeschäftes und des Verbraucherfinanzierungsleasingvertrages) und eines entgeltlichen Zahlungsaufschubs	§§ 491 I, 495, 506 BGB
Recht zum Widerruf des Ratenlieferungsvertrages	§ 510 BGB
Recht zum Widerruf unentgeltlicher Darlehensverträge	§ 514 BGB
Recht zum Widerruf unentgeltlicher Finanzierungshilfen (Teilzahlungsgeschäfte), oder eines unentgeltlichen Zahlungsaufschubs	§§ 514, 515 BGB
Recht zum Widerruf von Verbraucherbauverträgen	§§ 650i, 650l BGB

Die folgende Darstellung beschränkt sich auf die examenstypischen Widerrufsrechte. Deshalb wird sowohl auf eine Darstellung des Teilzeit-Wohnrechtevertrages, als auch des Ratenlieferungsvertrages verzichtet. Zum erstmals geregelten Verbraucherbauvertragsrecht sind zur Zeit des Redaktionsschlusses noch keine Konflikte bekannt, die eine ausführliche Darstellung in Studienliteratur rechtfertigen würden.

KLAUSURHINWEIS

Im Prüfungsaufbau sollte man sich an den Dreiklang aus persönlicher Anwendbarkeit der Norm, dem sachlichen Tatbestand und den normierten Ausnahmegründen halten. Zu beachten sind stets je nach Widerrufsrecht die §§ 312k, 487, 512 BGB, die jeweils das **Benachteiligungsverbot** und das **Umgehungsverbot** enthalten. Aus diesen lassen sich Argumente zum Verbraucherschutz gewinnen. Für die in den §§ 355 ff. BGB geregelten Rechtsfolgen des Widerrufs enthält § 361 II BGB ein weiteres Benachteiligungs- und Umgehungsverbot.

Außerdem wurde die folgende Darstellung bewusst zweigeteilt. Zunächst werden die Voraussetzungen und Rechtsfolgen des Widerrufs von Fernabsatzverträgen und AGV dargestellt, anschließend die Voraussetzungen und Rechtsfolgen von **Allgemein-Verbraucherdarlehensverträgen**. Auf die Darstellung des Rechtes zum Widerruf von **Immobiliar-Verbraucherdarlehensverträgen** wird verzichtet. Die Zweiteilung erfolgt nicht willkürlich. Sie hat ihren Grund in den unterschiedlichen Anforderungen an die **Widerrufsbelehrung** und den unterschiedlichen Laufzeiten der Widerrufsfristen. Die Zusammenfassung des Fernabsatzvertrages und der AGV rechtfertigt sich durch die vom Gesetzgeber gewollte Harmonisierung beider Widerrufsrechte in den §§ 312 ff. BGB.

Grund der zweigeteilten Darstellung

1. Voraussetzungen des Widerrufs eines Fernabsatzvertrages oder eines AGV gem. § 312g I BGB

a) Prüfungsschema

PRÜFUNGSSCHEMA

I. Zeitliche Anwendbarkeit des neuen Rechts
II. Widerrufserklärung
    1. Form
    2. Inhalt
III. Widerrufsrecht
    1. Persönlicher Anwendungsbereich
    2. Sachlicher Anwendungsbereich
    3. Kein Ausschluss des Widerrufsrecht
IV. Einhaltung der Widerrufsfrist

456

b) Zeitliche Anwendbarkeit des neuen Rechts

Wie immer stellt sich dem Juristen nach umfassender Gesetzesreformen die Frage, ob der konkret zu bearbeitende Fall nach alter oder neuer Rechtslage entschieden werden soll. Die Antwort hierauf gibt Art. 229, § 32 I EGBGB. Danach finden die alten Rechtsnormen auf Verbraucherverträge Anwendung, die vor dem 13.06.2014 geschlossen wurden. Dementsprechend gelten die neuen Regelungen für seit dem 13.06.2014 abgeschlossene Verbraucherverträge.

457

c) Widerrufserklärung

458 Die Widerrufserklärung ist eine einseitige, rechtsgestaltende und empfangsbedürftige Willenserklärung. Sie ist analog § 388 S. 2 BGB bedingungsfeindlich.[1275]

Aufbau folgt
klausur-
taktischen
Erwägungen

> **KLAUSURHINWEIS**
> Nicht entfallen ist die Notwendigkeit einer entscheidenden Aufbaufrage: Stellt man bei Gestaltungsrechten allgemein und beim **Widerruf** speziell die Erklärung oder das Recht in der Prüfung voran. Richter schauen zuerst auf das Vorliegen einer gültigen Erklärung, weil ohne diese keine Notwendigkeit besteht, sich mit den materiellen Voraussetzungen des Widerrufs zu befassen. Ähnlich verfahren Rechtsanwälte auf der Beklagtenseite, die aber strategisch den möglichen Widerruf des Gegners ins Kalkül ziehen müssen. Rechtsanwälte auf der Klägerseite hingegen untersuchen zunächst, ob der noch auszuübende Widerruf überhaupt möglich ist. Dieser Ausflug in die Praxis zeigt auf, dass es keinen rechtswissenschaftlichen Grund gibt, **Widerrufserklärung** oder **Widerrufsrecht** im **Prüfungsaufbau** voranzustellen. Deshalb folgt die Entscheidung klausurtaktischen Überlegungen. Stellt man die Widerrufserklärung voran, folgt die Prüfung des Verbrauchervertrages erst beim Widerrufsrecht. Diesen Nachteil muss man in Kauf nehmen, wenn der Wille des Erklärenden zuerst auszulegen ist.

aa) Form

Eindeutigkeit der
Widerrufs-
erklärung

Mit der o.g. Reform[1276] entfiel die bis dato vorgeschriebene Form der Widerrufserklärung. Gem. § 355 I 3 BGB muss der Entschluss des Verbrauchers zum Widerruf eindeutig aus der Erklärung hervorgehen. Auf die Einhaltung einer **Textform** gem. § 126b BGB a.F. oder auf die Rücksendung der Sache - § 355 I 2 BGB a.F. kommt es nicht mehr zwingend an. Vielmehr kann der Widerruf auf jede beliebige Art erklärt werden, wenn nur die **Eindeutigkeit** aus der Erklärung hervorgeht.

> **KLAUSURHINWEIS**
> Nach bisheriger Rechtslage konnten mündliche oder fernmündliche Erklärungen aufgrund des Textformerfordernisses keinen Widerruf bedeuten. Bei Verbraucherverträgen, die nach dem 13.06.2014 geschlossen wurden, muss der Widerruf bei der Auslegung von - auch konkludent geäußerten - Erklärungen mit ins Kalkül gezogen werden.

Wenn Rechtsanwälte im Namen des Mandanten Gestaltungsrechte ausüben, damit sich der Mandant vom Vertrag lösen kann, werden sie zur Vermeidung von Fehlern alle für den Mandanten günstigen Gestaltungsrechte erklären. Hierzu benutzen sie so genannte **Prozessbedingungen**, mit denen sie das Gericht auffordern, das günstigste Gestaltungsrecht vor dem zweitgünstigsten zu prüfen.

1275   Erman-R.Koch, BGB, § 355 Rn 7
1276   Siehe Randnummer 454

BEISPIEL: Der Rechtsanwalt schreibt in der Klageschrift: „Namens und in Vollmacht meines Mandanten erkläre ich den Widerruf des Vertrages gem. § 355 BGB, hilfsweise den Rücktritt gem. §§ 346, 349 BGB. Sehr hilfsweise erkläre ich namens und in Vollmacht meines Mandanten die Anfechtung der Willenserklärung meines Mandanten vom (...) und äußerst hilfsweise begehre ich Vertragsanpassung gem. § 313 I BGB."

Diese Prozessbedingungen sind keine echten Bedingungen i.S.d. § 158 BGB[1277], weil sie nicht an ein in der Zukunft liegendes ungewisses Ereignis anknüpfen. Vielmehr knüpfen sie an die innerprozessuale Entscheidung über das vorangestellte Gestaltungsrecht. Diese führt das Gericht selbst herbei, weshalb sie nicht ungewiss ist.[1278] Das Anknüpfen unterschiedlicher Gestaltungsrechte an Prozessbedingungen ist aus anwaltlicher Vorsicht unerlässlich, um das für den Mandanten günstigste Ergebnis herauszuholen.

BEISPIEL: Wegen der Rechtsfolgen und der Beweisfragen ist der Widerruf für den Verbraucher günstiger als der Rücktritt. Dieser wiederum weist gegenüber der Anfechtung in der Regel Vorteile auf, weil letztere die Rückabwicklung durch das Bereicherungsrecht auslöst. Dort kann der Anfechtende böse Überraschungen erleben, wenn das Gericht die Saldotheorie anwendet. Ebenfalls kann die verschuldensunabhängige Schadensersatzpflicht aus § 122 BGB dem Mandanten einen Nachteil bringen.

Deshalb würde ein Rechtsanwalt namens des Mandanten den Widerruf erklären, hilfsweise den Rücktritt, sehr hilfsweise die Anfechtung. Äußerst hilfsweise würde er die Vertragsanpassung nach § 313 BGB verlangen.

KLAUSURHINWEIS

In einer forensischen Anwaltsklausur im Assessorexamen wird die Prozesssituation in einem bestimmten Stadium simuliert. Im Gutachten muss das hier beschriebene prozesstaktische Vorgehen des Rechtsanwaltes in den prozessualen Zweckmäßigkeitserwägungen erläutert werden. Im praktischen Entwurf müssen die Gestaltungsrechte gestuft unter Prozessbedingung schriftsätzlich gestellt werden, sofern dies zweckmäßig ist.

Von juristischen Laien erwartet die Praxis allerdings nicht, dass sie das gewählte Gestaltungsrecht namentlich bezeichnen. Deshalb werden ihre ausdrücklichen oder konkludenten Erklärungen laiengünstig ausgelegt.

MERKSATZ

Für die Widerrufserklärung bedarf es für Verträge, die nach dem 13.06.2014 geschlossen wurden, keiner Textform mehr. Sie muss aber eindeutig als Widerrufserklärung gemeint sein.

Verkündet der Verbraucher in der Praxis oder auch im Examenssachverhalt dem Vertragspartner: „Ich will mein Geld zurück!" muss diese Erklärung gem. §§ 133, 157 BGB ausgelegt werden. Sie kann Widerrufs-, Rücktritts-, Kündigungs- oder Anfechtungserklärung sein, im Einzelfall sogar eine Aufforderung zur Vertragsanpassung.

1277   Siehe Randnummer 151
1278   Anders/Gehle, Das Assessorexamen im Zivilrecht K. Rn1

Adressat der Widerrufserklärung ist gem. § 355 I 2 BGB der Unternehmer.

bb) Inhalt

Gem. § 355 I 4 BGB muss der Widerruf keine Begründung erhalten.

d) Widerrufsrecht

aa) Widerrufsrecht gem. §§ 312, 312c, 312g BGB (Fernabsatzvertrag)

Grund des
Widerrufsrechts **459** Zum Widerruf gem. § 355 BGB ist der Verbraucher nur berechtigt, wenn ihm ein gesetzliches Widerrufsrecht zusteht.[1279] Der Gesetzgeber räumt Verbrauchern bei Fernabsatzverträgen gem. § 312c BGB und bei **außerhalb von Geschäftsräumen geschlossenen Verträgen (AGV)** gem. § 312b BGB ein Widerrufsrecht ein. In beiden Fällen liegt der Anlass des Widerrufs nicht im Inhalt des jeweiligen Vertrages, sondern allein in der Art ihres Zustandekommens. Bei den Fernabsatzverträgen ist der Verbraucher wegen des fehlenden persönlichen Kontakts zum Unternehmer und der daraus resultierenden nur eingeschränkten Möglichkeit gefährdet, sich umfassend zu informieren.

Der Verbraucher kann einen **Fernabsatzvertrag** unter den Voraussetzungen der §§ 312, 312c, 312g I BGB widerrufen. Das Widerrufsrecht selbst regelt § 312g I BGB, § 312c BGB definiert den Fernabsatzvertrag, § 312 BGB schließt es aufgrund sogenannter **Bereichsausnahmen** aus und § 312g II und III BGB enthalten weitere Ausnahmen.

(1) Persönlicher Anwendungsbereich

Verbraucher-
vertrag Das Widerrufsrecht setzt einen Verbrauchervertrag voraus. Der Verbrauchervertrag ist in § 310 III BGB legal definiert.

DEFINITION

Ein **Verbrauchervertrag** ist gem. § 310 III BGB ein Vertrag, der zwischen einem Verbraucher und einem Unternehmer geschlossen wurde.

Unternehmer
gem. § 14 BGB Ferner muss der Widerrufende Verbraucher gem. § 13 BGB, der Adressat der Widerrufserklärung der Unternehmer sein. Die **Unternehmereigenschaft** definiert § 14 BGB. Der Gesetzeswortlaut lässt an Klarheit nichts zu wünschen übrig und bedarf deshalb keiner weiteren Erläuterung.

Mannigfaltige Probleme ergeben sich hinsichtlich der **Verbrauchereigenschaft** des Widerrufenden. Die Verbrauchereigenschaft definiert § 13 BGB.

Legaldefinition
des Verbrauchers
gem. § 13 BGB **DEFINITION**

Nach § 13 BGB ist eine natürliche Person **Verbraucher**, sofern der Zweck des Vertrages nicht überwiegend ihrer gewerblichen oder selbständigen beruflichen Tätigkeit zugerechnet werden kann.

1279   Siehe Randnummer 455

Die Probleme, welche die **Verbrauchereigenschaft** betreffen, werden im Folgenden   **460**
dort erläutert, wo ihre jeweilige Darstellung das Verständnis am besten fördert. Verweisungen verhindern überflüssige Mehrfachdarstellungen.

BEISPIEL: So wird z.B. die Frage, ob eine GbR ein Verbraucher sein kann, beim Allgemein-Verbraucherdarlehensvertrag dargestellt.[1280]

Immer problematisch sind bei allen Verbraucherverträgen die Verträge mit doppeltem Zweck („dual-use").

DEFINITION

Als Verträge mit doppeltem Zweck werden Verträge bezeichnet, nach denen Gegenstände sowohl gewerblich, als auch privat genutzt werden sollen.

Dual-Use-Verträge sind Verträge mit doppeltem Zweck

BEISPIEL: Dies kann z.B. den Kauf eines PKW oder eines Computers betreffen. Der Tierarzt gebraucht seinen PKW sowohl zur Fahrt zu den Landwirten als auch zum Golfclub. Der Architekt benutzt seinen Computer sowohl zur Anfertigung von Bauplänen als auch zum privaten Surfen im Internet.

Bei Verträgen mit doppeltem Zweck ließen sich seit Existenz des Fernabsatzgesetzes zwei Lösungen vertreten.

Man konnte vertreten, dass eine gewerbliche oder selbständige berufliche Tätigkeit auf den privaten Gebrauch abfärben müsse. So hatte der EuGH vor der Reform die Auffassung vertreten, dass bei zumindest teilweise erfolgter gewerblicher Nutzung diese gegenüber der privaten Nutzung nur zurücktrete, wenn der gewerbliche Zweck im Gesamtzusammenhang vernachlässigt werden kann.[1281]

Abfärbelehre

Ferner ließ sich vertreten, dass der **Schwerpunkt der Nutzung** über die Einstufung entscheide.[1282] Jedoch findet sich in **Erwägungsgrund 17** der **VRRL** ein Paradigmenwechsel. Verbraucher soll bei Verträgen mit doppeltem Zweck nur derjenige Gläubiger sein, wenn der gewerbliche Zweck des Vertrages nicht überwiegt.

Schwerpunktlehre

KLAUSURHINWEIS

Wenn sich im Klausursachverhalt keine Anhaltspunkte für einen überwiegenden gewerblichen oder selbständigen beruflichen Zweck finden lassen, ist der Gläubiger regelmäßig ein Verbraucher.

Unverändert stellt sich bei jedem **Verbrauchervertrag**, wegen des fehlenden   **461**
persönlichen Kontaktes aber besonders beim Fernabsatzvertrag das Problem, ob jemand widerrufen kann, der auf Käuferseite zum Schein als Unternehmer auftritt, um illegal die Vorsteuer abzuziehen, den Gegenstand aber stets ausschließlich privat nutzt.

Vorgetäuschte Unternehmereigenschaft

1280   Siehe Randnummer 497
1281   EuGH, Urteil vom 20.01.2005, C 464/ 01
1282   OLG Celle, Urteil vom 11. 8. 2004, 7 U 17/04

BEISPIEL („Leuchten-Fall", abgewandelt nach BGH, VIII ZR 7/09): Rechtsanwältin R bestellt per Fernabsatzvertrag beim Leuchtenhändler U eine Leuchte. Dabei gibt sie neben dem Beruf auch ihre Kanzleiadresse als Lieferadresse an. In Wirklichkeit benutzt sie die Leuchte vom ersten Tage an nur zu privaten Zwecken. Nach 10 Tagen widerruft sie. U weist dies zurück, weil sie als Rechtsanwältin und damit als Freiberuflerin i.S.d. § 14 BGB aufgetreten ist.

Wertung nach objektiver Art der Nutzung

Hier handelt es sich nicht um einen Vertrag mit doppeltem Zweck. Das Problem liegt woanders. Objektiv betrachtet, liegt ausschließlich eine private Nutzung der Leuchte vor. Stellt man darauf ab, ist R Verbraucher gem. § 13 BGB und hat einen Verbrauchervertrag geschlossen.

Wertung nach erwecktem Eindruck

Jedoch wurde gegenüber U der Eindruck erweckt, er schließe einen Vertrag mit einem Unternehmer. Fraglich ist, ob es in solchen Fällen auf die **objektive Nutzung** oder auf das schutzwürdige Vertrauen des Unternehmers in den vom Verbraucher erzeugten Rechtsschein ankommt.

Aus Sicht eines allein im deutschen Zivilrecht verhafteten Juristen wäre die Frage einfach zu beantworten: Der Verbraucher, der sich nach außen als Unternehmer geriert, um Steuern zu verkürzen, muss am von ihm gesetzten Rechtsschein festgehalten werden.[1283] Er würde als Unternehmer behandelt und dürfte nicht gem. § 355 BGB widerrufen.

Anders wäre zu entscheiden, wenn es allein auf die objektive Nutzung zu privaten Zwecken ankäme.[1284]

Streitentscheid

Entscheidend ist, ob es eine **richtlinienkonforme Auslegung** gestattet, dass Verbraucher über ihre **Verbrauchereigenschaft disponieren** dürfen. Würde man dies unter Verweis auf den Grundsatz der Privatautonomie bejahen, wäre das vom Verbraucher beim Unternehmer erzeugte schutzwürdige Vertrauen relevant, mit einem anderen Unternehmer zu kontrahieren.

BEISPIEL: Wenn U im o.g. „Leuchten-Fall" glaubt, mit einem Unternehmer zu verhandeln, liegt seiner Meinung nach kein Verbrauchsgüterkauf im Sinne der §§ 474 ff. BGB vor. Er würde glauben, weder von den Beschränkungen des § 475 BGB, noch von der Beweislastregel des § 476 BGB betroffen zu sein. Es liegt nahe, dass er eher geneigt wäre, Rabatte zu gewähren, als bei einem wegen der Regelungen der §§ 475 ff. BGB für ihn ungünstigeren Verbrauchsgüterkauf.

Der BGH entschied, dass es grundsätzlich auf die objektive Nutzung ankommt und nicht auf das Auftreten als Freiberufler. Allerdings gilt die Einschränkung, dass der Verbraucher die Beweislast für seine Verbrauchereigenschaft trägt, wenn er als Unternehmer aufgetreten ist.[1285]

Verzicht auf Verbraucher-eigenschaft

Dieses Ergebnis müsste ein allein im deutschen Zivilrecht verhafteter Jurist kritisieren. Man könnte bemängeln, dass es dem **Grundsatz der Vertragsfreiheit** zuwiderläuft, wenn ein Verbraucher nicht auf seine Verbrauchereigenschaft verzichten darf. Jedoch wäre der Sinn zwingender Verbraucherschutzvorschriften in Frage gestellt, wenn ausgerechnet die entscheidende Eigenschaft des Verbrauchers der

---

1283   LG Hamburg, Urteil vom 16.12.2008, 309 S 96/08; Müller, NJW 2003, 1975, 1979
1284   MünchKomm-Micklitz/Purhagen, BGB, § 13 Rn 45
1285   BGH, Urteil vom 30.09.2009, VIII ZR 7/09

Disposition der Parteien unterläge. In Art. 25 der **VRRL** heißt es, dass Verbraucher auf ihre eingeräumten Rechte nicht verzichten können, die ihnen durch die Umsetzung in nationales Recht gewährt wurden.

Dieser Gedanke lässt sich auch im BGB selbst wiederfinden, nämlich in § 312k BGB, der dem **Unabdingbarkeitsprinzip** aus Art. 25 der VRRL folgt. Das **Benachteiligungs- und Umgehungsverbot** aus § 312k BGB lässt einen Verzicht der Verbraucherstellung durch den Verbraucher nicht zu. Die Verbraucherrechte dürfen weder eingeschränkt, noch umgangen werden. Darauf, dass der Verbraucher an der eigenen Benachteiligung durch Umgehung der Regeln mitwirkt, kommt es folglich nicht an. Deshalb ist der Auffassung des BGH zuzustimmen.

Benachteiligungs- und Umgehungsverbot

MERKSATZ

§ 312k BGB enthält das Benachteiligungs- und Umgehungsverbot. Deshalb kann kein Verbraucher über seine Verbrauchereigenschaft disponieren. Niemand, der im Geltungsbereich der VRRL Verträge schließt, darf sich des Glücks entziehen, von der Europäischen Union als Verbraucher behandelt zu werden.

Im Schrifttum wird kritisiert, dass der BGH den Fall nicht dem EuGH vorgelegt hat. Dies wird damit begründet, dass dem Rechtsstreit eine entscheidungserhebliche Frage über die Auslegung zwingender Vorgaben des umgesetzten Unionsrechts zugrunde lag. Es müsse unionsrechtlich geklärt werden, inwieweit die auf dem unionsrechtlichen Grundsatz von Treu und Glauben beruhende Zurechnung des eigenen täuschenden Verhaltens des Verbrauchers den Verlust von nach dem Unionsrecht grundsätzlich als ex ante unverzichtbar gestalteter Verbraucherrechte rechtfertigen kann. Es müsse unionsrechtlich geklärt werden, ob der für ein Verbrauchergeschäft notwendige nichtgewerbliche oder nicht selbständige berufliche Geschäftszweck nach rein objektiven Kriterien oder nach dem Verständnishorizont des Unternehmers zu bestimmen sei.[1286]

Nichtvorlage zum EuGH

KLAUSURHINWEIS

Diese Kritik ist in einer zivilrechtlichen Klausur aus folgendem Grund nicht verwertbar: Die Kandidaten werden aufgefordert, eine aufgeworfene Frage zu begutachten und zu entscheiden. Folglich dürfen sie sich nicht auf den Standpunkt zurückziehen, der EuGH müsse zuvor entscheiden.

462 Die Rechte zum Widerruf aller im Kapitel über die Verbraucherdarlehensverträge geregelten Vertragstypen, § 491 BGB - § 515 BGB, enthalten in § 513 BGB eine Ausnahme von den Anforderungen des § 13 BGB. Von den dort genannten Verträgen darf man sich auch durch Widerruf lösen, wenn man als Existenzgründer ein Verbraucherdarlehen aufnimmt, oder eine adäquate Finanzierungshilfe in Anspruch nimmt. Es besteht Einigkeit, dass diese Regelung nicht analog auf die §§ 312 ff. BGB anzuwenden ist. Dies ergibt sich schon aufgrund der Nichtvergleichbarkeit der Interessenlagen. Der **Existenzgründer** wird durch § 513 BGB nicht zum Verbraucher gem. § 13 BGB wird, sondern diesem nur gleichgestellt.[1287] Der Charakter des § 513 BGB als Ausnahmevorschrift lässt die Analogie folglich nicht zu.

Keine analoge Anwendung des § 513 BGB

1286   MünchKomm-Micklitz/Purhagen, BGB, § 13 Rn 47
1287   BGH, Beschluss vom 24.02.2005, III ZB 36/04

MERKSATZ

Die Ausnahmevorschrift zum Schutz des Existenzgründers gem. § 513 BGB ist nicht analog auf die §§ 312 ff. BGB anwendbar.

(2) Sachlicher Anwendungsbereich

463   Das Widerrufsrecht fordert den Abschluss eines Fernabsatzvertrages über eine **entgeltliche Leistung**. Der **Fernabsatzvertrag** wird in § 312c BGB als Vertrag definiert, bei dem der Unternehmer und der Verbraucher für die Vertragsverhandlungen ausschließlich **Fernkommunikationsmittel** verwenden.

(a) Vertragsschluss

Vertragsschluss durch Klicken auf eine Schaltfläche („Klick-Button") gem. § 312j BGB

Fernabsatzverträge unterliegen bezüglich des Vertragsschlusses denselben Regeln wie Verträge, die schriftlich oder per Handschlag zustande kommen. Vorausgesetzt werden **Antrag und Annahme** gem. §§ 145 ff. BGB. Zusätzliche Anforderungen enthält allerdings der **Vertragsschluss im elektronischen Rechtsverkehr**, insbesondere bei verbindlichen Bestellungen auf Webseiten für den elektronischen Rechtsverkehr gem. § 312j I BGB. Fernabsatzverträge im elektronischen Rechtsverkehr werden gem. § 312j IV BGB nur geschlossen, wenn der Unternehmer seine Pflicht aus § 312j III BGB erfüllt hat. Soll der Verbraucher eine verbindliche Bestellung abgeben, indem er auf eine **elektronische Schaltfläche** klickt („Klick-Button"), kommt der Vertrag nur gültig zustande, wenn die Schaltfläche gut lesbar mit nichts anderem als „zahlungspflichtig bestellen" oder einer entsprechenden anderen eindeutigen Formulierung beschriftet ist.

BEISPIEL: Dem Verbraucherschutz genügen nicht „bestellt" oder „Bestellung abschicken", weil dann dem Klicken durch den Verbraucher keine ausdrückliche zahlungspflichtige Bestellung innewohnt.[1288]

(b) Entgeltlicher Vertrag

Gem. § 312 BGB beschränkt sich das Widerrufsrecht nach §§ 312b, 312g BGB auf entgeltliche Verträge.

Widerruf nichtiger Verträge

464   Der Begriff Vertrag wirft erstens die Frage auf, ob auch **nichtige Verträge** widerrufen werden können.

BEISPIEL: K kauft im Online-Shop des V per Internet ein in Deutschland verbotenes Radar-Warngerät, das nicht nur fest installierte Messstellen anzeigt, sondern auch vorübergehend aufgestellte. Nachdem das Gerät geliefert wurde, befallen K Skrupel. Kann er gem. §§ 312, 312b, 312g BGB widerrufen?

Wörtliche Auslegung

Ein Kaufvertrag über den Erwerb eines Radarwarngeräts ist gem. § 138 I BGB sittenwidrig, wenn der Kauf nach dem für beide Parteien erkennbaren Vertragszweck auf eine Verwendung des Radarwarngeräts im Geltungsbereich der deutschen Straßenverkehrsordnung gerichtet ist.[1289] Weil der Betrieb des Geräts gegen § 23 Ib StVO verstößt und derjenige, der ein solches Gerät benutzt, plant, bewusst Geschwindigkeitsbegrenzungen risikolos zu missachten, verstößt der Vertrag gegen die guten

---

1288   *OLG Hamm, Urteil vom 19.11.2013, 4 U 65/13*
1289   *BGH, Urteil vom 23.02.2005, VIII ZR 129/04*

Sitten und ist gem. § 138 I BGB nichtig. Fraglich ist, ob Verbraucher sich auch von nichtigen Verträgen durch Widerruf lösen können.
Legt man die §§ 312 ff. BGB wörtlich aus, wäre ein gültiger Vertrag nötig, um sich durch Widerruf von ihm zu lösen.

Jedoch gibt es gute Gründe, den Widerruf auch nichtiger Verträge zuzulassen. Erstens sind die Voraussetzungen des Widerrufs leicht darzulegen und zu beweisen, was den Verbraucher entlastet. Zweitens ist das Rückgewährschuldverhältnis aus § 357 BGB für den Verbraucher günstiger als eine Abwicklung über die Regeln der ungerechtfertigten Bereicherung gem. §§ 812 ff. BGB, die bei nichtigen Verträgen regulär zur Anwendung kommen. Bei letzteren kann er, wenn er seine Leistung bereits erbracht hat, z.B. dem Risiko ausgesetzt sein, dass sich der Bereicherungsschuldner auf den Einwand der Entreicherung gem. § 818 III BGB beruft. Ferner ist die Herausgabepflicht bezüglich gezogener Nutzungen stark eingeschränkt.[1290]

Systematische Auslegung

MERKSATZ
Der Verbraucher darf auch nichtige Verträge widerrufen.

Fraglich ist zweitens, ob auch ein nach § 179 BGB haftender **Vertreter ohne Vertretungsmacht** nach §§ 312, 312b, 312g I BGB widerrufen darf.   **465**

BEISPIEL: Verbraucher V ist mit G befreundet. V stößt im Internet auf ein günstiges Angebot des Unternehmers A über einen Gegenstand, den G regelmäßig benötigt. Weil er G nicht erreichen kann, bestellt er im Namen des G den Gegenstand über seine private E-Mail-Adresse. A stimmt zu, jedoch verweigert G die Genehmigung gem. § 177 BGB. Daraufhin verlangt A von V Erfüllung durch Zahlung des Kaufpreises gem. § 179 I BGB. V möchte sich durch Widerruf gem. §§ 312, 312b, 312g BGB lösen.

V hat ausdrücklich einen Vertrag zwischen A und G als Stellvertreter gem. § 164 I BGB geschlossen. Jedoch fehlt zur Gültigkeit des Vertrages dem V die Vertretungsmacht. Eine Vollmacht wurde nicht erteilt. Indem V nicht wiederholt und auch nicht über einen längeren Zeitraum im Namen des G tätig war, fehlen auch Anhaltspunkte für eine Duldungs- oder Anscheinsvollmacht. Folglich wäre eine Haftung des V aus § 179 I BGB nur ausgeschlossen, wenn A gem. § 179 III 1 BGB die fehlende Vertretungsmacht gekannt hätte. Dies ist aber nicht der Fall. Seiner Haftung kann V nur durch den Widerruf gem. §§ 312, 312b, 312g I BGB entgehen. Wie im obigen Beispiel des nichtigen Vertrages[1291] fehlt es auch hier an einem Vertrag, den man widerrufen könnte. Jedoch ordnet § 179 I BGB an, dass der Vertreter ohne Vertretungsmacht auf Erfüllung haftet. Es gibt folglich keinen Grund, warum einem Verbraucher, der gem. § 179 BGB als Stellvertreter wie der Vertragspartner selbst haften muss, das Widerrufsrecht verweigert werden sollte, denn es besteht keine Veranlassung, die andere Vertragspartei besser zu stellen als bei einem Vertragsschluss durch einen zur Vertretung Berechtigten.[1292]

Widerrufsrecht des Vertreters ohne Vertretungsmacht

1290   Siehe Randnummer 484
1291   Siehe Randnummer 464
1292   BGH, Urteil vom 13.03.1991, XII ZR 71/90, NJW-RR 1991, 1075

> **MERKSATZ**
> Auch der Vertreter ohne Vertretungsmacht darf unter den Voraussetzungen des § 355 BGB widerrufen.

(c) Fernabsatzvertrag

Fernkommunika-
tionsmittel

466 Fernabsatzverträge werden in § 312c BGB legal definiert. Es handelt sich um Verträge, die unter ausschließlicher Verwendung von Fernkommunikationsmitteln geschlossen wurden. **Fernkommunikationsmittel** (FKM) wiederum werden in § 312c II BGB definiert.

BEISPIEL: Der Verbraucher und der Unternehmer schließen den Vertrag per SMS oder per E-Mail.

Ausschließliche
Verwendung

Der Vertrag muss unter **ausschließlicher Verwendung von Fernkommunikationsmitteln** geschlossen worden sein. Dies ist der Fall, wenn die Parteien sowohl beim Angebot, als auch bei der Annahme FKM benutzt haben. Dabei kommt es nicht darauf an, ob die Parteien unterschiedliche FKM verwendet haben.

BEISPIEL: Der Antragende sendet das Angebot per E-Mail, der Annehmende antwortet mit einer SMS.

Schutzwür-
digkeit wegen
fehlenden
persönlichen
Kontakts

Die Schutzwürdigkeit des Verbrauchers bei Fernabsatzverträgen begründet sich durch den fehlenden persönlichen Kontakt zum Unternehmer. Hieraus resultieren **strukturelle Nachteile**. Zu diesen gehört die nur eingeschränkte Möglichkeit, sich über den Vertrag umfassend zu informieren. Außerdem kann der Verbraucher die Ware oder Dienstleistung in der Regel nicht vor Vertragsschluss in Augenschein nehmen.[1293] Um der daraus erwachsenden Gefahr von Fehlentscheidungen des Verbrauchers zu begegnen, hat der Gesetzgeber dem Verbraucher das Widerrufsrecht in die Hand gegeben.[1294]

> **MERKSATZ**
> Strukturelle
> Nachteile
>
> Wegen des fehlenden persönlichen Kontakts erleidet der Verbraucher beim Abschluss des Fernabsatzvertrages strukturelle Nachteile.

Dies wirft allerdings Fragen auf, wann ein **persönlicher Kontakt** vorliegt, der das Widerrufsrecht ausschließt.

BEISPIEL („Boten-Fall", abgewandelt nach BGH, Urteil vom 21.10.2004, III ZR 380/03): V annonciert in allen Medien seine Telekommunikationsdienstleistungen. Eingeblendet ist eine Hotline. Auf entsprechenden Anruf eines Interessenten bereitet V einen schriftlichen Vertrag vor, der durch einen Boten zusammen mit einem Mobiltelefon und einer Chipkarte in einem Paket überbracht wird. Der Bote kann über den Inhalt des Pakets keine Auskünfte geben. Er identifiziert anhand eines Ausweises den Kunden, holt dessen Unterschrift unter das Vertragsformular des V ein, händigt die Sendung aus und benachrichtigt anschließend V hiervon. Diese schaltet sodann den Anschluss frei. Genauso verfährt der Bote auch mit K. Der Kunde K fragt sich, ob ihm ein Widerrufsrecht gem. §§ 312, 312c, 312g BGB zusteht.

1293   BT-Drs. 14/2658, S. 15
1294   BGH, Urteil vom 19.3.2003, VIII ZR 295/01

Fraglich ist, ob wegen des persönlichen Kontakts des Kunden zum Boten des V ein Fernabsatzvertrag gem. § 312c BGB vorliegt. Der Vertragsantrag wurde hier zwar von einem Menschen überbracht. Dieser prüft allerdings nur die Identität und kann zum Inhalt des Vertrages keine Auskunft geben und den Käufer auch nicht über das Produkt informieren. Die **strukturellen Nachteile,** die der Verbraucher durch einen Fernabsatzvertrag erleidet, werden folglich nicht ausgeglichen. Der Schutzzweck des § 312c BGB gebietet es, hier einen Fernabsatzvertrag anzunehmen.

Fernabsatz-vertrag, weil Bote keine Auskunft geben kann

Hiervon abzugrenzen sind aber Fälle, in denen sich der Kunde im Stadium der Vertragsanbahnung über alle wesentlichen Umstände des Vertrages umfassend informieren konnte und der Vertrag in unmittelbarem zeitlichen Zusammenhang mit diesem persönlichen Kontakt steht. Dann liegt kein Fernabsatzvertrag vor.[1295]

Vorvertragliche Information über wesentliche Vertragsumstände

BEISPIEL: K hat sich in einer Niederlassung des V nicht nur umfassend über den Vertrag und dessen Bedingungen informiert, sondern hatte auch Gelegenheit, Fragen zum Gerät zu stellen. Dann bestellt er bei V über die Hotline.

Davon wiederum zu unterscheiden sind Fälle, in denen der Verbraucher die Geschäftsräume des Unternehmers lediglich zum Zwecke der Information über die Ware aufgesucht hat. In diesem Fall ist die Anwendung des Fernabsatzrechts nicht gehindert.[1296]

Bloßes Anschauen

Schließlich ist § 312c BGB nur anzuwenden, wenn der Vertrag im Rahmen eines für den Fernabsatz organisierten Vertriebs- oder Dienstleistungssystems abgeschlossen wurde.

Für Fernabsatz organisiertes Vertriebs- oder Dienstleistungs-system

BEISPIEL: Dies ist nicht der Fall, wenn ein Anbieter seine Ware im Ladenlokal verkauft und nur gelegentlich telefonische Bestellungen annimmt und ausführt.[1297]

bb) Recht zum Widerruf des außerhalb von Geschäftsräumen geschlossenen Vertrags (AGV) gem. §§ 312, 312b, 312g BGB

(1) Persönlicher Anwendungsbereich

Es gilt grundsätzlich das zum Fernabsatzvertrag Gesagte (Verträge mit doppeltem Zweck, Verzicht auf die Verbrauchereigenschaft).[1298] Die Kenntnis einiger zusätzlicher Standardfälle gehört zu einer sorgfältigen Examensvorbereitung.

467

BEISPIEL ("OHG-Beitritts-Fall", abgewandelt nach EuGH, NJW 2010, 1511): K erhält Besuch vom Vertreter seiner Sparkasse in seiner Wohnung. Dieser zeigt K verschiedene Möglichkeiten der Kapitalanlage an. Unter anderem offeriert er K den Beitritt zu einer OHG, die Immobilien erwirbt und verwaltet. K soll dort Gesellschafter werden, allerdings von der Geschäftsführung und von der Stellvertretung ausgeschlossen sein. K unterzeichnet. Einen Tag später reut ihn das Geschäft. Er fragt, ob er widerrufen kann.

Beitritt zur Gesellschaft

1295   *Palandt-Grüneberg, BGB, § 312c Rn 4*
1296   *Brönnecke/Schmidt, VuR 2014, 3, 4*
1297   *Palandt-Grüneberg, BGB, § 312c Rn 6*
1298   *Siehe Randnummer 459*

Fraglich sind die
Verbraucher-
eigenschaft
und die
Entgeltlichkeit

Fraglich ist, ob K einen Verbrauchervertrag i.S.d. §§ 310 III, 312, 312b, 312g I BGB abgeschlossen hat. Problematisch ist nämlich, dass K Gesellschafter eines Unternehmens wird. Zum einen könnte man ihn deshalb als Unternehmer betrachten. Zum anderen hat der Beitritt zu einer Gesellschaft eigentlich keine entgeltlichen Leistungen zum Gegenstand, weshalb man an der Anwendbarkeit der §§ 312 ff. BGB zweifeln kann. Zu beachten ist aber, dass K weder Geschäftsführungsbefugnis, noch Vertretungsmacht erhält. Zu berücksichtigen ist ferner, dass K widerrufen dürfte, hätte er von seiner Sparkasse daheim Aktien gekauft. Es kann keinen Unterschied machen, ob man durch Aktienkäufe Anteile an einer Kapitalgesellschaft erwirbt oder Anteile an einer Personengesellschaft. Widerrufen darf deshalb auch, wer als privater Kapitalanleger in einer AGV-Situation, einem geschlossenen Fonds oder einer OHG beitritt, ohne an der Geschäftsführung beteiligt zu sein.[1299] Der Grund liegt darin, dass der Anleger nicht vorwiegend Gesellschafter werden, sondern sein Geld gewinnbringend anlegen will. Deshalb gilt K als Verbraucher, hat mithin einen Verbrauchervertrag geschlossen und kann widerrufen.

Die Entscheidung des EuGH ist auch auf die Neuregelungen aufgrund der VRRL übertragbar.[1300]

MERKSATZ
Wer einer Gesellschaft aus Gründen der Kapitalanlage beitritt, ohne an der Geschäftsführung beteiligt zu sein darf in einer AGV – Situation gem. §§ 355, 312, 312b, 312g I BGB widerrufen.

(2) Sachlicher Anwendungsbereich
Auch bezüglich des sachlichen Anwendungsbereichs gilt das oben Geschriebene (nichtige Verträge, Vertreter ohne Vertretungsmacht) hier.[1301] Grundsätzlich sind die beim Fernabsatzvertrag dargestellten Fälle mit einer etwas veränderten Konstruktion auch bei AGV denkbar. Jedoch muss man auch hier typische Klausurkonstellationen kennen.

(a) Entgeltlicher Vertrag

Anwendbarkeit
auf Bürgschafts-
verträge

468 Fraglich ist, ob Bürgschaftsverträge, die in einer Haustürsituation, bzw. AGV-Situation geschlossen wurden, entgeltliche Verträge gem. §§ 312, 312b, 312g I BGB sind. Die **Bürgschaft** ist gem. § 765 BGB ein einseitig verpflichtender Vertrag. Der Bürge erhält für sein Bürgschaftsversprechen vom Gläubiger keine geldwerte Gegenleistung.

Weite Auslegung
der „entgelt-
lichen" Leistung

Wäre der Fall nur nach deutschem Zivilrecht zu lösen, wäre eine vertretbare und gut nachvollziehbare rechtliche Lösung schnell gefunden. Erstens ließe sich das Wort „entgeltlich" weit auslegen. Die Gegenleistung für die Bürgschaftserklärung erhält zwar nicht der Bürge, dafür aber der Schuldner.[1302] Diesem wird schließlich in aller Regel ein Kredit gewährt und die Kreditsumme ausgezahlt. Daher kann man die Gegenleistung für die Bürgschaftserklärung in der Kreditgewährung und Auszahlung sehen.

1299   EuGH, NJW 2010, 1511
1300   Erman-R.Koch, BGB, § 312 Rn 12
1301   Siehe Randnummer 464 und Randnummer 465
1302   Schanbacher, NJW 1991, 3263, 3263

Diese weite wörtliche Auslegung könnte man durch eine teleologische Auslegung stützen. Wenn schon derjenige, der z.B. an der Haustür für 30,- € einen Rasierapparat kauft, widerrufen darf, dann muss dies erst Recht für denjenigen gelten, der sich als Bürge altruistisch in die Haftung begibt, ohne einen eigenen Vorteil zu ziehen.

Erst-Recht-Schluss

Allerdings gilt es zu beachten, dass die Vorschriften der §§ 312, 312c, 312g I BGB Umsetzungen der VRRL sind. Folglich ist im Wege systematischer Auslegung zu prüfen, ob solche Auslegungen richtlinienkonform sind.

Richtlinienkonforme Auslegung

Zur Zeit der Geltung der **Haustürwiderrufsrichtlinie 85/577/EWG**[1303] war die Frage, ob die Bürgschaft unter diese Bestimmungen fällt, Gegenstand mehrerer BGH und einer EuGH-Entscheidung.

Doppelte Haustürsituation

Der EuGH machte sich in der "Dietzinger-Entscheidung" sowohl die weite wörtliche Auslegung, als auch den o.g. Erst-Recht-Schluss teilweise zu Eigen. **Entgeltlich** meinte nach Auffassung des EuGH lediglich "nicht unentgeltlich". Jedoch verlangte der EuGH für ein Widerrufsrecht eine **doppelte Haustürsituation**. Weil die Bürgschaft zwar ein eigenständiger Vertrag, aber auch eine angelehnte Schuld sei, bestünde das Widerrufsrecht nur dann, wenn es sich nicht nur bei der Bürgschaft, sondern auch bei der abgesicherte Schuld um ein Haustürgeschäft handele.[1304] Dem schloss sich der BGH zunächst im Glauben an, er müsse der EuGH - Entscheidung zwingend folgen.[1305]

Jedoch durften die Mitgliedstaaten nach Art. 8 der Richtlinie 85/577/EWG günstigere Verbraucherbestimmungen erlassen. Wegen dieser Pflicht lediglich zur **Mindestharmonisierung**, bestand auch für den BGH die Möglichkeit der **überschießenden Umsetzung**.

Mindestharmonisierung

BEISPIEL: Der BGH hätte urteilen müssen, dass bei doppelter Haustürsituation die Bürgschaft widerruflich ist. Er hätte aber jederzeit urteilen dürfen, dass eine Bürgschaft auch widerruflich ist, wenn ein Verbraucher sie einem Unternehmer in einer Haustürsituation erklärt hat.

Dies verkannte der BGH zunächst.

In späteren Entscheidungen korrigierte sich der BGH. Die Annahme des Widerrufsrechts sollte weder von der Verbrauchereigenschaft des persönlichen Schuldners, noch von einer Haustürsituation beim Vertragsschluss der persönlichen Schuld abhängen.[1306]

Seitdem durfte ein Verbraucher seine in einer Haustürsituation abgegebene Bürgschaftserklärung widerrufen. Dem ist zuzustimmen. Einerseits spricht für diese Auffassung, dass § 312 BGB a.F. (entspricht teilweise dem heutigen § 312b BGB) dem **Schutz des Verbrauchers vor Überrumpelung** diente. Diese Gefahr besteht für den Bürgen unabhängig davon, ob die Hauptschuld ein Verbraucherdarlehen oder ein gewerblicher Kredit ist und ob der Hauptschuldner ebenfalls durch eine Haustürsituation zum Vertragsschluss bestimmt worden ist. Andererseits spricht auch nicht die Akzessorietät der Bürgschaft gegen diese Auslegung. Die Akzessorietät eröffnet dem Bürgen zwar die Möglichkeit, sich analog § 770 BGB auf ein etwaiges Widerrufsrecht des Hauptschuldners zu berufen, macht aber das eigene Widerrufsrecht des Bürgen nicht von einer Verbrauchereigenschaft des Hauptschuldners abhängig.[1307]

h.M. zur alten Rechtslage: Widerruf ohne doppelte Haustürsituation

---

1303   ABl. L 372 vom 31.12.1985, S. 31
1304   EuGH, NJW 1998, 1295
1305   BGH, NJW 1998, 2356, 2357
1306   BGH, NJW 2006, 845; NJW 2007, 2106
1307   Reinicke/Tiedtke, DB 1998, 2001, 2003.

MERKSATZ

Nach h.M. zur Rechtslage vor dem 13.06.2014 wurde Bürgen der Widerruf nicht verwehrt, weil sie für ihre Bürgschaftserklärung nicht persönlich eine Gegenleistung empfingen. Sie durften auch ohne doppelte Haustürsituation ihre Bürgschaftserklärung widerrufen.

Rechtslage seit 2014

469 Fraglich ist, wie sich die VRRL und ihre Umsetzung in den §§ 312 ff. BGB n.F. auf diese Thematik auswirken.

Nach der Neuregelung in § 312 I BGB n.F. unterfallen nur solche Verträge dem Anwendungsbereich der §§ 312 ff. BGB n.F., die eine entgeltliche Leistung "des Unternehmers" zum Inhalt haben. Hinweise, ob die §§ 312 ff. BGB deshalb zwingend eine **entgeltliche Leistung** des Verbrauchers an den Unternehmer fordern, finden sich nicht im Gesetzeswortlaut. Der Wortlaut ist damit ausgerechnet hinsichtlich des Bürgschaftsvertrages nicht eindeutig.

Wörtliche Auslegung

Nötig ist zur Auslegung folglich ein Blick in die VRRL. Dort stellen die Begriffsbestimmungen des Kaufvertrages und des Dienstleistungsvertrages in Art. 2 Nrn. 5 und 6 der VRRL auf die Lieferung einer Ware oder die Erbringung einer Dienstleistung an den Verbraucher ab. Dies ist aber gerade beim Bürgschaftsvertrag nicht denkbar. Somit erbringt die Heranziehung der Richtlinie auch kein eindeutiges Ergebnis. Entscheidend ist unter Verbraucherschutzgesichtspunkten, dass ein direkter Ausschluss der Bürgschaft nicht vorgesehen ist.[1308]

Teleologische Auslegung

Sinn und Zweck der §§ 312 BGB n.F. ist aber gerade die Stärkung der Verbraucherrechte und die Gewährleistung eines hohen und umfassenden Verbraucherschutzes.[1309] Gerade der Bürge, welcher bei voller persönlicher Verpflichtung entgegen dem Hauptschuldner keinen Gegenanspruch erwirbt, ist besonders schutzwürdig.[1310]

Entgeltlichkeit darf daher nach wie vor nicht im Sinne eines synallagmatischen Leistungsaustausches verstanden werden, sondern muss als erweiterter Zusammenhang einer kausal verknüpften Leistung verstanden werden.[1311]

MERKSATZ

Auch nach neuem Recht dürfen Bürgen unter den Voraussetzungen der §§ 312 ff. BGB n.F. ihre Bürgschaften **ohne doppelte Haustürsituation** widerrufen.

Überrumpelungsgefahren

470 Mit der **Haustürwiderrufsrichtlinie 85/577/EWG** sollten Verbraucher vor den Überrumpelungsgefahren geschützt werden, die durch überraschendes Ansprechen an Orten ausgelöst werden, an denen man sich sicher fühlt und nicht mit einem Vertragsschluss rechnet. Wer ein Geschäftslokal aufsucht, weiß was ihn erwartet. Sind Kundenberater genehm, wird die zur Verfügung gestellte Zeit des Verkäufers gern zur Entscheidungshilfe genutzt. Führt letzterer das Verkaufsgespräch aggressiver als erwünscht, kann man ihn mit einem höflichen, aber bestimmten „Nein, danke" zurücklassen. Schwerlich kann er den Kunden zur Fortsetzung des Gesprächs Richtung U-Bahn verfolgen, weil er hierzu den Arbeitsplatz unbewacht verlassen müsste. Dies dürfte Erklärungsbedarf gegenüber seinem Vorgesetzten auslösen.

1308   Brennecke, ZJS 14, 236, 239
1309   BT-Drs. 17/13951, S. 92; Brennecke, ZJS 14, 236, 239
1310   Brennecke, ZJS 14, 236, 239
1311   Hilbig-Lugani, ZJS 14, 441, 445

Anders verhält es sich, wenn das Verkaufsgespräch in der eigenen Wohnung des Verbrauchers stattfindet. Hat man den findigen Vertriebler einmal ins Allerheiligste eingelassen, ist die Flucht durch Verlassen der Wohnung nicht ohne Weiteres möglich, weil man zwangsläufig den aufdringlichen Verkäufer in der unbewachten Wohnung zurücklassen müsste. Für den gebotenen Rauswurf des Verkäufers bringen ängstliche Naturen nicht immer genug Mut auf.

Angst,
Verkäufern
gegenüber die
nötige Härte zu
zeigen

BEISPIEL: Vorstellbar ist auch, dass ein Verkäufer im Zugabteil das Verkaufsgespräch beginnt. Vorgekommen soll auch sein, dass Rentnern nach vier Stunden Busfahrt auf der „Kaffeefahrt" erklärt wird, dass man von ihnen als Gegenleistung für die Bespaßung schlicht erwarte, eine garantiert nicht Allergien auslösende Rheumadecke für 250, - € zu kaufen.

Das der Haustürwiderrufsrichtlinie folgende Haustürwiderrufsgesetz bezweckte von Anfang an, dieses **strukturelle Ungleichgewicht** zu beenden. Verbraucher sollten sich risikolos durch Abschluss des Vertrages aus der unangenehmen Situation befreien dürfen, um sich von ihm durch Widerruf zu lösen.

Sinn des
Haustürwider-
rufsgesetzes

Mit der Umsetzung der VRRL endete auch die Bezeichnung des Haustürgeschäfts. Geblieben sind aber die beschriebenen Gefahren für die Verbraucher. Deshalb ist an die Stelle des Haustürwiderrufsrechts das Widerrufsrecht nach §§ 312b, 312g I BGB getreten.

Die Bezeichnung als **außerhalb von Geschäftsräumen geschlossener Vertrag** (AGV) deutet erweiterten Schutz für die Verbraucher bereits an.

Erweiterung der
Schutzwirkung

Verzichtet wurde auf eine allzu deutliche Beschreibung der Situation.

MERKSATZ

Entscheidend für alle in § 312b I BGB aufgeführten Fallgruppen ist die **gleichzeitige körperliche Anwesenheit des Verbrauchers und des Unternehmers** außerhalb des Geschäftsraums des Unternehmers.[1312]

Gleichzeitige
körperliche
Anwesenheit

Die notwendige Begriffsdefinition des **Geschäftsraums** hat der Gesetzgeber legal in § 312b II BGB definiert. Danach können nicht nur in Gebäuden befindliche Räume, sondern auch bewegliche Sachen Geschäftsräume sein.

Geschäftsraum

Erwartungsgemäß führt der Begriff des **beweglichen Gewerberaums** zu Auslegungsfragen.

KLAUSURHINWEIS

Der folgende Fall zeigt auf, wie sorgfältig Begriffe in Bezug auf die Quelle, die VRRL, ausgelegt werden müssen.

1312   Tonner, VuR 2013, 443, 445

471   BEISPIEL („Grüne-Woche-Fall", abgewandelt nach LG Freiburg, 14 O 176/15, RA 2015 637 ff.):
In Berlin findet vom 16.01. - 25.01. 2015 die „Grüne Woche" statt. Die „Grüne Woche" ist eine Messe für Ernährung, Landwirtschaft und Gartenbau. 1.600 Aussteller präsentieren sich in 26 Hallenkomplexen. Für eine vollständige Besichtigung müsste ein Besucher acht Kilometer Wegstrecke zurücklegen und mindestens drei Tage Zeit einplanen. In Halle 11.1 stellt Unternehmer B auf Stand 129 auf 20 Quadratmetern seine Ware aus. Unter anderem vertreibt er dort Dampfstaubsauger. Die im Untergeschoss befindliche Halle 11.1 wird in dem Geländeplan der Messegesellschaft, der insbesondere der Orientierung der Messebesucher dient, als einzige Halle mit „Haustechnik" ausgewiesen. Dies ist in farblich deutlich abgesetzter Weise gekennzeichnet. Die Halle verfügt sogar über einen eigenen Eingang. Dies alles weiß der Verbraucher K, der die Halle 11 gezielt aufsucht. K bestellt am 22.01.2015 am Ausstellungsstand des B einen Dampfstaubsauger mit Zubehör zum Preis von 1.600 €. Hierzu unterzeichnet er ein von B vorgelegtes Bestellformular. Darin werden die Kunden nicht über ein Widerrufsrecht und das Musterwiderrufsformular informiert. K will mit Schreiben vom 17.02.2015 gem. §§ 312g, 312, 312b BGB widerrufen. Steht ihm ein Widerrufsrecht zu?

Zeitliche Anwendbarkeit gem. Art. 229, § 32 EGBGB

K könnte gegen B gem. §§ 312, 312b, 312g I BGB ein Widerrufsrecht gem. § 355 BGB zustehen. Zunächst ist die zeitliche Anwendbarkeit gem. Art. 229, § 32 I EGBGB zu prüfen. Weil § 312b BGB der Umsetzung der Verbraucherrechterichtlinie 2011/83/EU in deutsches Recht dient, ist die Rechtsnorm nur auf Verbraucherverträge anzuwenden, die seit dem Inkrafttreten des Umsetzungsgesetzes am 13.06.2014 abgeschlossen worden sind. Dies ist hier der Fall.

Verbraucher-vertrag

Dann muss es sich um einen Verbrauchervertrag gem. § 312 BGB handeln. Dies bestimmt sich nach § 310 III BGB. Laut Sachverhalt handelt es sich bei K um einen Verbraucher gem. § 13 BGB und bei B um einen Unternehmer gem. § 14 BGB, weshalb es sich beim Kauf des Staubsaugers gem. § 310 III BGB auch um einen Verbrauchervertrag im Sinne des § 312 BGB handelt.

AGV

Einem Verbraucher steht gemäß §§ 312g I, 312b I BGB ein Widerrufsrecht gem. § 355 BGB zu, wenn der Vertrag im Sinne des § 312b BGB außerhalb von Geschäftsräumen geschlossen wurde. Außerhalb von Geschäftsräumen geschlossene Verträge sind nach § 312b I Nr. 1 BGB Verträge, die bei gleichzeitiger körperlicher Anwesenheit des Verbrauchers und des Unternehmers an einem Ort geschlossen werden, der kein Geschäftsraum des Unternehmers ist.

Beweglicher Geschäftsraum i.S.d. § 312b II BGB

Geschäftsräume sind nach der Legaldefinition des § 312b II 1 BGB „unbewegliche Gewerberäume, in denen der Unternehmer seine Tätigkeit dauerhaft ausübt, und bewegliche Gewerberäume, in denen der Unternehmer seine Tätigkeit für gewöhnlich ausübt". Hier hat B seine Produkte auf der Grünen Woche 2015 vom 16.01. bis zum 25.01. in Halle 11.1, Stand 129, auf einer Fläche von 20,00 m² ausgestellt und vertrieben. Fraglich ist, ob der Messestand ein Geschäftsraum i.S.d. § 312b II 1 BGB ist. Dies hätte zur Folge, dass K kein Widerrufsrecht hätte. Grenzziehungen sind bei beweglichen Geschäftsräumen wie Markt- und Messeständen dringend geboten, weil Vertragsschlüsse auf Wochenmärkten an Marktständen allgegenwärtig sind. Zur Auslegung ist systematisch auf die VRRL zurückzugreifen, weil § 312b II 1 BGB mit dem Gesetz zur Umsetzung der VRRL in das Bürgerliche Gesetzbuch aufgenommen wurde.

KLAUSURHINWEIS

Auf die Gesetzesbegründung, nach der hier auch Marktstände sowie Stände auf Messen und Ausstellungen im Sinne der §§ 64, 65 GewO als Geschäftsräume anzusehen sind, wenn der Unternehmer sein Gewerbe dort für gewöhnlich ausübt, kann man in Klausuren nicht zurückgreifen. Dies liegt schlicht daran, dass sie den Kandidaten nicht zur Verfügung steht. Aus dem Gedächtnis gezauberte Hinweise auf den gesetzgeberischen Willen, sind nicht nur wegen der Ungenauigkeiten gefährlich, sondern werden von Prüfern auch leicht als versuchte Hochstapelei gewürdigt. Historische Auslegungen sollten ohnehin nur zur Stützung des gefundenen Ergebnisses benutzt werden. Als Quelle für eine richtlinienkonforme Auslegung des Wortlauts bieten die Prüfungsämter aber regelmäßig einen Abdruck der entsprechenden europäischen Richtlinie an. Dies ist in Klausuren typisch und ein wichtiger Hinweis auf das gewünschte Auslegungsergebnis.

In der VRRL wird in Art. 2, Ziffer 9 der Begriff der „Geschäftsräume" als bewegliche Gewerberäume bestimmt, in denen der Unternehmer seine Tätigkeit für gewöhnlich ausübt. Nach Erwägungsgrund 22 der VRRL sollen als Geschäftsräume alle Arten von Räumlichkeiten (wie Geschäfte, Stände oder Lastwagen) gelten, an denen der Unternehmer sein Gewerbe ständig oder gewöhnlich ausübt. Markt- und Messestände sollten als Geschäftsräume behandelt werden, wenn sie diese Bedingung erfüllen. *(Begriffsbestimmung der VRRL)*

Es liegt zunächst nahe, den Begriff des „gewöhnlich" in Abgrenzung zum „ständig" ausgeübten Gewerbe nur in zeitlicher Hinsicht und damit aus der Sicht des Unternehmers zu bestimmen. Jedoch liegt es schon aufgrund der ratio legis nicht fern, den genannten Begriff zur Durchsetzung des in Erwägungsgrund 21 VRRL verdeutlichten Schutzzweckes auch aus der Perspektive der Verbraucher zu interpretieren. Dort heißt es: Außerhalb von Geschäftsräumen steht der Verbraucher möglicherweise psychisch unter Druck oder ist einem Überraschungsmoment ausgesetzt, wobei es keine Rolle spielt, ob der Verbraucher den Besuch des Unternehmers herbeigeführt hat oder nicht. *(Überraschungsmomente und psychischer Druck)*

KLAUSURHINWEIS

Hier wird das Kernmotiv des Widerrufsrechts aus § 312b I BGB deutlich: Die Überrumpelungsgefahr und die psychische Beeinträchtigung des Verbrauchers durch bestimmte Vertriebsformen. Erweiternd und in Konkretisierung der VRRL weist der Gesetzesentwurf der Bundesregierung in seiner Begründung darauf hin, dass die Anwendung des Kriteriums der gewöhnlichen Ausübung der Tätigkeit des Unternehmers auch auf Markt- und Messestände vor dem Hintergrund erfolgt sei, Verbraucher vor übereilten Vertragsschlüssen zu schützen, insbesondere in Fällen, in denen sie nicht mit einem Vertragsschluss über bestimmte Waren rechnen müssen.

Eine solche **Überraschungssituation** liegt regelmäßig nicht vor, wenn der Verbraucher auf einem Wochenmarkt einkauft, an dem dieselben Händler ihre Marktstände aufbauen und für einen Wochenmarkt typische Waren verkaufen. Sie kann aber durchaus vorliegen, wenn dem Verbraucher überraschend fachfremde, nicht mit dem Thema der Messe oder Ausstellung im Zusammenhang stehende Waren angeboten werden. *(Unterschied zwischen Messestand und Wochenmarkt)*

Fraglich ist, ob dies hier der Fall ist. B hat seinen Messestand während der gesamten Grünen Woche in Halle 11.1 betrieben und vertreibt seine Produkte auch sonst über Messen. In Halle 11.1 erwartet den Verbraucher nach dem Geländeplan der Messegesellschaft „Haustechnik". Der Verbraucher kann sich somit bei einem Besuch der Grünen Woche darauf einstellen, dass dort Haustechnik - und damit auch Dampfstaubsauger - angeboten werden, wenn er Halle 11.1 betritt. Angesichts der Größe der Messe scheint es nahezu ausgeschlossen, dass sich der aufmerksame, seine Kräfte einteilende und seine eigenen Interessen bevorzugende Messebesucher zufällig in die im Untergeschoss gelegene Halle 11.1 begibt und dann von dem dort Angebotenen überrascht ist.

Kein Überraschungsmoment

Jedenfalls sind Verbraucher weder einem hinreichenden Druck noch einem hinreichenden Überraschungsmoment ausgesetzt und erscheinen mithin als nicht schutzwürdig. Die Halle verfügt über einen gesonderten Zugang. Um in sie zu gelangen, muss der Messebesucher sich bewusst in das Untergeschoss begeben. Die Messe-Halle ist schon von ihrer äußeren Ausprägung einem Geschäftsraum angeglichen, in dem der Verbraucher „Haustechnik" erwartet und somit nicht überrascht sein kann, wenn ihm Dampfstaubsauger angeboten werden.

Keine Überrumpelungsgefahr auf Messen

Zudem sind Besucher von Messen und Ausstellungen nicht so schutzwürdig wie etwa Verbraucher, die außerhalb von Marktveranstaltungen im öffentlichen Verkehrsraum vor dem Geschäft des Unternehmers angesprochen werden. Messebesucher rechnen nämlich mit solchen Situationen und können sich ihnen einfach auch dadurch entziehen, dass sie in der Anonymität der Besuchermasse untertauchen.

Charakter als Verbrauchermesse unerheblich

Auf den im öffentlichen Bewusstsein dargestellten „Charakter" der Grünen Woche als Verbrauchermesse kommt es nicht entscheidend an. Der Messestand der B auf der Grünen Woche 2015 war somit ein **beweglicher Geschäftsraum** im Sinne des § 312b II 1 BGB. Den Verbrauchern, die dort Kaufverträge über Haushaltsgeräte, wie beispielsweise Dampfstaubsauger, abschlossen, steht kein Widerrufsrecht nach §§ 312, 312b I, 312g I, 355 BGB zu.
Folglich steht K hier kein Widerrufsrecht nach §§ 312, 312b I, 312g I, 355 BGB zu.

MERKSATZ

Ein **Geschäftsraum** benötigt nicht vier Wände und ein Dach. Ein Messestand kann ein beweglicher Geschäftsraum sein. Entscheidendes gesetzgeberisches Motiv bleibt die Überrumpelungsgefahr.[1313] Keinen beweglichen Gewerberaum haben aber fliegende Händler, die ausnahmsweise im öffentlichen Raum auftreten.

Der BGH führt den "Grüne-Woche-Fall" unter dem Aktenzeichen I ZR 135/16 und hat den Fall dem EuGH durch Beschluss vom 13.07.2017 vorgelegt. Die Entscheidung des EuGH lag bei Redaktionsschluss noch nicht vor.

1313   Brönneke/Schmidt, VuR 2014, 3, 4

e) Kein Ausschluss des Widerrufsrechts

Das Widerrufsrecht wird nicht schrankenlos gewährt. Deshalb hat der Gesetzgeber **472** zahlreiche Ausnahmen normiert. Diese befinden sich zum einen als so genannte **Bereichsausnahmen** in § 312 II - VI BGB, zum anderen in § 312g II BGB. Ferner enthält § 356 IV BGB einen Erlöschensgrund.

aa) Bereichsausnahmen gem. § 312 II - § 312 VI BGB

Die Bereichsausnahmen des § 312 II BGB lassen sich in zwei Gruppen einteilen. Einerseits konkurrieren die Regelungen mit anderen Verbraucherschutzregelungen, andererseits sah der Gesetzgeber bei manchen Vertragskonstellationen Belastungen der Unternehmer, die außer Verhältnis zum Nutzen standen.[1314]

Kollision mit anderen Verbraucherschutzvorschriften

> **KLAUSURHINWEIS**
> Nicht alle Bereichsausnahmen sind klausurrelevant. Niemand käme auf die Idee, bei einem Grundstückskaufvertrag, der gem. § 311b I 1 BGB der notariellen Beurkundung bedarf, was wiederum eine notarielle Aufklärung des Verbrauchers zur Folge hat, ernsthaft an ein Widerrufsrecht zu denken. § 312 II 1.b und 3. BGB verstehen sich ebenso von selbst wie § 312 II 5. BGB.

Bereits von anderen Verbraucherschutzregeln erfasst werden folgende **Bereichs- 473 ausnahmen:**

§ 312 II Nr. 1 und Nr. 2 BGB	Pflichten des Notars in § 17 BeurKG
§ 312 II Nr. 3 BGB	**Verbraucherbauvertrag**
§ 312 II Nr. 4 BGB	Reisevertragsrecht gem. §§ 651a ff. BGB
§ 312 II Nr. 5 BGB	**z.B. FluggastVO**
§ 312 II Nr. 6 BGB	Teilzeit-Wohnrechteverträge gem. §§ 481 ff. BGB
§ 312 II Nr. 7 BGB	**Behandlungsvertrag gem. §§ 630a ff. BGB**
§ 312 II Nr. 8 BGB	z.B. EU-Lebensmittel-InfoVO 1169/2011 und Lebensmittel-HygieneVO
§ 312 II Nr. 11 BGB	**Telekommunikationsgesetz (TKG)**

BEISPIEL: K bestellt per Fernabsatz beim Bauern V aus seinem Ort einen wöchentlich zu liefernden „Biokorb" mit Brot, Butter, Honig und Käse. K kann gem. § 312 II Nr. 8 BGB nicht widerrufen.

Außer Verhältnis zum Nutzen stehen die Belastungen, welche durch die §§ 312 ff. BGB erzeugt werden, wenn Verträge mit Alltagsgeschäften sofort vollzogen werden. So erklären sich die Bereichsausnahem in § 312 II Nr. 9 BGB (Warenautomaten), § 312 II Nr. 10 BGB (öffentliche Telefone) und § 312 II Nr.12 BGB (Bagatellgeschäfte).

Geschäfte, die sofort vollzogen werden

1314   *Brönneke/Schmidt, VuR 2014, 3, 5*

Die Zwangsvollstreckungsmaßnahmen in § 312 II Nr. 13 BGB unterliegen der Formalisierung der von hoheitlichen Organen innerhalb ihrer definierten Amtsbefugnisse betriebenen Zwangsvollstreckung und bedürfen keiner weiteren Einschränkung.

Verbraucherbauverträge

Die Bereichsausnahme § 312 II Nr. 3 BGB wurde am 01.01.2018 geändert. Die §§ 650i ff. BGB enthalten eigene Regelungen über Verbraucherbauverträge. Unter den Begriff des Bauvertrages fallen gem. § 650a BGB nicht nur die Errichtung eines Gebäudes, sondern auch die Wiederherstellung sowie Umbauten solcher und sogar die Errichtung von Außenanlagen.

Sonstige Bereichsausnahmen

Die Bereichsausnahme des § 312 III BGB begründet sich dadurch, dass Verträge über soziale Dienstleistungen besonderen rechtlichen Anforderungen außerhalb des BGB unterliegen, sodass die in den §§ 312 ff. BGB normierten Regelungen nicht passen.[1315] Der Mieterschutz ist in den §§ 549 - 577 BGB besonders ausgeprägt, weshalb § 312 IV BGB Mietverträge über Wohnraum ausklammert. Finanzdienstleistungen werden in den § 491 ff. BGB reguliert. Dies ist der Grund für § 312 V BGB. Auf Versicherungsverträge finden die § 312 ff. BGB gem. § 312 VI BGB keine Anwendung, weil für sie vorrangig die Regeln des VVG gelten.

bb) Ausschluss des Widerrufsrechts gem. § 312g II und III BGB

474   Die Ausschlusstatbestände in § 312g II und III BGB entstammen wörtlich aus Art. 16 der VRRL. Ihre Existenz verdanken sie dem intensiven Bemühen zahlreicher Lobbyisten. Weil sie nicht präzise formuliert sind, erzeugen sie Konfliktsituationen, die nur durch sehr sorgfältige Argumentationen aufzulösen sind. Dies zeigt anschaulich der folgende Fall zu § 312g II Nr. 1 BGB.

SACHVERHALT

9. Grundfall: „Die weiß-schwarze Couch"

abgewandelt nach AG Dortmund, RA 2015, 293 ff.

B vertreibt Möbel und Einrichtungsgegenstände über einen Online-Shop. Dort bietet sie unter anderem eine „Leder Couch Schwarz Weiß" zu einem Preis von 1.699 € an. Das Bild, das sich unmittelbar neben einem „Sofort-Kaufen"-Button befindet, zeigt eine Sofa-Garnitur in der Hauptfarbe Weiß und der Nebenfarbe Schwarz. Zudem verfügt es über eine rechtsbündige Liegefläche. Bei der Bestellung kann in einem Feld eine bestimmte Stückzahl angegeben werden, wobei rechts neben dem Feld darauf hingewiesen wird, wie viele Garnituren in der gewünschten Ausfertigung derzeit noch verfügbar sind. Unter dem Angebotsfeld befindet sich ein Text, der mit dem Wort „Widerrufsbelehrung" überschrieben ist. Darauf folgte eine Artikel- und Produktbeschreibung, die abermals das bereits zuvor abgebildete Sofa zeigt sowie ein baugleiches Sofa in der Hauptfarbe Schwarz und der Nebenfarbe Weiß. In dem sich anschließenden Text heißt es unter anderem:

„Exklusive Designer Garnitur. Das Modell können Sie in verschiedenen Farben bestellen. Zudem können wir Sonderwünsche umsetzen. Wollen Sie die Wohnlandschaft spiegelverkehrt? Kein Problem! Lassen Sie Ihrer Kreativität freien Lauf".

Im Anschluss werden 17 verschiedene Farbmöglichkeiten abgebildet, unter anderem Schwarz und Weiß, aber auch einige Creme-, Rot- und Brauntöne. Unter der Registerkarte „Lieferung" wird schließlich ausgeführt:

„Um Ihnen den bestmöglichen Preis anbieten zu können, produzieren wir die Ware auf Nachfrage. Die eingesparten Lagerkosten kommen somit dem Kunden zugute".

Am 10.07.2014 ruft K bei B an und äußert Interesse an der Couch-Garnitur. Nachdem

---

1315   *Palandt-Grüneberg, BGB, § 312 Rn 22*

ein Mitarbeiter der B einen Preisnachlass von 50,- € gegenüber dem Online-Preis ein-
geräumt hat, bestellt K für sein Wohnzimmer eine Couch-Garnitur in der Hauptfarbe
Weiß und der Nebenfarbe Schwarz. B benutzt zur Belehrung des K ordnungsgemäß
das Muster für die Widerrufsbelehrung bei AGV und bei Fernabsatzverträgen mit
Ausnahme von Verträgen über Finanzdienstleistungen", Anlage 1 zum EGBGB.
Die Couch wurde am 01.10.2014 geliefert, woraufhin K auch den Kaufpreis zahlte.
Die Liege der gelieferten Garnitur befindet sich linksbündig. Am 02.10.2014 erklärte
K gegenüber B den Widerruf des geschlossenen Vertrages. B ist der Ansicht K stehe
kein Widerrufsrecht zu, da bei einem erst nach Kundenbestellung hergestellten
Sofa der Ausschluss des § 312g II Nr. 1 BGB vorliege. K verlangt von B Rückzahlung
des gezahlten Kaufpreises i.H.v. 1.649 € gegen Rückgewähr der Couch-Garnitur.
Zu Recht?

I. ZEITLICHE ANWENDBARKEIT DES NEUEN RECHTS

K könnte einen Anspruch auf Rückzahlung des Kaufpreises aus §§ 355 III, 357 BGB
haben, wenn er den Vertrag aufgrund eines Rechts zum **Widerruf** des Vertrages gem.
§§ 312, 312c, 312g BGB fristgemäß widerrufen hat. Dann müssen diese Vorschriften
in zeitlicher Hinsicht anwendbar sein. Im vorliegenden Fall kam es am 10.07.2014 zu
einem Vertragsschluss, sodass gem. Art. 229 § 32 EGBGB die Vorschriften des BGB in
der ab dem 13.06.2014 geltenden Fassung maßgeblich sind.

Anwendbarkeit gem. Art. 229, § 32 EGBGB

II. WIDERRUFSERKLÄRUNG

K muss gem. § 355 BGB den Widerruf wirksam erklärt haben. Am 02.10.2014 hat K
gegenüber B den Widerruf des Kaufvertrags ausdrücklich und eindeutig im Sinne
des § 355 I BGB und damit wirksam erklärt.

Widerrufs-erklärung

III. WIDERRUFSRECHT

Weiterhin müsste dem K gem. § 355 I BGB ein ihm durch Gesetz eingeräumtes Widerrufsrecht zustehen. In Betracht kommt hier ein **Widerrufsrecht** aufgrund eines
Fernabsatzvertrags gem. §§ 312, 312c, 312g I BGB.

Widerrufs-recht wegen Fernabsatzvertrag

1. Persönlicher Anwendungsbereich

In persönlicher Hinsicht muss es sich um einen Vertrag zwischen einem **Verbraucher**
und **Unternehmer** handeln. K schloss den Kaufvertrag zu dem Zwecke ab, sich die
Couch-Garnitur in sein Wohnzimmer zu stellen. Er war folglich Verbraucher i.S.d. § 13
BGB. B hingegen handelte als Vertreiber von Möbel- und Einrichtungsgegenständen
in Ausübung seiner gewerblichen Tätigkeit und damit als Unternehmer gem. § 14
BGB.

2. Sachlicher Anwendungsbereich

Der Vertrag ist aufgrund der Zahlungspflicht entgeltlich i.S.d. § 312 I BGB. Zudem
verwendeten der im Namen des B handelnde Mitarbeiter und K für die Vertragsverhandlungen und den Vertragsschluss ausschließlich das Telefon und damit ein **Fernkommunikationsmittel** gem. § 312c II BGB. Mithin sind auch die Anforderungen
des § 312c I BGB erfüllt.

3. Kein Ausschluss des Widerrufsrecht

Ausschlussgrund
gem. § 312g II
Nr. 1 BGB

Schließlich dürfte der Widerruf nicht ausgeschlossen sein. Die Bereichsausnahmen des § 312 II BGB liegen nicht vor. In Betracht kommt jedoch der Ausschlussgrund des § 312g II Nr. 1 BGB. Nach § 312g II Nr. 1 BGB besteht das Widerrufsrecht nach § 312g I BGB nicht – soweit die Parteien nichts anderes vereinbart haben – bei Verträgen zur Lieferung von Waren, die nicht vorgefertigt sind und für deren Herstellung eine individuelle Auswahl oder Bestimmung durch den Verbraucher maßgeblich ist oder die eindeutig auf die persönlichen Bedürfnisse des Verbrauchers zugeschnitten sind.

Wirtschaftliche
Unzumutbarkeit
der Rückab-
wicklung

Den Ausnahmen vom Grundsatz der Widerrufbarkeit einer Willenserklärung, die ein Verbraucher in einem Fernabsatzgeschäft abgegeben hat, ist nach Ansicht des Gesetzgebers im Großen und Ganzen gemeinsam, dass sie Fälle der wirtschaftlichen Unzumutbarkeit für den Unternehmer typisieren. Ausnahmevorschriften, die das Widerrufsrecht des Verbrauchers beschränken, müssen eng ausgelegt werden. Deshalb kommen die Ausnahmen des § 312g II Nr. 1 BGB nur dann in Betracht, wenn der Unternehmer durch die Rücknahme auf Bestellung angefertigter Ware erhebliche wirtschaftliche Nachteile erleidet, die spezifisch damit zusammenhängen und dadurch entstehen, dass die Ware erst auf Bestellung des Kunden nach dessen besonderen Wünschen angefertigt wurde. Nicht ausreichend dafür sind dagegen die Nachteile, die mit der Rücknahme bereits produzierter Ware stets verbunden sind. Diese hat der Unternehmer nach dem Gesetz hinzunehmen.

Besondere
Nachteile durch
Kundenwünsche

Nur wenn der Unternehmer darüber hinausgehende besondere Nachteile erleidet, die gerade durch die Anfertigung nach Kundenspezifikation bedingt sind, kann dem Unternehmer ein Widerrufsrecht des Verbrauchers und die damit verbundene Pflicht zur Rücknahme der Ware ausnahmsweise nicht zugemutet werden. Hierfür muss man fordern, dass die Anfertigung der Ware nicht ohne weiteres rückgängig gemacht werden kann. Und darüber hinaus müssen die Angaben des Verbrauchers, nach denen die Ware angefertigt wurde, die Sache so individualisieren, dass diese für den Unternehmer im Falle ihrer Rücknahme deshalb wirtschaftlich wertlos ist. Dies ist z.B. der Fall, wenn er sie wegen ihrer vom Verbraucher veranlassten besonderen Gestalt anderweitig nicht mehr oder nur noch mit erheblichen Schwierigkeiten oder Preisnachlässen absetzen kann.

Veranlassung
der Herstellung
durch den
Kunden

Fraglich ist, ob dies hier der Fall ist. Möglicherweise wurde durch die Bestellung des K die Herstellung der Ware erst veranlasst. Zweifelhaft ist aber, ob dies ausreicht, um das Widerrufsrecht durch § 312g II Nr. 1 BGB auszuschließen. Wenn dies so wäre, könnte ein Widerrufsrecht des Verbrauchers durch den Unternehmer alleine dadurch ausgeschlossen werden, dass dieser standardisierte Ware nicht auf Vorrat hält, sondern sie wie hier aus betriebswirtschaftlichen Gründen erst auf Bestellung produziert.

Sonderwunsch

Der Ausschluss könnte durch die Möglichkeit des Kunden, die Couch „spiegelverkehrt" zu bestellen, gerechtfertigt sein. Dies wäre der Fall, wenn ein solcher Kundenwunsch bereits eine von § 312g II Nr. 1 BGB gemeinte **individuelle Auswahl** darstellen würde. Allerdings wird man schwerlich ein Sofa mit einer linksbündigen Liegefläche als „Sonderwunsch" respektive als einen nach Kundenspezifikation angefertigten Gegenstand ansehen können.

Schwarz und
Weiß ist gut
verkäuflich

Der Umstand, dass die 17 möglichen Farbvarianten insgesamt 289 verschiedene Farbkombinationen ermöglichen, könnte allerdings zu einem Ausschlussgrund nach § 312g II Nr. 1 BGB führen. Das wäre der Fall, wenn der künftige Absatz des durch B zurückgenommenen Sofas mit erheblichen Schwierigkeiten und erforderlichen

Preisnachlässen verbunden wäre. Hier geht es allerdings um eine gängige Farbkombination. Eine Kombination aus einem Rot- und einem Creme-Ton wäre nur unter erschwerten Bedingungen absetzbar. Dies gilt jedenfalls nicht in gleicher Weise für eine Kombination aus Schwarz und Weiß.
Folglich ist der Widerruf nicht gem. § 312g II Nr. 1 BGB ausgeschlossen. Ein Widerrufsrecht gem. §§ 312, 312c, 312g BGB bestand zur Zeit des Widerrufs.

Widerrufsfrist

IV. EINHALTUNG DER WIDERRUFSFRIST
Ferner müsste K den Widerruf auch fristgemäß erklärt haben. Der Lauf der Widerrufsfrist beginnt gem. § 355 II 2 BGB grundsätzlich bei Vertragsschluss. Zusätzlich zu beachten sind aber die §§ 312d, 356 III BGB. Danach beginnt die Frist erst ab der Unterrichtung des Verbrauchers gem. Art. 246a § 1 II 1 oder Art. 246b § 2 I EGBGB. Hier hat V das Muster für die Widerrufsbelehrung bei AGV und bei Fernabsatzverträgen mit Ausnahme von Verträgen über Finanzdienstleistungen", Anlage 1 zum EGBGB benutzt, weshalb die Unterrichtung gem. Art. 246a § 1 II 2 EGBGB ordnungsgemäß erfolgt ist. Zusätzlich könnten für den Fristbeginn die §§ 474, 356 II Nr. 1 BGB zu beachten sein. Wenn es sich um einen Verbrauchsgüterkauf i.S.d. § 474 BGB gehandelt hat, beginnt die Frist erst mit Erhalt der Ware. Weil B Unternehmer gem. § 14 BGB, K Verbraucher gem. § 13 BGB und die Couch eine bewegliche Sache ist, liegen die Voraussetzungen eines Verbrauchsgüterkaufs gem. § 474 BGB vor. Indem die Couch am 01.10.2014 geliefert wurde, begann die Frist gem. § 187 I BGB am 02.10.2014 um 00.00 Uhr. Die Länge der Widerrufsfrist beträgt gem. § 355 II 1 BGB grundsätzlich 14 Tage. Folglich endete die Frist gem. § 188 I BGB am 15.10.2014 um 24 Uhr. K erklärte den Widerruf am 02.10.2014. Also hat K den Vertrag innerhalb der 14-tägigen Frist gem. § 355 II BGB widerrufen. Dadurch hat sich der Vertrag in das Rückgewährschuldverhältnis gem. § 355 III, 357 BGB verwandelt und K kann Rückzahlung des Kaufpreises gegen Rückgewähr der Couch verlangen.

FALLENDE

> **KLAUSURHINWEIS**
> § 312g II Nr. 1 BGB ist als Ausnahmevorschrift zugunsten des Verbrauchers eng auszulegen. Entscheidend ist die wirtschaftliche Unzumutbarkeit der Rücknahme der Sache durch den Verkäufer.

475 Software, Musik und Film

Ein weiterer klausurtypischer **Ausschlussgrund** befindet sich in § 312g II Nr. 6 BGB. Hiernach darf der Käufer von Software, Musik- oder Filmaufnahmen den Vertrag nicht widerrufen, wenn die Ware in einer versiegelten Verpackung geliefert wurde und der Verbraucher das Siegel entfernt hat.

475a

Dem EuGH vorgelegt wurde die Frage, ob eine in einem Online-Shop per Fernabsatzvertrag erworbene Matratze ein Hygieneartikel im Sinne des § 312g II Nr. 3 BGB ist.[1316] Das LG Mainz hatte dem Verbraucher, der nach erklärtem Widerruf gestützt auf § 355 III BGB auf Rückzahlung des Kaufpreises klagte, das Widerrufsrecht aus §§ 312, 312c, 312g BGB zugestanden und einen Ausschluss nach § 312g II Nr. 3 BGB mit der Begründung verneint, dass sich Matratzen mit etwas Aufwand wieder verkaufsfähig machen lassen.[1317] Die Entscheidung des EuGH lag bei Redaktionsschluss noch nicht vor.

1316   *BGH, Beschluss vom 15.11.2017, VII ZR 194/16*
1317   *LG Mainz, RA 2017, 518*

476   Einen versteckten Ausschlussgrund enthält § 312g II Nr. 9 BGB.

> **BEISPIEL:** K ist Mitglied einer Gruppe namens „Kinobrüder", die donnerstags regelmäßig gemeinsam Kinofilme schaut. Er bucht auf dem Internetportal des X-Kinos fünf nebeneinander liegende Plätze für eine bestimmte Kinovorführung und bezahlt die Tickets mit seiner Kreditkarte. Nachdem er sich die Tickets ausgedruckt hat, sagen alle Kinobrüder der Reihe nach krankheitsbedingt ab. K fragt sich, ob er gem. §§ 312, 312c, 312g BGB widerrufen kann.

Kinokarten

Fraglich ist allein, ob der Widerruf ausgeschlossen ist. Hier kommt der Ausschlussgrund des § 312g II Nr. 9 BGB in Betracht. Es handelt sich beim Kinobesuch um eine Dienstleistung in Zusammenhang mit einer Freizeitbetätigung. Weil K die Teilnahme an einer bestimmten Kinovorstellung gebucht hat, sieht der Vertrag für die Erbringung der Dienstleistung einen festen Termin vor. Deshalb ist das Widerrufsrecht gem. § 312g II Nr. 9 BGB ausgeschlossen.

Internetversteigerungen

Internetversteigerungen unterliegen eindeutig dem Widerrufsrecht des § 312c BGB und werden gem. § 312g II Nr.10 BGB vom Widerruf nicht ausgeschlossen. Dies bedarf wegen des eindeutigen Gesetzeswortlautes keiner Begründung mehr.

477   Besondere Fallstricke enthält § 312g II Nr.11 BGB, wenn der Verbraucher den Unternehmer aufgefordert hat, ihn aufzusuchen.

> **BEISPIEL:** („Klempner-Fall") B sitzt in der Straßenbahn als ihn seine Frau anruft und ihm mitteilt, der Wasserhahn sei kaputt und müsse dringend repariert werden, weil eine Überschwemmung drohe. Glücklicherweise erkennt B während der Straßenbahnfahrt den Klempner U und schließt mit diesem dort einen Vertrag über die Reparatur des Wasserhahns zum Pauschalpreis von 80,- €. Als U den B in dessen Wohnung aufsucht, zeigt sich, dass zudem ein Defekt in der Wasserleitung vorliegt, der dringend repariert werden muss. U bietet die Reparatur der Wasserleitung für 250,- € an, B ist einverstanden. Hat B ein Widerrufsrecht?

Ausschlussgrund gem. § 312g II Nr. 11 BGB

Der Vertragsschluss unterfällt als **AGV** § 312b BGB. Fraglich ist, ob das Widerrufsrecht ausgeschlossen ist. Die Bereichsausnahme des § 312 II Nr. 12 BGB greift hier nicht, weil die Bagatellgrenze von 40,- € überschritten ist. Jedoch kann das Widerrufsrecht durch § 312g II 1 Nr. 11 BGB ausgeschlossen sein. B hat U hinsichtlich der Reparatur des Wasserhahns ausdrücklich aufgefordert, ihn aufzusuchen. Daher hat er bezüglich der Reparatur des Wasserhahns kein Widerrufsrecht. Fraglich ist, ob der Wortlaut des § 312g II 1 Nr. 11, 2. Hs. BGB ein Widerrufsrecht bezüglich des Vertrages über die Reparatur der Wasserleitung zulässt, weil es sich um eine weitere bei dem Besuch erbrachte Dienstleistung handelt.

Weitere Leistung war nicht bestellt

Problematisch ist nämlich, dass der Verbraucher diese weitere Leistung bei der Anforderung des Handwerkers zunächst nicht verlangt hatte. Die Gesetzesbegründung ist diesbezüglich mehrdeutig:

„Allerdings sind zukünftig nur solche Verträge vom Widerrufsrecht ausgenommen, bei denen der Verbraucher den Unternehmer zuvor ausdrücklich aufgefordert hat, ihn aufzusuchen, um dringende Reparatur- oder Instandhaltungsarbeiten durchzuführen. Dabei umfasst der Ausschluss des Widerrufsrechts lediglich die dringenden Arbeiten, zu denen der Unternehmer auch angefordert wurde. Erbringt der Unternehmer in diesem Zusammenhang weitere Dienstleistungen, die der Verbraucher nicht ausdrücklich verlangt hat, oder liefert er Waren, die für die angeforderte Reparatur oder Instandsetzung nicht notwendigerweise als Ersatzteil benötigt werden, so greift insoweit der Ausschluss des Widerrufsrechts nicht ein."[1318]

Gesetzesbegründung

Einerseits spricht der Wortlaut mit den Formulierungen „angefordert" und „in diesem Zusammenhang" dafür, das Widerrufsrecht zu verneinen, weil die zusätzlich vereinbarte Leistung mit dem ausdrücklichen Willen des Verbrauchers erfolgt ist.

Wörtliche Auslegung

Andererseits darf der Verbraucher auch widerrufen, wenn der Unternehmer „in diesem Zusammenhang" Waren geliefert hat, die für die angeforderte Reparatur nicht benötigt wurden. Stellt man auf die klassische Überrumpelungssituation in der eigenen Wohnung ab, ist der Verbraucher hier, wie bisher, besonders schutzbedürftig, weil er einem Handwerker mit Verkaufstalent nicht durch das Verlassen der eigenen Wohnung entfliehen kann. Schließlich würde der Ausschluss des Widerrufsrechts unseriöse Handwerker herausfordern, dem Verbraucher neue Leistungen aufzuschwatzen, wenn dieser den Unternehmer einmal in die Wohnung gelassen hat, was eine vom Unternehmer herbeigeführte, verbotene faktische Umgehung im Sinne des § 312k I 2 BGB darstellen würde.

Überrumpelungssituation

Deshalb erscheint es vorzugswürdig, den Ausschlussgrund des § 312g II 1 Nr. 11, 2. Hs. BGB als nicht einschlägig anzusehen. Weil die Leistung noch nicht erbracht wurde, scheidet auch ein Ausschlussgrund gem. § 356 IV 1 BGB aus. Folglich besteht das Widerrufsrecht.

Ausschlussgrund § 356 IV 1 BGB

cc) Ausschlussgrund gem. § 312g III BGB
Der Ausschlussgrund des § 312g III BGB gewährt den dort genannten Widerrufs-   **478**
rechten den Vorrang.

dd) Kein Ausschluss des Widerrufsrechts nach § 356 IV BGB
Im Falle von Dienstleistungsverträgen enthält § 356 IV BGB einen Grund, der das   **479**
Widerrufsrecht zum Erlöschen bringt.

1318   *Bt-Drs. 17/12637, S. 57*

BEISPIEL: Fall: („Fränkische Partnersuche", abgewandelt nach AG Neumarkt, Urteil vom 09.04.2015, 1 C 28/15, RA 2015, 305 ff.): B betreibt eine Partnervermittlungsagentur. Aufgrund einer Zeitungsanzeige unterzeichnete K am 14.10.2014 in einem Café in Straubing einen Vertrag. Dieser sah die Erarbeitung und Auswahl von acht Partnerempfehlungen gegen Zahlung eines Betrages von 3.451 € vor. Der Vertrag enthielt eine vom Kläger eigens durch Unterschrift bestätigte Widerrufsbelehrung sowie - davon getrennt – die vorgegebenen Auswahlmöglichkeiten:

„[ ] Ich möchte die Partnerempfehlungen erst nach Ablauf der Widerrufsfrist von 14 Tagen erhalten.

[ ] Ich möchte die Partnerempfehlung sofort erhalten. Bei vollständiger Vertragserfüllung durch die Fa. „Werbe-Service" vor Ablauf der Widerrufsfrist von 14 Tagen verliere ich mein Widerrufsrecht. [...]"

K kreuzte die zweite Auswahlmöglichkeit an und unterschrieb dies gesondert mit Ort und Datum. Das vereinbarte Honorar überwies der Kläger am 18.10.2014. Am 17.10.2014 wies B dem K insgesamt zwölf Damen nach. Mit Schreiben vom 20.10.2014 widerrief der K den Vertrag. K meint, er habe den Vertrag wirksam widerrufen, weil der K seine Zustimmung zur sofortigen Leistungserbringung gemäß § 356 IV BGB im Rahmen von AGB erteilt habe. Eine solche sei jedoch nicht wirksam. Zu Recht?

Zeitliche Anwendbarkeit	Zwischen K und B ist ein Partnervermittlungsvertrag zustande gekommen. Fraglich ist, ob K wirksam gem. §§ 312, 312b, 312g I, 355 BGB wirksam widerrufen hat.
	Der Vertrag wurde nach dem 13.06.2014 geschlossen, weshalb die §§ 312 ff. BGB gem. Art. 229, § 32 I EGBGB anwendbar sind.
AGV	Es handelt sich um einen Verbrauchervertrag im Sinne des § 310 III BGB, der in einem Café und damit im Sinne des § 312b BGB außerhalb eines Geschäftsraums geschlossen wurde. Er ist auch entgeltlich und unterliegt damit § 312 BGB.
Erlöschen des Widerrufsrechts gem. § 356 IV 1 BGB	Fraglich ist allein, ob das zunächst bestehende Widerrufsrecht nach § 312g I BGB zum Zeitpunkt der Widerrufserklärung gem. § 356 IV 1 BGB bereits erloschen ist. Dann muss B eine Dienstleistung geschuldet, die Dienstleistung vollständig erbracht und mit der Ausführung der Dienstleistung erst begonnen haben, nachdem der Verbraucher dazu seine ausdrückliche Zustimmung gegeben hat. Gleichzeitig muss K seine Kenntnis davon bestätigt haben, dass er sein Widerrufsrecht bei vollständiger Vertragserfüllung durch B verliert.
Vertrag über Erbringung einer Dienstleistung	Der Partnerschaftsvermittlungsvertrag legt dem Unternehmer die Pflicht auf, durch Auswertung und Vergleich von Partnerschaftsprofilen passende Partnerschaftsvorschläge zu machen. Dies spricht für eine tätigkeitsbezogene Pflicht, mithin für eine Dienstleistung. Ein Werkvertrag läge nur vor, wenn ein Erfolg geschuldet wäre. Der Partnerschaftsvermittler kann aber nur die Gelegenheit zum Eingehen einer Partnerschaft besorgen, nicht den Partnerschaftsschluss selbst. Partnervermittlungsverträge sind grundsätzlich Dienstleistungsverträge.[1319] Folglich handelt es sich um einen Dienstvertrag, der B eine Dienstpflicht auferlegt hat.
Vollständige Erbringung der Dienstleistung	B hat K die Kontaktadressen übermittelt, mithin die Dienstleistung vollständig erbracht. Fraglich ist, ob K seine ausdrückliche Zustimmung hierzu gegeben hat und seine Kenntnis vom Verlust seines Widerrufsrecht bestätigt hat.

1319　Palandt-Sprau, BGB, § 656 Rn 7

Hier hat K nach der Widerrufsbelehrung durch gesonderte Unterschrift den durch Ankreuzen ausgewählten Passus auf der zweiten Seite des Vertragsformulars mit folgendem Text bestätigt:

„Ich möchte die Partnerempfehlung sofort erhalten. Bei vollständiger Vertragserfüllung durch die Fa. „Werbe-Service" vor Ablauf der Widerrufsfrist von 14 Tagen verliere ich mein Widerrufsrecht."

Dies könnte eine wirksame Zustimmung im Sinne von § 356 IV 1 BGB darstellen. Fraglich ist aber, ob einer wirksamen Zustimmung entgegensteht, dass es sich bei dem angekreuzten Textbaustein um eine AGB i.S.v. § 305 I 1 BGB handelt. § 356 IV 1 BGB selbst enthält keine nähere Regelung dafür, wie die Zustimmung zu erteilen ist, außer, dass sie ausdrücklich zu erfolgen hat. In AGB kann nicht geregelt werden, dass die Zustimmung auch konkludent oder stillschweigend z.B. durch die bloße Annahme der Leistung als erteilt gelten soll. Denn durch eine solche Regelung in den Allgemeine Geschäftsbedingung würde das Ausdrücklichkeitserfordernis des § 356 IV 1 BGB dergestalt umgangen, dass für den Akt der Leistungsannahme eine konkludente bzw. stillschweigende Zustimmung fingiert würde, die die gesetzlich geforderte ausdrückliche Zustimmung ersetzen würde. Eine solche Regelung wäre als Abweichung oder Umgehung von § 356 IV 1 BGB nach § 361 II BGB unwirksam.[1320] Hier soll weder die Annahme der Leistung die ausdrückliche Zustimmung ersetzen, noch erfolgte die Zustimmung durch schlichte Einbeziehung formularmäßiger AGB. Es fehlt damit nicht am Ausdrücklichkeitserfordernis. Vielmehr erteilte K seine Zustimmung zur Leistungserbringung vor Ablauf der Widerrufsfrist ausdrücklich durch Ankreuzen der Alternative und bestätigte dies durch gesonderte Unterschrift. Hätte er stattdessen vereinbart, dass die Leistungserbringung erst nach Ablauf des Widerrufsrechts erfolgen sollte, hätte er 14 Tage Zeit gehabt, zu entscheiden, ob er am Vertrag festhalten möchte oder nicht.

Es besteht auch kein gesetzgeberischer Wille, dass eine Zustimmung nicht in Form von Allgemeinen Geschäftsbedingungen erfolgen kann. In der Gesetzesbegründung heißt es:
„Im geltenden Recht erlischt das Widerrufsrecht nach § 312d Absatz 3 bei Dienstleistungen vorzeitig, sofern der Vertrag von beiden Seiten auf ausdrücklichen Wunsch des Verbrauchers von beiden Seiten vollständig erfüllt wurde. Eine ähnliche Regelung enthält Artikel 16 Buchstabe a der VRRL, der vorliegend durch Absatz 4 umgesetzt wird. Danach erlischt das Widerrufsrecht bei Dienstleistungsverträgen, wenn der Unternehmer die Dienstleistung vollständig erbracht hat und mit der Ausführung der Dienstleistung erst nach ausdrücklicher Zustimmung durch den Verbraucher begonnen hat. Der Verbraucher muss zudem bestätigt haben, dass er davon Kenntnis genommen hat, dass er sein Widerrufsrecht bei vollständiger Vertragserfüllung durch den Unternehmer verliert. Die bloße Hinnahme der Erfüllung reicht damit nicht aus."[1321]

Bestätigung

Wirksame Zustimmung

Ausdrückliche Zustimmung per AGB

Gesetzesbegründung zu § 356 BGB

1320   *AG Hannover, NJW 2007, 781, 782*
1321   *BT-Drs. 17/12637 S. 61*

Bloße Hinnahme
der Erfüllung
ersetzt keine
Zustimmung

Dies stützt die Annahme, dass die bloße Hinnahme der Erfüllung für eine ausdrückliche Zustimmung nicht genügen soll. Dass eine Zustimmung nicht auch in AGB erfolgen darf, lässt sich hingegen aus den Motiven des Gesetzgebers nicht entnehmen. Solange eine AGB die Zustimmung des Verbrauchers ausdrücklich fordert, darf diese Zustimmung auch in einer AGB erfolgen.

Denn einerseits wurden durch die Neufassung des Verbraucherwiderrufsrecht die Verbraucherrechte signifikant ausgeweitet. Denn nunmehr besteht es bei allen Verträgen, die außerhalb der Geschäftsräume des Unternehmers geschlossen werden, gleich, ob hierbei eine Überrumpelungssituation gegeben ist, oder nicht. Andererseits reicht der Anwendungsbereich der §§ 305 ff. BGB sehr weit.

Fixierung des
Willens

Für die Einordnung eines Vereinbarungsbestandteils als AGB genügt es, dass der entsprechende Vertragstext für eine mehrfache Verwendung schriftlich aufgezeichnet oder auch nur in sonstiger Weise (Programm eines Schreibautomaten, Tonband) fixiert ist. Die konkreten Vorgaben des § 356 IV 1 BGB engen den nötigen Spielraum zu einer textlichen individuellen Aushandlung stark ein.

Zustimmung per
AGB möglich

Würde man einer wie vorliegend ausdrücklich erklärten Zustimmung die rechtliche Anerkennung im Rahmen des § 356 IV 1 BGB nur deshalb verweigern, weil sie durch Verwendung von Allgemeinen Geschäftsbedingungen im Sinne von § 305 BGB erteilt wurde, so würde dies dazu führen, dass für die Regelung des § 356 IV BGB kaum ein praktisch denkbarer Anwendungsbereich mehr bestünde.

Ergebnis

Damit steht fest, dass das Widerrufsrecht gem. § 356 IV 1 BGB erloschen ist. Folglich kann K nicht widerrufen.

MERKSATZ
Die bloße Hinnahme der Erfüllung genügt nicht für das Erlöschen gem. § 356 IV 1 BGB. Eine Zustimmung des Verbrauchers per AGB reicht aus, solange er sie ausdrücklich erklärt hat.

480 Wie der Fall „Fränkische Partnersuche" aufgezeigt hat, obliegt es jedem Dienstleister, dafür Sorge zu tragen, dass er die Zustimmung zum Erlöschen des Widerrufsrechts erhält. Im obigen „Klempner-Fall"[1322] sollte der Handwerker wegen § 356 IV 1 bis zu einer klärenden höchstrichterlichen Entscheidung zum Ausschlussgrund des § 312g II Nr. 11 BGB neben seinem Werkzeug auch eine Widerrufsbelehrung im Koffer bei sich führen. Denn das Widerrufsrecht des Verbrauchers endet in solchen Fällen sonst womöglich nicht gem. § 356 IV 1 BGB nach der vollständigen Erbringung der Dienstleistung, sondern gem. § 356 III 2 BGB erst nach 12 Monaten und 14 Tagen.

Digitale Inhalte

ee) Ausschluss gem. § 356 V BGB
Einen weiteren Ausschlussgrund enthält § 356 V bei Lieferung von digitalen Inhalten.

1322   Siehe Randnummer 475

f) Einhaltung der Widerrufsfrist bei AGV und Fernabsatzverträgen

Der Widerruf muss innerhalb der Widerrufsfrist erfolgen. Widerruft der Berechtigte **481** nach Ablauf der Frist, hat der Widerruf keine rechtlichen Wirkungen. Allerdings beginnt die Widerrufsfrist erst mit der Einhaltung der unten dargestellten Anforderungen. Zu diesen gehört auch die ordnungsgemäße Widerrufsbelehrung. Nirgendwo wurde im BGB so häufig reformiert wie an dieser Stelle. Der Gesetzgeber scheiterte mit mehreren Versuchen, eine gemeinsame Widerrufsfrist für alle Widerrufsrechte zu normieren. Die Anforderungen bei AGV und Fernabsatzverträgen einerseits und den Finanzdienstleistungen andererseits liegen zu weit auseinander, um vereinheitlicht zu werden.

Ein Hauptgrund liegt in der Besonderheit, dass Darlehensnehmer gem. § 492 II BGB i.V.m. Art. 247, §§ 6, 3 I Nr. 13 EGBGB vor Vertragsschluss über die Existenz des Widerrufsrechts aufgeklärt werden müssen.

Aufklärung vor Vertragschluss

aa) Beginn des Laufs der Widerrufsfrist

Der Lauf der Widerrufsfrist beginnt gem. § 355 II 2 BGB grundsätzlich bei Vertragsschluss. Zusätzlich zu beachten sind aber die §§ 312d, 356 III BGB. Danach beginnt die Frist erst ab der Unterrichtung des Verbrauchers gem. Art. 246a § 1 II 1 oder Art. 246b § 2 I EGBGB. Hierzu darf das Muster für die Widerrufsbelehrung bei AGV und bei Fernabsatzverträgen mit Ausnahme von Verträgen über Finanzdienstleistungen", Anlage 1 zum EGBGB benutzt werden.

Bei AGV muss dem Verbraucher gem. Art. 246a § 4 EGBGB die Widerrufsbelehrung in Papierform zugehen, damit der Lauf der Widerrufsfrist beginnt.

Papierform bei AGV

Bei Fernabsatzverträgen muss die Information eigentlich zweimal erteilt werden. Gem. Art. 246a § 3 S. 1 EGBGB hat dies vor Vertragsschluss zu erfolgen in einer dem benutzten FKM angepassten Weise und dann gem. § 312f II BGB nach Vertragsschluss auf einem dauerhaften Datenträger. Abzustellen ist aus systematischen Gründen und wegen des besseren Verbraucherschutzes auf den dauerhaften Datenträger.[1323] Außerdem gilt es beim Verbrauchsgüterkauf die §§ 474, 356 II Nr. 1 BGB zu beachten.

Dauerhafter Datenträger beim Fernabsatzvertrag

bb) Länge der Widerrufsfrist

Die Länge der Widerrufsfrist beträgt gem. § 355 II 1 BGB grundsätzlich 14 Tage. **482** Allerdings gibt es bei AGV und Fernabsatzverträgen kein ewiges Widerrufsrecht mehr. Auch dann, wenn eine Widerrufsbelehrung nicht erfolgt ist, auch dann wenn die Informationspflichten gem. §§ 312d, 356 III BGB oder gem. §§ 474, 356 II Nr. 1 BGB nicht erfüllt wurden, erlischt das Widerrufsrecht gem. § 356 III 2 BGB spätestens 12 Monate und 14 Tage nach dem im § 355 II 2 BGB genannten Zeitpunkt, also dem Vertragsschluss.

Verbrauchsgüterkauf

Kein ewiges Widerrufsrecht

cc) Ausnahme bei Dienstleistungen und digitalen Inhalten   **483**

Wie bereits beschrieben, kann das Widerrufsrecht gem. §§ 356 IV und V BGB vorzeitig erlöschen.[1324]

1323   *Palandt-Grüneberg, BGB, § 356 Rn 7*
1324   *Siehe Randnummer 479*

KLAUSURHINWEIS

In der Klausur kann es eigentlich nur zwei Konstellationen geben. Entweder hat der Unternehmer das „Muster für die Widerrufsbelehrung bei AGV und bei Fernabsatzverträgen mit Ausnahme von Verträgen über Finanzdienstleistungen", Anlage 1 zum EGBGB benutzt. Dann beginnt die Widerrufsfrist gem. § 355 II 2 BGB, es sei denn ein Fall des §§ 474, 356 II Nr. 1 BGB liegt vor. Oder der Sachverhalt enthält Angaben zu den Informations- und Widerrufsbelehrungspflichten. In diesem Fall sollen die Kandidaten vermutlich einen Fehler finden, der zum Erlöschen der Widerrufsfrist nach § 356 III 2 BGB führt.

2. Rechtsfolgen des Widerrufs eines Fernabsatzgeschäfts oder eines AGV

a) Grundsätzliches

Rückgewähr-schuldverhältnis

484 Der Widerruf wandelt das Schuldverhältnis mit Wirkung ex nunc in ein **Rückgewähr-schuldverhältnis** um.[1325] Dieses Schuldverhältnis verweist nicht auf die Rücktrittsregeln. Grundsätzliches wird in § 355 III BGB geregelt. Für AGV und Fernabsatzverträge gilt ergänzend § 357 BGB, sofern es sich bei der Leistung nicht um eine Finanzdienstleistung handelt.

Als wichtige Ausnahme bleibt der Widerruf eines Gesellschaftsvertrages beachtlich. Im „OHG-Beitritts-Fall" hatte der **Verbraucher** den Beitritt zu einer **Personengesellschaft** erklärt. Wie gezeigt, besteht dort das Widerrufsrecht gem. § 312g BGB.[1326] Jedoch gelten für die Ansprüche des Verbrauchers nicht die §§ 355 ff. BGB, sondern die Grundsätze der fehlerhaften Gesellschaft.[1327]

b) Pflichten des Unternehmers und Rechte des Verbrauchers

aa) Rückgewähr

unverzüglich

485 Der Unternehmer hat dem Verbraucher gem. §§ 355 III, 357 I BGB dessen Leistung, in aller Regel das gezahlte Geld, zurück zu gewähren. Dies hat unverzüglich i.S.d. § 121 I 1 BGB, also ohne schuldhaftes Zögern, zu erfolgen. Hierzu bleiben ihm gem. §§ 357 I BGB allerdings höchstens 14 Tage Zeit.[1328] Diese Frist kann gem. § 361 II BGB nicht abgekürzt werden. Die Frist beginnt für den Unternehmer gem. § 355 III 2 mit dem Zugang der Widerrufserklärung.

bb) Erstattung der Lieferkosten

Standardlieferung

486 Der Unternehmer muss dem Verbraucher gem. § 357 II 1 BGB die Lieferkosten erstatten. Dies gilt gem. § 357 II 2 BGB nur dann nicht, wenn der Verbraucher eine andere Art als die Standardlieferung verlangt hat.

BEISPIEL: Der Verbraucher hat die Expresslieferung gewählt, die die Lieferung am nächsten Werktag garantiert, aber mehr kostet.

1325   *OLG Koblenz, Urteil vom 09.01.2006 - 12 U 740/04*
1326   *Siehe Randnummer 467*
1327   *BGH, Urteil vom 12.07 2010 - II ZR 292/06; EuGH (1. Kammer), Urteil vom 15. 04. 2010 - C-215/08; Palandt-Sprau, BGB, § 705 Rn 19b*
1328   *Leier, VuR 2013, 457, 458*

Ausgeschlossen von der Erstattungspflicht sind aber nur die Mehrkosten, nicht die fiktiven Kosten der Standardlieferung.[1329]

BEISPIEL: Die Standardlieferung kostet 3,70 €, die Expresslieferung 8,20 €. Der Verbraucher erhält nach Widerruf 3,70 € erstattet. 4,50 € trägt er selbst.

cc) Dasselbe Zahlungsmittel
Der Unternehmer muss gem. § 357 III 1 BGB dasselbe Zahlungsmittel verwenden, **487** das der Verbraucher verwendet hatte.

BEISPIEL: Bei Barzahlung muss der Unternehmer Bargeld zurückzahlen. Hat der Verbraucher von seinem Konto per Zahlungsauftrag geleistet, muss der Unternehmer die Geldsumme auf das Konto des Verbrauchers zurücküberweisen.

Grundsätzlich darf der Unternehmer nicht per **Gutschein** die Erstattung vornehmen. Aus Erwägungsgrund 46 der VRRL geht aber hervor, dass der Unternehmer insoweit eine Erstattung per Gutschein vornehmen darf, wie der Verbraucher zur Zahlung einen Gutschein eingelöst hatte.

Gutschein nicht erlaubt

dd) Nutzungsvergütung und Wertersatz
Weil § 357 I BGB a.F. auf §§ 346 I, 347 I BGB a.F. verwies, musste der Unternehmer **488** dem Verbraucher den gezahlten Geldbetrag verzinst zurückzahlen und zwar gem. §§ 346 I 2. Fall, 100, 99 III BGB, wenn der Unternehmer den Geldbetrag angelegt und Nutzungen gezogen hatte und gem. §§ 347 I, 100, 99 III BGB, wenn der Unternehmer dies schuldhaft unterlassen hatte. § 357 BGB verweist nicht mehr auf die §§ 346 ff. BGB verweist. Deshalb kann der Verbraucher keine Zinsen fordern.

Keine Zinsen

c) Pflichten des Verbrauchers und Rechte des Unternehmers

aa) Rückgewähr
Gem. §§ 355 III 1, 357 I BGB muss der Verbraucher dem Unternehmer die emp- **489** fangene Leistung unverzüglich zurückgewähren. Die Leistungszeit beträgt gem. § 357 I BGB höchstens 14 Tage.
Der Verbraucher muss grundsätzlich für die Ankunft der Waren beim Unternehmer sorgen. Er kann, muss aber die Ware nicht zurücksenden, das gilt insbesondere für die duale Vertriebsstruktur.[1330]

14 Tage

Schickschuld

> **DEFINITION**
> Eine **duale Betriebsstruktur** liegt vor, wenn ein Unternehmen nicht nur einen Onlineshop betreibt, sondern Waren auch vor Ort verkauft.[1331]

Duale Betriebsstruktur

In diesem Fall wird ein Verbraucher wünschen, das Gekaufte direkt im Laden zurückzugeben.

Ausnahme

1329   Palandt-Grüneberg, BGB, § 357 Rn 3
1330   Palandt-Grüneberg, BGB, § 357 Rn 6
1331   Klocke, VuR 2013, 377, 377

BEISPIEL: Der Weg zum Laden ist mit weniger Aufwand verbunden als der zur Post.

Es steht dem Verbraucher auch frei, die Ware persönlich zurückzubringen, vernünftigerweise werden die Verbraucher aber die Rücksendung wählen.

Holschuld

Eine Abholungspflicht des Unternehmers besteht gem. § 357 VI 3 BGB ausnahmsweise bei AGV, und zwar dann, wenn die Waren so beschaffen sind, dass sie nicht per Post zurückgesandt werden können.

BEISPIEL: Der Unternehmer hat dem Verbraucher, der in einem Neubaugebiet ein Einfamilienhaus gekauft hat, an der Haustür 3.000 Liter Heizöl verkauft und diese direkt in den noch völlig unbenutzten Tank des Verbrauchers eingefüllt.

490   bb) Kosten der Rückgewähr

Kosten der
Rücksendung

Wenn der Unternehmer den Verbraucher nach Art. 246a § 1 I 2 Nr.2 EGBGB informiert hatte, trägt der Verbraucher gem. § 357 VI BGB die Kosten der Rücksendung der Ware. Dies gilt gem. § 357 VI 2 BGB nicht, wenn der Unternehmer angeboten hat, diese Kosten zu tragen und gem. § 357 V nicht, wenn der Unternehmer sich verpflichtet hat, die Ware abzuholen.

cc) Gefahrtragung

491 Die Gefahr des Untergangs und der Verschlechterung trägt für die Rücksendung gem. § 355 III 4 BGB der Unternehmer.

dd) Wertersatz

Verschlechterung
der Ware

492 Der Verbraucher schuldet dem Unternehmer zusätzlich zur bloßen Rückgewähr gem. § 357 VII BGB Wertersatz für die Verschlechterung der Ware.

Arten des
Wertverlustes

Grundsätzlich unterscheidet § 357 VII BGB nicht zwischen den drei faktischen Möglichkeiten des Wertverlustes, nämlich des Schadens, des Wertverlustes durch reguläre Abnutzung, sowie des Wertverlustes durch übermäßige Nutzung. Grundsätzlich ist Wertverlust zunächst einmal Wertverlust. Jedoch ist die Pflicht zur Leistung von Wertersatz ausgeschlossen, wenn der Wertverlust nur auf der notwendigen Prüfung der Beschaffenheit, der Eigenschaften und der Funktionsweise beruht und zugleich der Unternehmer den Verbraucher gem. Art. 246a § 1 II 1 Nr. 1 EGBGB über das Widerrufsrecht unterrichtet hat.

BEISPIEL: F kauft beim Online-Versandhändler Schuhe für 119,- €. Sie entnimmt sie dem Paket, probiert sie an und läuft einmal die Treppe rauf und runter.

Ausschluss der
Wertersatzpflicht

Wenn F ordnungsgemäß über ihr Widerrufsrecht belehrt wurde, muss sie keinen Wertersatz zahlen, wenn die Schuhe nunmehr durch das Laufen geringe Gebrauchsspuren aufweisen. Diesen Wertverlust zu ertragen, ist Teil des Geschäftsmodells eines jeden Onlinehändlers, der die Ware dann anderweitig feilbieten muss.

BEISPIEL: Anders verhält es sich, wenn F mit den Schuhen auf einen Ball geht und die Nacht durchtanzt.

Wertersatz-
pflicht wegen
Missbrauch

Dies geht über die Prüfung der Funktionsweise hinaus. Hier muss F den Wertverlust ersetzen.

Weil anders als beim Kauf im Geschäft keine Möglichkeit besteht, die Ware auszuprobieren, darf die Prüfung andererseits im Einzelfall intensiver ausfallen, als im Geschäft.

BEISPIEL: Der Verbraucher kauft im Onlineshop ein Wasserbett.

Anders als im Geschäft konnte der Verbraucher nicht zur Probe liegen. Er hat das Recht, das Wasserbett zu befüllen, auszuprobieren, das Wasser abzulassen, zusammenzupacken und wertersatzfrei zurück zu senden.[1332]
Stets ist auf die Verkehrssitte abzustellen. Zu beachten ist, inwieweit nach dieser ein Ausprobieren statthaft ist.

Untersuchungsrecht nach Verkehrssitte

BEISPIEL: Dies wird man bei einer Zahnbürste wohl verneinen.[1333]

Für die Höhe des Wertersatzes ist nicht die Höhe des Entgeltes, sondern der objektive Wert maßgeblich. Dies lässt sich zum einen aus einem Umkehrschluss aus § 357 VIII 4 BGB herleiten.[1334] Zum anderen sprechen hierfür auch die Rechtsnatur des Widerrufs und der Regelungszweck der Widerrufsvorschriften.

Höhe des Wertersatzes

Würde der Verbraucher gezwungen sein, Wertersatz zu leisten, der sich nach der vereinbarten Gegenleistung bemisst, wäre er faktisch an die essentialia negotii des Vertrages gebunden, von dem er sich doch durch Widerruf lösen wollte.[1335]

Keine faktische Bindung an essentialia negotii

ee) Einrederecht des Unternehmers
Dem Unternehmer steht gem. § 357 IV BGB ein Einrederecht zu. Wenn die Parteien **493** einen Verbrauchsgüterkauf gem. § 474 BGB getätigt haben, ist der Verbraucher hinsichtlich der Rückgewähr vorleistungspflichtig. Nur wenn der Unternehmer angeboten hat, die Sache abzuholen, sind die Leistungen Zug um Zug zu erfüllen.[1336] In diesem Fall entfällt auch das Einrederecht des Unternehmers.

3. Voraussetzungen des Widerrufs nach §§ 491 ff. BGB
Kreditverträge sind im 2. Buch, 8. Abschnitt des BGB geregelt, dort im Titel 3. Dieser **494** *Kreditvertrag* regelt laut Überschrift die **Darlehensverträge** und **Finanzierungshilfen** und **Ratenlieferungsverträge** zwischen einem Unternehmer und einem Verbraucher. Untertitel 1 regelt das Gelddarlehen, Untertitel 2 die Finanzierungshilfe, Untertitel 3 den Ratenlieferungsvertrag und Untertitel 4 besonders wichtige allgemeine Vorschriften und Ausnahmetatbestände. Der Begriff des Kredits beschreibt einen wirtschaftlichen Sachverhalt. Er umfasst neben dem Gelddarlehen auch andere Formen des entgeltlichen Zahlungsaufschubs.[1337]

BEISPIEL: Neben dem Gelddarlehen können gem. § 506 BGB entgeltliche Zahlungsaufschübe als Teilzahlungsgeschäft (Abzahlungskauf), als entgeltliche Stundung oder als Finanzierungsleasing vereinbart werden.

1332   BGH, Urteil vom 03.11.2010 - VIII ZR 337/09
1333   Palandt-Grüneberg, BGB, § 357 Rn 9
1334   Palandt-Grüneberg, BGB, § 357 Rn 9
1335   BGH, Urteil vom 19.07.2012 – III ZR 252/11, Rn 24
1336   OLG Düsseldorf, Urteil vom 13.11.2014 - I-15 U 46/14, Rn 82
1337   MünchKomm-Berger, BGB, vor § 488 Rn 3

Entgeltlicher Zahlungsaufschub

Gemeinsam ist allen Erscheinungsformen, dass der Kreditnehmer seine Geldleistung nicht Zug um Zug erbringt, sondern mit zeitlicher Verzögerung. Diesen Zahlungsaufschub muss er allerdings vergüten.

BEISPIEL: Diese Vergütung besteht regelmäßig in den in § 488 I 2 BGB genannten Zinsen.

Die Vergütungspflicht kann allerdings auch in anderen Leistungen als Zinsen versteckt sein. Dies erzeugt neue Arten des Kredits, die man auf den ersten Blick gar nicht als Kredit bezeichnen würde.

Kaufpreissubvention

BEISPIEL: Wer bei einem Mobilfunkanbieter einen Dienstvertrag mit einer festen Laufzeit und einem festen Mindestentgelt abschließt, darf nicht selten ein Mobiltelefon günstiger erwerben.

Hier wird vermutet, dass die im laufenden Vertragsverhältnis anfallenden Gebühren auch der Refinanzierung des subventionierten Kaufvertrages über das Mobiltelefon dienen.[1338]

In den folgenden Ausführungen soll nicht der Gelddarlehensvertrag des ersten Kapitels im Vordergrund stehen. Hier soll das Kapitel 2 beleuchtet werden, das besondere Vorschriften für Verbraucherdarlehensverträge und andere entgeltliche Zahlungsaufschübe zwischen Verbraucher als Kreditnehmer und Unternehmer als Kreditgeber enthält.

Erneute Reform

Dieses Kapitel 2 steht aufgrund der neuerlichen **Reform vom März 2016** besonders im Fokus. Durch das Gesetz zur Umsetzung der Wohnimmobilienkreditrichtlinie[1339] und zur Änderung handelsrechtlicher Vorschriften vom 11. März 2016[1340] unterscheidet das BGB im neu gefassten § 491 I BGB zwischen **Allgemein-Verbraucherdarlehensverträgen** und **Immobiliar-Verbraucherdarlehensverträgen.**

Widerruf unentgeltlicher Kreditverträge

Hier wird auf eine Darstellung der Immobiliar-Verbraucherdarlehensverträge verzichtet, weil diese in der Praxis zwar von überragender Wichtigkeit, für das Studium aber weitgehend bedeutungslos sind. Wen das Schicksal im Referendariat in die Bankenkammer verschlägt, wird mit dem Privileg verwöhnt, diese spezielle Materie fachgerecht beurteilen zu müssen. Platzgründe lassen ihre Erörterung an dieser Stelle ebenso wenig zu wie Ausführungen zu Ratenlieferungsverträgen gem. § 510 BGB. Mit dieser Reform unterfallen erstmalig auch **unentgeltliche Kreditverträge** dem Widerrufsrecht des Verbrauchers. § 514 BGB ermöglicht damit auch den Widerruf von so genannten **Nullprozent-Finanzierungen**.

1338   MünchKomm-Schürnbrand, BGB, § 506 Rn 33; Siehe auch Randnummer 516
1339   Richtlinie 2014/17/EU, Amtsblatt der EU, L 60 vom 28.02.2014, S. 34
1340   BGBL I 2016, S. 396 ff.

a) Prüfungsschema

PRÜFUNGSSCHEMA

I. Widerrufserklärung
    1. Form   **495**
    2. Inhalt
II. Widerrufsrecht
    1. Zeitliche Anwendbarkeit
    2. Persönlicher Anwendungsbereich
    3. Sachlicher Anwendungsbereich
    4. Kein Ausschluss des Widerrufsrecht
III. Einhaltung der Widerrufsfrist

b) Widerrufserklärung

Bezüglich der Widerrufserklärung gibt es keine Abweichungen zu den obigen Ausführungen.[1341] Sie richtet sich nach § 355 I BGB. Abweichungen zu Lasten des Verbrauchers sind hier gem. § 512 BGB ausgeschlossen.

496   Benachteiligungsverbot

c) Widerrufsrecht

Bei Allgemein-Verbraucherdarlehensverträgen gewährt § 495 BGB ein Widerrufsrecht. § 495 BGB gilt über § 491 BGB auch für die sonstigen Finanzierungshilfen des § 506 BGB, für die Ratenlieferungsverträge in § 510 BGB und gem. §§ 514 II, 515 BGB für alle unentgeltlichen Darlehen und Finanzierungshilfen.

497   § 495

aa) Zeitliche Anwendbarkeit

Die Vorschriften der §§ 491 ff. BGB gelten mit dem hier vorgestellten Inhalt gem. Art. 229, § 32 I EGBGB für Verträge, die nach dem 13.06.2014 geschlossen wurden.

Art. 229, § 32 I EGBGB

bb) Persönliche Anwendbarkeit

Der Kreditgeber muss Unternehmer i.S.d. § 14 BGB, der Kreditnehmer muss Verbraucher i.S.d. § 13 BGB sein. Es gelten die o.g. Grundsätze auch hier.[1342]

(1) Verbraucher

Ist der Darlehensnehmer eine natürliche Person, ergeben sich bei der Bestimmung der Verbrauchereigenschaft selten Probleme. Zu beachten ist aber, dass auch **Gesellschaften des Bürgerlichen Rechts** gem. § 705 BGB Verbraucher sein können, wenn der Kredit nicht gewerblichen oder selbständigen beruflichen Zwecken dient.[1343]

498   GbR

BEISPIEL: A, B und C gründen eine Band ohne Auftrittsambition. Sie mieten einen Proberaum und nehmen einen Kleinkredit für eine Lautsprecheranlage auf. Die Brüder Max und Moritz Müller gründen eine GbR, die das Vermögen der Brüder verwaltet. Die GbR nimmt einen Kredit auf, damit sie einen Schreibtisch kaufen kann.

1341   *Siehe Randnummer 458*
1342   *Siehe Randnummer 460 und Randnummer 467*
1343   *BGH, Urteil vom 23.10 2001 - XI ZR 63/01*

Juristische
Personen und
OHG

Juristische Personen und **Personenhandelsgesellschaften** sind von § 13 BGB nicht erfasst.[1344]

> **BEISPIEL:** Die GmbH, die Aktiengesellschaft, die Stiftung, der Verein und die OHG sind nicht Verbraucher.

(2) Existenzgründer

Gesetzgeberi-
sches Motiv für
§ 513 BGB

499 Gem. § 513 BGB sind Existenzgründer zwar keine Verbraucher i.S.d. § 13 BGB jedoch unterfallen auch sie dem Schutz der §§ 491 - 515 BGB. Der Gesetzgeber sieht den in § 513 BGB genannten Personenkreis traditionell als ebenso schutzbedürftig wie Verbraucher an. Kleingewerbetreibende, die Kleinkredite bis 75.000 € zur **Existenzgründung** aufnehmen, sind oft genauso wenig in der Lage die Reichweite ihrer Entscheidungen zu überblicken wie Arbeitnehmer.[1345]

Überschießende
Regelung

Der Wortlaut der Verbraucherkreditrichtlinie[1346] erfasst nach Art. 2 I, Art. 3 lit. a zwar nur Verbraucher i.S.d. § 13 BGB. Jedoch ist die überschießende Umsetzung ihrer Vorgaben auf Existenzgründer europarechtlich unbedenklich, weil sie einen Schutz weiterer Personenkreise nicht ausdrücklich ausschließt. Vielmehr lässt sie die Problematik ungeregelt.[1347] § 513 BGB hat drei Voraussetzungen.

(a) Kreditvolumen

500 Gem. § 513 BGB darf der Nettodarlehensbetrag oder der Barzahlungspreis 75.000 € nicht übersteigen.

Nettodarlehens-
betrag

DEFINITION

Als **Nettodarlehensbetrag** bezeichnet man den Geldbetrag, auf den der Darlehensnehmer Anspruch hat. Abzuziehen sind die vom Darlehensgeber einbehaltenen Einmalkosten wie Bearbeitungsentgelt und mitfinanzierte Versicherungskosten, wenn die Versicherung Voraussetzung für den Darlehensvertragsschluss ist.[1348]

Nicht abzuziehen sind die sonstigen Einmalkosten.

> **BEISPIEL:** Abschlussprovisionen an Finanzmakler senken nicht den Nettokreditbetrag.

Barzahlungspreis

DEFINITION

Der **Barzahlungspreis** ist der Geldbetrag, den der Verbraucher zu entrichten hätte, wenn er bei Übergabe der Sache oder Erbringung der Leistung sofort fällig würde.[1349]

Auf den Barzahlungspreis kommt es bei Teilzahlungsgeschäften oder sonstigen Finanzierungshilfen i.S.d. § 506 BGB an.

1344   EuGH, NJW 2002, 205; MüchKomm-Schürnbrand, BGB, § 491 Rn 15
1345   BT-Drs. 11/5462 S. 34
1346   Amtsblatt der EU v. 22.05.2008, L 133/66
1347   MünchKomm-Schürnbrand, BGB, § 512 Rn 1
1348   Palandt-Weidenkaff, EGBGB, Art. 247 § 3 Rn 4
1349   Palandt-Weidenkaff, BGB, § 507 Rn 9

(b) Gründungsphase

Der Kredit muss der Aufnahme der gewerblichen oder selbständigen beruflichen Tätigkeit dienen.

501

Aufnahme der Tätigkeit

BEISPIEL: Waren werden planmäßig angeboten. Auf die Dienstleistung wird öffentlich aufmerksam gemacht.

Auf die Eintragung im Handelsregister kommt es nicht an.
Ebenso wenig ist relevant, ob der Kreditnehmer bereits früher gewerblich oder selbständig beruflich tätig war.[1350]

BEISPIEL: Gastwirt G muss seine Gaststätte wegen einer Krebserkrankung schließen. 18 Monate später nimmt er einen Kredit über 50.000 € auf, um erneut eine Gaststätte zu eröffnen.

Entscheidend ist nämlich, ob der Kreditnehmer im Zeitpunkt der Kreditaufnahme gewerblich tätig ist. Es widerspricht dem Schutzzweck, Kreditnehmern den Schutz des § 513 BGB zu versagen, nur weil sie schon einmal selbständig in der gleichen Branche tätig gewesen sind. Würde man demjenigen, der erneut als Existenzgründer einen Kredit nimmt von § 513 BGB ausschließen, würden sich unüberbrückbare Abgrenzungsschwierigkeiten ergeben.[1351] Selbständigkeiten können enden. Bei einer hinreichend langen zeitlichen Zäsur kann ein ehemaliger Unternehmer seine unternehmerischen Erfahrungen verloren haben, bzw. können diese wertlos geworden sein.[1352]
Fraglich ist, ob G auch als Existenzgründer anzusehen wäre, wenn er neben seiner laufenden Gaststätte einen Betrieb eröffnet, der nicht mit der Gaststätte in Verbindung steht.

Erneute Existenzgründung

BEISPIEL: G eröffnet einen Internetversandhandel für Kinder-Mode.

Bei der so genannten **zusätzlichen Existenzgründung** kommt es darauf an, ob diese einen Geschäftsbereich betrifft, der klar vom bereits existenten Unternehmen abgegrenzt ist. Zwar wird teilweise vertreten, dass die bereits erworbenen Erfahrungen als Unternehmer den Existenzgründerstatus per se ausschließen.[1353] Dagegen spricht aber entscheidend, dass §§ 13, 513 BGB einen auf die einzelne Transaktion bezogenen Ansatz verfolgen. Deshalb unterstellen sie nicht nur die private Kreditaufnahme des Unternehmers, sondern gleichermaßen auch jede weitere Existenzgründung den besonderen Schutzvorschriften der §§ 491 ff. BGB.[1354]
Hiervon abzugrenzen ist aber der Ausbau der bisherigen gewerblichen oder selbständigen beruflichen Tätigkeit.

Zusätzliche Existenzgründung

BEISPIEL: G nimmt einen Kredit auf, um seiner Gaststätte einen Biergarten hinzuzufügen.

Erweiterung des Betriebs

1350   OLG Köln, Urteil vom 05.12.1994 - 12 U 68/94
1351   OLG Köln, Urteil vom 05.12.1994 - 12 U 68/94
1352   MünchKomm-Schürnbrand, BGB, § 512 Rn 5
1353   Erman-Saenger, BGB, § 512 Rn 5
1354   MünchKomm-Schürnbrand, BGB, § 512 Rn 4

Dieser Ausbau ist schon vom Wortlaut des § 513 BGB nicht erfasst, weil es nicht um die Aufnahme der Tätigkeit geht.

MERKSATZ

Existenzgründer ist auch, wer nach einer zeitlichen Unterbrechung erneut ein Unternehmen gründet. Unter § 513 fällt auch, wer ein zusätzliches Unternehmen eröffnet, das klar vom bestehenden Betrieb abgegrenzt ist.

(c) Natürliche Person

Gründungsphase einer juristischen Person oder OHG

502 § 513 BGB gilt grundsätzlich nur für natürliche Personen. Im **Gründungsstadium** von juristischen Personen (Vor-AG, Vor-GmbH) und Personenhandelsgesellschaften ist es typisch, dass als Darlehensnehmer nicht die natürlichen Personen auftreten, sondern der von ihnen zur Existenzgründung gebildete Zusammenschluss. Nach h.M. wird § 513 BGB analog angewendet.[1355] Dies wird mit dem in § 513 BGB zum Ausdruck kommenden Gesetzeszweck begründet, dass natürliche Personen ihre Erfahrung als Unternehmer erst durch ihre Tätigkeit als Unternehmer erwerben.

MERKSATZ

Im Gründungstadium juristischer Personen und Personenhandelsgesellschaften ist die analoge Anwendung des § 513 BGB im Einzelfall möglich.

cc) Sachliche Anwendbarkeit

(1) Allgemein-Verbraucherdarlehensvertrag

(a) Entgeltlichkeit

Entgeltlichkeit

503 Bis zur Reform vom 11. März 2016 waren Verbraucherdarlehensverträge nur Darlehensverträge zwischen Unternehmern als Darlehensgebern und Verbrauchern oder Existenzgründern als Darlehensnehmern, die eine **entgeltliche Darlehensgewährung** zum Inhalt haben. Jedoch waren unentgeltliche Kreditverträge schon immer möglich. Dies ergibt sich bereits aus dem Umkehrschluss des § 488 III 3 BGB. Danach darf der Gelddarlehensvertrag auch unentgeltlich, das heißt, ohne Pflicht für den Darlehensnehmer, **Zinsen** zu zahlen, geschlossen werden. Gem. § 491 II 1 BGB setzt der Allgemein-Verbraucherdarlehensvertrag die Entgeltlichkeit des Vertrages nach seinem klaren Wortlaut voraus. Gleiches gilt für die Finanzierungshilfen und den Zahlungsaufschub in § 506 BGB.

Nullprozentfinanzierung

Widerruf unentgeltlicher Darlehen

Deshalb liegen nach dem klaren Wortlaut eigentlich keine Allgemein-Verbraucherdarlehensverträge im Falle einer so genannten **Nullprozentfinanzierung** vor.[1356] Dies hat nach neuem Recht aber keinen Einfluss mehr auf das Vorliegen eines Widerrufsrechts. Im durch die Reform vom 11. März 2016 neu eingefügten Untertitel 6 gewährt § 514 II BGB den Verbrauchern das Widerrufsrecht auch bei unentgeltlichen Darlehensverträgen, soweit nicht gem. § 514 I 2 BGB der Nettodarlehensbetrag gem.

1355   *MünchKomm-Schürnbrand, BGB, § 491 Rn 15, § 512 Rn 2*

1356   *BGH, Urteil vom 30.09.2014 - XI ZR 168/13*

§ 491 II 2 Nr. 1 BGB weniger als 200 € beträgt. Das Widerrufsrecht gem. § 514 II BGB war im Entwurf des Deutschen Bundestages zur Umsetzung der Wohnimmobilienkreditrichtlinie und zur Änderung handelsrechtlicher Vorschriften noch gar nicht vorgesehen.[1357] Erst der Bundesrat wies in seiner Stellungnahme auf die Gefahren der in der Praxis verbreiteten Nullprozentfinanzierung hin und begehrte ausdrücklich ein Widerrufsrecht, das auch unentgeltliche Darlehensverträge erfassen sollte.[1358]

Angesichts des gegenwärtigen extrem niedrigen Zinsniveaus gewähren oder vermitteln Anbieter von Konsumgütern ihren Kunden vermehrt eine sogenannte Nullprozentfinanzierung. Auch solche unentgeltlichen Darlehen schaffen für Verbraucher finanzielle Verpflichtungen, die eine Kreditwürdigkeitsprüfung und einen Übereilungsschutz durch ein Widerrufsrecht sowie einen Einwendungsdurchgriff rechtfertigen.[1359] Aus diesem Grunde gewährt § 514 II BGB nunmehr das Widerrufsrecht auch bei unentgeltlichen Darlehen.

Gefahren der Nullprozentfinanzierung

Der ebenfalls neu geschaffene § 515 BGB erstreckt die Wirkung des § 514 BGB auf den **unentgeltlichen Zahlungsaufschub** und die **unentgeltliche Finanzierungshilfe**.

Erstreckung auf Finanzierungshilfen

MERKSATZ

Allgemein-Verbraucherdarlehen sind nach dem Wortlaut des § 491 II BGB zwar nur entgeltliche Darlehen, jedoch gewährt § 514 II BGB im Falle eines unentgeltlichen Darlehens oder einer unentgeltlichen Finanzierungshilfe ein Widerrufsrecht.

(b) Form

Verbraucherdarlehensverträge sind gem. § 494 I BGB nur wirksam, wenn die **Schriftform** gem. § 126 BGB und die Pflichten zur Angabe der Informationen gem. § 492 BGB eingehalten wurden. Hier gilt es zu differenzieren.

504

Die **Nichteinhaltung der Schriftform** führt stets zur Formnichtigkeit des gesamten Vertrages gem. § 494 I BGB.

Nichteinhaltung der Schriftform

Zwar wird teilweise für eine Anwendung der §§ 125 S. 1, 139 BGB plädiert, weil die Formulierung in § 494 I BGB „Schriftform insgesamt" unpräzise sei.[1360]

M.M.: §§ 125 S. 1, 139 BGB anwendbar

BEISPIEL: Eine Vollmacht, eine Nebenabrede oder nicht verbundene AGB oder ein nicht verbundenes Schriftstück wurden nicht oder nur von einer Partei unterschrieben.

Vorzugswürdig ist es, § 494 I BGB als **lex specialis** gegenüber §§ 125 S. 1, 139 BGB anzusehen. Hierfür sprechen viele Argumente. Erstens enthält § 494 I BGB den Tatbestand einschränkende und ergänzende Abweichungen gegenüber § 125 BGB. Hierzu zählt die Erstreckung der Nichtigkeitssanktion auf das Fehlen einer der nach § 492 II BGB

h.M.: § 494 BGB ist lex specialis

1357   Bt-Drs. 18/5922
1358   Bt-Drs. 18/6286, S. 2
1359   Siehe Randnummern 518 und 521
1360   Erman-Saenger, BGB, § 494 Rn 3

geforderten Angaben.[1361] Überdies greift die Nichtigkeitsfolge des § 494 I BGB bei fehlender Aufnahme von Nebenabreden nach Art. 247, §§ 7 und 8 EGBGB in die Vertragserklärung ohnehin nicht ein. Dass § 492 IV BGB das Fehlen der Vollmacht als ebenso wichtig ansieht, wie die Einhaltung der Schriftform und die Pflichtangaben des § 492 II BGB, ist kein Zufall, sondern unterstreicht die Wichtigkeit der Pflichtangaben.[1362]

Fehlende Pflichtangaben

Fehlen Angaben, die gem. § 492 II BGB i.V.m. Art. 247, §§ 6, 9 - 13 EGBGB vorgeschrieben sind, ist der gesamte Vertrag nichtig. Für die Anwendung des § 139 BGB ist wegen des klaren Wortlautes kein Raum.[1363]

Problematisch ist aber die rechtliche Würdigung **fehlerhafter Angaben**. Macht der Darlehensgeber bei den verpflichtenden Angaben gem. § 492 II BGB i.V.m. Art. 247, §§ 6, 9 - 13 EGBGB Fehler, hat dies grundsätzlich keine Nichtigkeit zur Folge.[1364]

Fehlerhafte Pflichtangaben

BEISPIEL: Die Bank hat einen Geldbetrag im Kreditvertrag in der Höhe korrekt den Kreditkosten zugerechnet, diese aber fehlerhaft als Vermittlungsprovision und nicht als Bearbeitungskosten des Geldinstituts bezeichnet.

Anders verhält es sich nach allgemeiner Meinung, wenn die fehlerhaften Pflichtangaben vertragswesentliche Bestandteile betreffen, weil dann Formnichtigkeit gem. § 494 I BGB vorliegt.[1365]

MERKSATZ

§ 494 I BGB ist lex specialis zu § 125 S. 1 BGB. Formnichtigkeit tritt nach § 494 I BGB ein, wenn die Schriftform insgesamt nicht eingehalten ist oder die in § 492 II BGB genannten Pflichtangaben fehlen oder wenn fehlerhafte Pflichtangaben wesentliche Vertragsbestandteile betreffen.

(c) Heilung

Heilung gem. § 494 II BGB

505 Gem. § 494 II BGB wird der Verbraucherdarlehensvertrag wirksam, wenn der Kreditnehmer das Darlehen empfängt oder in Anspruch nimmt.

BEISPIEL: N erhält die Darlehenssumme von G ausgezahlt. Hier hat N selbst das Darlehen empfangen. K hat das Darlehen aufgenommen, um eine Kaufpreisschuld aus § 433 II BGB bei V zu begleichen. Auf Anweisung des K zahlt der Darlehensgeber den Kreditbetrag unmittelbar an V aus. Hier hat K das Darlehen in Anspruch genommen.

506 (d) Kein Ausschluss

Spezielle Ausschlussgründe finden sich in § 491 II BGB und § 495 II BGB. Weil diese aus sich heraus ohne Weiteres verständlich sind, wird auf eine ausführlichere Darstellung verzichtet.

1361   MünchKomm-Schürnbrand, BGB, § 494 Rn 14
1362   MünchKomm-Schürnbrand, BGB, § 494 Rn 11
1363   Erman-Saenger, BGB, § 494 Rn 4
1364   BGH, Urteil vom 14. 10. 2003 - XI ZR 134/02
1365   MünchKomm-Schürnbrand, BGB, § 494 Rn 12; Erman-Saenger, BGB, § 494 Rn 4

(2) Sonstige Finanzierungshilfen

Die §§ 491 ff. BGB finden auch auf die Teilzahlungsgeschäfte und sonstigen Finan-   **507**
zierungshilfen gem. § 506 BGB und auf Ratenlieferungsverträgen gem. § 510 BGB
Anwendung.

BEISPIEL: Das Schulbeispiel für die entgeltliche Finanzierungshilfe ist der
Finanzierungsleasingvertrag.[1366]

Bei **Teilzahlungsgeschäften** i.S.d. § 506 III BGB erbringt der Kreditgeber eine Vor-   Teilzahlungsge-
leistung durch Lieferung einer Sache oder einer vergleichbaren Leistung und erhält   schäfte
das Entgelt in Teilbeträgen später als bei Zug um Zug Leistung, um dem Verbraucher
die Zahlung zu erleichtern.[1367]

BEISPIEL: Verbraucher K kauft im Küchenstudio des V eine Einbauküche. Diese kostet bar
12.000 €. K und V vereinbaren die Zahlung von 36 Monatsraten zu je 350,- €.

Außer bei diesen typischen Finanzierungshilfen kann das Widerrufsrecht gem.
§§ 491, 495, 506 BGB auch in Lebenssachverhalten zur Anwendung kommen, wo die
Teilnehmer am Rechtsverkehr es kaum vermuten, nämlich bei Mobilfunkverträgen,
die in Geschäftsräumen abgeschlossen werden.[1368]

d) Einhaltung der Frist

aa) Beginn des Laufs der Widerrufsfrist

Der Lauf der Widerrufsfrist beginnt bei Allgemein-Verbraucherdarlehensverträgen   **508**   Allgemein-Ver-
gem. § 355 II 2 BGB grundsätzlich bei Vertragsschluss, sofern die Pflichtangaben   braucherdarle-
gem. § 492 II BGB gemacht wurden. Zusätzlich zu beachten sind aber sowohl § 356b I   hensverträge
BGB und § 356b II BGB i.V.m. § 492 II, VI 4 BGB.
Gem. § 356b I BGB beginnt die Widerrufsfrist nicht zu laufen, bevor die Vertragsur-   Pflichtan-
kunde zur Verfügung gestellt wurde.   gaben in
Zusätzlich muss die Urkunde gem. § 356b II BGB die **Pflichtangaben** des § 492 II   ausgehändigter
BGB enthalten. Diese Pflichtangaben für Allgemein - Verbraucherdarlehensverträge   Vertragsurkunde
befinden sich in Art. 247 §§ 6 bis 13 EGBGB. Art. 247 § 6 I EGBGB verweist hinsichtlich
der Pflichtangaben auf Art. 247 § 3 EGBGB. Art. 247 § 6 I EGBGB enthält die Anfor-   Entgeltliche
derungen an die Widerrufsbelehrung des § 495 BGB. Die Frist läuft nicht, wenn die   Finanzierungs-
Pflichtangaben nicht in der vorgeschriebenen Form gemacht und die Widerrufsbe-   hilfe
lehrung nicht ordnungsgemäß erteilt ist. Rechtssicherheit genießt der Unternehmer,
der hierfür das Muster in Anlage 7 zum EGBGB benutzt.

Dies gilt gem. § 506 I BGB entsprechend für entgeltliche Finanzierungshilfen. Die
Pflichtangaben befinden sich in Art. 247, § 12 EGBGB mit einigen Modifizierungen.

Bei den unentgeltlichen Krediten beginnt die Widerrufsfrist gem. § 356d S. 1 BGB,   Unentgeltliche
wenn der Verbraucher vom Unternehmer gem. § 514 II 3 BGB belehrt wurde.   Kredite

---

1366   *Palandt-Weidenkaff, BGB, § 506 Rn 5*
1367   *BGH, Urteil vom 22. 12. 2005 - VII ZR 183/04*
1368   *Siehe Randnummer 516*

bb) Länge der Widerrufsfrist

14-Tagesfrist

509 Die Länge der Widerrufsfrist beträgt gem. § 355 II 1 BGB grundsätzlich 14 Tage, wenn die Voraussetzungen des § 356b I, II BGB eingehalten wurden. Gem. Art. 247, §§ 6, 3 I EGBGB müssen die Pflichtangaben vor Vertragsschluss mitgeteilt worden sein.

Monatsfrist

Werden die Pflichtangaben nachgeholt, beträgt die Widerrufsfrist gem. § 356b II, 492 VI 4 BGB einen Monat. Sie beginnt, wenn der Darlehensnehmer die Pflichtangaben erhalten hat.

Ewiges Widerrufsrecht gem. § 356 III 3 BGB

Allerdings gibt es eine Besonderheit. Gem. § 356 III 3 BGB gilt die Beschränkung des Widerrufsrechts gem. § 356 III 2 BGB auf eine Höchstlänge von einem Jahr und 14 Tagen eben nicht bei Finanzdienstleistungen. Deshalb gibt es bei fehlender oder fehlerhaft erteilter, aber nicht korrigierter Widerrufsbelehrung bei Finanzdienstleistungen, die keine Immobiliar-Verbraucherdarlehensverträge sind, ein ewiges Widerrufsrecht.

> **KLAUSURHINWEIS**
>
> Bei **Allgemein-Verbraucherdarlehensverträgen** und den **entgeltlichen Finanzierungshilfen** gem. § 506 BGB gilt: Entweder hat der Unternehmer das „Muster für die Widerrufsinformation", Anlage 7 zum EGBGB benutzt. Dann beginnt die Widerrufsfrist gem. § 355 II 2 BGB. Werden Pflichtangaben korrekt nachgeholt, gilt § 492 VI 4 BGB. Enthält der Sachverhalt keinen Hinweis auf das Muster, sondern macht er stattdessen ausdrückliche Angaben zu den Informations- und Widerrufsbelehrungspflichten sollen die Kandidaten vermutlich einen Fehler finden, der zum ewigen Widerrufsrecht nach § 356 III 3 BGB führt.

cc) Ausnahme bei Immobiliar-Verbraucherdarlehensverträgen

Kein ewiges Widerrufsrecht bei Immobiliar-Verbraucherdarlehensverträgen

510 Durch das Gesetz zur Umsetzung der Wohnimmobilienkreditrichtlinie und zur Änderung handelsrechtlicher Vorschriften vom 11.03.2016[1369] wurde § 356b II 4 BGB eingefügt. Danach erlischt bei einem Immobiliar-Verbraucherdarlehensvertrag das Widerrufsrecht spätestens nach einem Jahr und 14 Tagen nach Vertragsschluss oder nach Aushändigung der Vertragsurkunde, wenn diese nach Vertragsschluss ausgehändigt wurde.

4. Rechtsfolgen des Widerrufs nach §§ 491 ff. BGB

511 Ergänzend zu den o.g. Regelungen normiert § 357a BGB die Rückabwicklung. Die empfangenen Leistungen sind spätestens nach 30 Tagen zurück zu gewähren. § 357a II BGB enthält eine Wertersatzpflicht für den Fall, dass der Vertrag in einer AGV-Situation oder per Fernabsatz zustande gekommen ist. § 357a III BGB regelt die Verpflichtung zur Zinszahlung des Verbrauchers im Zeitraum zwischen Auszahlung und Widerruf, wenn der Vertrag kein AGV oder Fernabsatzvertrag war.

1369   *BGBl. I Nr. 12, 2016, Seite 396*

VERBUNDENE VERTRÄGE

I. EINLEITUNG

Aus Verkäufersicht weisen **Teilzahlungsgeschäfte** Risiken auf. Wer freiwillig eine Vorleistung erbringt, wählt eine schlechte Position, wenn man die Angelegenheit aus strategischen Gesichtspunkten betrachtet. Wer vorleistet, übernimmt ohne Not das Insolvenzrisiko des Leistungsempfängers und trägt freiwillig alle Rückholrisiken. Sicherlich lässt sich gegen diesen Gedanken einwenden, der Vorleistende könne sich zur Abwendung solcher Gefahren dingliche oder persönliche Sicherheiten gewähren lassen.

512 Risiken des Teilzahlungsgeschäfts

BEISPIEL: Der vorleistende Verkäufer kann sich beim Teilzahlungsgeschäft einen Eigentumsvorbehalt einräumen lassen. Leistet der Käufer nicht pünktlich seine Raten, kann der Verkäufer unter den Voraussetzungen der §§ 449 II, 323 I BGB zurücktreten. Im Falle eines Verbraucherteilzahlungsgeschäftes gem. § 506 BGB sind die §§ 508, 498 BGB zusätzlich zu beachten. § 107 II InsO stärkt im Falle der Insolvenz des Vorbehaltskäufers die Rechte des Vorbehaltsverkäufers.

Jedoch drohen dem Verkäufer nicht nur die beschriebenen Insolvenzrisiken. Auch bei rechtlichen Auseinandersetzungen um Sach- oder Rechtsmängel sitzt der Käufer bei Teilzahlungsgeschäften wirtschaftlich am längeren Hebel. Er kann sich bequem auf die Einrede des § 320 BGB berufen und seiner Ratenzahlungspflicht seinen Nacherfüllungsanspruch aus §§ 437 Nr. 1, 439 I BGB entgegenhalten. Solche Blockadepositionen können in der Praxis je nach Intensität und Umfang des Geschäfts ein lästiges Ärgernis sein, fallweise können sie die wirtschaftliche Existenz bedrohen.

Einrede des § 320 BGB

Es ist nicht statistisch erfasst, wie häufig Teilzahlungsgeschäfte i.S.d. § 506 BGB in der Praxis wirklich vorkommen, man mag aber an ihrer Verbreitung aus ebendiesen Gründen zweifeln. In der heutigen Praxis dominiert das **drittfinanzierte Geschäft**. Bei diesem finanziert eine Bank den Kaufpreis, bzw. die entgeltliche Gegenleistung, wodurch der Unternehmer den o.g. Gefahren nicht mehr ausgesetzt ist, weil er das Geld sofort erhält. Diese Praxis ist das Ergebnis einer langen Entwicklung.

Finanzierung durch Dritte

Historisch war das Teilzahlungsgeschäft, bei der der Käufer die Ware sofort erhält, aber den Kaufpreis in Raten entrichtet, im **Abzahlungsgesetz** von 16.05.1894 geregelt.

Abzahlungsgesetz

Nach dem ersten Weltkrieg entwickelte sich infolge der Inflation von 1923 und ihrer Folgen circa ab dem Jahr 1925 der **drittfinanzierte Abzahlungskauf** in verschiedenen Formen. Bei einer dieser Formen waren der der Finanzierung dienende Kreditvertrag und der Kaufvertrag so stark aufeinander abgestimmt, dass der eine Vertrag nicht ohne den anderen geschlossen worden wäre. Aus Sicht des Käufers stellten sich beide Geschäfte als wirtschaftliche Einheit dar, weshalb man sie **verhüllte Abzahlungsgeschäfte** nannte und analog § 6 AbzG behandelte.[1370] Die umfassend dokumentierte richterliche Rechtsfortbildung deutet an, dass der Gesetzgeber des Kaiserreichs die Entwicklungen der Finanzwirtschaft und die wirtschaftliche Bedeutung nicht hatte vorher sehen können.

Verhülltes Abzahlungsgeschäft

1370   *RGRK-Kessler, BGB, 12. Auflage 1974, Anhang zu § 455, § 6 AbzG Rn 5*

Verbraucher-
kreditgesetz

Mit dem Verbraucherkreditgesetz trat am 01.01.1991 ein für die damalige Zeit modernes Gesetz in Kraft, das auch die unten näher beschriebenen Instrumente des **Einwendungsdurchgriffs** und **Rückforderungsdurchgriffs** in § 9 VerbrKrG bereits kannte.

Verbundene
Verträge im BGB

Mit dem Inkrafttreten des SMG haben die verbunden Verträge ihre Heimat in §§ 358 ff. BGB gefunden. Wegen ihrer Komplexität stellen sie nicht nur für angehende, sondern auch für examinierte Juristen eine besondere Herausforderung dar. Die folgenden Ausführungen behandeln die besonders klausurrelevanten Gebiete dieser Rechtsmaterie.

II. SYSTEMATIK UND VERTIEFUNG

1. Begriff des verbundenen Vertrages

513   Der verbundene Vertrag ist in § 358 III BGB legal definiert. Begrifflich setzt er einen Finanzierungszusammenhang und eine wirtschaftliche Einheit der Verträge voraus.[1371]

a) Finanzierungszusammenhang

Finanzierungs-
zusammenhang

514   Der Finanzierungszusammenhang erfordert einen engen Zusammenhang des finanzierten Vertrages mit dem Darlehensvertrag. Das Darlehen muss mindestens teilweise der Finanzierung des anderen Vertrages dienen.

> **BEISPIEL:** Verbraucher V kauft einen PKW bei Unternehmer U und nimmt zur Finanzierung des Kaufvertrages einen Kredit bei der Bank B auf.

Es kommt nicht darauf an, ob der Darlehensgeber den Kredit direkt an den Unternehmer auszahlt oder dem Verbraucher die Darlehensvaluta auszahlt, damit dieser es an den Unternehmer weitergibt.[1372]

> **BEISPIEL** V weist B an, die Darlehensvaluta direkt an U auszuzahlen.

b) Wirtschaftliche Einheit

Unwiderlegbare
Vermutung

515   Zunächst enthält § 358 III 2 BGB eine **unwiderlegbare Vermutung** für die wirtschaftliche Einheit. Danach liegt eine wirtschaftliche Einheit vor, wenn der Unternehmer entweder selbst die Finanzierung leistet oder, wenn der Unternehmer und der Darlehensgeber arbeitsteilig zusammenwirken.

> **BEISPIEL:** Verbraucher K kauft ein Auto in der Niederlassung des Automobilherstellers A. Der Automobilverkäufer U greift in die Schublade seines Schreibtisches und entnimmt dieser ein Formular der A-Bank zur Autofinanzierung. Gemeinsam füllen K und U das Darlehensantragsformular aus, reichen es bei der A-Bank ein, die daraufhin den Kredit bewilligt. Die Darlehenssumme wird direkt an die Niederlassung, des Verkäufers U des Autos, ausgezahlt.

1371   *Palandt-Grüneberg, BGB, § 358 Rn 10*
1372   *Palandt-Grüneberg, BGB, § 358 Rn 10*

Jenseits dieser Vermutungsregelung liegt ein verbundener Vertrag i.S.d. § 358 III 1 BGB vor, wenn über ein **Zweck-Mittel-Verhältnis** hinaus beide Verträge derart miteinander verbunden sind, dass der eine Vertrag nicht ohne den anderen geschlossen worden wäre.[1373] Als Indizien können die Zweckbindung des Darlehens zur Finanzierung eines bestimmten Geschäfts, durch die dem Darlehensnehmer die freie Verfügbarkeit über die Darlehensvaluta genommen wird, dienen. Weitere Indizien sind der zeitgleiche Abschluss beider Verträge, das Verwenden einheitlicher Formulare mit konkreten wechselseitigen Hinweisen auf den jeweils anderen Vertrag.

Indizien für die wirtschaftliche Einheit

BEISPIEL: Als Indiz gilt auch die Einschaltung derselben Vertriebsorganisation durch Darlehensgeber und Unternehmer sowie das Abhängigmachen des Wirksamwerdens des Erwerbsvertrags vom Zustandekommen des Finanzierungsvertrags mit einer vom Unternehmer vorgegebenen Bank.[1374]

MERKSATZ
Der **verbundene Vertrag** ist in § 358 III BGB legal definiert. Satz 2 enthält eine unwiderlegbare Vermutung.

2. Widerruf verbundener Verträge

Verbundene Verträge können auf zwei Arten durch Widerruf gem. § 355 BGB beendet werden.

516

Widerruf des Liefervertrages, § 358 I BGB

§ 358 I BGB regelt den **Widerruf des Liefervertrages** zwischen Verbraucher und Unternehmer, der mit dem Darlehen finanziert wurde. Zum Widerruf dieses Vertrages benötigt der Verbraucher ein Widerrufsrecht.

BEISPIEL: Dies kann z.B. § 312g I BGB sein.

Widerruft der Verbraucher diesen Vertrag, ist er an den mit dem Vertrag verbundenen Darlehensvertrag nicht mehr gebunden.

KLAUSURHINWEIS
Früher musste der Unternehmer gem. § 358 V BGB a.F. den Verbraucher über diese Rechtsfolge belehren. Unterließ er dies, war die Belehrung mangelhaft. So findet man es noch in älteren Lehrbüchern und Aufsätzen dargestellt. Nunmehr gilt diese Belehrungspflicht gem. Art. 247 § 12 I 2 Nr. 2b EGBGB nur noch für den Unternehmer, der ein Verbraucherdarlehen gewährt, weil die VRRL dies nicht mehr allgemein fordert. Der Unternehmer, der die finanzierte Leistung gewährt, muss auf diese Rechtsfolge folglich nicht mehr hinweisen.

Art. 247 § 12 I 2 Nr. 2b EGBGB

§ 358 II 1, 1. Fall BGB regelt den Widerruf des Darlehensvertrag, der zur Finanzierung des Liefervertrages abgeschlossen wurde. Bei diesem Darlehensvertrag muss es sich um einen Verbraucherdarlehensvertrag handeln.[1375] Welchen Inhalt der finanzierte

Widerruf des Darlehensvertrages, § 358 II BGB

1373   *BGH, Urteil vom 15.12 2009 - XI ZR 45/09 Rn 30*
1374   *BGH, Urteil vom 18.12.2007 - XI ZR 324/06 Rn 26*
1375   *Palandt-Grüneberg, BGB,*

Vertrag hat, ist grundsätzlich unerheblich.[1376] Widerruft der Verbraucher den Darlehensvertrag, ist er auch an den Liefervertrag nicht mehr gebunden. Gem. § 358 II 1, 2. Fall BGB ist der Verbraucher, der einen unentgeltlichen Darlehensvertrag gem. §§ 514 II, 495 BGB widerruft, ebenfalls nicht mehr an den finanzierten Vertrag gebunden.

KLAUSURHINWEIS

Die Widerrufsbelehrung muss im Falle des § 358 II 1, 1. Fall BGB zusätzlich zu den in Art. 247 § 6 EGBGB genannten Anforderungen den Hinweis auf die Rechtsfolge gem. Art. 247 § 12 I 2 Nr. 2b EGBGB enthalten.

---

517 **BEISPIEL** („Mobilfunk-Fall"): Verbraucher V betritt das Ladenlokal des Mobilfunkanbieters U. Dort fällt ihm in der Warenauslage das neueste Smartphone des Herstellers A auf. Der Neupreis beträgt 900,- €. V, der bisher nur billige Smartphones mit Prepaid-Karten betrieben hat, ist fasziniert. Weil er aus beruflichen Gründen morgens und abends je eine Stunde mit dem Zug unterwegs ist, würde er gerne in dieser Zeit im Internet surfen. Kurzerhand schließt er im Geschäftslokal einen Mobilfunkvertrag mit einer Laufzeit von 24 Monaten ab. Er bezahlt 1,- € für das Smartphone und monatlich 40,- € für eine Allnet-Flatrate mit 5 Gigabyte schnellem Datenvolumen. Hinzu kommt die Benutzungsgebühr für das Smartphone von 40,- € monatlich, das er nach 24 Monaten für die Einmalzahlung von weiteren 100,- € erwerben kann. Eine Widerrufsbelehrung erhält er nicht. Zunächst ärgert sich V über Fehlfunktionen, die U mit Hinweis auf die fehlende technische Kompetenz des V zurückweist. Als V am Wochenende zum Medenspiel erscheint, klärt ihn ein Mannschaftskamerad aus der Tennismannschaft darüber auf, dass er viel zu viel Geld bezahle und den Vertrag widerrufen dürfe. Nachdem U den Widerruf empfangen hat, stellt er sich gegenüber V auf den Standpunkt, diesem stünde kein Widerrufsrecht zu, weil der Vertrag im Ladenlokal zustande gekommen sei. Hat V ein Widerrufsrecht?

Ein Widerrufsrecht gem. § 312g BGB scheitert daran, dass der Vertrag nicht außerhalb des Geschäftsraums gem. § 312b BGB oder per Fernabsatz gem. § 312c BGB zustande gekommen ist.

In Betracht kommt aber ein Widerrufsrecht aus §§ 491, 495, 506 BGB. Der Mobilfunkvertrag könnte ein Dienstleistungsvertrag sein, der eine **sonstige entgeltliche Finanzierungshilfe** gem. § 506 I BGB enthält. Weil V Verbraucher gem. § 13 BGB und U Unternehmer gem. § 14 BGB ist, liegen die persönlichen Anforderungen vor. Dann muss der Mobilfunkvertrag eine Finanzierungshilfe sein. Die Vermutung des § 506 II BGB würde eine Pflicht des V zum Erwerb des Smartphones nach Laufzeitende erfordern. Hier besteht aber nur die Option zum Erwerb für 100,- €, hingegen keine Pflicht zum Erwerb. Fraglich ist, ob eine Finanzierungshilfe vorliegt.

1376   *MünchKomm-Habersack, BGB, § 358 Rn 11*

DEFINITION

Unter **Finanzierungshilfe** versteht man die zeitweilige Überlassung von Kauf-kraft an den Verbraucher in einer nicht als Darlehen oder Zahlungsaufschub zu qualifizierenden Form zur vorgezogenen Verwendung künftigen Einkommens für konsumtive oder investive Zwecke.[1377]

Finanzierungs-hilfe

Hier musste V den regulären Kaufpreis für das Mobiltelefon nicht zahlen, denn zum Preise von 1,– € kann regulär kein Handy erworben werden. Auch der Ablösepreis von 100,- € nach 24 Monaten liegt regelmäßig unter dem Marktwert zu diesem Zeitpunkt, wie ein Blick in den Zweitmarkt für gebrauchte Smartphones im Internet schnell aufzeigt. Der reguläre Kaufpreis wird mit 900,- € angegeben. Deshalb konnte V seine unangetastete Kaufkraft, die er sonst hätte aufwenden müssen, anderweitig einsetzen. Ferner muss es sich um eine entgeltliche Finanzierungshilfe gehandelt haben.

Mobilfunkanbieter berücksichtigen die Kosten ihres vorzeitigen Kapitalabflusses aufgrund der Anschaffung der Smartphones durch Finanzierung des Restkaufpreises nach allgemeiner Lebenserfahrung in ihrer Gebührenkalkulation.[1378] Weil dies auch bei U der Fall ist, ist deshalb auch von einer **Entgeltlichkeit** der Finanzierungshilfe auszugehen.

Entgeltlichkeit

Damit finanziert der Mobilfunkvertrag den Kaufvertrag und liegt eine sonstige ent-geltliche Finanzierungshilfe vor.

Als Ausschlussgründe ist § 506 IV, 491 II Nr. 1 BGB zu beachten. Jedoch übersteigt die Subvention die Bagatellsumme von 200,- € erheblich.

Bagatellsumme

Folglich ist der Widerruf hier wirksam. Gem. § 358 II BGB erfasst er auch den verbun-denen Vertrag über das Smartphone. Deshalb ist hier sowohl der Mobilfunkvertrag, als auch der subventionierte Kaufvertrag unwirksam.

KLAUSURHINWEIS

Aktuell werden in der Praxis die Verträge über das Smartphone nicht mehr als Kaufverträge, sondern als Mietverträge deklariert, an deren Ende die Chance des Kunden steht, das Gerät für einen Preis zu erwerben, der zwischen 50,- und 100,- € liegt. Ein Blick auf die Preisdifferenz und den Marktwert dieser Geräte am Ende der Laufzeit offenbart, dass sich solche Fälle vom oben dar-gestellten Mobilfunkfall[1379] nicht unterscheiden. Im Übrigen sollte stets das Umgehungsverbot gem. § 512 BGB beachtet werden.

1377   AG Dortmund, Urteil vom 13.10.2010 - 417 C 3787/10; LG Lüneburg, Hinweisbeschluss vom 13.01.2011 - 2 S 86/10
1378   Limbach, NJW 2011, 3770, 3771
1379   Siehe Randnummer 516

3. Rückforderungsdurchgriff gem. § 358 IV 5 BGB

518

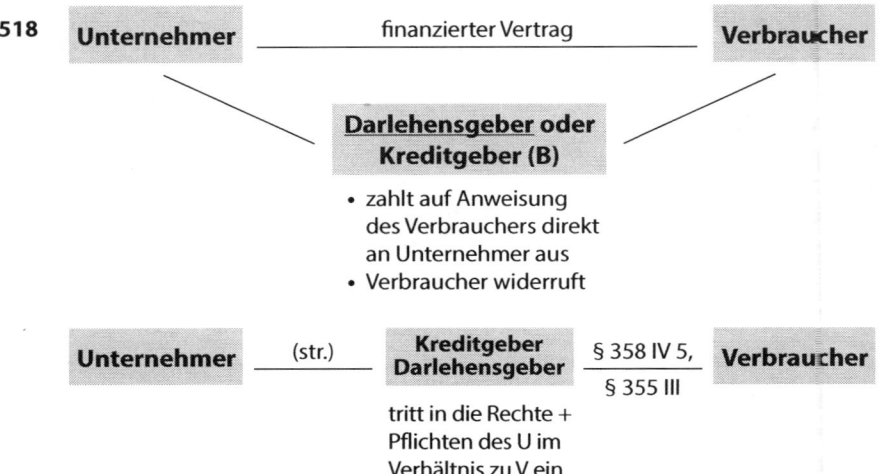

Wenn einer der beiden verbunden Verträge widerrufen wurde, müssen wegen der Wirkungen der § 358 I BGB und § 358 II BGB beide Verträge rückabgewickelt werden. Dies gilt gem. § 515 BGB auch für **unentgeltliche Darlehensverträge**.

Diese **Rückabwicklung** ist in § 358 IV BGB geregelt. Im Regelfall in der Praxis ist dem Unternehmer zurzeit des Widerrufs die Darlehensvaluta bereits zugeflossen. Dies hängt häufig damit zusammen, dass Finanzierungen von Konsumgütern so sehr zum Alltag geworden sind, dass Hersteller Banken gegründet haben, die die Finanzierung der Kaufverträge übernehmen. Einerseits fördert dies den Absatz der Ware, andererseits verdient man an der Finanzierung und verlängert auf diesem Wege die Wertschöpfungskette.

BEISPIEL: Der Autohersteller A betreibt die A-Bank, die als eigenständiges Unternehmen Kredite an Kunden zum Erwerb von Autos der Marke A in den Niederlassungen der A gewährt.

Ist dem Unternehmer die Darlehensvaluta zurzeit des Widerrufs bereits zugeflossen, gelten die Regeln des Rückforderungsdurchgriffs gem. § 358 IV 5 BGB. Dieser Rechtsnorm zufolge tritt der Kreditgeber nach dem Widerruf in die Rechte und Pflichten des Unternehmers ein. Dadurch entstehen **zwei Rückabwicklungsverhältnisse**.

aa) Rückabwicklungsverhältnis zwischen Verbraucher und Kreditgeber

BEISPIEL: Unternehmer U hat Verbraucher V ein gebrauchtes Auto für 5.750 € verkauft. K **519**
zahlt an V 1.500 € an. Den restlichen Kaufpreis finanziert K durch die Bank B. Den Kreditvertrag zwischen B und K hat V zustande gebracht, weil er die Finanzierung durch ein
von B ausgehändigtes Formular im Namen des K beantragt hat. Dieses Formular leitete
er an B weiter, die einen Kredit über die Darlehenssumme von 4.250 € bewilligte. Auf
Anweisung des K zahlte B das Geld direkt an V aus. K widerruft innerhalb der Frist den
Darlehensvertrag, nachdem er eine Rate bezahlt hat.

Weil die Kreditsumme hier dem Unternehmer zugeflossen ist, gilt für die Rückabwicklung § 358 IV 5 BGB.

Der Verbraucher V erhält gem. §§ 358 IV 5, 355 III BGB seine an U gezahlte Anzahlung
in Höhe von 1.500 € von B zurück, weil B in die Pflichten des U eintritt. Ferner erhält
er gem. § 355 III BGB die an B gezahlte Rate zurück.

Ansprüche des
Verbrauchers
gegen den
Darlehensgeber

Jedoch hat V keinen Anspruch auf Rückzahlung der Darlehensvaluta gegen U, um
die Geldsumme an B auszahlen zu müssen. Auch hat B keinen Anspruch auf Rückzahlung der Darlehensvaluta gegen V. Dies hat folgende Gründe:

§ 358 IV 5 BGB soll eine Rückabwicklung über das Dreieck verhindern. Denn bei
einer solchen hätte der Verbraucher zwei Rückabwicklungsschuldverhältnisse zu
bedienen und würde die Insolvenzrisiken sowohl des Unternehmers, als auch des
Kreditgebers tragen. Aus diesem Grunde soll sich der Verbraucher ausschließlich
mit dem Kreditgeber austauschen müssen. Den Teil des Nettokreditbetrags, der an
den Unternehmer geflossen ist, muss der Verbraucher nicht an den Darlehensgeber
zurückzahlen. Dies deshalb nicht, weil es durch den Eintritt des Darlehensgebers
in die Rechte und Pflichten des Unternehmers insoweit zu einer **rechtlichen Kon-
sumtion bzw. Konfusion** kommt. Das bedeutet auch, dass der Verbraucher und
Darlehensnehmer vom Darlehensgeber nur die Auskehrung solcher Beträge verlangen kann, die von ihm direkt und aus eigenem Vermögen an den Unternehmer
geflossen sind. § 358 IV 5 BGB bewirkt also, dass der Anspruch des Verbrauchers
auf Rückzahlung der an den Unternehmer geflossenen Leistung und der des Kreditgebers auf Rückzahlung des vollen Darlehens **kraft Gesetzes „verrechnet"**
werden.[1380]

Sinn und Zweck
des § 358 IV
5 BGB

Der Darlehensgeber kann gem. §§ 358 IV 5, 355 III BGB vom Verbraucher die Leistung
verlangen, die dieser vom Unternehmer erhalten hat. Folglich muss V das Auto nicht
an U, sondern an die Bank übereignen.

BEISPIEL (Variante zum letzten obigen Beispiel): V hat das Auto in der Zwischenzeit
beschädigt. Der Wertverlust beträgt 500,- €. V wurde von U und von B über sein Widerrufsrecht und vollumfänglich gem. Art 246a § 1 II 1 Nr. 1 EGBGB belehrt.

Wertersatz beim
Widerruf des
Darlehens

[1380]   *BGH, Urteil vom 16.12.2009 - IV ZR 126/09*

Wörtliche Auslegung des § 357 VII GB

Hier könnte B von V Wertersatz in Höhe von 500,- € fordern, wenn § 357 VII BGB über §§ 358 IV, 355 BGB zur Anwendung käme.

Vom Wortlaut her gilt § 357 VII BGB nur für den Fall des Widerrufs wegen eines AGV oder eines Fernabsatzvertrages. Diese liegen hier nicht vor.

Unabhängig von der Vertriebsform

Handelt es sich beim verbundenen Vertrag um die Lieferung von Waren oder Dienstleistungen, finden die Vorschriften des § 357 BGB auch dann Anwendung, wenn es sich beim verbunden Vertrag nicht um einen im Fernabsatz oder außerhalb von Geschäftsräumen geschlossenen Vertrag handelt. Dies ergibt sich schon aus § 357 IV 1 BGB, wo es „unabhängig von der Vertriebsform" heißt.[1381]

Teleologische Auslegung

Dieses Ergebnis lässt sich auch mit einem teleologischen Argument stützen. Der redlich belehrende Unternehmer würde ohne Wertersatz bleiben und demjenigen gleichgestellt sein, der den Verbraucher nicht redlich belehrt hat.

bb) Rückabwicklungsverhältnis zwischen Kreditgeber und Unternehmer

520

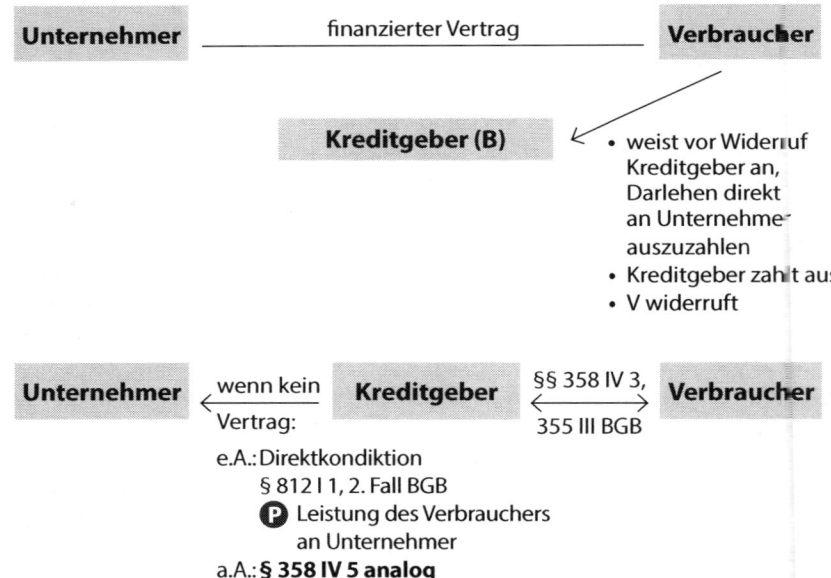

Im Gesetz nicht ausdrücklich geregelt wurden die Ansprüche, welche der Unternehmer und der Kreditgeber wechselseitig gegeneinander haben, nachdem der Verbraucher widerrufen hat.

BEISPIEL: im obigen Fall[1382] begehrt U von B die Übereignung des PKW, bzw. die 500,- € Wertersatz.

1381   Leier, VuR 2013, 457, 463
1382   Siehe Randnummer 518

Sofern eine ausdrückliche vertragliche Absprache zwischen Unternehmer und Darlehensgeber für diesen Fall vorliegt, kann auf diese zurückgegriffen werden.[1383] Dies kann ein Rahmenvertrag sein, der allerdings für die Annahme eines verbundenen Vertrages nicht erforderlich ist.[1384]

> **KLAUSURHINWEIS**
>
> Es besteht Einigkeit, dass dieser **Rahmenvertrag** als vertragliche Regelung allen anderen Konfliktlösungen vorgeht. Auf diesen Rahmenvertrag sollte man in Klausuren allerdings nur eingehen, wenn ein solcher im Sachverhalt zumindest angedeutet ist.

Umstritten ist die **Konfliktlösung**, wenn ein solcher Rahmenvertrag fehlt. Für den Fall der Formnichtigkeit hatte der BGH einen Anspruch aus § 812 I 1 2. Fall BGB vorgeschlagen.[1385] Diese Rückabwicklungsidee weitete der BGH später auch auf die Fälle des Widerrufs eines verbundenen Vertrages aus.[1386] Auch wenn diese Entscheidungen in nahezu jeder juristischen Abhandlung stehen, wirft die in ihr vorgeschlagene Konfliktlösung mehr Fragen auf, als sie Antworten gibt.

e.A.: Direktkondiktionsanspruch

Zunächst einmal ist die Annahme dieses **Direktkondiktionsanspruchs** schon deshalb zweifelhaft, weil nach allgemeiner Auffassung der Widerruf nicht zur Nichtigkeit der verbundenen Verträge führt, sondern diese nur in ein Rückabwicklungsverhältnis umwandelt. Es fehlt folglich kein Rechtsgrund zum Behaltendürfen. Allenfalls dann, wenn man die Anweisungen des Verbrauchers als Rechtsgrund ansähe und diese aufgrund des Widerrufs für nichtig halten würde, ließe sich die Überlegung des BGH rechtfertigen. Dem steht aber die in § 790 BGB normierte zeitliche Grenze entgegen. Danach ist ein Widerruf nach Auszahlung der Valuta rechtlich gar nicht möglich. Der Widerruf der Anweisung geht nach dieser zeitlichen Grenze ins Leere. Dies hat für die von § 358 IV 5 BGB erfassten Fälle zur Folge, dass eine Durchgriffskondiktion gem. § 812 I 1 2. Fall BGB des Darlehensgebers gegen den Unternehmer auf Grund der im Zeitpunkt der Auszahlung nicht widerrufenen und damit wirksamen Anweisung ausscheidet.[1387]

Kritik an der Annahme einer Direktkondiktion

Es ist deshalb vorgeschlagen worden, eine vom Gesetzgeber ungeplante Regelungslücke anzunehmen und für den Fall einer abwesenden vertraglichen Abrede zwischen Unternehmer und Kreditgeber diese Lücke analog § 358 IV 5 BGB zu schließen.[1388]

a.A.: § 358 IV 5 BGB analog

BEISPIEL: Im obigen Fall[1389] hätte U analog § 358 IV 5 BGB einen Anspruch auf Übereignung des von V erhaltenen PKW.

1383   Palandt-Grüneberg, BGB, § 358 Rn 21; Erman-R.Koch, BGB, § 358 Rn 33;
1384   MünchKomm-Habersack, BGB, § 358 Rn 88, § 359 Rn 79
1385   BGH, Urteil vom 06.12.1979 - III ZR 46/78;
1386   BGH, Urteil vom 17.09.1996 - XI ZR 164/94
1387   MünchKomm-Habersack, BGB, § 358 Rn 88
1388   MünchKomm-Habersack, BGB, § 358 Rn 89
1389   Siehe Randnummer 518

Streitentscheid   Entscheidend gegen die Annahme eines Anspruchs aus § 812 I 1 2. Fall 2 BGB spricht, dass der Darlehensgeber den Gegenstand (hier: den PKW) im Zuge der Rückabwicklung gem. § 358 IV 5 BGB durch eine bewusste und zweckgerichtete Leistung des Verbrauchers erlangt und damit eben gerade nicht in sonstiger Weise auf Kosten des Unternehmers. Wegen dieses **Vorrangs der Leistungsbeziehung** scheidet § 812 I 1, Fall 2 BGB als Anspruchsgrundlage aus.

Vorzugswürdig ist daher die Konfliktlösung analog § 358 IV 5 BGB.

> **MERKSATZ**
> Hat der Unternehmer zurzeit des Widerrufs des Verbrauchers auf dessen Anweisung die Darlehensvaluta bereits erhalten, richtet sich die Rückabwicklung im Verhältnis zwischen dem Verbraucher und dem Darlehensgeber nach § 358 IV 5 BGB. Im Verhältnis zwischen Darlehensgeber und Unternehmer gelten die zwischen ihnen getroffenen vertraglichen Abreden vorrangig. Bei deren Abwesenheit wird die Regelungslücke analog § 358 IV 5 BGB geschlossen.

4. Einwendungsdurchgriff

Sinn und Zweck des Einwendungsdurchgriffs   **521**   Wie oben beschrieben, bestehen beim Teilzahlungsgeschäft Risiken für den Darlehensgeber, die er mit der Drittfinanzierung umgehen kann. Anders als beim Teilzahlungsgeschäft kann der Verbraucher im Falle der Drittfinanzierung bei Mängeln der gelieferten Sache dem Verkäufer gegenüber nicht mit der Einstellung der Ratenzahlung drohen, weil dieser sein Geld bereits erhalten hat. Der Darlehensgeber, der das Geld an den Unternehmer ausgezahlt hat, wird den Verbraucher darauf hinweisen, nicht Partner des finanzierten Lieferungsvertrages zu sein. Anders als beim Teilzahlungsgeschäft hat der Verbraucher nun kein Druckmittel gegen den Kreditgeber in der Hand.[1390] Mit dem Einwendungsdurchgriff kann sich der Verbraucher gem. § 359 BGB gegen den Darlehensgeber des Verbraucherdarlehensvertrages wehren, indem er ihm alle Einwendungen und Einreden aus dem finanzierten Vertrag entgegenhält. Sinn und Zweck des § 359 BGB ist es, den Darlehensnehmer nicht schlechter zu stellen, als er im Falle eines Teilzahlungsgeschäftes stünde.

Anwendbarkeit auf unentgeltliche Darlehen   Gem. § 515 BGB findet § 359 BGB auch auf **unentgeltliche Darlehensverträge** Anwendung.

a) Rechtsfolge des Einwendungsdurchgriffs gem. § 359 BGB
Der Einwendungsdurchgriff gewährt dem Darlehensnehmer ein Leistungsverweigerungsrecht gegenüber dem Darlehensgeber.

1390   *Siehe Randnummer 512*

b) Voraussetzungen des Einwendungsdurchgriffs gem. § 359 BGB

aa) Prüfungsschema

1. Verbundener Vertrag gem. § 358 III BGB   522
2. Einwendungen aus dem verbundenen Vertrag
3. Kein Ausschluss des Einwendungsdurchgriffs

bb) Verbundener Vertrag gem. § 358 III BGB

Es muss sich um einen verbundenen Vertrag handeln.[1391]   523

cc) Einwendungen aus dem verbundenen Vertrag.

Ferner muss der Verbraucher aus diesem verbundenen Vertrag Einwendungen haben. Dies können alle rechtshindernden, rechtsvernichtenden oder rechtshemmenden Einreden sein. Auf den Begriff Einwendung kommt es nicht an.[1392]

(1) Nichtigkeitseinwand

Der stärkste Einwand ist der Nichtigkeitseinwand. Ist der finanzierte Vertrag aus   524   Nichtigkeits-
irgendeinem Grund nichtig, kann der Verbraucher die Nichtigkeit dem Darlehens-   einwand
geber entgegenhalten und jede Darlehensrückzahlung verweigern.

Besonderheiten ergeben sich allerdings im Falle der Anfechtungsmöglichkeit des finanzierten Vertrages. Fraglich ist, wer dann der Anfechtungsgegner ist. Im Falle der Anfechtung des verbundenen Vertrages ist eigentlich nach dem klaren Wortlaut des § 142 I BGB der Unternehmer der Anfechtungsgegner. Jedoch hat der BGH in den Fällen des kreditfinanzierten Fondsbeitritts entschieden, dass sich der Darlehensnehmer gegenüber dem Darlehensgeber auf eine arglistige Täuschung berufen und ihm diese entgegenhalten darf.[1393]

(2) Unwirksamkeitseinwand   525

Den Unwirksamkeitseinwand kann der Verbraucher erheben, wenn der kreditfinanzierte Vertrag nach seinem Abschluss unwirksam wurde.

BEISPIEL: Der kreditfinanzierte Dienstleistungsvertrag wurde rechtmäßig gem. §§ 626, 627 BGB gekündigt, sodass die Unwirksamkeit dieses Vertrages mit der Wirkung ex nunc eintritt.

(3) Naturalobligation gem. § 656 I 1 BGB oder gem. § 762 I 1 BGB

Diente der Kredit der Finanzierung einer unvollkommenen Verbindlichkeit gem.   526
§ 656 I 1 BGB oder § 762 I 1 BGB, kann der Einwand, keine Leistung zu schulden, dem Darlehensgeber entgegengesetzt werden.

1391   Siehe Randnummer 513
1392   MünchKomm-Habersack, BGB, § 359 Rn 37
1393   BGH, Urteil vom 21.07.2003 - II ZR 387/02

BEISPIEL: Verbraucher V hat einen Partnerschaftsvermittlungsvertrag durch eine Bank finanzieren lassen.

(4) Mängeleinrede

(a) Nacherfüllungsansprüche

Vorrang der Nacherfüllung

527 Hat der Verbraucher einen Nacherfüllungsanspruch aus einem Kaufvertrag gem. §§ 437 Nr. 1, 439 BGB oder aus einem Werkvertrag gem. §§ 634 Nr. 1, 635 I BGB muss er sich gem. § 359 I 3 BGB zuerst an seinen Vertragspartner halten und dort seine Rechte geltend machen, bis die Nacherfüllung fehlgeschlagen ist. Dem Fehlschlagen stehen die Verweigerung der Nacherfüllung oder ihre Unzumutbarkeit gem. §§ 440, 636 BGB gleich.

(b) § 438 IV 2 BGB oder § 634a V 2 BGB

Mängeleinrede

Ist der Nacherfüllungsanspruch verjährt und hat sich der Unternehmer auf die Verjährung berufen besteht gleichwohl das Leistungsverweigerungsrecht des Verbrauchers gem. § 438 IV 2 BGB oder § 634a V 2 BGB. Dies kann der Verbraucher dem Darlehensgeber als Mängeleinrede über § 359 I 1 BGB entgegenhalten.

(c) § 438 IV 2 BGB analog vor Verjährung des Nacherfüllungsanspruchs

528

| **Unternehmer** | Recht zum Rücktritt gem. §§ 437 Nr. 2, 323 BGB | **Verbraucher** |

Kreditgeber (B)　← 　§ 359 BGB

- B kann V eine Frist zur Ausübung der Mängelrechte setzen
- läuft sie ergebnislos ab: § 350 BGB analog

Generell besteht das Leistungsverweigerungsrecht auch, wenn der Darlehensnehmer aufgrund des Mangels zum Rücktritt berechtigt ist.

BEISPIEL: Das Rücktrittsrecht besteht gem. §§ 437 Nr. 2, 326 V BGB oder gem. §§ 437 Nr. 2, 440 I, 323 I BGB.

Mängeleinrede vor Verjährung

Deshalb gewährt man dem Darlehensnehmer grundsätzlich das Recht, dem Darlehensgeber die **Mängeleinrede** analog § 438 IV 2 BGB entgegenzuhalten.
Allerdings sind die schutzwürdigen Belange des Darlehensgebers zu berücksichtigen. Grundsätzlich muss der Darlehensnehmer erklären, ob er aufgrund des Mangels zurücktreten oder mindern will. Fraglich ist die Rechtslage, wenn der Darlehensnehmer kein Gestaltungsrecht ausübt, sondern die Rechtslage in der Schwebe hält.

BEISPIEL: Die Bank B verlangt von Verbraucher V die Zahlung der Darlehensraten, nachdem B auf Anweisung des V an den Unternehmer U, bei dem V ein Auto gekauft hat, die gesamte Darlehensvaluta ausgezahlt hat. V und U streiten sich wegen eines Mangels. Nachdem U die Beseitigung verweigert hat, tritt V zunächst nicht zurück, sondern äußert gegenüber B: „Ich zahle nicht, denn ich könnte zurücktreten."

Für ein solches Verhalten kann es durchaus rationale Gründe geben. V hat ein Rücktrittsrecht gem. §§ 437 Nr. 2, 440, 323 I BGB gegenüber U. Tritt V nämlich tatsächlich zurück, wandelt sich der Kaufvertrag in ein Rückgewährschuldverhältnis gem. §§ 346 ff. BGB. Aus diesem schuldet V dem U dann gem. §§ 346 I, 100 BGB die Vergütung der gezogenen Nutzungen.[1394] Dieser Geldbetrag kann je nach Anzahl der gefahrenen Kilometer erheblich sein. Man gestattet V analog § 438 IV 2 BGB die aus dem Rücktrittsrecht stammende Einrede grundsätzlich der B gem. § 359 BGB entgegenzuhalten.

Eine unbeschränkte Möglichkeit des V, den Einwendungsdurchgriff gem. § 359 BGB auf diese Mängeleinrede zu stützen, würde aber schutzwürdige Belange der B missachten. Diese hat keine Möglichkeit, sich an U zu halten, weil ihr gegen diesen kein Anspruch zusteht. Deshalb kann man V nicht gestatten, die Rechtslage unbegrenzt in der Schwebe zu halten.

Vertretbar wäre es, aus ergänzender Auslegung des Darlehensvertrages gem. §§ 133, 157, 242 BGB dem Darlehensgeber einen Anspruch gegen den Darlehensnehmer auf Abtretung seiner Rechte aus § 437 BGB oder § 634 BGB zuzubilligen, wenn sich dieser auf sein Rücktrittsrecht beruft, ohne zurückzutreten. Jedoch erscheint dieser Ansatz unnötig kompliziert.

Vorzugswürdig ist es, analog § 350 BGB dem Darlehensgeber das Recht einzuräumen, dem Darlehensnehmer eine Frist zur Ausübung seiner Mängelrechte gegenüber dem Unternehmer zu bestimmen. Läuft diese ergebnislos ab, soll das Rücktrittsrecht erlöschen.[1395] Auf diese Art und Weise sind die Interessen des Verbrauchers hinreichend geschützt, ohne die Interessen des Darlehensgebers dauerhaft zu gefährden. Es obliegt V, beizeiten eine Entscheidung zu treffen.

§ 350 BGB analog

MERKSATZ

Grundsätzlich kann der Verbraucher auch sein Rücktrittsrecht wegen eines Mangels der Kaufsache aus § 437 Nr. 2 BGB über § 438 IV 2 BGB analog als Mängeleinrede dem Darlehensgeber gem. § 359 BGB entgegenhalten. Der Darlehensgeber kann sich gegen einen Missbrauch dieses Rechts durch Fristsetzung zur Rücktrittserklärung analog § 350 BGB wehren.

dd) Kein Ausschluss des Einwendungsdurchgriffs

(1) § 359 I 2 BGB

§ 359 I 2 BGB schließt Einwendungen aus, die aus einer Vereinbarung zwischen Verbraucher und Unternehmer stammen, die diese nach Abschluss des Darlehensvertrages getroffen haben.

529

1394   Siehe Randnummer 438
1395   Erman-R.Koch, BGB, § 359 Rn 10

(2) § 359 I 3 BGB

Gem. § 359 I 3 BGB kann der Darlehensnehmer die Rückzahlung erst verweigern, wenn sein Recht auf Nacherfüllung fehlgeschlagen ist. Dem Fehlschlagen steht beim verbundenen Vertrag die endgültige Leistungsverweigerung gleich.

5. Rückabwicklung des verbundenen Vertrages außerhalb des Widerrufs

Verbundene Verträge werfen auch dann Fragen hinsichtlich ihrer Rückabwicklung auf, wenn sie nicht widerrufen worden sind.

a) Nichtigkeit des verbundenen Vertrages

Nichtige, aber nicht widerrufene verbundene Verträge

530   Fraglich ist, wie nichtige, aber nicht widerrufene verbundene Verträge rückabgewickelt werden.

> **BEISPIEL:** Unternehmer U verkauft an Verbraucher V einen PKW für 5.000 € Kaufpreis. V leistet eine Anzahlung von 1500 € direkt an U. Die restlichen 3.500 € finanziert er unter Mithilfe des U durch die Bank B, die den Geldbetrag von 3.500 € direkt an U auszahlt. Nachdem V eine Rate in Höhe von 250,- € an B gezahlt hat, stellt sich der Kaufvertrag mit U als nichtig heraus. Wie ist die Rechtslage?

531   aa) Anspruch gegen den Unternehmer

Unternehmer

Im Falle der Nichtigkeit des verbundenen Vertrages steht dem Darlehensnehmer zusätzlich zum Einwendungsdurchgriff[1396] ein Anspruch gegen den Unternehmer auf **Rückzahlung** seiner an den Unternehmer **geleisteten Anzahlung** aus § 812 I 1 1. Fall BGB zu.

> **BEISPIEL:** Im obigen Beispielsfall[1397] erhält V von U die 1.500 € zurück.

bb) Anspruch gegen den Darlehensgeber

532

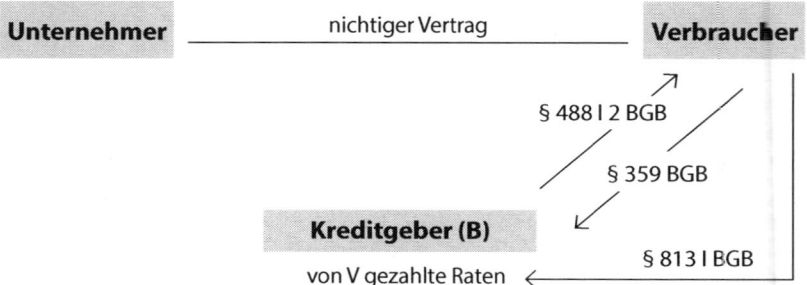

Darlehensgeber

Gegen den Darlehensgeber steht ihm ein Anspruch auf Rückzahlung der an den Darlehensgeber geleisteten Darlehensraten aus § 813 I 1 BGB zu. Die Nichtigkeit des verbundenen Vertrages ist eine dauernde Einrede i.S.d. § 813 BGB.

1396   *Siehe Randnummer 521*
1397   *Siehe Randnummer 530*

BEISPIEL: V kann im obigen Beispiel von B die 250,- € zurück verlangen.

Allerdings muss der Verbraucher Zug um Zug seinen Anspruch, den er gegen den Unternehmer aus § 812 I 1 1. Fall BGB auf Rückzahlung der geleisteten Valuta hat, an den Darlehensgeber abtreten.

BEISPIEL: Im obigen Beispielsfall[1398] hat U Eigentum und Besitz an den 3.500 € erlangt. Diese erhielt er aus seiner Sicht auf Anweisung ces V, mithin durch dessen Leistung. Darauf, dass B tatsächlich ausgezahlt hat, kommt es nicht an. Im Bereicherungsrecht erbringt der eine Leistung, der die Vermögensmehrung mit der rechtlichen Zwecksetzung verbindet. Weil der Kaufvertrag nichtig ist, erlangte U den Vermögensvorteil ohne rechtlichen Grund. Den hieraus resultierenden Anspruch aus § 812 I 1 1. Fall BGB auf Rückzahlung der 3.500 € muss V an B abtreten, damit E gegen U vorgehen kann.

b) Nach Rücktritt des Verbrauchers aufgrund eines Mangels

Fraglich ist die Rückabwicklung, wenn der Verbraucher vom verbundenen Kauf- **533** vertrag wegen eines Mangels der Kaufsache zurückgetreten ist.

BEISPIEL: Unternehmer U verkauft an Verbraucher V einen PKW für 5.000 € Kaufpreis. V leistet eine Anzahlung von 1.500 € direkt an U. Die restlichen 3.500 € finanziert er unter Mithilfe des U durch die Bank B, die den Geldbetrag von 3.500 € direkt an U auszahlt. Weder U noch V haben erkannt, dass der PKW einen unentdeckten Mangel aufweist. Deshalb zahlt V zwei Raten an B in Höhe von jeweils 250,- €. Plötzlich bemerkt er den Mangel und verlangt von U Nacherfüllung gem. §§ 437 Nr. 1, 439 I BGB, die U unberechtigt verweigert. Daraufhin tritt V vom Kaufvertrag mit U gem. §§ 437 Nr. 2, 323 I, 346, 349 BGB zurück. Wie ist die Rechtslage?

aa) Verhältnis zum Unternehmer

Die Rückabwicklung erfolgt im Verhältnis zwischen Unternehmer und Darlehens- **534**   Rücktrittsregeln
nehmer gem. § 346 ff. BGB. Alle Zahlungen, die der Unternehmer erhalten hat, muss er an den Verbraucher und Darlehensnehmer auskehren.

BEISPIEL: Im obigen Beispiel[1399] muss U dem V die gesamten 5.000 € gem. § 346 I BGB auszahlen.

Gem. §§ 348, 346, 320 BGB kann der Unternehmer die von ihm erbrachte Leistung zurückfordern, ferner Nutzungsvergütung und Wertersatz verlangen.

BEISPIEL: Im obigen Beispiel[1400] muss V dem U das Auto gem. § 346 I BGB rückübereignen und gezogene Nutzungen gem. §§ 346 I, 100 BGB vergüten.

1398   *Siehe Randnummer 530*
1399   *Siehe Randnummer 533*
1400   *Siehe Randnummer 533*

bb) Verhältnis zum Darlehensgeber

Auszahlung an den Darlehensgeber

535 Es ist unstreitig, dass der Darlehensnehmer den an ihn vom Unternehmer gezahlten Geldbetrag, z.B. den zurückgezahlten Kaufpreis, an den Darlehensgeber weiterleiten muss, allerdings in gekürzter Höhe. Es ist unstreitig, dass er die von ihm selbst an den Unternehmer geleistete Anzahlung und die an den Darlehensgeber geleisteten Tilgungsraten abziehen kann.

> **BEISPIEL:** V zieht von den 5.000 € die an U gezahlte Anzahlung in Höhe von 1.500 € und die beiden Darlehensraten von je 250,- €, also insgesamt 500,- € ab. Die restlichen 3.000 € zahlt er an B aus.

Gestritten wird um die Höhe der Rückzahlung und die Anspruchsgrundlage.

Zinsen und Kosten

Zum Teil wird vertreten, dass der Verbraucher die von ihm geleisteten Zinsen und Finanzierungskostenanteile einbehalten kann.[1401] Hiergegen wird aber zu Recht eingewendet, dass es hierzu an einer Anspruchsgrundlage fehle, die dem Käufer einen Anspruch auf Rückzahlung dieser Kosten gewähre.[1402]

AGL im Bereicherungsrecht

Der Anspruch des Darlehensgebers gegen den Darlehensnehmer auf Rückzahlung der Darlehensvaluta richtet sich nach überkommener Meinung im Falle des Rücktritts vom finanzierten Kaufvertrag nach dem Bereicherungsrecht.[1403] Vor der Kodifizierung des § 313 BGB sollte wie beim Leasingvertrag nach Wegfall des finanzierten Vertrages die Geschäftsgrundlage für den Darlehensvertrag rückwirkend entfallen. Mit der Kodifizierung des § 313 BGB ist dieser Wegfall mit dem Wortlaut des § 313 BGB allerdings nicht mehr vereinbar, vielmehr muss der Darlehensnehmer den Darlehensvertrag kündigen.[1404]

Kündigungsrecht aus § 313 III 2 BGB

Sucht man die Lösung über das Bereicherungsrecht, muss man Folgendes akzeptieren: Nach dem Rücktritt des Darlehensnehmers gegenüber dem Unternehmer entfällt der Darlehensvertrag zwischen dem Darlehensnehmer und dem Darlehensgeber nicht mehr ohne Kündigung. Der Darlehensnehmer hat folglich die Wahl, den Darlehensvertrag zu erfüllen oder zu kündigen. Ersteres ist wegen der Verzinsung ungünstig, weshalb er die Kündigung wählen wird. Das Kündigungsrecht aus § 313 III 2 BGB dürfte regelmäßig gegeben sein. Der Bestand des finanzierten Vertrages ist Geschäftsgrundlage i.S.d. § 313 I BGB für den Darlehensvertrag. Sie entfällt, wenn sich aufgrund des Rücktritts der finanzierte Vertrag in ein Rückgewährschuldverhältnis wandelt. Weil eine Vertragsanpassung beim Darlehensvertrag regelmäßig nicht möglich sein wird, darf der Darlehensnehmer den Darlehensvertrag gem. § 313 III 2 BGB kündigen und muss den vom Unternehmer zurückgezahlten Geldbetrag als rechtsgrundlos empfangene Darlehensvaluta auskehren.

1401   *MünchKomm-Habersack, BGB, § 359; OLG Düsseldorf, NJW-RR 1996, 1265*
1402   *LG Bochum, NJW-RR 2002, 349*
1403   *AnwK-Dauner-Lieb/Ring, § 359 Rn 41, Palandt-Grüneberg, § 359 Rn 5*
1404   *Erman-R.Koch, BGB, § 359 Rn 5, 11*

BEISPIEL: Im obigen Fall[1405] hat der Darlehensgeber B gegen den Darlehensnehmer V nach dessen Rücktritt vom Kaufvertrag so lange einen Anspruch auf Zahlung der Darlehensraten aus § 488 I 2 BGB bis dieser ihm die Kündigung gem. § 313 III 2 BGB erklärt. Nach der Kündigung des Darlehensvertrages hat der Darlehensgeber einen Anspruch aus § 812 I 2 1. Fall BGB auf Rückzahlung der an U ausgezahlten Darlehensvaluta. Erlangt hatte V die Befreiung von der Verbindlichkeit gem. § 433 II BGB gegenüber U aus dem Kaufvertrag in Höhe von 3.500 €. Auf Anweisung des Verbrauchers und Darlehensnehmers zahlte B in Erfüllung der Darlehensverbindlichkeit gem. § 488 I 1 BGB diese Summe an U aus und leistete damit gegenüber V bewusst dessen Befreiung von der Verbindlichkeit. Der Rechtsgrund hierfür bestand im Darlehensvertrag, welcher allerdings nun durch die Kündigung weggefallen ist. Von den 3.500 € sind die von V bereits an B gezahlten Raten in Höhe von 500,- € abzuziehen. Somit erhält B noch 3.000 € von V.

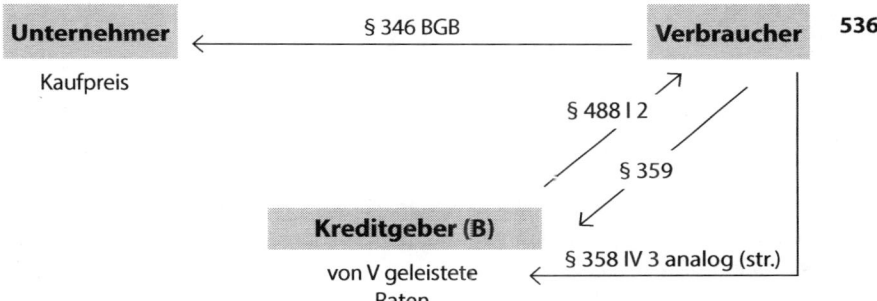

536

Sehr umstritten ist, ob der Darlehensnehmer hinsichtlich der von ihm an den Darlehensgeber gezahlten Tilgungsraten einen Rückforderungsdurchgriff gegen den Darlehensgeber hat. Hinsichtlich des Geldbetrages, den die Tilgungsraten in Summe ergeben, könnte dann ein Gesamtschuldverhältnis bestehen. Diese Überlegung wird angestellt, um dem Verbraucher im Falle der Insolvenz des Unternehmers einen solventen Schuldner für die geleisteten Raten, nämlich den Darlehensgeber zu verschaffen.

Rückforderungsdurchgriff

Fraglich ist aber, ob es hierfür eine Anspruchsgrundlage gibt.

Wer die Konfliktlösung im Verhältnis zwischen dem Darlehensnehmer und dem Darlehensgeber im Bereicherungsrecht sucht, wird einen Anspruch aus § 813 I BGB präferieren. Ein Anspruch aus § 813 I 1 BGB ist aber in der Regel unanwendbar, wenn der Darlehensnehmer das Darlehen bedient hat. Denn eine dauernde Einrede stand ihm regelmäßig nicht zu. Vor der Erklärung des Rücktritts wird § 359 BGB wegen des Vorrangs der Nacherfüllung gem. § 359 I 3 BGB ausgeschlossen sein.

§ 813 BGB greift nicht

1405   Siehe Randnummer 492

BEISPIEL: Im obigen Beispiel[1406] zahlte V die beiden Raten an B, weil er den Mangel des PKW nicht erkannt hatte. Ihm stand zurzeit der Zahlung gegen U die Einrede aus §§ 320, 437 Nr. 1, 439 I BGB zu.

Keine dauernde Einrede

Die Einrede aus §§ 320, 437 Nr. 1, 439 I BGB ist nur eine vorübergehende Einrede. Selbst wenn man sie über § 359 BGB dem Darlehensgeber entgegenhalten könnte, was ohnehin am Vorrang der Nacherfüllung gem. § 359 I 3 BGB scheitert, wäre sie keine Einrede im Sinne des § 813 I BGB. § 813 I BGB fordert nämlich, dass der Leistende trotz einer entgegenstehenden, dauerhaften Einrede geleistet hat.

BEISPIEL: Aus diesem Grund hat V gegen B im obigen Beispiel[1407] keinesfalls einen Anspruch aus § 813 I BGB. Als er die Darlehensraten an B zahlte, stand ihm nur die vorübergehende Einrede gegen U aus §§ 320, 437 Nr. 1, 439 I BGB zu. Diese genügt aber nicht für eine Rückforderung aus § 813 I BGB.

Rückforderungs-durchgriff analog § 358 IV 5 BGB

Weil § 813 I BGB keine Hilfe bietet, hat der BGH in einer älteren Entscheidung im Falle der Insolvenz des Unternehmers dem Darlehensnehmer einen Rückforderungs-durchgriff analog § 358 IV 3 BGB a.F., (heute: § 358 IV 5 BGB analog), gegen die Bank gewährt.[1408]

Ablehnung dieser analogen Anwendung

Diese Entscheidung ist auf Kritik gestoßen. Sie wird mit dem Argument abgelehnt, dies würde die Risiken des Darlehensgebers potenzieren.[1409] Ferner wird kritisiert, dass dem Verbraucher ein Aufspaltungsvorteil durch den verbundenen Vertrag entstünde, den er im Zwei-Personen-Verhältnis zum Unternehmer, etwa bei einem Teil-zahlungsgeschäft, nicht hätte.[1410]

537 In einer jüngeren Entscheidung hat der BGH eine analoge Anwendung des § 358 IV 5 BGB zugunsten des Verbrauchers mit einer ähnlichen Begründung abgelehnt. Die Erstreckung der in § 358 Absatz IV 3 BGB a.F. (jetzt: § 358 Absatz IV 5 BGB) zum Schutz des Verbrauchers angeordneten Rechtsfolge auf die Rückabwicklung eines Kaufvertrags in Folge des Rücktritts wegen eines Sachmangels, sei ausweislich der Gesetzesmaterialien zu keinem Zeitpunkt in Erwägung gezogen worden (BT-Drs. 14/6040, 200 f.; BT-Drs. 14/6857, 24 [58]; BT-Drs. 11/5462, 23 f. [zu § 8 VerbrKrG-E]). Im Gegenteil zeige § 359 BGB, der die Vorschrift des § 358 BGB ergänze, dass der Gesetz-geber davon ausging, bei Sachmängeln einer Kaufsache sei der Käufer im Falle des Vorliegens eines verbundenen Geschäfts durch den dort geregelten Einwendungs-durchgriff ausreichend geschützt.[1411]

1406   *Siehe Randnummer 533*
1407   *Randnummer 533*
1408   *BGH, BKR 2003, 795*
1409   *MünchKomm-Habersack, BGB, § 359 Rn 75*
1410   *Staudinger/Kessal-Wulf, BGB, § 359 Rn 32*
1411   *BGH, NJW 2015, 3455, 3456*

Die historische Argumentation überzeugt aber nicht. Die Gesetzesmaterialien sprechen vielmehr für das Gegenteil. Die Begründung des Referentenentwurfs vom 10.06.1988 enthielt auf Seite 34 noch folgenden Hinweis:

„Andererseits gewährt der Entwurf dem Verbraucher auch keinen Forderungsdurchgriff (Rückforderungsanspruch). Eine Haftung des Kreditgebers für einen Rückforderungsanspruch des Verbrauchers gegenüber dem Verkäufer ist ausgeschlossen". Exakt dieser Satz wurde im Regierungsentwurf gestrichen.[1412] Deshalb lässt sich argumentieren, 359 BGB (damals § 9 VerbrKrG) sei damit als offene Vorschrift zu lesen, durch die der Gesetzgeber die Frage des Rückforderungsdurchgriffs bewusst Rechtsprechung und Lehre überlassen hat.[1413]

Zumindest im Falle der Insolvenz des Unternehmers kann man eine planwidrige Regelungslücke und die mit § 358 IV 5 BGB vergleichbare Interessenlage gut vertreten. Der Verbraucher ist besonders schutzwürdig, weil er aufgrund der Finanzierung höhere Kosten als bei einem Bargeschäft zu tragen hat.

1412   BT-Drs. 11/5462, S. 23
1413   Reinking/Nießen, ZIP 91, 79, 84; Erman-R.Koch, BGB, § 359 Rn 11

STICHWORTVERZEICHNIS

Die Zahlen beziehen sich auf die **Randnummern** der Abschnitte.

A

Abmahnung	340
Abzahlungsgesetz von 16.05.1894	512
Allgemein-Verbraucher-darlehensvertrag	182, 497, 503
Annahmeverzug	**18, 27, 39, 40, 48, 49, 116**
Abgrenzung zur Unmöglichkeit	49
Entbehrliches Angebot § 296	73
Entbehrlichkeit der Angebotshandlung, § 296 BGB	48
Ersatz der Mehraufwendungen	62
Fähigkeit und Bereitschaft zur Leistung gem. § 297 BGB	49
Gegenleistungsgefahr/Preisgefahr	55
Gläubigerverzug	39
Haftungserleichterung gem. § 300 I BGB	61
Leistungsgefahr	54
Preisgefahr	54
Sachgefahr	58
Selbsthilfeverkauf	62
Tatsächliches Angebot	41
Wörtliches Angebot, § 295 BGB	42
Äquivalenzinteresse	
Definition	36
Aufklärungspflicht	22, 375
Aufwendungen	**37**
Arbeitsleistungen	190
Aufwendungen gem. § 284 BGB	189
Erwerbsbezogene Aufw.	158
Ideelle Aufwendungen	160
Nutzenbezogene Aufwendungen	159

Aufwendungsersatz	**183, 185**
§§ 311a II 1 2. Fall, 284 BGB	297
Aufwendungsersatz Rechtsfolge	201
Entgangener Gewinn aus Alternativgeschäften	191
Fixaufwendungen	187
Frustrationsschäden gem. § 284 BGB	183
Kausalität	196
Keine anderweitige Zweckverfehlung	197
Kommerzielle Aufwendungen	199
Nichtkommerzielle Aufw.	198
Nutzlosigkeit der Aufw.	195
Verlangen analog § 281 IV BGB	201
Vertragskosten	191
Zweckbündel	200
Ausschluss des Widerrufsrechts	474

B

Barzahlungspreis	500
Basiszinsatz	118
Bedingung	
Definition	151
Potestativbedingung	151
Beispielsfall	
Biodiesel-Fall	128
Fränkische Partnersuche	479
Beispielsfälle	
Abbruchjäger-Fall	294
Altmetall-Fall	413
Anlageberater-Fall	324
Anrechnungs-Fall	302
Autohändler-Fall	360

Bananenschalen-Fall 1
Bauarbeiter-Fall 353
Boten-Fall 466
Briefmarken-Fall 389
Carfreitag-Fall 308
Cerberus-Fall 8
Cheddar-Käse-Fall 129
Couch-Fall 474
EDV-Anlagen-Fall 176
Friseur-Fall 348
Geld-hat-man-zu-haben-Fall 112
Grüne-Woche-Fall 471
Heizöl-Fall 406
Hochseeschlepper-Fall 215
Inflations-Fall 398
Kaffeeröster-Fall 258
Kartoffel-Fall 82
Klavierlehrer-Fall 49
Klavierlieferungs-Fall 41
Klempner-Fall 477
Konzertreise-Fall 160
Krankenhaus-Fall 357
Labrador-Fall 330
Leuchten-Fall 461
Linoleumrollen-Fall 3
Lizenzspieler-Fall 424
Malerfall 296
Messerstecher-Fall 31
Mobilfunk-Fall 517
NELG-Fall 408
Notebook-Fall 68
Öffentlicher-Auftraggeber-Fall 376
OHG-Beitritts-Fall 467
Schlechtes Geschäft-Fall 440
Schneefall-Fall 9
Schwiegerelterngeschenk-Fall 396
Sitzkissen-Fall 143
Skyline-Fall 350
Stadthallen-Fall 183
Teppichrollen-Fall 365
Testimonial-Fall 340
Tiefgaragen-Fall 247
Tischlieferungs-Fall 51
Tresor-Fall 357
Ungeschickter Maler-Fall 360
Wahrsagerinnen-Fall 270
Warzen-Fall 332

Weinsteinsäure-Fall 374
Wohnungs-Fall 126
Wohnzimmertür-Fall 150
Zinn-Fall 153

Benachteiligungsverbot
Benachteiligungs- und
Umgehungsverbot 461
Bereichsausnahmen 472
Beweglicher Geschäftsraum 471
Beweglicher Gewerberaum 470
Beweislastumkehr
Beweislastumkehrungsregel 110
Billigkeit i.S.v. § 284 BGB 193
Bringschuld **15, 26**
§ 300 II BGB 239
Definition 13
Bürgschaft 468

C

Culpa in contrahendo **3**
Abbruch von Vertragsverhandlungen
ohne triftigen Grund 376
Anwendbarkeit neben den
§§ 119, 123 BGB 370
Anwendbarkeit neben den
§§ 434 ff. BGB 372
Aufklärungspflicht 375
Aufwärmen im Kaufhaus 367
Fürsorgepflichten 374
Geschäftsunfähige 369
Herbeiführung eines Dissenses 374
Ladendiebe 367
Minderjährige 369
Negatives o. positives Interesse 380
Obhutspflichten 374
Schutzpflichten 374
Treuepflichten 376
Vertragsanbahnung 366
Vertragsanpassung 380
Vertragsverhandlungen 365
Culpa post contractum finitum 350

D

Dauerschuldverhältnis	**181, 340**
Definition	339
Kündigungsrechte	339
Durchsetzbarkeit	**135**
Definition	67
Durchsetzbarkeit als Unteraspekt der Fälligkeit	135
Rechtshemmende Einreden	67

E

Eigene Vertragstreue	138
Einrede gem. § 275 II BGB	245
Einreden	**67**
Nicht erfüllter Vertrag	67
Rechtshemmende Einreden	67, 131
Rechtsvernichtende Einrede	249
Sonstige Einreden	75
Einwendungen	
Rechtshindernde Einwendungen	130
Einwendungsdurchgriff	520
Elektive Konkurrenz	150
Erfolgsort	**13, 15**
Definition	13
Erfüllbarkeit	**40, 48**
Definition	17
Erfüllungsgehilfe	**353**
Definition	355
Exzess	357
Pflichtenkreis beim Werkvertrag	355
Pflichtenkreis des Schuldners	355
Pflichtenkreis Versendungskauf	355
Verschulden d. Erfüllungsgeh.	356
Erfüllungsort	**13, 26**
Definition	13
Europäische Richtlinie	
Mindestharmonisierung	468
Überschießende Umsetzung	468
Europäische Richtlinien	**454**
Fernabsatzrichtlinie 97/7/EG	454
Haustürwiderrufsrichtlinie 85/577/EWG	454, 468, 470
Pflicht zur richtlinienkonformen Auslegung	150
Richtlinie 2011/7/EU	66
Richtlinie 2011/83/EU	174
Richtlinienkonforme Auslegung	461
Unabdingbarkeitsprinzip	461
Verbraucherkreditrichtlinie	499
Verbraucherrechterichtlinie	454
Verbrauchsgüterkaufsrichtlinie 1999/44/EG	150
Vollharmonisierung	454, 454
VRRL	174, 461, 468, 469
Wohnimmobilienkreditrichtlinie	454
Existenzgründer	**499**
Erneute Existenzgründung	501
Erweiterung des Betriebs	501
Existenzgründer	462
Gründungsstadium von juristischen Personen	502
Zusätzliche Existenzgründung	501

F

Fahrlässigkeit	109
Fälligkeit	**101, 135**
Durchsetzbarkeit als Unteraspekt der Fälligkeit	135
Im S.d. §§ 280 I, III, 281 I 1 1. Fall BGB	135
Fälligkeit	
Definition	17
Falsa demonstratio non nocet	420
Fernabsatzvertrag	**474**
elektronische Schaltfläche	463
Fernkommunikationsmittel	463, 466
Finanzierungshilfe	**5⁻7**
Definition	5⁻7
Finanzierungshilfen	494
Finanzierungsleasing	4⁻8
Fristablauf	
Abmahnung	145
Angemessene Länge der Frist	136
Entbehrlichkeit gem. § 281 II Fall 2 BGB	142
Erfolgloser Fristablauf	136
Form und Inhalt der Fristsetzung	135
Verweigerung vor Fälligkeit	141
Zeitpunkt der Fristsetzung	137
Frustrationsschäden	183
Fürsorgepflichten	374

G

Gattungsschuld
Definition 210

Gefahrtragung
Gefahrtragung bei Geldschuld 26
Gefahrtragungsregeln 23
Preisgefahr 24

Gegenleistungsgefahr
Definition 55

Gegenseitiger Vertrag
Definition 68
Synallagma 69
Synallagmatische Pflichten 70

Geldschuld 26
§ 300 II BGB analog 241
Definition 115
Leistungsort bei Geldschulden 26
Geschäftsähnliche Handlungen 78
Geschäftsraum 470
Gesellschaft des Bürgerlichen Rechts 498

Gestaltungsrechte 454
Anfechtung 454
Aufrechnung 454
Kündigung 454
Minderung 454
Prozessbedingungen 458
Widerruf 454
Gläubigerverzug 39

H

Haftung
Gefährdungshaftung 32
Höhere Gewalt 117
Pflichtwidrigkeitshaftung 30
Rechtswidrigkeitshaftung 31
Haftungsschaden 129

Hauptleistungspflichten 6
Aufklärungspflicht 347
Nichtleistung 325
Schlechtleistung 324
Heilung 505
Herausforderungslage 124, 128, 157

Holschuld 15, 232
Definition 13
Selbstbindung bei der Holschuld 233
Vermutung der Holschuld 14

I

Immobiliar-Verbraucher-
darlehensvertrag 182
Integritätsinteresse 344
Definition 36
Interessefortfall 144

J

Juristische Person 498

K

Kalkulationsirrtum
Unbeachtlicher Motivirrtum 376
Verdeckter Kalkulationsirrtum 376, 422
Kaufvertrag 11
Kennenmüssen 296
Konkretisierung gem. § 243 II BGB
Aussonderung 232
Bereitstellung 232
Bringschuld 234
Holschuld 232
Schickschuld 235
Konnexität 73
Kostbarkeiten 63
Kreditverträge 494
Kündigung 339
Allgemein-Verbraucher-
darlehensvertrag 182
Aus wichtigem Grund 340
Besondere Kündigungsgründe 339
Immobiliar-Verbraucher-
darlehensvertrag 182
Kündigung des Verbraucher-
darlehensvertrages 182
Kündigungsrecht 182
Kündigungsrecht gem.
§ 314 I, II BGB 339
Unentgeltliche Darlehensverträge 182

L

Leistungsgefahr

Definition	54
Übergang der Leistungsgefahr	59
Leistungshandlung	12, 19
Leistungsort	**12, 13, 16, 48**
Definition	13
Erfüllungsort	232
Leistungsort bei § 985 BGB	16
Leistungspflicht	6, 12, 30

Leistungsstörung

Nichtleistung	8
Schlechtleistung	8
Leistungsumfang	**12**
Teilleistung gem. § 266 BGB	18
Leistungszeit	12, 93

M

Mahnung	**77**
Befristete Mahnung	86
Bestimmtheit der Mahnung	88
Definition	78
Echte Mahnung	82
Entbehrlichkeit der Mahnung	92, 98
Mahnung in Reimform	80
Rechnung	99
Selbstmahnung	96
Unbestimmte Mahnung	90
Zahlungsaufstellung	100
Zugang vor Fälligkeit	102
Mitwirkungspflichten	351

N

Nebenleistungspflichten

Aufklärungspflicht als Nebenleistungspflicht	347
Verletzung	326
Nebenpflicht	**5, 30, 327**
Aufklärungspflicht	22, 347
Gebot der Rücksichtnahme	20
Schutzpflicht	21

Nebenpflichtverletzung

Abgrenzung zur Leistungspflicht	342
Arten der Nebenpflichten	345
Begriff der Nebenpflicht	342
Fürsorgepflichten	346
Obhutspflichten	346
Schutzpflicht	346
Treuepflichten	349
Negatives Interesse	**34**
Rückabwicklung des Vertrages	379
Schadensersatz durch Zahlung einer Geldsumme	379
Nettodarlehensbetrag	500
Nichtleistung	8
Notwendige Verwendungen	451
Nullprozentfinanzierung.	503
Nutzungen	438

O

Obhutspflicht	355, 374

Obliegenheiten

Definition	505
Offener Kalkulationsirrtum	**419**
Perplexität	421

P

Pauschale	118
Personenhandelsgesellschaft	498
Pflichtverletzung	121
Pflichtverletzung nach Erfüllung des Vertrags	350
Positives Interesse	35, 152, 153, 290
Preisgefahr	**24**
Gegenleistungsgefahr	54

R

Ratenlieferungsverträge	494
Rechtsmangel	350
Regress	38
Relatives Fixgeschäft	143, 223
Rentabilitätsvermutung	158, 188
Rückforderungsdurchgriff	517

Rücktritt

Abmahnung gem. § 323 III BGB	180
Ausschluss des Rücktrittsrechts	175
Ausschluss des Teilrücktritts	176
Belastung der Sache	441

Bestimmungsgemäße
Ingebrauchnahme 443

Interessenabwägung gem.
§ 323 II Nr. 3 BGB 174

Leistungsverweigerung gem.
§ 323 II Nr. 1 BGB 172

Nutzungen 438

Rechtsfolgen des Rücktritts 436

Relatives Fixgeschäft gem.
§ 323 II Nr. 2 BGB 173

Rückgewährschuldverhältnis
gem. §§ 346 ff. BGB 437

Rücktrittserklärung 434

Rücktrittsrecht gem.
§ 323 I 1. Fall BGB 161

Rücktrittsrecht gem.
§ 323 I 2. Fall BGB 338

Rücktrittsrecht gem. § 324 BGB 362

Rücktrittsrecht gem.
§§ 326 V, 323 I BGB 283

Teilrücktritt 176

Teleologische Reduktion des
§ 346 II 2 BGB 440

Untergang 442

Vergütung der Nutzungen 438

Verhältnis zum Schadensersatz 431

Verschlechterung gem.
§ 346 II 1 Nr. 3 BGB 442

Verwendungen 451

Ziel des Rücktritts 431

S

Sachmangel 350

Schaden **33**

Definition 27

Herausforderungslage 157

Positives Interesse 35

Schadensersatz **16, 28**

Äquivalenzinteresse 36

Aufwendungen als Schaden 124

Differenzmethode 291

Differenzschaden 34

Einfacher Schaden 37

Entgangener Gewinn 331

Ersatzfähige Schäden gem.
§§ 249 ff. BGB 329

Frustrationsschäden 183

Gefährdungshaftung 32

Haftungsausfüllender Tatbestand 33

Haftungsbegründender Tatbest. 29

Immaterieller Schaden 8

Inkassokosten 124

Integritätsinteresse 36, 344

Kommerzialisierungsschaden 126

Kompensation § 251 BGB 330

Kosten der Erstmahnung 123

Naturalrestitution wegen eines
nachteiligen Vertrages 333

Nebenpflichtverletzung 7

Negative Differenzhypothese 34

Negatives Interesse 34

Nichtleistung 8

Normativer Schaden 38, 38

Pflichtwidrigkeitshaftung 29, 30

Positives Interesse 35

Rechtswidrigkeitshaftung 31, 34

Schadensminderungspflicht 124

Schmerzensgeld 332

Statt der Leistung 147

Surrogationsmethode 292

Verzögerungsschaden 122

Verzugsfolgeschaden 131

Vorteilsausgleichung 333

Schadensersatz § 311 a II 1, 1. Fall BGB 296

Schadensersatz neben der Leistung 37

Schadensersatz statt der Leistung **37**

Abgrenzung zum
Verzögerungsschaden 153

Endgültiger Deckungskauf 128

Gem. § 281 I 1 1. Fall BGB 132

Gem. §§ 280 I, III, 283 289

Mehraufwand für Deckungskauf 132

Verhältnis zu § 280 I BGB 289

Verhältnis zum
Verzögerungsschaden 290

Schadensersatzverlangen 148

Schickschuld **15, 26**

§ 300 II BGB 238

Definition 13

Qualifizierte Schickschuld 26

Selbsttransport 355

Vermutung der Schickschuld 15

Versendungskauf 13

Schlechterfüllung

Teilweise Schlechterfüllung   320

Schlechtleistung

Anwendbarkeit des
§§ 280 I, III, 281 I 1 2. Fall BGB   317

Begriff der Schlechtleistung   316

Kaufvertrag   8

Mietvertrag   8

Reisevertrag   8

Schlechterfüllung der
Hauptleistungspflicht   316, 324

Schlechterfüllung der
Nebenleistungspflicht   316

Vorrang der Nacherfüllung   317

Vorrang Gewährleistungsrecht   316

Werkvertrag   8

Schmerzensgeld   28

Schriftform   **504**

Fehlende Pflichtangaben   504

Fehlerhafte Angaben   504

Heilung   505

Nichteinhaltung der Schriftform   504

Schuldnerpflichten

Aufklärungspflicht als
Hauptleistungspflicht   347

Aufklärungspflicht als
Nebenleistungspflicht   347

Begleitpflichten   6

Hauptleistungspflicht   6

Leistungsbezogene Pflichten   5

Leistungspflichten   6, 8

Nebenleistungspflichten   6

Nebenpflichten   6, 7

Pflichtenkatalog des Schuldrechts   5

Pflichtverletzung § 283 BGB   284

Rücksichtspflichten   6

Schuldnerpflichten   5

Schutzpflichten   6

Treuepflichten   349

Verhaltenspflichten   6

Schuldnerverzug   **18, 26, 64, 65**

Beendigung   113

Beendigung des Schuldnerverzuges
durch Unmöglichkeit   114

Beendigung durch Stundung   114

Beendigung durch Verjährung   114

Pauschale   118

Qualifizierter Verzug   182

strengere Haftung   112

Verschärfte Haftung   117

Verzögerungsschaden   37

Verzugszinsen   118

Schuldverhältnis

Dauerschuldverhältnis   181

Definition   1

Gegenseitiger Vertrag   68

Gesetzliche Schuldverhältnisse   344

Gesetzliches Schuldverhältnis   4

Hauptleistungspflichten   6

Nebenleistungspflichten   6

Schutzpflichten   7

Sonderbeziehung   1

Vertragliches Schuldverhältnis   2

Vertragsähnliches Schuldverhältnis   3

Schutzpflichten   **7, 21**

Gem. § 241 II BGB   21

Selbstbindung   150

Selbsttransport   355

Sicherheitsleistung   74

Sonstige Finanzierungshilfen   506

Sorgfaltspflicht   30

Störung der Geschäftsgrundlage

Teilweise Zweckerreichung   415, 416

**Störung der Geschäftsgrundlage
gem. § 313 BGB**

Abgrenzung zur ergänzenden
Vertragsauslegung   386, 388, 398

Äquivalenzstörung   403

Falsa demonstratio non nocet   420

Familienrechtlicher
Kooperationsvertrag sui generis   409

Gemeinsamer Irrtum   424

Gemeinschaftsbezogene
Zuwendungen   410

Geschäftsgrundlage gem.
§ 313 I BGB   397

Geschäftsgrundlage gem.
§ 313 II BGB   399

Gesetzliche Risikozuweisungen   428

Hypothetisches Element   397

Kalkulationsrisiko   429

Normative Elemente   401

Offener Kalkulationsirrtum   419

Perplexität   421

Pflicht zur Verhandlung vor
Klageerhebung 430

Reales Element 400

Risikoverteilung 425

Überschreiten der Opfergrenze 422

Unterschied zwischen § 313 I
und § 313 II BGB 381

Unzumutbarkeit des Festhaltens
am unveränderten Vertrag 401

Vertragsanpassung 383

Vertragslücke 389

Verwendungsrisiko 429

Vorrang der Vertragsauslegung 389

Wirtschaftliche Unmöglichkeit 405

Zweckbindung 429

Zweckvereitelung 417

Zweckverfehlungskondiktion 396

Stückschuld **209**

Abgrenzung zur Gattungsschuld 210

Abgrenzung zur Gattungsschuld
bei gebrauchten Sachen 211

Definition 209

Stundung 114

Surrogat 299

Synallagma

Definition 69

Pflichten im Kaufvertrag 69

Teilbare Leistung **176**

Teilbarkeit der Gegenleistung 176

Teilweise Schlechterfüllung 176

Teilleistung 18

Teilzahlungsgeschäft 494

Treuepflichten 376

Typenkombinationsverträge 350

Überrumpelungsgefahr 471

Umgehungsverbot

Benachteiligungs- und
Umgehungsverbot 461

Unentgeltliche Kreditverträge 494

Unmöglichkeit **40, 76**

§ 275 I BGB 207

§ 275 III BGB 260

Abbruchjäger 294

Abgrenzung Schuldnerverzug 207

Abgrenzung zum
Rechtsmangel § 435 BGB 229

Absolutes Fixgeschäft 223

Abstandnahme vom Vertrag
gem. § 326 IV BGB 282

Anspruchserhaltende
Sonderregelung gem. § 326 III BGB 275

Anspruchserhaltende
Sonderregelungen gem. § 326 II 1 BGB 271

Beendigung des Schuldnerverzuges
durch Unmöglichkeit 114

Echte Unmöglichkeit 213

Exportverbot 222

Faktische Unmöglichkeit 203

Gattungsschuld 210, 230

Gegenleistungsgefahr 276

Herausgabe des stellvertretenden
commodums 297

Konkretisierung 231

Konkretisierung gem. § 243 II
bei der Holschuld 232

Normzweck des § 326 I BGB 266

Objektive rechtliche Unmöglichkeit 221

Obliegenheitsverletzung 310

Pflichtverletzung § 283 BGB 284

Pflichtverletzung i.S.v. § 283 BGB 287

Physikalische Unmöglichkeit 214

Qualitative Unmöglichkeit 220

Qualitative Unmöglichkeit 278

Rechtliche Unmöglichkeit 220

Rekonzentration 233

Rücktrittsrecht
gem. §§ 326 V, 323 I BGB 283

Schadensersatzlösung 310, 310

Selbstbindung bei der Holschuld 233

Sphärentheorie 304

Stückschuld 209

Subjektive rechtliche
Unmöglichkeit 228

Subjektive Unmöglichkeit 203

Surrogationsmethode 312

Tatsächliche subjektive
Unmöglichkeit 225

Teilleistung gem.
§ 326 I 1, 2. HS BGB 277

Teilunmöglichkeit 224

Theorie der beiderseitigen
Schadensersatzansprüche 310

Theorie der gekürzten
Gegenleistung 313

Theorie der ungeminderten
Gegenleistungspflicht 312

Untergang der Gattung 241

Verlust der Sache 226

Vertraglicher Ausschluss des
§ 326 I BGB 270

Vom Gläubiger zu vertretende
Unmöglichkeit 304

Vom Schuldner und Gläubiger
zu vertretende Unmöglichkeit 306

Vorratsschuld 241

Wahrsagerin 270

Wirtschaftliche Unmöglichkeit 246, 405

Zweckerreichung 215

Zweckfortfall 218

Zweckvereitelung 219

Unmöglichkeit gem. § 275 II BGB

Abgrenzung zu § 313 BGB 258

Charakter des § 275 II BGB 248

Nachträgliche, übermäßige
Leistungserschwerung 245

Praktische Unmöglichkeit 247

Rechtsvernichtende Einrede 249

Überschreitung der Opfergrenze 247

Unmöglichkeit gem. § 275 III BGB

Abgrenzung zu § 275 I BGB 263

Untergang 442

Unternehmer 467

**Unzulässige Rechts-
ausübung** 131, 160, 202, 293, 296,
303, 337, 360, 376, 380

dolo agit, qui petit,
quod statim rediturus est 376

dolo agit-Einwand 422

V

Venire contra factum proprium
§ 242 BGB 150

Verbrauchervertrag 467

Verbrauchsgüterkauf 24, 481

Verbundene Verträge **511**

Abzahlungsgesetz 512

Einwendungsdurchgriff 520

Rückabwicklungsverhältnis zwischen
Kreditgeber und Unternehmer 519

Rückabwicklungsverhältnis zwischen
Verbraucher und Kreditgeber 519

Rückforderungsdurchgriff 517

Teilzahlungsgeschäfte 512

Widerruf verbundener Verträge 515

Verbundener Vertrag

Begriff 513

Einwendungsdurchgriff 521

Finanzierungshilfe 517

Finanzierungszusammenhang 514

Mängeleinrede 527

Nichtige, nicht widerrufene
Verträge 530

Nichtigkeit des verbundenen
Vertrages 530

Nichtigkeitseinwand 524

Rückforderungsdurchgriff 537

Unvollkommene Verbindlichkeit 526

Unwirksamkeitseinwand 525

Wirtschaftliche Einheit 515

Verdeckter Kalkulationsirrtum 422

Verjährung

Bei § 320 BGB 75

Verschuldensvermutung 110

Vertragsfreiheit **10**

Gestaltungsfreiheit 10

Vertragskosten 191

Vertragslücke 387

Vertretenmüssen **109**

Beweislastumkehr 110

Erfüllungsgehilfe 353, 355

Exzess des Erfüllungsgehilfen 357

Fahrlässigkeit 109

Strengere Haftung 112

Unverschuldeter Rechtsirrtum 111

Vertretenmüssen bei
§ 281 I 1 1. Fall BGB 146

Vertretenmüssen des Schuldners
gemäß § 286 IV BGB 109

Vorsatz 109

Vertreter ohne Vertretungsmacht 465

Verwendungen 451

Verzögerungsschaden 119, 122, 123, 157

Abgrenzung vom Schadensersatz
statt der Leistung 128

Definition 122

Erstmahnung 123

Haftungsschaden 129

Herausforderungslage 157

Inkassokosten 123

Kommerzialisierungsschaden 126

Mehrkosten eines
Deckungsgeschäfts 128

Notgeschäft 128

Rechtsverfolgungskosten 122

Verhältnis zum Schadensersatz
statt der Leistung 289

Verzögerungsschaden gem.
§ 990 II BGB 120

Verzögerungsschaden und
Aufwendungsersatz 186

Verzugsfolgeschaden 131

Verzugsfolgeschaden 131

Vollharmonisierung 454

Vorsatz 109

W

Werkvertrag 11

Widerruf

AGV 455, 470, 477, 479, 481, 484

Allgemein-Verbraucher-
darlehensvertrag 497

Allgemein-Verbraucher-
darlehensverträgen 455

Ausschluss des
Widerrufsrechts 472, 474, 477

Benachteiligungsverbot 455

Bereichsausnahmen 459, 472

Beweglicher Gewerberaum 470

Darlehensverträge 494

Doppelte Haustürsituation 468

Entgeltliche Leistung 463

Entgeltlicher Vertrag 463

Entgeltlicher Zahlungsaufschub 494

Ewiges Widerrufsrecht 482

Existenzgründer 462, 499

Fernabsatzvertrag 455, 463, 466, 484

Fernkommunikationsmittel 463

Finanzierungshilfen 494

GbR 498

Geschäftsraum 470

Gesellschaft Bürgerlichen Rechts 460

Gutschein 487

Immobiliar-Verbraucher-
darlehensverträgen 455

Juristische Personen 498

Katalog der Widerrufsrechte 455

Kreditverträge 494

Lieferkosten 486

Nullprozent-Finanzierung 494, 503

Personengesellschaft 484

Pflichten des Unternehmers 485

Prüfungsaufbau 458

Rechtsfolgen des Widerrufs 484

Rückgewährschuldverhältnis 484

Sonstige Finanzierungshilfen 506

Teilzahlungsgeschäft 494

Überrumpelungsgefahr 471

Umgehungsverbot 455

Unentgeltliche
Darlehensverträge 503, 518

Unternehmereigenschaft 459

Verbrauchereigenschaft 459, 461

Verbrauchervertrag 459, 461

Verbraucherverträge 458

Verbrauchsgüterkauf 461

Verträge mit doppeltem Zweck 460

Vertragsschluss im
elektronischen Rechtsverkehr 463

Widerruf 453, 455

Widerruf unentgeltlicher
Darlehen 503

Widerrufsbelehrung 455, 482

Widerrufserklärung 458, 496

Widerrufserklärung Eindeutigkeit 458

Widerrufserklärung Form 458

Widerrufserklärung Textform 458

Widerrufsfrist 455, 481, 508

Widerrufsfrist Beginn des Laufs 481

Widerrufsfrist Länge 482

Widerrufsrecht 455, 458, 463, 496

Widerrufsrecht AGV 459

Widerrufsrecht Fernabsatzvertrag 459

Zahlungsmittel 487

Zeitliche Anwendbarkeit
des neuen Rechts 457

Wirtschaftliche Unmöglichkeit 405

Wörtliches Angebot 72

Z

Zinsen

Basiszinsatz 118

Überziehungszinsen 131

Zufall

Definition 117

Zufallshaftung 117

Zweckvereitelung 417

Zweckverfehlungskondiktion **413**

Zweck-Grund-Abrede 413